Seniorenpolitik im Wandel

D1725074

Wolfgang Schroeder, Prof. Dr., ist Professor für Politikwissenschaft an der Universität Kassel.

Bettina Munimus, M. A., studierte Politikwissenschaft, Medien- und Kommunikationswissenschaft und BWL in Würzburg, Göttingen und St. Petersburg. Gegenwärtig schreibt sie eine Dissertation zum Alterungsprozess von CDU und SPD.

Diana Rüdt, M. A., studierte Politikwissenschaft, Empirische Kulturwissenschaft und Soziologie in Trier, Tübingen und Uppsala. Gegenwärtig arbeitet sie für einen Sozialverband.

Wolfgang Schroeder, Bettina Munimus, Diana Rüdt

Seniorenpolitik im Wandel

Verbände und Gewerkschaften als
Interessenvertreter der älteren Generation

unter Mitarbeit von Thomas Koch

Campus Verlag
Frankfurt/New York

Diese Publikation ist durch die Hans-Böckler-Stiftung gefördert.

Bibliografische Information der Deutschen Nationalbibliothek:
Die Deutsche Nationalbibliothek verzeichnet diese Publikation in der Deutschen Nationalbibliografie.
Detaillierte bibliografische Daten sind im Internet unter http://dnb.d-nb.de abrufbar.

ISBN 978-3-593-39318-6

Copyright © 2010 Campus Verlag GmbH, Frankfurt am Main
Satz: Publikations Atelier, Dreieich
Gedruckt auf Papier aus zertifizierten Rohstoffen (FSC/PEFC).
Printed in Germany

Besuchen Sie uns im Internet: www.campus.de

Inhalt

Vorwort

Ausgangspunkt für dieses Buch waren verschiedene Beobachtungen, die wir in der Hochphase der rentenpolitischen Debatte unter Rot-Grün machten: Seinerzeit waren es neben den Gewerkschaften und Wohlfahrtsverbänden vor allem die Sozialverbände, die lautstark gegen die Rentenreformen der Regierung Sturm liefen. Als Galionsfigur der Proteste warnte der damalige Präsident des Sozialverbandes VdK, Walter Hirrlinger, die Politiker vor der Macht der zwanzig Millionen Rentner, die als Wähler die Regierung abstrafen würden. War dies die Geburtsstunde für eine neue sozialstaatliche Akteurskonstellation, in der – rückblickend betrachtet – die etablierte Ordnung der Generationensolidarität neu justiert wurde? Werden es zukünftig nicht mehr die vertrauten generationenübergreifenden Parteien und Gewerkschaften sein, die um den richtigen Weg für den deutschen Sozialstaat streiten, sondern strikt nach Generationen getrennte Organisationen, an deren Spitze die Sozialverbände stehen?

Im Zentrum dieses Buches steht die Rolle der mitgliederstärksten Verbände, die sich in Deutschland um die Interessen der Älteren kümmern, nämlich die großen Sozialverbände VdK, SoVD und Volkssolidarität sowie die DGB Gewerkschaften, deren Mitgliedschaft sich mittlerweile zu einem Viertel aus Rentnern zusammensetzt. Sind die Sozialverbände wirklich ein relevanter sozialstaatlicher Akteur und worauf könnte sich eine neue Rolle im Sozialstaat gründen?

Ohne Unterstützung der Hans-Böckler-Stiftung wäre die erste umfassende wissenschaftliche Studie zu zentralen Akteuren der Seniorenpolitik in Deutschland nicht möglich gewesen. Neben den Mitgliedern des Projektbeirates möchten wir uns dafür vor allem bei Sebastian Brandl bedanken, der sich zu jeder Zeit als ein sehr verlässlicher und fairer Begleiter unseres Projekts erwies. Darüber hinaus gilt unser Dank den Vertretern der Sozialverbände und Gewerkschaften, die uns bei unseren Recherchen unterstützten. Ein besonderes Dankeschön gilt auch den Mitarbeitern des Kasseler Lehrstuhls, die uns tatkräftig bei der Erstellung des Buches unterstützten. Ausdrücklich zu danken ist Margit Baake, Alexandra Schierock, Sabrina Schwigon, Mareen Westhoff, Kianusch Zakikhany, Michael Reschke, Janko Raab sowie last but not least Samuel Greef. Für die engagierte inhaltliche Mitarbeit auf der Zielgeraden gilt unser ganzer Dank Thomas Koch.

Wolfgang Schroeder, Bettina Munimus und Diana Rüdt
Kassel, Sommer 2010

I. Einleitung

1. Problemstellung

Die politische Interessenvertretung älterer Menschen basiert in Deutschland seit Jahrzehnten auf generationenübergreifenden Leitbildern. Parteien und Verbände haben sich einer »Politik für alle Lebensalter« verpflichtet, sodass normativ angeheizte Generationendebatten, wie sie von einigen Medien bisweilen inszeniert werden, nach kurzer Zeit wieder abflauen und gesamtgesellschaftlich bislang weitgehend abgelehnt werden. Seniorenparteien wie die »Grauen Panther« konnten bis heute keine nennenswerten Wahlerfolge verbuchen. Weiterhin scheint ein generationenübergreifendes Politikverständnis die Architektur der sozialstaatlichen Institutionenordnung zu prägen. Die im sogenannten Generationenvertrag institutionell verankerte Leitidee der Generationensolidarität hat die politische Kultur wie auch das Interessenvertretungssystem seit der Rentenreform 1957 maßgeblich geformt. Mit der damals unter günstigen ökonomischen Bedingungen – hohe Wachstumsraten und Vollbeschäftigung – etablierten bruttolohnbezogenen, dynamischen Rente wurden die Lohn- und Rentenentwicklung verkoppelt, sodass ein starker Sozialstaat für Ältere geschaffen werden konnte. Das Prinzip der Generationensolidarität ist seither in eine sozialstaatliche Institutionenordnung eingebettet, die die spezifischen Interessen von Rentnern[1] *innerhalb* von altersübergreifenden Organisationen aggregiert, artikuliert und vermittelt.[2] Die Notwendigkeit eines lobbyistischen Zusammenschlusses Älterer in einer separaten Interessenorganisation war aufgrund dieser

---

1 Diese Publikation verwendet ausschließlich die männliche Sprachform. Bei allen Personen- und Funktionsbezeichnungen sind stets auch weibliche gemeint. Die Verwendung nur einer Geschlechtsform wurde für eine bessere Lesbarkeit gewählt und ist nicht benachteiligend gemeint. Unter der Bezeichnung Senioren werden Rentner, Pensionäre sowie Personen im Vorruhestand bezeichnet.

2 Eine stabile Institutionenordnung setzt Wechselwirkungen zwischen Ideen, Interessen und Institutionen voraus. Institutionen verschaffen Ideen Geltung in bestimmten Handlungskontexten, formen Interessen und bieten Verfahrensweisen für die Durchsetzung von

Struktur und durch das vergleichsweise hohe Niveau der Sozialleistungen über Jahrzehnte nicht gegeben. Eine einflussreiche »graue Lobby« wie in den USA oder Italien, die eine *ausschließlich* an den Interessen von Älteren orientierte Politik vertritt, konnte sich bislang im Politikfeld der »Seniorenpolitik« in Deutschland nicht etablieren. Ob dies auch in Zukunft so bleiben wird, ist eine der zentralen Fragen, die diese Studie motiviert haben. Um darauf eine Antwort geben zu können, bedarf es zunächst einer Kenntnis über die Organisationen und Institutionen, die die Interessen Älterer vertreten. Eigenartigerweise besteht daran in Deutschland ein eklatanter Mangel, sodass wir im Hinblick auf die seniorenpolitische Organisationslandschaft von einer *terra incognita* sprechen können.

Seniorenpolitik im Wandel

Seniorenpolitik als Konglomerat unterschiedlicher thematischer Ausrichtungen ist als integriertes Politikfeld zu verstehen und umfasst sämtliche Lebensbereiche älterer Menschen.[3] Dazu zählen die Gesundheits-, Pflege- und Rentenpolitik, aber auch Kultur- und Bildungspolitik; also alle Politikbereiche, die ältere Menschen und im allgemeinen Sinne das Altsein und das Altwerden betreffen.[4] Die Arena der Seniorenpolitik als Politik für Ältere und – im Zuge gewachsener Partizipationsansprüche – von Älteren für Ältere ist durch eine vielfältige Akteurskonstellation gekennzeichnet, in der die Gewerkschaften und Sozialverbände neben den Parteien und Kirchen die ressourcenstärksten Interessenvertreter der Älteren sind.

Seit Mitte der siebziger Jahre ist das unter den Bedingungen eines kontinuierlichen Wirtschaftswachstums konstruierte soziale Sicherungssystem angesichts der anhaltenden Wachstumsschwäche und der dauerhaften Massenarbeitslosigkeit zunehmend unter Druck geraten. Höheren Ausgaben der Sozialversicherungssysteme durch Arbeitslosigkeit stehen verminderte Einnahmen gegenüber (Pilz 2004). Zugleich wurde der Sozialstaat mit nachhaltigen Herausforderungen konfrontiert: Eine wachsende Zahl von Rentenempfängern mit längerer Rentenbezugszeit durch eine höhere Lebenserwartung, veränderte Familienkonstellationen, die Erosion des Normalarbeitsverhältnisses,

---

Interessen. Interessen bzw. Interessenakteure wiederum berufen sich auf Ideen, um Ziele zu formulieren und zu rechtfertigen (Lepsius 1990).

3 Wallraven/Gennerich (2002) haben den Wandlungsprozess der frühen Altenhilfe in den achtziger und neunziger Jahren zum integrierten Politikfeld Seniorenpolitik untersucht.

4 Auch die Konsum- und Produktforschung liefert vermehrt seniorenpolitisch relevante Aspekte.

die hohe Arbeitslosigkeit älterer Arbeitnehmer und der steigende Pflegebedarf hochaltriger Menschen haben den Reformbedarf erhöht. Durch die deutsche Wiedervereinigung, die insbesondere der beitragsfinanzierten Rentenversicherung zusätzliche Lasten aufbürdete, wurde die Problematik verschärft. Die Regierungen haben seit Ende der achtziger Jahre mit umfangreichen Anpassungsmaßnahmen auf die Krise reagiert: Reformen der Rentenversicherung zielen seither nicht mehr darauf ab, die Leistungsfähigkeit des gesetzlichen Alterssicherungssystems zu erhalten, sondern die Finanzierungsstruktur bzw. die Beitragsseite zu stabilisieren (Hegelich 1996: 79).

Ein entscheidender Paradigmenwechsel wurde im Jahr 2001 vollzogen, als der 1957 angelegte Pfad der Lebensstandard sichernden gesetzlichen Altersversorgung verlassen wurde. Die erste Säule der gesetzlichen, umlagefinanzierten Rente wurde im Zuge der sogenannten »Riester«-Reform 2001 zugunsten der betrieblichen (zweite Säule) sowie der staatlich geförderten privaten Altersvorsorge (dritte Säule) geschwächt. Im Jahr 2004 wurde der Nachhaltigkeitsfaktor als Instrument zur Regulierung des Verhältnisses von Beitragszahlern und Rentenempfängern eingeführt.[5] Infolge der Alterung der deutschen Gesellschaft und der damit einhergehenden längeren Rentenbezugsdauer wurde 2007 beschlossen, die Altersgrenze von 65 Jahren auf 67 Jahre heraufzusetzen, was insbesondere bei Gewerkschaften, Wohlfahrts- und Sozialverbänden auf starke Kritik stieß. Nicht nur von der OECD wird prognostiziert, dass infolge der skizzierten Abkehr von der Lebensstandard sichernden gesetzlichen Rente die Altersarmut in Deutschland ansteigen wird (OECD 2008).

Generationenübergreifende Institutionenordnung unter Druck

Die etablierte Ordnung der Generationensolidarität ist in den letzten Jahren in vielfältiger Weise unter Druck geraten. Neben der leistungsbezogenen Restrukturierung des Sozialstaates gibt es weitere dynamische Faktoren, die die organisatorischen Strukturen des Sozialstaates für Ältere verändert haben. Dazu zählen vor allem die mit dem Strukturwandel des Alters zusammenhängenden, höheren politischen Partizipationsansprüche in der Gruppe der sogenannten »jungen Alten«. Angesichts der Abwendung von der Lebensstandard sichernden gesetzlichen Rente könnte man vermuten, dass dadurch

---

5 Dieser sieht eine verminderte Rentenanpassung vor, wenn sich die Relation von Rentenempfängern und Beitragszahlern ungünstig verschiebt.

eine Tendenz zur generationenseparierenden Selbstorganisation der Älteren in neuen Organisationen für Ältere befördert wird. Denn in dem Maße, wie sich die materiellen Einkommensgrundlagen der Älteren verschlechtern, kann auch das Vertrauen in die soziale Institutionenordnung des Generationenvertrages erodieren. Damit kommen neue Diskurse auf die Agenda, die den bislang unhinterfragten Konsens der Generationensolidarität in Frage stellen und eine Neujustierung der sozialen Sicherungssysteme fordern. Doch obgleich generationenspezifische Interessenlagen im sozialpolitischen Verteilungskonflikt zunehmend artikuliert werden, scheint die bisherige generationenübergreifende Institutionenordnung trotz aller Kritik weiterhin der Bezugsrahmen der politischen Hauptakteure zu sein. Das kann auch damit zusammenhängen, dass die einschneidendsten Reformschritte in der Rentenversicherung – wahltaktisch motiviert – nicht die gegenwärtige, sondern erst künftige Rentnergenerationen betreffen.

Gewerkschaften und Sozialverbände als Interessenvertreter der Älteren

Im Zentrum unseres Erkenntnisinteresses steht der Wandel von Sozialverbänden und Gewerkschaften. Diese Perspektive zielt auf deren Rolle im Sozialstaat für Ältere. Ausgangspunkt unserer Überlegungen sind beobachtbare Verschiebungen: Während sich die Gewerkschaften im Feld der Sozial- und Seniorenpolitik zunehmend in eine defensive Position gedrängt sehen (Hegelich 2006: 197), haben sich die Sozialverbände als Interessenvertreter älterer Menschen stärker in den Vordergrund geschoben: So wird in den Sozialverbänden mit ihren insgesamt 2,2 Millionen organisierten Mitgliedern häufig die neue machtvolle Rentner-Lobby gesehen. Es stellt sich die Frage, ob und inwieweit die Sozialverbände sich tatsächlich zu relevanten seniorenpolitischen Akteuren entwickelt haben, worauf dieser Bedeutungszuwachs gründet und wodurch sie sich in diesen Aktivitäten von den Gewerkschaften unterscheiden. Sozialverbände und Gewerkschaften sind intermediäre Organisationen[6], die sich in den letzten Jahren gegen den Rückbau des Sozialstaats für Ältere engagiert haben. Sie sind als Verteidiger des Lebensstandard sichernden Sozialstaats die wichtigsten Kräfte der Interessenartikulation der Älteren: Sie sehen ihre Aufgabe darin, die originären Interessen der Senioren im Sinne einer umfassenden Klientelpolitik durch Einwirkung auf Regie-

---

6 Intermediäre Organisationen weisen nach Streeck (1987) drei zentrale Eigenschaften auf: Sie erbringen Dienstleistungen, betätigen sich in der Interessenvermittlung und dienen ihren Mitgliedern als lokale Vereine.

rung, Parlament, Parteien und Öffentlichkeit in den politischen Willensbildungs- und Entscheidungsprozess einzubringen und für deren Durchsetzung zu werben (Weber 1976).

Da sowohl Gewerkschaften wie auch Sozialverbände im Zentrum dieser Studie stehen, suchen wir nach Unterschieden und Gemeinsamkeiten zwischen diesen beiden Verbandstypen. Die heutigen Sozialverbände haben ihre Wurzeln in den Kriegsopferverbänden. Bis in die neunziger Jahre standen die Kriegsopfer im Mittelpunkt ihrer Aktivitäten. Da diese Gruppe im Laufe der Zeit immer kleiner wurde, gab es Befürchtungen, dass auch die Kriegsopferverbände selbst ein Auslaufmodell seien, da ihnen der Mitgliedernachwuchs und damit die Zukunft fehle. Sind sie in den vergangenen Jahren fähig gewesen, ihre Organisations- und Mitgliederstruktur an die veränderten Umweltbedingungen anzupassen? Das heißt in ihrem Fall: Ist ihnen der Abschied von der »Kriegsfolgenbewältigungspolitik«[7] gelungen? Welche Bedingungen, Schwierigkeiten und Folgen waren mit diesem Wandel verbunden? Inwieweit ist es ihnen durch eine gezielte Öffnung für neue Zielgruppen und Politikfelder gelungen, den Trend umzukehren, und Mitgliederzuwächse und eine Verjüngung zu erreichen? Mit welchen Strategien werben, binden und aktivieren sie Mitglieder und kann man sie angesichts ihrer Mitgliederstruktur überhaupt als reine Rentner- bzw. Seniorenorganisationen bezeichnen? Sind die Sozialverbände tatsächlich durchsetzungsfähige Rentner-Lobbyisten im politischen Willensbildungs- und Entscheidungsprozess oder sind sie vor allem gemeinschaftsbildende Organisationen mit einer sozialrechtlichen Beratungs- und Vertretungsfunktion? Nicht zuletzt stellt sich die Frage, inwieweit die Sozialverbände das ehrenamtliche Potenzial der Älteren für ihre Organisationsziele aktivieren und nutzen können.

Gewerkschaften können auf eine lange Geschichte in der seniorenpolitischen Arbeit zurückblicken. Sie erheben seit jeher den Anspruch, nicht nur als Interessenvertreter der Erwerbstätigen, sondern auch der ehemals Beschäftigten eine gesellschaftspolitische Gestaltungsrolle zu übernehmen und als generationenübergreifende Organisationen im Rahmen ihrer Tarif- und Sozialpolitik zu wirken. Seit gut zwanzig Jahren durchlaufen die deutschen Gewerkschaften einen »kombinierten Alterungs- und Schrumpfungsprozess von bisher unbekannter Art und Größenordnung« (Streeck 2007: 294). Im Jahr 2009 stellten die Mitglieder im Ruhestand etwas mehr als 21 Prozent

---

7 Kriegsfolgenbewältigungspolitik meint die Politik mit dem Ziel einer materiellen Entschädigung für die im Krieg davon getragenen gesundheitlichen Einbußen und das Angebot einer ideellen sozialen Plattform für das gemeinsame Verarbeiten der Kriegserlebnisse.

der Gesamtmitgliedschaft in den acht DGB-Gewerkschaften. Damit stehen die Gewerkschaften vor einem Dilemma: Als Mitgliederorganisation sind sie daran interessiert, die im Ruhestand befindlichen Mitglieder nicht zu verlieren, gleichzeitig könnte es bei verschiedenen Interessenlagen bzw. einer stärkeren Profilierung der Senioren in den gewerkschaftlichen Organisationen zu einer Funktionsüberlastung kommen (Kohli 1994: 71). Ein Zielkonflikt mit den Interessen der Erwerbstätigen könnte sich dann ergeben, wenn sich die sozialpolitischen Interessen beider Gruppen infolge der zunehmenden Zahl an Rentenempfängern und der hohen Arbeitslosigkeit sowie damit einhergehender Einnahmedefizite der Sozialversicherungssysteme nicht mehr im Sinne des Generationenvertrages ausbalancieren ließen. Auf der anderen Seite bieten sich durch die Einbeziehung der Älteren auch Chancen: So könnten die Gewerkschaften die Kompetenzen und das ehrenamtliche Potenzial, insbesondere der »jungen Alten«, als Organisationsressource nutzen. Dieser Zielkonflikt, mit dem sich die Arbeitnehmerorganisationen konfrontiert sehen, wird als gewerkschaftseigene Seniorenfrage in dieser Studie diskutiert. In diesem Zusammenhang ist zu untersuchen, welche Mitgliedschaftsanreize und (formalen wie informellen) Partizipationsformen die Gewerkschaften ihren Senioren anbieten, um diese auch in der nachberuflichen Phase an sich zu binden und ihre Ressourcen für ehrenamtliche Tätigkeiten zu nutzen. Denn während die Sozialverbände neue Mitglieder in der Gruppe der Rentner gewinnen können und wollen, werden nur sehr wenige Ältere nach dem Ausscheiden aus dem Erwerbsleben erstmals Gewerkschaftsmitglied. Eine große Zahl von Rentnern bleibt jedoch nach dem Ausscheiden aus dem Erwerbsleben aus Verbundenheits- und Loyalitätsempfindungen Mitglied in der Gewerkschaft. In diesem Zusammenhang stellt sich die Frage, inwieweit die Gewerkschaften überhaupt spezielle Beteiligungsmöglichkeiten und besondere Mitgliedschaftsanreize für Ältere anbieten, die sich auf deren materiellen Interessen und spezifische Lebenslagen beziehen.

Wir haben es also mit zwei Akteurstypen zu tun, die für sich in Anspruch nehmen, die sozialen Interessen der Älteren vertreten zu können. Es ist davon auszugehen, dass das Verhältnis von Gewerkschaften und Sozialverbänden sowohl durch Konkurrenz als auch durch Kooperation geprägt ist. Ob sich die Konkurrenz zwischen beiden nur auf die Mitglieder bezieht oder auch auf politische Ziele, ist genauer zu untersuchen. Dies vor allem auch deshalb, weil in den letzten Jahren zwischen diesen Verbandstypen immer häufiger Bündnisse in seniorenpolitischen Fragen beobachtet werden können.

2. Aufbau der Studie

Die Studie untersucht die Rolle von Sozialverbänden und Gewerkschaften als Interessenvertreter älterer Menschen im Feld der Seniorenpolitik. Aus einer institutionellen Perspektive stehen vor allem die organisatorischen Strukturen, die Partizipationsmöglichkeiten der Älteren und die Thematisierungs- und Gestaltungspotenziale der untersuchten Verbände im Mittelpunkt der komparativen Analyse. Untersucht wird das Verhältnis von Kontinuität und Wandel in der seniorenpolitischen Akteurskonstellation. Die Studie gliedert sich in sieben Kapitel. Im zweiten Kapitel werden das Forschungsdesign und wesentliche konzeptionelle Grundannahmen der Studie erläutert. Im Anschluss daran werden im dritten Kapitel das Ausgangsszenario, die institutionellen und gesellschaftlichen Rahmenbedingungen der deutschen Seniorenpolitik sowie die möglichen Vetopotenziale der Älteren beschrieben. Im vierten Kapitel wird die Breite der seniorenpolitischen Akteurslandschaft in Deutschland illustriert sowie Gemeinsamkeiten der sozialstaatlichen Programmatik von Gewerkschaften und Sozialverbänden erläutert. Da die deutsche Situation durch eine komparative Perspektive analytisch besser einzuordnen ist, werden in einem Exkurs zentrale Erkenntnisse über die seniorenpolitische Akteurskonstellation ausgewählter Länder skizziert. Im fünften und sechsen Kapitel finden sich Fallstudien zu den Sozialverbänden und Gewerkschaften. Vorgestellt werden zum einen die drei größten deutschen Sozialverbände, der Sozialverband VdK Deutschland (VdK), der Sozialverband Deutschland (SoVD) und die Volkssolidarität (VS), sowie zum anderen die drei mitgliederstärksten Einzelgewerkschaften IG Metall, ver.di und IG BCE sowie der DGB als gewerkschaftlicher Dachverband. Die Verbandsanalysen sind komparativ angelegt. Die Analyse ihrer seniorenpolitischen Gestaltungspotenziale berücksichtigt auch die jeweilige Organisationsstruktur der Verbände. In der Schlussbetrachtung werden die Hauptergebnisse der Studie zusammengefasst.

II. Forschungsdesign

Im Zentrum unserer Studie stehen die Veränderungen der Akteurskonstellation in der Seniorenpolitik. Im ersten Schritt wird die Untersuchung zunächst in einen analytischen Rahmen eingebettet und die zugrunde gelegten Arbeitshypothesen sowie die methodische Vorgehensweise werden erläutert. Die Interessenverbände älterer Menschen werden als Organisationstyp bestimmt, ihre Interessenvertretungslogiken erfasst und ihr Einflusspotenzial spezifiziert. Wir stellen die Kategorien vor, die der Analyse der beiden wichtigsten verbandlichen Akteure, Sozialverbände und Gewerkschaften, in diesem Politikfeld in ihrer Funktion als Interessenverbände für Ältere zu Grunde liegen. Ferner werden Konzepte zur Analyse des Wandels von Institutionen benannt, mittels derer sich graduelle bzw. inkrementelle Transformationsprozesse von Interessenverbänden identifizieren lassen. In diesem Abschnitt wird nur ein erster allgemeiner Literaturüberblick geliefert. Eine vertiefte Diskussion des Forschungsstands erfolgt im Rahmen der einzelnen Verbandsstudien.

Obgleich der demografische Wandel und seine politischen und ökonomischen Auswirkungen seit einigen Jahren interdisziplinär und facettenreich untersucht worden sind[8], befindet sich die wissenschaftliche Erforschung der Interessenpolitik von Älteren und für Ältere in den deutschen Sozialwissenschaften noch am Anfang. Es liegen Untersuchungen über die Lebenssituation (z. B. der Alterssurvey), die Gesundheit (z.B. der Bundes-Gesundheitssurvey) oder das Einkommen (z.B. die Einkommens- und Verbrauchsstichprobe, Alterssicherungsberichte der Bundesregierung) älterer Menschen vor. Ebenso werden die Herausforderungen und Auswirkungen des demografischen Wandels auf das Sozialversicherungssystem, insbesondere auf die Alterssicherung

---

8 So bspw. der Schlussbericht der Enquete-Kommission »Demographischer Wandel«, Schimany 2003 und Kaufmann 2005. Der Fünfte Bericht zur Lage der älteren Generation in der Bundesrepublik Deutschland (BMFSFJ 2005) aus dem Jahr 2005 bietet einen umfassenden Überblick zu den gesellschaftlichen und politischen Potenzialen des Alters.

und die Reformnotwendigkeit des Wohlfahrtsstaates, diskutiert (u. a. Kerschbaumer/Schroeder 2005, Micheel 2005, Nullmeier/Rueb 1993, Schludi 2005). Im Zusammenhang mit der Sozialstaatsdebatte und der Belastungsfähigkeit der Sicherungssysteme aufgrund der veränderten Altersstruktur der Bevölkerung wird in den letzten Jahren verstärkt die Frage nach der zukünftigen Generationensolidarität gestellt (vgl. Motel-Klingebiel 2000, Nullmeier/ Wrobel 2005, etc.).[9] Zwar steht in der Gerontologie die Frage nach der Lebensweise älterer Menschen seit jeher im Blickpunkt des Interesses, die explizite Auseinandersetzung mit der Organisation ihrer politischen Interessen wird indes erst in jüngster Zeit intensiviert. In der Literatur werden die Aspekte, die sich mit der organisationspolitischen Dimension der Seniorenpolitik von Sozialverbänden und Gewerkschaften befassen, – wenn überhaupt – nur rudimentär behandelt. Thomas von Winter analysiert Formen der politischen Interessenvertretung von vermeintlich schwachen Interessen der Rentner (Winter 1997). Eine Studie aus dem Jahr 1979 von Ralf Porst beschäftigt sich mit der Interessenvertretung älterer Menschen am Beispiel des Bundes der Ruhestandsbeamten und Hinterbliebenen (BRH) (Porst 1979).

Im Zuge der Gründung von Seniorenorganisationen in CDU und SPD Ende der achtziger und Anfang der neunziger Jahre sowie der Gründung der BAGSO (Bundesarbeitsgemeinschaft der Seniorenorganisationen) im Jahr 1989 wurde erstmals verstärkt das Augenmerk auf das politische Engagement Älterer gelegt (Klose 1993, Mackroth/Ristau 1993, 2000, Verheugen 1994). Seit Beginn des 21. Jahrhunderts wird in zahlreichen Veröffentlichungen nach dem politischen Verhalten älterer Menschen, ihren parteipolitischen Einstellungen sowie nach ihrer Bereitschaft gefragt, sich politisch zu engagieren (vgl. Kohli u. a. 1997, Wolf/Künemund 1993, Walker/Naegele 1999, Schroeder u. a. 2008). Die Bewertung der gesellschaftspolitischen Auswirkungen des demografischen Wandels fällt indes höchst unterschiedlich aus: So stehen skeptischen Prognosen, wonach in Deutschland eine Entwicklung zur Gerontokratie Platz greifen könnte (Streeck 2006), durchaus optimistische Einschätzungen gegenüber, die demgegenüber die Chancen einer längeren Lebenserwartung hervorheben. Beispielhaft für diesen Befund sei die Akademiengruppe »Altern in Deutschland« erwähnt (Kocka u. a. 2009). Diese interdisziplinäre Gruppe von Wissenschaftlern hat für einen positiven

---

9 Hier ist ebenfalls die Studie von Blome, Keck und Alber zu erwähnen, die die Generationenbeziehungen in ausgewählten Wohlfahrtsstaaten analysieren (Blome u. a. 2008). Harald Wilkoszewski untersucht, mit welchen Konzepten die im Bundestag vertretenen Parteien auf die sogenannte Ageing Society reagieren (Wilkoszewski 2003).

Bedeutungswandel plädiert, die Herausforderungen durch den demografischen Alterungsprozess als Triebkraft für politische, gesellschaftliche, kulturelle und nicht zuletzt Veränderungen des Einzelnen zu nutzen, denn so könnten die »gewonnenen Jahre« nicht nur vom Einzelnen, sondern auch von der Zivilgesellschaft als demografische Chance genutzt werden. Studien zum politischen Engagement älterer Menschen richten ihr Interesse vorrangig auf den bürgerschaftlichen Aspekt (z.B. der Freiwilligensurvey von 1999). Hier sind die Arbeiten von Thomas Olk (2002, 2003, Olk/Heinze 2001), Harald Künemund (2004, 2006, 2007a, b) sowie Marcel Erlinghagen (2007, 2009) zu nennen. In diesem Kontext wird häufig auf die Rolle der »jungen Alten« eingegangen (Aner u. a. 2007, Schroeter/Zängl 2006). Die Gruppe der 55- bis 69-Jährigen wird als Träger des »zivilgesellschaftlichen Projekts« benannt, die vermehrt unterstützend eingreifen müsse, wenn der Staat »als nachsorgender und vorsorgender Sozialstaat« an seine Grenzen komme (Kocka 2007: 328). Durch ihre Bereitschaft mitzuwirken, könnten gerade die »jungen Alten« der Zivilgesellschaft wichtige Impulse geben und sie auf diese Weise stärken (ebd.: 330). Demgegenüber problematisieren Silke van Dyk und Stephan Lessenich den aktivierenden Charakter des hier zugrunde liegenden Altersbildes. Sie kritisieren die »neue, produktivistische Moralökonomie des Alter(n)s« als Entwicklung »vom Rentner zum Arbeitskraftunternehmer in der Aktivgesellschaft« (van Dyk/Lessenich 2009).

1. Interessenverbände älterer Menschen

Interessenverbände älterer Menschen zählen zu den intermediären Organisationen, die sich »in einem Zwischenbereich zwischen der »Mikroebene« der »Orientierungen und Erwartungen der Mitglieder« einerseits und einer »institutionellen Makroebene« andererseits« befinden (Türk/Lemke/Bruch 2006: 269). Anders gesagt: Diese Verbände agieren als Interessenvertreter ihrer Mitglieder in einer Vermittlungsfunktion zwischen der mikropolitischen Lebens- und Sozialsphäre ihrer Mitglieder und den politischen und gesellschaftlichen Institutionensystemen der Makroebene (vgl. Müller-Jentsch 2003: 142). Folglich konstituieren sich Verbände älterer Menschen entlang der Hauptaufgabe, die Interessen und Bedürfnisse ihrer Mitglieder in den Feldern Rente, Pflege, Gesundheit oder auch Teilhabe am gesellschaftlichen Leben gegenüber dem politischen System und den darin handelnden Akteuren geltend zu machen und durchzusetzen. Die intermediäre Vermittlungsfunktion der Verbände schließt jedoch auch – im Sinne einer Systementlastung – die Aufgabe ein, gegenüber ihren eigenen Mitgliedern politische Entscheidungen zu vertreten und bei diesen um Verständnis, etwa im Falle unpopulärer Entscheidungen, zu werben. Neben ihrer politischen Funktion der Interessenvermittlung haben diese Verbände zudem die ökonomische Funktion der Dienstleistungserstellung sowie die soziale Funktion der sozial-kulturellen Integration (Priller 1997: 99; Streeck 1987). In ihrer sozialen Funktion bieten sie auf lokaler Ebene Raum für bürgerschaftliches Engagement und Geselligkeit. Neben Informationsveranstaltungen zu Sachthemen, wie etwa zur Patientenverfügung oder Auswirkungen der Gesundheitsreform auf die ärztliche Versorgung, ist die Bedeutung gemeinsamer Kaffeenachmittage oder Ausflugsfahrten zu nennen, die auf diese Weise die Integration und die lokale Teilhabe älterer Menschen am gesellschaftlichen Leben ermöglichen.

Die Sozialverbände und die Gewerkschaften werden ebenso wie Stiftungen, Vereine, Initiativen oder Projekte dem Dritten Sektor zugerechnet, der sich als breites Spektrum von Organisationen zwischen den institutionellen Polen Staat und Markt auf der einen und Familie auf der anderen Seite etabliert hat. In ihrer Handlungslogik folgen die Organisationen des Dritten Sektors weder eindeutig dem Sektor »Markt« (Gewinnmaximierung) noch dem Sektor »Staat« (Hierarchie), sind jedoch formaler strukturiert als die Familie oder ein Freundeskreis (Zimmer 1996: 84). Die Mitgliedschaft und Mitarbeit basiert auf dem Prinzip der Freiwilligkeit (Zimmer 2002: 2). Non-Profit-Organisationen des Dritten Sektors unterliegen explizit einem Verbot der Gewinnausschüttung an die Organisationsteilnehmer: Erwirtschaften beispielsweise Wohlfahrtsverbände, wie die Volkssolidarität, in ihren Kindertagesstätten oder Seniorenheimen Gewinne, so müssen sie diese entweder reinvestieren oder gemeinnützig einsetzen (ebd.).

Die großen Sozialverbände (VdK, SoVD und Volkssolidarität) verfügen wie die Gewerkschaften über eine feste, dauerhafte Organisationsstruktur, die einen bürokratischen Apparat und das Prinzip von Führung und Gefolgschaft zum Zweck der politischen Einflussnahme umfasst (Sebaldt/Straßner 2004b: 23). Mit Hilfe von professionell geführten Geschäftsstellen üben sie ihre politische Funktion der Interessenvermittlung zwischen den Mitgliedern und der Politik und Verwaltung aus. Zugleich sind sie als Organisationen des Dritten Sektors jedoch kein Teil der öffentlichen Verwaltung, sondern verwalten sich selbst und verfügen über eine von anderen Einrichtungen unabhängige Führungsstruktur (Anheier/Salomon 1992; zitiert nach Zimmer 1996: 87). Ferner dienen sie weder der Förderung von kommerziellen Partikularinteressen noch sind sie vollkommen professionalisiert; ehrenamtliche Mitarbeit ist von der Orts- bis zur Bundesebene explizit erwünscht (ebd.). Im Selbstverständnis der Sozialverbände ist der ehrenamtlich besetzte Bundesvorstand jeweils das Leitungs- und Entscheidungsgremium, während die Bundesgeschäftsstellen diesen bei der Ausführung und Umsetzung der Beschlüsse unterstützen.

Als Konglomerat von freiwillig organisierten Mitgliedern sind Gewerkschaften und Sozialverbände einerseits kollektive Akteure; andererseits handeln sie jedoch auch als korporative Akteure, die mit einer eigenen Rechtspersönlichkeit ausgestattet sind und somit strategisch im Sinne des Verbandes und seiner Mitglieder handeln können und Verantwortung für ihr Handeln übernehmen müssen (Schmid 1998a: 16). Im Unterschied zu den Parteien streben Interessenverbände als primäre Kräfte der Interessenartikulation und in ihrem Handeln als korporative Akteure keine direkte Regierungsbeteiligung an. Gleichwohl kann die staatliche Verwaltung Governance-Aufgaben an private Interessenregierungen delegieren. Beispiele dafür sind die Tarifautonomie oder die Selbstverwaltung der Gesetzlichen Krankenkassen.

Gewerkschaften und Sozialverbände unterscheiden sich in organisatorischer und funktionaler Hinsicht. Insbesondere folgen sie im Hinblick auf die Interessenvertretung von Senioren einer unterschiedlichen Handlungs- und Vertretungslogik. Diese Unterschiede werden im Folgenden näher erläutert.

1.1 Gewerkschaften als advokatorische Interessenvertreter

Zunächst mag es verwundern, die Gewerkschaften mit der Interessenvertretung älterer Menschen in Verbindung zu bringen, da sie auf den ersten Blick ausschließlich Arbeitnehmerorganisationen sind, deren Interessen sie primär vertreten. Demnach verstehen sie sich als »organisierte Zusammenschlüsse von abhängigen Erwerbspersonen mit dem Zweck, die wirtschaftlichen, sozialen und politischen Interessen ihrer Mitglieder in den Arbeitsbeziehungen und im politischen System zur Geltung zu bringen, wobei die Mitgliedschaft freiwillig ist« (Thibaut 2005: 311). Gleichzeitig begreift sich die gewerkschaftliche Solidargemeinschaft jedoch schon immer auch als Interessenvertretung der ehemals Beschäftigten und damit als generationenübergreifende Organisation (Neumann 1978). Mit der wegweisenden Rentenreform im

Jahr 1957, an der die Gewerkschaften als politische Akteure maßgeblich mitgewirkt haben, wurde dieses generationenübergreifende Selbstverständnis der Gewerkschaften als Solidargemeinschaft auch von staatlicher Seite anerkannt und somit die advokatorische Interessenvertretung der Rentner durch die Gewerkschaften institutionalisiert: Im Zuge der Einführung der bruttolohnbezogenen, dynamischen und lebensstandardsichernden Rente nach dem Umlageverfahren wurden die jährlichen Anpassungen der Rentenhöhe an die Lohnentwicklung gekoppelt, die unabhängig von staatlicher Kontrolle zwischen den Tarifpartnern ausgehandelt wird. Damit konnten sich die Gewerkschaften im Rahmen ihrer Tarifverhandlungen auch als advokatorische Interessenvertreter der materiellen Interessen ihrer Randklientel, der verrenteten bzw. pensionierten Mitglieder, legitimieren und eine exklusive Stellung im Verbändesystem erlangen. Dennoch verstehen sie sich primär als Arbeitnehmerorganisationen. Für ihre verrenteten Mitglieder handeln sie folglich lediglich im Sinne einer advokatorischen Kraft (vgl. Schölkopf 2000: 125; Willems/Winter 2000: 25f.).

Aufgrund der veränderten Altersstruktur ihrer Mitgliedschaft ist jedoch die Frage zu klären, ob sich die bisherige gewerkschaftliche Interessenvertretungslogik für Ältere hin zu einer explizit klientelistischen Vertretung dieser Interessen wandelt. Verändert sich also die bisherige Randfunktion, die advokatorische Mitvertretung der Interessen von Älteren, hin zu einer direkteren Interessenvertretungspolitik? Daraus würde ein Zielkonflikt hinsichtlich ihrer Kernfunktion als Arbeitnehmervertretung resultieren. Um Aufschluss über eine solche mögliche Veränderung der gewerkschaftlichen Handlungs- und Interessenvertretungslogik zu erhalten, werden neben der Mitgliederstruktur auch die satzungsrechtlichen Veränderungen analysiert. Im Hinblick darauf wird der Diskurs über die gewerkschaftliche Seniorenfrage seit den achtziger Jahren nachgezeichnet.

1.2 Sozialverbände als direkte Interessenvertreter

Sozialverbände repräsentieren in erster Linie gesellschaftliche Gruppen, die außerhalb des Erwerbssystems stehen: Sozialleistungsempfänger, verstanden als eine latente, durch sozialpolitische Interessenlagen definierte Gruppe, können sich zu einer manifesten Gruppe entwickeln und nach außen hin durch verbandsförmige Organisierung in Erscheinung treten. Allein die Tatsache, dass alle Rentner eine Rentenleistung erhalten, führt jedoch nicht konsequenterweise dazu, dass sich diese Gruppe zu einem Interessenverband formiert. Das gilt vor allem, wenn sie kein gemeinsames Interessenbewusstsein entwickelt. So nahmen Sozialverbände in den rentenpolitischen Debatten bis in die achtziger Jahre hinein allenfalls einen marginalen Status ein. Die Wahrscheinlichkeit einer verbandlichen Selbstorganisation steigt generell mit einer dauerhaften und die Lebenslage der Gruppenmitglieder in umfassender Weise bestimmenden Abhängigkeit von der Sozialpolitik, der Größe des betroffenen Personenkreises sowie einer hohen Interessenhomogenität (Winter 1997: 120, 124).

Ein Sozialverband ist die »selbstorganisierte Vertretung sozialpolitischer Ansprüche« (Winter 2007: 341). Sehr unterschiedlich sind die einzelnen Verbände hinsichtlich sozialer Merkmale wie ihrer Mitgliederklientel, des Ausmaßes ihrer Institutionalisierung und ihrer politischen Handlungsfähigkeit (ebd.: 341). Neben Kriegsopferverbänden und Verbänden für behinderte Menschen zählen beispielweise Arbeitsloseninitiativen oder Patientenverbände zu diesem Organisationstypus. Um von einem Sozialverband als »partizipativer Klientelorganisation« der Älteren sprechen zu können, der primär an den materiellen Interessen seiner Mitglieder im Sinne einer direkten Interessentransformation orientiert ist, müssen mindestens 50 Prozent der Mitglieder einen Rentnerstatus haben (Winter 1997: 133ff.).

Sozialverbände haben als partizipative Klientelorganisation zwei Hauptfunktionen (Winter 1997: 133ff.): Zum einen im Innenverhältnis die Selbsthilfe zur Bewältigung sozialer Probleme und zum anderen die nach außen gerichtete sozialpolitische Interessenvertretung. Die Rechtsberatung und Vertretung vor den Sozialgerichten, die sowohl der VdK als auch der SoVD ihren Mitgliedern anbieten, können als Modellbeispiel der Selbsthilfe angesehen werden. Der VdK legt beispielsweise großen Wert darauf, dass in der Nachkriegszeit die Maxime der wechselseitigen Unterstützung der Mitglieder und die Unterstützung durch den Verband einen ähnlichen Stellenwert hatte wie die politische Interessenvertretung der Kriegsopfer.

Das Hauptmerkmal der Sozialverbände ist die direkte Interessentransformation: Im Gegensatz zur advokatorischen Interessenvertretung melden hier die Leistungsempfänger ihre Ansprüche mit Hilfe eines selbstorganisierten Verbandes an, dessen primäres Organisationsziel in der Verbesserung des Klientelstatus seiner Mitglieder besteht (Winter 1997: 133f.). Für die Interessenvertretung von Rentnern folgt daraus, dass diese sich aufgrund ihres kollektiven Interesses an einer hinreichenden materiellen Alterssicherung in den Sozialverbänden organisieren und ihre Interessen in den politischen Entscheidungsprozess hineintragen. Wir unterscheiden weitergehend zwischen einer impliziten und einer expliziten Durchsetzungsfähigkeit der Interessenvertretung, um Unterschiede im strukturellen Gewicht der Verbände zu untersuchen. Eine explizite Interessenvertretung liegt dann vor, wenn die beteiligte Interessengruppe direkt in den konkreten Gesetzgebungsprozess eingebunden ist. Von einer impliziten Interessenvertretung sprechen wir, wenn die verbandlichen Positionen und Interessen zwar von den politischen Entscheidungsträgern rezipiert werden, diese jedoch keinen direkten Einfluss auf die konkrete Ausgestaltung eines Gesetzes erlangen. So verfügen die Sozialverbände in der Politik für Menschen mit Behinderungen – vor allem aufgrund ihres direkten Zugangs zur Ministerialbürokratie – über expliziten Einfluss auf die Gesetzgebung (Spörke 2008: 153). In der Rentenpolitik hingegen bleibt der Einfluss der Sozialverbände bei politischen Entscheidungsprozessen sehr gering (Schölkopf 2000: 124; Winter 1992: 421f; Nullmeier/Rueb 1993: 314f).

Als zentrale Untersuchungskategorien hinsichtlich der Sozialverbände haben wir den Grad der Professionalisierung und marktorientierten Politik verbandlicher Leistungen zu Grunde gelegt. Eine gestiegene Marktorientierung ergibt sich für die Sozialverbände wie für die Gewerkschaften aus den vermehrten Kosten-Nutzen-Kalkülen auf Seiten der Mitglieder, denen sie durch die

Tabelle 1: Abgrenzung zwischen Wohlfahrtsverband, Sozialverband und Gewerkschaft als Interessenvertreter für Ältere

	Wohlfahrts-verbände	Sozialverbände	Gewerkschaften
Verbandstypus	Sozialleistungs-vereinigung	Sozialanspruchs-vereinigung	Erwerbs-organisation
Mitglieder-organisation	Voll- und Förder-mitglieder	partizipative Klientel-organisation	Solidar-gemeinschaft
Interessenver-tretung für Ältere	advokatorisch	direkt	advokatorisch
Leistungen	staatlich geförderte soziale Infrastruktur	Dienstleistungen für Mitglieder	Dienstleistungen für Mirglieder

Quelle: Eigene Darstellung.

Entwicklung einer entsprechenden Anreizstruktur gerecht werden müssen.
Im Gegenzug können die Organisationen auf das Ressourcenpotenzial der
Mitglieder zurückgreifen: Das betrifft nicht nur ihre Beitragsleistungen, sondern auch die Bereitschaft, sich ehrenamtlich in den Verbandsstrukturen zu
engagieren. Und nicht zuletzt können die Mitglieder als Multiplikatoren
und Botschafter in der Außenkommunikation für ihren Verband werben.

1.3 Wohlfahrtsverbände im Zielkonflikt

Die Volkssolidarität (VS) unterscheidet sich in ihrem Organisationsprofil
von den beiden anderen hier untersuchten Sozialverbänden, denn die VS
tritt nicht nur als Sozialverband in Erscheinung, sondern ist gleichzeitig auch
als Wohlfahrtsverband mit einem umfassenden infrastrukturellen Dienstleistungsangebot tätig. Dieser Hybridtyp eines Sozial- *und* Wohlfahrtsverbandes
bedarf daher einer eigenen typologischen Einordnung. Wohlfahrtsverbände
zählen ebenfalls zum Dritten Sektor und haben drei wesentliche Funktionen. Neben der Interessenvertretung ihrer Klientel und der sozialen Verge-
meinschaftungsfunktion erbringen diese Verbände umfassende Dienstleistungen, die weit über selektive Anreize hinausreichen (Schmid 1997: 83). Sie
erfüllen staatliche Aufgaben im Rahmen des Subsidiaritätsprinzips und zählen zu den größten Arbeitgebern des Landes.[10] Beispielsweise stellen sie ambulante Pflegedienste bereit oder unterhalten Kinder- sowie Altenheime und
erfahren dafür staatliche Förderung.

Da Wohlfahrtsverbände keine partizipativen Klientelorganisationen wie
die Sozialverbände sind, kann der Anteil der Fördermitglieder den Anteil der
selbst betroffenen Mitglieder übersteigen. Die Volkssolidarität organisiert
jedoch eine vergleichsweise hohe Zahl von Nicht-Fördermitgliedern, also
selbst betroffenen Vollmitgliedern. Das ist durch die Verbandshistorie und
die ostdeutsche Sondersituation zu erklären. Die VS ist Mitglied im Paritätischen Wohlfahrtsverband (DPWV), einem der sechs Spitzenverbände der
freien Wohlfahrtspflege.[11] Die Spitzenverbände genießen öffentlich-rechtli-
chen Status, sind im ganzen Bundesgebiet aktiv und decken das gesamte

---

10 Subsidiarität meint in diesem Falle das Vorrangprinzip der freien Wohlfahrtspflege sowohl
    gegenüber staatlichen als auch privaten Anbietern sozialer Leistungen (Papst 1996, 9).
11 Zu den Spitzenverbänden der freien Wohlfahrtspflege zählen neben dem DPWV die Ar-
    beiterwohlfahrt (AWO), die Caritas, das Diakonische Werk, das Deutsche Rote Kreuz
    (DRK) sowie die Zentralwohlfahrtsstelle der Juden.

Gebiet der Wohlfahrtspflege ab. Anders als Vereine, Selbsthilfegruppen oder Lobbyverbände müssen sie soziale Hilfe selbst leisten und nicht nur vonseiten der Politik fordern (Schmid 1997: 86). Von Alemann (1987) charakterisiert die Wohlfahrtsverbände als »Sozialleistungsverbände« mit hohen professionellen Dienstleistungskapazitäten, stabiler Institutionalisierung, einer engen Staat-Verbände-Kooperation sowie einer intensiven Zusammenarbeit der einzelnen Wohlfahrtsverbände untereinander. Sie handeln häufig als advokatorische Interessenvertreter (Pabst 1996: 20). Diese Vertretung schwacher Interessen stärkt den Verband gegenüber Öffentlichkeit und Staat, da so sein Image verbessert und seine Ressourcenforderungen besser legitimiert werden können (Pabst 1996: 123f). Allerdings sind Wohlfahrtsverbände, die wie die Volkssolidarität in einer Doppelfunktion tätig sind, einerseits als Anwälte sozial benachteiligter Menschen (Anwaltsfunktion) und andererseits als effizient zu führende Wirtschaftsunternehmen (Dienstleistungsfunktion) zuweilen einem spannungsreichen Zielkonflikt ausgesetzt: Denn der Verband erbringt Dienstleistungen, deren Empfänger er selbst vertritt. Dabei kann die eigene advokatorische Funktion unterminiert werden. Ein Beispiel: Der Bundesverband der Volkssolidarität vertritt als Fürsprecher von Geringverdienern die Einführung von Mindestlöhnen, während einzelne Landesverbände der VS zugleich mit dem Vorwurf konfrontiert sind, sich durch Dumpinglöhne Wettbewerbsvorteile bei der Erstellung sozialer Dienstleistungen verschaffen zu wollen.

2. Pluralisierung der Interessenvermittlung?

Die Zahl der Interessenverbände hat in den vergangenen Jahren kontinuierlich zugenommen, wie beispielsweise an der Lobbyliste des Deutschen Bundestages abzulesen ist. Waren im Jahr 1974 erst 635 Interessengruppen registriert, so stieg die Zahl bis Mai 2009 auf 2.077 Verbände, die darauf zielen, politischen Einfluss auszuüben (BMJ 2009). Vermehrt wird daher in den letzten Jahren über Veränderungen des deutschen Interessenvertretungssystems im Sinne einer zunehmenden Pluralisierung und Auflösung korporatistischer Muster diskutiert (vgl. Trampusch 2006). Erklärungsfaktoren für den Anstieg von organisierten Interessen sind die zunehmende Differenzierung und Spezialisierung von gesellschaftlichen Interessen (Willems/Winter 2007: 27). Neben diesen Veränderungen auf der Makroebene sind auch

Sponsoren und politische Unternehmer auf der Mesoebene für die vermehr-
te Organisierung sogenannter schwacher Interessen verantwortlich (Winter
2007: 345f.). Da sie Interessenlagen definieren, zur Entwicklung von Interessenbewusstsein beitragen und Startkapital für ressourcenschwache Gruppen bereitstellen, können sie kollektives Handeln anregen. Wie im Falle der
BAGSO erkennbar, kann zudem der Staat als politischer Unternehmer wirken. Wenn das Interessenbewusstsein und die Ressourcenausstattung ein
bestimmtes Mindestniveau überschreiten, können sich auch auf der Mikroebene vermeintlich schwache Interessen durch autonome Gruppenprozesse
organisieren (ebd.: 348f). Da die Rentner häufig über eine günstige Ressourcenausstattung und ein entwickeltes Interessenbewusstsein verfügen, gelten
sie im Vergleich mit anderen Gruppen von Nichterwerbstätigen als relativ
gut organisierbar. Tatsächlich haben sie vom Wachstum bzw. Wandel des
Verbandsgefüges in besonderem Maße profitiert.

Mit der zunehmenden Zahl an Interessenverbänden sind Vor- und Nachteile für diese verbunden: Einerseits verschärft sich ihre Konkurrenz im Hinblick auf die Rekrutierung von Mitgliedern und die politische Einflussnahme auf Politik und Verwaltung. Auf der anderen Seite eröffnet die neue
Vielfalt der Akteure aber auch Chancen für Kooperationen und Bündnisse.
Dabei ist im Auge zu behalten, dass zwischen den einzelnen Gruppen infolge
der unterschiedlichen Organisations- und Konfliktfähigkeit keine »Waffen-
gleichheit« besteht (Voelzkow 2007: 141ff.).

Prinzipiell haben Verbände bei der politischen Interessenvertretung die
Wahl, entweder in höherem Maße auf Protest/Kampfmaßnahmen bzw. die
Mobilisierung öffentlicher Aufmerksamkeit (outside strategy) zu setzen oder
eher traditionelles, »stilles« Lobbying (inside strategy) zu betreiben (Wil-
lems/Winter 2007: 35). Faktoren zur Bestimmung des Verbandseinflusses
lassen sich außerhalb wie auch innerhalb der Verbände selbst verorten (vgl.
Abbildung 1). Offes Kategorien der Organisations- und Konfliktfähigkeit
von Interessen zufolge hängt die Einflussmacht eines Verbandes von den Eigenschaften der Personengruppe ab, wozu insbesondere ihre Machtpotenziale zählen (Offe 1972: 145ff). Ein gesellschaftliches Interesse ist demnach
konfliktfähig, wenn die Gruppe über Machtpotenziale verfügt, um gegenüber der Gesellschaft und dem politischen Gegner systemrelevante Leistungsverweigerungen glaubwürdig anzudrohen. Dieses Kriterium trifft auf
die Gewerkschaften idealtypisch, auf die Sozialverbände hingegen nicht zu.

Abbildung 1: Einflussfaktoren von Interessengruppen

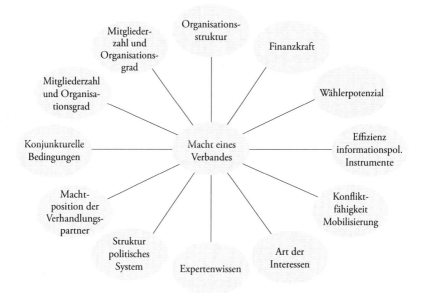

Quelle: Eigene Darstellung nach Weber 1976; Wittmann 1976.

Zur Analyse des politischen Einflusses der Sozialverbände und Gewerkschaften ist zu untersuchen, über welche Mobilisierungsfähigkeiten und Zugänge zu den politischen und administrativen Entscheidungszentren die Verbände verfügen. Im Hinblick auf interne Machtfaktoren ist zu untersuchen, wie hoch der Organisationsgrad und wie professionell und ressourcenstark der Verband organisiert ist. Davon hängt ab, ob es einer Seniorenorganisation gelingt, ihre Mitglieder öffentlichkeitswirksam zu mobilisieren, beispielsweise für Demonstrationen oder Unterschriftenaktionen.

3. Transformation von Interessenverbänden

Die Interessenverbände im Politikfeld Seniorenpolitik unterliegen einem Wandel, der maßgeblich aus strukturellen Veränderungen ihrer Umweltbedingungen resultiert. Diese gehen vom demografischen Wandel, den Sozial-staatsreformen der letzten Jahre, die insbesondere das Rentensystem betreffen, aber auch von den anhaltenden Problemen auf dem Arbeitsmarkt und den damit verbundenen Auswirkungen auf die Sozialversicherungssysteme aus. In gleicher Weise wirken gesellschaftliche Individualisierungsprozesse wie auch sozioökonomische und familiale Modifikationen. Die gestiegene Lebenserwartung und somit die verlängerte Lebensphase »Alter« sowie unterschiedliche sozioökonomische wie auch gesundheitliche Bedingungen haben die Heterogenität von Lebenslagen befördert. Dadurch pluralisieren und heterogenisieren sich auch gesellschaftliche Interessen. Parallel dazu findet ein horizontaler Ausdehnungsprozess der verbandlichen Organisierung in immer mehr gesellschaftliche Bereiche statt. Diese Entwicklung führt zu einer erhöhten Komplexität und Interdependenz von politischen Handlungsfeldern. Überdies haben sich die Partizipationsmuster verändert und die Konkurrenz zwischen neuen und alten Akteuren mit erweiterten Aufgabenstellungen und Kompetenzfeldern ist gestiegen (vgl. Willems/Winter 2007: 18). Diese Veränderungen der Verbändelandschaft haben Einfluss auf das Selbstverständnis, das Aufgabenspektrum, die Handlungslogiken sowie die Binnenstruktur von Organisationen und können eine grundlegende Transformation oder sogar Erosion der Interessenverbände in Gang setzen (Willems/Winter 2007). Gleichwohl sind Organisationen keine ohnmächtigen Objekte, sondern können in bestimmten institutionell vorgegebenen Spielräumen auf Umweltveränderungen reagieren. Folglich bestehen in der Regel Handlungsalternativen, die den Akteuren Spielräume für strategisches Handeln eröffnen (Angerhausen 2003: 24). Ohne verbandsinterne Initiatoren des Wandels, die als Reaktion auf äußere Herausforderungen Ideen und Konzepte des Organisationsumbaus entwickeln und dafür zunächst verbandsintern um Zustimmung werben, hat eine Transformation allerdings nur geringe Erfolgsaussichten (vgl. Wiesendahl 2006).

Auch verbandsinterne Faktoren können einen Wandel induzieren bzw. einen durch äußere Faktoren hervorgerufenen Wandel beschleunigen. Dabei ist beispielsweise an veränderte Mitglieder- und Ressourcenstrukturen oder organisationspolitische Krisen zu denken, die eine Erweiterung des verbandlichen Aufgabenprofils erfordern können. Von einer derartigen Krise waren die ehemaligen Kriegsopferverbände betroffen, deren Mitgliederzahlen ab den siebziger Jahren sanken, weil die Gesamtpopulation der Kriegsopfer altersbedingt zurückgegangen war. Doch auch veränderte Koalitionsbildungen in der haupt- und ehrenamtlichen Struktur und damit korrelierend veränderte Machtkonstellationen können die Verbandselite veranlassen, neue Schwerpunkte und Zielsetzungen zu entwickeln, die zu einer Transformation der Verbandsstruktur führen können.[12]

Der Wandel von Interessenverbänden vollzieht sich im Regelfall jedoch nicht radikal, sondern vielmehr inkrementell, als oftmals schleichender Prozess entlang bisheriger Traditionen und eingeschlagener Pfade. Die Transformation von Organisationen und deren Ursachen lassen sich daher nur vor dem Hintergrund der Organisationshistorie, also auch ihrer Anfänge und Wurzeln, hinreichend analysieren (vgl. Thelen 1999: 400). Mit Blick auf die Sozialverbände werden die Entstehungsbedingungen der Verbände in der unmittelbaren Nachkriegszeit und die in diesem Gründungskontext geprägte Verbandsidentität in der Studie umfänglich vorgestellt, um Handlungserfordernisse, aber auch Umstände und Herausforderungen des Wandlungsprozesses selbst zu verdeutlichen. Organisationen sind vor allem deshalb in ihrer Historizität zu analysieren, weil in der Vergangenheit getroffene Entscheidungen, etablierte Denkweisen und Routinen – also die Identität einer Organisation – in die Gegenwart hineinwirken und als Pfadabhängigkeit die Handlungsalternativen der Führungspersönlichkeiten einengen (Beyer 2005: 6). Größtenteils tendieren die Institutionen der Interessenvermittlung trotz neuer Anforderungen zu historischer Kontinuität und Pfadabhängigkeit. So ist zu beobachten, dass Entscheidungsroutinen und Strukturen oftmals noch über lange Zeit weiterpraktiziert werden, obgleich sich die äußeren Verhältnisse längst gravierend verändert haben (Schmid 1998a: 248). Auch das Scheitern aller bisherigen Fusionsversuche der großen Sozialverbände kann ohne Berücksichtigung der von vielen Rivalitäten und unterschiedlichen Strukturen geprägten Organisationshistorie der beiden ehemaligen Kriegsopferverbände VdK und Reichsbund nicht hinreichend verstanden werden. Denn unter Rationalitätskriterien betrachtet, wäre die Fusion der Verbände eine naheliegende und zukunftsträchtige Option. Bei den Gewerkschaften ist zu beobachten, dass sie trotz der Alterung ihrer Mitgliedschaft lange Zeit nur sehr zögerlich die Frage thematisiert haben, wie mit den Ansprüchen der außerhalb des Erwerbslebens stehenden Mitgliedergruppe umzugehen ist. Erst in jüngster Zeit wird die Zurückhaltung in der Seniorenfrage etwas aufgegeben.

---

12 Beispielsweise können auch zwischen unterschiedlichen Abteilungen oder Gliederungen, also Landesverbänden bzw. Bezirken Konflikte entstehen, die von der Organisation bearbeitet werden müssen und zu Veränderungen in der Zielsetzung oder Organisationsstruktur führen können (Angerhausen 2003: 45f).

Streeck und Thelen (2005) haben Kategorien zur Analyse des Institutionenwandels entwickelt, die den graduellen bzw. inkrementellen Anpassungsprozess an veränderte Umweltbedingungen in Form einer »Politik der kleinen Schritte« (Czada/Schimank 2000) beschreiben (Hall 1993). Im Kontext unserer Studie greifen wir die Kategorie des *layering* auf. *Layering* bezeichnet eine Strategie des Anbaus von neuen institutionellen Elementen an eine bereits bestehende Institution, die durch diesen Wandlungsprozess endogen und inkrementell, also zunächst ohne abrupten Pfadwechsel oder Bruch stabilisiert werden soll. Durchaus kann eine mit anderer Zielsetzung entstandene Institution im Zuge dieses Transformationsprozesses schließlich auch eine erhebliche Veränderung der Zielsetzung oder der Zielgruppenstrategie erfahren. Diese *layering*-Strategie haben die ehemaligen Kriegsopferverbände in den letzten Jahren gewählt, um ihre Bestandskrise angesichts aussterbender »Stammkunden« (Streeck 1987) abzuwenden. An den Prinzipien der wechselseitigen Selbsthilfe und Solidarität wie auch an dem Anspruch der Interessenvertretung von Sozialleistungsempfängern wurde festgehalten. Die politische Zielsetzung des Verbandes wurde hingegen von der angestammten »Kriegsopferbewältigungspolitik« hin zu einer »umfassenden Sozialstaatsklientelpolitik« erweitert. Damit verbunden konnte eine neue Zielgruppenstrategie erfolgreich umgesetzt werden, sodass neben den Kriegsopfern heute auch Menschen mit Behinderungen, Rentner, Hinterbliebene, ältere Arbeitnehmer und Familien als Klientelgruppen vertreten werden. Dadurch gelang diesen Verbänden eine weitgehende Neupositionierung in der sozialpolitischen Akteurskonstellation. Die Gewerkschaften verfolgen in der Seniorenfrage eher eine Auslagerungsstrategie: Indem sie Kooperationen mit den Sozialverbänden eingehen, können sie nämlich auch als Interessenvertreter der Älteren in Erscheinung treten, ohne ihre Kernfunktion als Erwerbsorganisationen zu belasten.

4. Fallauswahl und Arbeitshypothesen

Die Zunahme des Anteils älterer Menschen und damit der Adressaten sozialstaatlicher Leistungen bei gleichzeitiger Reduktion der jüngeren, erwerbstätigen Population könnte – so lautete unsere Ausgangshypothese – ein Ungleichgewicht zur Folge haben, das perspektivisch zu größeren Problemen in der Steuerung einer generationengerechten Renten- und Sozialpolitik führt. Mit Blick auf die American Association of Retired Persons (AARP) in den

USA stellt sich die Frage, ob sich auch in Deutschland zukünftig ein ähnlich mächtiger, ohne generationenübergreifendes Selbstverständnis handelnder Akteur in der seniorenpolitischen Arena etablieren könnte.

Die komparativ angelegte Studie konzentriert sich bei der Fallauswahl auf zwei Typen von Organisationen, die beide zu den Hauptakteuren in der Seniorenpolitik zählen, aber jeweils einer anderen Interessenvertretungslogik folgen. Zum einen die Sozialverbände, die als partizipative Klientelorganisationen eine direkte Interessenvertretung betreiben (vgl. Winter 2007). Damit bieten sie Rentnern die Möglichkeit, sich selbst zu organisieren und auf diese Weise ihre Interessen direkt zu artikulieren. Demgegenüber liegt der Handlungslogik der Gewerkschaften zwar einerseits ein Selbstverständnis als generationenübergreifende Solidargemeinschaft zugrunde, sie verstehen sich jedoch primär als Erwerbstätigenorganisationen. Für ihre verrenteten Mitglieder handeln sie folglich lediglich im Sinne einer advokatorischen Interessenvertretung bzw. einer Mitvertretung der Rentnerinteressen, da diese nicht zu ihrer genuinen Kernklientel zählen. Aus gewerkschaftlicher Sicht handelt es sich hierbei um eine Randfunktion, die sie im Sinne eines gesamtgesellschaftlichen Vertretungsanspruchs verfolgen. Dem Modell der direkten Interessentransformation durch die Sozialverbände steht folglich die advokatorische Interessenvertretung durch die Gewerkschaften gegenüber. Um die seniorenpolitische Akteurskonstellation und ihre Veränderung adäquat zu erfassen, werden beide Typen der Interessenvertretungslogik untersucht. Dies beinhaltet auch die Analyse des Selbstverständnisses als Interessenverband älterer Menschen und dessen Wandel wie auch die Entwicklung des Einflusspotenzials der Verbände im politischen Willensbildungs- und Entscheidungsprozess. Darüber hinaus bietet sich durch die Fallauswahl die Möglichkeit, die zunehmenden Kooperationsanstrengungen zwischen Sozialverbänden und Gewerkschaften in die Analyse einzubeziehen. Insbesondere in den letzten Jahren ist zu beobachten, dass beide Verbandstypen bei einzelnen Sachthemen aber auch Protestaktionen zusammenarbeiten. Als Beispiel sei hier das »Netzwerk für eine gerechte Rente«[13] genannt.

Mit dem Sozialverband VdK Deutschland (VdK), dem Sozialverband Deutschland (SoVD) und der Volkssolidarität (VS) wurden – gemessen an der Mitgliederzahl – die größten deutschen Sozialverbände ausgewählt. Die Volkssolidarität weist dabei zwei Besonderheiten auf: Aufgrund ihrer Verbandshistorie ist sie ausschließlich in Ostdeutschland aktiv und sie ist als Sozial- *und*

---

13 siehe hierzu: www.gerechterente.net.

Wohlfahrtsverband ein Verband mit einer Doppelfunktion. In die Analyse wurde sie einbezogen, weil sie der mitgliederstärkste Sozialverband in Ostdeutschland ist. Die Fallauswahl der Gewerkschaften erfolgte anhand der Kategorie Mitgliedergröße. Die IG Metall, ver.di und die IG BCE sind die drei mitgliederstärksten Einzelgewerkschaften. Gleichzeitig unterscheiden sich diese drei Gewerkschaften hinsichtlich ihrer Organisationswirklichkeit, Branchenstrukturen und Tradition. Im Hinblick auf die innergewerkschaftliche Integration der verrenteten Mitglieder gehen wir von unterschiedlichen Strategien und Handlungslogiken der Einzelgewerkschaften aus, sodass ausführlich auf die gegebenen Differenzen einzugehen ist. Der DGB als Dachverband wurde deshalb einbezogen, weil der Bereich Sozialpolitik und damit auch der Seniorenpolitik – unabhängig von jeweiligen eigenen Gestaltungsansprüchen insbesondere der großen Einzelgewerkschaften in diesem Politikfeld – von diesen traditionell an den DGB delegiert wird.

5. Methode und Materialbasis

Um fundierte Aussagen über die jeweiligen innerorganisatorischen Beteiligungsstrukturen für Senioren, das Selbstverständnis als Interessenverband älterer Menschen und das Wirken der Verbände im politischen Willensbildungs- und Entscheidungsprozess treffen zu können, wurden als Primärquellen Satzungen, Geschäftsberichte, interne statistische Erhebungen, Organigramme, Protokolle, Dokumentationssammlungen, eigene Publikationen sowie Stellungnahmen der Gewerkschaften und Sozialverbände analysiert.[14] Darüber hinaus wurden qualitative, leitfragengestützte Experteninterviews mit Funktionären von Gewerkschaften und Sozialverbänden sowie mit Vertretern aus Politik, Verwaltung und mit Wissenschaftlern geführt.[15]

Die Zugangsprobleme zu den Untersuchungsobjekten wurden zu Beginn unterschätzt. Die Sozialverbände haben hinsichtlich ihrer Binnenorganisation bislang ein Leben weitgehend abseits der wissenschaftlichen Öffentlichkeit geführt. Diese Distanz zeigt Wirkung bis heute: Wenngleich sich alle

---

14　Der Erhebungszeitraum war Mai 2007 bis einschließlich Dezember 2008.

15　Um die zugesagte Anonymität der Interview-Partner zu gewährleisten, wurde auf die Veröffentlichung einer Interview-Liste verzichtet. Zur Verifizierung der Aussagen kann die Liste zu wissenschaftlichen Zwecken bei den Autoren eingesehen werden.

drei Sozialverbände medial als moderne und kampagnenfähige Verbände inszenieren, zeigte sich im Umgang mit der Wissenschaft auf der Bundesebene zunächst eine erhebliche Skepsis und Intransparenz.[16]

16 Die Mehrzahl der Landesverbände begegnete dem Forscherteam dagegen aufgeschlossen.

III. Politik in alternden Gesellschaften

Der demografische Wandel, der als fundamentale Herausforderung des 21. Jahrhunderts alle hochindustrialisierten Gesellschaften erfasst hat, äußert sich in niedrigen Geburtenraten einerseits und einer steigenden Lebenserwartung mit einem zunehmenden Anteil Älterer an der Gesamtbevölkerung andererseits. Zugleich hat auch ein qualitativer Strukturwandel stattgefunden, der als Folge einer fortschreitenden Differenzierung der Lebenslagen und Pluralisierung der Lebensformen im Alter sowohl Chancen als auch Herausforderungen in sich birgt. Auf der einen Seite geht die verlängerte Lebenserwartung mit einer zunehmenden Zahl pflegebedürftiger Menschen im hohen Alter einher. Die Kosten der infrastrukturellen Versorgung mit den entsprechenden Fürsorge- und Pflegedienstleistungen wie auch die Verschiebung des numerischen Verhältnisses zwischen Erwerbstätigen und Rentnern bergen enorme finanzielle Herausforderungen für den Sozialstaat. Hinzu kommt der prognostizierte Anstieg der Altersarmut. Auf der anderen Seite altern die Menschen heute gesünder, wohlhabender und bewusster als vergangene Generationen. Insbesondere die Kohorte der sogenannten »jungen Alten«, die heute 55- bis 69-Jährigen, lassen bisherige Altersbilder obsolet erscheinen, in denen das Alter vornehmlich mit negativen Aspekten assoziiert wurde. Vor allem in dieser Gruppe gibt es viele Menschen mit Qualifikationen und Kompetenzen, die bereit sind, sich in Vereinen, Verbänden und anderen Formen ehrenamtlich zu engagieren. Diese Bereitschaft zum bürgerschaftlichen Engagement kann von Organisationen und Verbänden aktiviert und als Ressource genutzt werden. Die facettenreichen und ambivalenten Perspektiven des gesellschaftlichen Alterungsprozesses beeinflussen somit zwangsläufig auch die Rahmenbedingungen der Seniorenpolitik, die es im Folgenden darzustellen gilt.

1. Demografischer Wandel

Die deutsche Bevölkerung altert im internationalen Vergleich dramatisch: Zum Jahresende 2000 waren 15,6 Prozent der Bevölkerung jünger als 15 Jahre, auf die Gruppe der über 65-Jährigen entfielen 16,4 Prozent. Die übrigen 68 Prozent zählten zur Bevölkerung im erwerbsfähigen Alter (15- bis 64-Jährige). Im Jahr 2020 wird die Bevölkerung im Erwerbsalter voraussichtlich lediglich rund 64 Prozent der Gesamtbevölkerung ausmachen, über 22,4 Prozent werden 65 Jahre oder älter und rund 12,8 Prozent unter 15 Jahre alt sein (ILO 2008). Eine ähnliche Entwicklung wird Österreich perspektivisch durchlaufen: Während die Altersgruppe unter 15 Jahren weiter sinken wird, erreicht die Gruppe der über 55-Jährigen im Jahr 2020 zusammen einen Anteil von 38,1 Prozent an der Gesamtbevölkerung. Italien ist mit einer mittleren Veränderung der Altersstruktur konfrontiert. Die USA hingegen scheinen mit einem voraussichtlichen Anteil der über 65-Jährigen von 15,8 Prozent im Jahr 2020 von einer vergleichsweise geringeren Alterung betroffen zu sein, gleichwohl verändert sich auch hier die Alterspyramide vor allem aufgrund der in die Jahre kommenden, geburtenstarken »Babyboomer«-Generation.

Abbildung 2: Bevölkerungsentwicklung Deutschland, Italien, Österreich

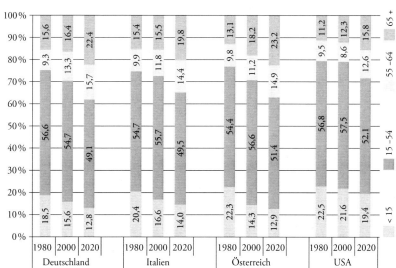

Quelle: Economically Active Population Estimates and Projections 1980–2020; International Labour Organization (ILO) 2008; eigene Darstellung.

Mit der Zunahme älterer Menschen an der Gesamtbevölkerung steigt auch die Zahl der Rentenempfänger. Im Jahr 2006 bezogen rund 18,7 Millionen Menschen eine Leistung aus der gesetzlichen Rentenversicherung. Tabelle 2 liefert einen Überblick über die verschiedenen Formen und Höhen der ausbezahlten Rentenleistungen im Zeitverlauf.

Im Jahr 2007 bezogen rund 14,7 Millionen 65-Jährige und Ältere – davon 6,2 Millionen Männer und 8,5 Millionen Frauen – eigene oder abgelei-

Tabelle 2: Empfänger von Rentenleistungen im Zeitverlauf

Jahr	Versichertenrenten insgesamt	Darunter:						
		Renten wegen verminderter Erwerbsfähigkeit insgesamt	Regelaltersrenten	Altersrenten				
				für langjährig Versicherte	für schwerbehinderte Menschen	wegen Arbeitslosigkeit/ Altersteilzeitarbeit	für Frauen
Alte Bundesländer								
1970	6.017.311	1.627.385	3.761.848	x	x	119.726	459.052
1980	8.038.353	1.975.789	3.916.634	655.756	130.346	256.387	1.081.977
1990	10.368.875	1.846.347	4.396.714	967.527	692.427	595.963	1.862.876
1995	11.815.162	1.398.728	7.914.254	482.346	493.053	600.011	921.379
2000	13.474.914	1.388.915	7.604.319	846.015	799.004	1.167.927	1.655.548
2006	14.807.451	1.203.052	7.478.320	1.112.963	1.128450	1.595.309	2.269.885
Neue Bundesländer								
1995	3.334.580	464.219	2.251.044	57.645	6.282	272.904	280.964
2000	3.757.099	505.118	1.847.504	100.745	41.564	574.717	683.583
2006	3.912.077	399.379	1.499.238	156.439	156.885	718.500	975.850
Gesamt								
1995	15.149.742	1.862.947	10.165.298	539.991	499.335	872.915	1.202.343
2000	17.232.013	1.894.033	9.451.823	946.760	840.568	1.742.644	2.339.131
2006	18.719.528	1.602.431	8.977.558	1.269.402	1.285.335	2.313.809	3.245.735

Quelle: DRV 2007; eigene Darstellung.

tete Leistungen aus der GRV. Das sind rund 92 Prozent aller Seniorinnen
und Senioren. In den neuen Ländern sind es gar 99 Prozent. Von den GRV-
Rentnern beziehen alle Männer und Frauen in Ostdeutschland eine Rente
aus eigenem Anspruch. In den alten Ländern beträgt der Anteil unter den
Frauen 93 Prozent. Die Brutto-Renten der Männer sind im Durchschnitt
mit rund 1.200 Euro monatlich in den alten und den neuen Ländern ungefähr gleich hoch. Die Frauen in den neuen Ländern beziehen dagegen mit
765 Euro deutlich höhere Renten als die Frauen in den alten Ländern (523
Euro) (BMAS 2008: 113).

In der umlagefinanzierten Rentenversicherung ist das Verhältnis der Empfänger von gesetzlichen Rentenleistungen zur Bevölkerungsgruppe im Erwerbsalter maßgeblich. Diese Relation wird im sogenannten Altenquotient bestimmt. Im Jahr 2005 entfielen auf 100 Personen im Erwerbsalter (20 bis unter
65 Jahre) 32 Ältere (65 Jahre oder älter). Zukünftig werden dem erwerbstätigen
Bevölkerungsteil immer mehr Ruheständler gegenüberstehen. Im Jahr 2030
soll Berechnungen zufolge der Altenquotient bei 50 respektive 52, im Jahr 2050
bei 60 respektive 64 liegen (Statistisches Bundesamt 2006: 6).[17] Die Verschiebung des numerischen Verhältnisses zwischen Rentenleistungsempfängern und
Beitragszahlern, das ungelöste Problem der Massenarbeitslosigkeit, von der insbesondere auch ältere Arbeitnehmer betroffen sind, sowie die finanziellen Belastungen der Weltwirtschaftskrise werden den Druck auf den Sozialstaat und
seine Sozialversicherungssysteme, insbesondere auf die Gesetzliche Rentenversicherung, erhöhen. Die Seniorenfrage rückt damit mehr denn je in den Fokus
der Auseinandersetzung um die Zukunft des Sozialstaates.

2. Strukturwandel des Alters

Hinter den bevölkerungsstatistischen Daten verbirgt sich das multikomplexe
Phänomen des gesellschaftlichen Alterungsprozesses. Das demografische Al-

---

17 Der VDR berücksichtigt bei seinen Berechnungen die Einführung des Altersgrenzenanpassungsgesetzes: Vor der Einführung des Gesetzes wurde vorausberechnet, dass im Jahr
2030 100 Rentenempfängern 133 Beitragszahler, im Jahr 2050 188 Beitragszahler gegenüberstehen. Nach der Einführung des Altersgrenzenanpassungsgesetzes verändert sich das
Verhältnis: Im Jahr 2030 stehen 100 Rentenempfängern 199 Beitragszahler gegenüber. Im
Jahr 2050, wenn für alle Altersgruppen das Renteneintrittsalter bei 67 Jahren liegt, kommen auf 100 Rentenempfängern 190 Beitragszahler.

tern, also der Anstieg des Durchschnittsalters der Bevölkerung, geht mit einer Reihe qualitativer Veränderungen einher. Im Zuge dieses Prozesses werden vorhandene Heterogenitäten von Lebenslagen im Alter perpetuiert und erhöht. Neben einer zunehmenden Pluralisierung der Lebensformen lässt sich auch eine verstärkte Differenzierung des Alters beobachten. Diese Differenzierung resultiert aus einer verlängerten Altersphase angesichts einer zunehmenden Lebenserwartung und gleitender Übergänge in den Ruhestand. Eine einheitliche Definition des Lebensabschnitts »Alter« ist daher problematisch.[18] Kriterium für die Einteilung von Altersstadien ist nicht das kalendarische Alter, sondern die vorhandenen körperlichen, psychischen, sozialen und gesellschaftlichen Fähigkeiten (Backes/Clemens 2004: 24). Rosenmayr (1993: 75) unterscheidet zwischen einem chancenreichen *dritten* Alter, in welchem noch Leistungen für andere erbracht werden können, einem eingeschränkten *vierten* Alter, in dem die Selbstkompetenz weiter erhalten bleibt und einem abhängigen *fünften* Lebensalter, das mit einer Abnahme der Selbstkompetenz einhergeht. Diese Einteilung korreliert mit der häufig verwendeten Einteilung in die Gruppen der »jungen Alten«, der »Alten« und der »alten Alten«. Für die Organisationspolitik der Verbände ist vor allem die Gruppe der »jungen Alten« von zentralem Interesse, da sie über das ehrenamtliche Potenzial verfügen, auf das die Verbände angewiesen sind. Der Strukturwandel des Alters lässt sich zu sieben zentralen Dimensionen verdichten:

Die Erwerbsarbeit konstituiert in modernen Gesellschaften den Lebenslauf in seiner standardisierten Form. Dadurch lassen sich Kindheit und Jugendalter, Erwerbsalter, Seniorenalter und Finalalter unterscheiden (Kohli 2003). Alter und Kindheit werden als soziale Lebensphasen erst durch staatliche Sozialpolitik konstruiert und durch die Entberuflichung des Alters wird eine kollektive soziale Alterserfahrung erst geschaffen. Die auskömmliche materielle und institutionelle Fundierung des Alters als eigenständige Lebensphase ist in Deutschland vor allem durch die Rentenreform von 1957 erlangt worden.

Aber nicht alleine die ökonomischen, sozialen und gesundheitlichen Rahmenbedingungen der heutigen Altenbevölkerung haben sich geändert, auch die Vorstellung vom Alter und dem Älterwerden unterliegt einem Wan-

---

18 Die Lebensphase Alter zeitlich festzulegen ist schwierig, da der zeitlich reglementierte Eintritt in den Ruhestand, der in der Moderne als Eintritt in die Phase »Alter« gesehen wurde, diese Bedeutung durch Frühverrentungsprozesse, Arbeitslosigkeit älterer Arbeitnehmer oder gleitende Übergänge in den Ruhestand verloren hat.

Tabelle 3: Strukturwandel des Alters: Hauptdimensionen

Zeitliche Ausdehnung der Altersphase	Durch Frühverrentungspolitik insbesondere bis Mitte der neunziger Jahre und die Verlängerung der Lebenserwartung verlängert sich die Lebensdauer in der Ruhephase im Schnitt auf ein Viertel der Lebenszeit.
Differenzierung des Alters	Mit dem Übergang in den Ruhestand bleiben soziale, ökonomische, gesundheitliche und klassenspezifische Unterschiede bestehen. Die Altenpopulation ist somit eine äußerst heterogene Gruppe.
Ethnisch-kulturelle Differenzierung des Alters	Bedingt durch die Alterung von Migranten in Deutschland, wandelt sich auch die kulturelle Zusammensetzung der Altenpopulation.
Verjüngung des Alters	Ein Großteil der heutigen 60- bis 70-Jährigen nimmt sich selbst nicht als »alt« wahr, subjektiv fühlen sie sich »jünger«. Die Verbesserung der Lebensqualität durch den medizinischen Fortschritt unterstützt diese subjektive Einschätzung.
Feminisierung des Alters	Aufgrund der längeren Lebenserwartung von Frauen überwiegt ihr Anteil an der Bevölkerungsgruppe der über 65-Jährigen.
Singularisierung des Alters	Im Alter verändern sich die sozialen Bezugspunkte der Menschen: 40 Prozent der über 65-Jährigen leben alleine, 85 Prozent davon sind Frauen.
Hochaltrigkeit	Die längere Lebenserwartung der Menschen führt zu einem Anstieg der (hoch)betagten Menschen. Zugleich nimmt die Anzahl Hilfs- und Pflegebedürftiger zu.

Quelle: Vgl. Bäcker u.a. 2010: 362; eigene Darstellung.

del. Diese Vorstellungen finden ihren Ausdruck in Altersbildern, die »wesentliche und zugleich typische Merkmale sowie das Positive wie Negative des Alters formelhaft« zusammenfassen (BMFSFJ 2001 zitiert nach MGFFI 2008:12). Mit dem Alter ist nicht nur eine bestimmte Lebensphase – die Zeit nach dem Ende des Arbeitslebens – gemeint, sondern auch eine spezifische

Lebensform. Im sogenannten Defizitmodell auf der einen und dem Kompetenzmodell auf der anderen Seite werden zwei Pole des Vorstellungsspektrums zum Alter verortet. Im Defizitmodell steht Altsein für all die Dinge, »die in unserer Gesellschaft nicht erstrebenswert sind: Vereinsamung, Armut, Krankheit, Einschränkung und körperlicher und geistiger Vitalität und Verlust an Schönheit« (Druyen 2003: 31). Im Kompetenzmodell werden hingegen die Kompetenzen und Potenziale aufgrund von Qualifikationen und Lebenserfahrungen von Älteren herausgestellt. Dieses Altersbild wird heute vor allem durch die »jungen Alten« verkörpert. Die Mehrheit dieser Altersgruppe ist aktiv, fit und mobil und nimmt am gesellschaftlichen Leben teil. Es handelt sich um jene Personengruppe, die sich im Ruhestand im Falle einer guten Ressourcenausstattung neue Handlungschancen eröffnen kann. Damit sind auch Herausforderungen für die Verbände verbunden: Erweiterte Partizipationsmöglichkeiten und Raum für ehrenamtliche Aktivitäten sind das eine, aber auch neue Angebote und Dienstleistungen müssen hinzukommen, um sich auf die veränderten Interessen und Möglichkeiten der »jungen Alten« einzustellen. Gleichwohl darf nicht übersehen werden, dass die mit diesem Altersbild verknüpfte Perspektive neuer Chancen und Optionen angesichts der divergierenden Lebenslagen von Älteren nicht ohne weiteres generalisiert werden kann.

3. Vetopotenziale der Älteren

Die Interessen und Bedürfnisse eines 62-jährigen Frührentners sind naturgemäß andere als die einer 90-jährigen, pflegebedürftigen Frau. Als eine »sozialrechtlich homogenisierte Großgruppe« (Göckenjan 2007: 137) haben Rentner jedoch bei aller Vielfalt der Lebenslagen ein gemeinsames Interesse sowohl am Rentenbezug als auch an einem menschenwürdigen, materiell hinreichend abgesicherten Leben im Alter; selbst wenn die Höhe der tatsächlichen Ansprüche stark variiert. Geht man von dieser geteilten Interessenlage aus, stellt sich die Frage, welche Voraussetzungen vorliegen müssen, damit das kollektive Interesse auch zu kollektivem Handeln führt. Innerhalb der politikwissenschaftlichen Verbändeforschung werden die Interessen sozial randständiger Gruppen, wie etwa die der Armen, Arbeitslosen und Alten, als sogenannte schwache Interessen definiert. Aufgrund ihrer unzureichenden motivationalen und materiellen Ressourcenausstattung unterliegen sie den sogenannten starken Interessen, jenen Interessen erwerbstätiger Gesellschaftsgruppen, die über Machtpotenziale und einen hohen Organisationsgrad verfügen. (Ruß 2005; Winter 1997; Willems/ Winter 2000, Offe 1972). Demnach gilt: Je geringer das Bewusstsein für das Interesse, je schwächer die Motivation, es zu verwirklichen und je geringer die ideellen und materiellen Ressourcen, desto schwächer ist dieses Interesse (vgl. Willems/Winter 2007: 14).

Folglich lassen sich die Interessen der Älteren als Sozialstaatsklientel-Interessen und als vermeintlich »schwache« Interessen fassen (Winter 1997), die in ihrer motivationalen und materiellen Ressourcenausstattung den »starken« Interessen, also insbesondere den Interessen von erwerbstätigen Gruppen, tendenziell unterliegen. Denn wie Offe darlegt, hängt die verbandsförmige Organisation gesellschaftlicher Interessen davon ab, ob die Gruppe über Machtpotenziale verfügt, um gegenüber der Gesellschaft und dem politischen Gegner systemrelevante Leistungsverweigerungen glaubwürdig anzudrohen. Personengruppen, die außerhalb des Leistungsverwertungsprozesses stehen, besitzen aufgrund ihres gesellschaftlichen Status' keine weitreichenden konfliktfähigen Sanktionsmittel. In diesem Sinne wären Pensionäre und Rentner eine wenig konfliktfähige Interessengruppe, da sie im Gegensatz zu Arbeitnehmern beispielsweise keine systemrelevanten Leistungen durch Streiks androhen oder verweigern können.

Welche Voraussetzungen müssen gegeben sein, damit Rentner eine Organisations- und Mobilisierungsfähigkeit erlangen und aus ihrer latenten Kollektivität eine manifeste wird? Und wie groß ist die Wahrscheinlichkeit, dass sich dadurch eine eigene Interessenvertretung herausbildet? Zweifelsohne besteht ein Organisationspotenzial dieser Gruppe, da individuelles Handeln aufgrund ihrer wenig durchsetzungsfähigen Ressourcen nicht zielführend ist (Traxler 1999: 70). Im Gegensatz zu Arbeitslosen weisen Rentenempfänger aufgrund ihrer dauerhaften und umfassenden Abhängigkeit von Sozialleistungen, ihrer zahlenmäßigen Größe und ihres kollektiven Interesses an Rentenerhöhungen bei aller Heterogenität ihrer Lebenslagen eine höhere Wahrscheinlichkeit auf, sich zu organisieren. Die Wahrscheinlichkeit einer verbandlichen Selbstorganisation steigt generell mit der dauerhaften und die Lebenslage der Gruppenmitglieder dominierenden Abhängigkeit von der Sozialpolitik. Dabei spielen die Größe des betroffenen Personenkreises sowie eine hohe Interessenhomogenität als Determinanten eine wichtige Rolle (Winter 1997, 120, 124). Infolge der dauerhaften und sozial nicht stigmatisierten Abhängigkeit von der Rente bzw. Pension sowie ihrer zahlenmäßig großen Population von rund zwanzig Millionen sind die Prämissen für eine gemeinsame Interessenbündelung daher vergleichsweise gut. Gleichwohl führt das kollektive Interesse im Sinne der »Logik des kollektiven Handelns« nach Olson (1965) nicht zwangsläufig zur Entstehung einer eigenständigen Interessenorganisation. Denn rational handelnde Menschen treten nicht notwendigerweise einer großen Organisation bei, wenn sie auch ohne eigene Beiträge als »Trittbrettfahrer« vom Kollektivgut profitieren können.

Allein die Tatsache, dass Ruheständler eine Rentenleistung erhalten, führt folglich nicht automatisch zur Entstehung eines eigenen Verbandes. Voraussetzung hierfür ist ein vom Personenkreis geteiltes Interessenbewusstsein. Der Lebensabschnitt der Nacherwerbsphase ist nach milieu- und schichtspezifischen, ethnischen, geschlechtsspezifischen und gesundheitlichen Merkmalen höchst differenziert. Dies erschwert ihre kollektive Handlungsfähigkeit trotz des generellen Interesses an einem materiell gut abgesicherten Leben im Alter außerordentlich. Vor allem die Rentenversicherung ist infolge ihrer Statusorientierung geradezu darauf fixiert, vorhandene Differenzen aus der Erwerbsphase beizubehalten, wenn nicht gar zu verstärken (Esping-Andersen 1990).

Die Älteren haben also, kurz gesagt, nicht allein schon, weil sie alt sind, gleiche Interessen (Tews 1987: 171). Im Gegenteil:

»Je älter die Menschen werden, desto unterschiedlicher werden sie. Das betrifft alle Lebenslagen: Gesundheit, Reichtum, gesellschaftliche Teilhabe, Wohnungssituation, Kommunikation. Mit anderen Worten, die materiellen, geistigen, psychischen, physischen und sozialen Ressourcen sind nie so ungleich verteilt wie im Alter. Lebenslange Benachteiligung kumuliert im Alter wie ein lebenslanger Platz an der Sonne« (Korte 1999: 280).

Die Angst vor Altersarmut könnte die politische Bewusstseinsbildung der künftigen Rentnergenerationen jedoch nachhaltig verändern. Schon heute verfügt die Gruppe der Älteren über beträchtliche implizite und explizite Einfluss- bzw. Vetopotenziale. Dies betrifft ihre Rolle als Wähler, als Konsumenten, als ehrenamtliche Engagierte und nicht zuletzt als Organisationsmitglieder. Aus der Perspektive von Regierungen und Parteien sind sie ein zunehmend sensibler politischer Faktor. Aufgrund ihrer vergleichsweise hohen Wahlbeteiligung und ihrer großen Mitgliederanteile in den Parteien und Verbänden haben sie potenzielle Vetooptionen, ohne dass sie diese explizit androhen bzw. ausüben müssten. Diese Vetoqualitäten zeigen sich vor allem im Kontext von Wahlkämpfen oder im Zuge der sozialpolitischen bzw.

rentenpolitischen Reformen. Harte Einschnitte gegenüber den aktuellen Rentnerkohorten werden bisher von der Politik tunlichst vermieden, gravierende Rückbaumaßnamen betreffen in der Regel erst künftige Generationen.

3.1 Ältere als Mitglieder

Freiwillige Organisationen können nicht auf formale Rekrutierungsverfahren zurückgreifen, sondern müssen ihre Mitglieder von ihrer Idee und Zielsetzung überzeugen. Weder Gewerkschaften noch Sozialverbände dürfen als Freiwilligenverbände Zwang auf Mitglieder ausüben. Daher müssen sie ihren Mitgliedern bzw. ihren potenziellen Mitgliedern angesichts einer hohen Konkurrenz auf den »Mitgliedermärkten« und einer vermehrten Orientierung der Menschen an Kosten-Nutzen-Kalkülen ein attraktives Angebot an privaten, »selektiven« Gütern im Sinne spezifischer Versicherungs- und Dienstleistungen, aber auch an traditioneller Mitgliederarbeit offerieren. Nur so können sie neue Mitglieder finden und alte an die Organisation binden. Als intermediäre, freiwillige Organisationen vermitteln sie zwischen ihren Mitgliedern auf der einen und der Politik und Verwaltung auf der anderen Seite. Damit stehen sie im Spannungsverhältnis von Mitgliedschafts- und Einflusslogik, nämlich einerseits Sozialintegration ihrer heterogenen Mitgliederklientele zwecks Bindung und Mobilisierungsfähigkeit nach innen und andererseits Systemintegration hinsichtlich der programmatischen Ziele nach außen leisten zu müssen (Streeck 1987).

Ist ein Mitglied mit dem Kurs, der Qualität, der Führung und der Struktur seines Verbandes unzufrieden, bieten sich ihm zwei grundsätzliche Vetoformen: Abwanderung (*exit*) und Widerspruch (*voice*) (Hirschman 1970). Je näher eine Mitgliedergruppe am Aktivitätszentrum der Organisation ist, desto wirksamer kann sie ihren Protest im Sinne von *voice* zum Ausdruck bringen. Widerspruch durchläuft zumeist formale demokratische Kanäle der internen Willensbildung, wie beispielsweise die Abwahl von Führungspersonal. Unzufriedene Mitglieder können jedoch auch auf Konflikt- und Protestformen wie die Verweigerung von Beitragserhöhungen, Beschwerdebriefe etc. zurückgreifen. Greifen diese Widerspruchsformen nicht bzw. werden von vornherein als chancenlos betrachtet, steigt die Wahrscheinlichkeit, dass ein unzufriedenes Mitglied von seiner *exit*-Option Gebrauch macht und dem Verband den Rücken kehrt.

3.2 Ältere als Wähler

Bei der Bundestagswahl 2009 waren 32,3 Prozent der Wahlberechtigten über 60 Jahre und älter (Bundeswahlleiter 2009a). Im Jahr 2040 soll diese Altersgruppe voraussichtlich rund 40 Prozent aller Wahlberechtigten stellen (Künemund 2006). Neben ihrem zunehmenden Anteil beteiligen sich Bürger ab dem 60. Lebensjahr überdurchschnittlich häufig an Wahlen; bei den Bundestagswahlen lag ihre Wahlbeteiligung bislang regelmäßig über 80 Prozent. Wie unterschiedlich Jüngere und Ältere zur Wahl gehen, verdeutlicht die Bundestagswahl 1990: Damals lag die Wahlbeteiligung im Durchschnitt bei 76,3 Prozent. Von den über 60- bis 69-Jährigen gaben 86,5 Prozent ihre Stimme ab, von den 18-25-Jährigen hingegen nur 63,3 Prozent (Bundeswahlleiter 2010). Einen Erklärungsansatz für die verhältnismäßig hohe Wahlbeteiligung älterer Menschen liefert die Repräsentationsthese, die von einem prinzipiellen Vertrauen dieser Gruppe in die Funktionstüchtigkeit der repräsentativen Demokratie ausgeht (Bürklin 1989). Demnach ist es nicht erforderlich, dass eine Wählergruppe entsprechend ihres zahlenmäßigen Gewichts selbst in politischen Organisationen und Gremien vertreten sein muss, um ihre Interessen zu wahren. Faktisch machen ältere Menschen bis-

Tabelle 4: Abgabe der Zweitstimmen der über 60-Jährigen nach Parteien bei den Bundestagswahlen 1953–2009 (in Prozent)

	1953	1957	1961	1965	1969	1972	1976	1980	1983	1987	1990	2002	2005	2009
CDU/ CSU	47,1	52,6	49,1	50,7	51,0	50,7	51,9	49,8	52,6	52,3	51,7	46,0	43,3	42,4
SPD	27,2	28,3	32,5	36,3	38,6	42,2	42,0	42,1	39,8	37,5	31,8	38,5	34,1	27,3
FDP	10,4	7,4	11,8	9,4	4,8	6,1	5,4	7,4	5,9	7,3	9	5,8	8,8	12,2
Bündnis90/ Grüne	—	—	—	—	—	—	—	0,4	1,2	1,8	0,6	3,8	3,9	5,0
PDS/ Linke	—		—	—	—	—	—	—	—	—	2,5	3,9	7,5	10,4
Sonstige	15,2	11,7	6,6	3,6	5,5	1,0	0,7	0,4	0,5	1,2	4,4	2,0	2,3	2,7

Quelle: Bundeswahlleiter 2010, eigene Darstellung, nicht alle Bundestagswahlen.

lang jedoch von ihrer Möglichkeit wenig Gebrauch, ihr zahlenmäßiges Gewicht durch gezielte, am eigenen altersspezifischen Interesse bzw. Thema orientierte Stimmabgabe auch tatsächlich explizit in wahlpolitischen Einfluss umzusetzen. Unabhängig von den aktuellen politischen Streitfragen neigen ältere Wähler sehr viel häufiger dazu, konstant dieselbe Partei zu wählen und präferieren dabei seit Bestehen der Bundesrepublik bürgerlich-konservative Parteien.[19] Allerdings nimmt derzeit auch in dieser Wählergruppe die Parteibindung im Wahlverhalten ab, wie in Tabelle 4 zu erkennen ist.

Bei der Bundestagswahl 2009 gaben 42,4 Prozent der über 60-Jährigen ihre Stimme der CDU/CSU, dagegen entschieden sich lediglich 27,4 Prozent dieser Wählergruppe für die SPD. Im Vergleich zur Bundestagswahl 2005 gewannen die FDP mit 12,2 Prozent und Bündnis90/Die Grünen mit fünf Prozent Stimmen bei den über 60-jährigen Wählern hinzu. Zwei Ansätze versuchen das Wahlverhalten älterer Menschen zu erklären: Die sogenannte »Kohortenthese« geht davon aus, dass das Wahlverhalten ein konstantes generationenspezifisches Phänomen ist. Im Gegensatz hierzu nimmt die »Lebenszyklusthese« an, dass sich individuelle Wahlentscheidungen zyklisch an bestimmten Lebensabschnitten orientieren und mit steigendem Alter generell konservative politische Präferenzen und Einstellungen zunehmen. Obgleich geringe Alterseffekte empirisch nachgewiesen wurden (Alber 1994: 155) und es in der Geschichte der Bundesrepublik tatsächlich eine Präferenz der über 60-Jährigen für die Union gab, lässt sich dieser Befund nicht mit einem generellen Alterskonservatismus mit steigendem Lebensalter begründen. Jüngere Untersuchungen zeigen, dass im Wahlverhalten vielmehr generationenspezifische Kohortenunterschiede zum Ausdruck kommen (Goerres 2009). Es sind die Sozialisationserfahrungen als Erstwähler, die die späteren politischen Einstellungen entscheidend prägen. Die bislang guten, tendenziell jedoch abnehmenden Stimmenergebnisse für die Unionsparteien in der Altersgruppe der über 60-Jährigen sind vor dem Hintergrund der generationsspezifischen politischen Sozialisation in der Adenauer-Ära zu betrachten. Mittlerweile sind auch die Angehörigen der »Willy-Brand-Generation« – diejenigen also, die Ende der sechziger und Anfang der siebziger Jahre zum ersten Mal zur Wahl gingen – 60 Jahre und älter. Ein genereller Alterseffekt zugunsten von CDU/CSU in der Wählergruppe »60plus« ist im Sinne der Lebenszyklusthese folglich nicht zu erwarten. Dies ist auch am

---

19 Während in den achtziger Jahren etwa 75 Prozent der Gesamtwählerschaft eine stabile Parteibindung aufwies, lag dieser Anteil in der Gruppe der 60 bis 69-Jährigen bei 84 Prozent, bei den über 70-Jährigen gar bei 88 Prozent (Bürklin 1987: 127).

Stimmenzuwachs von Bündnis90/Die Grünen zu erkennen. Die Wähler-
schaft der Grünen altert mit dem Bestehen der Partei: Während im Jahr 1980
gerade einmal 0,4 Prozent der Wähler über 60 Jahren die Grünen wählten,
waren es bei der Bundestagswahl 2009 fünf Prozent. Insgesamt nimmt die
Stammwählerschaft für eine einzelne Partei in der Wählergruppe der mindestens 60-Jährigen jedoch ab. Generell werden die Unterschiede in der
Parteienidentifikation zwischen politischen Generationen aufgrund der allgemeinen Individualisierung und der wachsenden Volatilität des Wählers
kleiner.

3.3 Ältere als Konsumenten

Wenngleich die Rentner nicht über eine explizite Leistungsverweigerungs-
option im Offeschen Sinne verfügen, ist ihre Interessenlage nicht gänzlich als
schwach zu bewerten. Nicht nur als Wähler und Organisationsmitglieder
haben die Älteren Vetopotenziale, auch als Konsumenten sind sie ein ein-
flussreicher Faktor. Nach einer Studie des Deutschen Instituts für Wirtschaftsforschung (DIW) ist der gegenwärtigen Altenpopulation eine Kauf-
kraft von etwa einem Drittel des gesamten privaten Konsums zuzurechnen.
Dieser Anteil wird bis 2050 auf über 40 Prozent der Gesamtausgaben ansteigen (DIW 2007). Der Blick in Werbeanzeigen und Werbefilme offenbart,
dass Unternehmen das Kaufkraftpotenzial der Ruheständler zunehmend zu
nutzen versuchen und ihre Angebote an den Bedürfnissen dieser Konsumentengruppe ausrichten. Insbesondere die konsumfreudigen »jungen Alten«
rücken in den Fokus der Werbeindustrie. Die Nachfrage der Älteren[20] verändert Produkte, Dienstleistungen und mediale Angebote und über ihre Kauf-
entscheidungen wächst ihr Einfluss als Konsumentengruppe.

3.4 Ältere im Ehrenamt

Es ist keine Seltenheit mehr, dass Menschen nach dem Ausscheiden aus dem
Erwerbsleben zwanzig bis fünfundzwanzig Jahre im Ruhestand leben. Vor
allem die »jungen Alten« werden in der nachberuflichen Phase mit ihren

---

20 Dabei sind jedoch große Unterschiede in den individuellen Einkommenslagen der Ruhe-
    ständler festzustellen.

Ressourcen und Kompetenzen als Akteure eines freiwilligen, gemeinwohlorientierten Engagements in und für die Zivilgesellschaft und insbesondere in den Verbänden ausgemacht. Bürgerschaftliches Engagement steht als Sammelbegriff für ein weit gefächertes Spektrum »unterschiedlicher Formen und Spielarten unbezahlter, freiwilliger und gemeinwohlorientierter Aktivitäten, denen man häufig auch einen Selbsthilfecharakter zumindest implizit zuschreibt« (BMFSFJ 2006e: 341).

Die Freiwilligensurveys 1999 und 2004 (BMFSFJ 2006) sowie der Fünfte Altenbericht zur Lage der älteren Generation in der Bundesrepublik Deutschland (BMFSFJ 2005a) unterstreichen die überdurchschnittlich gestiegene Bereitschaft zum bürgerschaftlichen Engagement älterer Menschen. So stieg zwischen 1999 und 2004 der Anteil der freiwillig Engagierten zwischen 60 und 69 Jahren in Vereinen und Verbänden von 31 auf 37 Prozent (BMFSFJ 2009: 39). In keiner anderen Altersgruppe ist ein vergleichbarer Anstieg der ehrenamtlichen Aktivitäten feststellbar. Männer engagieren sich dabei häufiger und intensiver als gleichaltrige Frauen (ebd.).

Die Wahrscheinlichkeit, sich in der Ruhephase freiwillig zu engagieren ist dann höher, wenn man bereits in früherer Zeit in diesem Bereich aktive Erfahrungen gesammelt hat (Erlinghagen 2007, 2009). Obwohl sich Ältere

Abbildung 3: Engagementquoten nach Altersgruppen 1999 und 2004 in Prozent

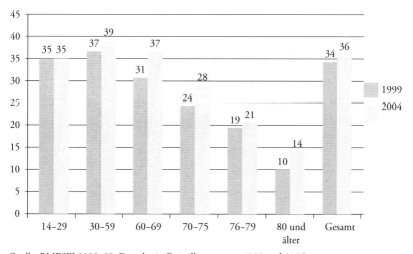

Quelle: BMFSFJ 2009: 38; Datenbasis: Freiwilligensurveys 1999 und 2004.

nach wie vor überwiegend in traditionellen Engagementformen und in nicht-altersspezifischen Bereichen wie Sport, Religion oder Kultur engagieren (Künemund 2006, BMFSFJ 2009: 41), sind dennoch vor allem die über 60-Jährigen überproportional häufig im politischen Bereich tätig (Erlinghagen 2007; Olk 2002; Künemund 2007a, b). Die neuen Akteure einer aktiven Altenpolitik gehören allerdings nicht zu jenen Gruppen, die die stärkste gesellschaftliche Benachteiligung aufgrund ihres Alters erfahren. Die aktiven »jungen Alten« entstammen zumeist gehobenen sozialen Milieus mit überdurchschnittlichem Bildungs- und Einkommensniveau und sind bei guter Gesundheit (BMFSFJ 2009:42). Hier lässt sich demnach ein Mittelschicht-Bias feststellen: »Je gehobener der bildungsbezogene, berufliche und ökonomische Status einer Person ist, desto eher wird diese ehrenamtlich tätig« (Heinze 2006: 48).

Im Vergleich zur traditionellen Partizipationsform, dem »alten« Ehrenamt, kommt es beim »neuen« ehrenamtlichen Engagement zu einem Bedeutungswandel. Das traditionelle Ehrenamt ist »in überkommene Sozialmilieus eingebunden und durch gesellschaftliche Zentralwerke legitimiert; es ist hoch organisiert, in fest gefügte Formen der Kooperation und Arbeitsteilung eingebaut und unterliegt oft genug den Weisungen und der Aufsicht professioneller und hauptamtlicher Mitarbeiter« (Olk 2002: 27). Während das »»traditionelle« Ehrenamt primär »Tätigkeit für andere« war, ist das »neue« Ehrenamt eher eine »Tätigkeit für sich und für andere«« (Künemund 2007a:1 29). Das ehrenamtliche Engagement älterer Menschen wird aller Voraussicht

Tabelle 5: Engagementquoten nach Geburtsjahrgängen 1999 und 2004, in Prozent

Jahrgänge	1999	2004
Zwischenkriegsgeneration (1914–1929)	21,1	18,6
2. Weltkrieg (1930–1938)	30,5	30,9
»68er«-Generation (1939–1950)	38,1	38,5
Babyboomer (1951–1969)	37,5	41,1
Post-Boomer (1970–1982)	35,0	32,2
Geboren 1983 und später	35,1	37,8
Insgesamt	33,9	35,7

Quelle: BMFSFJ 2009: 41; Datenbasis: Freiwilligensurveys 1999 und 2004.

nach insgesamt weiter zunehmen, wobei deren Ansprüche auf aktive Partizipation wachsen werden (Künemund 2006: 348). Nicht nur die mittlerweile mehrheitlich im Ruhestand befindliche »68er«-Generation engagiert sich in hohem Maße, auch die »Babyboomer«-Generation zeigt eine hohe Engagementbereitschaft (Tabelle 5).

Mit dem Wandel der Engagementformen bei gleichzeitig gestiegenen Partizipationsansprüchen sind auch die Sozialverbände und Gewerkschaften konfrontiert, die auf die Beteiligung der Ehrenamtlichen in ihren Organisationen beispielsweise zur Unterstützung von Kampagnen dringend angewiesen sind. Durch die abnehmende Bindungskraft traditioneller Mitgliederorganisationen stehen die Verbände auf dem »Mitgliedermarkt« in Konkurrenz mit anderen Organisationen und sind gefordert, sich zu attraktiven beteiligungsfreundlichen Institutionen zu wandeln. Es reicht nicht, von einer uneingeschränkten Kontinuität des bisherigen Engagements der Mitglieder auszugehen. Vielmehr muss »ein ausgeklügeltes System an organisatorischen und finanziellen Anreizen geschaffen werden, damit das Niveau der ehrenamtlichen Tätigkeit beibehalten oder sogar gesteigert werden kann« (Klatt 1997: 63). Hinzu kommt, dass alterspezifische Formen des bürgerschaftlichen Engagements nur auf geringen Zuspruch stoßen. Es kann beobachtet werden, dass Ältere, wenn sie gesellschaftlich aktiv sind, sich mehrheitlich nicht explizit in der Interessenvertretung Älterer engagieren. Allein das »Alter« reicht augenscheinlich nicht als Motivation aus, sich entsprechend themenbezogen ehrenamtlich einzubringen.

IV. Die Akteure im Sozialstaat für Ältere

Die Arena der Seniorenpolitik hat sich verändert: Die Interessen der Älteren werden heute von einer Vielzahl unterschiedlicher alter und neuer Akteure vertreten, die meisten werden im Folgenden in Kurzporträts vorgestellt. Die Verbände, namentlich die Sozialverbände und Gewerkschaften, vertreten in vielen Aspekten eine ähnliche sozialpolitische Programmatik. Daher skizzieren wir anschließend deren gemeinsame Grundzüge in der Renten-, Pflege- und Gesundheitspolitik. Um die deutsche Situation auch im internationalen Vergleich einzuordnen, werden abschließend zentrale Erkenntnisse über die seniorenpolitische Akteurskonstellation ausgewählter Länder vorgestellt.

1. Akteursvielfalt in der Seniorenpolitik

Seniorenpolitik ist eine themenübergreifende Querschnittsaufgabe und in hohem Maße mit anderen Politikbereichen verzahnt. Vor dem Hintergrund wenig homogener Interessen der Älteren in sozialer, materieller und partizipativer Hinsicht hat sich die Akteurslandschaft horizontal und vertikal ausdifferenziert (vgl. Abbildung 4). Neben die traditionellen intermediären Großorganisationen Gewerkschaften, Parteien und Kirchen sind als weitere maßgebliche Akteure die Sozial- und Wohlfahrtsverbände getreten. Diese Organisationen bieten spezielle Serviceleistungen für Ältere an, wobei sich die Wohlfahrtsverbände aufgrund ihrer Dienstleistungsfunktion insbesondere an Pflegebedürftige wenden. Gleichzeitig ermöglichen sie den Älteren, ihren Verband als sozialen Ort des Zusammenkommens zu sehen oder sich als Mitglied in die Verbandsarbeit aktiv einzubringen.

Abbildung 4: Akteure in der Seniorenpolitik

Regierungssytem		
Parlament	Ministerialbürokratie	Regierung

Partien				
CDU	SPD	FDP	Grüne	Linke
Senioren-Union	AG 60plus	Liberale Senioren	Grüne Alte	Senioren-AG Die Linke

Interessenverbände der seniorenpolitischen Area

BAGSO   Seniorenvertretung/Seniorenbeiräte/BAS

Spitzenverbände der Freien Wolhlfahrtspflege	Sozialverbände	Gewerkschaften	Kirchen
AWO	VdK	DGB	KAB
Caritas	SoVD	Einzel-	BVEA
Diakonie	Volkssolidarität	gewerkschaften	
DRK		BRH	
DPVW			
ZWST			

Zivilgesellschaft

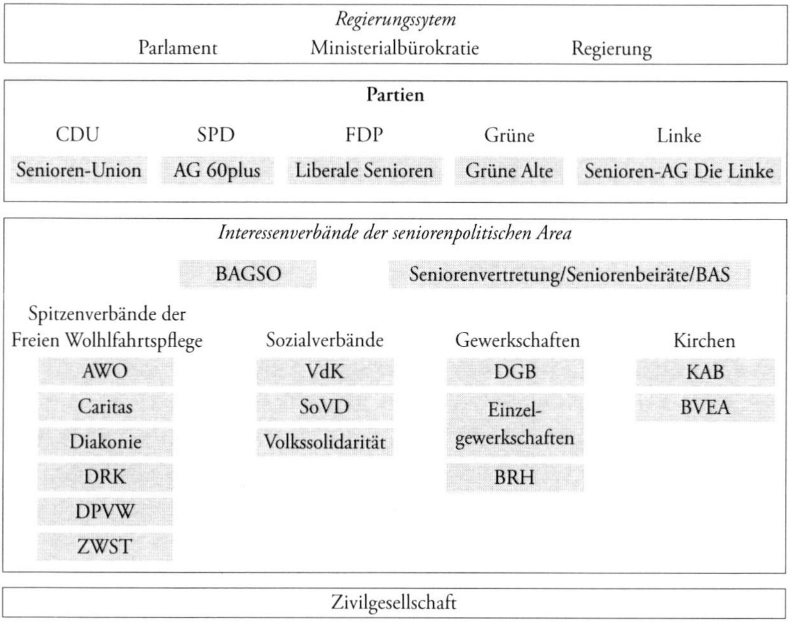

Quelle: Eigene Darstellung.

Wenngleich die einzelnen Verbände sich in unterschiedlicher Weise einer Politik *für* Ältere, Politik *von* Älteren und einer selbstartikulierten Politik *von* Älteren *für* Ältere verschrieben haben, teilen sie alle ein generationenübergreifendes Selbstverständnis. Als Dachorganisation in der Seniorenpolitik fungiert die Bundesarbeitsgemeinschaft der Seniorenorganisationen (BAG-SO), in der – mit Ausnahme vieler Gewerkschaften[21] alle relevanten seni orenpolitischen Akteure vertreten sind. Obschon sie um die gleiche Klientel konkurrieren, lässt sich zwischen den einzelnen Akteuren mit Blick auf die seniorenpolitische Programmatik keine konfrontative Konkurrenz beobachten. Im Gegenteil: Durch die gemeinsame Mitgliedschaft in der BAGSO ergeben sich bei vielen Themen Kooperationsmöglichkeiten und Anknüp-

---

21 Lediglich sechs Gewerkschaften sind Mitglied der BAGSO, darunter die Deutsche Zoll- und Finanzgewerkschaft, die Bundespolizeigewerkschaft, die Gewerkschaft Erziehung und Wissenschaft, die IG Bau, die Gewerkschaft für Kommunal- und Landesdienst und die Kommunikationsgewerkschaft DPV.

fungspunkte für gemeinsame Aktionen und Veranstaltungen. Die inhaltlichen Zielsetzungen und programmatischen Eckpunkte der Organisationen unterscheiden sich nur in geringem Maße. Einig sind sie in der Verteidigung des alten Sozialstaatsmodells, in dessen Zentrum die lebensstandarderhaltende Alterssicherung steht.

1.1 Politisch initiierte und staatlich geförderte Organisationen der Älteren

Seit den siebziger Jahren sind auf kommunaler Ebene Strukturen zur Repräsentanz älterer Menschen geschaffen worden. Die Gründung vieler dieser freiwilligen Einrichtungen wurde von lokalen Funktionsträgern initiiert, die Interesse an der Legitimation altersbezogener Maßnahmen hatten (vgl. Tews 1987). Auch der Aufbau der Bundesarbeitsgemeinschaft der Seniorenorganisationen (BAGSO) im Jahr 1989 wurde von staatlicher Seite, namentlich vom Bundesfamilienministerium (BMFSFJ), begrüßt und ab 1991 finanziell unterstützt. Seniorenvertretungen – als Oberbegriff für Seniorenräte, Seniorenbeiräte, Seniorenbüros etc. – erlebten in den vergangenen Jahren einen erheblichen Zuwachs. Sie dienen als Partizipationsarena für Ältere:»Gewählte, delegierte und ernannte Seniorenvertreter« treten »im vorparlamentarischen Raum als Bindeglied zwischen Politik, Verwaltung und älteren Menschen auf kommunaler, Landes- und Bundesebene« auf (BMFSFJ 2008: 15). Die Gremien arbeiten ehrenamtlich und sind gesetzlich bislang nicht verankert. Lediglich in Berlin wurde erstmals ein Seniorenmitwirkungsgesetz geschaffen, in dem auf Bezirksebene die Wahl von Seniorenvertretern in die Bezirksverordnetenversammlung vorgesehen ist.[22] Auf kommunaler Ebene üben die Seniorenvertretungen in erster Linie Bündelungs-, Mittler-, Beobachtungs- und Beraterfunktionen aus. Im Interesse einer Förderung des vermehrten bürgerschaftlichen Engagements wird die Rolle der Seniorenvertretungen – vor allem von staatlicher Seite – gefördert. Es bestehen jedoch auch kritische Einschätzungen, »die ihre Legitimation bezweifeln und sie einer

---

22 Seit 1989 besteht in Schleswig-Holstein das sogenannte Altenparlament, das einmal im Jahr im Kieler Landtag tagt. Delegierte des Landesseniorenrates, der Landesarbeitsgemeinschaft der freien Wohlfahrtsverbände, des Sozialverbands Deutschland, der Gewerkschaften, Beamtenvertretungen und Parteien formulieren Anträge, beraten diese in Arbeitsgruppen und geben Empfehlungen ab. Schleswig-Holstein ist das erste Bundesland, welches eine solche Vertretungsmöglichkeit der Senioren ermöglicht. Ebenso tagt in Mecklenburg-Vorpommern einmal jährlich ein Altenparlament.

nur »symbolischen Politik« verdächtigen, die mehr den kommunalen Verwaltungen als den Älteren selbst nützt, was man ähnlich auch gegen die entsprechenden Organisationen auf Bundesebene – die Bundesseniorenvertretung oder die BAGSO – einwenden kann« (vgl. Tews 1987, Kohli et. al 1997: 20). In der Tat sind ihre Einflussmöglichkeiten aufgrund der fehlenden gesetzlichen Verankerung begrenzt.

1.1.1 Die Bundesarbeitsgemeinschaft der Seniorenorganisationen (BAGSO)

Der bunteste und heterogenste Seniorenverband ist die im Jahr 1989 von elf Seniorenverbänden in Bonn gegründete »Bundesarbeitsgemeinschaft der Seniorenorganisationen e.v.« (BAGSO). Die Initiative zur Gründung ging von den Seniorenverbänden selbst aus, der Aufbau wurde vonseiten der Politik gefördert. Das BMFSFJ unter der damaligen Bundesministerin Ursula Lehr (CDU) unterstützte den Aufbau der BAGSO ab 1991 auch mit finanziellen Mitteln. Der Verband selbst versteht sich als Lobby der Älteren, der politische Gestaltungsanspruch des Dachverbandes ist indessen vergleichsweise gering (Burau 2006: 68f.). Vielmehr bietet die BAGSO gleichsam im Vorfeld der Politik eine Plattform für einen Austausch zwischen den in ihr zusammengeschlossenen Gruppen. Die Entwicklung einer kollektiven Handlungsfähigkeit gegenüber dem Gesetzgeber in sozialpolitischen Fragen spielt eine untergeordnete Rolle. Dies hängt nicht zuletzt mit der Heterogenität der Mitgliederorganisationen zusammen. Im September 2007 umfasste die BAGSO 97 Verbände bzw. Vereine, in denen ca. 12 Millionen ältere Menschen organisiert waren (vgl. BAGSO 2008). Neben politischen Organisationen, wie den Seniorenorganisationen der Parteien, den Sozialverbänden und Wohlfahrtsverbänden zählen auch Freizeit- bzw. Sportvereine, kirchliche Vereinigungen sowie Bildungsinstitutionen und wenige Gewerkschaften dazu. Als reiner Dachverband im Sinne eines Verbände-Verbandes ist die BAGSO bislang kaum als konfliktorientierte, politische Lobby der Älteren in Erscheinung getreten und könnte in dieser Hinsicht gleichsam als »schlafender Riese« charakterisiert werden. Seine Verdienste liegen vor allem in der Öffentlichkeitsarbeit, die sich durch regelmäßige Altenkongresse, wie die Ausrichtung des Deutschen Seniorentages, und Hilfen zur Entwicklung von Organisationspolitik auszeichnet. Inhaltlich hat sich die BAGSO die Ziele gesetzt, »das Bild und die Stellung der älteren Menschen in Gesellschaft und Familie zu verbessern, ein selbstbestimmtes Leben im Alter zu ermöglichen, Ältere darin zu bestärken, Verantwortung für sich und andere zu übernehmen, das solidarische Miteinander und den Dialog der Generationen voranzubringen, die Gesunderhaltung zu fördern, Behinderungen auszugleichen und die pflegerische Versorgung zu verbessern sowie die Interessen älterer Verbraucher zu stärken« (BAGSO 2008).

Im Jahr 2006 kam es zu einem Führungswechsel an der Verbandsspitze und es scheint, als ob der »schlafende Riese« langsam erwacht, um verstärkt in renten- und pflegepolitischen Fragen Stellung zu nehmen. So forderte die BAGSO im Jahr 2007 die Angleichung der Renten in Ost- und Westdeutschland. Inwieweit der von der Bundesregierung mitfinanzierte Verband ein stärkeres Sprachrohr für die politischen Belange der Älteren wird, bleibt abzuwarten.

1.1.2 Seniorenbeiräte/Seniorenräte

Seniorenräte bzw. -beiräte sind auf ehrenamtlicher Basis arbeitende, freiwillige Gremien auf kommunaler Ebene, die sich vor Ort parteien-, vereins- sowie organisationsunabhängig für die Interessen älterer Menschen in (sozial-)politischen sowie lebenspraktischen Angelegenheiten einsetzen. Sie lassen sich als dezentrale, regional differenzierte Engagementform für ältere Bürger verstehen. Erste lokale Seniorenbeiräte wurden im Jahr 1972 gegründet; Gründungsinitiativen gehen zumeist von Seniorenvereinigungen in den Regionen aus (Naegele 1999: 241).[23] Senioren(bei)räte sind auf der Landes-, Kreis- und Gemeindeebene vertreten, wo sie versuchen, ihre altersspezifischen Belange in die Land- und Kreistage sowie Gemeinderäte einzubringen bzw. Einfluss auf den politischen Willensbildungsprozess vor Ort zu nehmen. Ende der neunziger Jahre wurden mit steigender Tendenz im gesamten Bundesgebiet bereits mehr als 740 Seniorenräte verzeichnet (Naegele 1999: 241). In jedem Bundesland fungiert ein Landesverband als Dachverband für die untergeordneten Kreis- und Gemeinderäte. Grundsätzlich wird den lokalen Räten keine einheitliche Programmatik vorgegeben, vielmehr werden die einzelnen Seniorenräte ermutigt, ein eigenes Profil zu entwickeln (vgl. ebd.). Sie verstehen sich als Partner von Politik und Verwaltung, da sie die Kommunalpolitik in seniorenpolitischen Fragen beraten und Vorschläge sowie Themen in die Politikgestaltung einbringen. Ihre politische Macht hängt in großem Maße von den Bedingungen und Gegebenheiten auf der lokalen Ebene ab, denn sie sind auf die Kooperationsbereitschaft der lokalen politi-

---

23 Die ersten Seniorenbeiräte wurden bereits in den siebziger Jahren gegründet.

schen Akteure angewiesen (Naegele 1999: 102). Die regionalen Ausprägungen können im Einzelnen sehr unterschiedlich gestaltet sein: In manchen Gemeinden sind die Seniorenvertretungen automatisch in die Verwaltung eingebunden, in anderen muss der Vertretungsanspruch erst langwierig durchgesetzt werden. Eine Mitgliedschaft in den Räten setzt voraus, dass das 60. Lebensjahr vollendet ist (vgl. ebd.). Diese Bedingung stellt sicher, dass alle Mitglieder »Experten« aus eigener Betroffenheit für die Themen rund um das Älterwerden sind. Da viele im Laufe ihres Lebens Erfahrungen in Parteien, Verwaltungen und politischen Ämtern erworben haben, lässt sich oftmals eine biographische Kontinuität »im Aktivitätsmodus der Seniorenvertreter« feststellen (Kohli et. al 1997: 18). Aufbauend auf solche Erfahrungen verfügen sie über institutionelles Wissen und sind etwa mit den Verfahrensregeln öffentlicher Verwaltungen vertraut.

Ein Senioren(bei)rat setzt sich aus gewählten und von kommunalen Gremien ernannten Vertretern von Organisationen zusammen[24], die in ähnlichen gesellschaftspolitischen Feldern aktiv sind. Viele Aktive sind parteipolitisch gebunden. Die Räte befassen sich in regelmäßigen Sitzungen mit altersspezifischen Angelegenheiten und beraten über Einflussmöglichkeiten. Gegenstand ihrer Arbeit sind die Bereiche Soziales, Kultur, Wohnen, Sport und Gesundheit, aber auch Probleme der Umwelt, Stadtentwicklung, des Verkehrs und der Öffentlichkeitsarbeit stehen auf der Agenda. Geleitet vom Ziel eines friedlichen und generationengerechten Gemeinwesens setzen sie sich dafür ein, dass die Lebenschancen Älterer und die Zukunftschancen Jüngerer nicht gegeneinander ausgespielt werden. Mit der Betonung dieses Selbstverständnisses wirken die Seniorenbeiräte der Kritik entgegen, dass sie aufgrund der ausschließlichen Vertretung seniorenspezifischer Belange gesellschaftlich eher polarisierend als integrierend wirken (vgl. Stehr 1999). Zu ihren Aktivitätsformen zählen u.a. Anhörungen, die Teilnahme an Ausschusssitzungen oder auch das Angebot von Sprechstunden für Ältere. Für ihre Aktivitäten nutzen sie also weniger das Element der Skandalisierung, vielmehr sind sie auf Kooperation mit denjenigen bedacht, die sich politisch oder administrativ mit den Belangen der Älteren befassen. Sie wollen als legitime Vertreter der Interessen der Älteren von Politik und Verwaltung anerkannt sein (Kohli et. al 1997: 19). Diese Nähe zur Verwaltung bringt allerdings auch eine Begrenzung ihrer Konfliktfähigkeit mit sich.

---

24 Beispielsweise Vertreter aus den Seniorenorganisationen der Parteien, der Gewerkschaften und der Sozialverbände.

1.1.3 Bundesarbeitsgemeinschaft der Seniorenbüros (BAS)

Die Bundesarbeitsgemeinschaft der Seniorenbüros (BAS) ist ein Zusammenschluss der Träger von Seniorenbüros. Anfang der neunziger Jahre als Modellprogramm des Bundesfamilienministeriums ins Leben gerufen, haben die Seniorenbüros heute mit 250 Einrichtungen eine bundesweite Präsenz. Sie richten sich an Menschen ab dem 50. Lebensjahr und verstehen sich als Informations-, Beratungs- sowie Vermittlungsstelle für ehrenamtliches Engagement. Die BAS unterstützt Kommunen beim Aufbau von Seniorenbüros, hilft bei der Vernetzung, organisiert bundesweit Fachtagungen und Fortbildungen, leitet themenbezogene Projekte auf nationaler sowie europäischer Ebene und veröffentlicht Fachliteratur sowie einen regelmäßig erscheinenden digitalen Newsletter. Ziele der BAS sind die Vermittlung eines positiven Altersbildes durch die Darstellung der Potenziale älterer Freiwilliger, die Förderung der gesellschaftlichen Teilhabe älterer Menschen, die Verbesserung der Rahmenbedingungen für freiwilliges Engagement, der Auf- und Ausbau von Infrastruktureinrichtungen für ältere engagierte Menschen sowie die Stärkung des Generationenzusammenhalts. Neben ihrer Vermittlerrolle zwischen den einzelnen Seniorenbüros ist die BAS selbst Mitglied in anderen Organisationen, die sich mit den Interessen der Älteren sowie den Möglichkeiten ehrenamtlichen Engagements befassen. Dazu gehören die BAGSO, der EURAG (Bund für die ältere Generation Europas), der Deutsche Verein für private und öffentliche Fürsorge und der BBE (Bundesnetzwerk Bürgerschaftliches Engagement)(vgl. BAS 2008).

1.2 Seniorenorganisationen der Parteien

Ähnlich wie die intermediären Großorganisationen sind auch die im Bundestag vertretenen Parteien mit einem gravierenden Alterungsprozess konfrontiert. Allen voran sind es die CDU und die SPD, deren Mitgliederstruktur seit gut zwanzig Jahren zunehmend überaltert. Grund dafür sind die fehlenden Eintritte jüngerer Menschen in ausreichender Zahl. In der CDU hat sich der Anteil der über 60-Jährigen zwischen 1991 und 2007 von 29,6 Prozent auf 48 Prozent erhöht. Ähnliches gilt für die SPD, hier stieg der Anteil der über 60-Jährigen von 25,2 Prozent auf 46,7 Prozent an. Die FDP verzeichnete im selben Jahr 34,9 Prozent ältere Mitglieder. Bündnis 90/Die Grünen sind die »jüngste« Partei: Im Jahr 2007 betrug der Anteil der Mitglieder, die 61 Jahre oder älter waren, lediglich 11,4 Prozent. Die »älteste« Partei zum Jahresende 2007 war die Linkspartei, in der über die Hälfte der Parteimitglieder 60 Jahre oder älter waren (Niedermayer 2009: 16).

Tabelle 6: Mitglieder über 60 Jahre der im Bundestag vertretenen Parteien 1991–2007* (in Prozent)

	CDU	SPD	CSU1	Grüne²	FDP³	LINKE
Alter	60–	60–	61–	60–	60–	61–
1991	29,6	25,2	26,8	–	–	–
1995	34,5	27,4	–	–	–	–
1997	37,7	29,4	31,1	–	28,1	–
1999	40,4	36,5	–	–	30,1	68,3
2001	44,0	39,2	38,8	–	32,5	68,3
2003	45,7	42,2	40,1	–	33,4	67,6
2005	46,2	43,6	41,5	–	34,0	70,4
2007	48,0	46,7	42,7	11,5	34,9	54,0

* Stand jeweils 31.12.
1) Zwischen 1995 und 2000 waren aufgrund von Problemen bei der EDV-Umstellung Auswertungen der Mitgliederkartei nach sozialstrukturellen Variablen kaum möglich; Stand: 1997: 31.07.1997, 2001: 28.01.2002, 2003: 14.01.2004, 2005: 16.01.2006, 2007: 10.01.2008.
2) Daten zur Mitgliederstruktur erstmals für das Jahr 2007 verfügbar.
3) erst ab 1996 verfügbar.

Quelle: Niedermayer 2009: 16.

Dass die Parteien altern, ist kein neues Phänomen. In wissenschaftlichen Untersuchungen der vergangenen Jahre wird diese Entwicklung als ein Symptom der vermeintlichen Krise der Mitgliederparteien immer wieder benannt (vgl. Wiesendahl 2006). Angesichts des zunehmenden Anteils älterer Mitglieder in den Parteien verfügen mittlerweile alle Parteien über Organisationsgliederungen für die Altersgruppe »60 Jahre und älter«, um diesen eine Plattform für ihr politisches Engagement zu bieten. Allerdings erhalten die älteren Parteimitglieder durch die Einrichtung von Seniorenorganisationen nicht zwangsläufig mehr Einflussmöglichkeiten. Im Gegenteil, Spitzenpositionen in den Führungsgremien der Parteien werden weiterhin kaum mit Älteren besetzt (Naegele 1999). Auch die inhaltlichen Debatten werden weitgehend nicht durch die Seniorenorganisationen bestimmt. Im Folgenden wird der Blick auf jene Teil- bzw. Nebenorganisationen der Parteien gelegt, die sich mit altersspezifischen Belangen beschäftigen.

1.2.1 Senioren-Union der CDU

Die Senioren-Union ist die jüngste Vereinigung der CDU in Deutschland. Im Gegensatz zu anderen Gruppen in der CDU, wie z. B. der Jungen Union, die bereits rund 50 Jahre besteht, wurde die Senioren-Union[25] auf Bundesebene erst im Jahr 1988 gegründet. Zuvor existierten bereits auf Kreis- und Landesverbandsebene Seniorenvereinigungen. Die CDU institutionalisierte als erste Partei auf Bundesebene eine Organisation für ihre älteren Parteimitglieder.[26] Die Senioren-Union ist formal eine eigenständige Vereinigung mit eigener Satzung, jedoch sowohl rechtlich als auch finanziell von der Mutterorganisation abhängig. Im Jahr 1994 lag die Mitgliederzahl bei 48.946 und ist seitdem kontinuierlich angestiegen. Im Jahr 2001 erreichte sie mit 73.919 ihren Höchststand, fiel danach allerdings wieder ab. Im Oktober 2008 hatte die Senioren-Union 55.426 beitragszahlende Mitglieder. Der Altersdurchschnitt lag im Jahr 1994 bei 72,1 Jahren und ist seitdem auf 74 Jahren gestiegen. Jeder, der das 60. Lebensjahr erlangt oder im gesetzlichen Ruhestand ist, kann Mitglied der Senioren-Union werden. Die Mitgliedschaft wird nicht automatisch vergeben, wenn ein CDU-Mitglied das Alter von 60 erreicht hat, vielmehr bedarf es dazu eines eigenständigen Beitritts.[27] Die Senioren-Union steht auch Nicht-Mitgliedern der CDU offen, um eine lose Bindung auch außerhalb des Milieus der Partei zu ermöglichen. Im Jahr 2008 waren rund 35 Prozent der Mitglieder dieser Vereinigung keine CDU-Mitglieder. Der Vorstand und die Delegierten müssen jedoch der Partei als Mitglieder angehören. Die Senioren-Union ist bundesweit präsent und gliedert sich in Kreis- und Landesvereinigungen. Sie hat rund 360 Kreisvereinigungen, davon über 320 in den westdeutschen Bundesländern. Erklärtes Hauptziel ist es, die Interessen der Älteren in den Wil-

---

25 Der Bundesvorsitzende ist Prof. Dr. Otto Wulff, er wurde im Oktober 2008 in seinem Amt bestätigt. Ebenso ist er als Vertreter der Senioren-Union Mitglied des CDU-Bundesvorstands.

26 In Bayern wurde die Senioren-Union im Jahr 1998 gegründet.

27 Ebenso ist ein eigener Beitrag zu entrichten, dessen Höhe im Ermessen des einzelnen Mitgliedes liegt, jedoch mindestens 2,50 Euro im Monat beträgt.

lensbildungsprozess der CDU einzubringen. Daher setzt sich die Senioren-Union dafür ein, die »Zwangsverrentung« zu stoppen, da sie erstens altersdiskriminierend und zweitens verfassungswidrig sei. Weiterhin könne auf die Erwerbsarbeit der älteren Generationen in Zeiten des demografischen Wandels nicht verzichtet werden. Die Senioren-Union spricht sich explizit gegen sämtliche Rentenkürzungsforderungen aus. Obwohl sie seit 1988 besteht, konnte sie bisher keinen nennenswerten Einfluss auf die Programm- und Kursbestimmung der CDU erlangen. Allerdings bemüht sich die Senioren-Union seit 2006 verstärkt darum, sich operativ und kommunikativ neu auszurichten. Selbsternanntes Ziel ist eine organisationsstarke CDU-Vereinigung. Dieser Prozess wurde durch das Strategiepapier »Richtung 2010« sowie mit dem parteiinternen Bündnis »Union der Generationen« eingeleitet.

1.2.2 Arbeitsgemeinschaft der Älteren in der SPD (AG 60 plus)

Als Reaktion auf den steigenden Anteil älterer Wähler und Mitglieder wurde die sozialdemokratische Arbeitsgemeinschaft der Älteren (AG 60 plus) auf Bundesebene im Jahr 1994 gegründet. Da die Mitgliedschaft – im Gegensatz zur Senioren-Union – automatisch allen Sozialdemokraten ab 60 Jahren übertragen wird, handelt es sich hierbei um die größte parteiinterne Gliederung. Zum Jahresende 2007 zählte die AG 60 plus formell rund 252.000 Mitglieder. Seit den siebziger Jahren nimmt der prozentuale Anteil der über 60-Jährigen SPD-Mitglieder stark zu. Waren 1974 noch 22,6 Prozent der SPD-Mitglieder über 60, so waren es 2007 bereits 46,6 Prozent. Die Mitgliedergruppe über 60 Jahre stellt damit heute die größte Altersgruppe innerhalb der SPD. Allerdings engagieren sich nicht alle Mitglieder dieser Altersgruppe in der Arbeitsgemeinschaft respektive wissen viele nicht um ihren Mitgliedsstatus.

Motiviert war die Gründung von der Idee, die Chancen älterer Bewerber für politische Führungsämter oder Bundestagsmandate zu erhöhen (Naegele 1999: 105). Ebenso verfolgte die Parteiführung in dieser organisationspolitischen Modernisierung den Weg, Neu-Mitglieder jenseits der 50 für die Partei zu gewinnen. Die Gründung der AG 60 plus muss auch als eine Reaktion auf die bereits länger stattfindenden Aktivitäten der CDU gesehen werden. Auch wenn die AG 60 plus keine selbstständige Teilorganisation ist, arbeitet sie eigenständig, hat einen der Parteistruktur entsprechenden organisatorischen Aufbau und fasst eigene Beschlüsse. Im Bundesvorstand der SPD ist sie redeberechtigt, jedoch ohne Stimmrecht. Im Jahr 2007 engagierten sich schätzungsweise rund 40.000 Mitglieder aktiv in der Arbeitsgemeinschaft und übernahmen vor allem auf der lokalen Ebene wichtige Funktionen. Die Arbeitsgemeinschaft befasst sich mit den Problemen der Älteren und formuliert eigene Zielvorstellungen. Finanziell ist die AG von der SPD abhängig, da Arbeitsgemeinschaften keine eigenen Mitgliedsbeiträge erheben dürfen. Ziel ist neben der Interessenvertretung der Älteren nach innen und außen die Förderung des Engagements der Älteren. Die Arbeitsgemeinschaft der Älteren und die Partei setzen sich zwar stark mit dem demografischen Wandel und seinen Folgen auseinander, allerdings sind die Ergebnisse bislang kaum in die Programmatik der Partei eingegangen.

1.2.3 »Grüne Alte«

Bis zum Jahr 2003 hatte die Senioren- bzw. Alterspolitik als relevantes Themenfeld noch keinen nennenswerten Eingang in die »jüngste« Partei im Deutschen Bundestag, Bündnis90/Die Grünen, gefunden (vgl. Wilkoszewski 2003). Dies galt es mit der Gründung der »Grünen Alten« im Jahr 2004 nachzuholen, die die Belange älterer Menschen in den Mittelpunkt stellt. Die Gründung des Vereins war das Ergebnis eines Parteikongresses zum Thema »Alt und Jung«.[28] Der Verein basiert auf einer eigenen Satzung, in der als Ziel die Anerkennung als Teilorganisation der Partei Bündnis 90/Die Grünen genannt wird. Der Verein steht den Grünen nahe, da alle Vorsitzenden[29] auch Parteimitglieder sind und eine Mitgliedschaft in mit den Grünen konkurrierenden politischen Organisationen ausgeschlossen ist. Die »Grünen Alten« hatten im Jahr 2007 weniger als 100 Mitglieder. Ziel der »Grünen Alten« ist es, die Belange der älteren Generation sowohl in der eigenen Partei als auch in der Gesellschaft zu vertreten. Im Kurzprogramm der »Grünen Alten« benennen sie ihre Vorstellungen einer »Kultur des Alters«. Die Alterssicherung ist zwar das primäre Anliegen, allerdings zählt die Bekämpfung der Arbeitslosigkeit, eine flächendeckende Kinderbetreuung als auch ein allen zugängliches Bildungsangebot zu ihren Themen. Sie fordern mehr Eigenständigkeit im Alter und bessere Pflegebedingungen, sodass Ältere möglichst lange in der eigenen Wohnung leben können. Außerdem sprechen sie sich für eine Integration älterer Migrantinnen und Migranten aus. Aufgrund der sich verändernden demo-

---

28 Der Kongress wurde von Irmingard Schewe-Gerigk, MdB für Bündnis 90/Die Grünen, ausgerichtet.

29 Als Vorsitzende wurde Ingrid Borretty gewählt, diese ist darüber hinaus Mitglied der Partei Bündnis 90/Die Grünen und im hessischen Landtag beratend tätig. Zweite Vorsitzende ist Ute Schmitz, auch sie ist Parteimitglied.

grafischen Verhältnisse schlagen die »Grünen Alten« eine Erneuerung des Generationenvertrages vor. Sie sprechen sich gegen die Verpflichtung zu mehr Eigenverantwortung bei der Altersvorsorge aus und verlangen eine gesetzlich festgeschriebene Existenzgrundlage. Wie bisher solle der neue Generationenvertrag auf dem Umlageverfahren basieren. Dass von ihnen angestrebte Verfahren müsse jedoch weiter greifen: Sie sehen eine gerechte Umverteilung von Reichtum vor. Dabei orientieren sie sich stark am Schweizer Rentenmodell. Sie betonen insbesondere den Aspekt der solidarischen Nachhaltigkeit.

1.2.4 Liberale Senioren in der FDP

Der Bundesverband der Liberalen Senioren (LiS) wurde im September 2001 gegründet. Dieser der FDP nahestehende Verein[30] verfügt über eine eigene Satzung wie auch ein Programm.[31] Die LiS hatten im Januar 2009 rund 900 Mitglieder. Zu ihren Zielen gehört es, das Generationenverhältnis zu fördern, aktiv auf die Politik im Sinne älterer Menschen einzuwirken und den Stellenwert der älteren Generation für die Gesellschaft hervorzuheben. Ihre Aufgabe sehen sie vor allem in der Wahrnehmung und Förderung der Interessen älterer Menschen im Rahmen der »liberalen europäischen Tradition« (vgl. Liberale Senioren 2008). Zur Verbesserung der Generationenverständigung verfolgen die LiS einen Kontaktaustausch mit anderen Seniorenvereinigungen und den Austausch mit der FDP-Jugendorganisation Junge Liberale. Die Vereinigung betrachtet den demografischen Wandel als eine der größten politischen Herausforderungen des Jahrhunderts. Um diese Aufgabe zu bewältigen, bedarf es nach ihrer Auffassung des richtigen Personals, also Menschen, die sich in der Seniorenpolitik bewährt haben oder ein entsprechendes Lebensalter vorweisen können[32]. Weiterhin fordern sie alle Parteien auf, eine Generationen vereinende Politik zu verfolgen und die Auswirkungen der demografischen Verhältnisse nicht als Interessengegensatz zwischen Jung und Alt zu instrumentalisieren. Die Vereinigung sieht eine Chance in der Integration Älterer in den Arbeitsmarkt und hält politische Lösungen wie Subventionen von Frühverrentung für gefährlich (vgl. Liberale Senioren 2008).

---

30 Es werden keine Personen aufgenommen, die in einer mit der FDP konkurrierenden Partei Mitglied sind.
31 Der Verein erhebt einen monatlichen Mitgliedsbeitrag von 3,00 Euro.
32 Die Liberalen Senioren fordern alle Parteien auf, für die Bundestagswahl 2009 und die Europawahl 2009 Kandidaten aufzustellen, die sich für eine seniorengerechte Politik einsetzen.

1.2.5 Seniorenarbeitsgemeinschaft (SAG) Die Linke

Die Seniorenarbeitsgemeinschaft (SAG)[33] ist eine Teilorganisation der Linkspartei.[34] Zu Beginn des Jahres 2009 bestanden Landes-Seniorenarbeitsgemeinschaften in Berlin, Brandenburg, Bremen, Hamburg, Mecklenburg-Vorpommern, Niedersachsen[35], Nordrhein-Westfalen, Saarland, Sachsen, Sachsen-Anhalt und Thüringen.[36] Die PDS als Vorgänger der Linkspartei hatte einen vergleichsweise hohen Altersdurchschnitt, im Jahr 1995 waren 60 Prozent ihrer 114.940 Mitglieder über 60 Jahre alt. Die Partei wird in Ostdeutschland dominiert von den 1950er Geburtsjahrgängen, die in den siebziger Jahren politisch sozialisiert wurden und nach der deutschen Vereinigung in großer Zahl arbeitslos bzw. frühverrentet wurden. Bereits in den neunziger Jahren stand die PDS in dem Ruf, eine Rentnerpartei zu sein. Im Jahr 2006 hatte die Partei noch vor dem Zusammenschluss mit der WASG einen Anteil an über 61-Jährigen von 68,1 Prozent, Mitglieder unter 30 Jahren stellen hingegen lediglich 3,9 Prozent an der Gesamtmitgliedschaft dar. Die Linkspartei ist strukturell die älteste der im Bundestag vertretenen Parteien, obgleich sich die Mitgliederstruktur leicht verjüngte. Im Jahr 2007 waren 54 Prozent der Mitglieder 61 Jahre oder älter, der Anteil der unter 30-Jährigen belief sich auf 6 Prozent (Niedermayer 2009: 1).[37]

Die Seniorenarbeitsgemeinschaft unterstützt den Vorstand der Partei bei der Ausarbeitung und Umsetzung seniorenpolitischer Themen.[38] Die SAG auf Länderebene sind zwar in den Landesvorständen redeberechtigt, verfügen jedoch über kein Stimmrecht.[39] Das bisherige Rentenmodell wird vehement kritisiert. Unstetige Erwerbsbiographien, Phasen der Arbeitslosigkeit und andere

---

33 In der Seniorenarbeitsgemeinschaft gibt es keine Vorsitzenden, sondern sogenannte Sprecherräte. Sprecherinnen und Sprecher der Seniorenarbeitsgemeinschaft im Jahr 2008 waren Karin Söllner, Elke Böckmann, Dr. Rudolf Schiller und Helmut Schieferdecker.

34 Eine Seniorenarbeitsgemeinschaft gab es in der PDS bereits seit 1992, die nach Vereinigung von WASG und der Linkspartei.PDS im Juni 2007 in die neue Linkspartei übernommen wurde.

35 Die Seniorenarbeitsgemeinschaft in Niedersachsen hat sich im Frühjahr 2008 gegründet und befindet sich seither in der Aufbauphase. Im Januar 2009 engagierten sich rund 50 Parteimitglieder regelmäßig in der SAG.

36 Der Aufbau von Seniorenarbeitsgemeinschaften in den anderen fünf Bundesländern war zum Untersuchungszeitraum im Frühjahr 2009 angedacht.

37 Diese leichte Veränderung der Altersstruktur der Linkspartei ist auf den Vereinigungsprozess der PDS und WASG zurückzuführen.

38 Das höchste Organ der SAG ist die Hauptversammlung.

39 Die Sprecherräte der SAG koordinieren alltägliche Arbeiten, dienen als Mittler zwischen den Seniorenarbeitsgemeinschaften auf Länderebene und dem Vorstand der Partei, organisieren regionale Aktivitäten und unterstützen bei rentenpolitischen Fragen.

Tabelle 7: Seniorenorganisationen der Parteien im Überblick

	Grün-dung	Mitglieder-zahlen (Stand 2008)	Mitgliedsbei-trag/Jahr	Bundesvorsitzende/r (Stand 2008)	Eigene Satzung
Senioren-Union (CDU)	1988	55.426	mind. 30 Euro	Seit 2002 Otto Wulff (geb. 1933) (1983–1991 Mitglied des Europarates)	Vorhanden, allerdings rechtlich und finanziell von der CDU abhängig
AG 60 plus (SPD)	1994	252.078	Kein eigener Mitgliedschaftsbeitrag	Seit 2007 Erika Drecoll (geb. 1937) (1994 bis 1998 Schatzmeisterin des SPD-Kreisverbandes Rostock)	Nicht vorhanden, Richtlinie für die Arbeit der AG
Liberale Senioren (FDP)	2001	896	36 Euro für bundesunmittelbare Mitglieder, ansonsten je nach Landesverband festgesetzt	Seit 2002 Berthold Bahner (geb. 1936) (vorher selbständiger Unternehmer)	Vorhanden
Grüne Alte (Bündnis 90/ Die Grünen)	2004	85	mind. 30 Euro	Seit 2007 Ingrid Borretty (geb. 1951) (Umwelt- und Sozialdezernentin a.D., hauptamtliche Stadträtin a.d.) Ute Schmitz (geb. 1940) (ehemalige Lehrerin)	Vorhanden
Senioren-AG (Die Linke)	Übernommen von der Linkspartei. PDS, dort schon seit 1992	k.A.	Kein eigener Mitgliedschaftsbeitrag	Sprecher: Karin Söllner, Elke Böckmann, Dr. Rudolf Schiller und Helmut Schieferdecker	Nicht vorhanden

Quelle: Angaben der Parteien, 31.01.2009; eigene Darstellung.

Faktoren würden faktisch zu Rentenansprüchen auf einem Armutsniveau führen. Eine private Altersvorsorge sei für viele Menschen finanziell nicht zu leisten und daher sozial ungerecht. Die SAG plädiert für die steuerfinanzierte staatliche Rente nach schwedischem Modell. Die Partei rückt vor allem benachteiligte Menschen ins Blickfeld und strebt altersfreundliche Reformen an. Sie weist darauf hin, dass es mit »Reparaturmaßnahmen« nicht getan sei, vielmehr bedürfe es einer Umstrukturierung in vielen Bereichen, so z. B. in der Familienpolitik, der Arbeitswelt und der Alterssicherung (vgl. Die Linke 2008).

1.3 Rentnerparteien

Neben den Seniorenorganisationen der arrivierten Parteien existiert eine Handvoll Kleinparteien bzw. politischer Vereinigungen, die als ausgewiesene Rentnerparteien in Erscheinung treten. Die erste Partei, die sich offensiv und explizit für Rentner einsetzte, waren die »GRAUEN – Die Grauen Panther«, die in den neunziger Jahre durch provokante Aktionen bundesweit Aufmerksamkeit erzielten. Während die »GRAUEN – Die Grauen Panther« ihr politisches Profil noch verstärkt auf die angebliche Konfliktlinie Alt versus Jung und damit auf die radikale Profilierung der Lebensphase Alter stützten, betonen ihre Nachfolger-Parteien und Nachahmer eine generationenübergreifende Ausrichtung. Bislang erlangten diese Parteien bei bundesweiten Wahlen keine nennenswerten Erfolge. Bei der Bundestagswahl 2009 erhielten die Renterinnen-Rentner-Partei (RRP) und die RENTNER zusammen 0,3 Prozent der Stimmen.[40]

---

40 Bei der Europawahl 2009 konnten jedoch immerhin vier Rentnerparteien (50 plus – Das Generationen-Bündnis, DIE GRAUEN, RRP und Rentner-Partei-Deutschland (RENT-NER) zusammen 1,7 Prozent der Stimmen (rund 440.000) verbuchen. Dieser kleine Achtungserfolg lässt sich unter anderem damit begründen, dass sich auch sogenannte Rentnerparteien zunehmend von einem generationenseparierenden Politikverständnis distanzieren. Außer der RRP und der Partei die RENTNER waren die anderen Rentnerparteien zur Bundestagswahl 2009 nicht zugelassen worden.

Tabelle 8: Rentnerparteien 2008 im Überblick

	Gründung	Mitglie-derzahlen (Stand 2008)	Mitgliedsbeitrag/Jahr
DIE GRAUEN – Generationspartei	März 2008	zwischen 800 bis 1.000	Richtwert bei 36 Euro, Mitglied kann Höhe selbst bestimmen
Allianz Graue Panther	März 2008	k.A.	Gestaffelt nach Monatseinkommen zwischen 24 und 720 Euro
Rentnerinnen und Rentner Partei (RRP)	August 2007	Rund 2.600	Rentner: 36 Euro Berufstätige: 48 Euro
50 plus Das Generationen-Bündnis	November 2006	k. A.	Für Einzelpersonen monatlich min. 3 Euro, für Ehepaare insgesamt min. 5 Euro.
Rentner-Partei-Deutschland (RENTNER)	August 2008	rund 1.000	Für Einzelpersonen 36 Euro im Jahr. ALG II-Empfänger und Rentner, mit weniger als 700 Euro monatlichen Einkommen, zahlen den verminderten Sozialbetrag von 12 Euro.

Quelle: Informationen der Websites sowie Auskünfte der Parteien; eigene Darstellung.

1.4 Gewerkschaften[41]

Im Jahr 2008 waren 21 Prozent der in den DGB-Gewerkschaften organisierten Mitglieder im Rentenalter. Die anteilsmäßige Zunahme der Mitglieder im Ruhestand ist in erster Linie auf die unzureichende Rekrutierung jüngerer Erwerbstätiger zurückzuführen und nicht etwa auf einen überproportionalen Beitritt älterer Menschen. Eine Vielzahl der Mitglieder verbleibt auch im Ruhestand in ihrer Gewerkschaft. Gewerkschaften verstehen sich traditionell nicht nur als Interessenvertreter der Erwerbstätigen, sondern zeigen sich ebenso für die Interessen anderer gesellschaftlicher Gruppen sensibel. Eine solche Handlungslogik ist geleitet von einem generationenübergreifenden Politikverständnis. Eine Seniorenpolitik, die klientelspezifische Interes-

---

41 Vgl. hierzu ausführlich Kap. VI »Gewerkschaften und die Seniorenfrage«.

sen artikuliert, wird jedoch nur im Rahmen ihrer Tarif- und Sozialpolitik verfolgt. Die Arbeitnehmerorganisationen vertreten somit die Interessen ihrer Mitglieder im Ruhestand indirekt bzw. advokatorisch, ohne dabei als offensive Streiter für diese Gruppe wahrgenommen werden zu wollen. Gleichzeitig ermöglichen sie spezifische Beteiligungsoption für die Mitgliedergruppe im Ruhestand, ohne ihnen jedoch parallel dazu besondere Mitgliedschaftsanreize einzuräumen.

1.5 Sozialverbände[42]

Der Sozialverband VdK, der Sozialverband Deutschland sowie die Volkssolidarität sind mit rund 2,2 Millionen Mitgliedern die zahlenmäßig größten Verbände im Bereich der Seniorenpolitik. Seit den siebziger Jahren entwickelten sich die beiden großen westdeutschen Sozialverbände VdK und SoVD von ehemaligen Kriegsopferorganisationen zu umfassenden Sozialverbänden, wenngleich der Schwerpunkt aufgrund der Altersstruktur der Mitglieder insbesondere auf der Interessenvertretung Älterer liegt. In der Öffentlichkeit werden sie häufig ausschließlich als »Rentneranwälte« wahrgenommen, gleichwohl sind sie selbst darauf bedacht, als Verbände für Alt und Jung verstanden zu werden. Die Sozialverbände nehmen für sich in Anspruch, die Interessen aller sozial benachteiligten Menschen, auch etwa der in Armut lebenden Kinder, zu vertreten und nicht ausschließlich einseitig Politik im Sinne der heutigen Rentenempfänger zu betreiben. Auch sie sehen sich einer generationenübergreifenden Politik verpflichtet. Auffällig ist, dass es seit ihrer Gründung in den Nachkriegsjahren keinem der Sozialverbände gelungen ist, bundesweit gleichermaßen stark in allen Regionen repräsentiert zu sein. Vielmehr lässt sich die Landkarte der deutschen Sozialverbände bis heute auf die Einflussbereiche der vier Besatzungsmächte zurückführen.

---

42 Vgl. hierzu ausführlich Kap. V »Die Sozialverbände als direkte Interessenvertreter der Älteren?«.

1.6 Spitzenverbände der freien Wohlfahrtspflege

Wohlfahrtsverbände zählen zu den intermediären Großorganisationen[43], die vergleichsweise geringe mediale Aufmerksamkeit erfahren, jedoch öffentlich gefördert staatliche Aufgaben im Sinne des Subsidiaritätsprinzips[44] übernehmen. Ihre Hauptaufgabe liegt darin, umfassende soziale Dienste wie ambulante Pflegedienste anzubieten. Mit rund 1,2 Millionen Beschäftigten zählen sie zu den größten Arbeitgebern Deutschlands. Als Dienstleister müssen sie soziale Hilfen selbst erbringen und nicht nur politisch einfordern (Schmid 1997: 86). Auffällig ist die enge Kooperation zwischen dem Staat und den Wohlfahrtsverbänden wie auch die intensive Zusammenarbeit der Wohlfahrtsverbände untereinander (Alemann 1985). Sie verstehen sich häufig als Advokaten sozial benachteiligter Menschen und leisten als Wertegemeinschaften einen Beitrag zur sozialen Integration ihrer Mitglieder. Die sechs Spitzenverbände der freien Wohlfahrtspflege sind die Arbeiterwohlfahrt (AWO), der Caritasverband, das Diakonische Werk, der Deutsche Paritätische Wohlfahrtsverband (DPWV), das Deutsche Rote Kreuz (DRK) sowie die Zentralwohlfahrtsstelle der Juden (Schmid 2009: 787).[45]

1.6.1 Arbeiterwohlfahrt (AWO)

Die 1919 gegründete Arbeiterwohlfahrt (AWO), die sich als Teil der sozialdemokratischen Arbeiterbewegung versteht, ist sowohl ein Mitgliederverband als auch ein Anbieter sozialer Dienstleistungen. Als einziger Spitzenverband der freien Wohlfahrtspflege erhebt die AWO einen gesellschaftspolitischen Gestaltungsanspruch: Neben ihrem Dienstleistungsstatus versteht sie sich als Anwalt für Hilfsbedürftige und setzt sich für eine umfassende Chancengleichheit in sozialer, politischer und kultureller Hinsicht ein. Im Jahr 2008 organisierte die AWO bundesweit rund 400.000 Mitglieder.[46] Als Wohl-

---

43 Ihre starke Stellung ist auf den Konflikt zwischen Staat und Kirche im 19. Jahrhundert und die Stärke der christdemokratischen Parteien in Deutschland zurückzuführen (Schmid 2009: 787).

44 Das Vorrangprinzip der freien Wohlfahrtspflege sowohl gegenüber staatlichen als auch privaten Anbietern sozialer Leistungen wird als Subsidiaritätsprinzip definiert (Papst 1996, 9).

45 Die sechs Spitzenverbände genießen öffentlichen Status, sind im ganzen Bundesgebiet aktiv und decken das gesamte Gebiet der Wohlfahrtspflege ab.

46 Die AWO gliedert sich in 29 Bezirks- und Landesverbände, 400 Kreisverbände und 4.030 Ortsvereine.

fahrtsverband ist sie Trägerin von rund 12.500 Einrichtungen, darunter
mehr als 1.600 Heimen. Im Jahr 2005 zählte sie 3.490 Selbsthilfe-, Helfer-
und andere Gruppen bürgerschaftlichen Engagements, unter anderem rund
800 Altenclubs und Seniorengruppen. Die hohe Zahl an Mitgliedergruppen
und Einrichtungen ermöglicht der AWO, ihre Positionen in politische Entscheidungsprozesse wie beispielsweise die Sozialgesetzgebung einzubringen.
Sie bietet nahezu flächendeckend Aktivitäten für ältere Menschen: Tagesstät-
ten, Clubs, Reisemöglichkeiten, Wohnraumbetreuung und mobile Dienste
wie »betreutes Wohnen« oder »Essen auf Rädern« sowie Pflegeeinrichtungen.
Der Seniorenservice AWO informiert, vermittelt und berät ältere Menschen
und deren Angehörige bundesweit über Dienstleistungen der AWO sowie
deren Partnerunternehmen.

1.6.2 Deutscher Caritasverband (DCV)

Der 1897 gegründete Deutsche Caritasverband ist eine von »den deutschen
Bischöfen anerkannte institutionelle Zusammenfassung und Vertretung der
katholischen Caritas in Deutschland« (Wex 2004).[47] Er kann als ein »Sozialkonzern« beschrieben werden, da seine operativen Geschäftsaktivitäten rund
25.000 Einrichtungen und Dienste umfassen.[48] Ende 2006 waren dort rund
520.000 Mitarbeiter beschäftigt, die von Freiwilligen unterstützt wurden
(Caritas 2008b: 38). Die Caritas unterhält Einrichtungen und Initiativen für
ältere Menschen. Die »offene soziale Altenarbeit« legt den Schwerpunkt auf
die Gestaltung des sozialen Lebens älterer Menschen. Ältere Menschen werden bei ihrem bürgerschaftlichen Engagement unterstützt und intergenerative Kontakte organisiert. Die Caritas versteht sich nicht nur als sozialer
Dienstleister, sondern auch als Lobbyist für die Belange älterer Menschen.
Sie versucht Einfluss auf die sozialpolitische Gesetzgebung zu nehmen und
arbeitet mit zahlreichen Gremien im vorpolitischen Raum zusammen.

---

47 Der Aufbau des Verbandes orientierte sich an der Struktur der katholischen Kirche und
     gliedert sich in den Bundesverband, in 27 Diözesancaritasverbände, die Landesverbände
     sowie in Ortsverbände (vgl. Boeßenecker 2005).
48 Die Mitgliederstruktur ist heterogen: Bundesweit existieren ca. 10.000 selbständige
     Rechtsträger (korporative Mitglieder). Diese sind über die Mitgliedschaft ihres Trägers
     automatisch Mitglied der Caritas.

1.6.3 Diakonisches Werk der Evangelischen Kirche in Deutschland (Diakonie)

Das Diakonische Werk der Evangelischen Kirche lässt sich als eine Art Holdinggesellschaft charakterisieren (Boeßenecker 2005).[49] Es hält seine regionalen, selbstständigen Zweigstellen, Einzelunternehmen und Betriebsteile nicht durch eine zentralistische Struktur sondern durch missionarische Tätigkeiten zusammen. Laut Satzung zählen zu den Mitgliedern des Werkes die Evangelische Kirche in Deutschland (EKD), die im Diakonischen Werk mitarbeitenden Freikirchen, die freikirchlichen Diakonischen Werke, die Landesverbände und die Fachverbände.[50] Im Jahr 2006 waren dem Diakonischen Werk rund 27.472 selbständige Einrichtungen und Dienste mit einer Kapazität von rund 1 Mio. Betten/Betreuungsplätzen angeschlossen (Diakonisches Werk 2006: 5). Damit zählt es bundesweit zu den größten Trägern von Pflege- und Betreuungseinrichtungen (ebd.). Darüber hinaus existieren rund 3.600 diakonische Selbsthilfe- und Helfergruppen. Mitgetragen wird die Arbeit ebenfalls von den rund 18.000 Gemeinden der Landes- und Freikirchen. Das Diakonische Werk erarbeitet Handlungsperspektiven für die gesellschaftliche Teilhabe Älterer und Möglichkeiten zum bürgerschaftlichen Engagement. Der Fachverband, das »Evangelische Seniorenwerk«, organisiert die kirchliche Seniorenarbeit und vertritt die Anliegen älterer Menschen in Kirche, Gesellschaft und Staat. Das Seniorenwerk organisiert Seniorentage, Seniorenreisen, Erfahrungsaustausch, Beratungen und koordiniert weitere Aktivitäten in den jeweiligen Kirchengemeinden

---

49 Nachdem im Jahr 1849 der »Centralausschuß für die Innere Mission der Deutschen Evangelischen Kirche« gebildet worden war, entstanden in ganz Deutschland Verbände der Inneren Mission mit rechtlich selbstständigen Heimen, Anstalten und Einrichtungen. Nach dem Ende des Zweiten Weltkrieges wurde das Hilfswerk der Evangelischen Kirche gegründet, die Innere Mission und das Hilfswerk schlossen sich 1957 zu landeskirchlichen Werken zusammen. Im Jahr 1975 wurden sie im Diakonischen Werk der EKD vereint.

50 Dem Bundesverband unterstehen die Diakonischen Werke der 22 Landeskirchen der EKD, neun Freikirchen mit ihren diakonischen Einrichtungen sowie rund 80 Fachverbände.

1.6.4 Deutscher Paritätischer Wohlfahrtsverband (DPWV)

Der Deutsche Paritätische Wohlfahrtsverband (DPVW)[51] ist ein Dachverband von annähernd 10.000 Organisationen, Einrichtungen und Gruppierungen im Sozial- und Gesundheitsbereich. Seine 15 Landesverbände und mehr als 280 Kreisgeschäftsstellen unterstützen die Tätigkeit seiner Mitglieder. Als einziger Spitzenverband der freien Wohlfahrtspflege fungiert er als Anlaufstelle für autonome Gruppen, wie beispielsweise Arbeitsloseninitiativen, wodurch sich jedoch »ein Konflikt zwischen Zielen und Ressourcen, bei dem sich Trägerorganisationen und autonome Projekte gegenüberstehen, in das Wohlfahrtsverbandsspektrum hinein verlagert« (Winter 1997). Der DPWV versteht sich als eine Solidargemeinschaft von unterschiedlichen Initiativen, Einrichtungen und Organisationen, zu denen unter anderem der VdK und die Volkssolidarität zählen. Der Dachverband gliedert sich in 21 Fachbereiche. Als Dienstleistungsverband bietet er Unterstützung in rechtlichen, organisatorischen, finanziellen und fachlichen Fragen. Als Interessenverband kümmert er sich auch um die Belange älterer Menschen. Als Mitglied im Bund der älteren Generationen (EURAG)[52] setzt er sich auf europäischer Ebene für die Sicherung der Lebensqualität älterer Menschen ein (vgl. Der Paritätische 2008).

1.6.5 Deutsches Rotes Kreuz (DRK)

Das Deutsche Rote Kreuz sieht seine Aufgabe darin, Anwalt und Helfer hilfsbedürftiger Menschen weltweit zu sein.[53] Im Gegensatz zu anderen Spitzenverbänden der freien Wohlfahrtspflege setzt sich das DRK keine sozialpolitischen Ziele und kann so flexibler auf wohlfahrtsstaatliche Veränderungen reagieren (Enste 2004). Im Jahr 2007 organisierte das DRK rund 3,9 Milli-

---

51 Der DPVW wurde im Jahr 1919 – zunächst unter einem anderem und später mehrfach wechselnden Namen – als ein Zusammenschluss von nicht-konfessionsgebundenen Trägern von Krankenanstalten gegründet. Der damalige Zusammenschluss und die kontinuierliche Ausweitung erfolgten vor dem Hintergrund abweichender Interessen gegenüber den kirchlichen Verbänden. Im Jahr 1948 wurde als Rechtsnachfolger des 1934 unter dem NS-Regime aufgelösten Verbandes der »Deutsche Paritätische Wohlfahrtsverband e.V.« (DPVW) mit Sitz in Frankfurt am Main gegründet (vgl. Boeßenecker 2005).

52 EURAG Deutschland ist eine Sektion im Bund der älteren Generation Europas, EURAG Europe. Die Mitglieder sind in einzelne Sektionen nach Staatsangehörigkeit gegliedert. Gegenwärtig gehören ihr 33 Staaten an.

53 Die weltweit einheitliche föderalistische Struktur des Roten Kreuzes dient der Mobilität und dem schnellen koordinierten Handeln.

onen Fördermitglieder (DRK 2007: 47). Der Bundesverband sowie die 19 Landesverbände koordinieren die Arbeit der 536 Kreisverbände und 4.761 Ortsvereine (ebd.). Als Spitzenverband der freien Wohlfahrtspflege nimmt das DRK auch hoheitliche Aufgaben wahr, wie den Zivilschutz oder den Sanitätsdienst der Bundeswehr, zudem unterhält es das Jugendrotkreuz. Älteren Menschen bietet das DRK Beratung und Hilfeleistungen. Dazu zählen beispielsweise die Beratung zur Pflegeversicherung, hauswirtschaftliche Hilfen und ambulante Pflege. Ebenso werden auch Aktivitäten wie betreute Urlaubsreisen angeboten (vgl. DRK 2008).

1.6.6 Zentralwohlfahrtstelle der Juden in Deutschland e. V. (ZWST)

Die Zentralwohlfahrtstelle der Juden in Deutschland e. V. (ZWST) wurde im Jahr 1917 als Dachorganisation in Berlin gegründet. 1939 wurde die ZWST vom NS-Regime zwangsaufgelöst, ihre Mitarbeiter in Konzentrationslager deportiert. Der 1950 gegründete Zentralrat der Juden beschloss im Jahr 1951 die Wiedergründung der ZWST. Gegenwärtig wird sie von 25 verschiedenen Mitgliedsorganisationen getragen[54] (vgl. Boeßenecker 2005). Als kleinste Organisation der freien Wohlfahrtspflege liegt das Hauptaugenmerk auf der Armutsbekämpfung und der sozialen Betreuung von Mitbürgern jüdischen Glaubens (ebd.). Das Sozialreferat der ZWST unterstützt die jüdischen Gemeinden in sozialpolitischen Fragen und vertritt die Gemeinden in überregionalen Gremien und Ministerien. Für Senioren werden Erholungsmöglichkeiten sowie Integrationskurse für Immigranten aus dem ehemaligen Ostblock angeboten.

1.7 Christliche Verbände

Im Jahr 2006 erklärten sich rund 50,7 Millionen Menschen in Deutschland der katholischen und evangelischen Religion zugehörig (Statistisches Bundesamt 2009). Die Kirchen sehen sich als Advokaten der Interessen sozial benachteiligter und artikulationsschwacher Gruppen (Schölkopf 2000: 126). Insbesondere die Katholiken sind durch ein vielgliedriges Verbands- und Vereinswesen sowie zahlreiche Institutionen und Aktivitäten im Bereich der

---

54 Dazu zählen die jüdischen Landesverbände und Gemeinden, der jüdische Frauenbund und das jüdische Kurhotel. Persönliche Mitglieder hat die ZWST nur vermittelt über ihre Mitgliedsgemeinden.

Caritas, des Bildungssystems sowie der Medien gesellschaftlich präsent. Die Mehrzahl der rund 125 Verbände ist Mitglied der Arbeitsgemeinschaft der katholischen Organisationen Deutschlands (AGKOD), darunter auch die Katholische Arbeitnehmerbewegung (KAB), die sich insbesondere um die Interessenvertretung von Arbeitnehmern, älteren Menschen und sozial Benachteiligten bemüht (Spieker 2009: 305). Die gesellschaftliche Präsenz der Protestanten kommt in kirchlichen Einrichtungen wie der Diakonie und dem Kirchentag zum Ausdruck, ein dem Katholizismus vergleichbares Verbandswesen (ebd.). Auch unter dem Dach der Evangelischen Kirche existiert eine Arbeitnehmerbewegung, die sich den Interessen der Arbeitnehmer und der älteren Bürger verschrieben hat.

1.8 Bund der Ruhestandsbeamten, Rentner und Hinterbliebenen (BRH)

Der Deutsche Beamtenbund (DBB) weist gegenüber dem DGB eine organisatorische Besonderheit auf: Neben den Organisationen der Erwerbstätigen findet sich im Dachverband eine eigenständige Organisation der Ruheständler, die mit Sitz und Stimme in den Gremien des DBB vertreten ist. Der Seniorenverband BRH kann als einzige genuine Seniorenorganisation in der Bundesrepublik bezeichnet werden, da in diesem Verband ausschließlich Rentner und Pensionäre organisiert sind. Mit der Umbenennung in »Seniorenverband« im Jahr 2005 wird bereits im Verbandsnamen ersichtlich, dass es sich hierbei um eine relativ homogene Klientelorganisation von Menschen im Ruhestand handelt. Den Mitgliedern der einzelnen Fachgewerkschaften des DBB steht es frei, nach dem Übergang in den Ruhestand weiterhin in ihrer Arbeitnehmerorganisation zu bleiben, dem BRH beizutreten oder eine Doppelmitgliedschaft einzugehen (Winter 1997: 183). Grundsätzlich sind alle verrenteten Arbeiter und Angestellten als Mitglieder willkommen. Da allerdings heute nicht mehr nur Ruhestandsbeamte und Beamtenwitwen Mitglied im BRH werden können, hat sich die von Porst (1979: 52) konstatierte vorteilhafte Interessenhomogenität aufgeweicht. Zuvor führten die ähnliche berufliche Sozialisation und vergleichbare Karrieremuster, das besondere Dienstverhältnis (»Treueverhältnis«) der Beamten gegenüber ihrem Arbeitgeber zu ähnlichen gesellschaftlichen Wert- und Zielvorstellung auch in der Ruhestandsphase (Prost 1979: 52). Während der BRH im Jahr 1977 noch rund 105.000 Mitglieder ausschließlich aus der Beamtenschaft organisierte (Porst 1979: 53), umfasste er als eigenständiger Verband von Pensionären und Rentnern im Jahr 2007 nur noch rund 80.000 Mitglieder, die sich zu 60 Prozent aus Pensionären und zu 40 Prozent aus Rentnern zusammensetzen.

Der BRH hat traditionell einen hohen Frauenanteil von weit über 50 Prozent, der sich auf die hohe Zahl von Pensionärswitwen zurückführen lässt. Der Seniorenverband ist in 16 Landesverbänden organisiert, die sich wiederum in rund 1.000 Orts-, Kreis- und Bezirksverbände gliedern.[55] Während die 40 Fachgewerkschaften und 16 Landesbünde des DBB vorwiegend nach fachbezogenen Kriterien strukturiert sind, ist der BRH eine fach- und berufsumfassende Vereinigung von Ruheständlern und deren Hinterbliebenen. Somit ist das primäre Organisationsziel auf die Vertretung von allgemeinen altenpolitischen als auch spezifischen pensions- bzw. rentenpolitischen Interessen dieser Klientel ausgerichtet. Der BRH versteht sich als Selbsthilfegemeinschaft der älteren Generation. Er setzt sich für eine Mitbestimmung der Älteren in all ihren Belangen ein und artikuliert die berufspolitischen, rechtlichen, wirtschaftlichen und sozialen Interessen seiner Mitglieder. Gemeinsam mit der Volkssolidarität, dem VdK, dem SoVD und anderen Sozialverbänden organisierte der BRH beispielsweise die Sozialgipfel in Mecklenburg-Vorpommern und Thüringen im Jahr 2006. Der Landesverband Thüringen des BRH ging darüber hinaus eine Kooperation mit der Volkssolidarität Thüringen ein, um die Interessenvertretung der ostdeutschen Mitglieder zu stärken.[56]

Im DBB erfährt die Alterssicherungspolitik einen hohen Stellenwert im innerverbandlichen Willensbildungsprozess. Die Interessenpolitik des BRH wie auch des DBB orientiert sich an der Bewahrung der eigenständigen Altersversorgung des öffentlichen Dienstes. Deshalb ist man durch Gespräche mit dem Innenministerium sowie dem BMAS bestrebt, mögliche rentenpolitische Harmonisierungspläne und die Einführung einer Bürgerversicherung im Gesundheitswesen zu verhindern. Hier tritt der BRH für die Wahrung der transferpolitischen Interessen der Ruhestandsbeamten ein (Winter 1997: 183). Neben dieser spezifischen, an ihrer Klientel orientierten Interessenvertretungspolitik bietet der BRH seinen Mitgliedern materielle und soziale Anreize. Wie die Sozialverbände und Gewerkschaften gewährt der BRH Rechtsschutz und Rechtshilfe, veröffentlicht monatlich eine Mitgliederzeitschrift und auf der örtlichen Ebene bestehen Möglichkeiten des geselligen Beisammenseins und Freizeitangebote.

---

55 Die meisten Mitglieder sind im Landesverband Baden-Württemberg organisiert.

56 Zu den gemeinsamen Aufgaben zählen sowohl die Vorbereitung und Durchführung von Veranstaltungen sowie das Verfassen gemeinsamer Positionspapiere (Volkssolidarität 2007n).

2. Sozialstaatliche Programmatik der Sozialverbände und Gewerkschaften

Trotz einer Vielfalt der Akteure im Politikfeld der Seniorenpolitik finden sich bei vielen Verbänden oftmals ähnliche bzw. gemeinsame inhaltliche Positionen in ihrer altersbezogenen Politik. Insbesondere die Gewerkschaften und Sozialverbände haben viele Gemeinsamkeiten. So ist das Solidaritätsprinzip der wichtigste Grundsatz für das Handeln in der Sozialpolitik. Dieses Prinzip basiert auf der Prämisse, »dass jeder nach seiner Leistungsfähigkeit zu den Aufwendungen beitragen muss, jedoch nach seinen Bedürfnissen Leistungen erhält« (Muhr 1975: 140). Die erwerbsarbeitszentrierten Organisationen wie auch die Kriegsopferverbände teilen mit den beiden großen Volksparteien den seit der Nachkriegszeit etablierten Konsens[57] einer weitgehenden sozialstaatlichen Absicherung sozialer Risiken. So wurde schon die große Rentenreform im Jahr 1957 von allen Seiten begrüßt, da »durch die Umstellung des Sicherungssystems auf die Umlagedeckung die wirtschaftlichen Zuwächse der Wiederaufbauphase aus dem Stand heraus auch den Leistungsempfängern zugeleitet werden« konnten (Döring/Koch 2003: 385).

Seit Ende der achtziger Jahre haben sich die Bedingungen verändert: Verminderte Einnahmen der Sozialversicherungssysteme infolge der strukturellen Wirtschaftsschwäche und die damit verbundene Massenarbeitslosigkeit bei gleichzeitigen Kostensteigerungen in der Gesundheits-, Renten- und Arbeitslosenversicherung erweisen sich als zentrale Herausforderungen. Darauf reagierend, wurden seit den neunziger Jahren auch in Deutschland soziale Leistungen gekürzt und die sozialstaatlichen Institutionen in Richtung einer Aktivierung und stärkeren Privatisierung sozialer Risiken umstrukturiert.[58] In der Debatte um die Finanzierungsprobleme der Sozialversicherungssysteme und erforderliche Umstrukturierungsmaßnahmen gerieten die Gewerkschaften wie auch die Sozialverbände zunehmend in eine defensive Position. Sie verfolgen in erster Linie die Strategie, die bestehenden institutionellen

---

57 Die traditionell engen Beziehungen zwischen Parteien und Gewerkschaften wurden im Zuge der Reformprozesse gelockert: »Sowohl CDU/CSU als auch SPD fühlen sich in der Sozialpolitik heute weniger den Interessen der Gewerkschaften und Arbeitnehmerbewegung verpflichtet« (Hassel/Trampusch 2006: 125).

58 Dazu zählten zum einen Kürzungen in den Transferleistungen wie Rente und Arbeitslosengeld, die Verschärfung von Zumutbarkeitsklauseln in der Arbeitslosenversicherung, eine Residualisierung der Hilfen für von Armut betroffenen Menschen und eine zunehmende Privatisierung sozialer Risiken beispielsweise durch die Einführung von privaten Zusatzsystemen der Alterssicherung.

Arrangements des Sozialstaats zu verteidigen und Reformen, die zu Leistungskürzungen führen, abzuwehren (Hassel 2007: 291). Die Privatisierung von Sozialleistungen wird abgelehnt. Die Verbände üben harte Kritik an der Reduzierung der sozialen Sicherungssysteme auf Mindestsicherungsniveaus, eine Politik, die aus ihrer Sicht etwa in der »Agenda 2010« der rot-grünen Bundesregierung zum Ausdruck kommt. Damit verbunden befürchten sie auch einen Anstieg der Altersarmut. Sie suchen ihre Kräfte in Netzwerken zu bündeln, um einen gerechten Sozialstaat zu verteidigen. Um in der Reformdebatte, deren prinzipielle Notwendigkeit sie im Hinblick auf die Zukunftssicherung des Sozialversicherungssystems mit den politischen Entscheidungsträgern durchaus teilen, als konstruktive Akteure einbezogen zu werden, stellen sie gemeinsam erarbeitete Alternativvorschläge vor. In diesem Zusammenhang ist etwa die Forderung einer Erwerbstätigenversicherung zu nennen.

2.1 Rentenpolitische Forderungen

Nach ihrem Amtsantritt im Jahr 1998 legte die rot-grüne Regierung den Schwerpunkt zunächst darauf, die Sozialversicherungssysteme durch die Erhöhung der Einnahmen zu stabilisieren, indem die Bekämpfung der hohen Arbeitslosigkeit zur Priorität erklärt wurde. Doch ab der Jahrtausendwende wurden unter Rot-Grün einschneidende Reformen der gesetzlichen Rentenversicherung durchgeführt, um die Ausgaben langfristig zu konsolidieren und den Beitragssatz stabil zu halten. Im Jahr 2001 wurde mit dem Altersvermögensgesetz der Pfad der lebensstandardsichernden gesetzlichen Altersversorgung verlassen: Neben der gesetzlichen, umlagefinanzierten Rente wurde die betriebliche Altersvorsorge als zweite Säule gestärkt sowie die staatlich geförderte private Altersvorsorge (»Riester-Rente«) als dritte Säule eingeführt.[59] Die Rentenreform 2001 bewirkte somit einen grundlegenden Paradigmenwechsel in der deutschen Rentenpolitik, da seit der Rentenreform 1957 das von allen Seiten getragene Einvernehmen bestanden hatte, dass der Wohlfahrtsstaat die Alterssicherung lebensstandardsichernd regeln soll (Döring/Koch 2003: 398). Die Sozialverbände wie auch die Gewerkschaften treten demgegenüber weiterhin für die tragende Rolle der ersten Säule der Alterssicherung gegenüber der

---

59 Ebenso wurden grundsichernde Elemente in der gesetzlichen Rentenversicherung verankert.

betrieblichen und privaten Altersvorsorge ein. Das Umlageverfahren in der GRV wird als krisenresistenter angesehen, da es u.a. nicht schwankenden Aktienmärkten ausgesetzt sei. Ein Hauptkritikpunkt am Ausbau der dritten, privaten Säule ist, dass sich viele Arbeitnehmer trotz staatlicher Förderung keine eigenständige private Altersvorsorge leisten können, da ihnen dafür die erforderlichen finanziellen Möglichkeiten fehlen.

Angesichts der Finanzierungsprobleme der deutschen Rentenversicherung kommen zwei Strategien in Frage: Eine Erhöhung des Beitragssatzes oder eine Kürzung der Renten. Die Sozialverbände und die Gewerkschaften erkennen zwar die Notwendigkeit von Reformmaßnahmen angesichts des Finanzierungsdrucks an, lehnen jedoch beide Szenarien ab. Die Lasten seien weder auf die gegenwärtig erwerbstätigen Beitragszahler noch auf die Rentenempfänger abzuwälzen. Sie sprechen sich demgegenüber dafür aus, die Bestandsrentner von der Lohnentwicklung abzukoppeln. Diese seien durch kumulierte Maßnahmen wie den 2005 eingeführten Nachhaltigkeitsfaktor[60] bei gleichzeitiger Erhöhung der Eigenleistungen in anderen Sozialversicherungssystemen wie der GKV bereits einseitig negativ belastet worden (vgl. SoVD 2007a: 8). Alternativ fordern sie die Stärkung der Einnahmebasis der Rentenversicherung, indem diese strukturell zu einer Erwerbstätigenversicherung weiterentwickelt wird. Dem Argument, wonach die gegenwärtigen finanziellen Schwierigkeiten der Sozialversicherungssysteme aus der demografischen Entwicklung resultieren, wird in dieser Zuspitzung sowohl von Seiten der Gewerkschaften als auch der Sozialverbände widersprochen. Vor allem seien die Finanzierungsprobleme auf die hohe Arbeitslosigkeit und die Abnahme sozialversicherungspflichtiger Arbeitsplätze seit den neunziger Jahren zurückzuführen.[61] Deshalb sehen sie die Schaffung neuer, sozialversicherungspflichtiger Beschäftigungsverhältnisse und die Bekämpfung der Arbeitslosigkeit als vorrangige Aufgaben der Politik, um letztlich auch die Rentenversicherung zu konsolidieren. Im Jahr 2007 wurde gemeinsam von DGB, SoVD und Volkssolidarität das Konzept einer Erwerbstätigenversicherung erarbeitet, um die Einnahmebasis der gesetzlichen Sozialversicherungen zu stärken und dieses staatliche Alterssicherungssystem zum Regelalterssystem für alle Erwerbstätigen, von den Arbeitnehmern, über die

---

60 Dieser sieht eine verminderte Rentenanpassung vor, wenn sich die Relation von Rentenempfängern und Beitragszahlern ungünstig verschiebt und soll als Regulierungsinstrument angesichts der alternden Gesellschaften wirken.

61 Sie verneinen jedoch nicht, dass sich die demografische Entwicklung künftig als problematisch für die Sozialversicherungssysteme erweisen könnte.

Selbstständigen bis zu den Beamten, zu machen.[62] Das Konzept diene der Stärkung der Solidargemeinschaft und soll soziale Gerechtigkeit gewährleisten (vgl. DGB 2007: 5). Durch die Ausweitung der Beitragszahler sowie die Erhöhung des steuerfinanzierten Anteils in der Rentenversicherung verfolgen die Gewerkschaften und Sozialverbände das Ziel, trotz des finanziellen Drucks den Charakter des Rentensystems »als lebensstandardsichernde Altersversorgung« (Hegelich 2006: 215) weiterhin zu erhalten.

Im Jahr 2007 beschloss die Große Koalition, das Renteneinstiegsalter von 65 Jahren auf 67 Jahre hinaufzusetzen. Diese politische Entscheidung stieß bei Gewerkschaften, Wohlfahrts- und Sozialverbänden auf massive Kritik.[63] Sie argumentierten, dass faktisch viele ältere Arbeitnehmer vor ihrem 67. Lebensjahr aus der Erwerbstätigkeit ausscheiden (müssen), und daher eine Heraufsetzung des Renteneintrittsalters einer Rentenminderung gleichkomme. Vorrangiges Ziel müsse vielmehr sein, die Beschäftigungsverhältnisse älterer Arbeitnehmer ihrem Alter entsprechend zu verbessern, sodass das gegenwärtige Renteneintrittsalter auch tatsächlich erreicht werden könne. Im Gegensatz zu VS, SoVD und den Arbeitnehmerorganisationen lehnt der VdK die Rente mit 67 nicht kategorisch ab. Er knüpft deren Einführung an die Bedingung, zunächst die hohe Arbeitslosigkeit älterer Menschen abzubauen, um diesen die Möglichkeit zu geben, bis zur Regelaltersgrenze arbeiten zu können (VdK 2007d: 3). Einig sind sich die Sozialverbände und der DGB darin, dass die Erhöhung des Renteneintrittsalters auf 67 Jahre den Anstieg der Altersarmut beschleunige, da die Verlängerung der Lebensarbeitszeit angesichts der niedrigen Beschäftigungsquote älterer Arbeitnehmer faktisch einer Rentenkürzung durch Rentenabschläge gleich käme. Damit zusammenhängend machen sie auf ein weiteres Problem aufmerksam: Da Erwerbsbiographien zunehmend diskontinuierlich verlaufen, wird die Altersarmut unter vormaligen Geringverdienern infolge niedriger Anwart-

---

62 Beim Strategiegespräch »Solidarische Alterssicherung statt Altersarmut« des SoVD im Mai 2006 wurde eine Arbeitsgruppe Erwerbstätigenversicherung gegründet, in der Vertreter des SoVD, des DGB, der IG BAU, der IG Metall, der Volkssolidarität und ver.di ein Konzept erarbeiteten (SoVD 2007: 17).

63 Befürworteten und unterstützten die Gewerkschaften lange die seit den siebziger Jahren durchgeführte Frühverrentungspolitik, um eine »nicht mit materiellen Sanktionen belegte »flexible« Wahl des Ausstiegs vor der Regelaltersgrenze 65 zu erreichen« (vgl. Döring/Koch 2003: 395), kam es im Laufe der Reformdebatten in den neunziger Jahren zu einem Paradigmenwechsel. Nicht mehr die Frühverrentungspolitik wird von den Gewerkschaften gefordert, vielmehr plädieren sie dafür, die Arbeitgeber in die Pflicht zu nehmen, um die Beschäftigungsmöglichkeiten Älterer zu verbessern.

schaften in der Rentenversicherung voraussichtlich künftig weiter ansteigen (vgl. OECD 2007; DGB 2008b). Um dieser Entwicklung entgegenzuwirken, plädieren die Organisationen dafür, dass die Älteren, die auf die Grundsicherung im Alter angewiesen sind, einen Freibetrag für die Leistungen aus der Riesterrente und der gesetzlichen Rentenversicherung erhalten. Die Politik wird aufgefordert, Konzepte zu entwickeln, um die zusätzliche private Altersvorsorge auch für Geringverdiener attraktiv zu machen. Darüber hinaus sprechen sich die Sozialverbände wie auch der DGB für eine Angleichung der Ost- an die Westrenten aus.

2.2 Pflegepolitische Positionen

Angesichts des steigenden Anteils hochaltriger Menschen gewinnt die Pflegepolitik einen zunehmend bedeutenderen Stellenwert in der politischen Diskussion. Neben den Wohlfahrtsverbänden zählten die ehemaligen Kriegsopferverbände bereits Mitte der neunziger Jahre zu den wichtigsten Advokaten für pflegebedürftige Menschen (Meyer 1996: 197). Da VdK und SoVD keine Wohlfahrtsverbände sind und damit keine Eigeninteressen als Leistungsanbieter haben, können sie als glaubwürdige Vertreter der Pflegebedürftigen auftreten. Alle Sozialverbände wie auch die Gewerkschaften kritisieren, dass Finanzierungsfragen die Diskussionen um die Reform der Pflegeversicherung dominieren, während die Frage der Würde und gesellschaftlichen Teilhabe pflegebedürftiger Menschen vernachlässigt werde. Vermieden werden müsse, dass Menschen »allein aufgrund eintretender Pflegebedürftigkeit abhängig von der Sozialhilfe werden« (DGB 2005: 2). Es sei zunächst erforderlich, den Pflegebedürftigkeitsbegriff zu erweitern, so »dass alle wichtigen Bedürfnisse der pflegebedürftigen Menschen im Leistungsangebot der Pflegeversicherung erfasst werden und eine ganzheitliche Pflege möglich wird« (Niederland 2007).[64] Insbesondere für Demenzpatienten und in der ambulanten Pflege seien die Leistungen zu verbessern. Die Sozialverbände wie auch die Gewerkschaften plädieren für eine qualitative Weiterentwicklung der gesetzlichen Pflegeversicherung, um dem steigenden Pflegebedarf bei sinkenden Pflegemöglichkeiten durch Familienangehörige Rechnung zu tragen und die gesetzliche Pflegeversicherung damit langfristig zukunftssicher zu

---

64 Ganzheitliche Pflege müsse auch den Pflegebedürfnissen von dementen und psychisch erkrankten Menschen und deren sozialkulturellen Ansprüchen entsprechen, um dem »Wesen des Menschen als bio-psycho-soziale Einheit« Rechnung zu tragen (Niederland 2007a).

gestalten. Wie in der Rentenpolitik sprechen sie sich dafür aus, die Einnahmen zu erhöhen anstatt Leistungen zu kürzen. Gleichwohl unterscheiden sie sich in der Instrumentenauswahl: Während die Volkssolidarität, der SoVD und der DGB für die »gerechte solidarische Finanzierungsbasis durch die Einführung einer Bürgerversicherung« (DGB 2006c) plädieren, fordert der VdK einen Risikoausgleich zwischen privater und gesetzlicher Pflegeversicherung und eine Entlastung der Rentner, die anders als die Arbeitnehmer nicht von den Senkungen des Arbeitslosenbeitrags profitieren. Begrüßt wird von den Verbänden, dass im Pflegeweiterentwicklungsgesetz 2008 eine Pflegezeit für Angehörige eingeführt wurde, um Pflege und Berufstätigkeit besser vereinbaren zu können (SoVD 2007; DGB 2008a: 15).

2.3 Gesundheitspolitische Positionen

Auch das Krankenversicherungssystem unterliegt in den vergangenen Jahren einem fortlaufenden Reformprozess. Ähnlich wie in der Rentenversicherung wurde auch hier der Weg einer Einschränkung des Leistungskatalogs eingeschlagen. Im Gesundheitsmodernisierungsgesetz 2004 wurde beispielsweise eine hohe Zahl bisheriger Versicherungsleistungen ausgelagert, die Beitragsparität zwischen Arbeitnehmern und Arbeitgebern in der GKV aufgegeben sowie der Wettbewerb zwischen den Leistungsanbietern verschärft. Die Gewerkschaften wie auch die Sozialverbände plädieren hingegen dafür, die Einnahmebasis der gesetzlichen Krankenversicherung zu stärken und sie paritätisch zu finanzieren, statt fortwährend die Leistungen zu kürzen (vgl. DGB 2006d). Während der VdK für eine Kompromisslösung aus Kopfpauschale und Bürgerversicherung sowie eine Wertschöpfungsabgabe der Arbeitgeber plädiert, fordern SoVD, Volkssolidarität und der DGB die Einführung einer Bürgerversicherung, um die gesetzliche Krankenversicherung nachhaltig zu stärken (SoVD 2007a: 26; Volkssolidarität 2006c:7).[65] Gemeinsam üben die Verbände Kritik am GKV-Wirtschaftlichkeitsstärkungsgesetz (GKV-WSG), das im Jahr 2009 zur Einführung des sogenannten Gesundheitsfonds (ebd.) führte. Dieser gefährde durch die geplante Kostenerstattung und die Selbstbehalte die Finanzierungsbasis und das Sachleistungsprinzip. Die Sozialverbände und die Gewerkschaften befürchten eine Verschlechterung der Patien-

---

65 Das Konzept der Bürgerversicherung sieht vor, dass sämtliche Einkunftsarten in diese Versicherung einbezogen werden.

tenversorgung und eine weitere Abkehr von der paritätischen Finanzierung der Gesundheitskosten durch Zusatzbeiträge für gesetzlich Versicherte und eine unzureichende Ausgestaltung des morbiditätsorientierten Risikostrukturausgleichs (Mobi-RSA) (vgl. u. a. Volkssolidarität 2006e: 2f.). Eklatante Kritik wird daran geübt, dass die private Krankenversicherung nicht in den von den Krankenkassen befürworteten morbiditätsorientierten Risikostrukturausgleich einbezogen wird und sich damit die Risikoselektion der privaten zulasten der gesetzlichen Krankenkassen fortsetze. Die Sozialverbände fordern darüber hinaus im Interesse ihrer chronisch kranken Mitgliederklientel eine niedrigere Mehrwertsteuer auf Medikamente.

3. Exkurs: Internationale Akteurskonstellationen

In den meisten Wohlfahrtsstaaten liegen die Wurzeln für das kollektive Handeln von Senioren in der Zeit nach dem Ersten Weltkrieg. Damals standen in vielen Ländern die Kriegsopfer im Zentrum; parallel dazu bildeten sich erste reine Rentnerorganisationen heraus, die in der Regel in sozial-moralische Milieus und deren parteipolitischen Wettbewerb eingebunden waren. Nach dem Zweiten Weltkrieg wurden diese Strukturen revitalisiert, ausdifferenziert und neu ausgerichtet. Nationale Dachverbände der wichtigsten Akteure wurden bereits in den ersten zehn bis 15 Jahren nach dem Krieg gegründet. In den meisten Ländern gibt es eine Vielzahl von Seniorenorganisationen, die eigenständig agieren, zugleich aber mit großen generationenübergreifenden Organisationen eng verbunden sind. Zu diesen von uns als semi-souverän bezeichneten Verbänden zählen zum Beispiel die italienischen Rentnergewerkschaften. Sie verfügen einerseits über ein hohes Maß an Verbandsautonomie; andererseits sind sie aber eng mit den Gewerkschaften der Erwerbstätigen verbunden, deren Arbeit sie ausdrücklich unterstützen.

Traditionell sind die Gewerkschaften in vielen Ländern ein zentraler Akteur des Sozialstaates für Ältere. Sie verfügen über Gestaltungs- und Vetopotenziale und sind deshalb häufig auch präferierte Gesprächspartner der Exekutive, wenn es um Konflikte in den Feldern der Sozial- und Seniorenpolitik geht. Da die Gewerkschaften in den meisten Ländern eine größere Zahl von Rentnern organisieren, wird ihnen in rentenpolitischen Fragen meist auch eine repräsentative und advokatorische Sprecherrolle zuerkannt. Der Rentneranteil in den Gewerkschaften schwankt zwischen etwa zehn Prozent in den schwedischen und über 50 Prozent in den italienischen Gewerkschaften. Ein stärkeres Wachstum der Rentneranteile in den Gewerkschaften ist in den letzten Jahren nicht zu beobachten, eher eine Stabilisierung. In den sozialstaatlichen Umbaupolitiken sowie in der öffentlichen Kommunikation darüber hat sich gezeigt, dass die gestaltende wie auch die kommunikative Rolle der Gewerkschaften schwächer geworden ist. Dagegen sind die Seniorenorganisationen und Sozialverbände aufgewertet worden. Dies ist auch darauf zurückzuführen, dass einzelne Regierungen statt auf vetofähige Gewerkschaften verstärkt auf kooperationsbereite Rentnerverbände setzten.

Im Kern lassen sich im internationalen Vergleich drei institutionelle Konfigurationen eines Sozialstaates für Ältere identifizieren, die sich auch unter den Bedingungen des rentenpolitischen Umbaus der letzten Jahre nicht grundlegend verändert haben, sondern die sich vielmehr auch zu Beginn des 21. Jahrhunderts pfadabhängig ausdifferenzieren. In diesem Vergleich zählt Deutschland bislang zum ersten Typ eines generationenintegrierten Sozialstaats für und mit Älteren. Dieser generationenintegrierende Typus kommt bisher ohne starke semi-souveräne oder separat wirkende Kollektivorganisationen der Älteren aus. Die Interessen der Älteren sind in Deutschland institutionell in generationenübergreifende Parteien, Gewerkschaften und Sozialverbände eingebunden. Diese Organisationen verfügen über generationenübergreifende Programmatiken, integrierende Organisationsstrukturen und -kulturen. Separate Organisationen, die ausschließlich für die Älteren da sind, fristen in der Bundesrepublik bislang ein Schattendasein. Im Unterschied dazu lassen sich in anderen Ländern zum Teil deutlich differierende Akteurskonstellationen in der Sozialstaatspolitik für Ältere beobachten. Im Zuge der Ausdifferenzierung klientelspezifischer Interessen haben sich dort selbstständige Rentnerorganisationen, Sozialverbände oder Rentnergewerkschaften etabliert, die mit eigenen Positionen jenseits von Parteien und Gewerkschaften agieren.

3.1 Separater Typ der Akteurskonstellation: USA

Eine ganz andere Akteurskonfiguration als in Deutschland und damit ein zweiter Typ des Sozialstaats für Ältere findet sich in den USA, einem Vertreter des liberalen, angelsächsischen Wohlfahrtstaatsmodells im Sinne der Typologie von Esping-Andersen. Der residuale amerikanische Sozialstaat zeichnet sich einerseits durch eine Vielzahl von Versorgungslücken aus.

Andererseits hebt sich der spezielle Sozialstaat für Ältere in den USA stärker vom Sozialstaat für alle ab als in den europäischen Ländern. Das System der gesetzlichen Rentenversicherung (OASDI) ist früher als die meisten anderen Elemente der US-amerikanischen Sicherungssysteme eingeführt worden. Es folgt in seiner Struktur dem Typus der beitragsfinanzierten Umlagesystematik, ist solide finanziert und stellt zumindest für die unteren Einkommensgruppen eine verlässliche Einkommensquelle im Alter dar. Wenngleich die Mittelschichten darin keine hinreichende Alterssicherung finden können und daher auf betriebliche und private Zusatzsysteme verwiesen sind, hat sich im Vergleich mit anderen amerikanischen Altersgruppen ein relativ starker Sozialstaat für Ältere herausgebildet. Diese Entwicklung lässt sich maßgeblich auf die bereits Ende der fünfziger, Anfang der sechziger Jahre beginnenden Aktivitäten der Seniorenverbände zurückführen, die seither den Aufbau eines Sozialstaates für Ältere vorangetrieben haben. Keine andere sozialstaatliche Klientelgruppe ist in den USA so gut organisiert wie die der älteren Bürger. Durch ihre organisatorischen Aktivitäten, die auch von Gewerkschaften, privaten Stiftungen und der Regierung unterstützt wurden und werden, entwickelte sich eine der »mächtigsten und einflussreichsten politischen Kräfte und wirksamsten Lobbys« (Wolf/Kohli/Künemund 1994: 55) in den USA, die den residualen Sozialstaat stärker als andere Gruppen zu ihren Gunsten strukturieren konnte.

Der wichtigste Akteur, der diese Entwicklung maßgeblich vorangetrieben hat, ist die »American Association of Retired Persons« (AARP). Im Jahr 1958 von der pensionierten Lehrerin Dr. Ethel Percy Andrus als Nachfolgevereinigung des bereits 1947 entstandenen »National Retired Teachers Association« (NRTA) gegründet, hat sie sich seither zum weltweit größten Seniorenverband entwickelt. Mit einem konstanten Mitgliederwachstum stieg die AARP im Laufe der Jahre mit ihren nunmehr über 40 Millionen Mitgliedern zur zweitstärksten Interessenvertretung in der amerikanischen Politik nach der Waffen-Lobby auf. Die AARP ist einerseits ein profitorientiertes Großunternehmen, das eine umfangreiche Dienstleistungspalette anbietet, die aus zahlreichen Versicherungsleistungen besteht.[66] Andererseits ist sie als Non-Profit-Organisation die »Stimme der Senioren« im politischen System der USA. Sie ist drittens Beteiligungsorganisation für Ältere in Amerika mit einem umfassenden Angebot an Partizipations-, Bildungs- und Freizeitmög-

---

66 Dazu gehören Versicherungsleistungen wie Lebens-, Auto-, Kranken- und Zahnersatzversicherung sowie Rabatte und Vergünstigungen bei diversen Bekleidungs- und Einrichtungsfirmen, Reiseunternehmen, Banken und Finanzdienstleistern.

lichkeiten. Dazu gehören auch semi-souveräne Basisgruppen, die sogenannten Chapters, die landesweit arbeiten. Als seniorenpolitischer Akteur dieser Größenordnung verfügt die AARP zusätzlich über eine eigene Stiftung, eine der größten Research-Datenbanken zum demografischen Wandel, einen kleinen Fernsehsender sowie über ein globales Netzwerk zur internationalen Zusammenarbeit. Vor allem aber verfügt sie mit ihrem Magazin, dass jedes Mitglied erhält, über ein Massenmedium, dessen Auflagenzahl von kaum einem anderen regelmäßig erscheinenden Druckerzeugnis in den USA erreicht wird.

Einfluss und Bedeutung erzielt die AARP vor allem aufgrund ihrer großen Mitgliederzahl. Als »the largest mass-membership organization of older persons« (Binstock 2005: 276) umfasst sie fast jeden zweiten US-Amerikaner, der über 50 Jahre alt ist. Im Jahr 2007 waren ca. 43 Prozent der US-

Abbildung 5: Entwicklung des Anteils der AARP-Mitglieder an der US-Bevölkerung (50 Jahre und älter) 1958 bis 2006

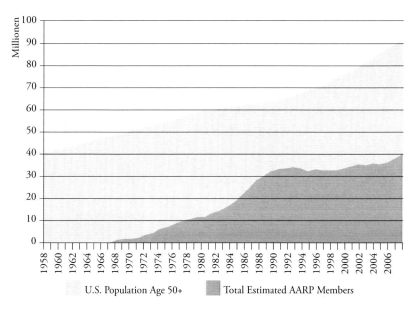

Quelle: AARP 2008.

Bürger über 50 Jahre Mitglied in der AARP (vgl. Abbildung 5). Die Organisation beschränkt ihre Angebote und Interessen nicht ausschließlich auf

Menschen, die sich im Ruhestand befinden. Fast die Hälfte ihrer Mitglieder steht noch in einem voll- oder teilzeitlichen Beschäftigungsverhältnis. Der Mitgliedsbeitrag ist verhältnismäßig gering und liegt bei 12,50 Dollar im Jahr.[67] Mit rund 40 Millionen Mitgliedern im Jahr 2007 ist die AARP zudem die größte Freiwilligenorganisation in den USA nach der katholischen Kirche.

Als reine Interessenorganisation der Älteren vertritt die AARP, anders als die hier untersuchten deutschen Sozialverbände, eine generationenspezifische bzw. -separierende Programmatik und agiert unabhängig von Parteien und anderen Verbänden. Diese separatistisch ausgerichtete Seniorenpolitik der AARP dominiert die Interessenvertretung der Senioren in den USA derart, dass in ihr auch der Schlüssel zum Verständnis der seniorenpolitischen Akteurskonstellation in den USA zu suchen ist.

3.2 Semi-souveräner Typ der Akteurskonstellation: Italien und Österreich

In der internationalen Landschaft treffen wir aber auch noch auf eine dritte institutionelle Konfiguration des Sozialstaats für Ältere. Dieser dritte Typus findet sich in stark korporatistisch geprägten Ländern wie Österreich oder Italien. Diese Länder sind Repräsentanten eines konservativen, kontinental-europäischen Sozialstaats. Dort existieren große Seniorenorganisationen, die als semi-souveräne, eigenständige Vorfeld- und Unterorganisationen generationenübergreifender Parteien und Gewerkschaften agieren. Die Verbände in diesen Ländern wirken einerseits als eigenständige Rentnerorganisationen mit entsprechender Programmatik; andererseits sind sie einem politisch-kulturellen Lager zuzurechnen, wodurch sie Teil der Parteien- und Gewerkschaftskonkurrenz sind.

3.2.1 Italien

Italien kann als Modellbeispiel einer semi-souveränen Konstellation der seniorenpolitischen Interessenvertretung gelten. In deren Zentrum steht eine Austauschbeziehung zwischen den innerhalb der italienischen Richtungsgewerkschaften eigenständigen Rentnergewerkschaften und den Patronati, den staatlich organisierten und finanzierten Beratungsstellen für Rentner. Die

---

67 Lebens- und Ehepartner können kostenlos mit aufgenommen werden.

Stellung der Gewerkschaften wie auch der Rentnerorganisationen im politischen System ist stark. Der Organisationsgrad der italienischen Rentner ist hoch und liegt zwischen 40 und 50 Prozent. Von insgesamt etwa 13 Millionen Italienern über 55 Jahre sind fünf Millionen in den Rentnergewerkschaften organisiert. Der große Einfluss der in den 1940er Jahren gegründeten Rentnergewerkschaften prägt und dominiert die Interessenvertretung der Senioren. Sie stellen etwa die Hälfte der Mitglieder des gesamten Dachverbandes und sind den Richtungsgewerkschaften gleichgestellt. Die Interessenvertretung der Älteren in Form von eigenständigen Gewerkschaften bildet die Besonderheit der italienischen Akteurslandschaft. Es gibt jeweils eine Rentnergewerkschaft innerhalb der drei großen Gewerkschaftsbündnisse in Italien: die »Sindacato Nazionale Pensionati Italiana« innerhalb der traditionell kommunistisch orientierten CGIL (»Confederazione Generale Italiana del Lavoro«), die »Federazione Nazionale Pensionati« innerhalb der sozialistisch orientierten CISL (»Confederazione Italiana Sindacati Lavoratori«) und die »Unione Italiana dei Lavoratori Pensionati« innerhalb der christdemokratisch orientierten UIL (»Unione Italiana del Lavoro«). Die gleichwertige Position mit den Branchengewerkschaften und ihr hoher Anteil an der gesamten Mitgliedschaft erzeugen eine dominante Einfluss- und Machtposition gegenüber der rentenpolitischen Administration. Durch die steigende Mitgliederanzahl der Rentner erlangen die Rentnergewerkschaften aber auch innerhalb der Dachverbände mehr und mehr Gewicht. Daher ist das Verhältnis zwischen der Vertretung der Erwerbstätigen nach Branchen und jener der Rentner in einer einheitlichen Rentnergewerkschaft nicht frei von Interessendivergenzen. Das Leistungsangebot der Rentnergewerkschaften umfasst umfangreiche Dienstleistungen im Bereich des Versicherungs- und Finanzsektors sowie die Gewährleistung von Vergünstigungen und Rabatten bei Bildungsmaßnahmen, Freizeit- und Reiseaktivitäten.

Die Mitgliederzuwächse der Gewerkschaftsbünde sind auf den Anstieg der Senioren in den Rentnergewerkschaften zurückzuführen. Ursächlich für den Anstieg sind vor allem die veränderten Bedingungen des Arbeitsmarktes und der sozialen Absicherung im Alter. In der CGIL und der CISL bilden die Seniorenunionen die personell größten Vertretungen. Die SPI umfasst 2,8 Millionen Mitglieder im Jahr 2007 (vgl. SPI 2009) und bildet mit einem Mitgliederanteil von 51 Prozent die mitgliederstärkste Gewerkschaft. Ebenso organisiert die FNP mit einem Mitgliederumfang von 2,2 Millionen im Jahr 2008 mehr als die Hälfte der Gewerkschaftsmitglieder (vgl. FNP 2009). Die UILP mit einem personellen Umfang von über 700.000 Mitgliedern umfasst über ein Drittel der gesamten Gewerkschaftsmitglieder der UIL (vgl. UIL 2009).

Die Patronati sind im italienischen Institutionensystem verankerte seniorenpolitische Organisationen des Dritten Sektors. Sie können als externe Organisationshilfen der Gewerkschaften und der staatlichen Administration verstanden werden, die als institutionelle Schnittstellen und Beratungsorgane zwischen Erwerbsleben und Ruhestand fungieren. Sie sind wichtige Vorfeld-, Beratungs- und Rekrutierungsorganisationen für die Gewerkschaften. Ihre Einfluss- und Geltungsbereiche liegen vor allem auf der lokalen Ebene und sie bilden im stark korporatistisch geprägten Rentenakteurssystem die Schnittstellen zwischen staatlicher Administration und gewerkschaftlicher Einbindung. Ihre Aufgabenfelder umfassen Information, Beratung und Antragstellung sowohl der Senioren als auch der Erwerbstätigen. Sie agieren als Organisationen, die aufgrund der ständigen Erweiterung ihres Angebots und ihrer inhaltlichen Schwerpunkte in allen das Alter betreffenden Lebensbereichen mitwirken. Ihre Zielsetzungen umfassen sozialstaatliche Gestaltung, die Reorganisation der Alterssicherung, das Gesundheitswesen und allgemeine Dienstleistungen. Es gibt drei gewerkschaftsnahe Patronati, die wichtige Knotenpunkte für die Mitgliederrekrutierung der Rentnergewerkschaften bilden: das Patronat INCA (»Instituto Nationale Confederale di Assistenzia«) der CGIL, das INAS (»Instituto nazionale assistenza sociale«) der CISL und das ITAL (»Instituto tutela assistenza lavoratori«) der UIL. Ihr Verhältnis zu den Rentnergewerkschaften ist arbeitsteilig. Während die Patronati mit ihrem Angebot eher fach- und serviceorientiert ausgerichtet sind, übernehmen die Rentnergewerkschaften die politische Lobbyarbeit, dazu zählt vor allem die direkte Einflussnahme auf rentenpolitische Akteure und Abgeordnete. Die Umsetzung der von den Seniorenunionen durchgesetzten politischen Maßnahmen und Bedingungen obliegt folglich den Patronati.

Die Felder der Armenhilfe und Gesundheit für Ältere sind in Italien von der katholischen Wohlfahrtstradition geprägt. Das italienische Sicherungssystem umfasst heute drei zentrale Systeme: Zum einen die im Umlageverfahren finanzierte Vorsorge in Form der klassischen Risikoversicherungen wie Alter, Invalidität, Arbeitslosigkeit, Krankheit etc., zum anderen das einheitliche Leistungssystem des nationalen Gesundheitsdienstes (Servizio Sanitario Nazionale) sowie das nicht vereinheitlichte System des »Servizi Sociali« bestehend aus steuerfinanzierten Leistungen und Hilfen. Das italienische Rentensystem ist durch den berufsgruppenspezifischen Charakter der verschiedenen Rentenfonds (Götz 1999: 110) gekennzeichnet. Die Absicherung der Mehrheit der abhängig Beschäftigten erfolgt über den »Fondo pensioni lavoratori dipendenti«(FPLD), der im INPS als zentraler Träger des Sozialversicherungssystems integriert ist. Mit dem Fonds werden die Pflichtversicherung für Alter und Invalidität sowie die Hinterbliebenenrente abgedeckt.

Neben dem INPS bildet das »Instituto nazionale di previdenza per i dependenti dell'amministrazione pubblica« (INPDAD) die zweite Säule des italienischen Rentensystems und umfasst die Beschäftigten im öffentlichen Sektor. Über die Abwicklung und Auszahlung der Renten hinaus werden vom INPDAD weitere Dienstleistungen angeboten. Daneben existieren drei wichtige Sonderfonds für Händler, Bauern und Handwerker sowie einige kleine berufsgruppenspezifische Institute.

Mit dem in den neunziger Jahren besiegelten Beitritt zur europäischen Währungsunion ist der Druck auf die Gewerkschaften erheblich gewachsen, ihre Vetospielerrolle in der Rentenpolitik zu relativieren. Im Ergebnis führte dies zu einer zumindest temporären Akzentverschiebung bei den Rentnergewerkschaften; zugleich erfolgte eine Ausweitung ihrer Tätigkeitsfelder auf weitere Bereiche zivilgesellschaftlichen Engagements zugunsten der Älteren. Mithin entwickelten sie sich hin zu aktiven, mitgestaltenden Organisationen für eine qualifizierte Alters- und Sozialpolitik. Zum zweiten führte die Brisanz der immer weiter steigenden Rentenausgaben und die Problemlagen der absehbaren demografischen Entwicklung vorübergehend zu einem kooperativen Verhältnis zwischen den Gewerkschaftsdachverbänden.

3.2.2 Österreich

Anders als in Italien, ist Österreich durch eine stark parteienzentrierte, hierarchische Akteurskonstellation in der Seniorenpolitik geprägt, die durch spezifische gesetzliche Rahmenbedingungen flankiert wird. Damit wird der tradierte österreichische Korporatismus auch auf die Seniorenorganisationen angewendet. Einerseits ist Österreich hinsichtlich der sozialstaatlichen Strukturen für Ältere sowie der erheblichen demografischen Verschiebungen in der Altersstruktur hin zu einer alternden Gesellschaft mit einem deutlich geringer werdenden Anteil Jüngerer mit Deutschland vergleichbar. Andererseits besteht im Gegensatz zu Deutschland eine eigenständigere Akteurskonstellation semi-souveräner Organisationen für Senioren in Parteien und Gewerkschaften. Dagegen kommt den Sozialverbänden keine Bedeutung für die Seniorenpolitik zu. Durch die Verflechtung mit Parteien, Gewerkschaften und Staat, wozu auch der Seniorenrat als Dachverband der Seniorenorganisationen beiträgt, wird die Tendenz hin zur Akteursseparierung zugunsten eines »Seniorenkorporatismus« neutralisiert.

Das österreichische Pensionssystem basierte bis 2002 auf der paritätischen, umlagefinanzierten gesetzlichen Rente. Seit der Reform des Rentensystems im Jahr 2002 soll das Konzept der Lebensstandardsicherung nicht mehr allein durch die erste staatliche Säule, sondern ähnlich wie in Deutschland im Kontext eines Drei-Säulen-Modells realisiert werden. Mit seinen Ausgaben für die Alterssicherung steht Österreich in der EU auf einem Spitzenplatz. Auffallend ist jedoch, dass weitreichendere strukturelle Veränderungen in der Rentenpolitik erst im Nachgang zu den Entwicklungen in Deutschland einsetzten. Mit dem 2005 in Kraft getretenen »Pensionsharmonisierungsgesetz«, das zu den härtesten sozialpolitischen Auseinandersetzungen in der österreichischen Nachkriegsgeschichte beitrug, schloss die Regierung eine lange konfliktreiche Phase ab, wobei die konsensorientierte Tradition der österreichischen Sozialpartnerschaft vor eine harte Probe gestellt worden war. Eine zentrale Zäsur dieser rentenpolitischen Umbaupolitik bestand darin, dass das Prinzip der Lebensstandardsicherung in der ersten Säule aufgegeben wurde. Damit wurden ähnlich wie in Deutschland die gegenwärtigen Rentnerkohorten geringer belastet als die zukünftigen. Die wesentliche Vetokraft im Kampf gegen diesen Abbau des zukünftigen Rentenniveaus waren die österreichischen Gewerkschaften.

Das seniorenpolitische Akteursfeld Österreichs ist in starkem Maße durch die Bezugnahme auf die Parteien geprägt und stellt dadurch einen Sonderfall im europäischen Vergleich dar. Die zentralen seniorenpolitischen Organisationen Österreichs sind gewissermaßen Unterabteilungen der Parteien und lassen sich damit als semi-souveräne Rentnerverbände charakterisieren. Fünf Pensionistenverbände und die Abteilung der ÖGB-Pensionisten prägen als mitgliedsstärkste Akteure die seniorenpolitische Landschaft. Besonderes Merkmal ist, dass sich vier der fünf Pensionistenverbände als Unterorganisationen der Parteien verstehen, wobei die beiden größten, der Pensionistenverband Österreichs (PVÖ) und der Österreichische Seniorenbund (ÖSB), jeweils Unterorganisationen der SPÖ beziehungsweise der ÖVP sind. Als Vorfeldorganisation der FPÖ lässt sich der Österreichische Seniorenring (ÖSR) herausstellen und als Vorfeldorganisation der KPÖ der Zentralverband der Pensionisten Österreichs (ZVPÖ). Auch »Die Grünen« haben mit den Grünen SeniorInnen einen Pensionistenverband gegründet, der allerdings bislang nicht im Seniorenrat vertreten ist. Ein weiterer Akteur im Bereich der rentenpolitischen Interessenartikulation befindet sich mit den

ÖGB-PensionistInnen auf der gewerkschaftlichen Ebene. Die vier genannten Pensionistenorganisationen sowie die ÖGB-Pensionisten sind im Dachverband des Seniorenrates zusammengeschlossen, der seinen Mitgliedern die Möglichkeit einer politischen Artikulation ihrer Anliegen auf Bundesebene. vor allem durch die Zusammenarbeit mit dem Bundesministerium für Soziales und Konsumentenschutz bietet. Auch wenn die Pensionistenverbände in ihrer Programmatik die Generationengerechtigkeit betonen, so lassen sie sich in ihren tatsächlichen politischen Forderungen sowie in ihren Aktionen und Angeboten doch eher als Rentnerlobby charakterisieren.

Tabelle 9 zeigt die Mitgliederentwicklungen der österreichischen Rentnerorganisationen. Bis auf die Grünen SeniorInnen, die eine zu geringe Mitgliederzahl aufweisen, sind alle Verbände im Seniorenrat vertreten. Die mitgliederstärkste Rentnerorganisation ist der PVÖ, dicht gefolgt von dem ÖSB. Beide konnten im Zeitraum 1998 bis 2007 geringe Mitgliederzuwächse verzeichnen. Der ÖSB verbuchte mit über 40.000 Neumitgliedern den höchsten Zugewinn, der Mitgliedsstand der PVÖ wuchs ebenfalls um 25.000 Pensio-

Tabelle 9: Mitgliederentwicklung der Seniorenorganisationen in Österreich 1998–2007

Jahr	PVÖ	ÖSB	ÖSR	ZVPÖ	DGF[1]
2007	338.845	301.577	40.100	10.097	5.500
2006	338.551	300.155	39.600	10.517	5.500
2005	338.415	300.549	50.600	10.433	–
2004	336.062	298.519	53.000	10.672	3.100
2003	323.934	290.630	53.000	10.681	–
2002	310.000	290.630	53.000	10.681	–
2001	308.646	281.234	53.700	10.653	–
2000	340.031	274.694	53.000	10.688	–
1999	322.944	267.179	51.000	10.645	–
1998	313.311	261.545	51.000	10.630	–

1 Die Grünen SeniorInnen Österreichs

Quelle: ÖGB 2009.

nisten an. Die Mitgliederzahlen des ÖSR nehmen dagegen ab, sodass im Jahr 2007 10.000 Mitglieder weniger als im Jahr 1998 zu verzeichnen sind. Die Anzahl der im ZVPÖ organisierten Mitglieder bleibt relativ stabil.

In den Gewerkschaften stellen die Senioren mit einem Mitgliederanteil von etwa 20 Prozent eine starke Bastion, deren Rechte und materielle Ressourcen in den letzten Jahren im Sinne einer eigenständigen Personengruppe formalisiert wurden. Mit dem Seniorenrat, der 1976 gegründet wurde, hat Österreich als erstes der hier untersuchten Länder die nationale Koordinierung und Inkorporierung der semi-souveränen Seniorenverbände durch eine quasi staatliche Koordinierung betrieben. Diese zentralisierte Koordinierung stellt die wichtigste und direkteste Form der Inkorporierung der älteren Generation in die Politikgestaltung dar.

3.3 Internationale Akteurstypologie

Auch im internationalen Vergleich stellt sich die Frage, ob und wie sich die pfadgeprägten nationalen Akteurskonstellationen für Ältere unter dem Druck des sozialstaatlichen Umbaus verändert haben, denn seit den neunziger Jahren hat es in vielen Ländern im Rentensystem einen nachvollziehbaren Pfadwechsel gegeben. Während in Deutschland, Italien und Österreich weitreichende Veränderungen in der Rentenpolitik durchgesetzt wurden, scheiterte die Regierung in den USA mit umfassenden Reformen. Italien war in Europa Vorreiter in der Politik deutlicher Strukturveränderungen bei den umlagefinanzierten Systemen. Dort begann diese Reformpolitik bereits Mitte der neunziger Jahre. Auffallend ist, dass damit signifikante Veränderungen im Selbstverständnis und den Funktionen der Rentnergewerkschaften einhergegangen sind. Als sich abzeichnete, dass der Kampf um Rentenerhöhungen künftig unzureichend sein würde, um die eigene Arbeit hinreichend zu legitimieren, begannen sie damit, sich als zivilgesellschaftliche Kraft zu verstehen, die im umfassenderen Sinne an den Lebenslagen und Interessen der Älteren orientiert ist. Vergleichbare Veränderungen lassen sich bislang in den anderen Ländern nicht identifizieren.

Eine zweite wichtige Rahmenbedingung, die den Wandel der Akteurskonstellation beeinflusst, ergibt sich aus dem demografischen Wandel. Vor allem in Deutschland und Österreich altert die Bevölkerung erheblich. Der Anteil der über 55-Jährigen an der Gesamtbevölkerung wird zwischen 1980 bis zum Jahr 2020 in Deutschland etwa um 53 Prozent und in Österreich um rund 66,4 Prozent zugenommen haben (Tabelle 10). Mit einem Anteil von 38,1

Prozent der über 55-Jährigen an der Gesamtbevölkerung liegt dieser Wert in beiden Ländern im Jahr 2020 deutlich über dem aller anderen Länder. Italien ist demgegenüber von einer mittleren Veränderung der Altersstruktur betroffen. Die USA liegen im Jahr 2020 voraussichtlich mit einem Anteil der über 55-Jährigen von nur 28 Prozent zwar am unteren Ende; gleichwohl lässt sich auch dort eine beträchtliche Alterungsdynamik feststellen.

Tabelle 10: Die Altersgruppe »55 plus« in der Gesamtbevölkerung im internationalen Vergleich

Land	1980	2020	Absolute Veränderung	Dynamische Veränderung
Deutschland	24,9	38,1	13,2	53,01
Österreich	22,9	38,1	15,2	66,37
Italien	25,3	34,2	8,9	35,17
USA	20,7	28,4	7,7	37,19

Quelle: Economically Active Population Estimates and Projections 1980–2020; International Labour Organization (ILO) 2008; eigene Darstellung.

Im Zusammenhang mit diesen internationalen Vergleichen drängt sich die Frage auf, ob Deutschland trotz aller Veränderungen und Ausdifferenzierungsprozesse, wie sie in ähnlicher Weise auch in anderen Länder zu beobachten sind, auf dem Pfad der generationenintegrierenden Sozialpolitik für Ältere bleibt. Werden es also weiterhin die Gewerkschaften und Sozialverbände sein, die nach wie vor die wesentlichen Akteure eines Sozialstaates für Ältere bleiben oder anders gefragt: Nähert sich Deutschland den hier untersuchten Fällen institutionell an? Wie der deutsche Weg weiter verläuft, hängt in entscheidendem Maße davon ab, ob die Integrationskraft der generationenübergreifenden Organisationen angesichts der zunehmenden Alterung der Bevölkerung ausreichend sein wird.

Tabelle 11: Typologie der Akteurskonstellation für Ältere im internationalen Vergleich

	Deutschland	Österreich	Italien	USA
Wohlfahrts-staatstypus	konservativ	konservativ	konservativ	liberal
Alterungsgrad	stark	stark	mittel	mittel
Umbau der Renten-systematik	realisiert 2001–2007	realisiert 2005	realisiert 1995	gescheitert 2005
Gründungs-jahr der dominanten Akteure	SoVD: 1917 Volkssolidari-tät: 1945 VdK: 1950	Zentralver-band: 1928 PVÖ: 1949 ÖSB: 1950	Rentner-gewerkschaf-ten: 1946 ff	AARP: 1947
Koordinierung	BAGSO 1989	Nationaler Se-niorenrat 1976	–	–
Rentneranteil Gewerkschaf-ten	21% stabil seit 2001	20%	50%	k.A.
Formalisie-rung der Personengrup-pe Senioren	seit 1986, aber Divergenzen zwischen Ge-werkschaften	ÖGB: Pensio-nistenabteilung seit 1991, seit 2008 eige-ne Geschäfts-ordnung und selbstständiges Gremium	Seit 1946 Rent-nergewerk-schaften FIP seit 1946 (angeschlossen an CGIL), SPI seit 1949, FNP seit 1952 (angeschlossen an CISL), UIL seit 1972	NCSC seit 1961–2001, Nachfolge-organisation: ARA seit 2001
Dominanter Akteur	Sozialverbän-de/Gewerk-schaften	Rentner-verbände	Rentnerge-werkschaften	Seniorenver-band
Dominanter Organisa-tionstypus der Älteren	generationen-integrierend	semi-souverän	semi-souverän	separat

Quelle: Eigene Darstellung.

V. Sozialverbände als direkte Interessenvertreter der Älteren

1. Fragestellung

Die Sozialverbände haben in den letzten Jahren eine große mediale Aufmerksamkeit auf sich gezogen. Durch plakative Darstellungen[68] befördert, kann man geradezu den Eindruck gewinnen, dass sie sich als selbstorganisierte Lobby der Rentner regelmäßig zum Proteststurm nach Berlin aufmachen, um gegen sozialpolitische Reformen zu intervenieren. Die drei größten Sozialverbände, VdK, SoVD und Volkssolidarität, haben gegenwärtig ein Potenzial von rund 2,2 Millionen Mitgliedern, und die meisten verzeichnen – anders als die Gewerkschaften und Parteien – einen stetigen Zulauf Älterer. Mit Dienstleistungen wie der Sozialrechtsberatung werben sie um neue Mitglieder und versuchen, ihr Gewicht in der Akteurslandschaft der politischen Interessenvertreter der Älteren zu erhöhen. Im Zuge der Sozialstaatsreformen der letzten Jahre werden sie insbesondere von den Medien als gewichtiges Sprachrohr der Älteren in der Seniorenpolitik gehandelt. Sie ergreifen inzwischen zu allen Fragen der Renten-, Pflege- und Gesundheitspolitik das Wort. Der anhaltende Mitgliederzulauf, ihre herausgehobene Stellung in der Sozialrechtsberatung und -vertretung[69] wie auch der hohe Altersdurchschnitt der Verbände scheinen einen Bedeutungszuwachs in der seniorenpolitischen Akteurslandschaft zu belegen. Sind die Sozialverbände also prädestiniert, sich zu den maßgeblichen Seniorenlobbyisten des 21. Jahrhunderts zu entwickeln?

---

68 Dies zeigen Schlagzeilen wie die Folgenden: »Rentnerlobby macht gegen höheren Pflegebeitrag mobil« (Financial Times Deutschland 13.6.2007), »Wut-Aufstand der Senioren gegen den ›Rentenklau‹« (Abendzeitung München, 30.3.2004).

69 Neben der allgemeinen Lobbyingfunktion gegenüber der Politik und Verwaltung vertreten der VdK und SoVD im Rahmen ihrer Sozialrechtsberatung auch individuelle Interessen vor den Sozialgerichten.

Ihre häufige mediale Präsenz steht jedoch in einem eigentümlichen Missverhältnis zu den Kenntnissen, die über die Organisationen selbst vorliegen. Bislang gibt es keine fundierte empirische Studie über diese Klientelorganisationen im Sinne einer systematischen, komparativen Verbandsanalyse. Dabei sind die hier untersuchten Verbände bereits seit Jahrzehnten in der Sozial- und Seniorenpolitik aktiv, ohne allerdings zuvor eine vergleichbare Aufmerksamkeit erfahren zu haben wie in den letzten Jahren. Vermutlich ist dies darauf zurückzuführen, dass sie seit der Nachkriegszeit langjährig ausschließlich als Klientelorganisationen der Kriegsopfer tätig waren und sich die Volkssolidarität als ehemalige Massenorganisation der DDR erst seit 1990 in das gesamtdeutsche Verbändesystem integriert hat. Erst im Zuge ihrer zunehmenden medialen Präsenz, ihres Mitgliederzuwachses[70] sowie der umfassenden Transformation ihrer Mitglieder- und Organisationsstrukturen, rücken die Sozialverbände in den Blickpunkt der Forschung. Die wenigen vorliegenden empirischen Studien zu den Sozialverbänden beschränken sich jedoch weitgehend auf die Gruppen der Kriegsopfer und der Menschen mit Behinderungen. Eine verbändezentrierte Untersuchung zu den Veränderungen der Akteurskonstellation in der Seniorenpolitik liegt nicht vor.

Auch wenn bislang keine systematisch komparativen Studien zu den Sozialverbänden vorliegen, so kann man durchaus auf einen reflektierten Forschungsstand zu den strukturellen Grundlagen der Sozialverbände und ihrer wissenschaftlichen Analyse zurückgreifen. An erster Stelle kann auf die Studien von Thomas von Winter verwiesen werden, dessen verdienstvolle Arbeiten über Interessenstrukturen, Ziele, Strategien und Einflusspotenziale sozialpolitischer Akteure auch einen wichtigen Beitrag zur konzeptionellen Analyse in diesem Feld leisten (Winter 1997a, Winter 2000, Winter/ Willems 2000). Angesichts des Fehlens weiterer signifikanter Vergleichsstudien werden an dieser Stelle einige bedeutende Einzelfallstudien kurz skizziert. Angerhausen (2003) analysiert den Organisationswandel der ostdeutschen Volkssolidarität zu Beginn der neunziger Jahre, als sich die VS aufgrund des politischen Systemwechsels neu formieren musste, um ihr Überleben nach der deutschen Vereinigung zu sichern. Im Zentrum dieser ersten grundlegenden empirischen Studie über die Volkssolidarität steht die organisationssoziologische Frage, welche Probleme sich durch radikale und plötzliche Umweltveränderungen für Organisationen ergeben und wie die-

---

70 Mit Ausnahme der Volkssolidarität.

se ihren Fortbestand in der Krise sichern können. Die Fallstudien zum Organisationsgefüge der Volkssolidarität, die den Bundesverband, die sechs Landesverbände und sieben exemplarisch ausgewählte Kreisverbände zum Gegenstand haben, basieren auf Interviews und Expertengesprächen, Dokumentenanalysen sowie statistischen Auswertungen der Verbandsdaten. Angerhausens zentrale These ist, dass sich die Volkssolidarität als Organisation im Zuge des ostdeutschen Transformationsprozesses radikal gewandelt habe. Der Weg von einer zentralistischen staatlichen Massenorganisation zu einem freien, föderalen Sozial- und Wohlfahrtsverband sei durch Brücken und Kontinuitäten auf unterschiedlichen Ebenen erleichtert worden. Die Aufgabenbereiche wurden von der begrenzten Tätigkeit in der Altenversorgung auf nahezu alle sozialwirtschaftlichen Dienstleistungen ausgedehnt und professionalisiert, sodass die Volkssolidarität seither eine multiple Identität entwickelt hat: Zum einen die Teilidentität als »Mitgliederverein bzw. soziale Heimat älterer Menschen«, die die Kontinuitätsbedürfnisse der in der DDR sozialisierten Mitglieder bediene. Im Bereich der sozialen Dienstleistungen habe sich die VS zum anderen vom »Lückenbüßer der Altenversorgung« zum »Wohlfahrtsverband« gewandelt (Angerhausen 2003: 283). Darüber hinaus habe sich die Volkssolidarität als »Lobby für ältere Menschen« zu einem der drei großen deutschen Sozialverbände transformiert. Zusammengehalten werden diese drei Teilidentitäten Angerhausen zufolge durch eine »große Erzählung«. Diese Erzählung liefere eine selektive Zusammenfassung und Wertschätzung aller als bedeutsam erachteten Aspekte der DDR-Vergangenheit. Angerhausens Studie verdeutlicht die Rolle von mythologischen Brücken in Phasen radikalen Organisationswandels. Diese Brücken bieten Orientierungshilfe und fördern die Integration der Mitglieder und Mitarbeiter. Angerhausen beschränkt sich in ihrer Studie allerdings weitgehend auf die Etablierung der VS als Wohlfahrtsverband im System der freien Wohlfahrtspflege zwischen 1990 und 1996. Daher wird die Frage nach dem Status der VS als Seniorenlobby nur am Rande gestreift.

Die ehemaligen Kriegsopferverbände VdK und SoVD rückten in ihrer mehr als 60-jährigen Geschichte nur selten in den Blickpunkt der Wissenschaft.[71] Ihre Rolle als Kriegsopferverbände untersuchend, resümierte Donner 1960, dass die beiden Verbände neben ihrer sozialpolitischen Tätigkeit insbesondere zur Integration der Kriegsbeschädigten in das politische Sys-

---

71 Es lagen jedoch Verbandschroniken des SoVD (1983a, 2005g, 2005h) sowie des VdK (2000) vor, welche in die Untersuchung des Organisationswandels einbezogen wurden.

tem der BRD beigetragen haben. Die Rolle der Sozialverbände im Politikfeld für Menschen mit Behinderungen, die sich diese Verbände im Zuge
ihrer Diversifizierung von Kriegsopferverbänden zu allgemeinen Sozialverbänden erschlossen haben, wurde von Hammerschmidt (1992) und Spörke
(2008) untersucht. Beide konstatieren eine direkte, explizite Thematisie-
rungs- und Gestaltungskompetenz der Verbände in diesem Politikfeld, die
auf eine hohe Kooperationsbereitschaft der Ministerialbürokratie zurückzuführen und mit dem Informationsvorsprung als »Betroffenenverbände« zu
erklären sei.

2. Umweltveränderungen und Organisationswandel

Die drei untersuchten Sozialverbände haben vor einem unterschiedlichen
Hintergrund in Ost- und Westdeutschland einen beachtlichen Organisationswandel durchlaufen, der auf strukturelle Veränderungen ihrer Umwelt
zurückzuführen ist. Ursprünglich wurden sie aus der Not der Kriegsopfer
nach den beiden Weltkriegen gegründet.

Die 1945 in der sowjetischen Besatzungszone gegründete Volkssolidarität hatte bereits in den fünfziger Jahren einen Umbruch zu bewerkstelligen, als sie zu einer staatlichen Massenorganisation der DDR überführt
wurde, die entsprechend politischer Vorgaben ältere Menschen betreute.
Nach 1990 war sie im Zuge der Systemtransformation wiederum gezwungen, ihr Handeln neu auszurichten. Ihre zentralistischen Strukturen wurden aufgelöst, um die VS als föderalen Sozial- und Wohlfahrtsverband neu
gründen zu können.

VdK und SoVD legten ihren Schwerpunkt als Klientelorganisationen
der Kriegsopfer zunächst darauf, Einfluss auf die Versorgungsgesetzgebung
zu nehmen und die Kriegsopfer sozialrechtlich zu beraten und in die Demokratie der Bundesrepublik zu integrieren (Donner 1960). Bereits seit den
fünfziger Jahren waren die beiden Verbände aber mit der Entwicklung konfrontiert, dass ihre »Stammkunden« buchstäblich schwanden (Streeck 1987).
Zwischen 1955 und 2005 reduzierte sich die Zahl der Versorgungsberechtigten in Westdeutschland und dem Ausland-West um ca. 90 Prozent auf rund
391.000 Menschen (Tabelle 12). Infolge des beschleunigten Rückgangs der
Kriegsopfer ab Mitte der siebziger Jahre versuchten die Verbände ihre Mitgliederbasis durch Diversifizierung zu erweitern. Im Sinne einer Anbaupoli-

tik (*layering*)[72] veränderten sie ihre Zielgruppenstrategie in Richtung auf die Gruppen der Menschen mit Behinderungen und der Sozialrentner, um die Organisationen vor dem »Aussterben« zu bewahren (Winter 2007). Der VdK intensivierte 1990 mit der Wahl von Walter Hirrlinger zum Verbandspräsidenten die Entwicklung zum umfassenden Sozialverband. Hätten die beiden damaligen Kriegsopferverbände in den siebziger Jahren nicht auf die absehbar dramatische Entwicklung reagiert, wären sie heute vermutlich bedeutungslos, denn während die Zahl der Sozialrentner kontinuierlich bis auf gegenwärtig rund 19 Millionen zugenommen hat (DRV 2007), ist die Gruppe der Versorgungsberechtigten stetig zurückgegangen.

Tabelle 12: Entwicklung der Versorgungsberechtigten (Alte Bundesländer und Ausland West)

Jahr	Versorgungs-berechtigte	Beschädigte	Witwen und Witwer	Waisen	Eltern
1955	4.164.144	1.503.224	1.169.695	1.154.720	336.505
1965	2.816.137	1.346.612	1.156.188	104.716	208.621
1975	2.257.753	1.057.146	1.040.672	33.792	126.143
1985	1.652.802	771.327	823.060	19.937	38.478
1995	1.011.078	469.736	523.197	12.807	5.338
2005	391.008	178.805	204.429	7.573	201

Quelle: Angaben des Bundesministerium für Arbeit und Soziales 2007; eigene Berechnungen.

Ein ähnlicher Trend wie bei den Rentnern lässt sich auch für die Gruppe der schwerbehinderten Menschen feststellen, die im Jahr 2005 rund 6,7 Millionen Menschen umfasste (Tabelle 13).

---

72 Neue institutionelle Elemente werden an eine bereits existierende Organisation angegliedert, die im Ergebnis zu einer grundlegenden Neuorientierung des Verbandes führen können (Streeck/Thelen 2005). Im Falle der ehemaligen Kriegsopferverbände bleiben die Prinzipien der wechselseitigen Selbsthilfe, Solidarität und Interessenvertretung erhalten, während die Mitgliederklientel um die Gruppe der Rentner und der Menschen mit Behinderungen erweitert und damit die Position der Verbände in der sozialpolitischen Arena im Sinne einer umfassenden Sozialstaatsklientelpolitik verändert wurde (vgl. Kapitel II).

Tabelle 13: Anzahl schwerbehinderter Menschen 1991–2005

	1991	1995	1999	2001	2003	2005
Männlich	2.901.872	3.453.906	3.497.458	3.530.018	3.485.341	3.527.983
Weiblich	2.470.088	3.042.627	3.136.008	3.181.779	3.153.551	3.237.372
Insgesamt	5.371.960	6.496.533	6.633.466	6.711.797	6.638.892	6.765.355

Quelle: Statistisches Bundesamt 2007.

3. Strategische Orientierungen

Alle drei Sozialverbände wiesen im Jahr 2007 einen hohen Altersdurchschnitt zwischen 61 Jahren (VdK) und 73 Jahren (VS) auf. Diese Mitgliederstruktur legt die Annahme nahe, dass sie faktisch als reine Seniorenlobbyisten agieren, die ausschließlich die Interessen der älteren Generation verfolgen.
Dem steht allerdings der Einwand entgegen, dass sich die Verbände selbst
gegenwärtig nicht als reine Seniorenverbände verstehen. Denn im Zuge ihrer
Anbaupolitik haben sie sich zu generationenübergreifenden Organisationen
gewandelt, die neben den Kriegsopfern auch Menschen mit Behinderungen
und andere Klientelgruppen des Sozialstaates vertreten, sodass das Spektrum
ihrer Interessenvertretung inzwischen das gesamte System der sozialen Sicherung umfasst (VdK 2006a: 11).

Die mit diesem Wandel verbundene Heterogenisierung ihrer Mitgliederstruktur, die von den Kriegsopfern bis hin zu Sozialrentnern und Arbeitslosen reicht, birgt allerdings Risiken hinsichtlich der Steuerungsfähigkeit und
innerverbandlichen Integration (Winter 2000: 527). Denn wie alle intermediären Organisationen bewegen sich auch die Sozialverbände im Spannungsfeld zwischen Mitgliedschafts- und Einflusslogik (Schmitter/Streeck 1981).
Entfernen sie sich im Sinne der Einflusslogik zu weit von den Interessen ihrer Mitgliederklientel, so erhöht sich die Gefahr von Verbandsaustritten.
Transportieren sie dagegen die Interessen der Mitglieder ungefiltert, so gefährden sie ihren Einfluss gegenüber Politik und Verwaltung.

Eine leitende Frage unserer Untersuchung lautet, worauf sich der erfolgreiche Wandel der Sozialverbände von »aussterbenden Kriegsopferverbänden« zu umfassenden, mitgliederdynamischen und medial präsenten Sozialverbänden gründet. Welche Veränderungsprozesse haben dazu beigetragen, dass sie sich zunehmend als maßgebliche Interessenvertreter der Älteren positionieren? Wie hat sich die Mitglieder- und Organisationsstruktur von VdK, SoVD und Volkssolidarität verändert und welche besonderen selektiven Anreize haben die Verbände in den vergangenen Jahren entwickelt, um die Attraktivität einer Mitgliedschaft zu erhöhen? Denn es liegt die Vermutung nahe, dass seit den neunziger Jahren viele Mitglieder insbesondere durch einen Ausbau der selektiven Mitgliedschaftsanreize wie Versicherungsleistungen und Rechtsberatung gewonnen werden konnten. Im Hinblick auf die Kategorien Partizipation und Aktivierung wird überprüft, welche Formen und Inhalte der Mitgliederarbeit sich in den Verbänden finden, um Mitglieder als strategische Organisationsressource (Wiesendahl 2006: 20) zu gewinnen. Welche Lobbyinstrumente und -strategien nutzen die Sozialverbände, um ihre Programmatik[73] in den Politikfeldern Rente, Pflege, Gesundheit und Politik für Menschen mit Behinderungen in den politischen Willensbildungs- und Entscheidungsprozess einzubringen und durchzusetzen? Sind sie Mitglieder in korporatistischen Gremien oder agieren sie vielmehr als unabhängige »Pressure Groups«, die insbesondere eine moderne und professionelle Öffentlichkeitsarbeit nutzen, um Einfluss auf die Politik zu entwickeln? In diesem Zusammenhang stellt sich die Frage, ob sie bei der Vertretung von Senioreninteressen in den Politikfeldern Rente, Pflege und Gesundheit eine vergleichbar explizite Thematisierungs- und Gestaltungskompetenz erreichen, wie sie ihnen in der Politik für Menschen mit Behinderungen zugesprochen wird (Spörke 2008, Hammerschmidt 1992). Dem könnte entgegenstehen, dass sie keine ausreichende Konfliktfähigkeit in der sozialpolitischen Arena erreichen. Die vermehrt zu beobachtenden Bemühungen einzelner Verbände, Kooperationen und Bündnisse mit den Gewerkschaften voranzutreiben, könnten auch dem Umstand geschuldet sein, dass sich die Sozialverbände nur so ausreichend Gehör verschaffen können. Schließlich stellt sich angesichts des hohen Anteils älterer Menschen, unabhängig von ihrem Selbstverständnis, die Frage, ob die Sozialverbände tatsächlich als generationenübergreifende Akteure auftreten.

---

73 Die Gemeinsamkeiten in der seniorenpolitischen Programmatik der Sozialverbände werden in Kapitel IV dargestellt.

4. Aufbau der Einzelfallstudien

Im ersten Schritt wird der Blick auf die Organisation der Verbände gerichtet, um einerseits ihre Geschichte, ihren Aufbau und Wandel zu analysieren und andererseits die Frage zu beantworten, wie es den Verbänden trotz ihres Status' als Freiwilligenverbände gelingt, neue Mitglieder zu rekrutieren und zu binden. Hier spielen die organisationsinternen Professionalisierungstendenzen der Verbände eine maßgebliche Rolle. Darüber hinaus wird ihre Finanz- und Dienstleistungsordnung wie die Mitgliederstruktur untersucht. In einer vergleichenden Perspektive ist zu überprüfen, ob es den Verbänden gelungen ist, die historisch gewachsenen Stärkeverhältnisse und Asymmetrien zwischen den Landesverbänden aufzubrechen oder ob sich noch immer regionale Schwerpunkte ausmachen lassen, die ihren Ursprung in der Besatzungszeit haben.[74]

5. Politik der Kriegsopferverbände vor 1990[75]

In der Nachkriegszeit konzentrierte sich das sozialpolitische Engagement von VdK und SoVD zunächst auf die Kriegsopferversorgung. In den fünfziger und sechziger Jahren setzten sie sich vorrangig für eine verbesserte materielle Lage der Kriegsbeschädigten und -hinterbliebenen ein. Bereits früh konnten sich die Verbände profilieren, da die Lage der Kriegsversehrten die sozialpolitischen Debatten im Nachkriegsdeutschland dominierte (Wiemers 1999: 19). Die Verabschiedung des Bundesversorgungsgesetzes (BVG) 1950 wurde vom VdK und SoVD als erster großer Erfolg ihrer Verbandsarbeit gefeiert (Rüfner/Goschler 2005: 694; Rühland 1957: 122).[76] Rudloff (2006: 524) verweist darauf, dass Sozialklientelverbände in keinem anderen Politikfeld eine ähnlich gewichtige Rolle spielten wie in der Kriegsbeschädigtenpolitik; dort verfügten sie über einen inkorporierten Status im Rahmen der ministeriellen Verhandlungsnetzwerke. Neben der Mitarbeit in den bundes-

---

74　Der VdK konnte sich insbesondere in den US-amerikanischen und französischen Besatzungszonen entwickeln, der SoVD dagegen in den britischen Besatzungszonen und die VS in der sowjetischen Besatzungszone.

75　Die Volkssolidarität konnte vor 1990 als gesellschaftliche Massenorganisation in der DDR unter dem SED-Regime keine sozialpolitische Interessenvertretung leisten.

76　Wie bereits im Reichsversorgungsgesetz wird im BVG zwischen einer niedrigen Grund- und einer einkommensabhängigen Zusatzrente für die Beschädigten, Witwen und Waisen unterschieden (Hudemann 1988: 489).

politischen Gremien organisierten die Verbände auch öffentlichkeitswirksame Mobilisierungsaktionen wie den »Marsch auf Bonn« im Jahr 1963, bei dem 35.000 VdK-Mitglieder für zusätzliche Mittel der Kriegsopferversorgung demonstrierten (Laschet/Plank 2000: 48).[77] Auch nach der Verabschiedung des BVG machten sich die Verbände für Verbesserungen in der Kriegsopferversorgung stark. Sie nahmen an der Diskussion um die Reform der gesetzlichen Rentenversicherung des Jahres 1957 teil und unterstützten die Einführung der dynamischen Rente. Hervorzuheben ist, dass sie zwar auch die Interessen der Rentner in die rentenpolitischen Gesetzgebungsvorhaben einbrachten, jedoch bis in die achtziger Jahre vorrangig aus der Perspektive der Kriegsopfer. Ihr erweitertes Engagement in anderen sozialpolitischen Feldern wurde damit begründet, dass die Kriegsopfer auch in den übrigen Lebensbereichen besonderer Berücksichtigung bedürften und die Verbände daher verpflichtet seien, die gesamte sozialpolitische Gesetzgebung zu verfolgen (VdK 1966a: 22).[78] Ab den siebziger Jahren trug die Programmatik in höherem Maße der gestiegenen Heterogenität der innerverbandlichen Gruppen Rechnung (Winter 1997: 194). In der Rentenpolitik wurden beispielsweise die spezifischen Probleme behinderter Ruheständler in die politischen Diskussionen eingebracht. Beim Rentenreformgesetz 1972 verbuchten die Kriegsopferverbände die herabgesetzte Altersgrenze für schwerbehinderte Menschen und Empfänger von Berufsunfähigkeitsrenten als einen maßgeblichen Teilerfolg (Weishäupl 1977: 493). Auch die Einführung des Schwerbehindertengesetzes im Jahr 1974 konnten sie sich als Erfolg zurechnen (Reichsbund 1993: 7f).[79] Dass sie auch in anderen sozialpolitischen Feldern Gehör fanden, ist darauf zurückzuführen, dass sie neben den Gewerkschaften zu den mitgliederstärksten gesellschaftlichen Organisationen zählten. Gleichwohl waren sie weniger konfliktfähig als die Gewerkschaften und damit in einer strukturell schlechteren Position (Schulz 2005: 131; Offe 1972). Sie konnten ihren Protest in persönlichen Kontakten, Petitionen oder auf öffentlichen Kundgebungen äußern, aber beispielsweise keinen Streik durchführen.

---

77 1959 protestierten rund 50.000 Kriegsopfer auf Initiative des Reichsbundes in Dortmund gegen die Kriegsopferpolitik (Reichsbund-Zeitung 10/1959).

78 Zudem hängen die beiden Zweige – Rentenversicherung und Kriegsopferversorgung – seit den siebziger Jahren durch die Koppelung der Erhöhungen der sozialen Entschädigungsleistungen an die Rentensteigerungen zusammen (Trometer 1977: 200f.; Kelleners 1985: 98f.).

79 Im Schwerbehindertengesetz wurde das Finalitätsprinzip anstelle des Kausalitätsprinzips verwirklicht.

6. Politik der Sozialverbände seit 1990

Seit 1990 leiteten die Sozialverbände endgültig den Abschied von der materiellen wie ideellen »Kriegsfolgenbewältigungspolitik« ein und öffneten sich für weitere Klientelgruppen des Sozialstaates. Sie konnten seitdem – abgesehen von der Volkssolidarität – wieder Mitgliederzuwächse verbuchen und die negative Mitgliederentwicklung stoppen. Infolge der zunehmenden Orientierung auf eine einnahmeorientierte Ausgabenpolitik in den Sozialversicherungen seit Mitte der neunziger Jahre boten sich den Sozialverbänden fruchtbare Rahmenbedingungen, sich als Verteidiger des Sozialstaates zu positionieren. Die vormalige »Kriegsfolgenbewältigungspolitik« wurde von einer umfassenden Sozialstaatsklientelpolitik abgelöst. In Übereinstimmung mit anderen Verbänden und den Gewerkschaften versuchen sie den leistungsrechtlichen Besitzstand zu wahren und vertreten eine Erweiterung der Einnahmenbasis anstelle kontinuierlicher Einschnitte bei den Sozialusgaben. Ebenso erheben sie ihre Stimme, um die Interessen der Berufs- und Erwerbsunfähigen zu artikulieren und auf die niedrige Erwerbstätigkeit älterer Arbeitnehmer und deren Folgen für die Sozialsysteme aufmerksam zu machen. Ihre Positionen bringen sie zum einen über ihre Mitgliedschaft in Beiräten und Gremien ein; hier haben sich die Möglichkeiten für den VdK und SoVD im Feld der Gesundheitspolitik erweitert: Die Institutionalisierung der Patientenbeteiligung im Gemeinsamen Bundesausschuss (G-BA)[80] im Jahr 2004 eröffnete ihnen durch ihre Mitgliedschaft im Deutschen Behindertenrat (DBR) verbesserte Mitwirkungsmöglichkeiten.[81] Darüber hinaus organisieren die Sozialverbände vielfältige öffentlichkeitswirksame Kampagnen.

Die höchste politische Aufmerksamkeit erzielen die Sozialverbände SoVD und VdK jedoch nicht in der klassischen Seniorenpolitik, sondern als

---

80 Der G-BA ist das oberste Beschlussgremium der gemeinsamen Selbstverwaltung der Ärzte, Zahnärzte, Psychotherapeuten, Krankenhäuser und Krankenkassen. Er bestimmt, welche Leistungen der medizinischen Versorgung von den Mitgliedern der GKV in Anspruch genommen werden können. Ebenso werden hier Maßnahmen der Qualitätssicherung für den ambulanten und stationären Bereich des Gesundheitswesens beschlossen. Den Patientenvertretern wird ein Antrags- und Beratungsrecht zugestanden, die Mitbestimmung bleibt ihnen jedoch verwehrt.

81 Der Deutsche Behindertenrat wurde 1999 zusammen von VdK und 84 weiteren Betroffenenorganisationen gegründet und möchte die Gleichstellung von chronisch Kranken und Menschen mit Behinderung fördern. Sowohl der VdK als auch der SoVD sind dauerhaft im Sprecherrat vertreten. Formal benennt der DBR seine Vertreter für den G-BA. Da dieser jedoch lediglich ein Aktionsbündnis ist, bestimmen dessen Träger, wie VdK, SoVD etc., wer sie jeweils im G-BA vertritt.

Betroffenenverbände in der regulativen Politik für Menschen mit Behinderungen.[82] Die Verbesserung der Barrierefreiheit im Alltag zählt zu den Hauptforderungen der Sozialverbände. Das Gleichstellungsgesetz wurde wesentlich vom Deutschen Behindertenrat (DBR) in enger Kooperation mit dem Beauftragten der Bundesregierung für die Belange behinderter Menschen erarbeitet und durchgesetzt.[83] Das SGB IX führte im Jahr 2001 das Rehabilitations- und Teilhaberecht für Menschen mit Behinderungen zusammen und gilt als lange geforderter Meilenstein der sozialpolitischen Weiterentwicklung (SoVD 2003a: 35ff.).[84] Es wird als Paradigmenwechsel in der Politik für Menschen mit Behinderungen von der Versorgung und Fürsorge hin zu politischer und sozialer Teilhabe gewertet.[85]

---

82 In den gesichteten Materialien der Volkssolidarität fanden sich anders als bei VdK und SoVD keine Hinweise auf ein Engagement in diesem Politikfeld.

83 Der VdK und SoVD zählen zu den Gründern des DBR. Sie arbeiten als dauerhafte Mitglieder des Sprecherrates kontinuierlich im DBR mit.

84 Der VdK hatte bereits zu Beginn der neunziger Jahre die Zusammenlegung des Schwerbehinderten- und Rehabilitationsrechts in einem SGB IX gefordert (Hirrlinger 1994b: 3).

85 Die umfassende Beteiligung der Interessengruppen an der Erarbeitung des Gesetzbuches ist auch auf das Interesse der Abteilung V des BMAS zurückzuführen, die das Fach- und Expertenwissen der Verbände nutzen möchten (Spörke 2008).

V.1 Sozialverband VdK Deutschland (VdK)

1. Einleitung

Der größte und am stärksten wahrgenommene deutsche Sozialverband präsentiert sich in den Medien als mächtiger Lobbyist der rund 19 Millionen Rentner in Deutschland. Schlagzeilen, wie beispielsweise:»VdK droht mit Rentner-Aufstand« (Münchner Merkur 25.08.07) oder:»VdK droht bei Sozialabbau mit Straßenprotest« (BZ 4.07.05), prägten das öffentliche Bild des Sozialverband VdK Deutschland (VdK) seit dem Jahr 2003. Der im Jahr 1950 als Kriegsopferverband im Süden der Bundesrepublik gegründete VdK hat sich in den vergangenen zwanzig Jahren zu einer umfassenden Sozialklientelorganisation gewandelt und seinen Vertretungsanspruch von Kriegsopfern auf Menschen mit Behinderungen, Rentner, chronisch Kranke und Patienten ausgeweitet. Dieser Strukturwandel wurde durch die Umbenennung zum »Sozialverband VdK Deutschland« unterstrichen und wird im Folgenden nachgezeichnet. Dabei steht die Frage im Vordergrund, welche Faktoren die Öffnung des Verbandes verursachten. Im Jahr 2008 organisierte der überwiegend in Süddeutschland präsente, föderal strukturierte VdK in seinen 13 Landesverbänden und etwa 7.500 Kreis- und Ortsverbänden rund 1,45 Millionen Mitglieder.

Auf den ersten Blick scheint die Dynamik der Mitgliederentwicklung des VdK seit Mitte der neunziger Jahre ungebremst. Daher wird untersucht, welche Ursachen die positive Mitgliederentwicklung hat und inwiefern das mediale Bild einer zunehmend mächtiger werdenden Organisation der Realität entspricht. Ebenso ist zu fragen, inwiefern der Verband tatsächlich eine Klientelorganisation für ältere Menschen darstellt und welchen Stellenwert er in der seniorenpolitischen Arena einnimmt. Auch die sozialkulturelle Verankerung des VdK als Mitgliederorganisation wird analysiert. Hat die Öffnung für weitere Klientelgruppen die Bindung der Mitglieder an den Verband geschwächt? Es scheint als ob der VdK insbesondere in Bayern auf lokaler Ebene in der Alltagskultur und Lebenswelt der Bürger ähnlich fest verankert ist wie die katholische Kirche, die CSU, die örtliche Feuerwehr und der Schützenverein. Mehr als ein Drittel der Mitglieder des VdK sind in Bayern beheimatet, sodass der bayerische Landesverband aufgrund seiner Mitglieder-, Finanz- und Kampagnenstärke eine herausragende Stellung im Bundesverband einnimmt. Dagegen konnte der VdK in Norddeutschland angesichts der Konkurrenz mit dem bereits 1946 in der britischen Besatzungszone zugelassenen Reichsbund kaum Fuß fassen. Es ist danach zu fragen, ob sich die regional spezifische Verankerung des Verbandes primär aus der Nachkriegskonstellation erklärt oder ob auch weitere Faktoren den Charakter und die Stärke der Landesverbände prägten.

2. Entwicklung vom Kriegsopferverband zum umfassenden Sozialverband

»Wir sind nach wie vor die größte Organisation der Kriegs- und Arbeitsopfer, wir sind der größte Behindertenverband in der Bundesrepublik Deutschland und wir haben uns jetzt auch stabilisiert, oder besser gesagt etabliert als sozialer Rentnerverband, und wir sind auch... eine große Frauenorganisation.« (Schlusswort des Präsidenten Weishäupl auf dem Verbandstag 1978)

Dieses Zitat des ehemaligen Verbandspräsidenten Weishäupl aus dem Jahr 1978 belegt den Anspruch des Verbandes, Interessenvertretung für eine Vielzahl unterschiedlicher Gruppen sein zu wollen. Bis der VdK letztlich zu dem heute umfassenden Sozialverband wurde, war es indes ein langer Weg. Die Öffnung des Verbandes für Gruppen, die nicht zum engeren Kreis der Kriegsbetroffenen gehörten, war ein schwieriger Prozess, der von Veränderungen der Verbandskultur begleitet wurde. Zugleich nahm der Handlungsdruck auf den VdK zu, da die ursprüngliche Klientel, die Kriegsopfer, bedingt Sterbefälle kontinuierlich abnahm. Dieser natürliche Verlauf in Friedenszeiten stellte den VdK vor die Frage, ob er sich für andere Sozialstaatsgruppen öffnen sollte, um weiter zu bestehen oder sich im Zuge der fortlaufend geringer werdenden Mitgliederzahl auflösen sollte. Um diesen Prozess nachzuvollziehen, werden Höhe-, Wende, und Tiefpunkte der Verbandsgeschichte des VdK rekonstruiert.

2.1 Gründungs- und Aufbauphase als Kriegsopferverband

Unter den Bedingungen der schlechten wirtschaftlichen Lage nach dem Ende des Zweiten Weltkrieges entstand auf lokaler Ebene in Bayern, Württemberg, Rheinland-Pfalz und Hessen eine »Graswurzelorganisation der Kriegsopfer«, um sich gegenseitig zu unterstützen und auf eine materielle Versorgung der Kriegsopfer hinzuwirken.[86] Der »Verband der Kriegsbeschädigten, Kriegshinterbliebenen und Sozialrentner Deutschlands« (VdK) ist aus diesen örtlichen Selbsthilfegruppen entstanden (Hammerschmidt 1992: 74).

Zunächst behinderten jedoch die amerikanischen und französischen Besatzungsmächte im Süden und Westen des Landes diese Zusammenschlüsse, da sie befürchteten, dass unter den Kriegsopfern der preußische Militarismus bzw. das nationalsozialistische Gedankengut konserviert werden könnte (Donner 1960: 20f). Vor allem lehnten die Alliierten einen Verband mit dem Namen »Reichsbund« ab.[87] Um der restriktiven Haltung zu begegnen, dabei dennoch Kriegsopferverbände gründen zu können, standen sie von Beginn an auch »Zivilbeschädigten« und Sozialrentnern offen, ohne diesen Mitgliedergruppen jedoch wirkliche Partizipationsmöglichkeiten anzubieten (Donner 1960: 21). Ab 1946 konstituierten sich erste Landesverbände der Kriegsopfer und Sozialrentner.[88] Im Jahr 1947 schlossen sich in Kassel einige der neu gegründeten Landesverbände der amerikanischen und britischen Besatzungszone – also auch des norddeutschen Reichsbundes – zur parteipolitisch und konfessionell neutralen[89] »Arbeitsgemeinschaft der westdeutschen Landesverbände der Körperbeschädigten, Sozialrentner und Hinterbliebenen – AVK« zusammen (Hudemann 1988: 426).[90] Die AVK leitete die Gründung

---

86 Im Jahr 1947 wurden in der US-Zone und der britischen Zone erste Versorgungsleistungen für Kriegsopfer eingeführt – wenngleich auf einem Niveau unterhalb des Existenzminimums. Dies stieß auf Proteste der Vereinigungen der Kriegsopfer.

87 Viele der Gründerväter des VdK hatten in der Weimarer Republik dem sozialdemokratischen Kriegsopferverband Reichsbund angehört und sich zunächst bemüht, diesen während der NS-Zeit verbotenen Verband neu zu gründen.

88 Beispielsweise gründete sich am 13. Dezember 1946 in Hessen der »Verband der Körperbehinderten, Arbeitsinvaliden und Hinterbliebenen« (VdK Hessen 1989).

89 Hudemann (1988: 422) verweist jedoch darauf, dass die politische Neutralität und die Frage der Konstituierung als »Mischverbände« zumindest im Südwesten der Republik kontrovers diskutiert wurden.

90 Paul Neumann, Vorsitzender des Reichsbundes, stand der AVK vor, Hans Nitsche, Kasseler Stadtrat und Sozialdezernent und späterer Bundesvorsitzender des VdK, wurde zu seinem Stellvertreter gewählt.

des losen »Bund der Kriegs- und Zivilbeschädigten, Sozialrentner- und Hin-
terbliebenen-Verbände Deutschlands – BKD« im November 1948 in Stuttgart ein.[91] Der Reichsbund beteiligte sich nicht daran, da er einen zentralistischen Aufbau der Einheitsorganisation forderte. Gleichwohl traten Teile
des Reichsbundes Nordrhein-Westfalen dem BKD bei und forcierten damit
die Spaltung der nordrhein-westfälischen Kriegsopferverbandslandschaft
(Hudemann 1988: 427).

1949 beschloss der BKD, analog zur (bundes-)staatlichen Entwicklung in
Westdeutschland, einen einheitlichen Verband der Kriegsbeschädigten, Hinterbliebenen und Sozialrentner Deutschlands einzurichten (Laschet/Plank
2000: 17). Am 29. Januar 1950 wurde in Düsseldorf der »Verband der Kriegsbeschädigten, Kriegshinterbliebenen und Sozialrentner Deutschlands – VdK«
mit 676.530 Mitgliedern gegründet, der sich 1951 auf dem ersten Bundesverbandstag in Trier eine föderale Struktur gab (Laschet/Plank 2000: 18ff).[92]
Dem VdK gelang es, zunächst in den US-amerikanischen und französischen
Besatzungszonen, die Interessen der Kriegsopfer zu vertreten, diese zu staats-
bürgerlicher Verantwortlichkeit und Selbsthilfe zu erziehen und auf diese
Weise ihre Integration in die Demokratie zu fördern (Donner 1960: 83ff.). In
den Folgejahren dehnte der VdK seine Tätigkeit auch auf die britische Besatzungszone aus und trat damit in Konkurrenz zum in dieser Besatzungszone
dominierenden Reichsbund. In seiner Satzung bekannte sich der VdK zum
demokratischen Rechtsstaat, zur parteipolitischen Unabhängigkeit und zur
konfessionellen Neutralität. Ähnlich wie seitens der Gewerkschaften wurde
nach der parteipolitischen Zersplitterung der Verbändelandschaft in der Weimarer Republik das Ziel verfolgt, einen »Einheitskriegsopferverband« zu
gründen, dem alle Kriegsbeschädigten – unabhängig von ihrer politischen
Couleur – angehören konnten.[93] Ende der fünfziger Jahre organisierte der
VdK bereits rund 1,3 Millionen Mitglieder (VdK 2007a; Schulz 2005: 113).
Als Selbsthilfeverband koordinierte der VdK die wechselseitige Unterstützung der Mitglieder (VdK Rheinland-Pfalz 2006: 41f.). In den Ortsverbän-

---

91 Der föderalistische BKD organisierte unter Vorsitz von Hans Nitsche, dem späteren VdK-
    Präsidenten, rund 550.000 Mitglieder und sollte die Interessen seiner Mitglieder vertreten
    (Laschet/Plank 2000: 11ff.).

92 Die »Körperbehinderten« bzw. »Zivilbeschädigten« wurden nicht mehr im Verbandsna-
    men aufgeführt.

93 Da durch die Besatzungszonen das Leben auf lokale Einheiten konzentriert war, mussten
    sich die Kriegsbeschädigten zunächst nach ihren Interessen als Kriegsopfer statt nach poli-
    tischen Tendenzen sammeln (Hudemann 1988: 416). Es ist auch anzunehmen, dass in der
    Nachkriegszeit viele Bürger Aversionen gegen Parteien hegten.

den wurden die bedürftigsten Mitglieder mit Nahrungsmitteln unterstützt. In der Gründungszeit entwickelte sich somit aus der gemeinsamen Kriegserfahrung und der Nachkriegsnot heraus ein starkes Solidargefühl, dem semantisch durch die Betonung »der großen Gemeinschaft« Rechnung getragen wurde.[94] Die Kriegsopferverbände zielten darauf ab, die materielle Situation der Kriegsbeschädigten zu verbessern und diese in psychologischer Hinsicht wieder zu »vollgültigen Mitgliedern der Volksgemeinschaft« zu machen, um ihnen Würde und Chancen auf ein lebenswertes Dasein zurückzugeben (VdK 1966a: 20).[95] Der Verband setzte sich zum Ziel, eine Radikalisierung insbesondere der jüngeren Kriegsbeschädigten zu verhindern, indem er die Unzufriedenheit bündelte und kanalisierte.

Bereits in den fünfziger Jahren wurden Abteilungen zu Sozialpolitik und -recht gegründet, deren anfänglicher Arbeitsschwerpunkt auf dem Versorgungsrecht lag.[96] 1954 trat das Sozialgerichtsgesetz in Kraft, das eine von der Verwaltung unabhängige Sozialgerichtsbarkeit einführte. Da nur wenige Anwälte eine Vertretung im Sozialrecht anboten, bestand eine Lücke, die durch die Sozialrechtsexperten des VdK abgedeckt werden konnte. Somit zählten die sozialrechtliche Beratung und Betreuung der Mitglieder seit der Gründung des VdK zu seinen wesentlichen Aufgaben (Weber 1976: 138). Statt auf radikalen Konfrontationskurs setzte der VdK früh auf konstruktiv-argumentative Überzeugungsarbeit gegenüber den staatlichen Stellen, um so Einfluss auf die Sozialgesetzgebung zu gewinnen.[97] Dies wurde dadurch begünstigt,

---

94 In einer Festschrift aus dem Jahr 1966 wird darauf verwiesen, dass diese innerverbandliche Solidarität nur von Mitgliedern geleistet werden konnte, die über eine idealistische Grundhaltung verfügten:»Menschen mit materialistischer Gesinnung konnten und können im VdK keine Heimat finden. Hier heißt es geben und nicht nur empfangen wollen« (VdK 1966a: 9). Deutlich wird das Motto auch im Leitwort des Frankfurter Kriegsopfertages 1953 »Wer sich fallen läßt, bleibt liegen – wer sich aufrafft, der wird siegen!« (VdK 1966a: 27). Nur der einzelne selbst könne sein Leiden überwinden und werde dabei durch Angebote wie den Versehrtensport unterstützt.

95 Noch in den sechziger Jahren sah sich der VdK selbst noch nicht als ein Interessenverband. Er kämpfe nicht für die persönlichen und wirtschaftlichen Interessen seiner Mitglieder, sondern für das allen gemeine Recht auf eine Versorgung:»Für das Recht eintreten heißt aber nicht, die Interessen einzelner wahrnehmen, sondern dem Staat in seiner Gesamtheit dienen« (VdK 1966a: 23).

96 Die Aufgaben der Abteilung Sozialpolitik waren 1966 wie folgt verteilt: Neben dem Abteilungsleiter war ein Referent für Kriegsopferversorgung und Sozialversicherung, ein Referent für Kriegsopferfürsorge und Arbeitsrecht, eine Referentin für Hinterbliebenenfragen und ein Referent für Sonderfürsorge und Rehabilitation angestellt (VdK 1966b: 70f.).

97 An der Verbandsmitgliedschaft vieler Bundestagsabgeordneter ist abzulesen, dass der VdK als wichtiger Akteur angesehen wurde. So gehörten im 2. Bundestag bereits 38 Abgeord-

dass die Verbandsfunktionäre häufig ältere Kriegsversehrte des Ersten Weltkriegs mit höherem Erfahrungswissen waren, die ab 1945 in verantwortliche Positionen kamen und vielfältige Kontakte zu Politik und Verwaltung unterhielten. Da die junge Generation der ehemaligen Soldaten unter dem NS-Regime aufgewachsen war und über keine eigenständige politische Erfahrung in Wahlfunktionen verfügte, spielten die Opfer des Ersten Weltkrieges eine wesentliche Rolle beim Wiederaufbau der Verbandswesens (Hudemann 1988: 415).[98] Neben dem sozialpolitischen Engagement auf nationaler Ebene bemühte sich der VdK bereits in den fünfziger Jahren aktiv um Völkerverständigung und wurde im Jahr 1953 als erster deutscher Verband in den Weltfrontkämpferverband aufgenommen.[99] Durch seine Mitgliedschaft unterstrich der VdK seine Neutralität und Distanzierung zum nationalsozialistischen Gedankengut.

2.2 Aussterben oder Expandieren

Bis in die sechziger Jahre war die absolute Mehrheit der Verbandsmitglieder Kriegsopfer und deren Angehörige. So standen 1966 den 47 Prozent Kriegsbeschädigten und 45 Prozent Kriegshinterbliebenen lediglich acht Prozent »Zivilbeschädigte« und Sozialrentner gegenüber (VdK 1966a: 13). Ende der sechziger Jahre zeichnete sich ab, dass die Hauptklientel des VdK, die Leistungsbezieher des Bundesversorgungsgesetzes, durch den biologisch bedingten Generationenwechsel abnehmen würde. Um seinen Bestand zu sichern, und so die organisatorischen Ressourcen zu stabilisieren, versuchte der Verband seinen Wirkungsbereich im Sinne einer konfliktminimierenden Anbaupolitik (*layering*) auf neue Mitgliederkreise auszudehnen, ohne die verbliebenen Funktionäre und Mitglieder aus dem Kreis der Kriegsopfer zu »verprellen« (vgl. Sebaldt 1997: 332; VdK 1974: 32f.).

---

nete dem VdK an und im 3. Bundestag gar 46 Abgeordnete (ebd.: 131). Zu den wichtigsten VdK-Sprechern im Bundestag zählten Maria Probst (CSU) und Helmut Bazille (SPD), der seit 1950 stellvertretender Bundesvorsitzender des Verbandes war (Hudemann 1988: 429).

98 Während des Nazi-Regimes waren alle freien Organisationen verboten, sodass die damals 18-bis 25-Jährigen keine Erfahrung mit freier Verbandsarbeit sammeln konnten.

99 Dieser internationale Verband von Soldaten unterschiedlicher Nationen setzte es sich zum Ziel,»das Leid des Krieges zu lindern und künftiges Leid durch Wahrung des Friedens verhindern zu helfen« (VdK 1966a: 32).

Im Jahr 1972 waren lediglich noch rund 1,1 Millionen Menschen im VdK organisiert, gut 14,2 Prozent weniger als im Jahr 1960. Dies hatte zur Folge, dass die »Zivilbehinderten« als zu integrierende Mitgliedergruppe zunehmend bedeutender wurden. Um dieser Öffnung für Menschen mit Behinderungen Rechnung zu tragen, benannte sich der VdK im Dezember 1970 in »Verband der Kriegs- und Wehrdienstopfer, Behinderten und Sozialrentner Deutschlands e.v. (VdK)« um und organisierte 1970 den ersten »Bundeskongress für Behinderte« (Roskothen 2008: 51). Bereits 1972 fand der »2. VdK-Bundeskongress für behinderte Menschen« statt, auch um gegenüber der Öffentlichkeit ein Zeichen zu setzen (VdK 1974: 157). 1975 wurde unter dem ein Jahr zuvor gewählten Präsidenten Weishäupl der Beschluss gefasst, dem DPWV als korporatives Mitglied beizutreten, um die Zusammenarbeit zu intensivieren (VdK 1978a: 62).

Wenngleich der VdK nach eigenen Angaben einen maßgeblichen Beitrag zum 1962 in Kraft getretenen Bundessozialhilfegesetz, dem Gesetz über die Sozialversicherung Behinderter sowie dem 1974 verabschiedeten Schwerbehindertengesetz geleistet hatte (Laschet/Plank 2000), ging die Öffnung des Verbandes für »Zivilbeschädigte« mit internen Konflikten einher und setzte sich deshalb nur zögerlich durch (VdK Hessen 1989: 155f.). Viele Mitglieder und Funktionäre sprachen sich sogar ausdrücklich dagegen aus und argumentierten stattdessen dafür, den Verband »aussterben« zu lassen. Die eingeschworene VdK-Gemeinschaft, welche die gemeinsam erlittene Felderfahrung teilte, fürchtete ihren Stellenwert als Solidargemeinschaft innerhalb des Verbandes zu verlieren, sobald Menschen mit Behinderungen stärker eingebunden würden:[100]

»Wir müssen uns vor Augen halten, dass der Behinderte seine von Geburt, aus Krankheits- oder Unfallfolgen herrührende Behinderung als ganz individuelles Schicksal erfährt und empfindet, dass es sich ihm als persönliches Unglück darstellt und deshalb keineswegs, im Gegensatz zum Kriegsbeschädigten oder der Kriegerwitwe, ein Gefühl der Gemeinsamkeit und der Zusammengehörigkeit mit anderen auslöst, die ähnliches erlitten haben. Will man also das Gemeinschaftsgefühl des Behinderten stärken und seine Verbandstreue sichern, denn mit Zugvögeln ist keinem gedient, muss man ihn in die Verbandsarbeit einbinden, ihm Aufgaben übertragen, wo immer das möglich ist. … Je mehr man ihn leisten lässt, desto stärker fühlt er sich

---

100 Als Begründung führte beispielsweise ein damaliger hessischer Verbandsfunktionär an, dass das Blut, das auf dem Schlachtfeld vergossen worden sei, ein anderes sei als das auf dem Operationstisch. Diese Äußerung verdeutlicht, dass sich viele Kriegsopfer als »Behinderte 1. Klasse« empfanden, weil sie für »ihr Vaterland« gekämpft hatten.

dem gemeinsamen Werk verbunden. Vielleicht hilft dieser Hinweis, eine schwierige Aufgabe mit anderen Augen zu sehen und da und dort bessere Lösungen im Einzelfall zu finden«(VdK 1978b: 43f.).

Angesichts der ab Ende der sechziger Jahre kontinuierlich sinkenden Mitgliederzahlen wurde zunehmend offenkundig, dass sich der Verband den »Zivilbehinderten« nicht verschließen konnte, wollte er seinen organisatorischen Bestand sowie seine sozialpolitische Bedeutung nicht gefährden (VdK 1974: 32f.). Dass aber diese Argumente keinesfalls für sich sprachen, ist daran zu erkennen, dass der rheinland-pfälzische Landesvorsitzende Mühlender noch 1991 glaubte darauf hinweisen zu müssen, dass »die Bereitschaft, neue Wege zu gehen« sowie das geforderte »multivalente Denken« einigen Verbandsvertretern längst abhanden gekommen sei (Eifel-Zeitung 1991).[101] Trotz der Vorbehalte von Seiten vieler Kriegsopfer ist der VdK seit 1978 Mitgesellschafter des Berufsförderungswerks Nürnberg, das Menschen mit Behinderungen Ausbildungsplätze anbietet (Laschet/Plank 2000: 151).[102]

Die Ausweitung des Mandats auf die Gruppe der Sozialrentner war weit weniger umstritten, da sich die Kriegsopfer nunmehr selbst dem Rentenalter annäherten. Es erschien plausibel und notwendig, »sich der Belange der alten Menschen in besonderem Maße anzunehmen« (VdK 1974: 180).[103]

»Wie falsch liegt die Presse mit ihrem Gerede, daß die Sozialrentner keine Lobby hätten und deshalb unter den Schlitten kämen. In der Auseinandersetzung um die Konsolidierung der Rentenfinanzen und Sicherung der Renten haben die Sozialrentner im VdK [...] ihre stärkste Stütze gehabt und sie müssen sie auch in Zukunft im VdK haben. Es stimmt doch: Keine Gewerkschaft und kein anderer Verband hat sich so massiv für die Interessen der Sozialrentner eingesetzt, wie der VdK.« (VdK 1978b: 31).

Auch wenn die Akzeptanz für die Sozialrentner größer war, bestand auch ihnen gegenüber die Skepsis, dass sie die Gemeinschaftswelt der Kriegsopfer gefährden könnten. So wurde insgesamt selbstbewusst und beharrlich an der selbst geschaffenen Verbandskultur festgehalten. Insofern war es auch nicht

---

101 Im Landesverband Baden-Württemberg wurde beispielsweise erst im Jahr 1991 die Stelle einer »Referentin für Behindertenfragen« geschaffen.

102 Gleichwohl wurden Themen wie Werkstätten für Menschen mit Behinderungen oder »Frühförderung« kaum bearbeitet. »Sozialpolitik ist für den VdK Politik für (meist behinderte) Kriegsopfer« (Roskothen 2008: 53).

103 Bereits im März 1972 forderte der VdK in einer Eingabe an die Bundesministerin für Jugend, Familie und Gesundheit Käthe Strobel ein einheitliches, bundesweites Gesamtkonzept für die Altenhilfe. Voraussetzung dafür sei die Schaffung eines Bundesaltenplans (VdK 1974: 180).

verwunderlich, dass der VdK trotz mancher Veränderung noch zu Beginn der achtziger Jahre im Sinne seiner verbandshistorischen Pfadabhängigkeit durch die kulturelle Identität und Sprache der Kriegsbeschädigten geprägt war: Man redete sich als »Kamerad« an und dominierte die Entscheidungsgremien des Verbandes.[104] Dem VdK gelang es nicht, sein Image »als alter Verband« loszuwerden, in dem »Greise« ihre Besitzstände verteidigen (Roskothen 2008: 53). Da sich der VdK noch 1987 in den Verbandsmedien als »Schicksalsgemeinschaft« feierte, war es für junge Menschen mit Behinderungen nur begrenzt attraktiv, dort Mitglied zu werden (ebd.). Noch 1994 sah es der damalige Bundesgeschäftsführer als erforderlich an, zu betonen, dass der VdK gleichwertig »die Interessen der Versorgungsberechtigten, der Menschen mit Behinderungen und der Rentnerinnen und Rentner« vertrete. Ein Auseinanderdividieren der Mitgliedergruppen dürfe es nicht geben, so der selbst formulierte Anspruch (Laschet 1994: 1).

2.3 Personelle Erneuerung und Organisationsentwicklung ab 1990

Im Jahr 1990 war der VdK mit rund 900.000 Mitgliedern am Tiefpunkt seiner Mitgliederzahlen angelangt. Die wenigen Neueintritte vermochten den Mitgliederschwund schon lange nicht mehr auszugleichen. Der Handlungsdruck auf die Verbandsführung, diesen Rückgang aufzuhalten, nahm zu. Der ab Anfang der neunziger Jahre beschleunigte Wandel des Verbandes ist neben dem sinkenden Organisationspotenzial insbesondere auf personelle Veränderungen im Ehren- und Hauptamt zurückzuführen. Erstmalig wurde die strukturelle Mehrheit der Kriegsopfer in den haupt- wie ehrenamtlichen Führungsgremien aufgebrochen. Jüngere Menschen mit Behinderungen und Rentner ohne Kriegsbeschädigungen kamen zunehmend in verantwortliche Positionen, wenngleich diese zu Beginn der neunziger Jahre noch immer mehrheitlich von den Kriegsopfern geprägt wurden. Die neuen Funktionäre lieferten neue Visionen und Ideen für die Weiterentwicklung des VdK und leiteten einen schleichenden Organisationswandel ein. Im Jahr 1989 wurde Ulrich Laschet, ehemaliger Abteilungsleiter für Sozialpolitik beim VdK, als Bundesgeschäftsführer bestellt und mehrere in den Ruhestand verabschiedete hauptamtlich Beschäftigte durch jüngere Mitarbeiter

---

104 In der Sozialpolitik lag der Schwerpunkt noch bis in die achtziger Jahre auf der Verbesserung der Kriegsopferversorgung und dem Stopp des Leistungsabbaus im sozialen Entschädigungsrecht (VdK 1986: 28; 1982a: 20ff).

ersetzt, die den Krieg nicht erlebt hatten und neue Ideen einbrachten (VdK 1990a: 101f). Die Wahl von Walter Hirrlinger zum Verbandspräsidenten auf dem Bundesverbandstag 1990 war eine richtungweisende Entscheidung, um den Organisationswandel konsensual voranzutreiben. Hirrlinger war mit dem Anspruch angetreten, den Verband zu einer Lobbyorganisation für alle benachteiligten Menschen und Rentner in Deutschland zu reorganisieren, um dessen Fortbestand als starke Organisation zu sichern.[105] Er sah es als notwendig an, den VdK »zu einem breiten Sozialverband umzustrukturieren, gewissermaßen zu einem sozialen Dienstleistungsunternehmen für Rentner, Behinderte, chronisch (dauerhaft) Kranke, für Kriegsopfer, sozial Benachteiligte, auch für Pflegebedürftige und deren Betreuer« (VdK 1994: 63). »Von den jungen Alten bis zu den alten Alten wird der VdK der Ansprechpartner und Interessenvertreter sein« (Hirrlinger 1990: 8).[106] Förderlich für die Kehrtwende zu einer positiven Mitgliederentwicklung war neben der Veränderung des Selbstverständnisses auch, dass der VdK durch die deutsche Vereinigung territorial expandieren konnte, womit sich auch andere innerverbandliche Problemlagen etwas relativierten.[107] So konnte die deutsche Vereinigung als das deutlichste Zeichen begriffen werden, dass die Kriegsfolgenbewältigungspolitik an ein Ende gekommen war.

Unter der Führung von Hirrlinger war der VdK der einflussreichste aber auch pragmatischste Sozialverband. Oder in den Worten des Realpolitikers Hirrlinger: »Sozialpolitik kann man nicht mit Träumereien und Illusionen veranstalten, sondern nur mit nüchternem Handeln« (Laschet/Plank 2000: 81). Verdeutlicht wurde der nunmehr umfassendere Sozialvertretungsanspruch auch dadurch, das der Verband sich auf seinem Bundesverbandstag 1994 in den »Verband der Kriegs- und Wehrdienstopfer, Behinderten und Rentner Deutschland e.V.«[108] umbenannte. Das neue Führungsduo Hirrlin-

---

105 Da Hirrlinger selbst zur Generation der Kriegsopfer zählte und ein guter Redner war, konnte er die im VdK organisierten Kriegsopfer glaubwürdig für die Reorganisation überzeugen.

106 Als Aufgaben- und Arbeitsfelder wurden die Renten- und Arbeitslosenversicherung, die Kranken- und Unfallversicherung, das Schwerbehindertenrecht, das Gesetz über die Sozialversicherung Behinderter, Rehabilitation, Geriatrie und Kriegsopferversorgung, Sozialhilfe und Wohlgeldgesetz, die barrierefreie Gestaltung der Arbeitswelt und des gesamten Lebensumfeldes sowie die Sozialpolitik in der Europäischen Union genannt (ebd.).

107 Da der Geltungsbereich des Versorgungsgesetzes auf die neuen Bundesländer ausgedehnt worden war, profitierte der VdK vom hohen Beratungsbedarf der ostdeutschen Kriegsopfer.

108 Bereits 1990 waren die Gremien auf Bundesebene in »Bundesgremien« umbenannt worden, um die föderale Struktur des Verbandes kenntlich zu machen (VdK 1990b). Bei-

ger und Laschet forcierte zugleich die stärkere Kooperation mit anderen Selbsthilfeorganisationen wie der »Bundesarbeitsgemeinschaft Selbsthilfe von Menschen mit Behinderung und chronischer Erkrankung und ihren Angehörigen e.v. (BAG SELBSTHILFE)«, um die Zusammenarbeit mit den Organisationen von Menschen mit Behinderungen zu intensivieren und neue Mitgliederpotenziale auszuschöpfen (Laschet 1994: 4). Um seinen seniorenpolitischen Vertretungsanspruch zu untermauern, trat der VdK 1992 der »Bundesarbeitsgemeinschaft der Senioren-Organisationen« (BAGSO) bei.[109]

Obwohl der Regierungsumzug in die neue Hauptstadt Berlin längst beschlossen war, legte der VdK noch 1995 den Grundstein für einen barrierefreien, repräsentativen Neubau der Bundesgeschäftsstelle in Bonn Bad-Godesberg. Damit wurde einerseits die neue Stärke des VdK durch die neue Repräsentanz demonstriert, andererseits nahm man damit in Kauf, zunächst nicht direkt am Ort des machtpolitischen Geschehens präsent zu sein. 2001 wurde jedoch eine Außenstelle des Verbandes in Berlin errichtet. 1998 wurde überdies der Verbandsname durch den Zusatz »Sozialverband VdK Deutschland« ergänzt und seit 2002 ist der Verband als »Sozialverband VdK Deutschland e. V.« im Vereinsregister eingetragen. Mit der bislang letzten Umbenennung sollte der umfassende Vertretungsanspruch für alle Sozialleistungsempfänger und das Engagement auf allen sozialpolitischen Feldern verdeutlicht werden. Einzig das Kürzel »VdK« blieb als Markenname erhalten, um an die historischen Wurzeln des Verbandes zu erinnern. Im Jahr 2008 wurde Ulrike Mascher auf einem außerordentlichen Verbandstag zur Nachfolgerin des damals 82-jährigen Walter Hirrlinger gewählt. Er wurde aufgrund seiner vielfältigen Verdienste bei der Gestaltung des Wandels des VdK zum Ehrenpräsidenten ernannt. Als er aus seinem Amt ausschied, waren rund 1,45 Millionen Mitglieder im VdK organisiert, etwa 550.000 Mitglieder mehr als zur Zeit seines Antritts im Jahr 1990.

Das Selbstverständnis als generationenübergreifender Sozialverband

Der Sozialverband VdK Deutschland versteht sich als eine parteipolitisch und konfessionell neutrale »Lobby für ältere Menschen, chronisch Kranke,

---

spielsweise wurde der Verbandsausschuss in Bundesausschuss und die Hauptgeschäftsstelle in Bundesgeschäftsstelle umbenannt.

109 Der VdK-Bundeskongress »Lust aufs Alter« im Jahr 1992 sollte einen Beitrag zu einem positiven Bild der Lebensphase »Alter« leisten (Roskothen 2008: 82).

Menschen mit Behinderungen und Patienten[110]« (VdK 2006a: 105). Er kämpft laut seiner Satzung für soziale Gerechtigkeit, Gleichstellung und Generationengerechtigkeit. »Wir müssen Gespür für die Probleme der Menschen und ihrer Familien haben, ihre Lebenslage, Sorgen und Nöte kennen und, darauf aufbauend, die als unabdingbar erkannten sozialen Notwendigkeiten in praktische Politik umsetzen. Das ist unsere staatsbürgerliche und staatspolitische Pflicht« (VdK-Zeitung 6/95). Als soziale und sozialpolitische Organisation wird der Verband nach § 2 seiner Satzung durch folgende Tätigkeiten im Sinne seiner Mitglieder tätig:

– Einflussnahme auf Gesetzgebung und Verwaltung
– Beratung, Vertretung und Betreuung der Mitglieder in entschädigungs-, versorgungs-, sozialversicherungs-, behinderten-, sozialhilfe- und anderen sozialrechtlichen Angelegenheiten sowie in der Altenhilfe und Altenarbeit
– kulturelle Betreuung
– Förderung der Prävention und Rehabilitation
– Interessenvertretung der schwerbehinderten Arbeitnehmer
– Förderung der Maßnahmen in Geriatrie und Gerontologie
– Förderung behinderten- und altengerechten Wohn- und Siedlungswesens sowie barrierefreier Infrastruktur
– Durchführung von Bildungs- und Schulungsveranstaltungen
– Förderung des Behindertensports
– Herstellung von Barrierefreiheit
– Förderung der Gleichstellung von Menschen mit Behinderungen
– Einflussnahme zur Umsetzung gesetzgeberischer Vorhaben

Die Auflistung verdeutlicht den Anspruch des Verbandes, nicht allein als Interessenvertreter älterer Menschen verstanden zu werden, sondern vielmehr als Vertretung aller sozial benachteiligter Menschen in Deutschland, vom in Armut lebenden Kind bis zum Greis. Als ordentliche Mitglieder können nach § 3 der Satzung aufgenommen werden:

---

110 Die Interessenvertretung für Patienten wurde auf dem Bundesverbandstag 1998 in die Satzung aufgenommen (VdK 2002a: 35).

Abbildung 6: Mitgliedergruppen des VdK

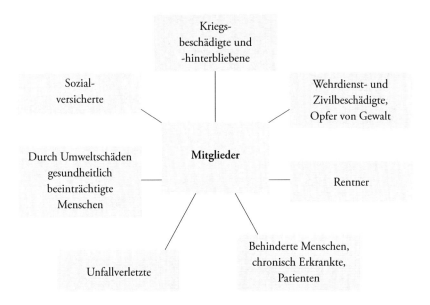

Quelle: Eigene Darstellung nach der Satzung des VdK.

Mit diesem Selbstverständnis agiert der VdK gegenwärtig als eine Art »Gemischtwarenladen« (Winter 1997), dem neben Kriegsbeschädigten auch Rentner, Menschen mit Behinderungen, ältere Arbeitnehmer sowie Menschen mit chronischen Erkrankungen und Unfallopfer sowie Pflegebedürftige und deren Angehörige angehören. Durch die Ausweitung des Vertretungsmandats wurde die Mitgliederstruktur des Verbandes heterogener. Aus den unterschiedlichen Erwartungen der einzelnen Mitgliedergruppen ergeben sich daher neue Steuerungsprobleme dieser Vielfalt (vgl. Streeck 1987):

»Jetzt stehen mehrere Gruppen im Verband nebeneinander, die man nicht ohne weiteres unter einen Hut bringt. Der Begriff Sozialverband ist so allgemein gefasst, dass er niemanden ausschließt. Aber er ist auch schwammig. Es fehlt uns noch die griffige Formel für Verbandszeile und Aufgaben, die als Leitbild von allen akzeptiert wird.« (Interview Landesgeschäftsführer VdK Hessen-Thüringen. In: VdK-Zeitung 2/2002).

Im Geschäftsbericht (VdK 2006a: 12) verweist der VdK auf den eigens definierten Auftrag, »an notwendigen Veränderungen der Systeme der sozialen

Sicherheit mitzuwirken, sofern die Grundsätze der Solidarität und der sozialen Gerechtigkeit gewahrt werden und eine Teilhabe an der wirtschaftlichen Entwicklung, eine angemessene Lebensstandardsicherung und eine bedarfsgerechte Versorgung sichergestellt ist«. Dies untermauert den Anspruch, eine politische Funktion ausüben zu wollen. Welche Ressourcen und Strukturen vorhanden sind, um diese Funktion erfüllen zu können, ist Gegenstand der nächsten Kapitel.

3. Organisationsaufbau im Wandel

Der Sozialverband VdK weist infolge der unterschiedlichen Organisationspolitik der Besatzungsmächte bis in die Gegenwart eine hohe regionale Asymmetrie zugunsten der süddeutschen Landesverbände in der ehemaligen US-amerikanischen und französischen Besatzungszone auf, die im Folgenden zu erläutern ist. Ebenso wird dargestellt, wie der Verband organisiert ist und wie seine zentralen Entscheidungsgremien arbeiten.

3.1 Dominanz des Südens

Der VdK gliedert sich in dreizehn rechtlich selbständige Landesverbände mit wiederum rund 7.500 Kreis- und Ortsverbänden sowie rund 400 hauptamtlich besetzten Geschäftsstellen (VdK 2007a und c).[111] An der Verteilung der Ortsverbände auf die einzelnen Landesverbände wird deutlich, dass der VdK insbesondere in Süddeutschland umfassende Angebote des Zusammenkommens auf lokaler Ebene unterbreitet.

---

111 1966 gliederte sich der damals ausschließlich in Westdeutschland aktive VdK noch in 10 Landesverbände, 476 Bezirks- und Kreisverbände sowie 11.187 Ortsgruppen (VdK 1966b: 323). 1986 waren die Mitglieder in 359 Bezirks- und Kreisverbänden und 9.771 Ortsgruppen organisiert (VdK 1986: 294). Auch im VdK nimmt demnach die Zahl der Ortsverbände ab.

Tabelle 14: Anzahl der Kreisverbände und Ortsverbände des VdK
im Jahr 2008

	Kreisverbände[1]	Ortsverbände
Baden-Württemberg	52	1.357
Bayern	69	2.000
Berlin – Brandenburg	27	6
Hamburg	4	14
Hessen- Thüringen	57	1.268
Mecklenburg- Vorpommern	15	13
Niedersachsen- Bremen	38	308
Nord	3	16
Nordrhein- Westfalen	45	937
Rheinland- Pfalz	28	919
Saarland	7	230
Sachsen	18	31
Sachsen- Anhalt	10	10
Gesamt	373	7.109

1 In den Landesverbänden Hamburg und Schleswig-Holstein handelt es sich um Bezirksverbände.

Quelle: Angaben des VDK 2008.

Der Bundesverband agiert als Dachverband und Interessenvertreter auf der Bundesebene, während die eigenständigen Landesverbände aufgrund ihrer Finanzhoheit die wichtigste Ebene bilden. Zu den Aufgaben der Landesverbände zählen die Interessenvertretung der Mitglieder auf Landesebene, die Bereitstellung der Service- und Dienstleistungen sowie die Kontaktpflege mit anderen Organisationen (vgl. Abbildung 7). In den Kreisgeschäftsstellen bearbeiten Volljuristen die Widerspruchs- und Klageverfahren. In den Ortsverbänden wiederum organisieren Ehrenamtliche Informationsveranstaltungen zur Sozialpolitik und Geselligkeitsrunden wie Altenmittage oder Ausflugsfahrten, um neue Mitglieder zu werben und Gemeinschaft zwischen den Mitgliedern zu stiften.

Abbildung 7: Organisationsebenen des VdK

**Bundes-
verband:**
Serviceangebote
Interessenvertretung
auf Bundesebene
Koordination der Landesverbände

Landesverbände:
Vertretung vor Landessozialgerichten
Interessenvertretung auf Landesebene,
Service- und Dienstleistungen für Mitglieder

Kreisverbände:
Koordination der Ortsverbände, Bearbeitung von
Widerspruchs- und Klageverfahren in den Kreisgeschäftsstellen

Ortsverbände:
Ehrenamtlich organisierte Informationsveranstaltungen
Geselligkeitsveranstaltungen

Quelle: Eigene Darstellung.

Obwohl der Verband also durch eine ausgeprägte föderale Asymmetrie zugunsten der süddeutschen Landesverbände geprägt ist, die historisch mit der Politik der Besatzungsmächte und der Konkurrenzsituation mit dem SoVD in Norddeutschland zu erklären ist (Hammerschmidt 1992: 74; Abbildung 8), soll gleichwohl die flächendeckende, bundesweite Präsenz erhalten werden (VdK 2006c: 36). Zwischen den Landesverbänden existiert aufgrund der unterschiedlichen Mitglieder- und Finanzstärke ein Länderfinanzausgleich in Notsituationen.[112] Das größte Sorgenkind ist gegenwärtig der VdK Sachsen-Anhalt, in dem die Zahl der Mitglieder rückgängig ist.

---

112 Die Bemühungen, die Landesverbände Hamburg, Schleswig-Holstein und Mecklenburg-Vorpommern zu einem Nordverband zu vereinigen, wurden dagegen eingestellt (VdK 2006c: 92).

Abbildung 8: Stärkeverhältnis der Landesverbände des VdK in Prozent des Gesamtverbandes 2008

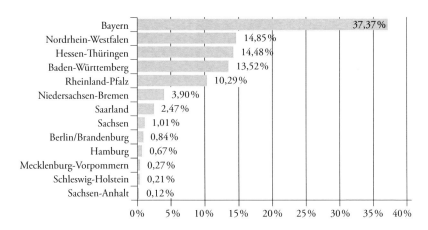

Quelle: Angaben der VdK Landesverbände; eigene Berechnungen.

Die skizzierte Autonomie der Landesverbände führt zu Abstimmungs- und Koordinationsschwierigkeiten im Bundesverband (vgl. VdK 2002b: 31). Beispielhaft ist der jahrelange Streit um ein einheitliches Corporate Design des VdK-Logos.[113] Ebenso ist es bislang nicht gelungen, bundesweit ein einheitliches Leitbild zu schaffen.[114] Die Zusammenarbeit der Verbandsebenen soll durch den Organisationsausschuss verbessert werden. Jedoch tagt dieser selten und die Entscheidungen werden durch einen kleinen Kreis von Landesgeschäftsführern getroffen. Bislang beschränkt sich die Kooperation der Landesverbände untereinander auf eine unsystematische, projektbezogene Zusammenarbeit und wechselseitige Einladungen zu den Landesverbandstagen.

---

113 Der Verband einigte sich schließlich auf die 3-Punkte-Idee, die Service, Kompetenz und Stärke symbolisieren soll (VdK 2002a: 123).

114 Zwar handeln der Bundesverband und die Mehrzahl der Landesverbände unter der Maxime »Solidarität macht stark!«, doch einzelne Landesverbände arbeiten mit jeweils spezifischen Motti. So folgt der VdK NRW dem Leitspruch »Zukunft sozial gestalten«, Bayern »Zukunft braucht Menschlichkeit«, Berlin-Brandenburg »Immer gut beraten«, Rheinland-Pfalz »Wir sind an Ihrer Seite« und Saarland »Soziales geht uns an«.

3.2 Der Riese im Süden: Bayern als Modell für eine erfolgreiche Verbandsexpansion?

Der VdK Bayern ist mit etwa 38 Prozent der Mitglieder der mit großem Abstand mitgliederstärkste VdK-Landesverband in Deutschland. Im Dezember 1946 wurde dieser Verband in München gegründet. Er entwickelte sich rasch zu einer festen Größe in der bayerischen Organisationsgesellschaft, vergleichbar mit der CSU und der katholischen Kirche, den Schützenvereinen und der freiwilligen Feuerwehr.[115] Aufgrund seiner hohen Mitglieder-, Finanz- und Kampagnenstärke spielt der VdK Bayern eine herausragende Rolle im Bundesverband: Mit rund 546.000 Mitgliedern organisierte er im Jahr 2008 über ein Drittel der Gesamtmitgliedschaft und konnte in seiner Geschichte bekannte Persönlichkeiten aus der Politik, wie etwa Horst Seehofer und Ulrike Mascher, als Landesvorsitzende gewinnen (VdK 2006a: 52; VdK-Zeitung 2/2008: 13).

Seiner Mitgliederstärke entsprechend ist auch der hauptamtliche Funktionskörper der Bayern mit 685 Mitarbeitern, plus 263 Mitarbeiter in ihren GmbHs und gemeinnützigen GmbHs, auf einem erheblich höheren Niveau als in anderen Landesverbänden. Alle übrigen Landesverbände des VdK beschäftigen zusammen etwa 900 Mitarbeiter im engeren Verbandsbereich. Der VdK Bayern unterhält flächendeckend rund 2.000 Ortsverbände und 69 Kreisgeschäftsstellen, um seine Mitglieder adäquat zu betreuen. Obwohl keine staatlichen Mittel in Anspruch genommen werden, verfügt der Verband über umfassende finanzielle Ressourcen, die aus eigenen Aktivitäten stammen. Dazu gehören neben den Mitgliedsbeiträgen, Werbeeinkünften, Einnahmen aus dem Reisedienst auch die Einkünfte, die mit den unterschiedlichen ausgegliederten GmbHs (vgl. Abbildung 9) erzielt werden, sowie die Sammelergebnisse aus der jährlich durchgeführten Aktion »Helft Wunden heilen«[116]. Im Jahr 2001 wurde überdies eine strategische Stabsstelle »Fundraising« geschaffen, um die Zusatzfinanzierung über Spendenmittel aus Wirtschaft und Gesellschaft zu stärken (VdK Bayern 2006a: 16). Der VdK Bayern ist das Paradebeispiel für staatliche Unabhängigkeit einerseits

---

115 Der hohe Mitgliederzuwachs ist auch darauf zurückzuführen, dass die Funktionäre während der Gründungsphase infolge personeller Überschneidungen auf die Infrastruktur und die Büroräume des Deutschen Roten Kreuzes zurückgreifen konnten (VdK Bayern 2006b: 9ff.).

116 Im Jahr 2005 wurden bei der Spendenaktion rund 2,94 Millionen Euro gesammelt (VdK Bayern 2006a: 13).

und eine zunehmende Ökonomisierung des verbandlichen Leistungsspektrums andererseits: Indem fortwährend neue Dienstleistungs-GmbHs ausgegliedert wurden, die gewinnorientiert arbeiten, lässt sich eine Tendenz zum sozialen »Seniorenkonzern« feststellen, der eine Vielzahl von Dienstleistungen abdeckt. Durch die GmbHs sollen zusätzliche Einnahmequellen erschlossen werden, um den personal- und kostenintensiven Sozialrechtsschutz künftig aufrechterhalten zu können (Engel 2001). In mancherlei Hinsicht hat sich der bayerische VdK beim Ausbau seines Leistungsangebote und seiner Öffentlichkeitsarbeit von den Aktivitäten des amerikanischen Seniorenverbandes AARP inspirieren lassen.[117]

Abbildung 9: Töchter und Beteiligungen des VdK Bayern

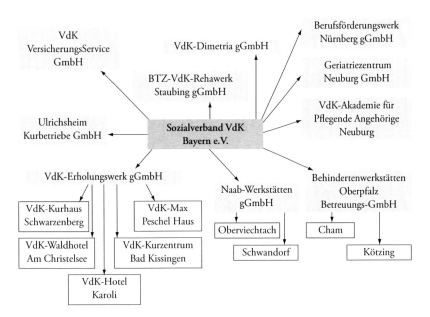

Quelle: VdK Bayern 2006a: 17.

Neben der Beratung und Vertretung der Mitglieder und der Lobbyarbeit zählt der VdK Bayern kulturelle Betreuung, Förderung von Prävention, Se-

---

117 Insbesondere der bayerische Landesvorsitzende Karl Jörg Wohlhüter (1991–2003) setzte sich mit dem amerikanischen Vorbild und dessen Leistungspolitik auseinander.

nioren-, Behinderten- und Jugendbetreuung, Geriatriemaßnahmen sowie Bildungs- und Schulungsveranstaltungen zu seinen Aufgabenbereichen. Im Jahr 2006 wurde die VdK-Akademie für pflegende Angehörige in Neuburg eröffnet, um den Themenkomplex »Pflege« im Verbandsprofil zu stärken (VdK Bayern 2006a: 17, 44).

Unter dem Slogan »Zukunft braucht Menschlichkeit« präsentiert sich der VdK Bayern als generationenübergreifender Akteur. Als Erfolgsindikator wird gewertet, dass sich der Anteil der unter 50-jährigen Mitglieder seit der Jahrtausendwende erhöht hat und das durchschnittliche Eintrittsalter von 57 auf 55 Jahre gesunken ist (VdK Bayern 2006a: 20).[118] Insbesondere in den Altersgruppen zwischen 40 und 69 Jahren gelang es dem VdK Bayern im Zeitraum 1996 bis 2008 absolut wie relativ gesehen, fortlaufend eine höhere Zahl von Mitgliedern zu werben. Rund 31,8 Prozent der Mitglieder zählen zur Altersgruppe 60–69 Jahre. Dagegen nehmen die 70-bis 79-jährigen seit dem Jahr 1996 sowohl prozentual als auch in absoluten Zahlen ab.

Tabelle 15: Altersstruktur des VdK Bayern 1996–2008

	1996 Absolut	1996 Prozentual	2000 Absolut	2000 Prozentual	2008 Absolut	2008 Prozentual
0–19	564	0,17	780	0,2	1.671	0,3
20–39	16.213	4,82	19.489	4,99	21.301	3,9
40–49	27.772	8,26	37.395	9,58	60.220	11,01
50–59	73.248	21,79	100.257	25,67	152.676	27,92
60–69	72.875	21,68	93.805	24,02	174.114	31,84
70–79	91.583	27,24	87.666	22,45	78.172	14,3
80–	53.924	16,04	51.102	13,09	58.666	10,73
Gesamt	336.179	100	390.494	100	546.820	100

Quelle: Angaben des VdK Bayern 2009.

Mit einem Organisationsgrad von 4,2 Prozent der Wohnbevölkerung im Jahr 2006 stand der Sozialverband VdK Bayern an der Spitze der Landesver-

---

118 Bereits 1990 gründete der VdK Bayern eine Familienberatungsstelle für Angehörige von Kindern mit Behinderungen.

bände (VdK Bayern 2006a: 19). Den Mitgliederboom seit Mitte der neunziger Jahre führt der Landesgeschäftsführer unter anderem auf die zunehmende sozialpolitische Verunsicherung und den steigenden Beratungsbedarf zurück (VdK-Zeitung 2/2008: 13). Insbesondere die Rentenreformen ab 2001 sowie die Reform der Erwerbsunfähigkeitsrente im selben Jahr erhöhten den Beratungsbedarf von älteren Arbeitnehmern, die im VdK einen günstigen Sozialrechtsanwalt sehen. Alleine zwischen 2000 und 2005 ist es dem Landesverband Bayern gelungen, die Zahl seiner Mitglieder um rund 109.000 zu erhöhen (Tabelle 16). Prozentual entspricht dies einem Mitgliederzuwachs von rund 27 Prozent in fünf Jahren. Neben der neuen sozialen Verunsicherung war für diese außerordentlich erfolgreiche Mitgliederpolitik eine dynamische Verbandspolitik maßgeblich, die durch intensive Öffentlichkeitsarbeit (inklusive Rundfunk- und Fernseharbeit), interessante Versicherungs-[119], Dienstleistungs-, Freizeit- und Serviceangebote, die vorhandene Präsenz in der Fläche nutzen konnte, um neue Mitgliedergruppen zu erschließen. Zugleich zeigt sich aber auch, dass diese neuen Mitgliedergruppen eine geringere Loyalität zum Verband besitzen als die älteren Gruppen.

Tabelle 16: Mitgliederentwicklung des VdK Bayern 1947–2008

1947	1954	1984	1994	2000	2005	2006	2007	2008
95.000	404.000	306.000	324.000	400.000	509.192	522.921	535.000	546.820

Quelle: Sozialverband VdK Bayern 2006a; VdK Bayern Pressekonferenz, 19.12.07; VdK Bayern 2009.

Der bayerische Landesverband hat den schleichenden Wandel vom Kriegsopferverband zum dienstleistungsorientierten Sozialverband von allen Landesverbänden am umfassendsten, intensivsten und erfolgreichsten vollzogen und nimmt damit nicht nur eine Vorreiterrolle im VdK, sondern auch für die anderen Sozialverbände ein. Begleitet wurde diese Verbandsexpansion von einer professionalisierten Presse- und Öffentlichkeitsarbeit sowie massiver Mitgliederwerbung durch Flugblattaktionen und Hörfunkwerbekampagnen (VdK Bayern 2006a: 47).[120] Den zunehmenden Kosten-Nutzen-Überlegungen der Mitglieder begegnet der VdK Bayern mit dem Ausbau von

---

119 Der bayerische VdK arbeitet seit 1965 mit der Hamburg-Mannheimer Versicherungs-AG zusammen.

120 Karl Jörg Wohlhüter war langjähriger Abteilungsleiter beim bayerischen Rundfunk und verhalf dem Verband zu einer stärkeren Medienpräsenz. Seit 1998 wird beispielsweise das

kommerziellen Dienstleistungen, die VdK-Mitglieder separat zu günstigen Konditionen erwerben können: Neben PC-Kursen, eigenen Hotels und dem VdK-Info-Center in München wurde im Jahr 2005 die »VdK-Card« eingeführt.[121] Gleichwohl wird das zunehmende Angebot von Dienstleistungen im (Landes)Verband durchaus kritisch diskutiert: »Die riesige Palette wächst den Leuten über den Kopf« (Maria Stadter, Sprecherin der VdK-Frauen in Oberfranken, zitiert nach Manager-Magazin 21.4.2005). Innerverbandlich wird reflektiert, inwiefern infolge der zunehmenden Dienstleistungsorientierung die Balance zwischen Mitgliederverein und Dienstleistungsangeboten verloren gehen könnte.

Trotz der vielfach geäußerten Bedenken angesichts einer zunehmenden Kommerzialisierung von Angeboten, gilt der VdK-Bayern als innovations- und risikofreudig. Er war früher als viele andere Landesverbände bereit, seine Strukturen zeitgemäß anzupassen. Die straffe Organisation des bayerischen Landesverbandes und die Dominanz der Geschäftsführung begünstigt dessen Professionalisierung und organisatorische Schlagkraft.[122] Die hohe Kampagnenfähigkeit war beispielsweise bei der Kampagne 50plus[123] oder der Mobilisierung zur Demonstration 2004 in München zu erkennen. Infolge der hohen Mitgliederdynamik (siehe Tabelle 16) stiegen die Beitragseinnahmen von 2002 auf 2005 um 16,3 Prozent auf rund 23,9 Millionen Euro (VdK Bayern 2006a: 13). Der Jahresumsatz des »Sozialkonzern VdK Bayern« betrug im Jahr 2005 mit rund 250 Millionen Euro ein Vielfaches dieser Summe (Manager-Magazin 21.04.2005). Insgesamt erwirtschaftete der VdK Bayern 2005 Erträge von rund 37 Millionen Euro (VdK Bayern 2006a: 12). Folglich stehen dem Landesverband vergleichsweise hohe finanzielle Mittel für seine Kampagnen, Fachveranstaltungen und Aktionen zur Verfügung.[124]

---

120 V-Magazin »miteinander« des VdK Bayern monatlich im DSF und in privaten Lokal- und Regionalsendern in Bayern ausgestrahlt (VdK Bayern 2006a: 51).

121 Für zwölf Euro im Jahr profitieren ihre Inhaber von Ermäßigungen und Rabatten bei allen Tochterunternehmen des VdK Bayern sowie vielen externen Kooperationspartnern (VdK Bayern 2006a: 102).

122 Alle Personalkosten werden zentral vom Landesverband übernommen, der dadurch die Untergliederungen schneller für seine Kampagnen mobilisieren kann.

123 Die Kampagne zielte auf die Förderung von Arbeitsplätzen für Beschäftigte, die älter als 50 Jahre alt sind.

124 Seit 1985 wird jährlich das sozial- und gesundheitspolitische VdK-Forum in der Evangelischen Akademie Tutzing ausgerichtet, das den Austausch mit der Wissenschaft fördern und neue Impulse für die sozialpolitische Verbandsarbeit setzen soll (VdK 2006a: 53)

Aufgrund seiner Finanzkraft und seiner inhaltlich-konzeptionellen Stärke setzt der VdK Bayern Impulse bei Unterschriftenaktionen und Kampagnen und kann diese infolge seines hohen Etats aktiv forcieren. Diese Finanz- und Organisationsstärke macht es für andere Landesverbände schwierig, Projekte gegen die Zustimmung des bayerischen Landesverbandes im Bundesverband zu initiieren. Zwar wird die Sozialpolitik vom Bundesverband konzipiert und die Grundlinien im Bundesvorstand in Vertretung aller Landesverbände verabschiedet. Die hohe Zahl an Delegierten in diesen Gremien demonstriert jedoch auch hier die Vormachtstellung Bayerns.[125] Faktisch kann kein Beschluss ohne das Einverständnis des bayerischen Landesverbandes gefasst werden. Seit Oktober 2008 führt die Landesvorsitzende des VdK Bayern, Ulrike Mascher, überdies als Präsidentin den Gesamtverband. Die strukturelle Dominanz gekoppelt mit der konzeptionellen Stärke des VdK Bayern steht immer wieder in der Kritik anderer, und hier vor allem der kleinen Landesverbände.[126]

3.3 Gremien des Bundesverbandes

Die drei höchsten Bundesgremien des VdK sind nach §§ 8–13 der VdK Satzung der Bundesverbandstag, der Bundesausschuss und der Bundesvorstand.

Der *Bundesverbandstag* tagt als das höchste beschließende Organ alle vier Jahre. Er setzt sich aus dem Bundesvorstand, dem Bundesausschuss, den Mitgliedern des Beschwerde- und Schlichtungsausschusses, den Bundesrevisoren, 135 Delegierten als Vertreter der Mitglieder und den Vorsitzenden der Fachverbände und Gesellschaften zusammen.[127] Der Bundesverbandstag nimmt die Geschäftsberichte entgegen und wählt das Präsidium, den Bundesausschuss, den Beschwerde- und Schlichtungsausschuss sowie die Bundesrevisoren.[128]

---

125 Auf dem Bundesverbandstag 2008 stellte der Landesverband 45 der 135 ordentlichen Delegierten.

126 Dass die Landesvorsitzende von Bayern lediglich von 146 der 196 Delegierten des Verbandstages als neue Präsidentin gewählt wurde und 33 Nein-Stimmen erhielt, ist ein weiterer Hinweis darauf, dass viele Delegierte der übrigen Landesverbände dem VdK Bayern kritisch gegenüber stehen und hier ein Zeichen setzen wollten.

127 Beschlüsse werden mit einfacher Stimmenmehrheit gefasst, bei Satzungsänderungen muss die Hälfte der Delegierten zustimmen.

128 Zwischen den Bundesverbandstagen kommt der kleine Verbandstag, bestehend aus Präsidium, Bundesvorstand und Bundesausschuss, ungefähr zwei Mal im Jahr zur Beschlussfas-

Der *Bundesausschuss* als das zweithöchste beschließende Organ besteht aus dem Vorsitzenden, 30 Mitgliedern[129], zwei Jugendvertretern[130], vier Vertreterinnen der Frauen, je einem Vertreter der Rentner, der Menschen mit Behinderungen sowie der Sonderfürsorgeberechtigten und Hirnbeschädigten.[131] Dieser genehmigt den Jahreswirtschaftsplan, prüft die Jahresrechnung und nimmt die Kassen- und Revisionsberichte entgegen. Dem *Bundesvorstand* gehören die Landesverbandsvorsitzenden und das Präsidium an.[132] Dieser koordiniert die Landesverbände, bestellt den Bundesgeschäftsführer und beschließt über korporative Mitgliedschaften des Bundesverbandes sowie über wichtige Maßnahmen auf sozialpolitischem und organisatorischem Gebiet. Das oberste ausführende Gremium ist das siebenköpfige Präsidium, dem neben der Präsidentin vier Vizepräsidenten[133], der Bundesschatzmeister und der Schriftführer angehören.[134] Der

sung über grundsätzliche Fragen wie Positionierungen in zentralen sozialpolitischen Punkten zusammen.

129 Die Mitglieder des Bundesausschusses gliedern sich wie folgt nach Landesverbänden auf: Bayern neun Mitglieder, Nordrhein-Westfalen fünf Mitglieder, Hessen-Thüringen vier Mitglieder, Baden-Württemberg drei Mitglieder, Saarland zwei Mitglieder und die übrigen Landesverbände jeweils ein ordentliches Mitglied (VdK 2006a: 26f.). Auch im Bundesausschuss spiegelt sich folglich die Dominanz der süddeutschen Bundesländern und insbesondere des bayerischen Landesverbandes wieder.

130 Auf dem Bundesverbandstag des Jahres 1990 beschlossen die Delegierten nach langen Diskussionen, dass künftig satzungsgemäß ein Jugendvertreter in den Verbandsausschuss zu entsenden ist (VdK 1990b). Die Debatten kreisten insbesondere um die Frage, ob ein »Jugendvertreter« oder ein »Vertreter der jüngeren Behinderten« gefordert sei. Die Delegierten einigten sich auf »Jugendvertreter«, um auch jungen Zivildienstleistenden etc. die Chance zu geben, dieses Amt wahrzunehmen.

131 Die Landesverbände sind entsprechend ihrer Mitgliederstärke im Bundesausschuss vertreten, jedem Landesverband steht mindestens ein Mandat zu. Die Vorsitzenden der Fachverbände und Gesellschaften gehören ebenfalls dem Bundesausschuss an.

132 Die Landesgeschäftsführer können mit beratender Stimme an den Sitzungen teilnehmen.

133 Mindestens zwei Mitglieder des Präsidiums, darunter eine Vizepräsidentin, müssen Frauen sein.

134 Im Jahr 2008 gehörten dem Präsidium folgende Mitglieder an: Ulrich Schmidt (NRW), Carin E. Hinsinger (Baden-Württemberg, Frauenausschuss), Roland Sing (Baden-Württemberg), Udo Schlitt (Hessen), Konrad Gritschneder (Bundesschatzmeister), Dr. Ute Lindauer (Schriftführerin) und Ulrike Mascher (Bayern) als Verbandspräsidentin. Ehrenpräsident des Verbandes ist Walter Hirrlinger (Baden-Württemberg). Der Versuch der kleinen, norddeutschen Landesverbände, mit dem Landesvorsitzenden des VdK Hamburg, einen Vizepräsidenten aus ihren Reihen zu stellen, scheiterte im Jahr 2006 beim Bundesverbandstag (VdK 2006c). Erstmalig in der Verbandsgeschichte übertraf 2006 die Zahl der Kandidaten bei der Wahl der Vizepräsidenten wie auch der Wahl des Bundesschatzmeisters die Zahl der Sitze.

Vorsitzende des Bundesausschusses nimmt wie auch der Bundesgeschäftsführer beratend an allen Präsidiumssitzungen teil.

Beratende Gremien des Bundesvorstandes

Der Bundesvorstand wird vom Organisationsausschuss, bestehend aus Bun-
des- und Landesgeschäftsführern, dem sozialpolitischen Ausschuss (SO-
POA) und dem Bundesfrauenausschuss beraten.[135] Zu den 27 Mitgliedern
des SOPOA zählen neben Funktionären aus den Landesverbänden[136], der
Vorsitzenden des Bundesfrauenausschusses, jeweils einem Vertreter des Präsidiums, des Bundesvorstandes, des Bundesausschusses sowie dem Abteilungsleiter Sozialpolitik auch Verbandsmitglieder aus Sozialversicherungen
und kommunalen Sozialbehörden, jedoch keine externen Wissenschaftler.[137] Dauerhafte Arbeitsgruppen innerhalb des SOPOA konstituierten sich
unter der Präsidentschaft von Hirrlinger nicht.[138]

Auf allen Verbandsebenen gibt es seit der Nachkriegszeit Frauenaus-
schüsse.[139] Der »Hinterbliebenenausschuss« wurde 2002 in »Bundesfrauenausschuss« umbenannt, da einerseits die Begrifflichkeit nicht mehr zeitgemäß erschien, andererseits Nicht-Hinterbliebenen die Möglichkeit
gegeben wurde, sich in dieses Gremium einzubringen.[140] Der Bundesfrau-

---

135 Bis zum Jahr 1978 existierte ein beratender parlamentarischer Beirat. Der genannte Organisationsausschuss scheint formal zu bestehen, aber selten zu tagen.

136 Jeder Landesverband soll mindestens mit einem Mitglied im SOPOA vertreten sein. Darüber hinausgehend ist die Zahl der Landesverbandsvertreter nicht festgelegt sondern davon abhängig, wie sehr sich ein Landesverband hier einbringen möchte. Gegenwärtig sind
insbesondere die Landesverbände Nordrhein-Westfalen, Rheinland-Pfalz, Bayern und
Baden-Württemberg gut vertreten.

137 In einer Festschrift aus dem Jahr 1966 wird darauf verwiesen, dass diese Konzeption des
SOPOA pragmatische Lösungsvorschläge des Verbandes sicher stelle und dadurch der
VdK von Parlament und Regierung in seiner Fachkompetenz wahrgenommen werde
(VdK 1966a: 21).

138 Bei der Erarbeitung der sozialpolitischen Positionen und Stellungnahmen spielt der sozialpolitische Ausschuss im Vergleich zum Präsidium und der Bundesgeschäftsstelle eine
untergeordnete Rolle.

139 Primäres Ziel war und ist es, die Frauen über ihre Rechte zu informieren, sie zu schulen
und zur aktiven Teilnahme am Verbandsleben wie auch am gesellschaftlichen Leben auf
allen Ebenen zu motivieren.

140 Diese Umbenennung war das Ergebnis eines jahrlangen Diskussionsprozesses. Noch im
Jahr 1986 hatte der Verbandstag es abgelehnt, »Hinterbliebene« durch »Frauen« zu ersetzen. Bis zum Bundesverbandstag 2002 wurde mit der Bezeichnung »Hinterbliebene/Frau-
en« gearbeitet.

enausschuss hat sich zum Ziel gesetzt, die Interessen von Frauen innerhalb des Verbandes wie auch in der Gesellschaft zu vertreten.[141] Einmal jährlich trifft sich der Bundesfrauenausschuss mit den Vertreterinnen der Landesverbände, Mitgliedern des Bundesausschusses und des Präsidiums als Bundesfrauenkonferenz, um aus Sicht der Frauen über sozialpolitische Themen zu diskutieren und Erfahrungen sowie Informationen weiterzugeben (VdK 2006a: 132). Der VdK ist seit 1987 auch Mitglied im Deutschen Frauenrat (VdK 2007c: 49).

Exkurs: Führungselite des VdK – Von Kriegsopfern zu Politprofis

Das öffentliche Wirken und Erscheinungsbild des VdK wird maßgeblich von seinen Verbandspräsidenten geprägt. Seit seiner Gründung im Jahr 1950 wählte der Verband fünf Verbandspräsidenten. Diese geringe Zahl verweist auf eine außerordentlich hohe Kontinuität im höchsten Verbandsamt.[142] Seit dem Bundesverbandstag 2008 ist aus den Reihen des Präsidiums nur noch die Schriftführerin von einer Behinderung betroffen. Auch die Verbandspräsidentin Mascher selbst zählt im Gegensatz zu ihren Vorgängern weder zur Gruppe der Menschen mit Behinderungen noch der Kriegsopfer. Aktive Parteipolitiker können – bedingt durch die parteipolitische Neutralität des Verbandes – auf der Bundesebene keine höheren Positionen innehaben. Gleichwohl setzen sich der Bundesvorstand und das Präsidium aus vielen ehemaligen Politikern zusammen, die über ausgeprägtes politisches Erfahrungswissen verfügen.[143] Die Verbandspräsidenten durchliefen alle die interne »Ochsentour«. Sie waren tief im VdK und der Gemeinschaft der Kriegsopfer verwurzelt und konnten auf umfassende Verbandskenntnisse zurückgreifen. Die seit 2008 amtierende Verbandspräsidentin Ulrike Mascher ist dagegen eine Quereinsteigerin, die erst nach Beendigung ihrer politischen Karriere aktiv vom VdK (Bayern) angeworben wurde. Zwar ist sie im Umgang mit den überregionalen Medien vertraut, ihr könnte jedoch die notwendige Basisverankerung fehlen. Es bleibt abzuwarten, wie sie den Anforderungen zwischen Ver-

---

141 Ihm gehören die Frauen des Präsidiums sowie des Bundesausschusses an.

142 Kampfkandidaturen um das Präsidentenamt sind keine bekannt.

143 Genannt seien hier beispielhaft Ulrike Mascher, ehemaliges MdB der SPD-Fraktion, Staatssekretärin a. D. und heutige Landesvorsitzende des VdK Bayern sowie Präsidentin des VdK Deutschland oder Ulrich Schmidt, ehemaliges MdL in Nordrhein-Westfalen und Landesvorsitzender des VdK NRW.

bandswärme und professioneller Lobbyarbeit gerecht werden kann. Im Folgenden werden die fünf Verbandspräsidenten und ihr Wirken im VdK vorgestellt.

Tabelle 17: Verbandspräsidenten des VdK seit 1950

Name	Lebens-daten	Beruf	Präsidentschaft	Landesverband	Partei	Höchstes politisches Amt
Hans Nitsche	1893–1962	Schmied	1950–1962 (Antrittsalter 57 Jahre)	Hessen	SPD	MdL
Friedrich-Wilhelm Weltersbach	1912–1980	Jurist	1962–1974 (Antrittsalter 50 Jahre)	Nordrhein-Westfalen	unbekannt	Präsident des Landesversorgungsamtes Nordrhein-Westfalen
Karl Weishäupl	1916–1990	Jurist	1974–1989 (Antrittsalter 58 Jahre)	Bayern	SPD	Staatssekretär im bayerischen Staatsministerium für Arbeit und Fürsorge
Walter Hirrlinger	1926–	Kaufmann	1990–2008 (Antrittsalter 64 Jahre)	Baden-Württemberg	SPD	Minister für Arbeit und Soziales Baden-Württemberg
Ulrike Mascher	1938–	Juristin	2008– (Antrittsalter 70 Jahre)	Bayern	SPD	Parlamentarische Staatssekretärin im Bundesministerium für Arbeit und Sozialordnung
Zusammenfassung		Mehrheit juristische Grundbildung	∅ Antrittsalter: 59,8 Jahre ∅ Amtsjahre: 14,25		mehrheitlich sozialdemokratisch	Hohe politische Ämter in der Sozialpolitik

Quelle: Angaben des VdK Deutschland; VdK Bayern; VdK Hessen-Thüringen; VdK NRW; eigene Darstellung.

Hans Nitsche (1950–1962)

Erster Vorsitzender des VdK wurde 1950 Hans Nitsche, ehemaliger MdL aus Hessen, der das Amt bis zu seinem Tode im Jahr 1962 ausübte. Der gelernte Schmied wurde 1893 in Obersuhl geboren und war seit 1912 Mitglied der SPD und ab 1917 des Reichsbund der Kriegsbeschädigten und Kriegshinterbliebenen (Kurzbrief VdK Hessen-Thüringen 9.1.08). Bei letzterem war er bis 1933 in der Gaugeschäftsstelle Kassel als Bezirkssekretär und Gauvorsitzender beschäftigt (HHStAW Abt. 518 Nr. 2989). Ab 1945 war Nitsche als Sozialdezernent in Kassel tätig und wurde im selben Monat zum Vorsitzenden der wieder gegründeten Kasseler SPD gewählt. Von 1949 bis 1958 wirkte Nitsche als stellvertretender Landesvorsitzender des VdK. Er war maßgeblich am Aufbau des Kriegsopferverbandes beteiligt und brachte dabei seine beruflichen Erfahrungen aus der öffentlichen Verwaltung ein.

Dr. Friedrich-Wilhelm Weltersbach (1962–1974)

Von 1962 bis 1974 amtierte Dr. Friedrich-Wilhelm Weltersbach als Vorsitzender des VdK. Der 1912 in Opladen geborene Jurist wurde 1948 zum Landesvorsitzenden des VdK NRW gewählt und hatte dem Präsidium bereits über viele Jahre angehört (Pressedienst VdK 1969). 1962 trat er die Nachfolge des verstorbenen Präsidenten an und setzte sich wie Nitsche dafür ein, die materielle Lage der Kriegsopfer zu verbessern. 1969 wurde Weltersbach Ehrenvorsitzender des Landesverbandes (Sozialverband VdK NRW 1998: 67). Hauptamtlich war er als Direktor der Wohnungs- und Siedlungs-GmbH des VdK Landesverbandes Nordrhein-Westfalen beschäftigt. Weltersbach stellte sich im Jahr 1974 aus gesundheitlichen Gründen nicht mehr zu Präsidentenwahl und wurde zum Ehrenpräsident des Verbandes gewählt.

Karl Weishäupl (1974–1989)

Von 1974 bis zu seinem Tode im Jahr 1989 hatte Karl Weishäupl aus dem bayerischen Landesverband das Amt des VdK-Präsidenten inne. Dieser leitete die Öffnung des Verbandes für Menschen mit Behinderungen ein, wenngleich aus dem Motiv heraus, den Verband am Leben zu erhalten und nicht aus voller Überzeugung. Weishäupl wurde 1916 in Rosenheim geboren und war als schwerverletzter Kriegsteilnehmer einer der Mitgründer des VdK Bayern (VdK 1990a: 133). 1947 wechselte er vom bayerischen Roten Kreuz als Landesgeschäftsführer zum VdK. Von 1950 bis 1974 war er Abgeordneter der SPD im bayerischen Landtag. 1954 bis 1957 bekleidete er das Amt des Staatssekretärs im Staatsministerium für Arbeit und Fürsorge (Weishäupl 1977). 1963 wurde Weishäupl zum Landesvorsitzenden des VdK-Landesverbandes wählt und übte damit als MdL in Personalunion dieses Amt aus. Weishäupl galt als Realist, der trotz seiner SPD-Mitgliedschaft besonderen Wert auf die Parteineutralität legte: »Er war kein Träumer oder Utopist, sondern Realist mit einer großen Portion Idealismus; er wusste immer genau, was machbar ist und was nicht« (Die Fackel 11/1989).

Walter Hirrlinger (1990–2008)

Von 1990 bis 2008 amtierte der 1926 in Tübingen geborene Walter Hirrlinger achtzehn Jahre als Präsident des VdK. Seit seinem 25. Lebensjahr leitet Hirrlinger den VdK-Ortsverband Esslingen und zählte damit im Jahr 1951 zu den jüngsten Funktionsträgern im Verband. Wie seine Vorgänger ist auch Hirrlinger im Krieg schwer verletzt worden. Er ist jedoch auch mit den Problemen von Menschen mit Behinderungen vertraut, da seine verstorbene Tochter von einer Behinderung betroffen war. In der Nachkriegszeit war er als Journalist tätig, ehe er 1955 hauptamtlich zum VdK Baden-Württemberg wechselte. Ab 1960 gehörte Hirrlinger als SPD-Abgeordneter dem Landtag an und war von 1968 bis 1972 Minister für Arbeit und Soziales in Baden-Württemberg. Fortan führte er bis zu seinem Ruhestand 1986 die Wohnungsbaugesellschaft »Neue Heimat« Baden-Württemberg. 1970 bis 1982 bekleidete er das Amt des stellvertretenden Landesvorsitzenden des VdK Baden-Württemberg und wurde 1982 zum Bundesschatzmeister des VdK gewählt. Hirrlinger war der dienstälteste Präsident des VdK in seiner Geschichte und prägte dessen Organisationsentwicklung in entscheidender Weise. Auf dem Bundesverbandstag 1990 war er mit dem Anspruch angetreten, den VdK zum Sozialverband für alle benachteiligten Menschen auszubauen, da seiner Meinung nach Sozialpolitik nicht teilbar und für den Fortbestand des Verbandes eine Öffnung unabdingbar war. Das Kriegsopferimage des VdK abzulegen und den Verband für Menschen mit Behinderungen und Ältere zu öffnen, war aus der persönlichen Betroffenheit heraus eine Herzensangelegenheit für Hirrlinger, der er sich mit Energie und neuen Ideen widmete. Dieser erste Öffnungsprozess und sein umfangreiches sozialpolitisches Wissen wird dem Ehrenpräsidenten von allen ehren- wie hauptamtlichen Akteuren im Verband zugeschrieben. Er gilt als Sozialpolitiker »nach alter Manier«, der sich durch Pragmatismus auszeichnet und beispielsweise selbst einen Beitrag der Rentner zur Pflegeversicherung sowie die Schaffung eines demografischen Faktors gefordert hat. Er wirkte auch mäßigend auf innerverbandliche Konflikte und verfügte über ausreichend Autorität, um den Umbau des Kriegsopferverbandes aktiv umzusetzen und den Verband zusammenzuhalten. Aufgrund seiner jahrzehntelangen Verwurzelung im VdK gelang es Hirrlinger, die Mitglieder während des Veränderungsprozesses zu integrieren. Er gab dem Verband sein heutiges Profil und galt dabei über beinahe zwei Jahrzehnte als die Verkörperung des VdK. Im Jahr 2008 wurde er zum Ehrenpräsidenten des Verbandes gewählt.

Ulrike Mascher (2008 bis heute)

Ulrike Mascher zählt zu den Quereinsteigern im Verband: Sie wurde erst im Januar 2003 vom VdK Bayern als Mitglied und Funktionärin geworben und bekleidet seit 2008 das Amt der Präsidentin. Erstmalig steht damit eine Frau an der Spitze des größten deutschen Sozialverbandes. Die im Jahr 1938 geborene SPD-Politikerin war von 1990 bis 2002 Mitglied des Deutschen Bundestages und wirkte von 1998 bis 2002 als Parlamentarische Staatssekretärin im Bundesministerium für Arbeit und Sozialordnung. Sie gehört seit 2003 dem Landesvorstand des VdK Bayern an. Darüber hinaus wirkt sie als Vorsitzende des VdK-Kreisverbandes München. 2006 wurde sie als Nachfolgerin von Horst Seehofer zur neuen Landesvorsitzenden gewählt. Der Amtswechsel von Hirrlinger zu Mascher wird vom VdK als Generationenwechsel proklamiert (taz 2.10.08). Sie will den Kampf gegen Kinder- und Altersarmut zum Schwerpunkt ihrer Präsidentschaft machen und verdeutlicht damit einmal mehr den Anspruch des VdK, der Interessenvertreter für alle sozialbenachteiligten Menschen zu sein. Der Kampf für den Erhalt des Sozialstaates, mehr Chancengerechtigkeit und gegen Armut müsse fortgesetzt werden (Reutlinger Generalanzeiger 1.10.08). Ob es Mascher als vergleichsweise verbandsfremde Quereinsteigerin gelingen kann, die Mitglieder zu integrieren, muss sich zeigen.

Die Bundesjugendvertreterkonferenz als Vertretung der jüngeren Mitglieder

Der 11. ordentliche Bundesverbandstag 1990 beschloss die Einrichtung einer Bundesjugendvertreterkonferenz, um gezielt jüngere Mitglieder zu werben.[144] Damit institutionalisierte der VdK seinen Interessenvertretungsanspruch für Jung und Alt (VdK 2008d). Das Durchschnittsalter der Jugendvertreter liegt gegenwärtig bei ca. 30 Jahren (VdK 2008d). Im Mittelpunkt der Bundesjugendkonferenz stehen der Erfahrungsaustausch, die Erarbeitung von Konzepten sowie die Koordination der Jugendverbandsarbeit, deren Schwerpunkt auf der Jugendbehindertenarbeit liegt. Um die Identifikation junger Menschen mit Behinderungen mit dem Verband zu stärken, werden speziell für diese Zielgruppe Freizeitangebote und Seminare angeboten. Viele der zu dieser Gruppe zählenden Mitglieder sind Menschen mit einer Behinderung oder von Behinderung bedrohte Menschen sowie Eltern von Kindern mit Behinderungen. Die Bundesjugendvertreterkonferenz schlägt zwei Jugendvertreter für den Bundesausschuss vor, die von der Bundesdelegiertenkonferenz gewählt werden.

Der hauptamtliche Stab des Sozialverband VdK Deutschland

Das Präsidium bedient sich zur Ausführung seiner Aufgaben der Geschäftsstelle. Im Jahr 2008 waren 34 hauptamtliche Mitarbeiter in der Bundesgeschäftsstelle in Bonn und der im Jahr 2001 eingerichteten Außenstelle in Berlin angestellt.[145] Im Gesamtverband sind rund 1.500 hauptamtliche Mitarbeiter tätig, die von ca. 64.000 Ehrenamtlichen unterstützt werden.[146] Mit 34 Mitarbeitern beschäftigte der VdK in seiner Bundesgeschäftsstelle vergleichsweise viele Mitarbeiter. Nur 15 Prozent aller deutschen Interessengruppen hatten Mitte der neunziger Jahre mehr als 15 hauptamtliche Mitarbeiter angestellt (Sebaldt 1997: 305f.). Aufgabe der Bundesgeschäftsstelle ist es, Einfluss auf die sozial- und gesellschaftspolitische Entwicklung und Gesetzgebung zu nehmen, zwischen den einzelnen Landesverbänden zu koordinieren, Konferenzen und Kampagnen zu organisieren, die Mit-

---

144 Einige Bundesländer, darunter Bayern, hatten bereits in den achtziger Jahren Jugendvertreter eingeführt. In Bayern sind die Vertreter der jüngeren Mitglieder (VjM) Ansprechpartner für die Mitglieder bis zum Alter von 45 Jahren (VdK Bayern 2006c). Die VjMs »achten darauf, dass die Interessen der jüngeren Mitglieder in verbands-, sozial- und gesellschaftspolitischen Fragen in den jeweiligen Verbandsstufen im VdK Bayern berücksichtigt werden.« Die Abteilung »Familie und Jugend« organisiert die Vernetzung und Fortbildung der VjM.

145 Die Bundesgeschäftsstelle soll langfristig in die Bundeshauptstadt Berlin verlagert werden, um Wettbewerbsnachteile gegenüber anderen Verbänden und anfallende Reisekosten zu reduzieren. Seit dem Jahr 2001 muss jeder Landesverband monatlich 2,5 Cent pro Mitglied für den Bau einer neuen Geschäftsstelle an den Dachverband abtreten (VdK 2006c: 37).

146 Für seine hauptamtlichen Sozialreferenten auf Landesebene bietet der VdK seit den neunziger Jahren regelmäßige Weiterbildungsmöglichkeiten an (VdK 1994: 129).

glieder über ihre Rechte zu informieren, den Rechtsschutz vor dem Bundessozialgericht sicherzustellen sowie als Fachabteilung die sozialpolitischen Beschlüsse der Entscheidungsgremien umzusetzen (VdK 2006a: 34f.). Neben der Geschäftsführung sind die Arbeitsbereiche »Sozialpolitik/Internationale Sozialpolitik« sowie »Verwaltung und Finanzen« eingerichtet (VdK 2006a: 34f.). Dagegen ist auf der Dachverbandsebene infolge des föderalen Aufbaus kein Arbeitsbereich »Mitgliederverwaltung« eingerichtet.[147] Das Hauptstadtbüro in Berlin widmet sich vorrangig der Presse- und Öffentlichkeitsarbeit sowie der sozialpolitischen Vertretung gegenüber den dort ansässigen Bundesministerien und Abgeordneten.[148] Die Bundesrechtsabteilung in Kassel ist für Revisions- und Nichtzulassungsverfahren beim Bundessozialgericht in Kassel zuständig. Parallel wirkt sie an Stellungnahmen des Bundesverbands mit und tritt im Bedarfsfall als Sachverständige in Bundestagsausschüssen auf (VdK 2006a: 154).

Die Rolle der Geschäftsstelle gegenüber dem Präsidenten hat sich nach dem Tod des ehemaligen Bundesgeschäftsführers Laschet im Jahr 2004 verändert. Unter ihm hatte die Bundesgeschäftsstelle eine politischere Funktion inne, da der Jurist und ehemalige Leiter der Abteilung Sozialpolitik diejenigen Felder sozialpolitisch vertrat, die vom ehemaligen Präsidenten nur am Rande berücksichtigt wurden. Laschet forcierte insbesondere die Öffnung gegenüber älteren Erwerbstätigen sowie gegenüber Selbsthilfegruppen. Dagegen nahm die Bundesgeschäftsstelle unter dem nachfolgenden, betriebswirtschaftlich ausgebildeten Bundesgeschäftsführer eine dienende Funktion gegenüber dem Präsidium und den Landesverbänden ein. Es ist das Ehrenamt, das die führende Rolle im VdK ausübt und den Kurs des Verbandes bestimmt, von Einzelfällen wie Bayern abgesehen. Der Präsident führt die politischen Gespräche auf der Spitzenebene und vertritt den VdK mit Unterstützung der Pressestelle in der Öffentlichkeit.[149] Die Abteilung Sozialpolitik versteht sich dagegen als Fachabteilung, die die Stellungnahmen ausarbeitet und im politischen Tagesgeschäft die Kontakte zu den Ministerialverwaltungen und Abgeordneten pflegt.

---

147 Die Landesverbände arbeiten sogar mit unterschiedlichen Software-Programmen.

148 In der Pressestelle arbeiten zwei Redakteurinnen, eine freie Journalistin und zwei Sekretärinnen. Die im Jahr 2009 eingerichtete Funktion des Pressesprechers sowie die Leitung der Presse- und Öffentlichkeitsarbeit übernimmt dagegen der Leiter der Presse- und Öffentlichkeitsarbeit des VdK Bayern.

149 Es wurde mehrmals auf den guten und direkten persönlichen Kontakt zwischen dem ehemaligen Präsidenten und den Referenten verwiesen, der eine zeitnahe Reaktion des VdK auf sozialpolitische Entwicklungen und Initiativen ermöglichte.

4. Anreize für Mitglieder – Finanzordnung

Anders als die traditionellen Mitgliederorganisationen Gewerkschaften und Parteien, die an einem anhaltenden Mitgliederschwund leiden, verzeichnet der Sozialverband VdK Deutschland seit 1990 einen stetigen Mitgliederzuwachs. Seine parteipolitische Neutralität und sein sozialrechtlicher Dienstleistungsservice scheinen eine hohe Attraktivität für potenzielle Mitglieder auszustrahlen. Aber sind es tatsächlich nur die selektiven Nutzenanreize, die für den Betritt zum Verband sprechen? Im Folgenden werden die Mitgliedschaftsanreize näher betrachtet, die der VdK seinen Mitgliedern bietet. Im zweiten Schritt wird die daraus resultierende Finanzordnung des Verbandes untersucht.

4.1 Leistungsanreize

Der überwiegende Teil der Dienstleistungsangebote ist infolge des föderalen Organisationsaufbaus auf der Landesebene angesiedelt und variiert erheblich. Integrale Leistungen sind die Mitgliederzeitung sowie der Sozialrechtsschutz. Alle übrigen Dienstleistungen, wie die Versicherungsangebote der Hamburg-Mannheimer[150], können die VdK-Mitglieder zusätzlich zu vergünstigten Konditionen erwerben. Um die heterogenen Interessen der einzelnen Klientelgruppen zu berücksichtigen, bedarf es einer zunehmend breiteren Palette neuer Angebote und Dienstleistungen, wie Reise- und Erholungsangebote (VdK 1998: 11). Besonders deutlich entwickeln sich die Landesverbände Bayern, Hessen-Thüringen, Rheinland-Pfalz und Berlin-Brandenburg zu Dienstleistungsverbänden. Gleichwohl ist die Mehrzahl der Landesverbände, wie auch der Bundesverband selbst, weiterhin als Sozialanspruchsvereinigung zu charakterisieren, da sie keine eigenen sozialen Dienste unterhalten (vgl. Winter 1997: 133f).

Nach § 6 seiner Satzung bietet der VdK allen Mitgliedern Auskunft, Beratung und Hilfe bei der Antragstellung, der Verfolgung von Ansprüchen aus der Versorgungs-, Sozialversicherungs-, Behinderten- und Sozialhilfegesetzgebung sowie in anderen sozialrechtlichen Angelegenheiten. Die Rechtsvertretung bezieht sich auf folgende Bereiche (VdK Bayern 2006a: 21):

– Recht der gesetzlichen Rentenversicherung (SGB VI)
– Rehabilitation und Schwerbehindertenrecht (SGB IX)

---

150 Der VdK unterhält seit 1967 eine Gruppenversicherung mit der Hamburg-Mannheimer (VdK-Zeitung 7/1993).

– Recht der gesetzlichen Unfallversicherung (SGB VII)
– Soziales Entschädigungsrecht (BVG, SVG, OEG)
– Arbeitsförderungsrecht (SGB III)
– Grundsicherung für Arbeitssuchende (SGB II)
– Sozialhilferecht (SGB XII)
– Pflegeversicherung (SGB XI)

Der Bedarf und Umfang an sozialer Rechtsberatung ist erheblich gestiegen: Abbildung 10 zeigt am Beispiel des VdK Baden-Württemberg, dass sich die Zahl der Verfahrenszugänge seit 1990 von 4.855 um rund 87 Prozent auf 9.086 erhöht hat.

Abbildung 10: Verfahrenszugänge im Landesverband VdK Baden-Württemberg 1990–2007

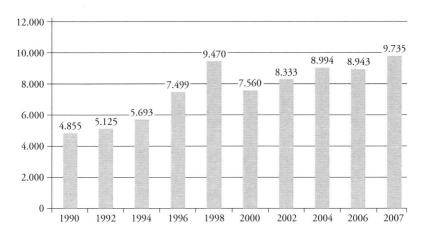

Quelle: VdK Baden-Württemberg 2008: 49.

Alleine der VdK Bayern hat beispielsweise in den Jahren 2003 bis 2006 für seine Mitglieder Nachzahlungen in Höhe von rund 46,5 Millionen Euro erstritten (VdK Bayern 2006a: 25). Die Ausweisung der Höhe der Nachzahlungen gilt als wichtiges Element der interessenpolitischen Effizienz und trägt dazu bei, die Akzeptanz des VdK bei seinen Mitgliedern zu stärken. Damit wird die Handlungsfähigkeit des Verbandes unterstrichen (Winter 1997: 193).[151] Ebenso kann der

---

151 Diese Zahlen weist der VdK gleichwohl seit einigen Jahren nicht mehr gebündelt in seinem Geschäftsbericht aus. Bis zum 31.12.1981 konnte der VdK für seine Mitglieder laut

VdK seine Lobbyarbeit auf seine praktischen Erfahrungen in der Rechtsberatung gründen und legitimieren: »Täglich spüren wir in unserer Arbeit, wie sich Politik und Gesetze auswirken. Auch daraus resultiert unsere Kompetenz. Interessenvertretung und Hilfe für unsere Mitglieder, das sollten wir auch in der Zukunft als unsere Aufgabe betrachten« (Hirrlinger 1994a: 11). Tabelle 18 verdeutlicht die Verschiebungen der Rechtsbereiche: Während 1994 noch rund 50 Prozent aller Verfahren der Bundesrechtsabteilung auf das Soziale Entschädigungsrecht und das Schwerbehindertenrecht konzentriert waren, haben seither die Bereiche Rentenversicherung und Kranken/Pflegeversicherung an Bedeutung gewonnen.[152]

Tabelle 18: Aufteilung der Verfahren der Bundesrechtsabteilung des VdK nach Rechtsbereichen 1994–2005

Jahr	Soz. Entschä-digungsrecht, Schwerbehin-dertenrecht	Rentenvers.	Unfallvers.	Kranken-/ Pflegeversi-cherung[1]	AFG, Sonstiges
1994	50,4%	30,1%	15,4%	4,1%	–[2]
1996	45,7%	21,0%	19,0%	5,7%	8,6%
1998	43,55%	25,80%	19,35%	2,42%	8,87%
2000	28,18%	35,45%	20,0%	2,73%	13,64%
2002	21,48%	36,91%	32,22%	3,35%	6,04%
2003	13,98%	41,91%	29,41%	7,35%	7,35%
2004	17,04%	31,11%	31,85%	13,33%	6,67%
2005	13,07%	38,56%	22,22%	21,57%	4,58%

1 Die Beratung konzentriert sich auf leistungsrechtliche und Finanzierungsfragen, aber nur in sehr begrenztem Maße auf Versorgungsfragen. Dieser Bereich wird in höherem Maße von den Verbraucherzentralen abgedeckt.
2 Wurde nicht erfasst.

Quelle: VdK 2006a: 152; 2002a: 66.

Geschäftsbericht Nachzahlungen in Höhe von 1.086.487.162 DM erstreiten (VdK 1982a: 155).

152 Von den vor dem BSG entschiedenen Revisionen wurden in den Jahren 2002 bis 2006 rund 55 Prozent zugunsten der Mitglieder entschieden, bei den Nichtzulassungsbeschwerden rund 11 Prozent (VdK 2006a: 155).

Durch den Zuspruch des Verbandsklagerechtes vor den Sozialgerichten in den fünfziger Jahren förderte der Staat die Kriegsopferverbände wesentlich. Diese erhielten eine herausgehobene Möglichkeit, die Interessen ihrer Mitglieder zu vertreten (VdK NRW 1998: 122f). Der weitgehend kostenlose Rechtsschutz ist das wirksamste Werbemittel für eine Mitgliedschaft im VdK (VdK 2006a: 156).[153] Die Mitglieder schätzten nach einer internen Umfrage im Jahr 2005 die Rechtsberatung als besonders wichtig ein (79 Prozent), dicht gefolgt von der Interessenvertretung durch den VdK und der Betreuung durch die Ortsverbände bzw. Geschäftsstellen (je 67 Prozent). Die Informationsangebote (38 Prozent), das Angebot an Geselligkeit, Freizeit und Kontaktmöglichkeiten (28 Prozent) sowie an Versicherungen (14 Prozent) galten dagegen als weniger wichtig (Leserbefragung VdK-Zeitung 2005).

Der Sozialverband VdK Deutschland ist seit 2006 gemeinsam mit der Verbraucherzentrale Bundesverband e.v. und dem Verbund unabhängige Patientenberatung e.v. (VuP) Träger der »Unabhängige(n) Patientenberatung Deutschland gGmbH« (UPD), die von den Spitzenverbänden der Krankenkassen gefördert wird.[154] Die Beratungsstellen können jedoch auch von Nicht-Mitgliedern in Anspruch genommen werden. Mitte der neunziger Jahre wurde der VdK-Fachverband mit über 50 Selbsthilfegruppen (SHG) für Menschen mit Schlafapnoe und chronischen Schlafstörungen gegründet (VdK 2006a: 119).

Die Landesverbände erweitern ihr Serviceangebot fortlaufend, um auf das gestiegene Kosten-Nutzen-Denken der Mitglieder zu reagieren. In Rheinland-Pfalz können die Mitglieder beispielsweise in zwei Erholungszentren Urlaub machen oder mit dem landeseigenen Reiseservice barrierefreie Reisen unternehmen (Tabelle 19). Der VdK Hessen-Thüringen unterhält ebenfalls ein Kur- und Erholungszentrum sowie einen ambulanten Pflegedienst und führt integrative Kinder- und Jugendfreizeiten durch, um den Austausch zwischen Kindern mit und ohne Behinderung zu fördern (VdK-Zeitung 10/2001). Insgesamt unterhält der Sozialverband VdK bereits seit Jahrzehnten 14 Erholungszentren in Süd- und Westdeutschland (Tabelle 19).

---

153 Einzig der Landesverband Baden-Württemberg erhebt seit der Einführung der VdK Sozialrechtsschutz gGmbH im Jahr 2000 von seinen Mitgliedern ein Entgelt, das im Fall des Obsiegens der Verfahrensgegner erstatten werden muss (VdK Baden-Württemberg 2004a: 14f).

154 Als Gesellschafter innerhalb der UPD unterhält der VdK Beratungsstellen in Berlin, Gießen, Köln, Landshut, Leipzig, Saarbrücken und Stuttgart.

Tabelle 19: Kur- und Erholungszentren des VdK

Landesverband	Einrichtung
Baden-Württemberg	VdK Kur- und Erholungszentrum Alttann, Wolfegg-Alttann VdK Kur- und Erholungszentrum Haus Magnetberg, Baden-Baden
Bayern	VdK Waldhotel am Christlessee, Oberstdorf VdK- Kurzentrum, Bad Kissingen VdK-Max-Peschel-Haus, Berchtesgaden VdK-Hotel Karoli, Waldkirchen VdK-Kurhaus Schwarzenberg, Bad Feilnbach Ulrichsheim Kurbetriebe, Bad Wörishofen
Hessen	VdK Kur- und Erholungszentrum Haus am Landgrafendeich, Nidda-Bad Salzhausen
Nordrhein-Westfalen	VdK Kur- und Erholungshotel »Zum Hallenberg«, Bad Fredeburg VdK Erholungshotel »Brucher See«, Marienheide-Stülinghausen
Rheinland-Pfalz	VdK Kur- und Erholungszentrum Musikantenland, Kusel VdK-Hotel Haus Oberwinter, Remagen-Oberwinter
Saarland	VdK-Erholungs- und Wellnesszentrum Haus Sonnenwald, Merzig

Quelle: VdK 2005b.

Der VdK Berlin-Brandenburg wiederum agiert stärker als staatlich geförderte Sozialleistungsvereinigung und ist beispielsweise Träger eines Betreuungsrechtsvereins, einer Beratungsstelle »Rund ums Alter« und eines Mobilitätsdienstes für Senioren (VdK 2006a: 54f.). Dieser Landesverband möchte über die praktische Sozialarbeit auch die Interessenvertretung des VdK stärken: »Wir meinen, nur der vertritt glaubwürdig Interessen, der aktiv praxisnahe Sozialarbeit betreibt« (VdK Berlin-Brandenburg ohne Jahr). Diese Strategie ist im Bundesverband jedoch umstritten. Viele Landesverbände und Funktionäre sprechen sich gegen eine Etablierung als Sozialleistungsvereinigung aus und plädieren dafür, die Interessenvertretung in den Fokus zu rücken.

Neben den skizzierten materiellen Leistungen setzt der VdK auf soziale Anreize in Form von Geselligkeits- und Freizeitveranstaltungen auf lokaler Ebene wie Tagesausflüge oder Kaffeenachmittage. Verbandsinterne Studien zeigen jedoch, dass die Mitglieder dem Rechtsschutz und der sozialpolitischen Interessenvertretung einen weit höheren Stellenwert einräumen. Wie bei anderen intermediären Großorganisationen sinkt die sozialkulturelle Verankerung des Verbandes. Gleichwohl ist zwischen städtischen und ländlichen Gebieten sowie VdK-Bastionen und VdK-Peripherien aus der Gründungszeit zu unterscheiden. Während der VdK in den süddeutschen, ländlich geprägten Bundesländern weiterhin gesellschaftlich verankert ist und ein aktives Verbandsleben und dichte Netzwerke unterhält, haben insbesondere die nord- und ostdeutschen Landes- und Ortsverbände in größeren Städten oder Ballungsgebieten wie dem Ruhrgebiet oder Berlin Schwierigkeiten, die Bürger für das Mitgliederleben zu gewinnen und zu halten. Um den Mitgliederverband zu stabilisieren und die hohe Fluktuation einzudämmen, plädiert der VdK Berlin-Brandenburg dafür, die Mitgliederversammlungen und lokalen Angebote an die Interessen der jünger werdenden VdK-Mitglieder anzupassen und auch dort sozialpolitische Inhalte zu vermitteln (VdK Berlin-Brandenburg 2005: 47):[155] »[W]er geht als Berufstätiger oder Jungrentner gerne in Seniorenfreizeitstätten, die häufig das Ambiente einer Heimeinrichtung verströmen« (ebd.: 26).

4.2 Finanzordnung

Die finanzielle Autonomie liegt nach § 7 der Satzung bei den Landesverbänden, die monatlich 0,12 Euro pro Mitglied an den Bundesverband abführen. Dieser Betrag entspricht ca. zwei bis drei Prozent der jeweiligen Landesverbandsmitgliedsbeiträge. Die monatlichen Mitgliedsbeiträge variieren je nach Landesverband: Den höchsten Beitrag erhebt der VdK Berlin-Brandenburg mit 6 Euro, den geringsten der Landesverband Hessen-Thüringen mit 4,50 Euro. Die Landesverbände Baden-Württemberg, Hamburg, Mecklenburg-Vorpommern, Niedersachsen-Bremen sowie Saarland haben aus strategischen Überlegungen heraus Familien- oder Partnermitgliedschaften zum

---

155 Bislang werden die meist in den Mittagsstunden stattfindenden Veranstaltungen im Wesentlichen von den ältesten Mitgliedern besucht, während die »jungen Alten« diese sozialen Angebote nur begrenzt in Anspruch nehmen und ein höheres Interesse an der sozialen Rechtsberatung haben.

ermäßigten Mitgliedsbeitrag eingeführt, um die Mitgliederdynamik als auch die Verjüngung der Gliederungen zu beschleunigen.[156] Der hohe Anteil der Mitgliedsbeiträge an den Einnahmen sowie die Ausschüttungen seiner GmbHs sichert dem VdK ein verhältnismäßig hohes Maß an Unabhängigkeit von staatlichen Instanzen. In Baden-Württemberg betrugen die Beitragseinnahmen am Gesamtvolumen im Jahr 2007 beispielsweise rund 80 Prozent (VdK Baden-Württemberg 2008: 44).[157] Staatliche Förderung erhält der VdK nur mittelbar bei Einzelprojekten auf Landesebene.[158] Im Vergleich zu den Landesverbänden verfügt der Bundesverband infolge des internen Verteilungsschlüssels über ein bescheidenes Budget.[159]

Im Jahr 2007 betrugen die Beitragsanteile am Finanzvolumen des Bundesverbandes 40,13 Prozent und damit rund 1,99 Millionen Euro. Insgesamt verfügte der Bundesverband demnach über ein Jahresbudget von ca. fünf Millionen Euro, das zum größten Teil zur Deckung der Verwaltungs- und Verlagskosten zur Verfügung steht.[160] 6,8 Prozent der Ausgaben flossen in die Verbandsorgane. Eine Mittelzuweisung entlang der einzelnen Mitgliedergruppen nimmt der VdK mit der Begründung, Sozialpolitik sei nicht nach Klientelen teilbar, nicht vor. Um die wirtschaftlichen Geschäftsbetriebe auszugliedern, wurde die VdK Service-GmbH gegründet.[161]

---

156 Dagegen lehnen die Landesverbände Bayern, Hessen-Thüringen, Nord, Nordrhein-Westfalen, Rheinland-Pfalz und Sachsen eine Familienmitgliedschaft ab, da dies zu erheblichen Mindereinnahmen bei erhöhtem Arbeitspensum führen würde, die durch einen sehr hohen Mitgliederzuwachs kompensiert werden müssten.

157 In absoluten Zahlen entsprach dies rund 5,27 Millionen Euro (ebd.).

158 Die Patientenberatungsstellen für türkische Migranten des VdK Berlin-Brandenburg erfahren beispielsweise öffentliche Unterstützung.

159 Die Verteilung der Finanzmittel und die bescheidene Ausstattung des Bundesverbands ist ein Erklärungsfaktor dafür, dass große bundesweite Kampagnen wie die Armuts-Plakataktion im Jahr 2008 gemeinsam vom VdK Bayern, der über die umfassendsten Finanzmittel verfügt und dem Bundesverband in Auftrag gegeben werden. Die Konzeption erfolgt dabei meist in München und dem Bundesverband wird dann die Möglichkeit gegeben, sich an der jeweiligen Aktion zu beteiligen.

160 Die Einnahmen aus dem Verkauf der Verbandszeitung betrugen rund 27,1 Prozent und aus Anzeigenerlösen weitere 13 Prozent. Hinzu kamen Erträge aus Vermietungen und Verpachtungen, Zinserträge und dem Verkauf sonstiger Druckerzeugnisse.

161 Diese vertreibt die Broschüren und die Zeitschrift »Sozialrecht + Praxis«. Beteiligt ist der VdK Deutschland darüber hinaus an der Reha gGmbH, den Berufsförderungswerken Dresden und Nürnberg, dem Berufsbildungswerk Bremen GmbH, dem Institut Mensch, Ethik und Wissenschaft (IMEW), dem Institut für Qualitätssicherung in Prävention und Rehabilitation (IQPR) sowie dem Institut für barrierefreie Gestaltung und Mobilität (IbGM) (VdK 2006a: 102).

Da das Beitragsaufkommen nur begrenzt alle Ausgaben deckt, insbesondere im Bereich der Rechtsberatung, und da die Mitgliedsbeiträge langfristig kaum zu kalkulieren sind, haben auch einzelne Landesverbände dem allgemeinen Trend folgend externe »Service-GmbHs« gegründet, »die eine Fülle kommerzieller Dienstleistungen im Angebot haben, personell eng mit dem zugehörigen Verband verknüpft sind und diesen auch bei seiner praktischen Arbeit unterstützen« (Sebaldt 2004a: 20f.). Die Landesverbände Baden-Württemberg und Nordrhein-Westfalen unterhalten seit Jahrzehnten eigene Wohnungs- und Siedlungsgesellschaften (VdK 1998: 63; VdK 2002a: 44).[162] Der wachsende Selbstfinanzierungsgrad von Verbandsorganisationen basiert auf einer zunehmenden Ökonomisierung der Leistungen. Dieser gebührenorientierte Ausbau von Dienstleistungen kann gleichwohl auch innerverbandliche Oligarchisierungsprozesse im Michelschen Sinne und die Unabhängigkeit der Funktionäre von den Mitgliederinteressen befördern.

5. Mitgliedschaft und Ehrenamt im Wandel

Da die politische Bedeutung von Klientelorganisationen insbesondere von der Mitgliederstärke und Mobilisierungsfähigkeit abhängt, zielt der VdK auf einen möglichst hohen Organisationsgrad und hohe Mitgliederzahlen (Winter 1992: 413). Im Folgenden wird anhand der Mitgliederentwicklung der Wandel vom Kriegsopfer- zum Sozialverband skizziert. Ebenfalls werden die Herausforderungen dargestellt, die mit einer zunehmend höheren Heterogenität der Mitgliedergruppen einhergehen.

5.1 Mitgliederentwicklung

Die Abbildung 11 zeichnet die Mitgliederentwicklung des VdK seit 1952 nach. Im Jahr 1960 verzeichnete der Kriegsopferverband seinen Mitgliederhöchststand in der Bonner Republik mit rund 1,3 Millionen Mitgliedern, der in der Folgezeit kontinuierlich abnahm. Im Jahr 1990 war mit 920.000

---

162 In den Nachkriegsjahren war es ein zentrales Anliegen des VdK, die Wohnungsnot durch die Förderung des gemeinnützigen Wohnungs- und Siedlungswesens zu lindern (Donner 1960: 35ff; Schulz 2005: 113).

Mitgliedern der Tiefpunkt in der Mitgliederentwicklung erreicht. Im Laufe der neunziger Jahre gelang dem VdK in den meisten Regionen die Kehrtwende: Zunächst profitierte der Verband von der deutschen Vereinigung und dem Beratungsbedarf der Kriegsopfer in den neuen Bundesländern. Parallel dazu konnten jedoch auch die meisten westdeutschen Landesverbände wieder neue Mitglieder gewinnen, sodass die Professionalisierungsbemühungen auf organisatorischer Ebene und beim Dienstleistungsangebot Früchte trugen und das Image des überalterten, dem Untergang geweihten Verbandes schrittweise abgebaut wurde.

Abbildung 11: Mitgliederentwicklung des VdK 1952–2008

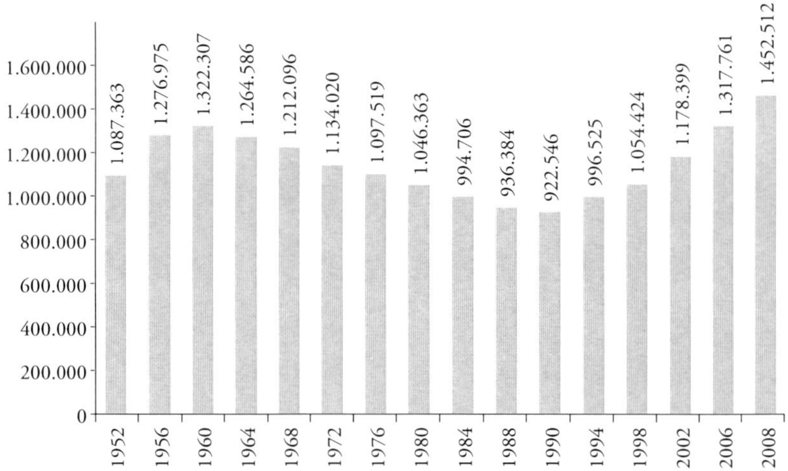

Quelle: Angaben des VdK 2007, 2009.

Die positive Mitgliederentwicklung hält weiter an: Der VdK Bayern beispielsweise konnte seinen Organisationsgrad in Relation zur Wohnbevölkerung innerhalb von nur vier Jahren von 3,7 Prozent im Jahr 2002 auf 4,2 Prozent im Jahr 2006 erhöhen (VdK Bayern 2006a). In absoluten Zahlen entspricht dies einem Netto-Zuwachs um 68.305 auf 522.921 Mitglieder. Auch der VdK Rheinland-Pfalz (ca. 3,5 Prozent) und Hessen (2,9 Prozent) weisen infolge ihrer Kampagnen, einer professionalisierten Öffentlichkeitsarbeit und der Ausweitung von Dienstleistungen einen relativ hohen Organisationsgrad sowie ein dynamisches Wachstum auf. In anderen Landesverbänden wie Nordrhein-Westfalen[163] nehmen die Mitgliederzahlen dagegen nur moderat zu. Trotz kontinuierlich steigender Mitgliederzahlen und einem Mitgliederzuwachs von rund 70 Prozent seit 1995 bewegte sich der VdK Mecklenburg-Vorpommern mit 3.906 Mitgliedern im Jahr 2008 weiterhin auf bescheidenem Niveau (VdK Mecklenburg-Vorpommern 2006: 25; Abbildung 12).

Abbildung 12: Mitgliederentwicklung des VdK Mecklenburg-Vorpommern 1990–2008

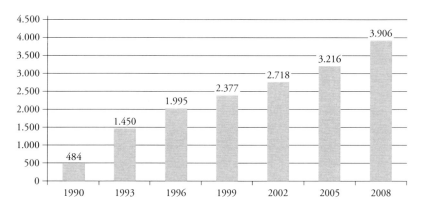

Quelle: VdK Mecklenburg-Vorpommern 2006: 25.

Daraus resultieren insbesondere Finanzierungsschwierigkeiten hinsichtlich der Rechtsberatung.[164] Sachsen-Anhalt und Sachsen organisierten im Jahr 2008 sogar weniger Mitglieder als 1995.

---

163 Der relativ geringe Organisationsgrad von ca. 1,1 Prozent im bevölkerungsreichsten Bundesland Nordrhein-Westfalen wird auf einen höheren Anteil von gewerkschaftlich organisierten Arbeitnehmern und von Bürgern mit Migrationshintergrund zurückgeführt. Überdies sei es in großen städtischen Ballungsräumen wie dem Ruhrgebiet schwierig, Menschen für eine Verbandsmitgliedschaft zu gewinnen, obgleich massive soziale Probleme existieren. In ländlichen Gebieten existierten viel weniger Konkurrenzangebote zur Freizeitgestaltung als in Ballungsräumen. Überdies ist der Konkurrenzverband SoVD mit rund 100.000 Mitgliedern in NRW vertreten.

164 Der Bundesvorstand hatte Mecklenburg-Vorpommern und Berlin-Brandenburg daher aufgefordert, Fusionierungsmöglichkeiten zu erörtern. Die Fusionsgespräche wurden 2004 einseitig von Mecklenburg-Vorpommern mit dem Hinweis auf mögliche neue Fusionsgespräche mit dem SoVD abgebrochen (VdK Berlin-Brandenburg 2005: 44f.).

Das Mitgliederwachstum wird neben dem Ausbau sozialer Dienstleistungen auf die Frühverrentungspolitik sowie die Verminderung von Sozialleistungen und den damit einhergehenden sozialrechtlichen Beratungsbedarf zurückgeführt: »Die Politik treibt uns die Menschen in Legionen in den Verband« (Interview VdK 3)[165]. Häufig verweisen auch Ärzte, Krankenhäuser und Rehabilitationskliniken Patienten an die Sozialrechtsberatungsstellen des VdK.

Heterogenisierung und kontinuierliche Verjüngung der Mitgliedschaft

Nach Angaben des Bundesverbandes gehörten im Jahr 2007 lediglich 15 Prozent der Mitglieder zu den Kriegsopfern, etwa 35 Prozent zur Klientel der Rentner und rund 50 Prozent zu den Menschen mit Behinderungen, wobei Rentner häufig auch eine Behinderung aufweisen. Rund 70 Prozent der Mitglieder waren von einer Behinderung betroffen oder chronisch krank. Da die Landesverbände mit Altersstrukturerhebungen unterschiedlich operieren, kann hier nur eine Tendenzeinschätzung gegeben werden, wie die Mitglieder in den unterschiedlichen Klientelgruppen zu zuordnen sind.

Tabelle 20: Mitgliederstruktur VdK Baden-Württemberg 2004 und 2008 im Vergleich

	Männer	Frauen	Gesamt	Kriegs/ Wehr- dienst- Opfer	Behin- derte	Rentner	Hinter- bliebene	Förder- mit- glieder	Sons- tige
2004	87.308	86.388	173.696	19.834	62.317	24.034	22.561	9.698	35.252
2008	98.052	93.287	191.339	12.270	73.146	26.133	14.143	11.616	54.031

Quelle: VdK Baden-Württemberg 2004a: 44.; VdK Baden-Württemberg 2008: 40.

Der Anteil von Frauen und Männern hält sich in Baden-Württemberg wie auch im Gesamtverband die Balance (Tabelle 20). Im Jahr 2008 waren rund 38 Prozent der im VdK Baden-Württemberg organisierten Mitglieder von einer Behinderung betroffen. Die Kriegsopfer als originäre Verbandklientel

---

165 Trampusch (2006: 350) nennt ebenfalls die Kürzungen im Renten- und Gesundheitsbereich als Hauptursache für den Mitgliederzuwachs der Sozialverbände. Anders als die Gewerkschaften hätten die Sozialverbände daher von der »Agenda 2010«-Politik profitiert.

bildeten 2008 dagegen, wie die Tabelle 20 am Beispiel Baden-Württembergs zeigt, mit rund 6 Prozent und sinkender Tendenz nur noch eine marginale Teilgruppe. Dies ist darauf zurückzuführen, dass die Zahl an Leistungsempfängern aus dem Bundesversorgungsgesetz infolge natürlicher Sterbefälle kontinuierlich abgenommen hat: Im Juni 2007 waren noch 410.156 Menschen unmittelbar vom Bundesversorgungsgesetz betroffen (BMAS). Die Abnahme der Kriegsbeschädigten und -hinterbliebenen spiegelt sich ebenfalls in der Verschiebung der Rechtsverfahren vom sozialen Entschädigungsrecht hin zum Rentenrecht und zu Sachfragen im Bereich der Krankenversicherung wider (Tabelle 20). Der marginale Anteil der Kriegsopfer an der Mitgliedschaft verdeutlicht, dass die in den neunziger Jahren erfolgte Öffnung für weitere Klientele für den Bestand des VdK unerlässlich war, um den Rückgang der Mitglieder aufzuhalten.

Die heterogene Mitgliederstruktur stellt den Verband jedoch auch vor neue Steuerungsschwierigkeiten, da den unterschiedlichen Mitgliedergruppen in der Angebots- und Leistungsstruktur Rechnung zu tragen ist. Die allgemeinen ruhestandsbezogenen Anliegen sind mit den Spezialinteressen der Kriegsopfer und der Menschen mit Behinderungen in Einklang zu bringen (Winter 2007: 413). Dieser erforderliche Ausgleich bewirkt vielfach, dass Gruppen mit spezifischen Problemen zu Spezialverbänden mit einem engeren Themenspektrum abwandern, da die zweckbestimmten Anreize für sie im Verband zu gering erscheinen (Winter 1997: 194).[166] Die teilweise immense Mitgliederfluktuation verdeutlicht die Schwierigkeiten der Mitgliederbindung: Im Landesverband Berlin-Brandenburg sind beispielsweise zwischen 2000 und 2005 binnen fünf Jahren rund 70 Prozent des Mitgliederbestandes ausgetauscht worden (VdK Berlin-Brandenburg 2005: 25). Im VdK Bayern hat sich die durchschnittliche Verweildauer eines Mitgliedes von durchschnittlich etwa 20 Jahren in den siebziger und achtziger Jahren auf 8,1 Jahre im Jahr 2009 reduziert. Diverse Studien und Chroniken verweisen auf die hohe Solidarität und das starke Gemeinschaftsgefühl im ehemaligen Kriegsopferverband (Weishäupl 1977; Laschet/Plank 2000; Hammerschmidt 1992: 114f.). Dagegen treten dem Sozialverband viele Menschen bei, die einen konkreten Rechtsberatungsbedarf haben (vgl. VdK Baden-

---

166 Insbesondere jüngere Menschen mit Behinderungen scheinen sich bislang vom VdK wenig angesprochen zu fühlen und organisieren sich eher in Organisationen wie der »Initiative Selbstbestimmt Leben« (ISL).

Württemberg 2004a: 14).[167] Problematisch wird dies dann, wenn sie den VdK nach dem Ende ihres Verfahrens unmittelbar wieder verlassen: »Wir haben in den letzten Jahren die Erfahrung gemacht, dass die Mitglieder nur für die Dauer ihres Verfahrens im Verband bleiben. Die Verweildauer wird immer kürzer. Von einer Solidarität kann keine Rede mehr sein« (VdK 2006c: 46).[168]

Tabelle 21 zeigt am Beispiel von Nordrhein-Westfalen, dass sich das durchschnittliche Alter der Mitglieder stetig verjüngt. Angesichts der hohen Arbeitslosigkeit älterer Erwerbstätiger haben insbesondere Arbeitnehmer zwischen 51 und 60 Jahren einen Sozialrechtsberatungsbedarf. Sie nehmen verstärkt den VdK als Interessenvertretung wahr und bilden im Landesverband NRW die zweitstärkste Altersgruppe (Tabelle 21). Innerhalb von 21 Jahren hat sich ihr Anteil an der Gesamtmitgliedschaft von 12 Prozent auf rund 31 Prozent nahezu verdreifacht. Eine vergleichbar positive Dynamik lässt sich für die Altersgruppe 41–50 konstatieren, deren Anteil sich im sel-

Tabelle 21: Altersstruktur des VdK NRW 1988–2009

Altersgruppe	1988	1994	1998	2002	2006	2009
01–20	223	165	219	354	559	914
21–40	4.804	5.488	6.686	6.970	7.349	8.496
41–50	8.691	9.595	13.064	16.469	20.846	25.826
51–60	24.529	31.809	37.018	41.322	55.222	65.909
61–70	65.291	40.022	39.151	47.193	56.161	55.390
71–80	64.908	54.794	50.884	36.804	32.004	31.077
81–.	33.077	35.318	31.886	32.379	31.697	25.702
Gesamt	201.523	177.191	178.908	181.491	203.838	213.420

Quelle: Angaben des VdK NRW 2007, 2009.

---

167 Nach einer Mitgliederumfrage des VdK Hessen-Thüringen aus dem Jahr 2005 haben rund 27 Prozent der Befragten in Hessen bzw. 36 Prozent der Befragten in Thüringen in den drei Jahren zuvor eine Sozialrechtsberatung des VdK in Anspruch genommen.

168 Die hohe Fluktuation zwingt dazu, ständig neue Mitglieder zu akquirieren: Um die Mitgliedschaft dauerhaft um 10.000 Mitglieder netto pro Jahr zu erhöhen, müssen rund 30.000 neue Mitglieder geworben werden.

ben Zeitraum auf mehr als 12 Prozent verdoppelte. Die größten Mitglieder-
einbußen verzeichnete der VdK NRW dagegen bei der Altersgruppe 71–80
Jahre, deren Anteil von rund 32 Prozent im Jahr 1988 auf rund 15 Prozent im
Jahr 2006 zurückging. Dem VdK gelingt es damit augenscheinlich zunehmend die »jungen Alten«, die kurz vor der Ruhestandsphase stehen bzw. in
diesen Lebensabschnitt gerade eingetreten sind, für sich zu gewinnen und
sich zu verjüngen.

Infolge der Verjüngung hat der VdK mindestens drei unterschiedliche
Altersgruppen hinsichtlich ihrer Bedürfnislage anzusprechen und ihnen
entsprechende Dienstleistungs- und Serviceangebote anzubieten (VdK
NRW 1998: 134; Tabelle 21). Bis ins Jahr 2008 konzentrierte sich der Verband auf die Älteren, wenngleich er in seiner Außendarstellung ebenfalls
die Interessenvertretung von Menschen mit Behinderungen und Unfallge-
schädigten unterstrich. Insbesondere jüngere Mitglieder nehmen selten an
Veranstaltungen der Ortsverbände teil, da sie sich von den dortigen Geselligkeitsangeboten nicht angesprochen fühlen und sozialpolitische Infor-
mationsveranstaltungen selten durchgeführt werden.[169] Die positive Mitgliederentwicklung ründet sich weniger auf politische oder ideologische
Beitrittsmotive.[170] Vielmehr wächst der VdK, weil der Beratungsbedarf in
Sozialrechtsfragen gestiegen ist. Darüber hinaus nehmen gerade Ältere und
Menschen mit Behinderungen in ländlichen Regionen die spezifischen
Service- und Informatinsleistungen des Verbandes in Anspruch. Da der
Verband in Süddeutschland in der Fläche vertreten ist, kann sich das Mit-
glied direkt an die zuständige Geschäftsstelle vor Ort wenden.

---

169 Dass viele Ortsverbandsvorsitzende weiterhin auf dem alten Runenzeichen VdK beharren
und das neue Logo nicht annehmen, kann als symptomatisch für vielfach konservative
Strukturen auf der Ortsverbandsebene gesehen werden.
170 Damit stellt die Auflösung der sozialmoralischen Milieus den VdK vor geringere Schwierigkeiten als die Parteien und Gewerkschaften.

5.2 Rückläufiges Ehrenamt

Trotz des hohen Zustroms an neuen Mitgliedern übernehmen diese immer seltener ehrenamtliche Tätigkeiten in den örtlichen Verbandsstrukturen. Während sich im Jahr 1970 noch rund 106.341 Vorstandsmitglieder und Helfer im VdK engagierten (VdK 1970: 378), waren es nach eigenen Angaben im Jahr 2008 nur noch rund 63.000 Menschen. Prozentual engagierten sich 2008 folglich rund 4,4 Prozent der VdK-Mitglieder, von denen eine Mehrheit 50 Jahre und älter ist.

Tabelle 22: Anzahl der Ehrenamtlichen im VdK 2008

Landesverband	Ehrenamtliche
Baden- Württemberg	8.000
Bayern	19.000
Berlin/Brandenburg	483
Hamburg	65
Hessen- Thüringen	11.626
Mecklenburg- Vorpommern	310
Niedersachsen- Bremen	2.200
Nord	77
Nordrhein- Westfalen	9.326
Rheinland- Pfalz	9.000
Saarland	2.700
Sachsen	400
Sachsen- Anhalt	60
Gesamt	63.283

Quelle: Angaben der Landesverbände 2009.

Im VdK Bayern hatten im Dezember 2008 beispielsweise 91,5 Prozent der rund 19.000 Ehrenamtlichen das 50. Lebensjahr überschritten. Die

60–69-Jährigen dominierten mit rund 42,45 Prozent das Ehrenamt im Landesverband.[171] Die Intensität des Engagements weist große Unterschiede auf: Während sich einige Mitglieder sehr zeitintensiv in das Verbandsleben einbringen und den VdK als eine Art Heimstätte betrachten, bevorzugen es insbesondere die berufstätigen Ehrenamtlichen in zeitlich überschaubare Projekte eingebunden zu sein. Die Angebote des Verbandes für seine Ehrenamtlichen reichen beispielsweise in Hessen-Thüringen von der klassischen Mitarbeit in den Ortsvorständen bis hin zum Engagement beim Mobilen Sozialen Hilfsdienst (VdK Hessen-Thüringen 2006c).[172] Einer Mitgliederumfrage des VdK Hessen-Thüringen aus dem Jahr 2005 ist zu entnehmen, dass rund neun Prozent der Mitglieder an ehrenamtlicher Mitarbeit interessiert sind. Dieses Potenzial wird gleichwohl nicht ausgeschöpft. Im Gegenteil: Der Bedarf des Ehrenamtes in den Ortsvorständen ist gegenwärtig schwierig zu decken (VdK Hessen-Thüringen 2005). Die ehrenamtliche Arbeit wird symbolisch durch eine Kultur der Anerkennung in Form von Ehrennadeln, Präsente, Einladungen zu Ehrenamtstagen, den VdK-Ehrenamtspreis und ähnliches gewürdigt.[173] Zu Beginn der neunziger Jahre wurden Schulungsangebote für die ehrenamtlichen Helfer eingeführt, um dem Interesse an Weiterbildung in sozialrechtlichem und organisatorischem Grundwissen gerecht zu werden (VdK 1994: 102).[174] Einige Landesverbände wie Bayern (»VdK-Intern«) und Hessen-Thüringen (»Report«) geben neben Handbüchern für ehrenamtliche Arbeit spezielle Zeitschriften für ihre ehrenamtlichen Funktionäre heraus, um diesen einen »Mehrwert« als Dank und Anerkennung für ihr Engage-

---

171 Ca. 35,5 Prozent der bayerischen Funktionäre hatten im Jahr 2008 das 70. Lebensjahr überschritten.

172 Der Mobile Soziale Hilfsdienst wurde 1995 in Frankfurt am Main ins Leben gerufen. Es ist kein ambulanter Pflegedienst, sondern ehrenamtliche Helfer unterstützen Menschen bei Alltagsaufgaben wie hauswirtschaftlichen Arbeiten oder beim Schriftverkehr (VdK Hessen-Thüringen 2006)

173 Mit dem VdK-Ehrenamtspreis werden seit dem Jahr 2000 ehrenamtliche VdK-Mitarbeiter in Hessen-Thüringen für ihr Engagement ausgezeichnet (VdK Hessen-Thüringen 2006c).

174 Hessen-Thüringen eröffnete beispielsweise im Jahr 2004 eine eigene VdK-Ehrenamtsakademie in Bad Salzhausen, in der Fortbildungs- und Qualifizierungsmaßnahmen für die Ehrenamtlichen des Landesverbandes stattfinden. Im Jahr 2005 nahmen rund 1.000 Ehrenamtliche an den Schulungen teil (VdK 2006a: 59). Im Jahr 2005 veröffentlichte der VdK Rheinland-Pfalz erstmalig den VdK-Kompass als Leitfaden für die ehrenamtliche VdK-Arbeit (VdK Rheinland-Pfalz 2007: 66).

ment zu bieten.[175] Gleichwohl verfügt der VdK bislang über keine konsistente strategische Ehrenamtsförderung.

6. Lobbypolitik

»20 Millionen Rentner sind 20 Millionen Wähler« – diese Äußerung führte der ehemalige Verbandspräsident regelmäßig an, um das politische Machtpotenzial dieser Gruppe zu unterstreichen. In einem Atemzug verwies er auf die Bedeutung des VdK als starker Interessenvertreter der Älteren: »Sie müssen politische Bataillone hinter sich haben, dann können Sie Sachargumente vorbringen« (Interview VdK 8). Das demonstrative Agieren des Altpräsidenten vermittelt den Eindruck eines starken Lobbyisten der Älteren. Aber ist der Verband wirklich *der* Anwalt der Rentner in Deutschland? Oder gründet sich dieses Bild nicht vielmehr auf der gekonnten medialen Selbstdarstellung des Verbandes? Um diese Fragen zu untersuchen, werden die thematischen Schwerpunkte und die Instrumente der Lobbyarbeit des VdK vorgestellt.

6.1 Lobbyarbeit: Schwerpunkte und Instrumente

Der Sozialverband VdK Deutschland sieht sich selbst als Bollwerk der älteren Generation und Behinderten. Gleichwohl wird ein Vertretungsanspruch für weitere Klientelgruppen des Sozialstaates erhoben.[176] Kontinuierliche Lobbyarbeit wird angesichts der begrenzten finanziellen und personellen Ressourcen allerdings vorwiegend für Menschen mit Behinderungen und Rentner betrieben. Der VdK zählt das Bundesministerium für Arbeit und Soziales (BMAS) und das Bundesministerium für Gesundheit (BMG) zu seinen Hauptansprechpartnern.[177] Bereits in den siebziger Jahren war der VdK in 28

---

175 Die Zeitschriften informieren die Verbandsstufen über das sozialpolitische und verbandsinterne Geschehen.

176 1991 präsentierte der VdK beispielsweise sein Programm »Armut wirksam bekämpfen«, in welchem er Reformen der Sozialhilfe anmahnte (VdK 1994: 212f).

177 Die Anhörungen der Bundesministerien werden von den Lobbyisten als wichtigste formalisierte Kontaktform eingestuft, da sie in einem möglichst frühen Stadium Einfluss ausüben müssen, um das jeweilige Anliegen wirkungsvoll einzubringen (Sebaldt 1997: 271f., Benzner 1989). Die Anhörungen in den Bundestagsausschüssen werden dagegen insbesondere genutzt, um als Verband öffentlichkeitswirksam zu agieren.

Beiräten und Institutionen der Ministerien und Bundesbehörden vertreten (Weber 1976: 144). Er verfügte bis in die siebziger Jahre als Kriegsopferverband ebenso wie der Reichsbund über eine beträchtliche Organisationsmacht und genoss kontinuierliche Aufmerksamkeit des jeweils amtierenden Bundeskanzlers, Arbeitsministers und Verteidigungsministers (ebd.). Im Jahr 2006 war der VdK Mitglied in folgenden Beiräten und Ausschüssen (VdK 2006a: 30):

– Beirat für die Teilhabe behinderter Menschen beim Bundesministerium für Arbeit und Soziales
– Bundesausschuss der Kriegsbeschädigten- und Kriegshinterbliebenenfürsorge beim Bundesministerium für Arbeit und Soziales
– Beratender Ausschuss für behinderte Menschen bei der Bundesagentur für Arbeit
– Gemeinsamer Bundesausschuss im Gesundheitswesen
– Beirat des BMG zur Neubestimmung des Begriffs der Pflegebedürftigkeit[178]
– Sachverständigenrat der Behindertenverbände bei der Bundesarbeitsgemeinschaft für Rehabilitation (BAR)
– Arbeitsgruppe »Barrierefreie Umweltgestaltung« bei der Bundesarbeitsgemeinschaft für Rehabilitation
– Interministerieller Ausschuss für Verbraucherfragen beim BMWi
– Arbeitsgruppe der Initiative des BMAS »job – Jobs ohne Barrieren«
– Beraterkreis zur Armut- und Reichtumsberichterstattung der Bundesregierung
– Lenkungsausschuss Aktionsbündnis barrierefreie Informationstechnik (AbI)
– Beirat Barrierefrei Informieren und Kommunizieren (BIK)
– Deutscher Frauenrat
– Deutsche Vereinigung für Rehabilitation e.V. (DVfR)

Die Aufzählung verdeutlicht, dass der VdK insbesondere in Gremien der Politik für Menschen mit Behinderungen eingebunden ist, nicht jedoch in Beiräte im Feld der Rentenpolitik. Durch die Mitarbeit in den Beiräten bemühen sich sowohl die Bonner Abteilung für Sozialpolitik als auch der Assistent der Geschäftsführung in Berlin, langfristige Arbeitskontakte zur Ministerialverwaltung aufzubauen. Die Hauptamtlichen bewerten den Einfluss der ministeriellen Fachebene auf die Gestaltung der Gesetzesentwürfe als

---

178 Der VdK wurde ebenso wie der SoVD vom DBR in diesen Beirat entsendet. Der DBR soll wie eine Art Filter wirken, damit keiner der Verbände eine Vormachtstellung einnimmt.

hoch und sehen diese deshalb auch als ihre primären Ansprechpartner (vgl. Sebaldt 1996: 675f). Neben den formalen Einflussmöglichkeiten durch Einbindung in Fachgruppen sind persönliche Kontakte durch Gesprächstermine und informelle Arbeitskreise von Bedeutung. Der VdK verfügt über ein weiteres, formales Mittel der Einflussnahme: In der Nachkriegszeit wurde den Kriegsopferverbänden das Verbandsklagerecht vor den Sozialgerichten eingeräumt und damit die Möglichkeit, durch Musterklagen Einfluss auf politische Entscheidungsprozesse zu nehmen. Gegenwärtig stellt der Verband vier ehrenamtliche Beisitzer am Bundessozialgericht (VdK 2006a: 31).

Wie bereits der ehemalige VdK-Präsident Hirrlinger kann auch die gegenwärtig amtierende Präsidentin Ulrike Mascher aufgrund ihrer politischen Karriere auf gute politische Netzwerke zurückgreifen.[179] Der Kontaktpflege zur Politik und zu anderen Verbänden dienen die seit 2006 stattfindenden Neujahrsempfänge in Berlin (VdK 2007c: 12f.).[180] Insbesondere symbolische Bedeutung hat die VdK-Mitgliedschaft von Regierungsmitgliedern.[181] Allerdings ist die reine Zahl der Verbandsmitgliedschaften von Abgeordneten wenig aussagekräftig, da damit die Verbandsinteressen nicht automatisch parlamentarisch repräsentiert sind. Gerade im Feld Sozialpolitik gehört es häufig »zum guten Ton«, Mitglied in einem entsprechenden sozialpolitisch aktiven Verband zu sein. Über das tatsächliche Engagement für diesen ist damit noch nichts gesagt. Vergleicht man die Verbandsmitgliedschaft der Abgeordneten im Zeitverlauf, so zeigt sich ein hoher Rückgang von 107 MdBs im Jahr 1970 auf 42 MdBs im Jahr 2007.

---

179 Zweimal jährlich fand ein Treffen mit Bundeskanzlerin Merkel statt. Ebenfalls zweimal im Jahr ist ein Gespräch mit dem Bundesarbeitsminister und der Bundesgesundheitsministerin angesetzt.

180 Den »Verbandsabgeordneten« wird im Vergleich zu den Ministerialbeamten eine untergeordnete Rolle zugesprochen (Trampusch 2004: 649; Winter 2001: 217). Gleichwohl veranstaltet auch der VdK parlamentarische Abende zur Kontaktpflege. Trotz einer gewissen inhaltlichen Nähe dürfe die Loyalität eines Abgeordneten, der in vielen Verbänden Mitglied ist, nicht überschätzt werden. Zudem wirken weitere Faktoren wie die Fraktionsdisziplin auf die Willensbildung und das Handeln eines Abgeordneten ein (Interview VdK 9).

181 So waren der ehemalige bayerische Ministerpräsident und Kanzlerkandidat Franz-Josef Strauß, Alt-Bundespräsident Johannes Rau und Berlins ehemaliger Regierender Bürgermeister Eberhard Diepgen Mitglied des Verbandes (VdK 1966b: 327; 2002a: 88). Der rheinland-pfälzische Ministerpräsident und ehemalige SPD-Parteichef Kurt Beck zählt seit Oktober 2005 zu den Mitgliedern des VdK (VdK Rheinland-Pfalz 2007: 65).

Tabelle 23: MdBs als VdK-Mitglieder 1957–2007

Jahr	MdB gesamt	CDU/CSU	SPD	FDP	Die Linke
1957	46	23	16	3	–
1966	84	36	40	8	–
1970	107	52	50	5	–
1974	86	45	36	5	–
1978	85	45	35	5	–
1980	64	32	28	5	–
1986	66	38	25	3	–
2007	42	19	20	0	3

Quelle: Donner 1960: 29; VdK 1966b; VdK 1970: 378; VdK 1974: 289; VdK 1978a: 121; VdK 1982: 154f.; VdK 1986: 395; VdK 2007; eigene Berechnungen.

Während 1982 noch 64 Abgeordnete des Deutschen Bundestages, darunter der Bundestagspräsident, der Vorsitzende der FDP-Fraktion und zwei parlamentarische Staatssekretäre Mitglied des VdK waren, zählten im Jahr 2007 lediglich 42 MdB von 612 zu seinen Mitgliedern, verteilt auf die SPD, CSU und CDU. Die hohe Zahl von dreizehn CSU-Abgeordneten untermauert nochmals das besondere Gewicht des VdK in Bayern.

Wenngleich der VdK als Interessenvertreter der Älteren und der Berufs- und Erwerbsunfähigen regelmäßig in rentenpolitischen Fragen zu den Bundestags- und Ministerienanhörungen eingeladen wird und im Austausch mit den Fachreferaten steht, bleibt ihm der Zugang zu den korporatistischen Gremien und Zirkeln in diesem Politikfeld verwehrt. Dies ist darauf zurückzuführen, dass er als Klientelorganisation kein listenbezogenes Mitglied der sozialen Selbstverwaltung ist, sondern lediglich einzelne VdK-Repräsentanten auf Listen anderer Organisationen agieren (Winter 1997a: 397). Diesen Mangel an expliziter Mitgestaltungsfähigkeit kompensiert der VdK durch eine intensive Öffentlichkeitsarbeit (ebd.). Zwar wird betont, dass eine Balance der Lastenverteilung zwischen den Erwerbstätigen und den Rentnern gewahrt werden müsse, aber wie in den achtziger Jahren argumentiert der VdK vorwiegend als Interessenvertretung der Rentner und verweist dabei auf deren

Leistungen beim Wiederaufbau nach dem Zweiten Weltkrieg (Kelleners 1985: 171).[182] Für sein Engagement in der Pflegepolitik wurde der VdK vielfach gewürdigt. Der ehemalige Bundesarbeitsminister Norbert Blüm bezeichnete den vormaligen Verbandspräsidenten als einen »Promotor der deutschen Pflegeversicherung. Ohne Männer und Frauen wie Walter Hirrlinger und ohne den VdK wäre sie nie gekommen« (VdK 2006a).[183] In die Reformdebatte im Jahr 2007 brachte sich der VdK mit einem eigenen Positionspapier zur qualitativen Weiterentwicklung der gesetzlichen Pflegeversicherung im Sinne einer besseren Teilhabe pflegebedürftiger Menschen ein. Der VdK arbeitete 2009 im Beirat zur Überprüfung des Pflegebedürftigkeitsbegriffs mit.

Maßgebliche Erfolge erzielte der VdK in Kooperation mit dem DBR in der Politik für Menschen mit Behinderungen.[184] Die Barrierefreiheit im Alltag zu verbessern, zählt zu seinen Hauptforderungen. Die Fortschritte in diesem Bereich, das Behindertengleichstellungsgesetz und die Entwicklung des SGB IX wertet der Verband als große Erfolge.[185] Um die Interessenvertretung für Menschen mit Behinderungen zu intensivieren, gründete er das Institut für barrierefreie Gestaltung und Mobilität (IGM) und in Kooperation mit weiteren vier Gesellschaftern das Institut für Qualitätssicherung in Pflege und Rehabilitation.[186] Die Bundesgeschäftsstelle ist als Partner des BMAS bei der Durchführung der Initiative »job – Jobs ohne Barrieren« aktiv

---

182 Gleichwohl setzt sich der VdK im Sinne der jüngeren Arbeitnehmer weiterhin für die tragende Rolle der ersten Säule der Alterssicherung gegenüber der betrieblichen und privaten Altersvorsorge ein.

183 Bereits 1982 plädierte der VdK in seinem »Dortmunder Programm« für eine bedarfsorientierte solidarische Absicherung der Pflegebedürftigkeit und beteiligte sich Anfang der neunziger Jahre an der Diskussion um die Einführung einer gesetzlichen Pflegeversicherung, um zu verhindern, dass viele ältere pflegebedürftige Menschen in die Sozialhilfe gedrängt werden (Meyer 1996: 197; VdK 1986: 50f.; VdK-Zeitung 2/1993). 1990 legte er ein eigenes Programm zur Absicherung des Pflegefallrisikos vor, das eine politisch-fachliche Kompromisslösung angesichts der konträren Konzepte der Regierungskoalition bieten sollte (VdK 1994: 189).

184 Die Aussprache zu den Berichten der Gremien beim Bundesverbandstag 2006 konzentrierte sich ebenfalls auf die Themen Schwerbehinderung, Rehabilitation und den Rückgang der Berufsförderungswerke (VdK 2006c).

185 Der VdK hatte bereits zu Beginn der neunziger Jahre die Zusammenlegung des Schwerbehinderten- und Rehabilitationsrechts in einem SGB IX gefordert (Hirrlinger 1994b: 3).

186 Am Institut Mensch, Ethik und Wissenschaft gGmbH (IMEW) ist der Bundesverband ebenfalls beteiligt (VdK 2006a: 37).

und führt Schulungen zum Schwerbehindertenrecht und Gesundheitsmanagement bei unterschiedlichen Unternehmen durch (VdK 2007c: 33).[187] Das Engagement in der Gesundheitspolitik soll künftig gestärkt werden.[188] Die faire Verteilung der Umlagen für die Krankenversicherung durch die Einführung einer Wertschöpfungsabgabe ist seit den neunziger Jahren ein zentrales Postulat des VdK (Roskothen 2008: 76). Die Patientenbeteiligung im Gesundheitswesen seit dem Jahr 2004 verbesserte die Möglichkeiten des VdK, die Interessen seiner chronisch kranken Mitglieder zu vertreten. Neben der Mitarbeit von VdK-Repräsentanten im G-BA startete der VdK Initiativen wie eine Unterschriftenaktion für eine niedrigere Mehrwertsteuer auf Medikamente im Jahr 2007.

6.2 Chancen und Defizite der Lobbyarbeit

Die politische Bedeutung des VdK ist unter Berücksichtigung seiner impliziten wie auch expliziten Einflussmöglichkeiten zu bewerten. Einerseits ist allein die schlichte Existenz mitgliederstarker Sozialverbände bereits ein Faktor, der die Politik nicht unbeeindruckt lässt. Vielfach wird das Vetopotenzial seitens der politischen Entscheidungsträger antizipiert und Reformvorhaben schon im Vorfeld darauf abgestimmt. In dieser Hinsicht lässt sich ein impliziter Einfluss festhalten, der auf der Mitgliederstärke und potenziellen Kampagnenfähigkeit des VdK gründet. Andererseits ist ein nachvollziehbarer, expliziter Einfluss in diesem Politikfeld als vergleichsweise gering zu veranschlagen. Die hauptamtlich Beschäftigten selbst bewerteten die Ergebnisse ihrer Lobbyarbeit in den klassischen Sozialversicherungssystemen seit Jahren als mäßig. Die Interessengruppen konnten sowohl bei der Heraufsetzung des Renteneintrittsalters als auch der Gesundheitsreform 2007 nur sehr begrenzt Veränderungsvorschläge einbringen.[189] Der Verbändeein-

---

187 Der VdK Hessen-Thüringen und der VdK Rheinland-Pfalz bieten Schulungen für Vertrauensleute der Schwerbehinderten und Betriebs- und Personalräte an, um die Teilhabe von Menschen mit Behinderungen im Arbeitsleben zu stärken (VdK Rheinland-Pfalz 2006: 57). Der VdK Hessen-Thüringen veröffentlicht darüber hinaus zwei Mal im Jahr einen VdK-Betriebsreport für seine Schwerbehindertenvertreter.

188 Der ehemalige Vorsitzende der AOK Baden-Württemberg ist seit 2008 Vizepräsident des VdK Deutschland. Damit profitiert der VdK von dessen politischem und sachlichem Erfahrungswissen.

189 Zwar werden die Verbände weiterhin formal politisch beteiligt, aber faktisch findet eine Politik des »closed shop« statt (vgl. Richter 2001).

fluss ist vor allem dann gering und stark reglementiert, wenn die Positionen der regierenden Koalitionspartner in hohem Maße disparat auseinanderstehen und der Kompromiss zwischen den Parteien nur mühsam errungen wurde. Sind sich die Koalitionsparteien in Sachfragen wie etwa bei der Reform der Pflegeversicherung über die Zielrichtung einig, besteht für Sozialverbände und Gewerkschaften eher die Möglichkeit, in Detailfragen ihre Sichtweise zu unterbreiten. Daneben stehen die Einflusschancen von sozialpolitischen Interessengruppen immer auch in Abhängigkeit vom gesellschaftlichen Klima und den wirtschaftlichen Rahmenbedingungen (Türk u. a. 2006: 282).

Zu seinen wesentlichen politischen Erfolgen zählt der VdK, dass er es gemeinsam mit den Gewerkschaften und dem SoVD verhindert habe, dass das Leistungsrecht der Unfallversicherung durch die Umstellung vom Finalitäts- zum Kausalitätsprinzip eingeschränkt wurde. Ebenso haben die Sozialverbände erfolgreich für den Erhalt der Gebührenfreiheit der Sozialgerichtsverfahren gekämpft (VdK 2007b). Deutlich wird beim Blick auf die ausgewiesenen Erfolge, dass es in der Politik für Menschen mit Behinderungen besser als in der Renten-, Pflege- oder Krankenversicherung zu gelingen scheint, expliziten Einfluss im Sinne der VdK-Mitglieder auszuüben.[190] Eine Ursache dafür ist, dass es sich bei der Rentenpolitik um ein verteilungspolitisches Feld handelt, also um distributive Politik, während die Politik für Menschen mit Behinderungen stärker regulativ ausgerichtet ist.[191] Verstärkt wird die Einflussmöglichkeit in der Politik für Menschen mit Behinderungen durch die von der EU regulierte Antidiskriminierungspolitik. In der Politik für Menschen mit Behinderungen zeigt die Ministerialverwaltung überdies im Sinne einer Tauschbeziehung ein höheres Interesse an einer Kooperation mit den Betroffenenverbänden, um von deren erfahrungsbezogenem Wissen profitieren zu können (vgl. Spörke 2008).[192]

Die seniorenpolitische Arbeit ruht dagegen auf keinem wissenschaftlichen Fundament (Burau 2006: 63ff.). Auf der Bundesebene mangelt es dem

---

190 Neben der Einführung des SGB IX ist auch die Änderung von Artikel 3 des Grundgesetzes im Jahr 1994 zu nennen, der seitdem die Benachteiligung von Menschen mit Behinderungen verbietet.

191 Im Feld der distributiven Politik für Menschen mit Behinderungen wie der Eingliederungshilfe stoßen die Sozialverbände mit finanzintensiven Forderungen ebenso wie in der distributiven Rentenpolitik auf größeren Widerstand.

192 Das BGG und das SGB IX wurden in enger Zusammenarbeit zwischen Ministerialbürokratie, Betroffenenverbänden, dem Beauftragten der Bundesregierung für die Belange von Menschen mit Behinderungen und dem Parlament verfasst (Spörke 2008: 153).

VdK an wissenschaftlicher Beratung, die fundierte Gegenmodelle zu Gesetzesvorlagen entwickelt (ebd.).[193] Sebaldt (1996: 677) verwies bereits Mitte der neunziger Jahre darauf, dass Interessenverbände, die ihre Anliegen politisch wirkungsvoll vertreten wollen, auf stützende Fachgutachten oder in persona auftretende Wissenschaftler angewiesen seien. Der VdK verfügt jedoch nur über wenig wissenschaftliche Expertise. Durch partielle Kooperationen mit anderen Verbänden versucht er, Wissen zu akkumulieren – gleichwohl eher in der Politik für Menschen mit Behinderungen und nicht in der Seniorenpolitik, wobei thematische Überschneidungen der beiden Politikfelder möglich sind. Die Gegner von höheren Investitionen in den Aufbau eines wissenschaftlichen Stabes führen die begrenzten finanziellen Mittel und die neoliberale Grundstimmung der Politik an, die ohnehin nur eine begrenzte politische Einflussnahme ermögliche.[194]

Mit dem Rückbau des Sozialstaates in der Rentenpolitik ist auch der Gestaltungseinfluss des VdK zurückgegangen. In der Rentenpolitik tritt der VdK infolge des hohen Altersdurchschnitts seiner Mitglieder vermehrt als Klientelorganisation auf, die die Interessen der Leistungsbezieher vertritt. Aufgrund der langen Verbandsgeschichte, seiner Öffentlichkeitsarbeit und der Präsenz in vielen öffentlichen Institutionen wie den ministeriellen Beiräten und Sozialgerichten wird der VdK als Sprecher der Rentner ernst genommen und als Gesprächspartner gesucht. Im Vergleich zu den Interessenverbänden der Beitragszahler, also den Gewerkschaften und Arbeitgeberverbänden, wies der Verband gleichwohl bereits in den neunziger Jahren einen geringeren Einfluss auf (Winter 1992: 422f). Aus dem gewonnenen Material lässt sich die These von Schulze und Jochem nicht bestätigen, dass der VdK in den inner circle der Rentenpolitik vorgedrungen sei (Schulze/Jochem 2007: 669).

---

193 Eine personelle Erweiterung der Abteilung Sozialpolitik sei aufgrund der beschränkten finanziellen Ressourcen des Dachverbandes nicht möglich. Seit 1998 wurde die Zahl der sozialpolitischen Referenten bereits von zwei auf vier aufgestockt, um der zunehmenden Arbeitsbelastung Rechnung zu tragen (VdK 1998: 66). Einige Funktionäre scheinen sich gegen eine stärkere Heranziehung wissenschaftlicher Experten auszusprechen, obgleich die Befürworter des Aufbaus eines solchen Expertenstabes gute Argumente dafür anführen. Andere Verbände, die über eigene wissenschaftliche Institute verfügen, können dadurch einen Wettbewerbsvorteil erlangen. Hier zeigt sich die Ressourcenknappheit im Vergleich zu ressourcenstarken Verbänden wie den Arbeitgebern und den Gewerkschaften.

194 Darüber hinaus gebe es bereits eine Vielzahl abstrakter wissenschaftliche Fachgutachten, während es eine Stärke des VdK sei, dass er pragmatisch im Sinne seiner Mitglieder handelte und »nah bei den Menschen« sei (Interview VdK 26).

6.3 Mobilisierungs- und Kampagnenfähigkeit

Neben der skizzierten stillen Lobbyarbeit (*inside strategy*) organisiert der VdK auch unkonventionelle Plakatkampagnen und Protestaktionen wie Unterschriften- und Postkartenaktionen sowie Demonstrationen (*outside strategy*). Insbesondere die Rentenpolitik eignet sich, um Mitglieder und Öffentlichkeit für Kampagnen und Demonstrationen zu mobilisieren.[195]

Im Folgenden werden einige Beispiele erfolgreicher Kampagnen und Mobilisierungsaktionen des VdK vorgestellt. Auf das geplante Gesundheitsstrukturgesetz 1993 reagierte der VdK im September 1992 mit einer Unterschriftenprotestaktion »Gegen weitere Belastungen der Versicherten durch das geplante Gesundheitsstrukturgesetz 1993«. Innerhalb von vier Wochen wurden 250.000 Unterschriften gesammelt und dem damaligen Bundesgesundheitsminister Seehofer übergeben (VdK 1994: 167).[196] An der bislang erfolgreichsten Unterschriftenaktion des VdK beteiligten sich von Januar bis Ende April 2007 rund 2,3 Millionen Personen und damit weit mehr als der Verband an Mitgliedern aufweist. Am 18. Juni 2007 übergab der VdK dem Bundeskanzleramt 2,3 Millionen Unterschriften zur Senkung der Mehrwertsteuer auf Medikamente, allein in Bayern wurden 1,2 Millionen gesammelt (VdK-Zeitung 7+8/2007, 11/2007). Trotz des vergleichsweise hohen Durchschnittsalters seiner Mitglieder gelang es dem VdK am 29. März 2004, Demonstrationen gegen die Reformen in der Renten- und Gesundheitspolitik zu organisieren, an denen alleine in München rund 27.000 Protestierende unter dem Motto »Mit mir nicht!« teilnahmen (VdK 2006a: 168).[197] Diese Aktionen bewirkten einen Anstieg der Mitgliederzahlen, da der VdK seine Rolle als Anwalt der sozial benachteiligten Menschen medial unterstreichen und seinen Bekanntheitsgrad erhöhen konnte. Ebenso wurde den Mitgliedern im Sinne erfolgreicher Mitgliederhaltearbeit vermittelt, dass der Verband aktiv für ihre Interessen eintritt und dabei selbst »Kampfmaßnahmen« nicht scheut. In den Jahren 2003 und 2008 wurden bundesweite Protestplakataktionen durchgeführt, um auf die geringe Beschäftigtenquote äl-

---

195 Dies verdeutlichte beispielsweise die emotional geführte Diskussion um die Anhebung des Renteneintrittsalters auf 67 Jahre.

196 Gegen die Rentenanpassung der rot-grünen Koalition im Jahr 2003 gingen rund 100.000 Widerspruchsschreiben im Rahmen der Mitgliederaktion »Deutschlands Rentner wehren sich« in Berlin ein (VdK 2006a: 168).

197 Bundesweit gingen rund 40.000 VdK-Mitglieder gegen die Reformen auf die Straße (Roskothen 2008: 99):

terer Arbeitnehmer und die Armutsproblematik hinzuweisen.[198] Im Sinne seines generationenübergreifenden Selbstverständnisses thematisierte der VdK auf den Plakaten sowohl Kinder- als auch Altersarmut. Zwar gelingt es dem VdK trotz des hohen Durchschnittsalters seine Mitglieder zu mobilisieren, er verfügt jedoch über keine Leistungsverweigerungspotenziale im Offeschen Sinne: Mit der Verweigerung systemrelevanter Leistungen kann er der Politik nicht drohen. Das vielfach vorgebrachte Argument, dass Rentner auch Wähler sind, scheint bei kursorischer Betrachtung ein Druckmittel zu sein. Gleichwohl zeigt sich bei näherer Betrachtung, dass Rentner aufgrund ihrer heterogenen Soziallagen kaum zu einem einheitlichen Handeln bewegt werden können und dieses Argument daher zu relativieren ist.

6.4 Öffentliche Thematisierungskompetenz

Seine vergleichsweise geringe explizite Gestaltungskompetenz in der Seniorenpolitik bemüht sich der VdK durch eine intensive Öffentlichkeitsarbeit zu kompensieren, um so eine Thematisierungskompetenz aufzubauen. In ihrer politischen Arbeit sind Verbände auf öffentliche Unterstützung angewiesen, um einerseits die Legitimität der eigenen Interessenlage gegenüber der Gesellschaft darzulegen und andererseits die Medien selbst für die Durchsetzung ihrer politischen Ziele zu nutzen (Sebaldt 1997: 320f). Die Presse- und Öffentlichkeitsarbeit wurde insbesondere seit Anfang der neunziger Jahre professionalisiert und durch neue Medien ergänzt. So sollte das gewandelte Image als Sozialverband in die Öffentlichkeit und den Verband transportiert werden (VdK 1994: 129).[199] Die Öffentlichkeitsarbeit zählt zu den wichtigsten Instrumenten, um die Interessen der Mitglieder zu vertreten (VdK 1994: 88).

---

198 Die überwiegend in München konzipierte Kampagne »50+/Mehr Jobs für ältere Arbeitnehmerinnen und Arbeitnehmer« sollte durch provokante Plakatslogans auf die notwendige Verbesserung der Beschäftigungschancen für ältere und schwerbehinderte Arbeitnehmer aufmerksam machen (VdK 2006a: 167).

199 Seit 1996 ist der VdK mit einer eigenen Homepage im Internet präsent (VdK 2007: 70). Im Jahr 2008 wurden rund 24 Millionen Seitenzugriffe gezählt – mit steigender Tendenz. Alle Interessierten können seit 2001 die e-Stafette, einen Newsletter mit sozialpolitischen und -rechtlichen Informationen, sowie einen Presse-Newsletter abonnieren. Ende 2006 bezogen mehr als 7.000 Bürger die e-Staffette und rund 3.500 den Presse-Newsletter (VdK 2007c: 71).

Die Analyse der 235 zwischen 2004 und April 2008 veröffentlichten Pressemitteilungen zeigt, dass entsprechend der sozialpolitischen Themenlage die Bereiche Gesundheitspolitik (26 Prozent), Rentenpolitik (23 Prozent), Antidiskriminierung (8,5 Prozent) und Pflegepolitik dominieren (7,7 Prozent). Doch auch in der Arbeitsmarktpolitik meldete sich der Verband häufig zu Wort (7,2 Prozent). Es ist zu erkennen, dass die sozialen Sicherungssysteme im Fokus der Öffentlichkeitsarbeit stehen. In der Gesundheits- und Pflegepolitik vertritt der VdK mehrheitlich die Interessen von Älteren, chronisch Kranken und Menschen mit Behinderungen, sodass auch hier seine Klientelpolitik deutlich wird.[200]

In der Media Tenor Analyse 2005 belegte der Sozialverband VdK Deutschland hinter dem ADAC und Transparency International den dritten Platz für seine Kommunikationsleistungen in den Jahren 2004 und 2005.[201] Erkennbar ist bei einer Presseanalyse die starke Personenzentrierung auf den ehemaligen Verbandspräsidenten. Die Außenwahrnehmung des Verbandes wurde 1990 bis 2008 von ihm dominiert.[202] Mit markanten, immer wiederkehrenden Aussagen wie »Die Rentner sind nicht die Sparkühe der Nation« oder »20 Millionen Rentner sind auch 20 Millionen Wähler« erwarb sich Hirrlinger einen hohen Bekanntheitsgrad. Im Jahr 2006 konnte der VdK bei der Media Tenor Analyse zwar nicht an seinen Erfolg von 2005 anknüpfen, doch belegte er den 13. Platz vor dem DRK und den Kirchen: Bemerkenswert ist, dass der VdK bei der Platzierung von Zukunftsthemen den ersten

---

200 Innerverbandlich wurde gegen Ende der Amtszeit von Hirrlinger zunehmend bemängelt, dass der VdK ein zu großes Augenmerk auf die Rentner gelegt und darüber andere Sozialleistungsempfänger benachteiligt habe.

201 Kriterien waren neben der Menge der Berichterstattung auch deren Stetigkeit und Qualität. Insbesondere in den überregionalen Tageszeitungen »Welt« und »Frankfurter Allgemeine Zeitung« war der VdK im Jahr 2005 verhältnismäßig häufig präsent. Die Erhebung wurde zwischen dem 1. Juli 2004 und 30. Juni 2005 durchgeführt. Das gute Abschneiden ist auch darauf zurückzuführen, dass die Jahre 2003 bis 2005 als Boomzeiten sozialpolitischer Reformen gelten und insbesondere die reaktive Pressearbeit in Form der Veröffentlichung von Pressemitteilungen massiv zugenommen hatte. Seitdem die großen Reformen verabschiedet wurden, ist die Frequenz der Pressemitteilungen wieder gesunken.

202 Die führende Rolle von Hirrlinger wurde im Verband einerseits als Vorteil gesehen, da dieser der Kriegsgeneration angehört und die Entwicklung der sozialen Sicherungssysteme als Landesminister aktiv mitgestaltete. Ihm gelang es, die Netzwerkpolitik des VdK zu stärken. Andererseits wurde neben seinem Fachwissen auf die Eigenwilligkeit des Präsidenten und die zu starke Personalisierung verwiesen.

Abbildung 13: Pressemitteilungen des VdK nach Sachgebieten Januar 2004–April 2008

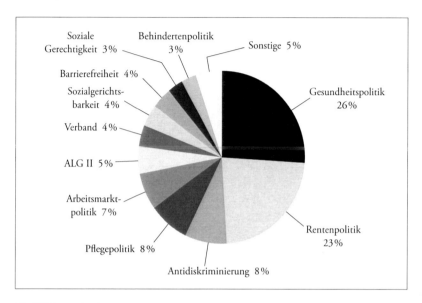

N = 235 Pressemitteilungen;

Quelle: Eigene Berechnungen.

Rang einnahm.[203] Doch nicht alleine in der Presse, auch im Fernsehen und Hörfunk ist der VdK vielfach präsent.[204]

Seit 1993 wird die VdK-Zeitung bundesweit als Mitgliederorgan mit einer Auflage von ca. 1,2 Millionen Exemplaren herausgegeben[205], die neben sozialpolitischen Informationen auch Ratgeber- und Reiseberichte beinhaltet und im Jahr 2006 zu den vierzehn größten Mitgliederzeitungen Deutschlands zählte (VdK 2007c: 69). Auffällig ist das hohe Werbeaufkommen, an dem die Delegierten des Bundesverbandstags Kritik übten (VdK 2002b). Im

---

203 Ein bis zwei Mal pro Jahr wird eine Bundespressekonferenz zu einem aktuellen sozialpolitischen Thema organisiert.

204 Die Auftritte des ehemaligen Verbandspräsidenten in politischen Talkshows wie »Talk im Turm« oder »Anne Will« erhöhten den Bekanntheitsgrad des VdK (VdK 2006a: 164ff.).

205 Ab 1949 erschien die Zeitung zunächst unter dem Namen »Die Wacht«, ehe sie 1951 bis 1994 den Titel »Die Fackel« trug (VdK Rheinland-Pfalz 2006: 63). In Bayern hieß die Mitgliederzeitung »Wille und Weg«.

Zuge der Schaffung eines Corporate Designs wurde Anfang der neunziger Jahre beschlossen, eine bundesweite VdK-Zeitung mit einem einheitlichen Mantel und landesverbandsspezifischem Innenteil zu schaffen.[206] Hatte sich die Berichterstattung bis Anfang der neunziger Jahre weitgehend auf die Sozialpolitik konzentriert, so wird seitdem den Freizeitrubriken »Familie und Freizeit«, »Verbraucher« und »Gesundheit« ein höherer Stellenwert eingeräumt. Die Beratung der Mitglieder in Gesundheitsfragen wurde ebenfalls fortlaufend verstärkt, um deren Bedürfnissen Rechnung zu tragen. In der Fachzeitschrift »Sozialrecht + Praxis« werden Sozialpolitiker und Schwerbehindertenvertreter monatlich über sozialpolitische Entwicklungen und Entscheidungen des Bundessozialgerichts informiert (VdK 2007c). Die interne Kommunikation wurde im Jahr 2000 durch die Einrichtung der wöchentlich erscheinenden »VdK-Presseschau« professionalisiert (VdK 2002a: 74).[207] Die Corporate Identity innerhalb des VdK soll durch das 2006 eingeführte gemeinsame Corporate Design der Verbandsveröffentlichungen gestärkt werden. Im Bereich Werbemittel und Briefpapier ist es bislang jedoch noch nicht gelungen, Einheitlichkeit im Bundesverband zu schaffen, und die Professionalisierung im Bereich Design weiterzuentwickeln.

7. Resümee

Seit den neunziger Jahren entwickelt sich der 1950 als Kriegsopferverband gegründete Sozialverband VdK Deutschland vom Kriegsopfer- zum Sozialverband und verzeichnet seitdem steigende Mitgliederzahlen. Gegenwärtig kann er für sich reklamieren, mit über 1,45 Millionen Mitgliedern der größte deutsche Sozialverband zu sein, der neben den höchsten Mitgliederzuwächsen auch am häufigsten in den Medien präsent ist. Die Mitgliederdynamik wurde durch die sozialpolitische Reformpolitik, den damit verbundenen gestiegenen Rechtsberatungsbedarf, eine hohe mediale Präsenz und ge-

---

206 Als Zugeständnis an den bayerischen Landesverband und infolge der Ressourcenknappheit des Bundesverbandes wird diese gemeinsam von VdK Deutschland und VdK Bayern herausgegeben; beide stellen je einen Chefredakteur. Während der Fokus der Berliner Redaktion auf der Sozialpolitik liegt, betreut die Redaktion München die Sparten Unterhaltung und Service.

207 Diese dokumentiert die Medien-Berichterstattung über den VdK und liefert den Gremien sozialpolitische Hintergrundinformationen.

schickte Inszenierungsstrategien befördert. Gleichwohl stellt die damit einhergehende Heterogenisierung der Mitgliederstruktur bei gleichzeitig höherer Fluktuation den VdK vor Steuerungsschwierigkeiten und Finanzierungsprobleme.[208] Die heterogene Mitgliedschaft erschwert es, die Interessen der unterschiedlichen Gruppen intern auszubalancieren und verbandspolitische Geschlossenheit herzustellen. Während die Kriegsopfer sich aufgrund der gemeinsamen Kriegserfahrung als vergleichsweise homogene Gruppe organisieren ließen, verlangen die unterschiedlichen Lebenslagen der übrigen Klientelgruppen vom VdK größere Integrationsanstrengungen. Der geringe, hochaltrige Teil der Kriegsopfer sieht sich teilweise im Verband vernachlässigt, da mittlerweile die Interessenvertretung der Rentner und der Menschen mit Behinderungen im Zentrum steht. Jüngere Mitglieder wiederum fühlen sich häufig von den inhaltlichen und gemeinschaftsbildenden Angeboten der Ortsverbände nicht angesprochen. Es mangelt vielerorts an alters- und bedürfnisgerechten Angeboten für die einzelnen Mitglieder und Ehrenamtlichengruppen. Dies spiegelt sich in der seit den siebziger Jahren abnehmenden Zahl der Ortsverbände wider, die von rund 11.000 auf etwa 7.100 im Jahr 2008 zurückgegangen sind; ein ähnlicher Effekt zeigt sich im nachlassenden ehrenamtlichen Engagement. Gerade die jüngeren Mitglieder finden bislang im VdK nur vergleichsweise geringe Beteiligungsmöglichkeiten, die sich mit dem Wunsch nach Selbstbestimmung und zeitlicher Begrenzung des Engagements vereinbaren lassen. Überlegungen, das partizipative Element im Verband zu stärken, stehen noch am Anfang.[209]

Wenngleich der originäre Pfad als Kriegsopferverband verlassen wurde und die Trendwende in der Mitgliederentwicklung geglückt ist, ist das selbstgestellte Ziel, ein schlagkräftiger, allumfassender Sozialverband zu sein, bislang noch nicht gänzlich erreicht. Die Interessenvertretung des Sozialverbandes VdK konzentriert sich insbesondere auf die Politik für Menschen mit Behinderungen[210] und auf die Rentenpolitik (vgl. Burau 2006)[211]. Um dem Anspruch einer umfassenden Interessenvertretung der älteren Menschen

---

208 Insbesondere im Bereich der Sozialrechtsberatung werden – wie ausgeführt – neue Finanzierungsmodelle geplant, etwa die Auslagerung in gGmbHs, um diese wichtigste Dienstleistung nachhaltig zu sichern.

209 Weder auf Bundes- noch Landesebene konnten Referenten identifiziert werden, die sich explizit mit der Förderung ehrenamtlichen Engagements im VdK beschäftigen.

210 Die Mehrzahl der im VdK organisierten Rentner ist auch von einer Behinderung betroffen (Interview VdK 9).

211 So weist die »Sozialpolitische Erfolgsbilanz des Sozialverbandes VdK« (2007b) insbesondere Erfolge in der Politik für Menschen mit Behinderungen aus wie beispielsweise die

und aller Sozialleistungsempfänger gerecht zu werden, wird diskutiert, die Beratungskompetenz wie auch die Interessenvertretung in der Pflege- und Gesundheitspolitik stärker zu akzentuieren.[212] Auffällig sind die Vertretungsdefizite in Bereichen der Seniorenpolitik abseits der Sozialversicherungssysteme: So legt der VdK beispielsweise nur ein vergleichsweise geringes Augenmerk auf altersgerechtes Wohnen oder Verbraucherschutz für ältere Menschen. In der rentenpolitischen Arena selbst forciert der Sozialverband insbesondere Verbesserungen für seine Mitglieder mit Behinderungen wie beispielsweise die Beibehaltung der Altersgrenze für schwerbehinderte Menschen.

In den letzten Jahren wurden die Verbandsstrukturen, die Öffentlichkeitsarbeit und die Interessenvertretung professionalisiert. Diese Bemühungen scheinen jedoch noch nicht zu reichen, um der zunehmenden Konkurrenz von Interessengruppen und der Verwissenschaftlichung der Politikberatung gerecht zu werden. Bislang stützt sich die Interessenvertretung in der Seniorenpolitik in hohem Maße auf das Erfahrungswissen der ehrenamtlichen Funktionäre und hauptamtlichen Mitarbeiter. Eine wissenschaftsbasierte Lobbyarbeit praktiziert der VdK infolge seiner beschränkten hauptamtlichen Ressourcen nur begrenzt – viele Funktionäre lehnen überdies eine solche Ausrichtung ab.

Wenngleich der VdK kein genuiner Altenverband ist, ist er aufgrund seiner hohen Mitgliederzahl von rund 1,45 Millionen und des nach wie vor hohen Altersdurchschnitts der Mitglieder, der gewachsenen Struktur als Vertreter für die Senioren sowie der umfassenden öffentlichen Präsenz als bedeutendster deutscher Sozialverband für die Älteren zu bezeichnen. Es ist dem VdK gelungen, sein neues, zeitgemäßes und verjüngtes Image nach innen wie auch nach außen zu transportieren. Auffällig war die starke Stellung des Verbandsvorsitzenden Hirrlinger in der bundespolitischen Öffentlichkeit, der als »Robin Hood der Rentner« und als »Rentnergeneral«, quasi wie eine eigene Marke gewürdigt wurde. Das medial gezeichnete Bild des mächtigen Rentnerlobbyisten VdK in der Person Hirrlingers, der Tag ein, Tag aus von Spitzenpolitikern empfangen wird und dort seinen politischen Einfluss spielen lässt, ist gleichwohl zu relativieren. Zwar ist es dem VdK insbesonde-

---

Verabschiedung des Behindertengleichstellungsgesetzes im Jahr 2002 oder die Kampagne »50.000 neue Arbeitsplätze für behinderte Menschen« des BMAS.

212 Von einigen Landesverbänden wurde kritisiert, dass dem Bundesverband eine Leitvision und Strategie für die weitere Entwicklung des Verbandes hinsichtlich seiner organisatorischen und programmatischen Ausrichtung fehle.

re seit 2003 gelungen, seine Präsenz in der Öffentlichkeit zu erhöhen und sich als Anwalt *aller* Rentner zu inszenieren. Auf diese Weise verstärkte der VdK seine implizite Interessenvertretung für Rentner. Gleichwohl scheint die Mehrheit der neuen Mitglieder dem VdK weniger wegen der politischen Interessenvertretung beizutreten. Vielmehr ist ihr Hauptmotiv, angesichts der steigenden Komplexität des Sozialrechts, eine individuelle sozialrechtliche Beratung in Anspruch nehmen zu können. Vor den Sozialgerichten gelingt es dem VdK, umfangreiche materielle Erfolge für seine Mitglieder zu erwirken. Hierin scheint das Haupterfolgsrezept für den Expansionserfolg des Sozialverbands VdK Deutschland zu liegen.

V.2 Sozialverband Deutschland (SoVD)

1. Einleitung

Der Sozialverband Deutschland ist der zweitgrößte und traditionsreichste Sozialverband in der Bundesrepublik. Seine Anfänge reichen bis an das Ende der Kaiserzeit zurück. Er wurde im Jahr 1917 als »Bund der Kriegsteilnehmer und Kriegsbeschädigten« von Kriegsopfern des Ersten Weltkrieges gegründet, die der Arbeiterbewegung nahe standen (Marquardt 1993: 252). Nach dem Ende des Zweiten Weltkrieges lag der Fokus des wieder gegründeten »Reichsbund der Kriegs- und Zivilbeschädigten, Sozialrentner und Hinterbliebenen« – trotz der Namenserweiterung um Zivilbeschädigte und Sozialrentner – zunächst auf der Kriegsopferversorgung. Nach einer schweren Verbandskrise gegen Ende der achtziger Jahre erweiterte der Verband seit Mitte der neunziger Jahre sein Mitgliederspektrum. Von der primären Orientierung an den Belangen der Kriegsopfer losgelöst, sollten fortan alle sozial benachteiligten und von gesellschaftlicher Ausgrenzung bedrohten Menschen in Deutschland vertreten werden.[213] Dieser angesichts der schwindenden Zahl von Kriegsopfern notwendige inhaltliche Wandel des Verbandes wurde im Jahr 1999 durch die Umbenennung in »Sozialverband Deutschland« unterstrichen. Doch welche Faktoren haben letztlich dazu beigetragen, den Wandel voranzutreiben und wie gelingt es, die unterschiedlichen Mitgliedergruppen zu integrieren und eine gemeinsame Verbandsidentität zu schaffen?

Der SoVD organisierte im Dezember 2008 in seinen 14 Landesverbänden rund 535.000 Mitglieder, die sich jedoch zu mehr als 70 Prozent auf die norddeutschen Landesverbände konzentrierten. Infolge dessen wird der SoVD durch eine föderale Asymmetrie zugunsten des niedersächsischen Landesverbandes geprägt, dem nahezu die Hälfte aller bundesweit organi-

---

213 Gegenwärtig zählen Rentner, von Behinderung betroffene Menschen, Arbeitsunfallverletzte, Opfer von Gewalttaten, Kriegs- und Wehrdienstbeschädigte, Grundsicherungsbezieher, Sozialversicherte sowie Patienten zum vertretenen Personenkreis.

sierten Mitglieder zuzurechnen sind. Die Ursachen für diese norddeutsche Dominanz sind im Folgenden zu beleuchten: Es ist zu rekonstruieren, warum es dem SoVD im Süden der Republik nicht gelingt, einen ähnlichen Bekanntheitsgrad und Stellenwert zu erlangen wie in Niedersachsen und Schleswig-Holstein.

Ein Netz von annähernd 2.600 Ortsverbänden und rund 700 haupt- und etwa 20.000 ehrenamtlichen Funktionären ermöglicht es dem SoVD, insbesondere in Norddeutschland, seine Mitglieder sozialrechtlich zu betreuen und ein aktives Ortsverbandsleben zu gestalten.[214] Welche Rolle spielen in diesem Kontext die älteren Mitglieder und ihre originären sozialpolitischen Interessen angesichts der Mitgliederheterogenität des SoVD für die Strategien des Verbandes? Wird der Verband tatsächlich von den politischen Entscheidungsträgern als Klientelorganisation für Ältere wie auch sozial Benachteiligte wahrgenommen?

2. Vom Kriegsopferverband Reichsbund zum Sozialverband Deutschland

Die Wurzeln des SoVD gehen auf den am 23. Mai 1917 gegründeten »Bund der Kriegsteilnehmer und Kriegsbeschädigten« zurück. Dieser wurde 1918 auf dem ersten Reichsbundestag in Weimar in »Reichsbund der Kriegsbeschädigten und ehemaligen Kriegsteilnehmer« umbenannt und öffnete sich 1919 auch für Kriegshinterbliebene (SoVD 2005g: 3). Da die »einfachen« Soldaten unzureichende Versorgungsansprüche besaßen, organisierten sie sich, um gemeinsam für ein Versorgungsgesetz zu kämpfen (Kleine 1977: 497).[215] Die Gründungsmitglieder um Erich Kuttner[216] zählten zur Arbei-

---

214 Der Verband betont die Bedeutung ehrenamtlichen Engagements für den gesellschaftlichen Zusammenhalt und startete dazu im Jahr 2006 eine Kampagne »Gut tun tut gut«, um Mitmenschlichkeit innerhalb des Verbandes wie auch in der Gesellschaft zu stärken (SoVD 2007g).

215 Der Reichsbund forderte, dass die Versorgungsverwaltung von der militärischen Verwaltung in eine zivile Behörde mit rechtsstaatlichen Verfahren und Mitspracherechten der Betroffenen zu überführen sei.

216 Kuttner arbeitete seit 1916 als Redakteur beim Vorwärts, der Zeitschrift der Sozialdemokratischen Partei Deutschlands und war der Hauptinitiator für die Gründung eines der Sozialdemokratie nahe stehenden Kriegsopferverbandes (Whalen 1984: 121f.). Der Jurist war bis 1919 erster Vorsitzender des Reichsbundes.

terbewegung und gründeten den Reichsbund als SPD-nahen Kriegsopfer-verband.[217] Bereits 1920 wurden rund 651.700 Mitglieder in 4.817 Orts-gruppen organisiert (Reichsbund 1932: 99).[218] Neben der sozialpolitischen Interessenvertretung verfolgte der Verband den Anspruch, Hilfe zur Selbst-hilfe zu leisten: So gründeten viele Ortsgruppen ab 1919 Genossenschaften, die den Bau von Wohnungen für Kriegsopfer unterstützten (SoVD 2005g: 185f).[219] 1925 folgte eine Sterbefall-Unterstützungseinrichtung und Erho-lungsmaßnahmen in verbandseigenen Heimen wurden angeboten (Mar-quardt 1993: 353).

Der Reichsbund wertete das 1920 in Kraft getretene Reichsversorgungs-gesetz als ersten maßgeblichen Erfolg seiner sozialpolitischen Arbeit (Kleine 1977: 498; vgl. Reichsbund 1932: 104). Das Gesetz gliederte die Kriegsopfer-versorgung in das System der sozialen Sicherung ein und verschaffte den Betroffenen Rechtsansprüche auf Heilbehandlung, Rehabilitation, Erzie-hungs- und Ausbildungshilfen sowie Renten (Hentschel 1983: 125). Um die drohende Eingliederung bzw. Überführung des Reichsbundes in die natio-nalsozialistische Kriegsopferversorgung (NSKOV) zu verhindern, löste sich der Verband zum 31. Mai 1933 selbst auf (Kleine 1977)[220].

2.1 Wiedergründung und Konsolidierung 1946–1970

Nach dem Zweiten Weltkrieg schlossen sich die Kriegsbeschädigten unter Führung ehemaliger Reichsbündler auf lokaler Ebene zusammen, um sich gegenseitig in der größten Nachkriegsnot zu unterstützen (SoVD 2005h: 12). Die Besatzungsmächte verboten diese Zusammenschlüsse der ehemali-gen Wehrmachtssoldaten zunächst. Sie fürchteten, dass dort der deutsche Militarismus konserviert würde. Nachdem sich der Reichsbund jedoch auch

---

217 Wie die Gewerkschaften waren auch die Kriegsopferverbände der Weimarer Republik weltanschaulich untergliedert. Neben dem sozialdemokratischen Reichsbund existierte der liberale Reichsverband, der katholische Zentralverband der Kriegsopfer, der kommu-nistische Internationale Bund und der deutschnationale Kyffhäuser Bund.

218 Die höchste Mitgliederzahl wurde 1922 mit rund 830.000 Mitgliedern erreicht, ehe diese im Zuge der Inflation spürbar auf rund 245.000 im Jahr 1925 zurückging. Bereits in der Weimarer Republik wurde kritisiert, dass viele sich dem Reichsbund anschlossen, »um nur ihre Renten- und Fürsorgeangelegenheiten erledigen zu lassen« und danach den Beitrag wieder einsparten (ebd.: 102).

219 Im Jahr 1924 wurden diese in eine zentrale Wohnungsbaugesellschaft integriert.

220 Das Vermögen des Reichsbundes war an die NSKOV zu übertragen.

für andere Mitgliedergruppen öffnete, erteilte ihm schließlich 1946 die britische Besatzungsmacht die Erlaubnis, sich in Hamburg wieder zu gründen: Anders als in der Weimarer Republik firmierte er nun nicht mehr als reiner Kriegsopferverband, sondern als »Reichsbund der Körperbeschädigten, Sozialrentner und Hinterbliebenen«.[221]

Die Vereinigung der britischen und amerikanischen Besatzungszone zur Bizone im Jahr 1947 läutete die Zusammenarbeit zwischen dem zentral organisierten Reichsbund und den föderalen Vorläuferorganisationen des VdK ein. Um die Kooperation zu stabilisieren, wurde im selben Jahr eine »Arbeitsgemeinschaft der westdeutschen Landesverbände der Körperbeschädigten, Sozialrentner und Hinterbliebenen« (AVK) gebildet.[222] Im November 1947 fasste diese den Beschluss, einen einheitlichen Verband der Körperbeschädigten, Sozialrentner und Hinterbliebenen Deutschlands zu gründen (SoVD 2005h: 67f.). Doch im Laufe des Jahres 1948 formierte sich Widerstand in den süddeutschen Landesverbänden: Insbesondere der bayerische Landesverband widersetzte sich einer Vereinigung (ebd.: 68).[223] Im Oktober desselben Jahres spaltete sich der Landesverband Nordrhein-Westfalen aufgrund inhaltlicher und organisationspolitischer Differenzen partiell vom Reichsbund ab und gründete einen selbständigen »Verband der Kriegs- und Zivilbeschädigten, Sozialrentner und Hinterbliebenen in Nordrhein-Westfalen e.V.«, der sich zunächst dem BKD und später dem VdK anschloss (SoVD 2005h: 82).[224]

---

[221] Bereits in den 1920er Jahren war angedacht worden, eine gemeinsame Organisation mit den zivilen Körperbeschädigten aufzubauen, doch der damalige »Zentralverband der Arbeitsinvaliden und Witwen Deutschlands« hatte sich dagegen ausgesprochen, da er eine politisch-weltanschauliche Zersplitterung befürchtete. Anders als die Kriegsopferverbände war der Zentralverband ein konkurrenzloser, politisch neutraler Einheitsverband. Zum Vorsitzenden des Reichsbundes wurde 1946 der ehemalige Sozialsenator von Hamburg Paul Neumann gewählt, der bereits 1917 zu den Gründungsmitgliedern zählte (Reichsbund 1956: 4). Zweiter Bundesvorsitzender wurde 1948 Hugo Rasch. Bei diesem wird die Nähe zur SPD offensichtlich: Er war seit 1953 Mitglied des Bundestages für die SPD und deren sozialpolitischer Sprecher (Reichsbund-Zeitung 10/1960).

[222] Als Vorsitzender wurde der Reichsbund-Vorsitzende Paul Neumann gewählt; stellvertretende Vorsitzende waren Hans Nitsche aus dem Landesverband Hessen und Ernst Müller aus Württemberg-Baden.

[223] Dieser war 1946 vom bayerischen Staatsministerium als »Verband der freien Wohlfahrtspflege« in Bayern zugelassen worden; die AVK hatte sich dagegen 1947 auf ein Selbstverständnis als Kampfverband geeinigt.

[224] Der damalige Landesvorsitzende Heinrich Klerx, der die Abspaltung aktiv betrieben hatte, bevorzugte den föderalen Aufbau des VdK gegenüber der zentralen Organisationsstruktur des Reichsbundes. Die Abspaltung ist die Ursache dafür, dass in NRW sowohl der VdK als

Auf dem 1. ordentlichen Bundestag in Bad Sachsa 1948 wurde der Verband in »Reichsbund der Kriegs- und Zivilbeschädigten, Sozialrentner und Hinterbliebenen« umbenannt (SoVD 2005h: 120). Bereits drei Jahre später organisierte er rund 450.000 Mitglieder (Breitling 1955: 72). Die mangelhafte Versorgungslage der Kriegsopfer bescherte dem Verband rasch einen hohen Mitgliederzulauf. Die Verabschiedung des Bundesversorgungsgesetzes (BVG) im Jahr 1950 verstärkte den Zuwachs, auch weil der Reichsbund maßgeblich daran mitgewirkt hatte.[225] Wenngleich den »Zivilbeschädigten« und Sozialrentnern von Beginn an die Mitgliedschaft offen stand, dominierten die Kriegsopfer den Reichsbund. An deren Lebenslagen und Bedürfnissen orientierte sich die Verbandsführung, die sich mehrheitlich selbst aus Betroffenen zusammensetzte. Fragen zur Kriegsopferversorgung überwogen bis in die fünfziger Jahre, was sich auch an der thematischen Ausrichtung der Mitgliederzeitung »Reichsbund« in diesen Jahren ablesen lässt. Donner (1960: 7) schätzt, dass 1960 etwa 720.000 der 800.000 Mitglieder Kriegsopfer waren. Gleichwohl hatte sich das sozialpolitische Aufgabenspektrum des Reichsbundes bereits 1946 erweitert, als der Vertretungsanspruch auf »Zivilbehinderte«, Sozialrentner und Hinterbliebene ausgeweitet worden war (Kleine 1977). Nachdem sich die Kriegsopferversorgung verbessert hatte, wurden zunehmend auch andere gesellschaftspolitische Themen wie die Anti-Atompolitik und Preisstabilität aufgegriffen.[226]

Wenngleich in der Satzung von 1946 die parteipolitische Neutralität verankert worden war, waren die Mitglieder des Reichsbunds in dieser Zeit mehrheitlich dem sozialdemokratischen Milieu zuzuordnen. So bestanden zwischen dem Reichsbund, den Gewerkschaften und der SPD vielfältige personelle Überschneidungen und inhaltliche Zielkonvergenzen (Marquardt 1993: 352).[227] Viele Funktionäre des Reichsbundes waren als Mitglied der

---

auch der SoVD stark vertreten sind. Regional konzentriert sich der SoVD insbesondere auf Westfalen und der VdK auf das Rheinland.

225 Im Gegensatz zum VdK und zur Bundesregierung favorisierte der Reichsbund im Rahmen des BVG jedoch eine einstufige Einheitsrente anstelle einer Grund- und Zusatzrente (Diehl 1993: 110f.).

226 Ab den sechziger Jahren erkannte der Verband auch die Frauen- und Gleichberechtigungspolitik als relevante Themen an.

227 Der Bundesverband des SoVD ist beispielsweise Mitglied in der AWO, dem der SPD nahe stehenden Wohlfahrtsverband, während der VdK dem DPWV angehört. Gleichwohl können die Landesverbände des SoVD selbst entscheiden, welchem Dachverband sie angehören wollen. Mecklenburg-Vorpommern ist beispielsweise dem DPWV beigetreten. Die 1919 als Untergliederung der Sozialdemokratischen Partei gegründete AWO wurde erst nach ihrer Wiedergründung 1946 formell unabhängig von der Partei und stützt sich seit-

SPD auch kommunal-, landes- oder bundespolitisch aktiv:[228] Eugen Glombig, von 1962 bis 1986 Vorsitzender des Ausschusses für Arbeit und Sozialordnung des Deutschen Bundestages, war bis 1962 Referent für Sozialpolitik beim Reichsbund gewesen und blieb diesem auch als Abgeordneter weiterhin verbunden (Reichsbund 1987a: 340). Glombig war selbst in Folge einer Kinderlähmung körperlich behindert und warb dafür, dass die Rehabilitation verbessert wurde und dass sich die finale Betrachtungsweise in der Politik für Menschen mit Behinderungen durchsetzte.[229]

Der Reichsbund, der einen Gestaltungsanspruch postulierte, konzentrierte sein sozialpolitisches Engagement in der Nachkriegszeit zunächst auf die Kriegsopferversorgung. Um dieser Aufgabe bestmöglich nachzukommen, verlegte er 1964 die Bundesgeschäftsstelle von Hamburg nach Bonn (Reichsbund 1993: 4). Er vertrat die Interessen der Reichsbündler im »Beratenden Beirat für Versorgungsrecht« im Bundesarbeitsministerium und im »Bundesausschuss der Kriegsbeschädigten und Kriegshinterbliebenenfürsorge« sowie als Sachverständiger vor den sozialpolitischen Fachausschüssen des Bundestages (Kleine 1977).[230] Infolge seiner Mitgliederstärke entsandte er Beisitzer in die »Kriegsopferkammern« der Verwaltungs- und Sozialgerichte. Neben seiner Tätigkeit als Interessenverband verstand sich der Reichsbund von Beginn an auch als Mitgliederverband, um in den Ortsverbänden Raum für Geselligkeit anzubieten und Zusammenhalt zu stiften (Reichsbund 1992: 17). In der durch ein kollektives Gemeinschaftsgefühl geprägten Verbandsgemeinschaft konnten die positiven wie auch negativen Erlebnisse aus dem Krieg geteilt und verarbeitet werden. Zu den Hauptleistungen des Kriegsopferverbandes zählte bis in die sechziger Jahre, dass kriegsbeschädigten Mitgliedern auf lokaler Ebene ein Stück soziale wie auch politische Heimat gegeben wurde (Diehl 1993: 169f.).

---

dem auf die Prinzipien des demokratischen Sozialismus (Strünck 2000: 36). Trotz der formellen Unabhängigkeit ist die AWO personell mit der SPD verflochten und organisatorisch auf die SPD-Untergliederungen abgestimmt.

228 In NRW verwiesen die Gewerkschaften und der Reichsbund partiell die Mitglieder wechselseitig zur Beratung. Als Beispiel für die enge Verflechtung zwischen Reichsbund, Gewerkschaften und SPD kann Dortmund angeführt werden: Dort hatte der Reichsbund in den achtziger Jahren rund 10.000 Mitglieder, von denen nach eigenen Angaben 9.000 den DGB-Gewerkschaften und 8.200 der SPD angehörten.

229 Gemäß der finalen Betrachtungsweise in der Rehabilitation sind Leistungen nur von der Art und dem Schweregrad der Behinderung abhängig, nicht jedoch von deren Ursache.

230 Zu den Stationen erfolgreichen Wirkens zählt der SoVD die Verabschiedung des Bundesversorgungsgesetzes im Jahr 1950, das Bundessozialhilfegesetz 1962 sowie die Einführung des Schwerbehindertengesetzes im Jahr 1974; in letzterem wurde das Finalitätsprinzip verwirklicht (Reichsbund 1993: 7f.).

2.2 Herausforderungen und erste Erneuerungen 1970–1990

Seit den siebziger Jahren war der Reichsbund in Folge seiner sinkenden Mitgliederzahl mit der Bedrohung seiner Existenz konfrontiert, sollten langfristig keine neuen Mitglieder in den Verband eintreten. Intern wurde eine Debatte um die stärkere strukturelle Öffnung des Verbandes gegenüber »Zivilbehinderten« begonnen, wenngleich die sozialpolitische Arbeit des Reichsbundes die Behindertenpolitik und Rehabilitation sowie die allgemeine Rentenpolitik bereits seit Jahren eingeschlossen hatte, da mittelbar auch die Kriegsopfer von Fortschritten in diesen Feldern profitierten (vgl. Kelleners 1985: 98ff.).[231] Insbesondere in den siebziger Jahren wurden Verbesserungen in der Politik für Menschen mit Behinderungen erzielt, an denen der Verband beteiligt war und die zugleich seine eigene Struktur veränderten: 1972 wurde die »integ – Jugend im Sozialverband Deutschland e.V.«[232] gegründet. Damit wurde verdeutlicht, dass dem Vertretungsanspruch von Menschen mit Behinderungen in höherem Maße in der eigenen Organisation Rechnung getragen werden sollte (Reichsbund 1983a: 153). Die »integ-Jugend« eröffnete die Möglichkeit, Fördermittel aus dem Bundesjugendplan und aus Jugendlandesmitteln zu beantragen. Nur zwei Jahre später erfolgte der Namenswechsel zum »Reichsbund der Kriegsopfer, Behinderten, Sozialrentner und Hinterbliebenen«. Durch die Fortschritte in der Politik für Menschen mit Behinderungen erschien die Begrifflichkeit »Zivilbeschädigte« nicht zeitgemäß. Um die Berufsausbildung von jungen Menschen mit einer Behinderung zu fördern, wurde 1978 schließlich ein verbandseigenes Berufsbildungswerk in Bremen gegründet.[233]

---

231 Die Aufgabenverteilung innerhalb der Abteilung Sozialpolitik verdeutlicht dies: 1979 war der Leiter der Abteilung für die sozialpolitische Gesamtkonzeption und das Referat I »Kriegsopferversorgung und Schwerbehindertenrecht sowie die Rehabilitation Behinderter« verantwortlich. Referat II kümmerte sich um den Bereich der Sozialversicherung und Sozialgerichtsbarkeit und Referat III um Sozialhilferecht, Kriegsopferfürsorge, Ausweis- und Vergünstigungswesen sowie Verwaltungsgerichtsbarkeit (Reichsbund 1979a: 5).

232 »integ« steht als Akronym für Integration und soll dazu beitragen, junge Menschen mit Behinderungen durch Kontakt mit jungen Menschen ohne Behinderung als gleichberechtigte Partner in die Gesellschaft zu integrieren. Im Jahr 2010 wurde der Jugendverband in »SoVD-Jugend« umbenannt, um die Nähe zum Sozialverband Deutschland zu unterstreichen und den Paradigmenwechsel in der »Behindertenpolitik« von Integration zu Inklusion Rechnung zu tragen.

233 Im Jahr 1975 war die Stiftung des Reichsbund-Rehabilitationspreises für außergewöhnliche Verdienste um die Rehabilitation von Menschen mit Behinderungen beschlossen worden (Reichsbund 1983a: 293). 1983 wurde die Reichsbund-Lebenshilfe-Werkstatt in Witten eröffnet (Reichsbund Zeitung 7/1983).

Gleichwohl stießen die Verfechter einer Integration von Menschen mit Behinderungen innerverbandlich auf den Widerstand vieler Funktionäre, sodass der Reichsbund trotz des modifizierten Namens und der neu geschaffenen Jugendorganisation weiterhin strukturell im Wesentlichen ein Kriegsopferverband blieb. Die Bemühungen, die Kooperation mit Selbsthilfegruppen von Menschen mit Behinderungen zu intensivieren, verliefen aufgrund des geringen Interesses von Seiten der Kriegsopfer weitgehend im Sand.[234] Doch auch die geringe Organisationsfähigkeit von Menschen mit Behinderungen infolge ihrer heterogenen Lebenslagen und unterschiedlichen Spezifiken ihrer Behinderung erschwerten deren Integration in den Verband.[235] Insbesondere die jüngeren Menschen mit Behinderungen, die sich in Selbsthilfegruppen organisierten, fühlten sich von den Partizipations- und Dienstleistungsangeboten des Reichsbundes unzureichend angesprochen. Die Integration von Sozialrentnern gelang demgegenüber auch deshalb besser, da sich die Kriegsopfer infolge natürlicher Alterungsprozesse dem Rentenalter annäherten und daher selbst von Verbesserungen in der Rentenpolitik profitierten. Als in den achtziger Jahren der Vertretungsanspruch im Sinne einer Anbaupolitik (*layering*, vgl. Kapitel II) auch auf die Wehrdienstopfer ausgeweitet wurde, erweiterte der Verband seinen Namen zum »Reichsbund der Kriegs- und Wehrdienstopfer, Behinderten, Sozialrentner und Hinterbliebenen«. Trotz seiner nach wie vor bestehenden Nähe zur SPD unterhielt der Reichsbund in den achtziger Jahren intensive Kontakte zu allen Fraktionen des Deutschen Bundestages und wurde zu nahezu allen sozialpolitischen Gesetzesvorlagen angehört.[236]

---

234 Den sich bildenden Selbsthilfegruppen sei in den siebziger Jahren sprichwörtlich die Tür vor der Nase zugeschlagen worden (SoVD Niedersachsen 2003: 140).

235 Von Behinderung betroffene Menschen gelten als nur begrenzt – gerade in einem großen Verband – organisierbar. Dies wird insbesondere auf die unterschiedlichen Interessen einzelner Gruppen von Menschen mit Behinderungen zurückgeführt (vgl. Interview SoVD 4). Ein Beispiel dazu: Während ein Rollstuhlfahrer an einer Absenkung von Bürgersteigen interessiert ist, um die Straße barrierefrei überqueren zu können, würde diese für einen erblindeten Menschen mit Stock zur Falle werden, da er unvermutet die Fahrbahn betritt.

236 Die veränderte Regierungskoalition 1982 unter Bundeskanzler Kohl (CDU) wirkte sich nicht negativ auf den Einfluss des Reichsbundes aus. Es wurden gute Kontakte zu Arbeitsminister Blüm, zur CDU-Fraktion sowie zum Behindertenbeauftragten unterhalten. Als Beispiel für die erfolgreiche Lobbyarbeit unter der konservativ-liberalen Regierung wird die »Trümmerfrauendiskussion« in den achtziger Jahren angeführt: Den »Trümmerfrauen« wurde eine eigenständige Rente zugesprochen, um deren Abhängigkeit von der Sozialhilfe zu mindern. Gleichwohl wird auch an diesem politischen Erfolg die nach wie vor bestehende Dominanz der Kriegsfolgenbewältigungspolitik deutlich.

Ende der achtziger Jahre erlitt die Reputation des Verbandes Schaden, er geriet in die bislang schwerste Krise seiner Nachkriegsgeschichte. Im Jahr 1986 wurde dem Reichsbund nach einer Steuerprüfung vom Finanzamt St. Augustin die Gemeinnützigkeit aberkannt (Der Spiegel 2/1989).[237] Zwar wurde ihm diese wenige Monate später wieder zugesprochen, doch sein Ruf hatte bereits beträchtlichen Schaden genommen.[238] Parallel dazu wurde bekannt, dass der Kriegsopferverband anstatt der über Jahre ausgewiesenen rund 800.000 Mitglieder lediglich rund 400.000 Mitglieder organisierte (ebd. 2/1989). In der Selbstdarstellung des SoVD werden diese Probleme auf Defizite im Management des Verbandes zurückgeführt. Nur zwei Jahre später machte der Reichsbund erneut negative Schlagzeilen, als das Nachrichtenmagazin »Der Spiegel« über die Mitgliedschaft des Bundesvorsitzenden Hermann Meyer in der Waffen-SS berichtete (ebd. 23/1988).[239] Meyer trat unter politischem Druck 1988 zurück – offiziell aus gesundheitlichen Gründen. Als Nachfolger wurde Walter Franke, Vorsitzender des Landesverbandes Bremen, gewählt, der zu den Modernisierern im Verband zählte. Seine Aufgabe war es, die Reputation des Verbandes wiederherzustellen und die innerverbandliche Situation zu konsolidieren.[240] Dazu wurden neue Organisationsformen und Arbeitsmittel im Bereich der Finanzabteilung und Informationsverarbeitung sowie der Mitgliederverwaltung eingeführt und die Arbeit in der Bundesgeschäftsstelle neu strukturiert und gestrafft (Reichsbund 1991: 2ff.).[241]

---

237 Die steuerrechtlichen Vorgaben für die Bildung von Rücklagen im Vereinsvermögen wurden überschritten (Interview SoVD 9). Da beim Berufsbildungswerk des Reichsbundes finanzielle Unregelmäßigkeiten festgestellt wurden, nahm seine Reputation weiteren Schaden.

238 Auch die in »Der Spiegel« veröffentlichten Ungereimtheiten beim Verkauf von rund 1500 Wohnungen der Gemeinnützigen Reichsbund Wohnungsbau- und Siedlungsgesellschaft mbH (GRW) in Berlin 1987 rückten einige Funktionäre in ein schlechtes Licht (Der Spiegel 37/1989).

239 Im Verband war offenbar schon früher bekannt, dass Meyer der Waffen-SS angehört hatte und welche persönlichen Gründe ihn zu dieser Entscheidung bewogen hatten. In der Öffentlichkeit warf der Vorgang die allgemeine Frage auf, ob die Kriegsopferverbände von einzelnen Mitgliedern und Funktionären in der Nachkriegszeit instrumentalisiert wurden, um sich vom Verdacht der politischen Involvierung in das NS-Regime zu befreien.

240 Franke brach darüber hinaus den innerverbandlichen Nepotismus auf (Interview SoVD 15). Gleichwohl wird sein autoritärer Führungsstil und die weitgehende Reformresistenz hinsichtlich der Neupositionierung am Sozialverbandsmarkt kritisiert. Innerhalb von zwei Jahren wurde die Geschäftsführung zwei Mal ausgetauscht.

241 Im Dezember 1990 wurde eine neue, leistungsfähige Datenverarbeitungsanlage angeschafft (ebd.).

2.3 Re-Stabilisierung und Neuorientierung ab 1990

In den neunziger Jahren intensivierte der Reichsbund die Suche nach einem zeitgemäßen und zukunftsorientierten Verbandsprofil. Um das gewandelte Selbstverständnis vom Kriegsopfer- zum Sozialverband und damit vom solidarischen Kameradschaftsbund hin zum Klientelverband zu unterstreichen und eine Mitgliedschaft für Nicht-Kriegsopfer attraktiver zu gestalten, erfolgte 1995 nach langjährigen Diskussionen der Namenswechsel in »Sozialverband Reichsbund«.[242] Nachdem die Fusionsbemühungen mit dem VdK 1998 gescheitert waren, agierte der Verband seit 1999 als »Sozialverband Deutschland[243] – ehemals Reichsbund, gegründet 1917«. Der Name »Reichsbund« erschien im 21. Jahrhundert anachronistisch. Man befürchtete falsche Assoziationen bei potenziellen Neumitgliedern (SoVD 2005g: 204f). Lediglich der Zusatz »ehemals Reichsbund« soll an die historischen Wurzeln erinnern. Allerdings hat der neue Verbandsname augenscheinlich nicht zu einer Ausweitung des Bekanntheitsgrades geführt: Laut einer Studie des Meinungsforschungsunternehmen GfK aus dem Jahr 2008 kannten neun Jahre nach dem Namenswechsel 14,3 Prozent der Befragten den Reichsbund, lediglich 12,1 Prozent hatten vom SoVD gehört (GfK 2008).[244]

Mitte der neunziger Jahre setzte sich im SoVD mehr und mehr die Auffassung durch, dass man sich neu auf dem Verbändemarkt ausrichten müsse, um den eigenen Fortbestand zu sichern. Nach den weitgehend ergebnislosen Debatten in den achtziger Jahren wurde eine Neuausrichtung unerlässlich, um jüngere Mitglieder zu gewinnen. Insbesondere musste das Bild eines »alten Verbandes« durch ein neues, positives Image ersetzt werden, um eine Kehrtwende in der Mitgliederentwicklung und einer zunehmenden Konkurrenz am Verbändemarkt zu erzielen. 1995 wurden erstmals drei Mitglieder, die sich vormals in der »integ-Jugend« engagiert hatten und nicht zu den Kriegsopfern zählten, ins Präsidium gewählt (SoVD 1999b: 4f.). Neben dem Mitgliederschwund lassen sich vor allem finanz- und organisationspolitische Schwierigkeiten Ende der achtziger Jahre sowie personelle Veränderungen

---

242 Bereits vier Jahre zuvor war der Arbeitskreis »Kriegsopferrecht« innerhalb des sozialpolitischen Ausschusses aufgelöst worden.

243 Ursprünglich war der Name »Sozialverband Deutschland« für den aus dem Sozialverband VdK und dem Sozialverband Reichsbund fusionierten Sozialverband vorgesehen. Nachdem sich der VdK Bayern 1999 gegen die Fusion ausgesprochen hatte, nahm der Sozialverband Reichsbund den Namen für sich in Anspruch.

244 Im Vergleich dazu kannten 41,7 Prozent den VdK und 22,6 Prozent die Volkssolidarität, obgleich letztere lediglich in Ostdeutschland aktiv war.

im Haupt- und Ehrenamt als Ursachen und Beförderungsmomente für die Öffnung identifizieren. Das neue Führungspersonal brachte neue Ideen, professionalisierte Arbeitstechniken und Managementmethoden ein (Reichsbund 1990). Insbesondere nach den gescheiterten Fusionsverhandlungen mit dem VdK setzte der Vorsitzende Hans Fiedler ab 1999 Impulse zur Organisationsentwicklung durch. Reformvorhaben wurden nun offensiv in Angriff genommen. Neben der Namensänderung wurde auf das betriebswirtschaftlich effizientere Bankeinzugsverfahren umgestellt, ebenso der Bau der neuen, repräsentativen Bundesgeschäftsstelle in Berlin vorangetrieben. Um ein einheitliches Verbandsbild und ein moderne Image zu schaffen, wurden Presse- und Öffentlichkeitsarbeit professionalisiert. Darüber hinaus trat der SoVD im Jahr 2000 der BAGSO bei, um seinen Vertretungsanspruch für ältere Menschen zu verdeutlichen. Letztlich waren es jedoch die neuen sozialpolitischen und -rechtliche Problemlagen, die die neue Ausrichtung begünstigten: Das Engagement des SoVD als Patientenvertreter in der Gesundheitspolitik wurde beispielsweise durch die Gesundheitsreform 2004 befördert. Diese stärkte die organisierten Patienteninteressen im Gemeinsamen Bundesausschuss (G-BA) und in den Selbstverwaltungsgremien des Gesundheitswesens (vgl. Etgeton 2009).

Im Jahr 2008 geriet der SoVD kurzzeitig erneut in Turbulenzen. Nach dem Ausscheiden des langjährigen Bundesgeschäftsführers verschlechterte sich unter seiner Nachfolgerin, die in Abstimmung mit den ehrenamtlichen Führungskräften insbesondere für höhere wirtschaftliche Effizienz in der Bundesgeschäftsstelle warb, das Betriebsklima und die Zusammenarbeit zwischen Haupt- und Ehrenamt.[245] Der Bundesvorstand trennte sich letztlich nach massiven Protesten der Belegschaft von der Geschäftsführerin (NWZ 18.06.2008). An diesem Konflikt zwischen Geschäftsführerin und Ehrenamt auf der einen und Belegschaft auf der anderen Seite wurden die unterschiedlichen Interessenlagen deutlich. Es zeigte sich ein Spannungsverhältnis zwischen wirtschaftlicher Effizienz auf der einen Seite und der Tradition als gemeinnützige, gemeinschaftsorientierte Organisation mit eingeschliffenen Arbeitsmustern auf der anderen Seite (vgl. Kapitel III).

Der SoVD folgt seit 1946 einem Selbstverständnis als parteipolitisch und konfessionell neutraler Sozialverband. Als intermediäre Organisation übt er neben der Interessenvertretung zwei weitere Funktionen aus: Als Mitglieder-

---

245 In Verbänden ist eine Konfliktlinie zwischen hauptamtlichen Mitarbeitern und ehrenamtlichen Funktionsträgern zu erkennen, die sich aus unterschiedlichen Interessen in Fragen von Arbeitszeit, Entlohnung oder Fachlichkeit ableitet (vgl. Wex 2004: 287).

verein unterbreitet er Geselligkeits- und Partizipationsangebote vor Ort und darüber hinaus berät er seine Mitglieder in sozialrechtlichen Fragen und gewährt ihnen Rechtsschutz bei der Durchsetzung ihrer Ansprüche.

Abbildung 14: Mitgliedergruppen des SoVD nach § 4 der Satzung

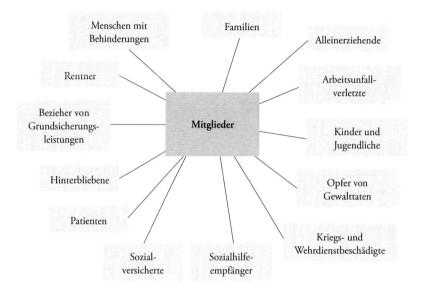

Eigene Darstellung nach Satzung SoVD 2009.

Die Vielfalt der Mitgliedergruppen verdeutlicht, dass der SoVD einen Anspruch als umfassender Sozialverband erhebt. Stand in der Nachkriegszeit zunächst die Weiterentwicklung der Kriegsopferversorgung im Fokus der Verbandsaufgaben, so dehnte sich der interessenpolitische Vertretungsanspruch in den siebziger Jahren – als die Mitglieder selbst alterten und sich die Mitgliedergruppen zunehmend heterogenisierten – auf andere Zweige der Sozialversicherung und -politik aus (Marquardt 1993: 352). Die Vielzahl der Mitgliedergruppen erschwert es gleichwohl, diese auch adäquat zu betreuen, da sie partiell mit unterschiedlichen, speziellen Ansprüchen an den SoVD herantreten (vgl. Streeck 1987). Ein »Management der Vielfalt« ist deshalb in den innerverbandlichen Organisationsstrukturen erforderlich, um die differenzierten Mitgliederinteressen entsprechend vertreten zu können.

Zweck des SoVD ist, nach § 3 der Satzung, die Förderung der Altersfürsorge für RentnerInnen, von Patienten/innen und der Hilfe und Fürsorge für Menschen mit Behinderungen und andere Mitgliedergruppen. In die aktuelle Satzung aus dem Jahr 2009 wurde die Förderung von Familien, Alleinerziehenden, Kindern und Jugendlichen explizit aufgenommen. Die Verbandsziele werden durch folgende Tätigkeiten verfolgt:

– Vertretung der sozialen Interessen der genannten Gruppen gegenüber der Öffentlichkeit, dem Gesetzgeber, den Regierungen, Behörden und Verwaltungen oder Erhebung von Verbandsklagen
– Beratung der Tarifpartner über die besonderen Bedürfnisse der genannten Gruppen[246]
– Zusammenarbeit mit anderen sozialen und ähnlichen Zwecken dienenden Verbänden und Organisationen im In- und Ausland
– Förderung der Rehabilitation, Gleichstellung und Teilhabe von Menschen mit Behinderungen in allen Lebensbereichen, insbesondere in Arbeit und Beruf
– Sicherung von Arbeitsplätzen für alle Menschen mit Behinderungen und Förderung der Arbeit der Schwerbehindertenvertretung
– Förderung der Frauen- und Jugendarbeit
– Fürsorge für alte Menschen im Rahmen der Altenhilfe und Betreuung von Erwachsenen nach dem Betreuungsgesetz
– Förderung der Erholungsfürsorge, insbesondere durch Unterhaltung von Erholungseinrichtungen im Sinne der §§ 66 Abs. 3, 68 Nr. 1 a AO
– Förderung des Siedlungs- und Wohnungswesens, insbesondere Förderung des behinderten- und altengerechten Wohnungsbaus
– Unterrichtung und Aufklärung der Mitglieder durch Herausgabe einer Zeitung sowie sonstiger Informationen.

Damit wird deutlich, dass der SoVD, seinem Anspruch gemäß, die Interessen aller Mitgliedergruppen gegenüber Politik und Verwaltung artikuliert. Im Folgenden ist zu beleuchten, wie der interne Kommunikationsfluss zwischen der Verbandsführung und der Basis formal sichergestellt ist.

---

246 Die Tarifpartner werden insbesondere über die Bedürfnisse von schwerbehinderten Arbeitnehmern informiert.

3. Organisationsaufbau im Wandel

Die britische Besatzungsmacht hat seinerzeit die territoriale und die Mitgliederstruktur des Reichsbundes maßgeblich beeinflusst. Damit verbunden war auch der zentrale Organisationsaufbau.[247] Zwar ist es dem Reichsbund in der Folge gelungen, sich auch in die südlichen und westlichen Teile der Bundesrepublik auszudehnen, doch er erhielt dort nur geringen Zuspruch, sodass der Verband bis zum heutigen Tage durch eine regionale Asymmetrie geprägt ist. Anders sah es bei der durch die Besatzungsmacht geforderten heterogenen Mitgliedergruppenorientierung aus: Damals verlangten die Besatzungsmächte dezidiert, dass die Mitgliedschaft im Reichsbund allen Klientelgruppen des Sozialstaates geöffnet werden sollte. Dieser Anspruch wurde zwar de jure in der Satzung verankert, erfuhr aber in der Bonner Republik faktisch keine Umsetzung. Erst mit dem Aussterben seiner Stammkunden und dem damit einhergehenden Ende der Kriegsfolgenbewältigungspolitik öffnete sich der Reichsbund de facto für weitere sozialstaatsorientierte Mitgliedergruppen.

3.1 Konzentration auf den Norden

Der SoVD war von 1917 bis 2009 ein zentral geführter Verband: Lediglich der Bundesverband war als Verein eingetragen und damit rechtlich selbständig. Die vierzehn Landesverbände handelten dagegen als rechtlich unselbständige Gliederungen des Bundesverbandes mit unterschiedlichen Strukturen in der sozialrechtlichen Beratung und Mitgliederbetreuung.[248] Erst im Januar 2009 wurde den Landesverbänden auf einer außerordentlichen Bundesverbandstagung durch eine Satzungsänderung die Möglichkeit eingeräumt, sich unter dem Dach des Bundesverbandes rechtlich zu verselbständigen.[249] Insbeson-

---

247 Vermutlich wurde die Lizenzvergabe an den Verband dadurch begünstigt, dass die politische Ordnung in Großbritannien ebenfalls zentralistisch aufgebaut ist.

248 Gleichwohl galten die Landesverbände seit den neunziger Jahren im Rahmen der steuerlichen Großverbandsregelung als selbständige Steuersubjekte. Diese Regelung bietet dem Verband zweierlei Vorteile: Erstens können die steuerlichen Freibeträge mehrmals in Anspruch genommen werden und zweitens ist ausgeschlossen, dass der Bundesverband die Gemeinnützigkeit bei steuerlichen Vergehen einzelner Orts- oder Kreisverbände verliert.

249 Die Bundesgeschäftsstelle stand dem Begehren kritisch gegenüber. Es wurde befürchtet, dass die Selbständigkeit einiger weniger Landesverbände eine Gefahr für die Solidarität im Gesamtverband darstellen. Die großen Landesverbände versprechen sich dagegen steuer-

re die Landesverbände Niedersachsen und Nordrhein-Westfalen hatten eine
Veränderung der Organisationsstruktur forciert.[250] Die Zusammenarbeit zwischen dem Bundesverband und den Landesverbänden konzentriert sich auf
die ehrenamtliche Führungsebene sowie auf die Geschäftsführer.[251] Dabei entstehen Schwerfälligkeiten und Defizite in der Kommunikation, die immer
wieder Anlass zu verbandsinternen Kontroversen gaben (SoVD 1999a: 12).
Meist entzündeten sie sich an der innerverbandlichen Finanz- und Personalpolitik und weniger an sozialpolitischen Inhalten.[252] Zwischen Niedersachsen
und Nordrhein-Westfalen auf der einen und Schleswig-Holstein sowie einer
Mehrheit der kleinen Landesverbände auf der anderen Seite, scheint sich eine
innerverbandliche Konfliktlinie um Organisations- und Deutungsmacht zu
manifestieren.

Obgleich der SoVD im Jahr 2008 im Vergleich zu 1991 eine höhere Zahl
an Mitgliedern organisierte, wurde sowohl die Anzahl der Kreis- und Bezirksverbände wie auch der Ortsverbände seit 1991 kontinuierlich abgebaut,
(Tabelle 24). Unterhielt der Reichsbund im Jahr 1991 noch 362 Kreise und
4.103 Ortsgruppen (Reichsbund 1991: 9), schrumpfte die Zahl bis 2008 auf
lediglich 229 Bezirks- und Kreisverbände sowie rund 2.700 Ortsverbände.
Dies entspricht einem prozentualen Rückgang von mehr als 30 Prozent. Besonders gravierend fiel der Rückgang mit über 60 Prozent in den organisationsschwächeren Diaspora-Gebieten in Süddeutschland und Sachsen aus.
Doch auch in den mitgliederstarken Landesverbänden Niedersachsen, NRW

---

rechtliche Vorteile, eine höhere Autonomie und schnellere Entscheidungsprozesse und
damit eine höhere Effizienz (SoVD Niedersachsen 2003: 138). Zugleich soll die Identifikation der Mitglieder mit dem Verband gestärkt werden. Doch in den Orts- und Kreisverbänden regte sich Widerstand gegen die geplante Selbständigkeit des Landesverbandes
Niedersachsen (NWZ Online, 18.06.2008).

250 Die genannten Landesverbände sowie Schleswig-Holstein und Berlin-Brandenburg wollen sich als eingetragene Vereine registrieren lassen, um ihre Entscheidungsautonomie zu
erhöhen. Die Idee einer Föderalisierung der Verbandsstruktur wurde im Zuge der Fusionsgespräche mit dem VdK seit 1998 angestoßen. Dieser hatte die Verhandlungen an die
Bedingung geknüpft, dass der entstehende fusionierte Sozialverband föderal organisiert
sein sollte. Die Fusionsverhandlungen sind 2006 jedoch endgültig gescheitert.

251 Die Sozialreferenten der Verbandsebenen stehen in geringem Austausch. Lediglich die drei
größten Landesverbände beschäftigen hauptamtliche Referenten für den Bereich Sozialpolitik. Seit Beginn des neuen Jahrtausends gibt die Abteilung Sozialpolitik die »Sozialinfo«
heraus, in der die Gliederungen über Gesetzesänderungen informiert werden, um diesen
Hilfestellung bei ihrer Beratungsarbeit zu geben (SoVD 2003b: 7). Im Wesentlichen ist
die Kooperation der Landesverbände als lose Zusammenarbeit zu charakterisieren.

252 Anders als bei den Gewerkschaften oder auch im VdK sind innerhalb des SoVD kaum
Flügelkämpfe um die Ausrichtung der Sozialpolitik erkennbar.

*Tabelle 24: Anzahl der Kreis- und Ortsverbände des SoVD 2008 und 1991
im Vergleich*

Landesverband	Kreise/ Bezirke[1] 2008	Kreise 1991	Ortsver-bände[2] 2008	Orts-gruppen 1991	Verluste Ortsverbände 1991–2008
Bayern	9	9	42	105	-60%
Bremen	4	4	26	38	-31,6%
Hamburg	4	9	41	108	-62%
Hessen	12	28	45	195	-76,9%
Niedersachsen	44	74	1.251	1.765	-29,1%
NRW	36	40	433	634	-31,7%
Rheinland-Pfalz/ Saarland	13	23	57	204	-72%
Berlin-Brandenburg	26	51	72	111	-35,1%
Schleswig-Holstein	15	15	389	532	-26,9%
Baden-Württemberg	5	11	41	104	-60,6%
Mecklenburg-Vorpommern	17	5	102	6	+ 1600%
Sachsen	8	32	20	41	-51,2%
Sachsen-Anhalt	27	33	146	174	-16%
Thüringen	9	28	37	77	-51,9%
Bundesverband gesamt	229	362	2.702	4.103	-34,1%

1 Kreise und Bezirke bilden dieselbe Ebene ab. Ein Kreisverband fällt mit einem politischen Land-
kreis zusammen, ein Bezirksverband umfasst dagegen mehrere Landkreise.
2 Die Bezeichnung »Ortsgruppe« wurde 1995 in »Ortsverbände« geändert, als zeitgleich der Verbandsname zu »Sozialverband Reichsbund« modifiziert wurde.

Quelle: Reichsbund 1991: 9; Angaben des SoVD 2008 (Stichtag 23.01.2008).

und Schleswig-Holstein verringerte sich die Zahl der Ortsverbände um mehr als 25 Prozent. Durch die Verringerung der Kreise und Bezirke sowie die Bündelung von Ortsverbänden soll die Organisationsstruktur gestrafft und damit Kosten eingespart werden. Überdies reagierte der Verband damit auf die sinkende Bereitschaft zum ehrenamtlichen Engagement in den Ortsvorständen. Auf der anderen Seite wirkt sich dieser Abbau negativ auf die Betreuungsqualität vor Ort wie auch die soziokulturelle Verankerung des Verbandes aus, da sich die räumlichen Entfernungen vergrößern und letztlich die Erreichbarkeit der Geschäftsstellen für Mitglieder verschlechtert. Konzentrationsbemühungen rufen daher häufig das Unverständnis der Mitglieder hervor.

Wie aus Abbildung 15 ersichtlich, ist im SoVD eine ausgeprägte föderale Asymmetrie zu konstatieren: Die drei Landesverbände Niedersachsen, Nordrhein-Westfalen und Schleswig-Holstein organisierten im Januar 2009 rund 86 Prozent aller Mitglieder. Nahezu alle kleineren Landesverbände sind über den ihnen zustehenden Anteil am Mitgliedsbeitrag hinaus auf finanzielle Unterstützung des Bundesverbandes angewiesen.

Zu den mitglieder-, finanz- und kampagnenstarken norddeutschen Landesverbänden zählen Niedersachsen und Schleswig-Holstein. Ihnen stehen schwache, durch die Dominanz des VdK bzw. der Volkssolidarität in diesen

Abbildung 15: Stärkeverhältnis der Landesverbände des SoVD in Prozent des Gesamtverbandes am 01.01.2009

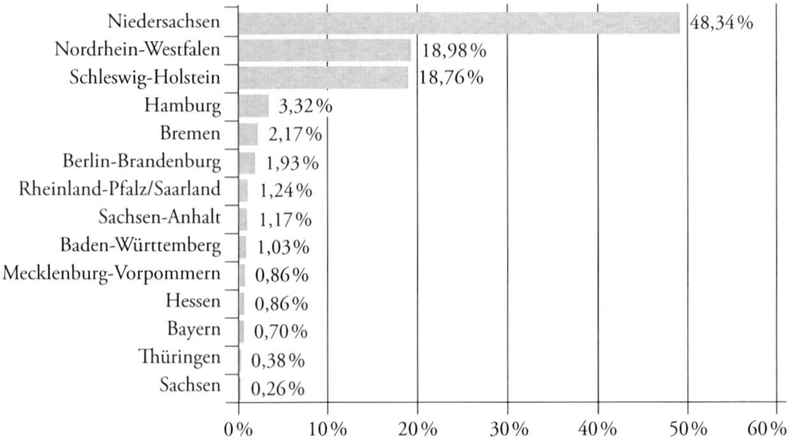

Quelle: Angaben des SoVD 2009; eigene Berechnungen.

Regionen unbedeutende Landesverbände in Süddeutschland[253] bzw. Ostdeutschland gegenüber, die zudem mit einer rückläufigen Mitgliederentwicklung und einer überalterten Mitgliederstruktur konfrontiert sind. Den ostdeutschen Landesverbänden traten nach der deutschen Vereinigung zunächst rund 65.000 neue Mitglieder bei, die sich vorwiegend in Fragen der Kriegsopferversorgung beraten ließen. Die DDR gewährte den Kriegsopfern keine mit der Bundesrepublik vergleichbaren Entschädigungsleistungen. Da 1990 das Bundesversorgungsgesetz auch in Ostdeutschland Geltung erlangte, konnten die westdeutschen Kriegsopferverbände dort mit Hilfe ihrer Sozialberatung gezielt um neue Mitglieder werben und damit eine Lücke in den neuen Bundesländern schließen. Gleichwohl gelang es den ostdeutschen Landesverbänden in der Folgezeit nicht, sich im Sinne von Sozialverbänden weiterzuentwickeln und neue Mitgliedergruppen zu gewinnen (Simon 1998).[254] Ursächlich dafür war neben fehlenden attraktiven Angeboten für jüngere Mitglieder und der in Ostdeutschland stärker bestehenden Verbandsverdrossenheit[255] auch die Konkurrenz zur Volkssolidarität (Simon 1998).[256] Dem SoVD ist es nicht gelungen, ein Konzept zur erfolgreichen Etablierung in Ostdeutschland zu entwickeln. Nach Einschätzung von Wilhelm Simon, dem ehemaligen Landesvorsitzenden des SoVD in Mecklenburg-Vorpommern, hat er sich in der Vergangenheit im Wesentlichen auf materielle Transfers beschränkt, ohne den ostdeutschen Landesverbänden strukturelle Hilfen und konzeptionelle Anregungen zu geben.[257] Im Jahr 2009 waren lediglich noch rund 18.000 Mitglieder in den ostdeutschen Ländern im SoVD organisiert.

253 Insbesondere die Landesverbände Bayern, Hessen und Baden-Württemberg zählen, mit Mitgliederverlusten zwischen 2 und 5 Prozent im Jahr 2007, zu den Sorgenkindern.

254 Organisierten sich im Jahr 2002 im Landesverband Mecklenburg-Vorpommern noch 6.288 Mitglieder, so waren es 2007 nur noch 5.114 Mitglieder (SoVD Mecklenburg-Vorpommern 2007). Dies entspricht einem prozentualen Rückgang von rund 18,7 Prozent in fünf Jahren. Aufgrund des hohen Altersdurchschnitts kann selbst die Zahl der Sterbefälle nicht ausgeglichen werden. Im Landesverband Thüringen konnte zwar in den Jahren 2001 bis 2004 ein Mitgliederzuwachs von 7,5 Prozent erreicht werden; dennoch war die absolute Mitgliederzahl rückläufig, da diesen Neuaufnahmen 6,3 Prozent Sterbefälle und 2,3 Prozent Austritte gegenüber standen (SoVD Thüringen 2004).

255 Der Organisationsgrad in Interessengruppen ist in Ostdeutschland nach wie vor geringer als in Westdeutschland (Weßels 2008: 395).

256 Im Vergleich zum Mitgliedsbeitrag von zwei Euro der Volkssolidarität, ist der Mitgliedsbeitrag von fünf Euro im SoVD relativ hoch.

257 Überlegungen, die Landesverbände Sachsen und Thüringen zu fusionieren, um Kosten einzusparen und Ressourcen zu bündeln, wurden 2001 auf Eis gelegt (SoVD Thüringen 2001: 1).

Exkurs: Die Finanz- und Kampagnenstärke der norddeutschen Landesverbände

Die norddeutschen Landesverbände sind die mitglieder- und finanzstärksten Gliederungen im SoVD. Aufgrund ihrer Ressourcenausstattung nehmen sie auch den stärksten Einfluss auf die strategische Ausrichtung des Gesamtverbandes. Ihre innerverbandliche Stellung in der föderalen Verbandsasymmetrie wird im Folgenden exkursartig dargelegt, um Erklärungsansätze für ihre prägende Rolle in der Organisation aufzuzeigen.

1) Niedersachsen als mitgliederstärkster und dominierender Landesverband

Als mitgliederstärkster Landesverband, der im Januar 2009 rund 48 Prozent der Gesamtmitgliedschaft organisierte, dominiert Niedersachsen seit der Wiedergründung im Jahr 1946 den Bundesverband. Die außerordentliche Mitglieder- und Finanzstärke des Landesverbandes Niedersachsen ist damit zu erklären, dass der Reichsbund in der unmittelbaren Nachkriegszeit nur in der britischen Besatzungszone das Recht zur Wiedergründung erlangte. Der Verband konnte sich daher im ländlich geprägten Flächenstaat Niedersachsen, ähnlich wie der VdK in Bayern, umfassend etablieren. In kleineren Gemeinden gehörte es bis in die siebziger Jahre vielfach »zum guten Ton«, Mitglied des Reichsbundes zu sein und an dessen Angeboten im Bereich des gesellschaftlichen Lebens und der Freizeitgestaltung zu partizipieren.[258] Seitdem wurde die Zahl an Ortsverbänden gleichwohl massiv abgebaut.

Um die in den achtziger Jahren einsetzende Stagnation der Mitgliederentwicklung infolge der natürlichen Abgänge der Kernklientel zu stoppen und neue Mitglieder zu gewinnen, forcierte Niedersachsen den Entwicklungskurs zum Sozialverband. Seit den neunziger Jahren wurde das Dienstleistungsangebot, wie etwa ein vielfältiges Reiseprogramm, fortlaufend erweitert. (SoVD Niedersachsen 2003: 22) [259] Die Kehrtwende in der Mitgliederentwicklung gelang dem Landesverband im Jahr 2001; mit den 2002 eingeführten Familien- und Partnermitgliedschaften konnte diese Ent-

---

258 Die Teilhabe an der Verbandsgemeinschaft zählte neben dem Rechtsschutz zu den Hauptmitgliedschaftsmotiven.

259 So erhöhte sich die Zahl der Kooperationsverträge, die Mitglieder des Landesverbandes in Anspruch nehmen können von zehn im Jahr 1999 auf 17 im Jahr 2002 und 27 im Jahr 2007 (SoVD Niedersachsen 2007: 97). Von diesen 27 Kooperationsverträgen hat der Landesverband 17 selbst abgeschlossen, die übrigen gelten für den gesamten Bundesverband (ebd.):

wicklung weiter befördert werden (Tabelle 25). Durch die im April desselben Jahres gestartete Werbeaktion »Mitglieder werben Mitglieder« wurden überdies innerhalb eines Jahres 4.220 neue Mitglieder geworben (SoVD Niedersachsen 2003: 37f.). Zwischen 2001 und 2008 konnte der Landesverband seine Mitgliederzahlen um rund 24,9 Prozent erhöhen, wenngleich sich das Wachstum in der Tendenz stark abgeschwächt hat, auf zuletzt rund ein Prozent (Tabelle 25).

Tabelle 25: Mitgliederentwicklung des SoVD Niedersachsen 1999–2008

	1999	2000	2001	2002	2003	2004	2005	2006	2007	2008
Mitglieder	206.241	205.438	207.024	222.776	231.717	245.236	249.712	252.869	256.052	258.666

Quelle: Angaben des SoVD Niedersachsen 2007 und 2003; SoVD Niedersachsen 2008; Zahlen jeweils zum Ende des Jahres.

Durch ein verändertes und erweitertes Dienstleistungsangebot soll die Mitgliederbindung und -rekrutierung erhöht und die Finanzen stabilisiert werden.[260] Damit will sich der SoVD stärker als in der Vergangenheit als dienstleistungsorientierte Organisation mit einer attraktiveren Verbandskultur präsentieren (Dobischat/Ahlene 2002: 4). Als erster Landesverband übertrug Niedersachsen die Rechtsberatung ausschließlich an hauptamtliche Beschäftigte.[261] Auch bei den Schulungen ehrenamtlicher wie hauptamtlicher Mitarbeiter nimmt Niedersachsen mit dem 2006 eingeführten Aus- und Weiterbildungsteam eine Vorreiterrolle ein: Im Jahr 2008 wurden nach Angaben der Landesgeschäftsstelle 117 Seminare in den Bereichen Finanzen, Sozialrecht, Öffentlichkeitsarbeit/Kommunikation/Rhetorik, Verbandsarbeit, EDV und sonstiges angeboten, an denen rund 2.188 Mitglieder teilnahmen.[262] Organisationspolitisch hat der Landesverband seine Strukturen

---

260 1999 wurde beispielsweise ein Pflegenotruftelefon des SoVD Niedersachsen eingerichtet, das von 2001 bis 2004 durch das Land Niedersachsen gefördert wurde (SoVD Niedersachsen 2007: 152).

261 Auf lokaler Ebene bieten gleichwohl Ehrenamtliche eine teilweise inoffiziell Sozialberatung an.

262 Im Jahr 2001 wurde von Rolf Dobischat (Universität Duisburg) ein Weiterbildungskonzept für den Landesverband Niedersachsen entwickelt. Das Fortbildungsangebot, das auch Ehrenamtliche aus anderen Landesverbänden nutzen können, kommt den Erwartungen der jüngeren Ehrenamtlichen entgegen, die einen Ausgleich für ihr Engagement erhalten wollen.

gestrafft und verschlankt und die betriebswirtschaftliche Herangehensweise gestärkt, um zukunftsfähig zu sein (ebd.: 25).[263] Niedersachsen forcierte seit Anfang des Jahrtausends die Möglichkeit einer Verselbständigung von Landesverbänden. Im Frühjahr 2010 soll der Landesverband ins Vereinsregister eintragen werden. Die Zusammenarbeit zwischen Hauptamt und ehrenamtlichem Landesvorstand wurde ebenfalls neu strukturiert: Seit dem Jahr 2006 können die Abteilungsleiter der Landesgeschäftsstelle und der Betriebsratsvorsitzende ebenso wie die Geschäftsführung beratend an den Sitzungen des Landesvorstandes teilnehmen. Auf diese Weise sollen die internen Kommunikationsstrukturen verbessert werden (SoVD Niedersachsen 2007: 12).[264]

Neben den internen Organisationsreformen wurden die sozialpolitische Interessenvertretung und die Öffentlichkeitsarbeit des Landesverbandes professionalisiert.[265] Um die Lobbyarbeit zu intensivieren und Kontakte zu anderen Verbänden auszuweiten, wurden im Jahr 2004 die Zuständigkeiten dafür explizit an eine haupt- und ehrenamtliche Verbandsfunktionärin übertragen (SoVD Niedersachsen 2007: 77). Ebenso wie im Bundesverband wurde ein Augenmerk darauf gelegt, das Fachwissen im Sozialpolitischen Ausschuss des Landesverbandes zu erhöhen. Seit dem Jahr 2006 führt der SoVD Niedersachsen Parlamentarische Abende in Hannover durch. Aufgrund der materiellen und personellen Ressourcen gilt Niedersachsen für die übrigen Landesverbände als Orientierungspunkt, da die hohe Finanzkraft infolge größerer Mitgliederzahlen umfassendere Kampagnen und Projekte ermöglicht als in finanzschwächeren Landesverbänden. Auch in verbandlich schwierigen Zeiten gelang es Niedersachsen stets, seine dominierende Position im SoVD zu erhalten und die Politik des Bundesverbandes maßgeblich zu prägen.

---

263 Die Kreisverbände wurden den politischen Kreisen des Landes angeglichen und ihre Zahl verringert. Ebenso wurde die Zahl der Regionalbereiche von sieben auf fünf reduziert (SoVD Niedersachsen 2007: 105f.). Da die ehemals vom Landesverband betriebenen Erholungsheime in Bad Sachsa und Bad Bevensen nicht mehr rentabel waren und diesen in massive finanzielle Bedrängnis stießen, war auch dieser Bereich zu reorganisieren.

264 Dobischat/Ahlene (2002: 11) verwiesen auf die defizitären Kommunikationsprozesse zwischen den verschiedenen Hierarchieebenen und unterschiedlichen Akteursgruppen im Verband sowie auf die mangelhafte Informationspolitik innerhalb des Landesverbandes. Durch die Organisationsreformen sollen diese verbessert werden.

265 Die Publikationen des Landesverbands wie auch die Homepage durchliefen ein »Relaunch«, um den Wiedererkennungsgrad des SoVD durch das zeitgemäße Corporate Design zu erhöhen (SoVD Niedersachsen 2007: 80f.)

2) Schleswig-Holstein als erfolgreichster Landesverband in der
Mitgliederentwicklung

Dem Landesverband Schleswig-Holstein gelang bereits im Jahr 1995 eine
positive Kehrtwende in der Mitgliederentwicklung. Der damals neu gewählte Landesvorstand konzentrierte sich darauf, neue Mitglieder zu werben und
zu binden. Seither verzeichnet der Landesverband Schleswig-Holstein die
höchsten jährlichen Mitgliederzuwachsraten und hatte 2007 einen Organisationsgrad von rund 3,2 Prozent.[266] Gemessen am Mitgliederzuwachs ist er
der erfolgreichste Landesverband. Einzelne Kreisverbände wie Dithmar-
schen organisieren rund 10 Prozent der Bevölkerung. Auch in Schleswig-
Holstein ist es für den SoVD in ländlichen, infrastrukturell schwachen Gebieten – infolge fehlender Freizeitangebote und einer erhöhten sozialen
Kontrolle – vergleichsweise einfach, neue Mitglieder zu gewinnen. Dem
Landesverband gelang es, seine Mitgliedszahlen von rund 77.000 im März
2003 auf rund 97.000 im Januar 2009 zu steigern (SoVD Schleswig-Holstein 2007a: 5).[267] Prozentual entsprach dies einem Zuwachs von rund 26
Prozent in sechs Jahren. Aufgrund der geringeren Einwohnerzahl blieb der
Landesverband Schleswig-Holstein freilich in absoluten Mitgliederzahlen
mit rund 97.000 gegenüber 250.000 in Niedersachsen zurück.[268] Im Zuge
der positiven Mitgliederentwicklung verjüngte sich das Durchschnittsalter
im Landesverband seit 1998 von 65,5 auf 62,1 Jahre im Jahr 2007.

Ähnlich wie in Niedersachsen wurden die Organisationsstruktur und Arbeitsweise im Landesverband professionalisiert: Im Jahr 2006 wurde beispielsweise in der Landesgeschäftsstelle die Stelle eines Pressereferenten geschaffen, um die Öffentlichkeitsarbeit zu verbessern. Zudem wurde das
Engagement in der Familienpolitik verstärkt, um neue Zielgruppen zu erschließen (ebd.: 2; 2007b: 3).[269] Um die Anreize zu erhöhen, sich ehrenamt-

---

266 Der Wert bezieht sich auf den Prozentsatz der SoVD-Mitglieder an der Einwohnerzahl.
    Der Landesverband Niedersachsen wies im selben Jahr einen Organisationsgrad von ca.
    3,1 Prozent aus. Zwischen 2003 und 2009 konnte der Landesverband Schleswig-Holstein
    seine Mitgliederzahlen um rund 27 Prozent erhöhen.
267 Zur positiven Mitgliederentwicklung trug auch die monatliche Verlosung von sieben ein-
    wöchigen Aufenthalten im Erholungszentrum in Büsum für erfolgreiche Werber bei
    (SoVD Schleswig-Holstein 2007b: 2).
268 Angestrebt ist, bis zum Jahr 2013 rund 120.000 Schleswig-Holsteiner zu organisieren.
    Dafür werden neue Mitgliederwerbekampagnen, neue Kooperationsangebote, Telefonak-
    tionen mit der Welle Nord und PR-Aktionen wie »Nah bei den Menschen« initiiert, um
    den Bekanntheitsgrad des SoVD zu erhöhen.
269 Der Landesverband beschäftigt mittlerweile rund 100 Mitarbeiter.

lich in den SoVD einzubringen, wurden die Weiterbildungsangebote für die Ehrenamtlichen kontinuierlich erweitert: Im Jahr 2008 konnten Interessierte an rund 15 Seminaren in den Bereichen Kommunikation, Pressearbeit, Rhetorik oder Sozialrecht partizipieren.[270] Darüber hinaus wurde die sozialpolitische Expertise im Landesverband gestärkt: Die ehrenamtliche Schulung von Rechtsberatern wurde erweitert und Arbeitskreise zu sozialrechtlichen Themen wie der »AK Grundsicherung im Alter und bei voller Erwerbsminderung« ins Leben gerufen. Dem sozialpolitischen Ausschuss gehören zunehmend Ruheständler an, die ein hohes Erfahrungswissen aus ihrer Berufstätigkeit in Politik und Verwaltung einbringen. Hervorzuheben ist die Kampagnenorientierung: Im Jahr 2006 wurde beispielsweise gemeinsam mit der AWO, dem Kinderschutzbund und dem Landesjugendring eine landesweite Kampagne »Gemeinsam gegen Kinderarmut« unter der Schirmherrschaft von Heide Simonis (SPD) durchgeführt, die 2008 in der vom SoVD, der AWO und dem Kinderschutzbund initiierten Volksinitiative »Kinderrechte Stärken – Armut bekämpfen« fortgeführt wurde.[271] Mit dieser Kampagne soll der generationenübergreifende Vertretungsanspruch als umfassender Sozialverband unterstrichen werden.

3.2 Gremien des Bundesverbandes

Maßgeblich für die Legitimation der grundlegenden Linien und Personalentscheidungen der SoVD-Politik sind die Bundesverbandstagung und der Bundesvorstand. Das höchste Organ ist nach § 13 der Satzung die *Bundesverbandstagung*, die alle vier Jahre einberufen wird und deren 201 von den Landesverbänden gewählte Delegierte den neuen Bundesvorstand, die Bundesrevisoren und die Bundesschiedsstelle wählen.[272]

---

270 Seit September 2009 werden in Kooperation mit der Gustav-Heinemann-Bildungsstätte Malente drei Seminare jährlich exklusiv für SoVD-Mitglieder angeboten. Darüber hinaus erhalten sie bei allen Seminarangeboten der Bildungsstätte einen Rabatt von zehn Prozent.

271 Ziel der Initiative ist es, die Rechte von Kindern in die Landesverfassung aufzunehmen. Zur Einschulung bekommt jedes Kind einen Roland-Bären geschenkt, das Maskottchen des SoVD.

272 Zu den weiteren Aufgaben zählen die Beschlussfassung über die Satzung, über Anträge, Beschwerden und die Beitragshöhe sowie die Entlastung des Vorstandes. Die Mitgliederstärke des Landesverband Niedersachsen spiegelt sich auch in den Entscheidungsstrukturen wieder: Von den 199 Delegierten der Bundesverbandstagung 2007 stellte dieser 88 Delegierte und kann damit maßgeblichen Einfluss auf die Verbandspolitik nehmen.

Dem *Bundesvorstand* gehören nach § 10 der Satzung 29 Mitglieder an. Dazu zählen auch der Bundesjugendvorsitzende sowie die fünf vertretungsberechtigten Mitglieder des Bundesvorstandes.[273] Jeder Landesverband entsendet mindestens einen Beisitzer in den Bundesvorstand.[274] Neben dem Präsidenten, zwei Vizepräsidenten, der Bundesschatzmeisterin und der Sprecherin der Frauen im Bundesverband werden vier weitere Mitglieder des *Präsidiums* von der Bundesverbandstagung gewählt.[275]

Beratende Ausschüsse des Bundesvorstandes

Der Bundesvorstand bildet beratende Ausschüsse und wird von der Bundesgeschäftsstelle unterstützt, die seit 2003 in Berlin angesiedelt ist.[276] Im Jahr 2008 unterstützten nach § 11 der Satzung der Sozialpolitische Ausschuss (SPA), der Organisationsausschuss und der Ausschuss für Frauenpolitik[277]

273 Die Titel 1. und 2. Bundesvorsitzender wurden auf der Bundeskonferenz des Reichsbundes 1998 durch den Titel Präsident/in und Vizepräsident/in ersetzt (Sozialverband Reichsbund 1998: 1). Die Mitglieder des Bundesvorstandes dürfen nach § 10 der Satzung nicht in einem Arbeitnehmerverhältnis zum Bundesverband, seinen Gliederungen und Einrichtungen stehen.

274 Die verbleibenden neun Mandate werden nach der Mitgliederzahl der Landesverbände aufgeteilt. Der Bundesgeschäftsführer und der Leiter der Abteilung Sozialpolitik nehmen nach § 10 der Satzung beratend an den Sitzungen teil. Gegenwärtig stellt Niedersachsen als mitgliedsstärkster Landesverband sechs Mandate, Nordrhein-Westfalen und Schleswig-Holstein jeweils drei Mandate. Bis 1979 gehörten dem Bundesvorstand zusätzlich jeweils ein Fachvertreter für die Sozialrentner und Unfallverletzten, für die Zivilbeschädigten und für die Sonderfürsorgeberechtigten an (Reichsbund 1979a: 45). Diese Strukturen der Gruppeneinbindung wurden aufgelöst, da sich alle Mitglieder in der Gesamtprogrammatik wieder finden sollten.

275 Der Präsident ist mit internationalen Fragen, Grundsatzfragen, Personalpolitik, der Zusammenarbeit mit der Bundesgeschäftsstelle, der Öffentlichkeitsarbeit und dem Vorsitz der Tarifkommission betraut. Die Vizepräsidentin soll die Öffentlichkeitsarbeit im Bereich der Politik für Menschen mit Behinderungen übernehmen, ist Mitglied im Sprecherrat des DBR und des Personalausschusses im SoVD. Der Vizepräsident ist Ansprechpartner für die kleineren norddeutschen Landesverbände und für Kooperationen des Bundesverbandes und ist für die Fortbildung und die Abstimmung und Aktualisierung mit der Rehadat zuständig. Die Rehadat ist ein Informationssystem zur beruflichen Rehabilitation und sammelt und veröffentlicht Informationen zu den Themen Behinderung, Integration und Beruf.

276 Der Bundesvorstand hatte im Jahr 1999 die Verlagerung des Verbandssitzes von Bonn nach Berlin und den Bau eines eigenen Gebäudes beschlossen, der 2003 abgeschlossen war (SoVD 2003c: 10f.):

277 Dieser wurde 2003 auf zehn Mitglieder verkleinert, um Kosten zu reduzieren und die Effektivität zu erhöhen. Um Fachwissen zu generieren, wurden zwei externe Spezialistinnen

den Bundesvorstand. Der SPA ist in drei Arbeitskreise, »Rehabilitation«, »Sozialversicherung« und »Zukunft der Pflege« untergliedert, um die sozialpolitische Arbeit effektiv zu gestalten.[278] Im SPA arbeiten zum einen Funktionäre des SoVD, aber auch die Geschäftsführer der verbandseigenen Rehabilitationseinrichtungen sowie Experten aus der Rentenversicherung, Sozialämtern, Krankenkassen, ehemalige Gewerkschaftsfunktionäre oder ausgeschiedene Mitglieder des Bundestages bzw. der Ministerialbürokratie. Seit 1999 wurde der Proporz der Landesverbände bei der Besetzung des sozialpolitischen Ausschusses zunehmend aufgelöst, um eine höhere Expertise zu gewährleisten. Zu den Aufgaben des SPA gehört die Erarbeitung praxisnaher, sozialpolitischer Konzepte, über die im Bundesvorstand beraten und abgestimmt werden.[279] Bereits in den achtziger Jahren galt der Sozialpolitische Ausschuss als eines der zentralen Machtzentren des SoVD, da dort in Zusammenarbeit mit der Abteilung Sozialpolitik von Experten die sozialpolitische Strategie des Verbandes konzipiert wird.[280]

Exkurs: Die Führungselite: Abnehmende Nähe der Führungsspitze zur SPD

Die Funktionäre, die den Reichsbund nach dem Zweiten Weltkrieg wieder gründeten, kamen überwiegend aus der Arbeiterbewegung. Mit Ausnahme von Peter Vetter (CDU), waren alle Vorsitzenden sozialdemokratisch geprägt. Informell war die SPD-Mitgliedschaft bis in die neunziger Jahre nahezu Voraussetzung, um in das höchste Führungsamt gewählt zu werden. Trotz der Nähe zur SPD gilt die parteipolitische Unabhängigkeit als Credo, da der Verband sich nach dem Zweiten Weltkrieg als eine parteipolitisch unabhängige Einheitsorganisation gründete und stets gute Kontakte zum Arbeitnehmerflügel der CDU pflegte. Bei der Auswahl des Führungspersonals spielt die Parteimitgliedschaft seit Mitte der neunziger Jahren keine ausschlaggebende Rolle mehr. Vielmehr zählt die Hausmacht des Anwärters, seine so-

---

für Arbeitsmarkt bzw. Gesundheit mit beratender Stimme in den Ausschuss berufen. Der SoVD hatte die Namensänderung von »Hinterbliebenen« zu »Frauen« früher als der VdK vollzogen. Bereits in den siebziger Jahren wurde der Begriff »Frauen« verwendet und die Mitarbeit in den entsprechenden Gremien damit auch Nicht-Hinterbliebenen ermöglicht (Reichsbund 1979: 35).

278 Bis 1991 hatte noch der Arbeitskreis »Kriegsopferrecht« bestanden (Reichsbund 1991: 5).

279 Vereinzelt werden Experten zu Gastvorträgen eingeladen: Beispielsweise referierte die schweizerische Sozialministerin über das schweizerische Modell der Rentenversicherung.

280 Der Bundesvorstand verabschiedet die Vorlagen des SPA meist ohne größere Änderungen.

Tabelle 26: Verbandspräsidenten des SoVD seit 1946

Name	Geburts-daten	Beruf	Präsidentschaft	Landes-verband	Partei	Höchstes poli-tisches Amt
Paul Neumann	1880–1961	Buchdrucker	1946–1961 (Antrittsalter 66 Jahre)	Hamburg	SPD	Sozialsenator Hamburg
Rudolf Kleine	1918–2001	Angestellter Stadtwerke	1962–1979 (Antrittsalter 44 Jahre)	NRW	SPD	Mitglied sozialpoliti-scher Aus-schuss SPD
Hermann Meyer	1923–1995	Sparkassen-angestellter	1979–1988 (Antrittsalter 56 Jahre)	Nieder-sachsen	SPD	MdL
Sophie Goetzke und Hermann Salomonson	1920–2007 1917–1990	Kindergärt-nerin Leiter eines Sozialamtes	1988–1990 Kommissarische Bundesvorsit-zende	NRW Schles-wig-Hol-stein	k. A.	k.A.
Walter Franke	1926–	Jurist	1990–1996 (Antrittsalter 64 Jahre)	Bremen	SPD	Senator und Bürgermeis-ter in Bre-men
Hans Fiedler	1926–2008	Angestellter einer Betriebskran-kenkasse	1997–2001 (Antrittsalter 71 Jahre)	Nieder-sachsen	SPD	
Peter Vetter	1941–2009	Orthopädie-mechaniker, Kaufmann	2001–2003 (Antrittsalter 60 Jahre)	Berlin-Branden-burg	Ehe-mals CDU	Mitglied im Berliner Ab-geordneten-haus
Adolf Bauer	1940–	Lehrer	2003– (Antrittsalter 63 Jahre)	Nieder-sachsen	SPD	Kreistag Ammerland
Zusam-menfas-sung		mehrheitlich Angestellte	Durchschnittl. Antrittsalter ca. 60 Jahre Amtsjahre: 7,9		mehr-heitlich sozial-demo-kratisch	politische Mandats-träger auf Länderebene

Quelle: Bartholomäi 1977: 590f.; Reichsbund 1960; Angaben des SoVD 2008; SoVD 2005h.

zialpolitische Affinität und nicht zuletzt seine persönliche Reputation.[281] Auffällig ist die lange Amtszeit der Bundesvorsitzenden bis zum Rücktritt von Hermann Meyer im Jahr 1988. Danach setzten häufige Wechsel an der Verbandsspitze ein. Hatten die ersten drei Vorsitzenden die innerverbandliche »Ochsentour« hinter sich gebracht, so handelte es sich bei Franke und Vetter um verbandsfremde, politische Quereinsteiger, die sich letztlich auch wegen fehlender Hausmacht nur kurze Zeit in ihrer Position halten konnten. Bis 1988 war der Bundesvorsitzende wie in den Gewerkschaften hauptamtlich beim damaligen Reichsbund angestellt; seitdem ist es eine ehrenamtliche Position, die lediglich mit einer Aufwandsentschädigung entgolten wird.

Paul Neumann (1946–1961)

Paul Neumann zählte 1946 zu den Gründern des Reichsbundes. Der 1880 in Chemnitz geborene Buchdrucker trat 1917 dem Verband bei. In den 1920er Jahren wirkte er als Senator der Sozialbehörde in Hamburg bis die NSDAP 1933 an die Macht kam (Reichsbund 1960). Da Neumann nach dem Ende des NS-Regimes Vizepräsident des DRK in Hamburg wurde, konnte für den Aufbau der Reichsbund-Strukturen – ähnlich wie beim VdK in Bayern – die gute Infrastruktur des Roten Kreuz genutzt werden (SoVD 2005h: 44). »Papa Neumann« – so sein Spitzname im SoVD – wurde 1946 zum Bundesvorsitzenden gewählt und hatte als Gründungsmitglied eine etablierte Stellung in der Organisation. Er war maßgeblich am Aufbau und der Konsolidierung des Reichsbundes beteiligt und integrierte diesen nach innen. Seine Autorität strahlte auch auf den Reichsbund als Kriegsopferverband in der sozialpolitischen Arena aus. Neumann führte den Kriegsopferverband bis zu seinem Tod im Jahr 1961.

Rudolf Kleine (1962–1979)

Nach Neumanns Tod wurde der 1918 in Helmstedt geborene Rudolf Kleine zu dessen Nachfolger gewählt. Bevor er dieses Amt übernahm, leitete Kleine bereits von 1953 bis 1960 die parlamentarische Verbindungsstelle des Reichsbundes in Bonn und war daher mit der Kriegsopferpolitik bestens vertraut. Er gehörte dem Landesverband Nordrhein-Westfalen an und war Vorsitzender des sozialpolitischen Ausschusses des Reichsbunds sowie Mitglied im sozialpolitischen Ausschuss der SPD (Bartholomäi 1977: 590f.). Ab 1963

---

281 Im Jahr 2008 wurden Mitglieder von SPD und CDU in den Bundesvorstand gewählt.

wirkte Kleine als Vizepräsident des Weltverbandes der Behinderten (FIMITIC).[282] Wenngleich in seiner Amtszeit der Grundstein für die »integ« gesetzt wurde, legte er den Schwerpunkt weiterhin auf die Kriegsfolgenbewältigungspolitik. Als offizieller Grund für seinen Rücktritt 1979 wurden gesundheitliche Gründe genannt (Reichsbund 1988: 239). Kleine hatte seine Beliebtheit am Ende seiner Amtszeit weitgehend eingebüßt, da er den Verband wie ein straffes und autoritäres »Regime« führte.

Hermann Meyer (1979–1988)

Der 1923 in Bad Bevensen geborene Hermann Meyer war von 1962 bis 1978 sozialdemokratischer Abgeordneter im Landtag von Niedersachsen. Er setzte sich 1979 als Landesvorsitzender des Reichsbund Niedersachsen auf der 9. Bundesverbandstagung bei der Wahl zum Bundesvorsitzenden gegen den ehemaligen Leiter der Abteilung Sozialpolitik, Joachim Dauhs, durch (Reichsbund 1987a: 300; Reichsbund 1979b). Meyer war fest in der Organisation und der Kommunalpolitik verankert und infolge seiner politischen Tätigkeiten mit sozialpolitischen Aufgaben vertraut. Er wird als ein Mensch mit ausgeprägtem Machtbewusstsein beschrieben. Im Jahr 1988 publizierte »Der Spiegel«, dass Meyer freiwilliges Mitglied der Waffen-SS gewesen war. Da zur selben Zeit, wie an anderer Stelle dargestellt, weitere Vorwürfe gegen den Reichsbund erhoben wurden, trat Meyer 1988, nach offizieller Mitteilung des Verbandes, »aus gesundheitlichen Gründen« von seinem Amt zurück.

Sophie Goetzke und Hermann Salomonson (Interimsperiode 1988–1990)

Nach dem Rücktritt von Meyer 1988 führten die stellvertretenden Bundesvorsitzenden Sophie Goetzke und Hermann Salomonson die Geschäfte kommissarisch bis zur Bundesverbandstagung im Jahr 1990. Goetzke war seit 1950 als Kriegswitwe Mitglied des Reichsbundes und gehörte ab 1962 dem geschäftsführenden Vorstand des Landesverbandes Nordrhein-Westfalen an (SoVD 2007h: 6). Seit 1979 wirkte sie als Bundesfrauensprecherin. Sie setzte sich insbesondere für eine eigenständige materielle Sicherung und die Förderung von Bildungsmöglichkeiten für Frauen ein. Der 1917 geborene Hermann Salomonson war seit 1946 Mitglied in der Ortsgruppe Neumünster. Von 1972 bis

---

282 Zu Beginn des 21. Jahrhunderts trat der SoVD aus der Weltbehindertenorganisation FIMITIC aus und schloss parallel dazu, im Zuge von Strukturbereinigungsmaßnahmen, seine Auslandsabteilung (SoVD 2003c: 12).

1990 wirkte er als Landesvorsitzender von Schleswig-Holstein und wurde 1979 zum 2. Bundesvorsitzenden gewählt. Der seit 1954 am Bundessozialgericht ehrenamtlich tätige Richter verstarb 1990.

Walter Franke (1990–1996)

Walter Franke wurde 1926 in Salzgitter geboren und war Senator und Bürgermeister in Bremen (SPD). 1990 wurde der Landesvorsitzende des SoVD Bremen als Verbandspräsident gewählt. Der Jurist und Hauptgeschäftsführer der Arbeiterkammer Bremen hatte als Landesvorsitzender wesentlich dazu beigetragen, dass Meyer im Jahr 1988 sein Amt niederlegte. 1996 trat Franke als Bundesvorsitzender aufgrund inhaltlicher Kontroversen in der Sozialpolitik zurück (SoVD 1999b: 2; Bremer Nachrichten 3.12.1996).[283] Da er sowohl gegenüber dem Bundesvorstand wie auch der Bundesgeschäftsstelle eigenmächtig agierte, sank seine Beliebtheit rapide. Insbesondere seine Alleingänge wurden kritisiert. Anders als üblich, führte er beispielsweise politische Gespräche ohne fachliche Begleitung. Franke trat nach seinem Rücktritt aus dem SoVD aus.

Hans Fiedler (1997–2001)

Hans Fiedler wurde nach dem Rücktritt von Franke zum neuen Vorsitzenden gewählt. Der 1926 Geborene gehörte bereits seit 1949 dem Reichsbund und seit 1983 dem Präsidium an (Reichsbund 1997). Als Beisitzer wirkte er am Bundessozialgericht in Kassel. Seit 1995 war Fiedler Landesvorsitzender in Niedersachsen und setzte in der Sozialpolitik Schwerpunkte in den Bereichen Rentenversicherung, Schwerbehindertenrecht und Kriegsopferversorgung/soziales Entschädigungsrecht (SoVD 2003b: 3). Mit dem Erreichen des 75. Lebensjahres übergab er sein Amt aus gesundheitlichen Gründen noch während der laufenden Amtsperiode zum 5. Juni 2001 an Peter Vetter, den damaligen 2. Bundesvorsitzenden (SoVD 2003b: 2). Nach seinem Ausscheiden wurde er zum Ehrenpräsidenten ernannt. Fiedler galt als nachgiebiger Präsident, der sein Amt vergleichsweise schwach ausübte. Insbesondere für die jüngeren Mitglieder des Präsidiums ergab sich damit die Gelegenheit, umfassende Reformen wie die Umbenennung des Reichsbundes und die Fusion mit dem VdK in die Wege zu leiten.

---

283 Franke wollte einen Bundesvorstandsbeschluss nicht mittragen, wonach der Reichsbund forderte, dass sich Beamte auch an der Finanzierung der Sozialversicherungen beteiligen müssen.

Peter Vetter (2001–2003)

Peter Vetter, von 1987 bis 2007 Landesvorsitzender von Berlin, war der erste Bundesvorsitzende, der aus den Reihen der CDU stammte. Der 1941 Geborene gehörte als erster Bundesvorsitzender nicht mehr der Kriegsgeneration an und war erst 1985 in den damaligen Reichsbund eingetreten (Reichsbund 1997). Sein Bestreben war es, eine zielorientierte, von Sachkompetenz geprägte Sozialpolitik, die Optimierung der Presse- und Öffentlichkeitsarbeit des Verbands, die Konsolidierung und Weiterentwicklung der Organisation sowie die Gewinnung neuer Mitglieder zu forcieren (SoVD 2003b: 2). Diese Ziele löste er jedoch nur begrenzt ein. Im Gegenteil: Vetter wird als Quereinsteiger beschrieben, der den Verband eher durch sein schillerndes Auftreten als durch sozialpolitische Visionen prägte. Er wurde auf der Bundesverbandstagung 2003 auf Drängen des niedersächsischen Landesverbandes abgewählt.

Adolf Bauer (2003–)

Auf der Bundesverbandstagung 2003 setzte sich Adolf Bauer, niedersächsischer Landesvorsitzender, gegen Peter Vetter bei der Wahl des Verbandspräsidenten durch. Bauer wurde 1940 geboren und war gewerkschaftlich in der GEW organisiert und kommunalpolitisch für die SPD aktiv. 1981 wurde er von einem kriegsbeschädigten Landtagsabgeordneten als Verbandsmitglied geworben. Bauer durchlief eine typische Verbandskarriere: Bis 1988 war er ehrenamtlicher Beisitzer im Ortsvorstand Westerstede, ehe er 1989/90 zum Ortsvorsitzenden und 1990 zum Kreisvorsitzenden gewählt wurde. Seit 1995 gehört Bauer dem Landesvorstand an (SoVD 2003d). Nach seiner Frühpensionierung 2001 wurde er stellvertretender Landesvorsitzender von Niedersachsen und 2003 dann schließlich zum Bundesvorsitzenden gewählt. Seit 2003 übt Bauer in Personalunion das Amt des Bundesvorsitzenden wie auch des Landesvorsitzenden des größten Landesverbandes aus. Er plädiert für die Fortentwicklung als solidarischer, zeitgemäßer Dienstleistungsverband und für eine konstruktive und auch konzeptionell ausgerichtete sozialpolitische Arbeit sowie für den Ausbau der Zusammenarbeit mit Gewerkschaften und befreundeten Verbänden (SoVD 2007b: 5). Unter Bauer wurde die zentrale Organisationsstruktur aufgelöst und die mediale Präsenz in Funk und Fernsehen verstärkt. Allerdings wirken Bauers mediale und öffentliche Auftritte wenig charismatisch.

Der hauptamtliche Stab im SoVD

Im SoVD waren nach Angaben des Bundesvorstands im Jahr 2008 rund 660 Mitarbeiter beschäftigt, davon rund 60 in der Bundesgeschäftsstelle.[284] Die Mehrzahl der Beschäftigten ist auf der Ebene der Kreisverbände angestellt und hat eine juristische Ausbildung absolviert. Seit den neunziger Jahren wurde die Rekrutierung der Beschäftigten professionalisiert. Parallel dazu hat sich der Mitarbeiterstab verjüngt.[285] Neben der Abteilung Sozialpolitik nimmt die Bundesrechtsabteilung eine besondere Stellung ein, da es zu den Hauptdienstleistungen des Verbandes zählt, die Mitglieder in sozialrechtlichen Verfahren bis zum Bundessozialgericht zu vertreten.[286]

4. Anreize für Mitglieder – Finanzordnung

Insbesondere in Schleswig-Holstein und Niedersachsen ist es dem SoVD seit dem Jahr 2002 gelungen, neue Mitglieder zu werben. Der steigende Organisationsgrad in diesen Landesverbänden verdeutlicht, dass in Norddeutschland einer zunehmenden Zahl von Bürgern eine Mitgliedschaft im SoVD attraktiv erscheint. Auf welche Anreizstrukturen und Mitgliedervorteile diese positive Mitgliederdynamik zurückzuführen ist, soll an dieser Stelle herausgearbeitet werden. Im Anschluss daran wird der Blick auf die Beitrags- und Finanzordnung gerichtet.

---

284 Der Landesverband Niedersachsen beschäftigt ca. 280 Mitarbeiter, Nordrhein-Westfalen rund 120 Mitarbeiter, Schleswig-Holstein ca. 100 Mitarbeiter, Hamburg 15 Mitarbeiter und Bremen 13 Mitarbeiter. Die ost- und süddeutschen Landesverbände haben kaum Angestellte (Angaben des SoVD 2009; SoVD Niedersachsen 2007; SoVD NRW 2007).

285 Seit den neunziger Jahren wurden die Strukturen in der Bundesgeschäftsstelle professionalisiert; so wird den Abteilungsleitern heute ein erhöhter Handlungsspielraum wie auch die eigene Verwaltung ihres Budgets eingeräumt (SoVD 2003c: 9). Ursprünglich wurde auch geplant, sie in Entscheidungsfindungsprozesse einzubeziehen.

286 Neben der Vertretung der Mitglieder in sozialgerichtlichen Verfahren vor dem BSG und anderen satzungsgemäßen Angelegenheiten, werden ebenfalls die unterschiedlichen rechtlichen Anliegen und Obliegenheiten des Verbandes, wie vereinsrechtliche und arbeitsrechtliche Angelegenheiten, bearbeitet (SoVD 2003c: 13).

4.1 Leistungsanreize

Die wichtigste Dienstleistung des SoVD ist in § 5 der Satzung verankert: Die Rechtsberatung und -vertretung der Mitglieder vor den Sozialgerichten und, soweit zulässig, vor Verwaltungs- und Arbeitsgerichten.[287] In der seit April 2007 gültigen Leistungsordnung sind die Leistungen für alle Mitglieder verankert:

– Unterrichtung und Aufklärung über die Verbandstätigkeit und die Entwicklung im Bereich des Sozialrechts durch Herausgabe einer Zeitung sowie sonstiger Informationen durch alle Gliederungen[288]
– Durchführung von Erholungsmaßnahmen in Erholungszentren des SoVD
– Teilnahme an Veranstaltungen des SoVD

Die Mitglieder können darüber hinaus folgende Leistungen in Anspruch nehmen:

– Betreuung im Rahmen der Altenhilfe (Bundessozialhilfegesetz) sowie der Kriegsopferfürsorge (Bundesversorgungsgesetz) und Betreuung von Erwachsenen nach dem Betreuungsgesetz
– Auskunft, Beratung und Hilfe bei der Fertigung von Anträgen, der Verfolgung von Ansprüchen auf den speziellen Gebieten des Sozialrechts sowie des Verwaltungs- und Arbeitsrechts – soweit das Gesetz dies zulässt – und darüber hinaus im Bereich der Patientenberatung und der Grundsicherung.

Der Rechtsschutz wird von Rechtsschutzbüros auf Kreis- und Bezirksebene und den Rechtsabteilungen auf Landes- und Bundesebene erbracht (Winter 1997: 192).[289] Die direkte Präsenz vor dem Bundessozialgericht (BSG) in Kassel wurde aus Rentabilitätsüberlegungen, zeitgleich mit dem Umzug der

---

287 Das 1954 verabschiedete Sozialgerichtsgesetz stellte die Mitarbeit der Vertreter des SoVD als ehrenamtliche Richter wie auch als Prozessbevollmächtigte sicher (Kleine 1977: 510).
288 Dazu zählen z.B. Informationsbroschüren zum Erbrecht und zum Verfassen einer Patientenverfügung.
289 Während die Kreisgeschäftsstellen neue Anträge aufnehmen und Beschwerden einlegen, sind die Rechtsschutzsekretariate für Klageverfahren zuständig. Die Rechtsberatung wird vorwiegend von hauptamtlichen Mitarbeitern durchgeführt, da durch die steigende Komplexität des Sozialrechts die Gefahr von Regressansprüchen gegenüber dem Verband infolge einer Überforderung der ehrenamtlichen Berater erhöht ist.

Bundesgeschäftsstelle von Bonn nach Berlin, aufgegeben.[290] Pro Jahr werden dort durchschnittlich 15 bis 20 Verfahren (Revisionen und Nichtzulassungsbeschwerden) eingeleitet.[291] Die Rechtsberatung konzentriert sich auf die Rentenversicherung und das Schwerbehindertenrecht; die Anträge im Bereich des sozialen Entschädigungsrechts haben analog zum Rückgang der Kriegsopfer an Bedeutung verloren.[292] Darüber hinaus wurden zwischen 2003 und 2007 elf Musterverfahren eingeleitet, welche – neben einer höchstrichterlichen Klärung der Rechts- bzw. Verfassungsmäßigkeit der Regelungen – den Protest der Betroffenen gegenüber den politisch Verantwortlichen zum Ausdruck bringen sollte (SoVD Geschäftsbericht 2007: 25).[293] Diese Musterverfahren werden folglich auch als Lobbyinstrument eingesetzt.

Die Sozialrechtsberatung ist die wichtigste Servicedienstleistung und eines der Hauptwerbemittel der Mitgliederakquisition. Sie birgt jedoch das Risiko, dass Mitglieder den Verband als günstigen Rechtsschutz nutzen und danach Gebrauch von ihrer Exit-Option machen. Dem Landesverband Thüringen treten beispielsweise nur noch Mitglieder mit Rechtsstreitigkeiten bei (SoVD Thüringen 2003).[294] Um der kurzfristigen Nutzenorientierung der Mitglieder vorzubeugen und die Mitgliederbindung zu verbessern, regen die

---

290 Zeitgleich wurde die in Bonn angesiedelte Auslandsabteilung aufgelöst.

291 Die Erfolgsquote entspricht der allgemeinen Erfolgsstatistik des BSG: Danach sind Revisionen lediglich in ca. 20 Prozent der Fälle, Nichtzulassungsbeschwerden in ca. zehn Prozent der Fälle erfolgreich.

292 Im SoVD Niedersachen standen im Zeitraum 1999 bis 2002 36.166 neue Anträgen zur Rentenversicherung und 34.061 Anträgen im Bereich Schwerbehindertenrecht nur 3.079 Anträge hinsichtlich des sozialen Entschädigungsrechts gegenüber (SoVD Niedersachsen 2003: 78). Insgesamt wurden in diesem Zeitraum 95.267 neue Anträge im Landesverband gestellt, 34.520 Widerspruchsverfahren, 8598 Klageverfahren und 870 Berufungsverfahren eingeleitet. Im Zeitraum 2003 bis 2006 wurden von 108.266 neuen Anträgen 44,5 Prozent im Bereich der Rentenversicherung und 36,4 Prozent im Bereich des Schwerbehindertenrechts gestellt (SoVD Niedersachsen 2007: 133). Der kurzfristig im Zuge der Einführung des Arbeitslosengeld-II gestiegene Bedarf an Rechtsberatung hat sich abgeschwächt. Rechtliche Voraussetzung für die Beratungskompetenz des SoVD in diesem Bereich war die Aufnahme der Beratung in arbeitsrechtlichen Fragen in die Satzung im Jahr 2003.

293 Dazu zählten Musterverfahren zum vollen Krankenversicherungsbeitrag auf laufende Versorgungsbezüge, die Aussetzung der Rentenanpassung 2004, die alleinige Tragung des Pflegeversicherungsbeitrages von Rentnern oder die Abschläge bei Erwerbsminderungs- und Hinterbliebenenrenten.

294 Im Jahr 2003 konnte der Landesverband rund 200 neue Mitglieder werben (ebd.). Im Landesverband existierte im Jahr 2008 in nur 37 von rund 960 Gemeinden in Thüringen ein Ortsverband. Dies erschwert es, den Mitgliedern über die Sozialrechtsberatung hinaus, ortsnahe Verbandsangebote zu unterbreiten.

mitgliedsstarken Landesverbände an, das sozialpolitische Profil und die lokale Mitgliederarbeit zu stärken. Trotz der vergleichsweise hohen Kosten wird offensichtlich nicht in Betracht gezogen, den Rechtsschutz in GmbHs auszugliedern. Denn die Rechtsberatung dient nicht alleine als Instrument der Mitgliederrekrutierung sondern auch als Legitimationsgrundlage für die Interessenvertretungsfunktion: Der SoVD kann reklamieren, kontinuierlich mit den Problemen der Betroffenen vertraut zu sein und die Sachlage zu kennen (vgl. Winter 1997: 145).

Die (potenziellen) Mitglieder wägen zunehmend die Vorteile einer Verbandsmitgliedschaft mit deren Kosten ab. Da es nicht mehr auszureichen scheint, Möglichkeiten des sozialen Zusammenkommens und die sozialpolitische Interessenvertretung anzubieten, sind die selektiven Nutzenanreize in den vergangenen Jahren systematisch erweitert worden. Dazu zählen Gruppenrabatte bei Abschluss einer Versicherung der Hamburg-Mannheimer-Versicherungs AG[295], Rabatte bei der BHW Bausparkasse, Vergünstigungen durch Kooperationen mit dem Schwab-Versand, mit Fahrzeugherstellern und Hotels, Freizeitparks, Musicalveranstaltern, Thermen, Museen usw. (SoVD 2007e). Ein Reiseprogramm in Kooperation mit dem Veranstalter TCI-Leser-Reisen bietet einzig der Landesverband Niedersachsen an, der dieses seit 2009 gemeinsam mit Nordrhein-Westfalen und Sachsen-Anhalt moderiert (Niedersachsen-Echo 9/2008: IV). Es ist geplant, die Kooperationen mit anderen Partnern wie der TUI weiter auszubauen, um die Attraktivität der Verbandsmitgliedschaft zu erhöhen und damit letztlich die Finanzierung des SoVD weiter zu konsolidieren.[296]

4.2 Finanzordnung

Sein Personal, die sozialpolitische Arbeit, Kampagnen, Öffentlichkeitsarbeit und die lokale Arbeit finanziert der SoVD als Mitgliederverein im Wesentlichen durch seine Beitragseinnahmen, die sich seit 2004 bundeseinheitlich wie folgt gliedern:

---

295 Es werden beispielsweise eine Sterbegeldversicherung und eine Unfallvorsorgeversicherung angeboten.
296 Durch die Einführung der Partner- und Familienmitgliedschaften zu ermäßigten Beiträgen, steigen die Einnahmen nicht proportional zu Mitgliederwachstum.

– Einzelmitgliedsbeitrag: 5 Euro pro Monat
– Partnermitgliedsbeitrag: 7,15 Euro pro Monat
– Familienmitgliedsbeitrag: 9 Euro pro Monat

Der Anteil des Bundesverbandes am Beitragsaufkommen beträgt monatlich pro Einzelmitglied 0,60 Euro, pro Partnerbeitrag 0,85 Euro und für jede Familienmitgliedschaft 1,10 Euro und damit rund zwölf Prozent am jeweiligen Mitgliedsbeitrag (SoVD Beitragsordnung 2007).[297] Die Mitgliedsbeiträge werden seit Ende der neunziger Jahre flächendeckend per Einzugsermächtigung eingezogen: Bis dato wurden sie überwiegend von Ehrenamtlichen mit persönlicher Hauskassierung eingenommen.[298] Die Einführung der Familien- und Partnermitgliedschaften im Jahr 2002 wurde von der strategischen Überlegung geleitet, einerseits die Mitgliedsdynamik zu befördern, andererseits die Verjüngung des Verbandes zu beschleunigen, indem die Attraktivität für Familien erhöht wird. Die Zahl der vollen Beitragszahler ist seither rückläufig: Von den rund 516.000 Mitgliedern im April 2007 waren nur 58 Prozent Einzelmitglieder (Tabelle 27): Rund 36 Prozent gehörten zu den Partnermitgliedschaften und sechs Prozent zu den Familienmitgliedschaften. Letztlich lässt sich seit dem Jahr 2002 wie bei der AWO eine statistische Verzerrung konstatieren, da nur rund 300.000 Mitglieder volle Beitragszahler sind – mit sinkender Tendenz.[299] Im Jahr 2007 gelang es keinem Landesverband, die Zahl der Einzelmitglieder zu erhöhen. Die Familienmitgliedschaft verzeichnet den quantitativ höchsten Zuwachs, führt jedoch nur zu geringen Beitragssteigerungen. Erst seit dem Jahr 2004 steigen die Einnahmen aus den Mitgliederbeiträgen infolge der Mitgliederzuwächse wieder an.

Der Bundesverband erhält keine öffentlichen Mittel und nimmt daher für sich in Anspruch, staatlich unabhängig zu sein (SoVD 2008b). Mittelbar erfährt der SoVD bei Einzelprojekten öffentliche Unterstützung.[300] Die

---

297 1988 hatte der Bundesverband laut Satzung noch 22 Prozent des Beitragsanteils erhalten.

298 Im Juni des Jahres 1991 hatten erst 28 Prozent der Mitglieder ihre Beiträge im Bankeinzugsverfahren entrichtet (Reichsbund 1991: 13). Der aus Effizienzüberlegungen heraus geschaffene Übergang von der Hauskassierung zum Bankeinzugsverfahren war innerverbandlich höchst umstritten (Interview SoVD 16).

299 Im Jahr 2003 waren 72 Prozent der Mitglieder in Niedersachsen Einzelbeitragszahler und 25 Prozent Partnerbeitragszahler (SoVD Niedersachsen 2007: 109). 2007 zählten nur noch 58,9 Prozent zu den Einzelbeitragszahlern, 35,9 Prozent zu den Partner- und 5,1 Prozent zu den Familienbeitragszahlern (SoVD Niedersachsen 2007:4)

300 Die Patientenberatung wird seit 2001 gefördert und auch die Pflege- und Wohnberatung des SoVD in Hannover wird bezuschusst. Da die Patientenberatung durch die Krankenkassen gefördert wird, muss diese auch Nichtmitgliedern angeboten werden und ist damit keine exklusive Dienstleistung für die Mitglieder des Verbandes.

Tabelle 27: Mitgliedsbestand des SoVD am 30.04.2007 nach Beitragszahlung

Organisationseinheit	Einzel	HHP[1]	RFP[2]	HHF[3]	RFF[4]	Gesamt
Bayern	2.849	475	475	43	113	3.955
Bremen	7.371	1.608	1.608	120	291	10.998
Hamburg	11.199	2.610	2.611	330	836	17.586
Hessen	2.896	586	586	131	327	4.526
Niedersachsen	144.771	45.590	45.590	3.687	9.602	249.240
Nordrhein-Westfalen	59.812	16.622	16.630	1.548	3.974	98.586
Rheinland-Pfalz/ Saarland	4.269	844	844	98	248	6.303
Berlin-Brandenburg	7.292	1.424	1.425	180	474	10.795
Schleswig-Holstein	45.347	19.429	19.428	2.156	5.952	92.312
Baden-Württemberg	3.744	737	737	80	210	5.508
Mecklenburg-Vorpommern	3.246	824	824	54	129	5.077
Sachsen	1.141	162	162	15	43	1.523
Sachsen-Anhalt	4.714	836	836	109	282	6.777
Thüringen	1.482	317	318	41	103	2.261
Bundesverband absolut	300.133	92.064	92.074	8.592	22.584	515.447
Bundesverband prozentual	58,23%	17,86%	17,86%	1,67%	4,38%	100%

1 Hauptmitglied hat Partner
2 Rabatt für Partner
3 Hauptmitglied hat Familie
4 Rabatt für Familie

Quelle: Angaben des SoVD 2007; eigene Berechnungen.

Landesverbände können sich darüber hinaus um Lotterieeinnahmen und Einnahmen aus Bußgeldern bewerben und daraus Finanzmittel generieren. Da die Akquise zusätzlicher finanzieller Mittel für Verbände an Bedeutung gewinnt, wurde im Jahr 2006 die Reichsbund-Stiftung gegründet, in welche Teile der Ausschüttungen der »meravis Wohnungsbau- und Immobilien

GmbH« fließen und über die externe Spenden akquiriert werden.[301] »Zweck
der Stiftung ist die Unterstützung bedürftiger Personen in Einzelfällen sowie
die Förderung von Maßnahmen für junge und ältere Menschen, für kranke
Menschen und solche mit Behinderung sowie die Förderung von Maßnahmen zur Erhaltung der Gesundheit« (Reichsbundwohnungsbau 2008).

Als Alleingesellschafter profitiert der SoVD von den Erträgen der 1949
gegründeten Reichsbund-Wohnungsbau, die 2008 in »meravis Woh-
nungsbau- und Immobilien GmbH« umbenannt wurde (SoVD 2008c).[302]
Weiterhin fließen dem Verband die Erträge des Hotel Mondial in Berlin
und Gewinnausschüttungen aus den Gruppenversicherungen mit der
Hamburg-Mannheimer-Versicherung zu, wenngleich der Abschluss von
Sterbegeldversicherungen rückläufig ist.[303] Der SoVD unterhält zwei
weitgehend barrierefreie Erholungszentren in Büsum und Brilon sowie,
vermittelt über die meravis, das Vital Hotel Schützenhaus in Bad Sachsa,
um dem in der Satzung verankerten Ziel der Erholungsfürsorge für seine
Mitglieder gerecht zu werden.[304] Nach der deutschen Vereinigung vergrößerte sich das Verbandsvermögen, da ihm Entschädigungszahlungen für
Grundstücke, die ihm zu Zeiten der Weimarer Republik in Ostdeutschland gehörten, wieder zugesprochen wurden. Unter anderem erhielt der
SoVD ein Grundstück in Berlin zurück, wo sich heute die 2003 errichte-
te Bundesgeschäftsstelle befindet. Festhalten lässt sich eine begrenzte Diversifizierung der finanziellen Basis des SoVD durch den Ausbau der
Kooperationsverträge und die Gründung der Reichsbund-Stiftung, wenngleich der Verband weiterhin seine Finanzmittel hauptsächlich aus den

---

301 Diese wurde in Reichsbund-Stiftung benannt, um den Namen Reichsbund nicht gänzlich
aufzugeben, nachdem auch die Reichsbund-Wohnungsbau in meravis umbenannt worden
war. Die Einrichtung der Stiftung ist möglicherweise auch eine Reaktion auf den Rückgang der Spenden um rund 25 Prozent seit dem Jahr 2004.

302 Der Wohnungsbau war 1949 wieder aufgenommen worden: Bis 1992 erbaute der Reichsbund 19.000 Wohnungen und Eigenheime (Reichsbund 1992: 9). Gegenwärtig bemüht
man sich um den Bau behinderten-, alten- und familiengerechten Wohnraumes. »meravis« steht als Abkürzung für »Mensch«, »Raum« und »Vision«.

303 Mitglieder des SoVD können seit dem 1.10.1969 bei der Hamburg-Mannheimer zu vergünstigten Konditionen im Rahmen von Gruppenverträgen Versicherungen erwerben
(Reichsbund 1992: 5).

304 Das Erholungsheim Bad Sachsa wurde aus wirtschaftlichen Gründen in eine Hotelbe-
triebs-GmbH der meravis überführt und in Vital Hotel Schützenhaus umbenannt (SoVD
Niedersachsen 2007: 5). Andere Erholungszentren wie Bad Bevensen wurden Anfang des
Jahrtausends aufgegeben, da sie betriebswirtschaftlich nicht mehr rentabel erschienen
(SoVD-Zeitung 11/2005).

Mitgliedschaftsbeiträgen generiert und damit in hohem Maße von den Beitragseinnahmen abhängig ist.

5. Mitgliedschaft und Ehrenamt im Wandel

Die Auswirkungen der Entwicklung vom Kriegsopfer- zum Sozialverband auf die Mitgliederstruktur und die Mitgliedschaftsmotive stehen im Fokus dieses Kapitels. Es wird eine höhere Nutzenorientierung der Mitglieder unterstellt und die These vertreten, dass die positive Mitgliederentwicklung im Wesentlichen auf die Einführung der vergünstigten Familien- und Partnermitgliedschaften im Jahr 2002 zurückzuführen ist.

5.1 Mitgliederentwicklung

Ende der achtziger Jahre wurde bekannt, dass die über mehrere Jahre ausgewiesenen Mitgliederzahlen von rund 800.000 falsch waren und dem SoVD nur rund 400.000 Mitglieder angehörten (Der Spiegel 2/1989). Der Verband kann daher keine verlässlichen Zahlen zur Mitgliederentwicklung seit 1946 geben. Als Folge der öffentlichen Debatte über die Mitgliederstatistik wurde bis 1991 die Mitgliederverwaltung auf EDV-Basis umgestellt und professionalisiert.

Im Januar 2009 organisierte der Bundesverband rund 517.700 Mitglieder – gegenüber etwa 450.000 Mitgliedern im Jahr 1992 (Abbildung 16). Prozentual entspricht dies einem Wachstum von rund 15 Prozent in 17 Jahren. Die Kehrtwende in der Mitgliederentwicklung gelang dem Bundesverband erst im Jahr 2002, als Familien- und Partnermitgliedschaften eingeführt wurden: Seitdem steigen die Mitgliederzahlen um netto ein bis zwei Prozent im Jahr an (Abbildung 16).[305] Auch hier bestätigt sich das innerverbandliche Gefälle des SoVD zwischen Norddeutschland auf der einen und Süd- bzw. Ostdeutschland auf der anderen Seite: Lediglich die Landesverbände Bremen, Hamburg, Niedersachsen, Nordrhein-Westfalen, Rheinland-Pfalz/Saarland und Schleswig-Holstein wiesen im Jahr 2007 nach Angaben des Bundesvorstandes eine positive Mitgliederdynamik auf. Es lässt sich fest-

---

305 Der jährliche Mitgliederzuwachs verringerte sich prozentual jedoch vom Jahr 2004 bis zum Jahr 2007.

Abbildung 16: Mitgliederentwicklung des SoVD 1992–2009

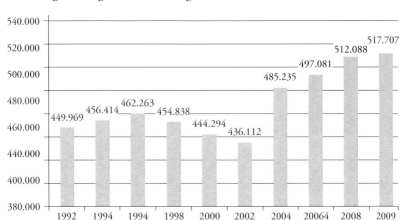

Quelle: Angaben des SoVD; Zahl jeweils zum 01.01. eines Jahres; eigene Darstellung.

halten, dass einzig Landesverbände, die bereits ein dichtes Netz an Ortsverbänden und Beratungsstellen aufweisen, vom Wachstum profitieren.
Um die Mitgliedschaften zu stabilisieren und die hohe Zahl an Verbandsaustritten zu reduzieren, wurden 2002 Rückholaktionen eingeführt, deren Erfolgsquote durchschnittlich bei rund 3,5 Prozent lag (SoVD Geschäftsbericht 2007: 39).[306] Die Aktion 2007 wurde von einem Fragebogen begleitet,
der Aufschluss über die Motive gab, die Verbandsmitgliedschaft aufzukündigen. Von den 1.165 Antworten konnten 1.123 ausgewertet werden. Als häu-
figster Austrittsgrund wurde von 47,6 Prozent der Befragten die mangelnde
Finanzierungsmöglichkeit des Mitgliedsbeitrages benannt. 18,5 Prozent verwiesen auf ihre Unzufriedenheit mit der Arbeit des Orts- bzw. Kreisverban-
des, gefolgt von der Unzufriedenheit mit der sozialrechtlichen Beratung (6,3
Prozent) und einer mangelnden Übereinstimmung mit den sozialpolitischen
Aussagen des Verbands (1,8 Prozent). Als weitere Gründe (22,2 Prozent)
wurden angeführt: Erkrankungen, Grabenkämpfe im Verband und die Tatsache, dass der Verein aufgrund seiner sozialen Überalterung vorwiegend für

---

306 Die pro Jahr zwischen 10.000 und 14.000 ausgetretenen Mitglieder erhalten zum Jahresende einen von Präsident Bauer unterzeichneten Brief, in welchem der Austritt bedauert
wird. Durch die Rückholaktionen hat der SoVD bislang 110.000 Euro Netto-Rückge-
winn getätigt (nach Abzug aller Aktionskosten). Die Subsumierung derjenigen, die in den
Folgejahren im Verband bleiben, ist darin nicht eingerechnet.

Rentner da sei. Die Mehrheit der Ausgetretenen begründete somit den Austritt aus einer persönlichen finanziellen Lage heraus.

In der Nachkriegszeit traten viele Kriegsopfer dem Reichsbund bei, weil sie am Gemeinschaftsleben und der wechselseitigen materiellen und sozialen Unterstützung in den Ortsverbänden teilhaben wollten. Doch zählten 2003 nur noch rund sieben Prozent der Mitglieder des SoVD Niedersachsen zur Ursprungsklientel der Kriegsbeschädigten und -hinterbliebenen (SoVD Niedersachsen 2003: 32). Viele der in den letzten Jahren gewonnenen Mitglieder erwarten einen konkreten Nutzen aus ihrer Mitgliedschaft. Beobachtbar ist, dass die langfristige Identifikation mit den Tätigkeiten und den Leistungsangeboten des Verbandes abnimmt (Dobischat/Ahlene 2002: 12). Hinsichtlich des Organisationsgrades wie auch der Dauer der Mitgliedschaft lassen sich große Unterschiede zwischen ländlichen und städtischen Gebieten konstatieren: Auf dem Land sind der Organisationsgrad und die Dauer der Mitgliedschaft höher als in urbanen Zentren; dies wird mit einer geringeren sozialen Kontrolle und Gemeinschaftsorientierung sowie einem breiteren Konkurrenzangebot der Freizeitgestaltung erklärt.

Als wichtigste Stütze der insgesamt positiven Mitgliederentwicklung gilt – neben einer guten Öffentlichkeitsarbeit – die Rechtsberatung des Verbandes (SoVD Niedersachsen 2007 & 2003, SoVD NRW 2003): Die positive Mitgliederdynamik wird auf den zunehmenden Beratungs- und Informationsbedarf angesichts der sozialpolitischen Reformen zurückgeführt. In Landesverbänden mit einer flächendeckenden Beratungsstruktur sind höhere Mitgliederzuwächse zu verzeichnen als in Landesverbänden, die nicht über diese Infrastruktur verfügen, wie dies beispielsweise in Thüringen und Bayern der Fall ist. Besondere Herausforderung ist es, die Mitglieder über die Inanspruchnahme der Rechtsberatung hinaus im Verband zu halten (vgl. SoVD NRW 2007: 18f.): Diese Aufgabe übernehmen insbesondere die Ortsverbände mit ihren Angeboten des Zusammenkommens, doch auch die sozialpolitische Interessenvertretung gilt als wichtiges Mittel der Mitgliederbindung.[307] Um die Identifikation der Mitglieder mit dem Verband zu erhöhen, werden diese jeweils für ihre 10-, 25-, 40-, 50, 60-, 70- und 80-jährige Mitgliedschaft symbolisch ausgezeichnet und ihre Verbandstreue damit anerkannt (Tabelle 28). Die Kosten für diese Auszeichnung werden vom Bundesverband getragen. Der im Zeitraum 1995 bis 1999 prozentual hohe

---

307 Die Pressearbeit und die Verleihung von Gütezeichen und Preisen, beispielsweise für besonders engagierte Unternehmen im Bereich der Barrierefreiheit, verdeutlichen den Mitgliedern, dass der SoVD aktiv für ihre Interessen eintritt.

Anteil der für eine 50-jährige Mitgliedschaft Geehrten (29,6 Prozent aller Mitglieder) verdeutlicht, dass viele kriegsbeschädigte Mitglieder der ersten Stunde dem Verband aus Verbundenheit über lange Zeit die Treue hielten. Jedoch nimmt diese – vergleichsweise treue – Stammmitgliedschaft infolge natürlicher Sterbefälle im Zeitverlauf kontinuierlich ab.

Tabelle 28: Auszeichnungen für langjährige Mitgliedschaften im SoVD 1995–1999[308]

Dauer der Mitgliedschaft	Ehrungen
10-jährige Mitgliedschaft	40.909
25-jährige Mitgliedschaft	9.154
40-jährige Mitgliedschaft	3.919
50-jährige Mitgliedschaft	22.726
60-jährige Mitgliedschaft	94
70-jährige Mitgliedschaft	41
80-jährige Mitgliedschaft	1
Gesamt	76.844

Quelle: SoVD 1999a: 9.

Die veränderten Mitgliederstrukturen und Motivlagen erfordern einer Verbesserung der Mitgliederbindung. Dies wird an der seit 1991 abnehmenden Dauer der Mitgliedschaft deutlich: Gehörten 1991 noch 48,1 Prozent der Mitglieder bis zu zehn Jahre dem Reichsbund an, so zählten im Jahr 2003 bereits ca. 58 Prozent der männlichen und 57 Prozent der weiblichen Mitglieder zu dieser Gruppe (Reichsbund 1991: 17; SoVD Niedersachsen 2003: 32). Der Anteil der Mitglieder, die eine kurze Verweildauer von weniger als zehn Jahren haben, hat sich demnach innerhalb von rund zwölf Jahren um gut zehn Prozentpunkte erhöht. An diesen Zahlen ist abzulesen, dass die langfristige Bindung abnimmt.

---

308 Aktuelle Daten konnten infolge der Umstellung auf SAP im Jahr 2000 nicht zur Verfügung gestellt werden. Die Zahl der Auszeichnungen wird seither nicht mehr zentral erfasst.

Verjüngung durch die Einführung von Familien- und Partnermitgliedschaften

Das Durchschnitts- und Eintrittsalter der Mitglieder hat sich seit der Variabilisierung der Mitgliedschaften 2002 verjüngt. Das Eintrittsalter, das Anfang der neunziger Jahre noch bei ca. 61 Jahren lag, ist im Jahr 2007 auf durchschnittlich rund 55 Jahre gesunken. Eine zunehmende Zahl an Mitgliedern tritt dem SoVD folglich bereits vor dem Übergang in den Ruhestand bei. Das Durchschnittsalter ist ebenfalls bis Dezember 2008 auf 62,3 Jahre gesunken, wenngleich mit Variationen zwischen den Landesverbänden zu rechnen ist. Während in Sachsen ein Mitglied aufgrund der rückläufigen Mitgliederentwicklung durchschnittlich ca. 71,5 Jahre alt war, betrug das durchschnittliche Alter in Niedersachsen, Nordrhein-Westfalen und Schleswig-Holstein rund 62 Jahre (SoVD NRW 2007: 9). Der Anteil der über 59-Jährigen im Bundesverband nahm seit 1991 von rund 73 Prozent auf 61 Prozent im Jahr 2007 ab (Reichsbund 1991: 16; SoVD 2008). Damit wird der SoVD zunehmend auch für »junge Alte« ein lukrativer Interessenverband.

Durch die Einführung der Familienmitgliedschaften kann der SoVD im Sinne eines Imagegewinns seine Reputation als »Verband für alle Generationen« verbessern und verdeutlichen, dass im Verband das generationenübergreifende Solidaritätsprinzip gelebt wird. Zugleich sind neue Perspektiven in

Abbildung 17: Alters- und Geschlechterstruktur des SoVD 2007

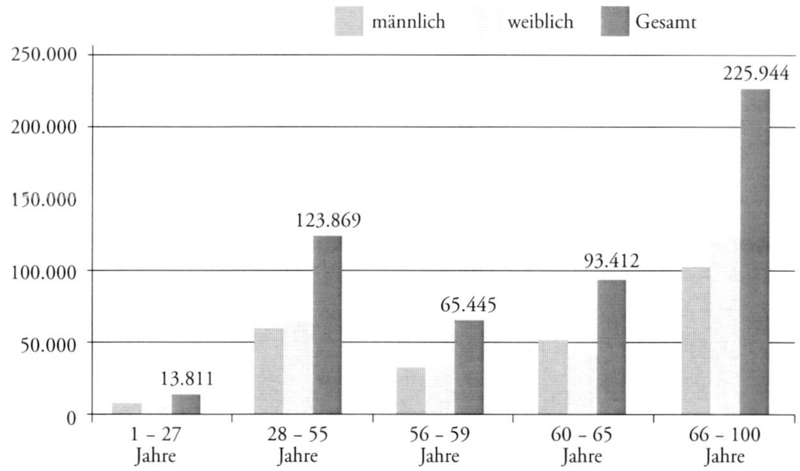

Quelle: Angaben des SoVD 2007; eigene Darstellung.

der Familienpolitik und familiengerechte Freizeitangebote notwendig. Bislang mangelt es den örtlichen Strukturen aufgrund ihrer Ausrichtung auf die über 60-Jährigen vielfach an Attraktivität für jüngere Menschen. Da im Jahr 2007 rund 61 Prozent der SoVD-Mitglieder das 60. Lebensjahr überschritten hatten (Abbildung 17), ist es – trotz des Trends zur Verjüngung – weiterhin angemessen, den Verband im Sinne einer selbstorganisierten Klientelorganisation als umfassenden Sozialverband mit dem Schwerpunkt der Vertretung älterer Menschen zu charakterisieren.

Die Geschlechterrelation war im Jahr 2007 speziell in den Altersgruppen bis 65 Jahre relativ ausgewogen (Abbildung 17). 20 Jahre zuvor waren 44,9 Prozent der Mitglieder Männer und 55,1 Prozent Frauen, darunter viele Hinterbliebene von Kriegsteilnehmern des Zweiten Weltkrieges (Reichsbund 1991: 16). Seitdem nimmt der Frauenanteil leicht, aber dennoch kontinuierlich, ab. Unter den Hochaltrigen ab 80 Jahren steigt der Anteil der Frauen, aufgrund der höheren weiblichen Lebenserwartung, überproportional an.

5.2 Rückläufiges Ehrenamt

Im Bundesverband waren im Jahr 2008 nach eigenen Angaben rund 19.000 bis 20.000 Menschen ehrenamtlich aktiv.[309] Prozentual entspricht dies rund 3,9 Prozent der Mitglieder. Mehrheitlich wird das ehrenamtliche Engagement im SoVD von Männern im Ruhestand getragen, wenngleich es zunehmend gelingt, auch Frauen für Mandate in den Ortsverbänden zu gewinnen. Der Verband bemüht sich, das ehrenamtliche Engagement zu fördern, um die geselligen Aktivitäten und die Gemeinschaftlichkeit auf Ortsebene erhalten zu können. Wenngleich das ehrenamtliche soziale Engagement seit 90 Jahren Teil des Verbandsselbstverständnisses ist (SoVD 2007n), wird die Aufgabe schwieriger, Menschen für ein aktives Engagement in den Vorstandsämtern zu gewinnen. Die sinkende Bereitschaft, dauerhaft ein örtliches Vorstandsmandat zu übernehmen, trug in Niedersachsen dazu bei, dass die Zahl der Ortsverbände von ca. 1.700 im Jahr 1991 auf rund 1.250 im Jahr 2008 zurückging. Nach Angaben der Landesgeschäftsstelle waren im Jahr 2008 rund 13.000 Mitglieder ehrenamtlich für den SoVD Niedersachsen tätig. Trotz dieser hohen Zahl schreibt der Landesverband in einigen Orts-

---

309 Eine Entwicklung der Zahl der ehrenamtlich Aktiven konnte der SoVD, ebenso wie eine exakte Datenerhebung, nicht zur Verfügung stellen.

verbänden die Führungsämter der Vorstände in Gemeindeblättern aus, da diese nicht mehr aus den Reihen der Mitglieder rekrutiert werden können.

Da viele junge Aktive projektbezogene und zeitlich überschaubare Betätigungsmöglichkeiten bevorzugen, wird im Landesverband Niedersachsen angedacht, die Ortsverbandsstrukturen neu zu ordnen und langfristig durch weniger formalisierte Strukturen zu ersetzen.

Bislang ist es dem SoVD nicht gelungen, bundesweit flächendeckende Weiterbildungs- und Schulungsangebote einzurichten, um auf diese Weise die Attraktivität des Ehrenamtes zu erhöhen.[310] Als Zeichen der Anerkennung verleiht der SoVD im Rahmen seiner Kampagne »Gut tun tut gut« einen Preis an sozial besonders Engagierte (SoVD 2007n).[311] Der Sozialverband würdigt seine Aktiven durch Ehrennadeln und Ehrenschilde und nutzt sein Vorschlagsrecht für staatliche Ehrungen von Mitgliedern. In NRW wurden zwischen 2003 und 2006 rund 1.300 Ehrenzeichen verliehen (Tabelle 29). Eine Mehr-

Tabelle 29: Ehrenzeichen für ehrenamtliche MitarbeiterInnen im SoVD NRW 1999–2006

	2003–2006	1999–2002
Urkunden und Ehrennadel für 5-jährige Tätigkeit	632	649
Urkunden und Ehrennadeln für 10-jährige Tätigkeit	489	519
Ehrenschild für 20-jährige Tätigkeit	119	147
Ehrenschild für 30-jährige Tätigkeit	36	44
Ehrenschild für 40-jährige Tätigkeit	12	27
Ehrenschild für 50-jährige Tätigkeit	12	20
Ehrenschild für 55-jährige Tätigkeit	5	–
Ehrenschild für 60-jährige Tätigkeit	2	–
Insgesamt	*1.307*	*1.406*

Quelle: SoVD NRW 2007: 14; SoVD NRW 2003: 12.

310 Der Landesverband Niedersachsen hat gleichwohl ein umfangreiches Seminarprogramm für seine Ehrenamtlichen eingerichtet, das auch Aktiven aus anderen Landesverbänden offen steht. Der Landesverband Schleswig-Holstein führt ebenfalls rund 15 Schulungen im Jahr durch. Die Seminare vermitteln Informationen und praktische Tipps zur Durchführung von Jahreshauptversammlungen, Rhetorik oder Sozialberatung (SoVD Schleswig-Holstein 2003a: 2; 2007a: 3).
311 Der Landesverband Schleswig-Holstein veranstaltete im Jahr 2007 »Ein Fest für das Ehrenamt«, um den Aktiven seine Anerkennung auszusprechen.

heit von rund 86 Prozent der in diesem Landesverband Geehrten engagiert sich seit rund fünf bis zehn Jahren im Verband; dagegen ist insbesondere das langjährige Verbandsengagement seit 1999 rückläufig. Die Zahl der Ehrungen hat zwischen 1999 und 2006 um rund sieben Prozent abgenommen.

Um das Engagement jüngerer Menschen zu stärken und den generationenübergreifenden Vertretungsanspruch zu untermauern, hat der SoVD bereits seit 1972 seine eigene Jugendorganisation »integ-Jugend« etabliert: Diese hat es sich nach den »Richtlinien der integ-Jugend im Sozialverband Deutschland« (1994) zum Ziel gesetzt, »junge behinderte Menschen durch die Begegnung mit jungen nichtbehinderten Menschen auf der Ebene gleichberechtigter Partnerschaft in die Gesellschaft zu integrieren«.[312] Die Mitgliedschaft und Mitarbeit steht allen Menschen unter 27 Jahren offen.[313] Um den Einstieg in die Verbandsarbeit attraktiver zu gestalten, wurden in Niedersachsen versuchsweise in der »integ« Jugendinitiativgruppen eingerichtet.[314] Die regelmäßig stattfindenden Sitzungen wurden durch die Möglichkeit einer themenbezogenen Mitarbeit in den Bereichen Europa-, Gesundheits-, Arbeitsmarkt und Bildungspolitik ersetzt (Niedersachsen-Echo 9/2008: III). Auf diese Weise sollen mehr aktive Jüngere geworben werden, um das partizipative Element im SoVD zu stärken. Ebenso werden fachlich versierte Ruheständler, die infolge ihrer ehemaligen Tätigkeiten in Politik, Verwaltung oder Krankenkassen über umfangreiches Erfahrungswissen verfügen und sich bürgerschaftlich engagieren und mitgestalten wollen, für eine Mitarbeit in sozialpolitischen Ausschüssen auf Landes- und Kreisebene geworben.

6. Lobbypolitik

Der SoVD verfolgt seit jeher den Anspruch, nicht nur Kritik an der Sozialpolitik zu üben, sondern auch Alternativen aufzuzeigen und konstruktive

---

312 Die »integ«-Jugend ist parallel zum SoVD aufgebaut und erfüllt ihre Aufgaben im organisatorischen Rahmen des Sozialverbands eigenständig.

313 Die ehrenamtlichen Vorstandsämter sind dagegen nicht an die Altersgrenze von 27 Jahren gebunden. Im Jahr 2007 organisierte die »integ«-Jugend 13.309 Mitglieder und damit rund 4.600 Mitglieder mehr als 2004. Mit der Mitgliedschaft in der »integ«-Jugend wird zugleich die Mitgliedschaft im SoVD erworben

314 Parallel wurde die Arbeitsgruppe »Jugend und Soziales« der »integ«-Jugend Niedersachsen neu strukturiert.

Vorschläge zu entwickeln. Um diesem Anspruch gerecht zu werden, wirken die Funktionäre in den Fachgremien des Bundes, der Länder, der Kreise und Gemeinden sowie der Krankenkassen mit. Aufgrund der beschränkten finanziellen Ressourcen werden externe Expertisen selten vergeben, die Mehrzahl der Stellungnahmen und Positionspapiere wird in Zusammenarbeit mit dem sozialpolitischen Ausschuss intern erarbeitet.[315] Da auch Sozialversicherten eine Mitgliedschaft offen steht, sind programmatisch alle Bereiche der Sozialversicherung und -politik abzudecken.[316] Die fortlaufende Erweiterung der Themenbereiche birgt zugleich die Gefahr, dass das Profil des Verbandes verwässert.

6.1 Lobbyarbeit: Schwerpunkte und Instrumente

Anders als die Wohlfahrtsverbände operiert der SoVD nicht als advokatorischer Interessenvertreter der Älteren, sondern vertritt als Klientelorganisation direkt die Interessen seiner Mitglieder (Winter 1997: 133). Im Rahmen von Stellungnahmen zu Gesetzesinitiativen ist der SoVD reaktiv im Bereich der Sozialpolitik tätig. Durch das Verfassen von Positionspapieren und Konzeptionen aus eigener Initiative bemüht sich der Verband jedoch auch um ein aktives Setting der politischen Agenda (Reichsbund 1999: 5).[317] Um seine Forderungen im Sinne einer direkten, expliziten Interessenvertretung in die Politik und Verwaltung einzubringen, unterhält der SoVD insbesondere Arbeitskontakte zum Bundesministerium für Arbeit und Soziales (BMAS), Bundesministerium für Gesundheit (BMG) und Bundesministerium für Fa-

---

315 Ein Beispiel für externe Expertise ist die Beratung durch Prof. Dr. Friedhelm Haase bei der Stellungnahme zum Gesundheitsmodernisierungsgesetz 2003.

316 Das Organigramm der Abteilung »Sozialpolitik« spiegelt die Breite des Themenspektrums wider: Referat I: Gesamtkonzeption, SGB XI/berufliche Teilhabe, Referat II: Rentenversicherung/Arbeitsmarkt/Gleichstellungspolitik/Armuts-Reichtumspolitik, Referat III: Gesundheitspolitik/Patientenrechte/Patientenvertretung/medizinische Rehabilitation, Referat IV: Frauen- und Familienpolitik/Ehrenamt/Pflegepolitik/Bundesfrauenausschuss, Referat V: Politik für behinderte Menschen/Behindertengleichstellungsgesetz/Eingliederungshilfe für behinderte Menschen (SGB XII). Im Jahr 2003 wurde die Abteilung Sozialpolitik von der Bundesverbandstagung beauftragt, sich verstärkt mit Fragen des Arbeitsmarktes und der Grundsicherung für Arbeitssuchende zu befassen. Der Schwerpunkt in der Arbeitsmarktpolitik liegt auf Älteren und Menschen mit Behinderungen (SoVD 2007a: 61).

317 Ein Beispiel ist die Übergabe der Broschüre »Sozialstaat 2000 – Überlegungen und Positionen zur Zukunft der Sozialpolitik in Deutschland« im Jahr 1998 an Bundesarbeitsminister Dr. Blüm (Reichsbund 1999: 9f.).

milie, Senioren, Frauen und Jugend (BMFSFJ). Der Verband wird regelmäßig zu Anhörungen in die Ministerien geladen und nimmt zu Gesetzesvorlagen Stellung. Der SoVD wird als Interessenvertreter von kriegsbeschädigten, und älteren Menschen sowie von Menschen mit Behinderungen wahrgenommen. Dies ist an seiner dauerhaften Einbindung in eine Vielzahl von Gremien und Beiräten der Ministerien und in sonstige Fachgremien zu erkennen (Reichsbund 1993: 6; SoVD 2007a: 79ff.; Angaben des SoVD 2008):

– Bundesausschuss der Kriegsbeschädigten- und Kriegshinterbliebenenfürsorge beim BMAS
– Beirat für die Teilhabe behinderter Menschen im BMAS
– Arbeitsgruppe der Initiative des BMAS »job – Jobs ohne Barrieren«
– Beratender Ausschuss für behinderte Menschen bei der Bundesagentur für Arbeit
– Ausschuss für Fragen Behinderter beim Bundesinstitut für Berufsbildung (BIBB)
– Beraterkreis zur Armut- und Reichtumsberichterstattung der Bundesregierung
– Beirat des BMG zur Neubestimmung des Begriffs der Pflegebedürftigkeit[318]
– Forum »Prävention und Gesundheit« im BMG
– Gemeinsamer Bundesausschuss im Gesundheitswesen
– Bundesarbeitsgemeinschaft für Rehabilitation (BAR)
– Deutsche Vereinigung für Rehabilitation e.V. (DVfR)
– Deutscher Frauenrat
– Arbeitsgruppe Zielvereinbarung Tourismus und Flug bei der Beauftragten für die Belange behinderter Menschen

Neben der formellen Einbindung als Interessenvertretung von chronisch Kranken und Menschen mit Behinderungen werden auch persönliche Kontakte zu Ministerialbeamten gepflegt. Die Lobbyarbeit ist arbeitsteilig zwischen dem Präsidenten, den Vizepräsidenten und den hauptamtlich Beschäftigten organisiert. In den Anhörungen der Ministerien und der Bundestagsausschüsse sowie auf Fachkonferenzen vertreten die Referenten die Positionen des SoVD. Die ehrenamtlichen Funktionäre führen dagegen die Gespräche mit den Ministern, der Leitungsebene der Ministerien und

---

318 Der SoVD wurde als Vertreter des DBR in dieses Gremium entsendet.

den Bundestagsabgeordneten, insbesondere mit den sozial- und rentenpolitischen Sprechern der Fraktionen.[319] Von den Abgeordneten des 3. Deutschen Bundestages (1957–1961) gehörten bereits 19 Abgeordnete dem Verband an (Donner 1960: 29).[320] Darunter waren fünf Mitglieder der CDU/CSU, elf der SPD und drei der Deutschen Partei. Dabei handelt es sich oftmals um symbolische Mitgliedschaften: So zählte im Jahr 2008 der SPD-Parteivorsitzende Franz Müntefering zu den Mitgliedern, ohne sich aktiv am Verbandsgeschehen zu beteiligen. Im Folgenden wird der Blick auf die Positionierung des SoVD in der Renten-, Pflege- und Gesundheitspolitik gerichtet.

In der Rentenpolitik ergeben sich für den SoVD die größten Einflussmöglichkeiten bei der Interessenvertretung der Berufs- und Erwerbsunfähigen, da er auf diesem Gebiet eine Expertenrolle einnehmen kann. Wenngleich der Sozialverband regelmäßig zu den Anhörungen in der Rentenpolitik eingeladen wird, bleibt ihm der Zugang zum korporatistischen Netzwerk verwehrt (Winter 1997: 397).[321] Es gelingt nur begrenzt, persönlichen Zugang zu den Referaten der Abteilung IV des BMAS (Sozialversicherung, Rentenversicherung, Sozialgesetzbuch, Soziale Entschädigung) zu bekommen. Sein Wirken bleibt nahezu auf Anhörungen und die Möglichkeit, öffentliche Diskussionen anzustoßen, begrenzt, da die Betroffenenorganisationen nur bedingt von der Ministerialverwaltung einbezogen werden.[322] Auch in der Deutschen Rentenversicherung spielt der SoVD eine untergeordnete Rolle gegenüber den Gewerkschaften und Arbeitgeberverbänden, da er kein Mitglied der Selbstverwaltung ist.[323]

Die Wertschätzung der Rentenreform von 1957 und das Bekenntnis zur Lohn- und Beitragsbezogenheit der Rente sowie zur Funktion der Lebensstandardsicherung der gesetzlichen Rente ist der zentrale Referenzpunkt in

---

319 In die Kontaktpflege zu den MdBs sind auch die Kreisverbände der jeweiligen Wahlkreise einbezogen. Dabei rangieren die Kontakte zur FDP-Fraktion infolge mangelnder Positionsdeckung an letzter Stelle.

320 Aktuelle Informationen über die Mitgliedschaft von Mandatsträgern wurden nicht zur Verfügung gestellt.

321 Diesem gehören die Deutsche Rentenversicherung Bund (ehemals VDR), BDA, DGB an sowie die zuständigen staatlichen Akteure (Winter 1997: 385).

322 Auch bei früheren Reformen wie der Rentenreform 1992 war die Fähigkeit des SoVD zur Einflussnahme gering, da es ihm wie auch dem VdK nicht gelang, »gestaltend, bremsend oder auch nur störend einzugreifen« (Nullmeier/Rüb 1993: 315).

323 Gleichwohl besitzt der SoVD gegenüber dem VdK den strategischen Vorteil, dass es ihm im Jahr 2005 gelungen ist, den ehemaligen Direktor der Bundesversicherungsanstalt für Angestellte für eine Mitarbeit im sozialpolitischen Ausschuss zu gewinnen.

der Seniorenpolitik des SoVD wie auch des VdK und DGB (Winter 1997: 194).[324] Leistungskürzungen wie das 2004 geplante RV-Nachhaltigkeitsgesetz werden vom SoVD auch mit rechtlichen Mitteln bekämpft.[325] Anders als der VdK wirbt der SoVD vermehrt für kollektiv-bedarfsorientierte Lösungen: Bereits zu Beginn der neunziger Jahre forderte er eine steuerfinanzierte soziale Grundsicherung, die ein soziales Minimum im Alter abdecken solle, sofern die Sozialversicherungssysteme keinen angemessenen Schutz gewährleisten (Winter 1997: 194f.).[326] Diese damals zunächst von der konservativ-liberalen Regierung abgelehnte Forderung wurde im Jahr 2001 umgesetzt. Um den von der OECD prognostizierten Anstieg von Altersarmut abzumildern, forderte der SoVD im Jahr 2007, dass künftigen Grundsicherungsempfängern ein Freibetrag für die Leistungen aus der Riesterrente und der gesetzlichen Rentenversicherung eingeräumt wird. Die Politik wurde aufgefordert, die zusätzliche Altersvorsorge auch für Geringverdiener attraktiv zu gestalten. [327]

Da der SoVD kein Wohlfahrtsverband ist und damit keine Eigeninteressen als Leistungsanbieter verfolgt, steigt seine Glaubwürdigkeit als Vertreter der Pflegebedürftigen. Bereits Mitte der 1990 Jahre zählten der SoVD und der VdK neben den Wohlfahrtsverbänden zu den wichtigsten Advokaten für pflegebedürftige Menschen (Meyer 1996: 197). Der Verband initiierte 1997

---

324 Kelleners (1985: 171f.) verwies darauf, dass der Reichsbund bereits in den siebziger Jahren in den Sachverständigenanhörungen auffallend häufig an den DGB anknüpfte. Die gemeinsamen programmatischen Positionen der Gewerkschaften und Sozialverbände in der Renten-, Gesundheits- und Pflegepolitik werden in Kapitel IV skizziert.

325 Als ein Gutachten von Prof. Friedhelm Hase die verfassungsrechtlichen Bedenken des Verbandes bestätigte, legte dieser gemeinsam mit dem VdK Verfassungsbeschwerde gegen den vollen Krankenversicherungsbeitrag auf laufende Versorgungsbezüge, den von Rentnern allein zu tragenden Pflegeversicherungsbeitrag sowie die Krankenkassenbeitragserhebung auf sogenannte Einmalzahlungen/Kapitalabfindungen ein (SoVD 2007h).

326 Der VdK lehnte dagegen Grundsicherungsleistungen ab, weil dadurch das Versicherungsprinzip ausgehöhlt werde und Missbrauchsmöglichkeiten geschaffen würden.

327 Der SoVD präsentierte darüber hinaus im Mai 2007 »10 Forderungen zur Verhinderung von Altersarmut. Dazu zählen 1) die Sicherung eines dauerhaften und verlässlichen Rentenniveaus, 2) die Weiterentwicklung der gesetzlichen Rentenversicherung zu einer Erwerbstätigenversicherung, 3) die Verbesserung der Leistungen für Kindererziehung und Pflege, 4) eine Mindestsicherung für langjährig Versicherte, 5) neue Perspektiven für sozialversicherungspflichtige Beschäftigung älterer Arbeitnehmer, 6) Rücknahme der Kürzungen der Rentenversicherungsbeiträge bei Arbeitslosigkeit, 7) Abschaffung der Abschläge bei Erwerbsminderungsrenten, 8) Angleichung der Renten in den neuen Bundesländern, 9) Einführung eines Rentenfreibetrags in der Grundsicherung und 10) eine sozial gerechte Förderung der privaten Altersvorsorge (SoVD 2007c: 5ff.).

gemeinsam mit vier weiteren Organisationen[328] eine »Aktion gegen Gewalt in der Pflege (AGP)« und forderte die Einführung eines Pflegequalitätsgesetzes, um die Würde der Pflegebedürftigen zu stärken (Reichsbund 1999: 14).[329] Der SoVD wirbt für eine verstärkte Leistungs- statt einer Budgetorientierung sowie für die Stärkung der ambulanten Pflege (Neue Osnabrücker Zeitung 9.05.2007).[330] Um seine Fachkompetenz zu stärken, wurde 2006 ein Arbeitskreis »Zukunft der Pflege« des Sozialpolitischen Ausschusses eingerichtet (SoVD 2007a: 42). Der Verband verbucht es auch als seinen Erfolg, dass im Pflegeweiterentwicklungsgesetz 2008 eine Pflegezeit für Angehörige eingeführt wurde.[331]

Die gleichberechtigte Teilhabe von Menschen mit Behinderungen am gesellschaftlichen und beruflichen Leben bildet eine zentrale Forderung des SoVD, der als ständiges Mitglied im Sprecherrat des Deutschen Behindertenrates (DBR) vertreten ist. Das 2001 verabschiedete SGB IX wird als Paradigmenwechsel in der Politik für Menschen mit Behinderungen von der Fürsorge hin zu politischer und sozialer Teilhabe gewertet (SoVD 2003a: 35ff.).[332] Dass die Interessengruppen in hohem Maße an der Erarbeitung des Gesetzbuches beteiligt wurden, ist auf das Interesse der Abteilung V des BMAS (Belange behinderter Menschen, Rehabilitation, Sozialhilfe, Soziale Integration) zurückzuführen, das Fach- und Expertenwissen der Verbände von Menschen mit Behinderungen im Sinne eines politischen Tauschgeschäfts aktiv für ihre Arbeit zu nutzen (Spörke 2008). Der SoVD bemüht sich insbesondere seit den achtziger Jahren, die Öffentlichkeit und die Poli-

---

328 Dazu zählten Kuratorium Deutsche Altershilfe e.V. (KDA), Handeln statt Misshandeln – Bonner Initiative gegen Gewalt im Alter (HsM), Deutscher Berufsverband für Altenpflege e.V. (DBVA) und Arbeitskreis gegen Menschenrechtsverletzungen (Reichsbund 1999: 40f.).

329 Insbesondere die frühere 2. Bundesvorsitzende Ina Stein (Landesverband Bayern) forciert das Engagement des SoVD in der Pflegepolitik.

330 Der Verband hat das Thema »Gewalt gegen pflegebedürftige Menschen« kontinuierlich in die politische Diskussion eingebracht (SoVD 2003a: 31f.). Seine »12 Forderungen für eine würdevolle Pflege« (2004) thematisierte der SoVD auch im Rahmen eines Spitzengesprächs mit SPD-Parteichef Müntefering und der stellvertretenden SPD-Fraktionsvorsitzenden Schaich-Walch (SoVD 2007a: 38ff).

331 Der SoVD hatte im Juni 2006 seinen Entwurf für ein Pflegezeitgesetz vorgestellt, über den in der Folgezeit mit dem Bundeskanzleramt, Bundesfamilienministerin Dr. Ursula von der Leyen, Abgeordneten der CDU/CSU-Fraktion und den Grünen diskutiert wurde (SoVD 2007a: 42; Berliner Zeitung 13.06.2007).

332 Gleichwohl wirbt der SoVD für eine bessere Umsetzung der mit dem SGB IX geschaffenen Instrumente wie beispielsweise das Persönliche Budget (SoVD 2007a: 44).

tik für die Probleme schwerbehinderter Arbeitsloser zu sensibilisieren, die überdurchschnittlich lange von Arbeitslosigkeit betroffen sind (Winter 1997: 242f).[333] Speziell in diesem Politikfeld wird der SoVD von der Ministerialbürokratie regelmäßig in Konsultationen und die Vorbereitung von Rechtsverordnungen eingebunden (vgl. Spörke 2008). Damit ist eine maßgebliche Gestaltungskompetenz in der Politik für Menschen mit Behinderungen zu konstatieren. Die Gesundheitspolitik erhält seit den neunziger Jahren einen höheren Stellenwert. Der SoVD wirbt dafür, die Einnahmenbasis der Gesetzlichen Krankenversicherungen durch die Einführung einer Bürgerversicherung zu stärken.[334] Gemeinsam mit der Volkssolidarität übte der SoVD – auf Grundlage einer vom Geschäftsführer des Wissenschaftlichen Instituts der AOK erstellten Expertise – massive Kritik an den im Januar 2009 eingeführten Gesundheitsfonds (SoVD 2007a: 29f.). Die Sozialverbände fürchteten eine Verschlechterung der Patientenversorgung. Infolge seiner Mitgliedschaft im Deutschen Behindertenrat ist der SoVD im Gemeinsamen Bundesausschuss (G-BA) vertreten, da die Patientenorganisationen mit dem Inkrafttreten des GMG 2004 ein Antrags- und Mitberatungsrecht erhalten haben (SoVD 2007a: 32). Im G-BA profiliert sich der SoVD insbesondere als Interessenvertretung von chronisch kranken und von einer Behinderung betroffenen Menschen.

6.2 Chancen und Defizite der Lobbyarbeit

In den klassischen Sozialversicherungsfeldern gelingt es dem SoVD nach eigenen Angaben zunehmend weniger, positive Gestaltungsimpulse durch direkte Lobbyarbeit zu setzen. Insbesondere seit den Agendareformen 2003/2004 liegt das Hauptaugenmerk darauf, Nachteile und Verschlechterungen für die eigenen Mitglieder abzumildern. Gleichwohl werden die Einführung einer Pflegezeit, die Anhebung der Hinzuverdienstgrenzen bei vor-

333 Bei der öffentlichen Anhörung zum »Gesetz zur Förderung der Ausbildung und Beschäftigung schwerbehinderter Menschen« im Jahr 2003 vertrat der SoVD die Interessen der Menschen mit Behinderungen. Ebenso unterstützte er die Initiative »job – Jobs ohne Barrieren«, welche die Bundesregierung 2004 zur Umsetzung des genannten Gesetzes startete (SoVD 2007a: 45f.).

334 Das Konzept sieht die Einziehung der gesamten Bevölkerung, die Aufhebung der Versicherungspflichtgrenze und die Anhebung der Beitragsbemessungsgrenze auf das Niveau der Rentenversicherung vor (SoVD 2007a: 29).

gezogenen Altersrenten und vollen Erwerbsminderungsrenten auf 400 Euro und das 2002 in Kraft getretene Pflege-Qualitätssicherungsgesetz als Erfolg verbucht (SoVD 2007a: 25f.; SoVD 2003a: 32f.). Gegenüber dem VdK weist der SoVD den Vorteil auf, dass er 2003 den Sitz seiner Bundesgeschäftsstelle von Bonn in die Bundeshauptstadt verlegt hat und sich damit näher am Ort des politischen Geschehens und den potenziellen Kooperationspartnern (Volkssolidarität, ver.di und DGB) befindet.[335] Der SoVD hat in den vergangenen Jahren seine Presse- und Öffentlichkeitsarbeit forciert und zunehmend externes Expertenwissen im sozialpolitischen Ausschuss generiert. Neben den Verbandsressourcen werden die Erfolgschancen der Interessenvertretung von älteren und benachteiligten Menschen ebenfalls durch die wirtschaftlichen und gesellschaftlichen Rahmenbedingungen beeinflusst. Das zunehmende Bewusstsein der politischen Entscheidungsträger, dass die Bedeutung der Rentner als Wähler steigt, beschleunigt diese ebenso wie der Wandel des öffentlichen Diskurses, in dem soziale Gerechtigkeit als Verteilungsgerechtigkeit wieder eine stärkere Beachtung findet.[336] Die politisch Verantwortlichen haben insbesondere vor Bundestagswahlen kein Interesse daran, Proteste der Sozialverbände zu provozieren. Daher lässt sich neben der direkten, expliziten Interessenvertretung ein impliziter Einfluss konstatieren; politische Entscheidungsträger antizipieren im Vorfeld die Reaktion der Sozialverbände und stimmen Reformvorhaben darauf ab.

Um die Machtposition eines Verbandes bewerten zu können, ist diese ins Verhältnis zu anderen Verbänden zu setzen. Mit seinen rund 520.000 Mitgliedern und einer eher konfliktschwachen Mitgliederklientel kann der unmittelbare Einfluss nicht mit einer Gewerkschaft wie der IG Metall, den Rentenversicherungsträgern und der Versicherungswirtschaft verglichen werden. Diese verfügen über weit größere Ressourcen und zum Teil inkorporierte Einflussmöglichkeiten (vgl. Winter 1997: 397). In den klassischen Sozialversicherungsfeldern Renten-, Pflege- oder Krankenversicherung befindet sich der SoVD im Wettbewerb mit diesen organisations- und konfliktstärkeren Verbänden und kann sich als Betroffenenverband nur begrenzt profilieren. Dagegen gelingt es dem SoVD in der Politik für Menschen mit Behinderungen durch seine Mitgliedschaft im DBR wie auch als Einzelver-

---

335 Der VdK hat bislang nur eine kleine Dependence in Berlin eingerichtet, in welcher neben der Pressestelle ein Mitarbeiter für die Lobbyarbeit in Berlin zuständig ist.

336 Als Beispiel kann die Diskussion um die Einführung von Mindestlöhnen angeführt werden, die auch vom SoVD befürwortet wird und in der Bevölkerung auf große Zustimmung stößt.

band besser, sich als Klientelorganisation Gehör zu verschaffen und diese im Interesse seiner Mitglieder mitzugestalten. Die Ministerialverwaltung ist in höherem Maße an einer Tauschbeziehung mit den Betroffenenverbänden interessiert, um von deren Informationsvorsprung zu profitieren und häufig ähnliche Ziele zu verwirklichen (vgl. Spörke 2008).

Aus der Ausweitung des Vertretungsanspruchs auf prinzipiell alle Sozial-staatsleistungsempfänger und letztlich auf alle Sozialversicherten resultiert eine steigende Arbeitsbelastung aufgrund der neu zu besetzenden Themen. Damit verbindet sich die Gefahr, dass das Profil des Verbandes verwischt und auch die Kampagnenfähigkeit leidet. Auffällig ist, dass der SoVD viele Kampagnen und Initiativen mit Enthusiasmus gestartet hat, diese aber nach kurzer Zeit stark abgeflaut sind und lediglich mäßige Aufmerksamkeit erzielten.[337] Die finanziellen und personellen Kapazitäten des Verbandes scheinen nicht auszureichen, um als »Allroundorganisation« auf allen sozialpolitischen Feldern zu agieren, vielmehr erfordern sie eine Konzentration auf Kernthemen, die das Profil des Verbandes schärfen.[338]

6.3 Mobilisierungs- und Kampagnenfähigkeit

Als öffentlichkeitswirksame Ergänzung der stillen Lobbyarbeit mobilisierte der SoVD seine Mitglieder auch für unkonventionelle Kampagnen und Protestaktionen gegen »Angriffe gegen den Sozialstaat«. Um gegenüber der Öffentlichkeit wie auch der Politik die bereits erfolgten Sozialleistungseinschnitte darzustellen, wurde 1997 eine »Dokumentation Einschränkungen im sozialen Bereich« für den Zeitraum 1985 bis 1995/97 veröffentlicht (Reichsbund 1999: 7f.).[339] Doch auch Demonstrationen zählen zum Repertoire des SoVD: Um gegen die ausbleibenden Rentenerhöhungen zu protestieren, wurden in den Jahren 1999 und 2004 Demonstrationen in Berlin organisiert, die zwar kostenintensiv, doch für die Innenwirkung und Mit-

---

337 Laut einer im Jahr 2008 von der GfK durchgeführten Umfrage zur Markenbekanntheit hatten lediglich 9,7 Prozent der Befragten von der Kampagne »Gut tun tut gut« gehört (GfK 2008).

338 Selbst die Gewerkschaften haben trotz ihrer höheren finanziellen Ressourcen zunehmend Probleme im Sinne von Allroundorganisationen der Sozialpolitik zu agieren.

339 1985 hatte der Reichsbund erstmalig eine solche Dokumentation der Einschränkungen im sozialen Bereich für den Zeitraum 1975 bis 1985 herausgegeben (Reichsbund 1987b: 117).

gliederbindung immens wichtig waren.[340] Die Demonstration im Jahr 2004, bei der sich rund 20.000 Menschen in Berlin versammelten, wurde erstmals gemeinsam mit der Volkssolidarität und dem Seniorenverband BRH durchgeführt, wenngleich die Kosten überwiegend vom SoVD getragen wurden (SoVD 2007a: 6).

Unterschriftenaktionen gegen geplante sozialpolitische Gesetzesvorhaben zählen ebenfalls zu den Protestinstrumenten des Verbandes. Im September 1997 wurden dem damaligen Bundesarbeitsminister Blüm beispielsweise 130.000 Unterschriften gegen die geplanten Rentenkürzungen übergeben (SoVD 1999b: 15).[341] Im Jahr 2008 initiierte der SoVD wiederum gemeinsam mit der Volkssolidarität eine Kampagne »Sozialabbau stoppen. Sozialstaat stärken«. Die Unterschriftenaktion wurde durch ein Thesenpapier ergänzt, in dem Vorschläge zur Festigung des Sozialstaats unterbreitet wurden (SoVD/Volkssolidarität 2008).[342] Im Dezember 2008 wurden dem Kanzleramt rund 200.000 Unterschriften übergeben.

Über die skizzierten Protestaktionen hinaus wirbt der SoVD in seiner Kampagne »Gut tun tut gut« dafür, ehrenamtliches Engagement in der Gesellschaft zu fördern. Die Kampagne wurde im Jahr 2006 unter der Schirmherrschaft von Gesine Schwan, Bundespräsidentschaftskandidatin 2005 und 2009, gestartet (SoVD 2007a: 78).[343] Das 2007 veröffentlichte Buch »Gut tun tut gut – Menschen helfen Menschen im Alltag – 70 kleine Ideen und Tipps für Glücksbringer« ist bereits in der zweiten Auflage erschienen (ebd.). Zwei Ziele wurden mit der Kampagne verfolgt: Erstens sollten das Image und der Bekanntheitsgrad des SoVD verbessert werden. Zweitens galt es, die eigenen Mitglieder wie auch die Allgemeinheit zum ehrenamtlichen Engagement zu motivieren. Das Buch ist als Versuch zu

---

340 Während der sozialpolitischen Reformen in den Jahren 2003/2004 drohten viele Mitglieder mit einem Verbandsaustritt. Die Protestmaßnahmen wurden intensiviert, um den Mitgliedern zu verdeutlichen, dass der Verband auch in schwierigen Zeiten aktiv für ihre Interessen eintritt. Infolge des steigenden Drucks der Mitglieder auf den Verband sei eine polarisierende Öffentlichkeitsarbeit notwendig (Interview SoVD 2).

341 Gleichwohl verweist der Verband darauf, dass er trotz der kontroversen Rentendiskussionen 1997 immer einen engen sachlichen Kontakt zum Verband Deutscher Rentenversicherungsträger (VDR) gehalten habe (Reichsbund 1999: 13).

342 Die Broschüre wurde von Christoph Butterwegge und Carolin Reißlandt erarbeitet. Die Sozialverbände stellen die Forderung auf, die Einnahmeseite der gesetzlichen Sozialsysteme zu verbessern und die Solidargemeinschaft zu stärken (ebd.: 6).

343 Die Kampagne war im Bundesvorstand umstritten, da sie aufgrund der Konzeption durch eine Werbeagentur finanzintensiv war und von einigen Bundesvorstandsmitgliedern als überflüssig betrachtet wurde.

werten, den SoVD als attraktiven Sozialverband zu präsentieren, der sich angesichts der Debatten um eine Aktivierung der Gesellschaft für bürgerschaftliches Engagement auf der Höhe der Zeit befindet.

6.4 Öffentliche Thematisierungskompetenz

Um das gewandelte Image als Sozialverband in die Öffentlichkeit zu tragen und die Defizite in der direkten Gestaltungsfähigkeit durch eine höhere Thematisierungskompetenz auszugleichen, wurde die Presse- und Öffentlichkeitsarbeit mit Beginn der Präsidentschaft von Adolf Bauer aufgewertet und professionalisiert. Erst 2004 wurde wieder eine Pressestelle etabliert – zuvor war die Pressearbeit einige Jahre von der Abteilung Sozialpolitik übernommen worden. Die Öffentlichkeitsarbeit gilt als eines der wichtigsten Instrumente, um die Interessen der Mitglieder zu artikulieren und in die politische Diskussion hineinzutragen. Auf diese Weise kann implizit Einfluss auf die politischen Entscheidungsträger genommen werden. Etwa fünf Mal im Jahr werden Pressekonferenzen durchgeführt (SoVD 2007a: 86).

Leitender Grundsatz der Pressearbeit ist es, eine begrenzte Anzahl von Themen zu besetzen, um das Profil des SoVD zu schärfen. Die Gewichtung der Pressemitteilungen nach Themengebieten seit 2004 zeigt folgendes Bild: An erster Stelle steht das Thema Rente (20 Prozent), gefolgt von Pflege (15 Prozent) und Gesundheit (13 Prozent) vor der Politik für Menschen mit Behinderungen (zehn Prozent). Während der VdK einen etwas höheren Akzent auf die Antidiskriminierungspolitik und die Politik für Menschen mit Behinderungen legt, artikuliert sich der SoVD vermehrt in der Pflegepolitik, die sogar höher gewichtet wird als die Gesundheitspolitik.

Die Pressearbeit richtet sich in erster Linie auf die Tagespresse. In Wochenmagazinen gelingt es dem SoVD selten, eine Meldung zu platzieren. Jedoch sind auch hier Erfolge zu verzeichnen: Im Oktober 2007 machte der SoVD auf die geplante Einführung einer Meldepflicht für Ärzte und Krankenhäuser bei Folgen von Schönheitsoperationen, Tätowierungen oder Piercings im Zuge des Pflegereformgesetzes aufmerksam (SoVD Pressemitteilung 18.10.07).[344] Kurzzeitig rückte der SoVD dadurch in den Fokus der Öffentlichkeit. Auch die Präsenz des SoVD im Fernsehen entwickelte sich

---

344 Diese Meldepflicht sollte bereits durch die Gesundheitsreform im Jahr 2004 eingeführt werden. Dagegen protestierten die Ärzte mit dem Verweis auf ihre Schweigepflicht. Der Entwurf für das Pflegereformgesetz enthielt einen kleinen Passus, der dieses Vorhaben

Abbildung 18: Pressemitteilungen nach Sachgebieten Januar 2004–April 2008

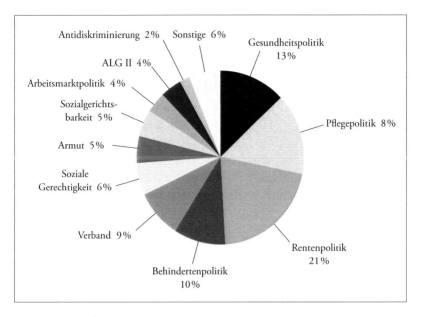

N= 302 Pressemitteilungen;

Quelle: Eigene Berechnungen.

unter der Verbandsführung Bauers positiv. Der Verbandspräsident wurde in Talkshows wie »Hart aber fair« (ARD) oder »Anne Will« eingeladen. Bauer wird als Markenzeichen des SoVD inszeniert, der den Verband repräsentiert. Gleichwohl hat er bei weitem nicht den Bekanntheitsgrad des ehemaligen VdK-Präsidenten Hirrlinger erreicht. Dennoch gelang es Bauer, dem SoVD in der Öffentlichkeit ein Gesicht zu geben.

In der monatlich erscheinenden SoVD-Zeitung wird mitgliedernah über aktuelle sozialpolitische Entwicklungen, Erfolge des Verbandes und innerverbandliche Themen informiert.[345] Diese wird als zusätzliches Instrument

---

wieder aufgriff und den Experten überlesen hatten – abgesehen vom SoVD, der die Information an das Nachrichtenmagazin »Der Spiegel« weitergab.

345 Diese wurde nach der Änderung des Verbandsnamens im Jahr 2000 von Reichsbund- in SoVD-Zeitung umbenannt. Sie war bereits 1991 hinsichtlich der Farb- und Themengestaltung sowie des Schriftbildes und der Aufteilung zeitgemäß gestaltet worden (Reichs-

eingesetzt, die Mitgliederbindung zu erhöhen.[346] Die Rubrik »Sozialrecht: Wir haben geholfen« gilt als Aushängeschild des SoVD gegenüber seinen Mitgliedern. Neben den sozialpolitischen Informationen erhalten die Mitglieder auch Unterhaltungstipps und gesundheitliche Ratschläge. Der Wandel des Verbandes spiegelt sich auch in der Zeitung wider: Über Kriegsopfer wird kaum berichtet, sondern mehr Wert auf die Politik für Menschen mit Behinderungen[347], Kinderarmut[348], Renten- und Pflegepolitik gelegt.

Darüber hinaus veröffentlicht der SoVD Informationsbroschüren zu sozialpolitischen Fragen und bietet auf seiner Homepage vielfältige Informationen zum Download an.[349] Zur Verbesserung des öffentlichen Erscheinungsbildes wurde 2007 ein einheitliches und zeitgemäßes professionelles corporate design entwickelt, das nunmehr bundesweit für alle Untergliederungen zum Standard werden soll. Ziel ist ein verbesserter Wiedererkennungswert der Broschüren, eine Effizienzsteigerung der Kommunikationsmedien, eine Vereinheitlichung der Publikationen des SoVD sowie die Entwicklung einer sympathischen und attraktiven Außenwirkung des Verbandes (SoVD 2007d: 2). Gleichwohl ist es bis heute nicht gelungen, das corporate design vollständig vereinheitlicht zu gestalten: Die Websites der Landesverbände sind beispielsweise nach wie vor unterschiedlich gestaltet; ähnliches gilt für Werbematerialien.

7. Resümee

Der 1917 als »Bund der Kriegsteilnehmer und Kriegsbeschädigten« gegründete SoVD durchlief eine bewegte, von Höhen und Tiefen begleitete Verbandsgeschichte. Zunächst in der Weimarer Republik gemäß der weltan-

---

bund 1991: 4). Die Zeitungsproduktion wurde seit der Jahrtausendwende fortlaufend professionalisiert.

346 Alle Landesverbände produzieren eine landesspezifische Beilage.

347 Dazu zählen Berichte über das Allgemeine Gleichstellungsgesetz, Integration und Rehabilitation, Aktionen der »integ« oder die Berufsbildungswerke des SoVD.

348 Insbesondere der Landesverband Schleswig-Holstein hat sich des Themas Kinderarmut angenommen.

349 2002 veröffentlichte der SoVD beispielsweise die Broschüre »Die Grundsicherung – Ihr gutes Recht – Ein Ratgeber des SoVD« im Vorfeld zur am 1.01.2003 eingeführten bedarfsorientierten Grundsicherung im Alter und bei Erwerbsminderung. Ein Newsletter kann dagegen nicht abonniert werden.

schaulichen Versäulung als der SPD nahestehender Kriegsopferverband gegründet, löste er sich 1933 selbst auf, um einer Überleitung in die NS-Kriegsopferversorgung zu entgehen. Nach der Neugründung im Jahr 1946 etablierte er sich bis Ende der sechziger Jahre im sozialpolitischen Verbandsspektrum. Doch ab Mitte siebziger Jahre wurde es für den Reichsbund schwieriger, kriegsbeschädigte Mitglieder zu werben und seine Mitgliederstärke zu stabilisieren. Im Laufe der Zeit nahm die Kernklientel der Kriegsopfer aufgrund von Sterbefällen stetig ab. Darüber hinaus ließ die verbesserte Kriegsopferversorgung eine Mitgliedschaft zunehmend obsolet erscheinen. Trotz der in den siebziger Jahren eingeleiteten Bemühungen, die Mitgliedschaft für Menschen mit Behinderungen und Sozialrentner attraktiver zu gestalten und des parallel dazu erfolgten, wiederholten Namenswechsels, gelang es dem Verband nicht, seinen Mitgliederbestand zu regenerieren. Ende der achtziger Jahre geriet der Reichsbund in eine massive Krise, die den kurzzeitigen Entzug der Gemeinnützigkeit zur Folge hatte.

Die Krise wirkte als Katalysator für einen grundlegenden Organisationswandel. Neue Ideen zur Organisationsentwicklung wurden von einem verjüngten Führungspersonal eingeleitet. Dies beförderte den Abschied von der Kriegsfolgenbewältigungspolitik. Seit den neunziger Jahren wird im SoVD verstärkt die Diskussion über Entwicklungsperspektiven und die Verbesserung der Mitgliedergewinnung und -bindung geführt, um den Verband angesichts einer wachsenden Konkurrenzsituation mit anderen Verbänden zu stabilisieren und finanziell zu konsolidieren. Zwar ist der Wandel hin zu einem umfassenden Sozialverband im Sinne einer Erweiterung der Mitgliederklientel und inhaltlichen Neuorientierung gelungen, doch eine einheitliche und zielorientierte Strategie der Organisationsentwicklung hatte der Bundesverband bis ins Jahr 2009 nicht erarbeitet. Gleichwohl ist die positive Mitgliederentwicklung festzuhalten: Trotz des vergleichsweise hohen Altersdurchschnitts und damit verbundener Sterbefälle, gelingt es dem Bundesverband zu expandieren, wenngleich in weit geringerem Maße als der VdK. Ebenso zeigen sich regionale Unterschiede. Es ist dem SoVD nicht gelungen, das territoriale Erbe der Alliiertenpolitik aufzubrechen: Während die norddeutschen Landesverbände und NRW leichte Mitgliedergewinne verzeichnen, sind die süd- und insbesondere die ostdeutschen Landesverbände von dieser Entwicklung weiter abgekoppelt. Eine der größten Herausforderungen scheint es zu sein, dem Trend eines norddeutschen Regionalverbandes entgegenzuwirken, um den Anspruch aufrechterhalten zu können, bundesweiter Interessenvertreter der sozial benachteiligten Menschen zu sein. Trotz des eingeleiteten Transformationsprozesses ist es bislang kaum gelungen, bundesweit eine positive Ausstrahlungskraft in die Fläche zu entwickeln. Die Mitgliederbindung erscheint angesichts der diversifizierten Mitgliedschaft schwieriger. In der Nachkriegszeit war die Verbandskultur durch die kollektive Erfahrung der Gruppe der Kriegsopfer geprägt. Im Zuge des schleichenden Wandels zum umfassenden Sozialverband und der damit verbundenen Verjüngung und Heterogenisierung der Mitgliedschaft hat der SoVD den Anspruch, nicht nur die Lobby für und von Älteren zu sein. Dieses Profil wirkt wenig attraktiv auf potenzielle junge Neumitglieder. Vielerorts mangelt es allerdings an Angeboten für jüngere Menschen. Bislang ist es jedoch nur begrenzt gelungen, eine höhere Identifikation der neuen Mitgliedergruppen mit dem SoVD zu stiften, um zu verhindern, dass der Verband nur als kurzzeitiger, günstiger Rechtsschutz genutzt wird. Das »Management der Vielfalt« konnte bislang noch nicht strategisch hinreichend verankert werden.

Die sozialpolitische Interessenvertretung wurde seit Beginn des 21. Jahrhunderts durch die personell erweiterte Fachabteilung und den Ausbau externer Expertise im sozialpolitischen Ausschuss verstärkt. Im Vergleich zum VdK bemüht sich der SoVD verstärkt um eine fundierte Expertise im Bereich der Renten-, Gesundheits- und Pflegepolitik, um gegenüber Politik und Verwaltung als sachverständiger Experte auftreten und letztlich Einfluss ausüben zu können. Um stärkeres Gehör zu finden, wurde in den vergangenen Jahren ebenso die Zusammenarbeit mit anderen Verbänden und Gewerkschaften intensiviert. Dies kann als Reaktion darauf interpretiert werden, dass der SoVD in den genannten Themenfeldern als Patienten- bzw. »Sozialleistungsbezieherverband« in Konkurrenz zu organisationsstärkeren Verbänden steht und alleine nicht über eine hinreichende Einflussmacht verfügt. Dagegen gelingt es dem Verband in der Politik für Menschen mit Behinderungen besser, sich Zugang zur Ministerialverwaltung zu verschaffen, da diese ein höheres Interesse an der Expertise der Betroffenenverbände zeigt (vgl. Spörke 2008). Um das neue Image in der Außendarstellung wirksam zu machen, wurden auch die Instrumente der Presse- und Öffentlichkeitsarbeit und Redaktion professionalisiert. Aufgrund seiner – im Vergleich zum VdK – geringeren Mitgliederzahl, schwächeren Medienpräsenz und einem vergleichsweise uncharismatischen Präsidenten, hat der SoVD allerdings den Bekanntheitsgrad des VdK bei weitem noch nicht erreicht (GfK 2008).

V.3 Die Volkssolidarität (VS)

1. Einleitung

Die Volkssolidarität hat nach dem Ende der DDR als einer der wenigen ostdeutschen Verbände die Transformation von einer staatlichen Massenorganisation zu einem freien Sozial- und Wohlfahrtsverband erfolgreich gemeistert. Im Jahr 1945 als Reaktion auf die soziale Not der Nachkriegszeit von einem breiten Bündnis aus Parteien und Kirchen in der sowjetischen Besatzungszone ins Leben gerufen, wurde sie von der SED in den fünfziger Jahren in eine vom Staat abhängige Massenorganisation umgewandelt. Ihre Transformation in einen demokratischen Wohlfahrtsverband nach 1990 war keineswegs selbstverständlich, denn die Organisation war zum einen durch das Stigma belastet, Teil des SED-Massenintegrationssystems gewesen zu sein, zum anderen litt sie unter massiven Mitgliederverlusten. Der Wandel gelang, indem sie ihre Verbandsstrukturen föderalisierte und das Aufgabenspektrum auf wesentliche Bereiche der Wohlfahrtspflege erweiterte. Die VS betreibt heute beispielsweise Pflegeheime, Kindertageseinrichtungen, Begegnungsstätten und Sozialstationen.[350] Zum Leistungsspektrum zählen auch Dienstleistungen wie die Sozialberatung und Mahlzeitendienste. Sie leistet auf der lokalen Ebene in großem Umfang sozialkulturelle Basis- und Mitgliederarbeit. Zudem vertritt der Verband als ostdeutsche Stimme die sozialpolitischen Interessen Älterer und sozial benachteiligter Bürger. Eine zentrale Forderung der VS ist die Angleichung der Lebensbedingungen in Ost- und Westdeutschland:

»Von gesamtdeutschen Belangen ausgehend sieht es der Verband angesichts seiner territorialen und sozialpolitischen Herkunft unbeirrt als Aufgabe an, die »spezifischen Ostinteressen« solange einzubringen, bis eine Angleichung der Lebensverhält-

---

350 Die sozialwirtschaftlichen Dienstleistungen sind nicht an eine Mitgliedschaft in der Volkssolidarität gebunden.

nisse – auch für benachteiligte Bevölkerungsgruppen – erreicht ist. Das betrifft Fragen des Rentenniveaus ebenso wie Kinderbetreuung, Familienpolitik und vor allem arbeitsmarktpolitische Probleme. Es geht um die Gleichbehandlung ostdeutscher Bürger« (Volkssolidarität 2001b: 14f).

In der Doppelfunktion als Sozial- und Wohlfahrtsverband[351] organisierte die VS im Jahr 2008 rund 300.000 Mitglieder. Sie ist abgesehen von wenigen westdeutschen Enklaven ausschließlich in den fünf ostdeutschen Bundesländern und Berlin aktiv. Neben der Frage, wie sich der Verband seit der Wende organisatorisch veränderte, steht die außerordentlich starke sozialstrukturelle Verankerung der Volkssolidarität in der ostdeutschen Gesellschaft im Fokus der Untersuchung. Dass sie als »Seniorenverband« charakterisiert werden kann, wird angesichts ihrer Altersstruktur offenkundig: Über 88 Prozent ihrer Mitglieder waren im Jahr 2007 älter als 60 Jahre (Volkssolidarität 2008c). Im Hinblick auf den Interessenvertretungsanspruch ist zu überprüfen, inwieweit der Verband angesichts seiner territorialen Konzentration auf Ostdeutschland von den bundespolitischen Entscheidungsträgern als maßgebliche Lobby der Älteren wahrgenommen wird und in Politikprozesse einbezogen ist.

Im Vergleich zum VdK und SoVD weist die Volkssolidarität neben der regionalen Beschränkung ihrer Tätigkeit auf Ostdeutschland drei weitere Besonderheiten auf: Erstens ist die VS seit 1990 trotz ihrer vorherigen ausgeprägten sozialstrukturellen Verankerung – im Unterschied zu den westdeutschen Sozialverbänden – mit einem kontinuierlichen Mitgliederverlust konfrontiert. Anders als die ehemaligen Kriegsopferverbände agiert sie zweitens in einer Doppelfunktion als Sozial- *und* Wohlfahrtsverband, der dadurch als eine Art »Zwitterorganisation« einerseits hin und wieder in einen Zielkonflikt zwischen den beiden Funktionen geraten kann, andererseits jedoch auch von infrastrukturellen Synergieeffekten profitiert. Drittens nutzt die Volkssolidarität den Stellenwert einer wissenschaftlich fundierten Lobbyarbeit, indem sie eng mit dem Sozialwissenschaftlichen Forschungszentrum Berlin-Brandenburg e.V. (SFZ) kooperiert.[352] Da das Mitgliederniveau

---

351 Im Gegensatz zu vielen anderen Wohlfahrtsverbänden weist die Volkssolidarität eine hohe Mitgliederbindekraft auf, die sich aufgrund ihrer Geschichte und ostdeutschen Sondersituation erklären lässt und so eine Klassifizierung als Wohlfahrts- und Sozialverband rechtfertigt.

352 Das SFZ ist ein Zusammenschluss von ost- und westdeutschen Sozialwissenschaftlern, die sich vor allem mit den sozialen Aspekten der ostdeutschen Transformation befassen (www.sfz.ef.de, rev. 10.4.08).

der Volkssolidarität zwar schrumpft, aber im Vergleich der ostdeutschen Verbände- und Parteienlandschaft[353] gleichwohl noch immer hoch ist, und die Volkssolidarität schlechterdings als »*der* ostdeutsche Sozialverband« bezeichnet werden kann, wurde sie in die komparative Studie der Sozialverbände einbezogen.

2. Entwicklung zum Sozial- und Wohlfahrtsverband

Zur Linderung der Not nach dem Krieg wurde die Volkssolidarität unmittelbar nach dem Ende des Zweiten Weltkrieges 1945 in der sowjetischen Besatzungszone gegründet. Um die Charakteristika des Verbandes in der Doppelfunktion als freier Sozial- und Wohlfahrtsverband zu analysieren, wird zunächst die historische Entwicklung der VS zu einer staatlichen Massenorganisation der DDR und ab 1990 zu einem freien Sozial- und Wohlfahrtsverband nachgezeichnet. Dabei ist insbesondere der Frage nachzugehen, inwiefern der Transformationsprozess einem radikalen Neuanfang gleichzusetzen ist oder ob sich die Volkssolidarität im Rahmen einer pfadabhängigen Entwicklung transformiert hat.

2.1 Gründung und Wandlung zur Massenorganisation

Die Ursprünge der Volkssolidarität gehen zurück auf eine Bewegung in Sachsen, die unter dem Leitsatz »Volkssolidarität gegen Wintersnot« ab dem Herbst 1945 Kindern, Älteren sowie Vertriebenen und Kriegsopfern Hilfe anbot. Diese Aktion wurde vom sächsischen Block der antifaschistischen Parteien (KPD, SPD, CDU und LDPD) und den Kirchen auf Vorschlag der KPD durch einen Aufruf in der »Sächsischen Volkszeitung« im Oktober 1945 ins Leben gerufen (Springer 1999: 33). Um die sächsische Bewegung mit ähnlichen Initiativen in Thüringen, Mecklenburg und Brandenburg zu koordinieren, wurden diese 1946 im »Zentralausschuss der Volkssolidarität« in der sowjetischen Besatzungszone zusammengefasst (Lattka 2002: 742f).

---

353 Der Organisationsgrad in Interessengruppen ist in Ostdeutschland geringer als in Westdeutschland: 2006 waren 25 Prozent der Ostdeutschen aber 38 Prozent der Westdeutschen Mitglied einer Interessengruppe aus dem Bereich »Arbeit und Wirtschaft« oder einer politisch oder wertgebundenen Organisation (Weßels 2008: 395).

Zu den Aufgaben der Volkssolidarität zählten beispielsweise die Linderung sozialer Not, die Trümmerbeseitigung, der Wiederaufbau technischer Bauten sowie die Betreuung von Opfern des Nationalsozialismus, von Umsiedlern, Heimkehrern, Kriegsopfern, Kindern und Jugendlichen (Angerhausen 2003: 125).[354]

Die Volkssolidarität begrüßte die Staatsgründung der DDR im Jahr 1949. Im Zuge des Aufbaus des staatlichen Gesundheits-, Sozial- und Bildungswesens musste sie jedoch 1951 nahezu alle sozialen Einrichtungen an den Staat und die Gewerkschaften abtreten (Springer 1999: 42). Daraufhin geriet sie in eine existenzbedrohende Krise, da sie über kein originäres Aufgabenfeld mehr verfügte.[355] Aufgelöst wurde die VS alleine deshalb nicht, weil sie zum einen in der Bevölkerung ein positives Ansehen genoss und zum anderen im Kirchenkampf und bei der Verdrängung konfessioneller Einrichtungen instrumentalisiert werden konnte (Olk 2004: 695). Ende der fünfziger Jahre wurde die VS in eine staatliche Massenorganisation umgewandelt, deren Aufgabe ausschließlich in der Betreuung und Integration älterer Menschen (Veteranen) liegen sollte, womit ihr Aufgabenspektrum drastisch eingegrenzt wurde (Springer 1999: 45; Braun 1990: 793).[356] Unter der bis heute gültigen Maxime »Tätigsein, Geselligkeit, Fürsorge« organisierte sie die ambulante Betreuung älterer Menschen, die sozial-kulturelle Unterhaltung in Veteranenklubs[357] der Wohnbezirke sowie die Versorgung älterer Menschen mit warmen Mahlzeiten (Helwig 2006: 240).

---

354 Um die zentrale Aufgabe der Kinderbetreuung zu erfüllen, wurden »Kinderlandverschickungen« organisiert und Kinderheime und Kindergärten gegründet.

355 Zu Beginn der fünfziger Jahre gehörte es zum Selbstverständnis der DDR, dass in einer sozialistischen Gesellschaft keine Notwendigkeit für eine die kapitalistische Wirtschaftsordnung kompensierende Sozialpolitik bestehe (Angerhausen et. al 1998: 123).

356 Formale Grundlage ihrer Tätigkeit war der 1969 gefasste Ministerratsbeschluss »Grundsätze und Maßnahmen zur Verbesserung der medizinischen, sozialen und kulturellen Betreuung der Bürger im höheren Lebensalter und zur Förderung ihrer stärkeren Teilnahme am gesellschaftlichen Leben sowie über die Hauptkomplexe der Alternsforschung« sowie die zentrale Rahmenvereinbarung, um diesen Beschluss umzusetzen. Dieser erfolgte, da die Sozialpolitik von der SED-Führung als Legitimationsquelle im Wettbewerb mit der BRD erkannt wurde und da die Altenpolitik angesichts des Anstiegs der Rentner gestärkt werden musste. Hatte dieser im Jahr 1946 noch 13 Prozent betragen, so erhöhte er sich bis 1969 auf 19,4 Prozent (Springer 1999: 85ff.).

357 In den Klubs wurden neben Konzerten, Theateraufführungen, Tanzveranstaltungen und auch politische Informationsveranstaltungen durchgeführt, an welchen 1985 über 13 Millionen Menschen teilnahmen (Friedrich-Ebert-Stiftung 1987: 39). Ziel der Geselligkeitsveranstaltungen war es, die Älteren stärker in die sozialistische Gesellschaft einzubinden.

Angesichts des chronischen Arbeitskräftemangels arrangierte die Volkssolidarität im Rahmen des Grundsatzes »Tätigsein«[358] auch »gesellschaftlich nützliche Tätigkeiten« der Rentner im Wohngebiet (Mrochen 1980: 127f.).[359] Mit ihrem Angebot lokaler sozialer Dienstleistungen wie Hauswirtschaftshilfe und Essensversorgung versuchte die Volkssolidarität einerseits die Mangelsituation in der DDR notdürftig zu kompensieren und trug andererseits zur Integration der älteren Menschen bei (Angerhausen 2003: 142). Rund 200.448 Volkshelfer[360] waren 1988 für die Volkssolidarität in rund 15.000 Ortsgruppen ehrenamtlich tätig (Tangemann 1995: 78; Wolpert 1996: 40; Volkssolidarität 1990). Die Aktiven in den Ortsgruppen und Klubs organisierten eigene Veranstaltungen, Ausflüge oder auch Nachbarschaftshilfen und beteiligten sich zudem in unterschiedlichem Maße an Aktionen der SED. Neben den Einnahmen aus Mitgliedsbeiträgen und Spenden finanzierte sich die VS in der DDR vorrangig durch staatliche Zuwendungen (Burau 2006: 76).

Im Jahr 1988 gehörten der VS nach eigenen Angaben rund 2.146.000 Mitglieder aller Altersgruppen an. Auch viele jüngere Menschen waren der Organisation aufgrund des politischen Drucks, Mitglied einer Massenorganisation sein zu müssen, beigetreten (Angerhausen 2003: 142).[361] Zwar war die VS, wie andere DDR-Massenorganisationen, staatlich kontrolliert und auch finanziell vom SED-Staat abhängig, im Vergleich zu anderen Organisationen wie dem FDGB kam ihr jedoch eine vergleichsweise marginale poli-

---

358 Arbeit wird im Sozialismus als menschliches Grundbedürfnis gesehen und durch das Kriterium der »gesellschaftlichen Nützlichkeit« ergänzt.

359 Diese so genannten »Rentnerbrigaden« hielten die Wohnungen instand und führten Erntearbeiten auf dem Land durch (ebd.). Einerseits waren die Rentner somit gesellschaftlich nützlich, andererseits konnte ein Gefühl der gesellschaftlichen Anerkennung nach dem Ausscheiden aus dem Erwerbsleben etabliert werden.

360 Tangemann (1995: 120) kritisiert die Behauptung von Backhaus-Maul/Olk (1991: 687), dass in den neuen Bundesländern keine Erfahrungen mit und Bereitschaft zu freiwilligem sozialen Engagement existierten. Sie verweist ebenso wie Roth (2003: 29) darauf, dass Menschen in der DDR im kirchlichen Bereich und in geringerem Maße auch bei der Volkssolidarität und dem DRK freiwillig im sozialen Ehrenamt arbeiteten. Auch Lehmbruch (2000) verweist darauf, dass sich eine »Kultur der Freiwilligkeit in der freien Wohlfahrtspflege« in Ostdeutschland am deutlichsten in der Volkssolidarität erhalten habe, die in der DDR der wichtigste Träger der ehrenamtlichen Betreuung alter Menschen gewesen ist.

361 Zwar war es nicht verpflichtend, Mitglied einer Massenorganisation zu sein. Eine Nichtmitgliedschaft führte gleichwohl im Zweifelsfall zu erheblichen Nachteilen in materieller und sozialer Hinsicht (Wolpert 1996: 44).

tische Bedeutung zu (Angerhausen u.a. 1998: 129; Angerhausen 2003: 14).[362] Somit hatte sie das Image, als Verein für ältere Menschen und »Lückenbüßer der Altenversorgung« (Angerhausen 2003: 283) relativ unpolitisch zu sein. Die Bedeutungsaufwertung als sozialer Dienstleister für Ältere ging nicht mit steigender politischer Relevanz einher:

»Im Kontext der Nationalen Front und der Politik von SED und Staatsführung blieb die VS eine machtpolitisch relativ unwichtige Organisation, die in übergreifende politische Strategiefragen und Kampagnen nicht einbezogen wurde und daher folgerichtig in den Debatten und Auseinandersetzungen der politischen Führungsgremien der DDR keine bemerkenswerte Rolle spielte« (Olk 2008: 676).

Die jeweilige Parteikonformität der Ortsgruppen wurde letztlich durch die politische Orientierung der leitenden örtlichen Kader bestimmt (vgl. Friedrich-Ebert-Stiftung 1987: 39). Gleichwohl verfügten die untergeordneten Gliederungen auf Bezirks-, Kreis- und Stadtebene aufgrund der hierarchischen und zentralistischen Organisationsstruktur der VS nur begrenzt über eigene Entscheidungskompetenzen.[363] Durch die enge Anbindung der VS an das staatliche Gesundheits- und Sozialwesen verfügten die leitenden Mitarbeiter im Transformationsprozess nicht über die erforderlichen Erfahrungen mit Aushandlungsverfahren, Konkurrenzsituationen und Organisationsmanagement (Angerhausen 2003: 142). Diese Managementdefizite und ihre Staatsnähe stellten die Volkssolidarität 1989 vor besondere Herausforderungen.

---

362 Sie war beispielsweise anders als der FGB nicht in der Volkskammer vertreten. Auch im Vergleich zur FDJ nahm die Volkssolidarität eine politisch nachgeordnete Rolle ein: Während die Jugend als künftige Arbeitnehmer konform erzogen werden sollte, war das Interesse der Staats- und Parteiführung an Ruheständlern, die ihr Arbeitsleben bereits hinter sich gebracht hatten, vergleichsweise marginal. Die autonome und dauerhafte Fortexistenz der Volkssolidarität als »DDR-Altorganisation« konnte daher nur gelingen, da ihr Tätigkeitsfeld ausreichend ideologiefern und die Handlungspraxis vor 1989 nicht allzu kompromittierend war (vgl. Sebaldt 2007: 498).

363 Die Volkssolidarität war nach dem zentralistischen Organisationsgefüge der DDR aufgebaut: Oberstes Entscheidungsgremium war die Zentrale Delegiertenkonferenz, dann folgten die Bezirksdelegiertenkonferenzen und Kreisdelegiertenkonferenzen und schließlich die Ortsgruppen. Den oberen drei Gremien waren jeweils Sekretariate für die Ausführung der Beschlüsse zugeordnet.

2.2 Von der Massenorganisation zum Sozial- und Wohlfahrtsverband

2.2.1 Krise und Neuorientierung 1989 bis 1995

Nach dem Fall der Mauer strukturierte die Volkssolidarität ihre Organisation auf der VI. Tagung des Zentralausschusses der Volkssolidarität am 11.12.1989 neu. Der Vorsitzende des Zentralausschusses, Alois Bräutigam, wurde von seinen bisherigen Stellvertretern Jost Biedermann und Georg Ostermann abgelöst, die bis dato kaum in Erscheinung getreten waren (Tangemann 1995: 126). Ebenso erfolgte eine Namensänderung in Hauptausschuss, die von der Schaffung föderaler Strukturen begleitet wurde.

»Wir haben auf dieser Tagung … die ersten Schritte getan, uns von den Fesseln und Beschränkungen, die die zentralistischen Mechanismen allen Strukturen, also auch allen Organisationen auferlegt hatten, frei zu machen« (Volkssolidarität 1990: 1).

Im Mai 1990 wurde Biedermann zum Präsidenten der neu im Vereinsregister aufgenommenen Volkssolidarität e.V. gewählt. Durch diesen Personalwechsel erfolgte jedoch kein radikaler Bruch mit der Vergangenheit. Vielmehr ging diese personelle Stetigkeit im Sinne einer Strukturbrücke mit der Kontinuität der Arbeit einher, die für die Handlungsfähigkeit der Organisation und die Mitgliederbindung von Bedeutung war (vgl. Angerhausen 2003: 319).[364] Nach dem Beitritt der DDR zur Bundesrepublik lösten sich in ganz Ostdeutschland lokale Gruppen und Dienste der Volkssolidarität auf, was zu starken Mitglieder- und Mitarbeiterverlusten führte (Angerhausen 2003: 143, 153f.). Da sowohl der Druck wie auch die Anreize für eine Mitgliedschaft und ehrenamtliche Tätigkeit abnahmen, Angebote konkurrierender Wohlfahrtsverbände hinzukamen und viele Bürger DDR-nahen Organisationen zunächst ablehnend gegenüberstanden (Angerhausen 2003: 161, 210), kehrten rund zwei Drittel ihrer Mitgliedschaft, vorwiegend die Altersgruppen unter 65 Jahre, der VS den Rücken bzw. zahlten keine Mitgliedsbeiträge mehr.[365] Dies führte zu einer existenzbedrohen-

---

364 Eine umfassende personelle Erneuerung erfolgte nicht, um eine gewisse innerverbandliche Kontinuität und Erfahrungswissen in Zeiten radikaler Veränderungen in der Systemumwelt zu sichern. Gleichwohl zeigt das Wahlergebnis von Biedermann, dass diese Frage durchaus kontrovers diskutiert wurde: Nur 236 der 468 Delegierten gaben ihm seine Stimme, 198 votierten mit nein und 4 Delegierte enthielten sich ihrer Stimme (Volkssolidarität 1990).

365 Teilweise wurden diese nicht mehr durch ehrenamtliche Helfer einkassiert, da die lokalen ehrenamtlichen Strukturen weggebrochen waren. Einige Kreisverbände weigerten sich

den Legitimationskrise des Verbandes. Da sich das Vermögen der VS im Zuge der Währungsunion 1990 halbierte und die zu DDR-Zeiten genutzten Gebäude an die Kommunen zurückgegeben werden mussten, stellten sich bald auch finanzielle Schwierigkeiten ein. Darüber hinaus verließen viele Mitarbeiter die Volkssolidarität, weil sie sich überlastet und unterbezahlt fühlten. Die VS stand vor der elementaren Frage, ob sie sich auflösen, sich der westdeutschen AWO anschließen oder ihre eigenständige Identität bewahren bzw. weiterentwickeln sollte. Mit der Aufnahme in den Deutschen Paritätischen Wohlfahrtsverband (DPWV) im Dezember 1990 konnte die Volkssolidarität ihre Eigenständigkeit erhalten (Volkssolidarität 1994a: 6). Um den Verband bei seiner Transformation zu unterstützen, stellte der DPWV der Organisation Berater in Fragen der Finanzierung, Dezentralisierung der Organisationsstrukturen[366] und der Etablierung einer neuen Arbeits- und Rechtsorganisation zur Seite (Angerhausen 2003: 152). 1993 wurden eine neue Beitragsordnung und eine neue Satzung von der außerordentlichen Delegiertenkonferenz verabschiedet (Volkssolidarität 1993).

Ziel dieser organisatorischen Neustrukturierung war es, die VS zu einem umfassenden Wohlfahrtsverband weiterzuentwickeln, der sich nicht länger ausschließlich auf die Betreuung älterer Menschen konzentrierte. Vielmehr sollte der Verband an seine ursprünglichen Traditionen der unmittelbaren Nachkriegszeit anknüpfen und wie damals Sozialstationen und Beratungsstellen unterhalten (FAZ 16.11.1995). Bis Mitte der neunziger Jahre zählte es neben dem Aufbau des Wohlfahrtsverbandes zu den primären Aufgaben der ehren- und hauptamtlichen Mitarbeiter (darunter viele ABM-Kräfte), ein neues Selbstverständnis als Verband zu etablieren. Als die westdeutschen Wohlfahrtsverbände ihren Wirkungsbereich auf Ostdeutschland auszudehnen versuchten, standen sie in starker Konkurrenz zur VS. Diese war jedoch im strategischen Vorteil, weil sie aufgrund ihrer vorhandenen flächendeckenden Struktur und der hohen Zahl an ehrenamtlichen Helfern eine direkte Betreuung anbieten konnte. Andererseits schadete ihr das Image als ehemalige staatliche Massenorganisation der DDR, da sich Akzeptanzprobleme

---

auch, die Beitragseinnahmen an die Landesverbände bzw. den Bundesverband weiterzugeben (Volkssolidarität 1994b).

366 Angerhausen (2003: 312f.) nennt die ausgeprägte Dezentralisierung bis auf die Kreisebene als angemessene Strategie für den Erhalt von Handlungsfähigkeit in Zeiten turbulenter, von Unsicherheit gekennzeichneter Phasen, da Entscheidungen in kleinen Gremien gefällt werden können.

seitens der neuen politischen Elite auf Kommunal- und Landesebene zeigten (Angerhausen u.a. 1998: 144).

Die Herausforderung für die Volkssolidarität bestand in dem Spagat: Einerseits gegenüber ihrer Mitgliederbasis eine Kontinuität der tradierten ostdeutschen Organisationsidentität leisten zu können. Andererseits sah sie sich gezwungen, sich dezidiert vom DDR-Staat abzugrenzen, um unter den neuen gesamtdeutschen Bedingungen als demokratischer Verband akzeptiert zu werden. Die VS versuchte dieser Herausforderung zu begegnen, indem sie sich auf die erste Phase der Organisation in der Nachkriegszeit bezog, in der sie als breites Bündnis noch nicht staatlich gesteuert agiert hatte. So argumentierte sie in ihrer »großen Erzählung« der Wendejahre, die Volkssolidarität sei »kein Kind der DDR«, sondern bereits vor Gründung des SED-Staates als humanitäre Bewegung ins Leben gerufen worden und habe immer hehre Ziele verfolgt (Angerhausen 2003: 256ff; 274, 321).[367] Diese Selbstdeutung nutzte die VS quasi als eine Art mythologische Brücke (Angerhausen), um an die Gründungszeit der Organisation anzuschließen. Symbolische Brücken dienten der VS im Transformationsprozess als Orientierungsangebote, um die Verbundenheit der Mitglieder und Mitarbeiter mit der VS zu fördern.

Wenngleich sich das Dienstleistungsspektrum der VS ab 1990 auf nahezu alle sozialen Dienste der Wohlfahrtspflege erweiterte, konzentriert sich ihre Mitgliederklientel weiterhin auf ältere Menschen, die ihr auch nach der deutschen Vereinigung treu geblieben sind. Insofern ist die Teilidentität als »Mitgliederverein bzw. soziale Heimat älterer Menschen« entscheidend für die Legitimation aller anderen Funktionen. Sie bedient die Kontinuitätsbedürfnisse der in der DDR sozialisierten Mitglieder und gerade für viele Ältere bot die VS einen sozialstrukturellen Anker in der unsicheren Lebenssitua-

---

367 Die Rolle der Volkssolidarität in der DDR wurde bislang innerverbandlich wenig kritisch reflektiert. So veröffentlichte beispielsweise der Landesverband Thüringen Mitte der neunziger Jahre ein Buch von Swoboda »Über ein halbes Jahrhundert Volkssolidarität. Mosaik einer humanistischen Bewegung« (ohne Jahr), in welchem er schreibt, dass sich die Volkssolidarität in der DDR »von einer Bewegung zu einem Mitgliederverband mit demokratischen Strukturen« (Swoboda o. J.: 22) entwickelt habe. Hier wäre zumindest ein Hinweis angebracht gewesen, dass »demokratische Strukturen« in der DDR einem anderen Demokratieverständnis entsprangen. Ebenso wird die aktive Forcierung der Entstehung von Rentnerbrigaden durch die SED ausgeblendet und zu sehr das freiwillige Element betont, so als ob diese von der Basis her entstanden wären (ebd.: 24). Gleichwohl ist geplant, zum 65-jährigen Verbandsjubiläum im Jahr 2010 eine Konferenz zu veranstalten, um die Geschichte der Volkssolidarität in der DDR in allen Facetten zu beleuchten.

tion der Wendejahre. Im Jahr 1992 trat die VS der Bundesarbeitsgemeinschaft der Seniorenorganisationen (BAGSO) bei, die im Übrigen sogar aktiv um deren Mitgliedschaft geworben hatte (Volkssolidarität 2006c: 4). Trotz Kampagnen wie der Aktions- und Werbewoche aller Gliederungen der Volkssolidarität zur Reaktivierung und Gewinnung von Mitgliedern im Oktober 1994 gelang es ihr jedoch nicht, den Mitgliederrückgang zu stoppen, allerdings konnte er abgeschwächt werden (Volkssolidarität 1994b: 6).

2.2.2 Profilierung und Etablierung ab 1994/95

Seit dem Jahr 1994 stabilisierte sich die Volkssolidarität und erweiterte ihre sozialen Dienstleistungen als Wohlfahrtsverband:

»Der Verbund von Mitgliederverband und sozialem Dienstleister wird noch ungenügend genutzt. Für die Mitglieder ist die Funktion der Volkssolidarität als Dienstleister vielfach neu … Mitglieder der Volkssolidarität sind noch zu oft Kunden anderer Anbieter. Der Verband Volkssolidarität hat sich noch nicht genügend als kompetenter, sozialer Dienstleister in der Öffentlichkeit dargestellt« (Volkssolidarität 1997b: 10).

Neben der Erweiterung der sozialen Dienste bemühte sich die VS um eine innerorganisatorische Straffung. Um die einheitliche Handlungsfähigkeit zu stärken, wurden viele ehemals rechtlich selbständige Kreisverbände in Brandenburg und Sachsen-Anhalt wieder in die Strukturen der Landesverbände überführt. Der Bundesverband[368] erlangte seine maßgebliche Rolle als handlungsweisender Akteur zurück, der die Profilierung des Verbandes vorantrieb (Angerhausen 2003: 316). Ausschlaggebend hierfür scheinen neben wirtschaftlichen Schwierigkeiten einiger Untergliederungen personelle Wechsel in der Bundesgeschäftsstelle gewesen zu sein: 1997 wurde Dr. Bernd Niederland zum Nachfolger der in den Ruhestand verabschiedeten Bundesgeschäftsführerin Kirschnek bestimmt. Niederland war vormals Landesgeschäftsführer in Brandenburg, hatte dort vor Ort die Umstrukturierungsprozesse begleitet und besitzt dahingehend Einblicke in die örtlichen Gegebenheiten. Während die Volkssolidarität unter den früheren Verbandsfunktionären vergleichsweise familiär geführt wurde, forcierten die nachfolgenden Verbandsvertreter die Professionalisierung der Arbeit in der Bundesgeschäftsstelle. Diese wurde als Ser-

---

368 Der Dachverband ist als »Bundesverband« in das Vereinsregister eingetragen, obgleich sich sein Wirken bislang auf die neuen Bundesländer beschränkt und er damit letztlich als Regionalverband agiert.

vice- und Leitstelle für die Landesverbände etabliert[369]. Gleichwohl blieben weiterhin Defizite in der innerverbandlichen Zusammenarbeit und der Professionalisierung bestehen:

»Das für unsere Zukunftsfähigkeit existenziell so bedeutsame, notwendige solidarische und einheitliche Handeln lässt nach wie vor manche Wünsche offen und lässt Defizite erkennen, wenn seit 1997 sechs Kreisverbände in Insolvenz geraten sind, wenn der Landesverband Brandenburg wegen eines Immobiliengeschäftes in erhebliche Schwierigkeiten geraten ist, wenn im Landesverband Sachsen der Geschäftsführende Landesvorstand offensichtlich wegen wirtschaftlicher Geschäftstätigkeit und den damit verbundenen Risiken zurückgetreten ist und derzeit tiefe Risse durch den Landesverband gehen, wenn Einrichtungen und Dienste wegen erheblicher Qualitätsdefizite an den sozialen »Pranger« geraten, wenn es nach wie vor erhebliche Schwierigkeiten beim Aufbau einer einheitlichen Mitgliederverwaltung gibt – eine Voraussetzung für zeitgemäße Arbeit, wenn erst nach erheblichen Anstrengungen die weitere Existenz des »Spätsommers« für einen zunächst begrenzten Zeitraum gesichert werden konnte« (Volkssolidarität 2002b: 25/26).

Auch wenn nunmehr ein besonderer Stellenwert auf die Konzeption neuer Mitgliederwerbestrategien gelegt wurde, konnte der Mitgliederrückgang auch damit nur abgeschwächt, nicht jedoch gestoppt werden (Volkssolidarität 1999b).[370] Aus rechtlichen Gründen musste 1997 der Dreiklang »Tätigsein – Geselligkeit – Fürsorge«, der die Volkssolidarität seit der Gründungszeit begleitet hatte, aus Paragraph 2 der Satzung § 2 gestrichen werden, um einem eventuellen Verlust der Gemeinnützigkeit vorzubeugen (ebd.). Zunehmend rückte die VS neben ihren Funktionen als Mitgliederverein und Wohlfahrtsverband auch die Aufgabe als Lobby für ältere Menschen in den Fokus, was zu einem Spannungsverhältnis zwischen den Funktionen als Sozialverband und als Wohlfahrtsverband führte:

»Die Dienstleistungsidentität der Volkssolidarität erfordert eine an professionellen Standards und an Wirtschaftlichkeit orientierte Leistungserbringung und ein politisches Profil, das die Volkssolidarität nicht als PDS-nahen Wohlfahrtsverband oder »DDR-Nostalgieverein« erscheinen lässt. Die assoziative Identität hingegen macht eine Anbindung der Volkssolidarität an DDR-Traditionen und die Herstellung eines solidarischen, eben nicht an

---

369 Zum Januar 1998 wurden beispielsweise einheitliche Mitgliedermaterialien und -ausweise eingeführt (Volkssolidarität 1997b).
370 Neben Aktionen wie »Mitglieder werben Mitglieder« wurde die Neugründung von Mitgliedergruppen sowie verbandseigene und professionelle Werbergruppen angedacht (ebd.).

wirtschaftlichen Maximen orientierten Verbandsklimas notwendig« (Angerhausen 2003: 302).

Das Selbstverständnis als Sozialverband im Sinne eines Mitgliedervereins und Interessenvertreters ihrer ostdeutschen Mitglieder sowie der von ihr betreuten Menschen wurde forciert. Gegenüber anderen in Ostdeutschland tätigen Wohlfahrtsverbänden hat die Volkssolidarität den Vorteil, dass sie als einziger Verband unmittelbar an die sozial-kulturellen Grundlagen Ostdeutschlands anknüpfen kann, über eine gute Infrastruktur verfügt sowie einen hohen Bekanntheitsgrad genießt (Angerhausen/Backhaus-Maul/ Schiebel 1993). Vieles spricht dafür, den Verband als »DDR-Milieu-Verband« zu charakterisieren, der die spezifische ostdeutsche Stimmungslage und das vielfach vorhandene Gefühl der Benachteiligung aufzugreifen und zu verinnerlichen weiß. Unklar ist, wie nah der Verband der Linken aufgrund enger personeller Beziehungen steht oder ob er sogar als Vorfeldorganisation der Linkspartei agiert. Gegen diese Einschätzung spricht, dass die Verbandsführung Wert darauf legt, mit allen demokratischen Parteien in Ostdeutschland Kontakte zu pflegen und auch Mitglieder anderer Parteien im Bundesvorstand vertreten sind. Es wird ebenfalls auf das in der Satzung verankerte Gebot der strikten parteipolitischen Neutralität verwiesen. Eine eventuelle inhaltliche Affinität zur damaligen PDS begründete der Bundesverband im Jahr 1999 vorwiegend mit dem gemeinsamen Erfahrungshorizont, der damit verbundenen Problemwahrnehmung und dem besseren Einblick in Lösungsmöglichkeiten vor Ort (Wolpert 1996: 62). Während Wolpert (ebd.) zwischen der Volkssolidarität Berlin und der PDS auch personelle Verflechtungen aufzeigen konnte, verweist Angerhausen (2003: 225, 230) darauf, dass es zwar auf lokaler Ebene partiell Kontakte zur PDS gebe, aber diese nicht grundsätzlich für die gesamte Volkssolidarität angenommen werden könnten. In einigen Regionen hat sie vielmehr starke Abgrenzungsbestrebungen der alten Netzwerke gegenüber der Volkssolidarität beobachtet (ebd.). Gleichwohl wird die parteipolitische Unabhängigkeit immer wieder angezweifelt: Als Folge ihrer Vergangenheit als DDR-Massenorganisation und der regionalen Beschränkung auf Ostdeutschland wird sie häufig in der Nähe der Linkspartei verortet (Spiegel 27 2000, Fokus 2007). Da »Die Linke« seit Mitte der neunziger Jahre nahezu flächendeckend in Ostdeutschland bei Lokal-, Landtagsoder Bundestagswahlen auf über 20 Prozent der Wählerstimmen kommt (Walter 2007: 327) wird sie auch als »Volkspartei des Ostens« bezeichnet. Angesichts des Status' als »Volkspartei des Ostens« überrascht es kaum, dass auch in der VS viele Linksparteimitglieder und -wähler organisiert sind.[371] Allerdings scheint es angesichts der mangelnden Datenlage verfehlt, die Mitgliedschaft von VS und «Die Linke» als ein und dieselbe zu bezeichnen. Nach Winkler (2006b: 172) standen im Jahr 2005 von den Mitgliedern der Volkssolidarität 33 Prozent der PDS nahe, 28 Prozent der SPD, 23 Prozent der CDU, 10 Prozent den Grünen, 3 Prozent der FDP und 2 Prozent den übrigen Parteien. Diesen Zahlen zufolge sympathisiert rund ein Drittel der Mitglieder mit der PDS/Linke oder ist Mitglied dieser Partei.[372] Auf der Bundesvorstandsebene sind Mitglieder und Funktionäre des gesamten parteipolitischen Spektrums vertreten[373]. Dass mehr Mitglieder der Volkssolidarität in der Linken als in der CDU oder SPD organisiert sind, erklärt sich auch mit der geringen Verankerung der westdeutschen Volksparteien in Ostdeutschland und der historischen Verwurzelung in der ostdeutschen Gesellschaft.

Das Selbstverständnis, die Aufgaben und Ziele des Sozial- und Wohlfahrtsverbandes

Die Volkssolidarität versteht sich als Sozial-[374] und Wohlfahrtsverband. Damit hat sie unterschiedliche Logiken und Identitäten zu vereinen. Als ostdeutscher Mitgliederverband ist die Mitgliederentwicklung und sozialkulturelle Arbeit zu stabilisieren, um das Image des basisorientierten Sozial- und Wohlfahrtsverbands zu stärken und dieses als Legitimationsgrundlage für die sozialpolitische Interessenvertretung nutzen zu können. Als freier Wohlfahrtsverband, der in Ostdeutschland umfassende soziale Dienstleistungen anbietet, ist sie um die qualitative Weiterentwicklung und Professionalisie-

---

371 Bei der Bundestagswahl 2005 zog die Linke in Ostdeutschland mit 25,3 Prozent der Zweitstimmen mit der CDU gleichauf. Stärkste Partei wurde die SPD mit 30,4 Prozent der Stimmen (www.btw2006.de). Die Linke wurde 1999 von einer Mehrzahl der Ostdeutschen (68 Prozent) nicht als antisystemische Partei wahrgenommen sondern als normale demokratische Partei, welche die Interessen der Ostdeutschen vertritt auch wenn sie kommunistisch ist (Neu 1999: 4f.).

372 Die BAGSO schätzt die parteipolitische Verteilung der Mitglieder in der VS auf jeweils ein Drittel für die CDU, SPD und »die Linke« ein.

373 Der Verbandspräsident gehört wie die Vorsitzende des Landesverbands Brandenburg der Partei »Die Linke« an. Der Landesvorsitzende von Mecklenburg-Vorpommern ist dagegen Mitglied der FDP und der Landesvorsitzende Thüringen gehört als Sozialminister a. D. der CDU an.

374 Unter den Sozialverband fallen sowohl der Mitgliederverband als auch die sozialpolitische Interessenvertretung (Volkssolidarität 2004a: 6).

rung ihrer Einrichtungen und des Managements bemüht, um als vertrauenswürdiger, leistungsfähiger Träger wahrgenommen zu werden. Schließlich ist die VS bestrebt, die Interessen ihrer Mitglieder wie auch der von ihr betreuten Menschen in den politischen Entscheidungsprozess der Kommunen, der Länder und des Bundes einzubringen. Als intermediäre Organisation muss sie im Sinne der Mitgliedschafts- und Einflusslogik nach innen Akzeptanz, Legitimität und Loyalität gegenüber ihren Mitgliedern organisieren und sich auf deren Anliegen und Forderungen beziehen; gleichzeitig muss sich die Volkssolidarität an die Imperative der institutionellen Umwelt anpassen, um sich durch politische Tauschprozesse Zugang zu Ressourcen und Einflusschancen zu sichern (vgl. Streeck 1987; Olk 1996: 192).

Das Selbstverständnis als Sozialverband wurde 2006 in die Satzung des Bundesverbandes aufgenommen. Insbesondere unter der Präsidentschaft von Winkler wurde die sozialpolitische Interessenvertretung stärker akzentuiert. Der damit einhergehende Zielkonflikt wird benannt: »Auch in unserem Verband wird – leider nicht öffentlich – die Diskussion geführt, dass sozialpolitische Interessenvertretung der Volkssolidarität zum Schaden gereiche, da sie politische und unternehmerische Partner verprelle sowie zu viel koste und dabei zu wenig Wirkung zu erzielen ist« (Volkssolidarität 2004d: 6). Das Spannungsverhältnis ist beispielsweise in der Pflegepolitik zu erkennen: Die Forderungen als sozialpolitische Interessenvertretung wie höheres Qualitätsmanagement und bessere, zeitintensive Betreuung können den Interessen der verbandseigenen Pflegeeinrichtungen und ihrer Bediensteten aufgrund damit verbundener höheren Kosten und Kontrolle diametral entgegenstehen. Anders als »reine« Sozialverbände muss die VS einen besonderen Spagat leisten, um beide Dimensionen miteinander in Einklang zu bringen.[375]

Die Volkssolidarität ist nach § 2 der Satzung ein »einheitlicher, demokratisch organisierter, gemeinnützig wirkender, parteipolitisch und konfessionell unabhängiger, selbständiger Verein. Er bekennt sich zu den humanistischen und demokratischen Grundwerten und tritt für soziale Gerechtigkeit ein [und] vertritt die Interessen von in Deutschland lebenden älteren Menschen, Kindern und Jugendlichen sowie sozial benachteiligten Menschen.«

---

375 Ebenso sind moderne Formen und Methoden aus der gewerblichen Wirtschaft wie Qualitätsmanagement, ergebnisorientierte Mitarbeiterführung, kostenorientiertes Arbeit inklusive der Budgetierung im Finanz- und Rechnungswesen anzuwenden, ohne dabei den sozialen Grundcharakter des Verbandes aufzugeben und Verbandsaustritte zu befördern (Volkssolidarität 2004a: 39).

Damit versteht sich die Volkssolidarität nicht als reine Seniorenorganisation, sondern als umfassender Sozialverband, der neben älteren Menschen auch Kinder und alle sozial benachteiligten Menschen vertritt und somit generationenübergreifend agiert.[376] Eine Mitgliedschaft steht nach § 5 allen Menschen offen, die den Vereinszweck unterstützen und die Satzung anerkennen. Damit weist die VS eine universelle Mitgliedschaft auf, die jedoch regional auf Ostdeutschland beschränkt ist – von einigen wenigen Ausnahmen im Ruhrgebiet abgesehen.

3. Organisationsaufbau im Wandel

Als einziger der untersuchten Sozialverbände ist die Volkssolidarität partiell bis auf die Ebene der Kreisverbände föderal strukturiert und beschränkt ihre sozialwirtschaftlichen und sozialen Angebote regional. In den ostdeutschen Bundesländern kann die Volkssolidarität weiterhin auf eine nahezu flächendeckende Präsenz zurückgreifen und profitiert dabei ebenfalls von Synergieeffekten ihrer Doppelstruktur als Sozial- und Wohlfahrtsverband.

3.1 Verbandsebenen

Die rechtliche Selbständigkeit als Verein haben über die Landesverbände und den Bundesverband hinausgehend auch 71 der 98 Kreisverbände, da die dezentrale Struktur in der Wendezeit als vorteilhaft angesehen wurde, um die Volkssolidarität zu erhalten (vgl. Tabelle 30).[377] Diese Struktur führt im Gesamtverband zu kontrovers geführten Debatten: Während der Bundesvorstand eine zentral ausgerichtete Organisation für eine effiziente und konstante Zusammenarbeit der Untergliederungen als notwendig erachtet, spricht sich die Mehrzahl der Kreisverbände dagegen aus, ihre wirtschaftliche und rechtliche Selbständigkeit

---

376 Gleichwohl ist das Selbstverständnis als »Spezialist für die zweite Lebenshälfte« nach wie vor sehr ausgeprägt.

377 Der Landesverband Berlin ist aufgrund seines Stadtcharakters in Bezirken und Ortsgruppen organisiert, die keine rechtliche Selbständigkeit haben. In Brandenburg und Sachsen-Anhalt ist die Mehrzahl der Kreisverbände nicht rechtlich selbständig, in Sachsen und Mecklenburg-Vorpommern sind dagegen alle Kreisverbände als Verein registriert. Der DPWV hatte zu Beginn der neunziger Jahre empfohlen, rechtsfähige Vereine auf Stadt- und Kreisverbandsebene zu gründen (Angerhausen u.a. 1998: 13).

aufzugeben. Es ist anzunehmen, dass damit ein Macht- und Kontrollverlust befürchtet wird. Da die rechtliche Selbständigkeit vieler Kreisverbände ein gemeinsames Handeln erschwert, ist es bislang nicht umfassend gelungen, ein einheitliches Erscheinungsbild[378] und eine einheitliche Mitgliederverwaltung zu etablieren (Volkssolidarität 1999a: 19; 2004a: 8). Gemeinsam ist allen Untergliederungen, dass sie sich zum Bundesverband bekennen und gemeinsam für soziale Gerechtigkeit eintreten wollen. Die Landesverbände handeln weitgehend autonom als Mitgliederverband, Wohlfahrtsverband und sozialpolitische Interessenvertretung. Der Bundesvorstand und die Landesgeschäftsführer sind für den Austausch zwischen den Landesverbänden in Fragen aktueller Entwicklungen im Gesamtverband sowie der strategischen Organisations- und Managemententwicklung zuständig (Volkssolidarität 2007b: 15f.).[379] Sachsen ist als bevölkerungsreichstes ostdeutsches Bundesland auch der mitgliederstärkste Landesverband, in welchem innerverbandliche Konflikte aufgrund der rechtlichen Autonomie der Kreisverbände schwer zu moderieren sind.[380] Sachsen legt den Schwerpunkt der sozialen Dienstleistungen neben der Altenhilfe insbesondere auf Leistungen im Bereich der Kinder- und Jugendarbeit. Der Landesverband Sachsen-Anhalt gilt in der Bundesgeschäftsstelle als Vorbild für die erfolgreiche Profilierung als Sozial- *und* Wohlfahrtsverband, da er sowohl die sozialwirtschaftlichen Dienste, insbesondere in der Suchthilfe, gestärkt hat, als auch einen hohen Stellenwert darauf legt, den Mitgliederverband zu stärken.[381] In den vergangenen Jahren wurden die dortigen Organisationsstrukturen gestrafft, indem die Mehrheit der Kreisverbände ihre rechtliche Selbständigkeit aufgab und unter das Dach des Landesverbandes zurückkehrte.[382]

---

378 Einige Kreisverbände waren Anfang der neunziger Jahre dazu übergegangen, das Verbandslogo nach eigenen Ideen umzugestalten (Angerhausen u.a. 1998: 137).

379 Über die Beratungen des Bundesvorstandes werden die Vorstände, Geschäftsführer und Mitarbeiter der Einrichtungen und Dienste im »Info-Blatt« informiert (Volkssolidarität 1999a: 21).

380 Einzelne sächsische Kreisverbände drohten in der Vergangenheit damit, sich aufgrund inhaltlicher Kontroversen von der Volkssolidarität abzuspalten. Mit dem Verweis darauf, dass sie dann ihren Namen und ihr Emblem abgeben müssten, gelingt es dem Bundesverband jedoch meist schnell, diese wieder zu integrieren.

381 Der Erfolg als Wohlfahrtsverband ist auf gute Ausgangsbedingungen nach der Deutschen Vereinigung unter der CDU-Regierung zurückzuführen, welche die Übernahme von sozialen Einrichtungen durch die VS förderte.

382 Diese Aufgabe der rechtlichen Selbständigkeit gründet weniger auf Einsicht in die Effizienz zentraler Organisationsstrukturen als auf wirtschaftliche Probleme und Imageverluste einzelner Kreisverbände.

Tabelle 30: Anzahl der Kreisverbände und Ortsgruppen
der Volkssolidarität 2008

Bundesland	Kreis/Stadt/Regionalverbände		Ortsgruppen	Interessengruppen
	Zahl	Davon e. V.		
Berlin	7	0	278	399
Brandenburg	15	7	821	664
Mecklenburg-Vorpommern	16	16	793	653
Sachsen	26	26	878	478
Sachsen-Anhalt	13	3	848	711
Thüringen	21	19	703	307
Gesamt 2008	98	71	4.321	3.212
Zum Vergleich 2003	114	80	4.715	2.595
Zum Vergleich 1995	138	99	5.053[1]	Nicht erfasst

1 Orts- und Interessengruppen

Quelle: Volkssolidarität 2009: 12; Volkssolidarität 2004a; Volkssolidarität 1997a.

Neben den 4.321 Ortsgruppen sind in der Volkssolidarität 3.212 Interessengruppen und 228 Selbsthilfegruppen organisiert (Volkssolidarität 2009: 12). Die Interessengruppen reichen von Sport- und Wandergruppen (39,4 Prozent), über Chöre (9 Prozent) bis hin zu künstlerischer Selbstbetätigung (16,9 Prozent) und sonstige Interessengruppen (34,7 Prozent) (ebd.). Sie gelten innerverbandlich als innovative Formen der sozial-kulturellen Mitgliederarbeit, die den gewandelten Bedürfnis- und Interessenstrukturen der Mitglieder Rechnung tragen.[383] Tabelle 30 zeigt, dass die Zahl der Ortsgruppen (um rund 13 Prozent) wie auch Kreisverbände (um rund 27 Prozent) seit 1995 zurückgegangen ist, während die Zahl der Interessengruppen zugenommen hat. Daran ist abzulesen, dass sich die Mitglieder der Volkssolidarität in höherem Maße entlang ihrer spezifischen Interessenlagen organisieren als in formell strukturierten lokalen Ortsgruppen. Gleichwohl ist die Zahl der 4.321 Ortsgruppen im Vergleich zum VdK und SoVD außeror-

---

383 Der Landesgeschäftsführer von Sachsen-Anhalt plädiert dafür, die Mitgliedergruppen verstärkt nicht nur nach dem Territorialprinzip sondern nach Interessensgebieten bis hin zur Selbstorganisation von Mitgliedern zu strukturieren, um auf die gewandelten Bedürfnisse der Bürger zu reagieren (Steinäcker 2006: 13).

dentlich hoch: Dies unterstreicht, dass die Volkssolidarität in den ostdeutschen Bundesländern nahezu flächendeckend präsent und sozialkulturell
verankert ist. Auch die 568 Begegnungsstätten und -zentren deuten auf die
ausgeprägte Verankerung der Volkssolidarität in ostdeutschen Regionen hin.

3.2 Gremien des Bundesverbandes

Bundesdelegiertenversammlung

Höchstes beschlussfassendes Organ ist nach § 9 der Satzung die alle zwei
Jahre einberufene Bundesdelegiertenversammlung[384]. Alle vier Jahre wählt
die Bundesdelegiertenversammlung den Präsidenten und weitere acht Mitglieder des Bundesvorstandes. Zu ihren weiteren Aufgaben zählt es, Ziele
und Aufgaben des Bundesverbandes, Satzungs- und Beitragsordnungsände-
rungen, den Geschäftsbericht, Richtlinien und die Entlastung des Bundesvorstandes zu beschließen und gegebenenfalls einen Landesverband auszu-
schließen.

Bundesvorstand

Der Bundesvorstand besteht nach § 10 der Satzung aus dem Präsidenten, den
sechs Landesverbandsvorsitzenden und weiteren acht Mitgliedern des Bundesvorstandes. Dieser wählt auf Vorschlag des Präsidenten aus seiner Mitte
zwei Vizepräsidenten, die gemeinsam mit dem Präsidenten vertretungsbe-
rechtigt sind.[385] Aufgabe des alle sechs Wochen tagenden Bundesvorstandes
ist es, allgemeine Grundsätze und Richtlinien zur Verbandstätigkeit und Ver-

---

384 Die Bundesdelegiertenversammlung besteht aus 100 Delegierten der Landesverbände proportional zu deren Mitgliederstärke.

385 Mit der 2006 beschlossenen Satzung wurde die Zahl der Vizepräsidenten von vier auf zwei
reduziert, um eine effektivere Arbeit der Leitungsorgane zu ermöglichen und den Füh-
rungsapparat abzubauen (Volkssolidarität 2006g). Gegenwärtig sind die Landesverbände
Brandenburg (Präsident und Vizepräsidentin) sowie Mecklenburg-Vorpommern (Vizepräsident) im Präsidium vertreten. Ebenso wurde das Organ des Geschäftsführenden Bundesvorstandes abgeschafft, da dieser in seiner bisherigen Struktur teilweise nicht die erforderliche Wirksamkeit im Zusammenwirken mit den Landesverbänden erreicht habe. Die
Satzungsänderung soll »einerseits durch Bündelung der Kräfte die Effizienz der Entschei-
dungsfindung… erhöhen und andererseits die Führungsverantwortung des Bundesvorstandes… festigen bzw. … qualifizieren und noch deutlicher sichtbar … machen« (ebd.).
Die Satzungsänderung kann als Ausdruck der Schwäche des Bundesverbandes gewertet

bandsentwicklung zu erarbeiten und zu beschließen, die sozialpolitischen Interessen insbesondere älterer und sozial benachteiligter Menschen zu vertreten, Kontakte zu ähnlichen Organisationen und Einrichtungen zu unterhalten, über die Beteiligung der VS an Gesellschaften zu entscheiden und den Haushaltsplan sowie die Jahresrechnung zu beschließen.

Beratende Ausschüsse des Bundesvorstandes

Der Bundesvorstand lässt sich von ehrenamtlichen Arbeitsgruppen wie der Grundsatzkommission, der »Arbeitsgruppe Sozialpolitik«, der »Arbeitsgruppe Begegnungsstätten«, der »Arbeitsgruppe Mitgliederverband«, der Arbeitsgruppe »Kommunikation/Internet«, dem künstlerischen Beirat der Chorbewegung und dem Redaktionsbeirat beraten. Die »AG Sozialpolitik« nimmt dabei gleichwohl eine weitaus geringere Bedeutung ein als der sozialpolitische Ausschuss des SoVD, obgleich auch in der VS neben Vertretern der Landesverbände jeweils zwei Experten für die Alterssicherung und zwei für den Bereich der Gesundheit- und Pflegepolitik teilnehmen. Um das Wissensfundament und die wirtschaftliche Grundlage des Wohlfahrtsverbandes zu stärken, wurden im Jahr 2006 Kompetenzzentren eingerichtet, die bei den einzelnen Landesverbänden angesiedelt sind.[386] In den Kompetenzzentren sind jeweils alle Landesverbände personell vertreten, um einen fachlichen Austausch zu gewährleisten.

Exkurs: Die Verbandspräsidenten (seit 1990)

Seit Gründung des Bundesverbandes Volkssolidarität e.V. im Jahr 1990 standen der Volkssolidarität lediglich zwei frei gewählte Verbandspräsidenten vor, die beide in der DDR sozialisiert wurden und dort in der Politik bzw. der Wissenschaft tätig waren. Alle Führungspersönlichkeiten der Volkssolidarität kommen aus Ostdeutschland und waren 1990 »in einem Alter, in dem sie unabhängig von ihrer politischen Position gegenüber dem DDR-

---

werden, da es diesem offenbar nicht gelang, als durchsetzungsfähige zentrale Koordinierungsinstanz zu wirken.

386 Die Landesverbände Berlin und Brandenburg betreiben das Kompetenzzentrum »Ambulante Pflege und mobile soziale Dienste«, Mecklenburg-Vorpommern den Bereich »Armen- und Obdachlosenhilfe«, Sachsen unterhält das Kompetenzzentrum »Familie, Kinder und Jugend«, Sachsen-Anhalt das Kompetenzzentrum »Stationäre Pflege« und der Landesverband Thüringen den Bereich »Wohnen bei der Volkssolidarität«.

Regime den Umbruch als potenzielle Gefährdung ihrer Lebensentwürfe erlebten« (Angerhausen 2003: 320). Die biographische Notwendigkeit, neue Lebensperspektiven zu entwickeln, ohne das bisherige Leben zu verleugnen, sieht Angerhausen als zentral dafür an, dass es den Verbandsvertretern gelungen ist, auch für die Volkssolidarität eine neue Perspektive zu entwickeln ohne deren Geschichte zu leugnen (ebd.).[387] Die Verbandsvertreter verkörpern damit sowohl die gemeinsamen Sozialisationserfahrungen der Mitglieder in der DDR als auch deren Schwierigkeiten, sich nach 1990 neue Lebensperspektiven zu erschließen, ohne die alten zu verleugnen. Dadurch gewinnen sie an Glaubwürdigkeit und Repräsentationskraft gegenüber den Mitgliedern, die sich von diesen und damit von der Organisation verstanden fühlen.

Tabelle 31: Verbandspräsidenten der Volkssolidarität seit 1990

Name	Geb.-daten	Beruf	Präsidentschaft	Landesverband	Partei	Höchstes politisches Amt
Jost Biedermann	1922–2008	Angestellter	1990–2002 Antrittsalter 68	Berlin	CDU	Abgeordneter der Volkskammer in der DDR
Gunnar Winkler	1931	Hauer, Ökonom	2002– Antrittsalter 71	Brandenburg	Linke	–

Quelle: Angaben der Volkssolidarität; eigene Darstellung.

Jost Biedermann wurde 1922 in Borna geboren und nahm als Soldat am Zweiten Weltkrieg teil. Ab 1947 durchlief er unterschiedliche Positionen in der Ost-CDU und war 1954 bis 1958 für die Blockpartei Abgeordneter der

---

387 Angerhausen definiert diese Prozesse als biographische Brücken: So wie die Verbandsvertreter der Volkssolidarität sich selbst verteidigt hätten, verteidigten sie auch die Organisation und der Erfolg der VS wirkte sodann wieder positiv auf die Organisationsvertreter zurück, die ebenfalls ihren Platz in der veränderten Gesellschaft gefunden haben. Angerhausen stellt heraus, dass von der Identifikation mit der VS nach der Wende nicht darauf geschlossen werden könne, dass sich die entsprechenden Personen mit der VS als gesellschaftliche Massenorganisation der DDR oder mit dem DDR-Regime identifizierten (ebd.).

Volkskammer. 1985 wurde er zum Mitglied des Zentralausschusses der Volkssolidarität und deren stellvertretendem Vorsitzenden gewählt (Volkssolidarität 2005d: 19). Schließlich erfolgte im Mai 1990 auf der zentralen Delegiertenversammlung in Michelsdorf die Wahl in das Amt des Präsidenten der Volkssolidarität, welches er bis 2002 ausübte. Er war eine der treibenden Kräfte im 1990 eingeleiteten Reformprozess der Volkssolidarität und gilt als glänzender Rhetoriker, der die Mitglieder durch sein empathisches Auftreten für seinen Kurs gewinnen konnte. »Ihm und seiner unumstrittenen Autorität ist mit zu verdanken, dass die anfänglich oft totgesagte Volkssolidarität nicht nur überlebte, sondern wichtiger Verband der freien Altenarbeit in der Bundesrepublik und insbesondere in den neuen Bundesländern wurde« (Kirschnek 2002). Aufgrund seiner Verdienste bei der Transformation des Verbandes wurde er 2002 zum Ehrenpräsidenten ernannt.

Prof. Dr. Gunnar Winkler wurde 1931 in Hamburg geboren und ist ausgebildeter Hauer sowie Ökonom. 1956 bis 1977 war Winkler an der Gewerkschaftshochschule »Fritz Heckert« beschäftigt und wirkte ab 1977 bis 1991 als Direktor des Instituts für Soziologie und Sozialpolitik an der Akademie der Wissenschaften der DDR. Bereits 1963 trat Winkler in die SED ein und blieb nach der deutschen Vereinigung Mitglied in der Nachfolgepartei PDS bzw. der heutigen «Die Linke». Von 1992 bis zu seinem Ruhestand 2002 war er Geschäftsführer am Sozialwissenschaftlichen Forschungszentrum Berlin-Brandenburg e.V. (SFZ) und forschte insbesondere zur Sozialpolitik der DDR, der Sozialberichterstattung über die neuen Bundesländer und den Lebenslagen ausgewählter sozialer Gruppen. Seit 1963 Mitglied der Volkssolidarität, wurde Winkler 1990 zu ihrem Vizepräsidenten gewählt und war von 2000 bis 2003 Landesvorsitzender in Brandenburg.[388] Seit 2002 amtiert er als Präsident der Volkssolidarität Bundesverband e.V.. Unter seiner Präsidentschaft haben die Profilierung als sozialpolitische Interessenvertretung und die öffentliche Präsenz des Verbandes an Bedeutung gewonnen.

---

388 Anders als Adolf Bauer (Präsident des SoVD) und Walter Hirrlinger (Präsident des VdK) hat er keine klassische Verbandskarriere von der Ortsgruppe bis zum Bundesvorstand durchlaufen, da er erst 1990 als der Verband in seiner größten Krise war, eine Funktion in der Volkssolidarität übernommen hatte. Sein erstes Amt in der Volkssolidarität war das des Vizepräsidenten.

Der hauptamtliche Stab

Die Bundesgeschäftsstelle konzentriert sich insbesondere auf die Förderung und Mitwirkung an der Strategiebildung im Verband und dient als Verwaltungs-, Service- und Beratungseinrichtung des Bundesverbandes (Volkssolidarität 2006a: 44). Während der Vorstand die Politik der Volkssolidarität (Strategie und Verbandsphilosophie) bestimmt, setzt der Bundesgeschäftsführer diese Strategie durch konkrete Maßnahmen und Handlungen um und entscheidet über die Wahl der Mittel zur Verwirklichung der Ziele und Aufgaben (Volkssolidarität 1997a: 33). Wie in allen Interessenverbänden lassen sich dabei Konflikte zwischen Haupt- und Ehrenamt hinsichtlich Mittelverfügung, wirtschaftlicher Effizienz und perspektivischer Fortentwicklung festhalten. Die Geschäftsstelle unterhält Kontakte mit den Ministerien, Behörden und Vereinigungen auf Bundesebene und führt neben Fachkongressen auch überregionale Aus- und Fortbildungen für die ehren- und hauptamtlichen Mitarbeiter durch (Volkssolidarität 2006a: 44).[389] In der Bundesgeschäftsstelle waren 2007 16 Mitarbeiter beschäftigt.[390] Im Gegensatz zum VdK und SoVD übernimmt der Bundesgeschäftsführer auch Aufgaben der sozialpolitischen Interessenvertretung in Anhörungen und durch seine Wahl in den Verbandsrat und Vorstand des DPWV.[391] Dies ist neben seinen persönlichen Ambitionen auch mit der geringen personellen Ausstattung im Bereich Sozialpolitik zu erklären: Ein einzelner Referent ist für die Ausarbeitung der sozialpolitischen Leitlinien und Stellungnahmen zuständig.

Die Mehrzahl der rund 16.000 hauptamtlich Beschäftigten des Sozial- und Wohlfahrtsverbandes ist auf der Ebene der Landes- und Kreisverbände sowie der angegliederten GmbHs angestellt (Volkssolidarität 2007a: 19).

---

389 Im Jahr 2007 wurden neun Fachtagungen und Workshops des Bundesverbandes für die Mitarbeiter durchgeführt wie »Kleines Rechts-ABC für die Kita-Leiterin« oder »Mitgliederbetreuung – Mitgliederzufriedenheit – Mitgliederbindung« (Volkssolidarität 2007b: 10ff.).

390 Neben dem Bundesgeschäftsführer und seinem Stellvertreter ist jeweils ein Beschäftigter im Bereich »Sozialpolitik/sozialpolitische Interessenvertretung«, »Sozialberatung/Rechtsfrage und Grundsätze«, »Öffentlichkeitsarbeit/Medienarbeit«, »Internet (CMS)«, Sekretariat, »Finanzen/Haushalt«, »VS-Shop«, »Soziale Dienste und Einrichtungen/Kompetenzzentren« angestellt. Den Bereichen »Mitgliederverband/Sozialkultur, Mitgliederverwaltung« und der Verwaltungsstelle der Hamburg-Mannheimer Versicherung sind jeweils drei Beschäftigte zugeordnet (Volkssolidarität 2008c: 56).

391 Das Konzept des Drei-Säulen-Modells scheint ebenfalls von Niederland entwickelt worden zu sein.

Nur 5,7 Prozent der rund 16.000 Mitarbeiter waren im Jahr 2007 in den Geschäftsstellen beschäftigt, in absoluten Zahlen entspricht dies rund 900 Angestellten. Von diesen sind nach Angaben der Bundesgeschäftsstelle rund 40 Prozent im Bereich des Sozialverbandes beschäftigt: In absoluten Zahlen entspricht dies ungefähr 360 Mitarbeitern. Tabelle 32 zeigt, dass die Volkssolidarität als Wohlfahrtsverband seit 1994 expandierte und ihre Mitarbeiterzahlen um rund 50 Prozent erhöhen konnte[392]. Daran lässt sich die wachsende Wirtschaftskraft des Wohlfahrtsverbandes erkennen.

Tabelle 32: Anzahl hauptamtlicher Mitarbeiter der Volkssolidarität 1994–2007

Landesverband	1994	1995	1996	2007
Berlin	798	804	830	1.373
Brandenburg	1.040	1.261	1.120	1.750
Mecklenburg-Vorpommern	2.083	2.027	2.125	2.926
Sachsen	3.539	4.605	4.471	5.890
Sachsen-Anhalt	1.512	1.484	1.472	2.104
Thüringen	1.810	2.106	2.042	1.963
Bundesgeschäftsstelle	10	12	12	16
Gesamt	10.792	12.299	12.082	16.022

Quelle: Volkssolidarität 1997a, Angaben der Volkssolidarität 2008.

4. Anreize für Mitglieder und Finanzordnung

Zwar bietet die Volkssolidarität als Wohlfahrtsverband auch sozialwirtschaftliche Dienste an, doch ist hier zu überprüfen, welches Finanzvolumen der Volkssolidarität auf der Bundesebene für ihre Arbeit als Mitgliederverein

---

392 Bis auf Thüringen konnten alle Landesverbände ihre Beschäftigtenzahlen in den Einrichtungen signifikant erhöhen.

und als sozialpolitische Interessenvertretung im Vergleich zu den Landesverbänden zur Verfügung steht und woraus sich dieses generiert. Wenn die Beitragsfinanzierung dominiert, ist eine höhere Unabhängigkeit von der Politik gegeben, als wenn ein Verband auf öffentliche Mittel angewiesen ist.

4.1 Leistungsanreize

Im Vordergrund der Anreizstrukturen für die Mitglieder stehen die sozialkulturellen Leistungen im Sinne einer aktiven Teilnahme der Mitglieder am Verbandsleben und den Veranstaltungen auf lokaler Ebene. Die Organisation von Geselligkeit und aktiver Freizeitgestaltung in den Treffs[393], Mitglieder- und Ortsgruppen im Rahmen von Kaffeenachmittagen, Chor- und Tanzveranstaltungen, Sport oder gemeinsamen Reisen und Ausflügen wird als zentrale Dienstleistung des Verbandes gegenüber seinen Mitgliedern gesehen. Daneben unterhält er eigene Begegnungsstätten, in denen hauptamt-

Tabelle 33: Sozialkulturelle Arbeit in der Volkssolidarität 2008

Landesverband	Kulturelle Veranstaltungen in Mitgliedergruppen, KVs und LVs Anzahl Besucher		Treffs/Begegnungsstätten/ Begegnungszentren Anzahl Veranst. Besucher	
Berlin	3.555	96.979	16	3.005	68.757
Brandenburg	13.442	290.229	64	15.503	240.423
Mecklenburg-Vorpommern	15.240	499.183	174	22.724	472.897
Sachsen	9.943	247.866	142	31.989	526.430
Sachsen-Anhalt	11.483	332.711	77	24.943	546.241
Thüringen	8.679	214.212	95	17.133	302.756
Gesamt	62.342	1.681.180	568	115.297	2.157.504
Zum Vergleich 2005	68.531	1.954.300	553	116.832	2.124.775
Zum Vergleich 1998	68.330	1.818.028	522	Nicht erfasst	Nicht erfasst

Quelle: Volkssolidarität 2009: 13; Volkssolidarität 2006b; Volkssolidarität 1999a.

---

393 Treffs sind Einrichtungen, die von Ehrenamtlichen geleitet werden.

liche Mitarbeiter Kulturveranstaltungen, Vorträge, Unterhaltung und Mittagessenversorgung organisieren. Damit deckt die VS das kulturelle Leben nach der Erwerbsphase in Ostdeutschland zu bezahlbaren Konditionen ab. Dass die Bürger die Angebote der Volkssolidarität im Bereich der sozialkulturellen Arbeit und Freizeitgestaltung schätzen, ist Tabelle 33 zu entnehmen. Im Jahr 2008 nahmen insgesamt rund 3,84 Millionen Menschen an den rund 178.000 Veranstaltungen in den Mitgliedergruppen, Kreis- und Landesverbänden sowie den Treffs, Begegnungsstätten und -zentren teil. Wenngleich die Teilnehmerzahlen rückläufig sind, sind dennoch die Verdienste der Volkssolidarität in der sozialkulturellen Seniorenarbeit als hoch einzuschätzen, gerade auch angesichts der geringen Infrastruktur- und Freizeitangebote in vielen ländlichen Regionen Ostdeutschlands. Die Volkssolidarität scheint in der säkularen ostdeutschen Gesellschaft, in der im Jahr 2000 rund 71 Prozent konfessionslos waren (Meulemann 2002), mit ihrem Freizeit- und Geselligkeitsangebot in den Mitglieder- und Ortsgruppen, den teils öffentlich geförderten Begegnungsstätten wie auch den verbandseigenen Einrichtungen eine ähnliche integrative Rolle einzunehmen wie die Kirchengemeinden und die religiöse Karitativität in Westdeutschland. Der Anteil der Konfessionslosen in der Volkssolidarität lag mit 79 Prozent noch deutlich über dem ostdeutschen Durchschnitt (Volkssolidarität 2008b: 18).

Das vierteljährlich erscheinende Mitgliedermagazin »Volkssolidarität – Ihr Journal«, das die Mitglieder über sozialpolitische Neuerungen und verbandsinterne Strukturen informierte und damit einen Beitrag zur Mitgliederbindung leistete, wurde aus betriebswirtschaftlichen Gründen im Herbst 2007 eingestellt. Seit Juni 2008 erscheint vier Mal im Jahr das Magazin »Miteinander. Füreinander«, das nicht mehr an alle Mitglieder, sondern nur noch an die Verbandsgliederungen und Begegnungsstätten verteilt wird, um Kosten einzusparen (Volkssolidarität 2008f: 3f.). Im Sinne der Mitgliederbindung ist die Abschaffung des Verbandsjournals negativ zu werten, da ein Verlust an Berührung mit dem Verband und damit die Gefahr einer zunehmenden Abkoppelung der Mitglieder von der Organisation besteht. Dies kann eine sinkende Organisationsidentifikation und -loyalität bewirken. Um gleichwohl den Kontakt der Mitglieder zur Volkssolidarität zu erhalten, soll jedes Mitglied persönlich durch die Ortsgruppen am Geburtstag durch eine Geburtstagsglückwunschkarte angesprochen werden.

Im Gegensatz zum VdK und SoVD bietet die Volkssolidarität keinen Rechtsschutz als integrale Mitgliedschaftsleistung an, die über Sozialberatung hinausgeht. Im Rahmen der Sozialberatung kann die VS den Menschen Auskunft geben, aber es ist ihr untersagt, Rechtsvertretung vor den Sozialgerichten zu übernehmen[394]. An Tabelle 34 ist zu erkennen, dass die Mehrzahl der Kontakt- und Beratungsstellen auf ältere Menschen ausgerichtet ist. Deutlich wird jedoch auch der unterschiedliche Stellenwert, welchen die Landesverbände der Sozialberatung einräumen: Während diese in Brandenburg, Sachsen und Mecklenburg-Vorpommern weit verbreitet ist, kommt ihr in Thüringen, Sachsen-Anhalt und Berlin nur geringe Bedeutung zu.

Tabelle 34: Sozialberatung in der Volkssolidarität 2008

Landesverband	Kontakt-/ Beratungsstellen für Ältere	Kontakt-/ Beratungsstellen Sucht- und Behindertenhilfe	Beratungs-/ Betreuungsstellen für Personen in bes. soz. Situationen	Kontakt-/ Beratungsstellen Kinder-, Jugend und Familienhilfe	Schuldnerberatungsstellen
Berlin	1	3	3	0	3
Brandenburg	75	6	7	63	7
Mecklenburg-Vorpommern	6	2	4	67	4
Sachsen	91	5	8	43	8
Sachsen-Anhalt	35	1	0	0	0
Thüringen	20	0	4	9	4
Gesamt	228	17	26	182	26
2006	224	18	23	175	8

Quelle: Volkssolidarität 2007a: 12; Volkssolidarität 2009.

Eine Untersuchung des SFZ aus dem Jahr 2006 zeigt, dass ein Sozial-/Wohlfahrtsverband in den neuen Bundesländern insbesondere Rechts- und Sozialberatung, Geselligkeit, Bildung und Weiterbildung, Fitness und Bewegung, Betreuungs- und Pflegeangebote sowie sozialpolitische Interessenvertretung und Hobbys anbieten muss, um für potenzielle Mitglieder attraktiv zu sein (Winkler 2007a: 63f.). Damit konzentrieren sich die Mitgliedererwartungen ebenso wie beim VdK und SoVD auf Sozial- und Rechtsberatung sowie Gesel-

---

394 Die Kreisverbände bieten durchschnittlich einmal monatlich eine Sozialberatung an, bei der Fragen zur Rente im Vordergrund stehen.

ligkeit. Aus diesem Grund soll die Sozialberatung gestärkt werden, um das Angebotsspektrum der Volkssolidarität auszuweiten und damit die Attraktivität des Verbandes, insbesondere für jüngere Zielgruppen, zu erhöhen (Volkssolidarität 2007c: 5f.). Ehrenamtlich gestaltete Sozialberatung wird darüber hinaus auch als Betätigungsfeld für freiwilliges soziales Engagement im Verband betrachtet.

Mit der Hamburg-Mannheimer hat die VS einen Gruppenversicherungsvertrag abgeschlossen, auf dessen Grundlage ihre Mitglieder eine Sterbegeld-, Unfall-, Pflegerenten-, Risiko- und Kollektivrentenversicherung abschließen können. Ebenso können die Mitglieder einen Spezial-Rechtsschutz als Zusatzleistung erwerben. Darüber hinaus gewähren der »Schwab«-Versandhandel und der Reiseklub einen prozentualen Preisnachlass. Auf lokaler Ebene sind oftmals Eintrittsgelder für Mitglieder bei kulturellen Veranstaltungen ermäßigt. Im Vergleich mit VdK und SoVD sind die materiellen Anreizstrukturen für eine Mitgliedschaft vergleichsweise marginal ausgebaut. Die Strategie der ehemaligen Kriegsopferverbände, Vergünstigungen für die Mitglieder bei externen Kooperationspartnern wie Museen oder Musicalveranstaltern auszuhandeln, sind nur ansatzweise zu erkennen. Eines der wichtigsten Hauptwerbemittel von VdK und SoVD, die Rechtsvertretung darf die Volkssolidarität nach dem Rechtsdienstleistungsgesetz nicht etablieren. Materielle selektive Nutzenanreize bietet die Volkssolidarität ihren Mitgliedern damit nur begrenzt an; hier spiegelt sich eine mögliche Ursache für den anhaltenden Mitgliederrückgang wider, wenn man auf Streecks (1987) These vom »Aussterben der Stammkunden« rekurriert: Verbände können immer weniger auf eine mechanische Solidarität im Durkheimschen Sinne zurückgreifen, sondern sind gefordert, die Bindung der Mitglieder durch internes Marketing und neue Dienstleistungen fortwährend zu festigen (ebd.).

4.2 Finanzordnung

Die Volkssolidarität finanziert sich nach § 13 ihrer Satzung neben den Mitgliedsbeiträgen durch Einnahmen aus eigener Tätigkeit, Zuwendungen aufgrund ihrer Gemeinnützigkeit und durch Erlöse aus Sammlungen, Spenden und Lotterien. Im gesamten Mitgliederverband betrugen die Einnahmen im Jahr 2006 rund 12,4 Millionen Euro (Volkssolidarität 2008c: 24).[395] Der

---

395 Diese verteilten sich zu Mitgliedsbeiträge 6.793.896, Sammlungen 2.098.632, Spenden ohne HM 1.102.513, Lotterie 115.570, sonstige Einnahmen 196.349 (Bußgelder, Erb-

Mitgliedsbeitrag wird zu rund 86 Prozent per Hauskassierung eingezogen (Volkssolidarität 2008c: 15).[396] Dieser beträgt nach der Beitragsordnung für Jugendmitglieder bis zum Alter von 18 Jahren 1,00 Euro im Monat und für erwachsene Mitglieder 2,00 Euro.[397] Davon fließen lediglich 4,17 Prozent an den Bundesverband, was die Dezentralität der Volkssolidarität und die hohe Bedeutung der Landes- und Kreisverbände infolge des internen Finanzschlüssels unterstreicht. Mit diesen Ressourcen finanziert die Bundesgeschäftsstelle ihre Arbeit in den Bereichen Mitgliederarbeit, sozialpolitische Interessenvertretung, Begleitfunktion für die sozialen Dienste und Öffentlichkeitsarbeit. Die Entwicklung der Gesamteinnahmen der Bundesgeschäftsstelle stellt sich von 1999 bis 2005 wie in Tabelle 35 zu sehen dar.

Es lässt sich eine positive Entwicklung der Einnahmen der Bundesgeschäftsstelle seit 1999 festhalten. Im ideellen Bereich erhöhten sich die Einnahmen aus den Mitgliedsbeiträgen von 204.000 Euro im Jahr 2004 infolge des erhöhten Bundesverbandsanteils ab 2005 auf 382.000 Euro im Jahr 2005 (Volkssolidarität 2006a: 48). Durch die rückläufige Mitgliederentwicklung verringerten sich gleichwohl die Einnahmen aus Beiträgen im Jahr 2007 auf 324.498 Euro (Volkssolidarität 2008c: 60). Eine weitere bedeutende Einnahmequelle im ideellen Bereich sind die freiwilligen Zuwendungen von Mitgliedern aus dem Gruppenversicherungsvertrag mit der Hamburg-Mannheimer-Versicherungs-AG: Diese betrugen im Jahr 2007 rund 346.300 Euro (ebd.).[398] Daneben finanziert sich der Bundesverband aus den Einnah-

---

schaften), HM Zuwendungen 1.680.746, Logogebühren 412.796 (Volkssolidarität 2008c: 24).

396 In der DDR wurden Mitgliedsbeiträge von ehrenamtlichen Helfern per Hauskassierung eingesammelt. Zwar strebt die Mehrheit der Landesverbände wie auch der Bundesverband danach, das bargeldlose Zahlungsverfahren zu etablieren, doch die Basis leistet in vielen Regionen Widerstand dagegen, da mit dem entpersonalisierten Bankeinzugsverfahren ein Verlust an sozialen Kontakten und damit an Bindungsfähigkeit einhergehe (vgl. bereits Wolpert 1996: 69). Die Hauskassierung produziert ein hohes Moment an Mitgliedernähe der Volkssolidarität und kann als tragendes Element der Mitgliederbindung charakterisiert werden: Sie gewährleistet den kontinuierlichen, regelmäßigen Kontakt der Mitglieder zu »ihrem Sozialverband«. Unter rein betriebswirtschaftlichen Gesichtspunkten ist die Hauskassierung dagegen ein ineffizientes Beitragserhebungsverfahren, da eine Vielzahl an Kassierern benötigt wird und keine Einheitlichkeit der Beiträge gewährleistet ist. Darüber hinaus wird auch eine Professionalisierung der Mitgliederverwaltung behindert.

397 In sozialen Härtefällen kann der jeweilige Vorstand der Mitgliedergruppe eine Minderung des Beitrags verfügen. Der Beitragsdurchschnitt pro Mitglied lag 2003 nur bei 1,45 € monatlich (Volkssolidarität 2004a: 17).

398 Im Jahr 2007 berichtete »Der Spiegel«, dass die Volkssolidarität im Rahmen der Gruppenversicherungen sieben Prozent des jeweiligen Versicherungsbeitrages von der kooperierenden

Tabelle 35: Entwicklung der Gesamteinnahmen der Bundesgeschäftsstelle der Volkssolidarität 1999–2007

Jahr	Gesamteinnahmen in Euro	Prozentanteil ideeller Bereich	Prozentanteil Vermögensverwaltung	Prozentanteil wirtschaftlicher Geschäftsbetriebe
1999	1.371.497	46,0	7,7	46,3
2000	1.444.905	44,0	8,6	47,4
2001	1.573.325	39,8	9,1	51,1
2002	2.532.761	58,8[1]	4,6	36,6
2003	2.014.481	46,5	4,3	49,2
2004	2.017.970	44,4	3,7	51,9
2005	2.330.834	48,8	5,6	45,6
2006	2.132.307	46,1	4,5	49,4
2007	2.053.123	41,7	5,9	52,4

1 Der hohe prozentuale Anteil im ideellen Bereich im Jahr 2002 gründet auf das Spendenaufkommen für die Opfer der Hochwasserkatastrophe im Sommer desselben Jahres.

Quelle: Volkssolidarität 2004a: 60; Volkssolidarität 2006a: 48; Volkssolidarität 2008c: 59.

men des VS-Shop[399], der 1998 eingerichtet wurde und 2007 rund 202.200 Euro einbrachte, sowie aus rund 10.360 Euro (2007) Logo-Gebühren für die Nutzung des Emblems der Volkssolidarität Dazu kommen weitere Erträge aus Kooperationen mit Geschäftspartnern. Dem Verband gelingt es, jährlich

Hamburg-Mannheimer als Spende erhält, wobei der Betrag aus der sogenannten Überschussbeteiligung des Versicherten und nicht vom Gewinn des Unternehmens abgezweigt wird (Spiegel 34/2007: 47). Dieser Regelung muss zwar der abschließende Versicherungsteilnehmer zustimmen, aber da die Regelung im Kleingedruckten versteckt sei, wird vermutet, dass viele ostdeutsche Rentner dies überlesen. Verbraucherschützer kritisieren die Praxis, dass Verbände Versicherungen neue Klienten zuschanzen und gleichzeitig selbst davon profitieren. Diese könne überdies das Vertrauen der Mitglieder unterminieren. Dagegen lässt sich einwenden, dass die Mitglieder im Aufnahmeantrag ihre Einwilligung zur Weitergabe ihrer Daten an den Versicherer explizit bejahen oder verneinen müssen, sodass nicht unterstellt werden kann, dass die Mitgliederlisten entgegen datenschutzrechtlicher Vorschriften an die Hamburg-Mannheimer weitergegeben wurden.
399 Der VS-Shop bietet Präsentations- und Werbeartikel an, die zu einem einheitlichen Erscheinungsbild der Volkssolidarität beitragen sollen (Volkssolidarität 1999a: 24).

einen Überschuss zu erwirtschaften, der dem Vereinsvermögen zugeführt werden kann. Der Bundesverband hat anders als manche Landes- und Kreisverbände seit der deutschen Vereinigung keine institutionelle Förderung im Sinne von Projektförderung erhalten.[400]

5. Mitgliedschaft und Ehrenamt im Wandel

Der »Mitgliederverband« wird von der Volkssolidarität als zentral für die Zukunftsfähigkeit des Verbandes bezeichnet, da dieser »das Besondere und zugleich die wichtigste Legitimation für die Rolle der Volkssolidarität als sozialer und sozial-kultureller Leistungsanbieter und als Instanz sozialpolitischer Interessenvertretung ist« (Volkssolidarität 2002a: 9). Hohe Mitgliederzahlen sind einerseits als Geldquelle durch Mitgliedsbeiträge und Sammlungen bedeutend. Zugleich kann die Volkssolidarität aufgrund ihrer hohen Mitgliederzahl für sich in Anspruch nehmen, als »ostdeutsche Stimme« in der Interessenvertretungsarena zu wirken. Im Bereich der Mitgliederpflege zeigt sich großer Handlungsbedarf, da es der VS bislang nicht gelungen ist, die massiven Mitgliederverluste seit Beginn der neunziger Jahre einzudämmen.

5.1 Mitgliederentwicklung

Seit 1991 gingen die Mitgliederzahlen von rund 853.000 auf 288.387 im Jahr 2008 zurück. Dies entspricht einem prozentualen Rückgang von rund 66 Prozent. In der unmittelbaren Wendezeit traten viele, vor allem jüngere Mitglieder aus und kehrten der ehemaligen DDR-Massenorganisation den Rücken. Die Austritte, insbesondere der jüngeren Altersgruppen, beförderten eine starke Überalterung des Verbandes. Sterbefälle und Austritte können durch die jährlichen ca. 19.000 Neuaufnahmen nicht kompensiert werden (Abbildung 19). Seit 1993 hat sich die negative Mitgliederdynamik zwar

---

400 Die Landesverbände wurden teilweise von den Landesregierungen im Rahmen ihrer Tätigkeit als Wohlfahrtsverbände gefördert. Die Volkssolidarität erfuhr höhere finanzielle Unterstützung von CDU-geführten Landesregierungen, da die SPD eher die AWO bei ihrer Etablierung in Ostdeutschland unterstützte. So erklärt sich beispielsweise die besondere wirtschaftliche Stärke der VS in Sachsen-Anhalt, während sie in Brandenburg einer höheren Konkurrenz durch die AWO ausgesetzt war.

verlangsamt, doch gelingt es der Organisation nicht, die negative Mitglieder-entwicklung ins Positive umzukehren.

Trotz der hohen Mitgliederverluste war der Sozialverband im Jahr 2008 mit seinen rund 288.387 Mitgliedern einer der größten ostdeutschen Verbände, der rund 2,0 Prozent der Bevölkerung über 18 Jahre organisierte (Volkssolidarität 2009: 10).[401] Betrachtet man den Mitgliederanteil an der ostdeutschen Bevölkerung ab 60 Jahren, so belief sich dieser 2006 auf 8,1 Prozent mit sinkender Tendenz (Volkssolidarität 2008b: 19). Der Rückgang des Mitgliederanteils an der Bevölkerung ist sowohl dem Rückgang der absoluten Zahlen in den einzelnen Landesverbänden als auch dem Ansteigen

Abbildung 19: Mitgliederentwicklung der Volkssolidarität 1991–2008

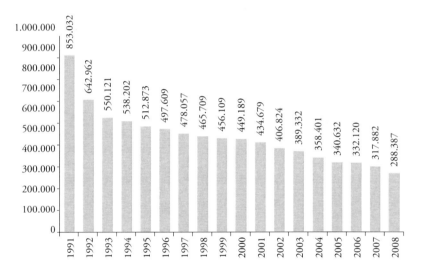

Quelle: Volkssolidarität 2006b, 2006c, 2007a und Angaben der Volkssolidarität 2008.

der Bevölkerung ab 60 Jahren zuzuschreiben. Hinsichtlich des Organisationsgrades zeigt sich ein deutliches Nord-Süd-Gefälle von Mecklenburg-Vorpommern bis nach Sachsen und Thüringen (Volkssolidarität 2008b: 19). Waren in Mecklenburg-Vorpommern Ende 2006 rund 14,2 Prozent der über 60-Jährigen in der Volkssolidarität organisiert, so waren es in Sachsen

---

401 Im Jahr 1998 waren noch 3,3 Prozent der über 18-Jährigen in den neuen Bundesländern und Berlin Mitglied der Volkssolidarität (Volkssolidarität 1999a: 27).

nur 6,1 Prozent. Sozial- und Wohlfahrtsverbände in den neuen Bundesländern haben in kleinen Gemeinden und Städten eine höhere Mitgliederdich-
te als in größeren Städten ab 20.000 Einwohnern (Winkler 2007a: 60f.).
Dies kann auf fehlende Konkurrenzangebote und einen höheren Grad an
sozialer Kontrolle in ländlichen Gebieten zurückgeführt werden.

Die Mitgliedschaft der Volkssolidarität ist kulturell als relativ homogen
zu charakterisieren, da die Mitglieder beinahe ausschließlich Ostrentner
sind, die in der DDR sozialisiert wurden.[402] Die Sozialstruktur der Volkssolidarität weist im Vergleich zu Nichtmitgliedern ab dem 60. Lebensjahr einen höheren Anteil Alleinlebender (Frauen), einen geringeren Anteil von
Hochschulabsolventen und Arbeitern sowie einen höheren Anteil vormals
Angestellter und Konfessionsloser auf (Volkssolidarität 2008b: 18f.). Absol-
venten einer Hochschule sind unterdurchschnittlich in der Volkssolidarität
organisiert (ebd.). Sie spricht eine Identität der Mitglieder an, die in der gemeinsamen DDR-Vergangenheit wurzelt und auf Werten wie Gemeinschaftlichkeit und Solidarität basiert (Angerhausen/Backhaus-Maul/Schiebel
1993). Die Konservierung dieser Gemeinschaftsorientierung lässt sich an einem Auszug aus einer Rede des ehemaligen Verbandspräsidenten Biedermann aus dem Jahr 1997 veranschaulichen:

»Diese Zeit macht kalt, aber die Menschen brauchen Wärme. Diese Zeit macht ein-
sam. Einsamkeit macht die Menschen kaputt; wir wollen Gemeinschaft. Diese Zeit
misst alles nach Geld, wir aber wollen den Maßstab Mensch nicht verlieren. Diese
Zeit macht viele rat- und hilflos. Wir wollen Rat und Hilfe bringen, und Lösungen
befördern. Das Motto unserer Veranstaltung bezeichnet unseren Willen: Mit heißen
Herzen gegen soziale Kälte. Deshalb wenden wir uns von hier aus an alle, die betroffen sind. Wir sagen ihnen: Ihr alle könnt etwas tun! Ihr alle werdet gebraucht. Denn
diese Zeit braucht eine starke Solidarität des Volkes.«

Die Mitglieder der VS verbrachten den überwiegenden Teil ihres Lebens in
der DDR und wurden in diesem politischen System sozialisiert. 1990 wurden sie unvorbereitet mit einem radikalen Systemwechsel konfrontiert, der
ihre bisherige Lebensdeutung und Sinnhorizonte in Frage stellte. Durch
Rückgriffe auf die DDR-Semantik und -Lebenswelt vermittelt die Volkssoli-

---

402 Die materielle Lage der heutigen ostdeutschen Rentnergeneration gestaltet sich jedoch
aufgrund der Erwerbsarbeitsstruktur und langer Erwerbsphasen in der ehemaligen DDR
vergleichsweise gut. Dagegen wird sich die Problematik der Altersarmut in den neuen
Bundesländern verschärfen, wenn künftige Generationen in den Ruhestand gehen, die
nach der Wende über lange Phasen arbeitslos waren und daher geringe Rentenansprüche
erwerben konnten.

darität ihren Mitgliedern zum einen das Gefühl, bei der Gestaltung einer menschlicheren Gesellschaft gebraucht zu werden und zum zweiten wird eine partielle DDR-Nostalgie[403] im Sinne einer vermeintlich höheren Gemeinschaftlichkeit, Kooperationsbereitschaft und Solidarität konserviert.

Bislang unbekannte Probleme wie Arbeitslosigkeit und die damit verbundene Abwanderung nach Westdeutschland, gestiegene Lebenshaltungskosten oder die Rückgabeansprüche von Westdeutschen auf Immobilien, ließen vielen Ostdeutschen das System der DDR und das Leben dort wieder attraktiver scheinen (Neller 2006: 22). Die Volkssolidarität nimmt die Rolle als Sprachrohr und Integrationsinstanz derjenigen Ostdeutschen ein, die sich subjektiv benachteiligt fühlen. 1997 stuften sich immerhin 80 Prozent der Ostdeutschen als »Bürger zweiter Klasse« ein (Woderich 1999: 5f). Die konstitutive Phase des sogenannten DDR-nostalgischen Milieus liegt ähnlich wie in Westdeutschland in der Wiederaufbauperiode: Ordnung, Fleiß, Sauberkeit, Disziplin und Pünktlichkeit nehmen einen hohen Stellenwert ein (Walter 2008: 23). Angesichts der Enttäuschungen seit der deutschen Vereinigung sehnt man sich nach einer Vergangenheit zurück, in der die Welt noch in Ordnung schien. Nostalgischer Bezugspunkt dabei ist »die Wärmestube von Volkssolidarität und Gewerkschaftsferienhäusern der verblichenen DDR« (ebd.: 24).

Die gegenwärtige Überalterung des Mitgliederverbands ist an Abbildung 20 zu erkennen: Über 88 Prozent der Mitglieder waren 2007 60 Jahre und älter, immerhin rund zwei Drittel älter als 70 Jahre. Rund 75 Prozent der Mitglieder sind Frauen (Volkssolidarität 2008c: 12). Der hohe und zunehmende Altersdurchschnitt von ca. 73,6 Jahren spiegelt wider, dass es der Volkssolidarität bisher unzureichend gelungen ist, jüngere Menschen für eine Mitgliedschaft zu gewinnen, nur 27 Prozent der Mitglieder sind der Gruppe der »jungen Alten« zuzurechnen. Dieses Bild lässt den Verband trotz seiner umfangreichen sozialen Dienste als Altenverband in Erscheinung treten.

---

403 DDR-Nostalgie wird als positive Orientierungen der Ostdeutschen gegenüber der ehemaligen DDR definiert; diese positive retrospektive Bewertung der DDR beruht teils auf einem rationalistischen Leistungsvergleich zwischen DDR und BRD und teils auf einer affektiven Idealisierung der vergangenen politischen Gemeinschaft, die die negativen Seiten des DDR-Regimes ausblendet und stattdessen Momente der Solidarität im Alltag betont (Neller 2006: 292f.):

Abbildung 20: Altersstruktur der Volkssolidarität 2007 in Prozent

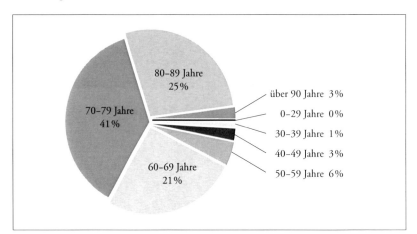

Quelle: Volkssolidarität 2008c.

Die negative Mitgliederentwicklung ist neben der hohen Zahl an Sterbefällen auch auf hohe Austrittsraten zurückzuführen: Von den rund 63.000 Mitgliedern, welche die Volkssolidarität zwischen 2006 und 2007 verloren hat, verstarben rund 30 Prozent, 44 Prozent erklärten dagegen ihren Austritt (Volkssolidarität 2008c).[404] Eine Analyse in den Landesverbänden Brandenburg und Sachsen, in welchen die Austritte besonders hoch ausfielen, ergab folgende Motive und Probleme (Winkler 2006a):

– Sinkende Identifikation/Verbundenheit mit der Volkssolidarität, einhergehend mit Sinn- und Zweckverlusten der Mitgliedschaft[405]
– Einfluss anderer Sozial- und Wohlfahrtsverbände, Vereine und Interessengemeinschaften
– Höhere finanzielle Alltagsbelastungen

---

404 Hochaltrige Mitglieder oder Pflegebedürftige scheiden aus dem Verband aus, da sie am Verbandsleben aus gesundheitlichen Gründen nicht mehr teilnehmen können (Volkssolidarität Sachsen-Anhalt 2006a: 14).

405 Dabei ist auch die Zahl der Austritte »aus Altersgründen« nicht zu vernachlässigen, die beispielsweise in Sachsen-Anhalt höher ist als die Zahl der Verstorbenen (Volkssolidarität 2007l: 26). Betagte Mitglieder, die aus gesundheitlichen Gründen nicht mehr an den Veranstaltungen auf der lokalen Ebene teilnehmen können, treten aus dem Verband aus, weil sie sich »alleine gelassen« fühlen. Der Landesverband sieht die Intensivierung von Besuchsdienste für hilfebedürftige Mitglieder als eine Lösungsmöglichkeit an.

– Organisatorische Defizite wie Mängel in der Mitgliederverwaltung beim Umzug

Weitere Ursachen für den Mitgliederrückgang sind neben des hohen Alters der Mitgliederbasis und dem damit verbundenen »Alten-Image« des Verbandes (vgl. Abbildung 21) auch der zunehmende Wettbewerb auf dem ostdeutschen Mitgliedermarkt (vgl. Burau 2006: 82). Diese Entwicklung ist jedoch vor dem Hintergrund der insgesamt niedrigeren Bindungskraft von Parteien und Verbänden in Ostdeutschland zu sehen. Das System der Massenorganisationen im Arbeiter- und Bauernstaat ließ nur begrenzt Erfahrungen im Bereich des freiwilligen Vereinslebens zu. Die Folge ist eine hohe Verbandsverdrossenheit vieler Ostdeutscher (vgl. Volkssolidarität 2006d: 8f.). Aufgrund sinkender Realeinkommen stiegen zudem die Kosten-Nutzen-Überlegungen der (potenziellen) Mitglieder (vgl. Abbildung 21). Für ihren Mitgliedsbeitrag erwarten insbesondere jüngere Menschen konkrete materielle oder soziale Vorteile (Volkssolidarität 2006d: 11). Die Volkssolidarität verweist selbst kritisch auf das Defizit, dass die Angebotsstrukturen der Verbandsarbeit noch nicht im erforderlichen Maße den veränderten individuellen Interessen- und Bedürfnisstrukturen entsprechen (Volkssolidarität 2007b: 23). Vergleichsweise hoch ist gleichwohl auch die Zahl derjenigen, die noch nicht direkt mit der VS in Berührung bekommen sind oder diese nicht kennen (vgl. Abbildung 21).

Abbildung 21: Attraktivität der Mitgliedschaft

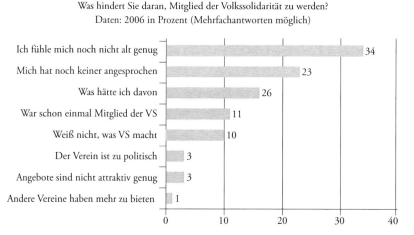

Was hindert Sie daran, Mitglied der Volkssolidarität zu werden?
Daten: 2006 in Prozent (Mehrfachantworten möglich)

Quelle: Volkssolidarität 2006d: 10.

Insbesondere die 45 bis 55-jährigen sind aufgrund des »Alten-Images« der VS kaum zu gewinnen, obwohl im Sinne der generationenübergreifenden Maxime auch für diese Klientel eine sozialpolitische Interessenvertretung übernommen wird (Volkssolidarität 2006d: 9). Doch auch 41 Prozent der 60- bis 64-jährigen und 29 Prozent der 65- bis 70-jährigen erklärten im Jahr 2006, für die Volkssolidarität noch nicht alt genug zu sein (Volkssolidarität 2006d: 10). Diese geringe und abnehmende Reputation[406] bei den »jungen Alten« wird auf eine im Verhältnis raschere Veränderung der Interessen- und Bedürfnisstrukturen der Menschen gegenüber den zögerlichen entwickelten der Angebotsstrukturen der Volkssolidarität zurückgeführt (ebd.). Im Verband werden Überlegungen angestellt, Angebote für Jüngere, die »Primärzielgruppe 50 plus«, attraktiver zu gestalten und dazu auch die Sozialberatungsleistungen in Richtung einer umfassenden Renten-, Gesundheits- und Krankenversicherungsberatung auszubauen (Volkssolidarität 2007b: 24).

Problematisch für die Stärkung des Mitgliederverbandes gestaltet sich, dass viele Landes- und Kreisverbände sich vorrangig auf den Ausbau der lukrativen sozialen Dienstleistungsstrukturen konzentrieren.[407] Erfolge in der Mitgliedergewinnung werden vor allem in ländlichen Gebieten Mecklenburg-Vorpommerns mit schwacher Infrastruktur erzielt. Der Bundesverband unterstützt die Anstrengungen der Landesverbände zur Mitgliedergewinnung[408]: Neben der Herausgabe von Arbeitshilfen organisiert die Bundesgeschäftsstelle Möglichkeiten des Erfahrungsaustausches der Verbandsgliederungen und prämiert im Rahmen der Aktion »Mitglieder werben Mitglieder« seit 1997 besonders erfolgreiche Kreisverbände und Mitgliedergruppen (Volkssolidarität 2004a: 19).[409] Gleichwohl ist es bislang nicht gelungen, die negative Mitgliederdynamik zu stoppen. Langfristig droht der Volkssolidari-

---

406 1999 hatten nur 23 Prozent der 60- bis 65-jährigen und 7 Prozent der über 65-jährigen angegeben, sich noch nicht alt genug für eine Mitgliedschaft der Volkssolidarität zu fühlen.

407 Bereits im Geschäftsbericht 1996 wurden die zu starke Hinwendung der Kreisvorstände auf die Wirtschaftstätigkeit und die Vernachlässigung der Mitgliederarbeit neben dem fehlenden Mitgliederleben vor Ort als Ursache für den Mitgliederrückgang angeführt.

408 Im Verbandsjournal 2/2007 wurde eine Mitgliederbefragung der Volkssolidarität zu den Komplexen Verbandsleben, Verbandsjournal, Reisen und alters- und sozialstrukturelle Fragen durchgeführt, um Kenntnisse über die Bedürfnisse der Mitglieder zu gewinnen und daraus strategische Weiterentwicklungen in Punkto Mitgliederverband und sozialpolitischer Interessenvertretung abzuleiten (Volkssolidarität 2007k: 33ff.).

409 Überdies wurde ab dem Jahr 2002 ein System professioneller Werbung installiert (Volkssolidarität 2007b: 24; 2004a: 15). Damit werden gegenwärtig jedoch nicht einmal 1.000 neue Mitglieder pro Jahr rekrutiert, wenngleich mit bescheidenem Erfolg, da es für die

tät damit einer ihrer bedeutsamsten Wettbewerbsvorteile gegenüber anderen Wohlfahrtsverbänden verloren zu gehen: Ihre ausgeprägte sozial-kulturelle Verankerung in den neuen Bundesländern.

5.2 Rückläufiges Engagement

Wenngleich die Zahl der ehrenamtlichen Helfer seit 1995 um rund 15 Prozent auf 30.620 gesunken ist, ist die Bereitschaft zum ehrenamtlichen Engagement in der Volkssolidarität nach wie vor hoch zu bewerten, da sich rund 11 Prozent der Mitglieder aktiv im Verband engagieren.

Abbildung 22: Zahl der Ehrenamtlichen der Volkssolidarität 1995–2008

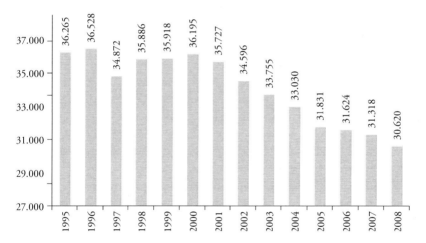

Quelle: Volkssolidarität 2006b ; Volkssolidarität 2009

Die rund 30.600 Ehrenamtlichen sind in Vorständen, Seniorenbeiräten, Interessengemeinschaften und Selbsthilfegruppen tätig. Sie führen nachbarschaftliche Hausbesuche durch, organisieren Beratungs- und Hilfeleistungen, unterstützen die Arbeit der hauptamtlichen Mitarbeiter in den Begegnungsstätten und initiieren kulturelle Veranstaltungen sowie Ausflüge

entsprechenden Firmen infolge des geringen Mitgliedsbeitrags bislang nur wenig rentabel ist, Mitglieder für die VS zu werben.

der Mitgliedergruppen (Volkssolidarität 1999a: 29). Das Interesse an freiwilliger sozialer Arbeit oder Mitarbeit in Initiativen und Projekten sowie der sozialpolitischen Interessenvertretung ist höher als an der Übernahme von Verbandsfunktionen. »Der Wunsch nach Beteiligung an Entscheidungen, nach Bildung, nach Teilhabe am sozialen und verbandlichen Geschehen mit Verantwortung und Einfluss, Anerkennung, Freude und Spaß am Ehrenamt, erlangen einen höheren Stellenwert« (Volkssolidarität 2004a: 21). Um mehr »jüngere Alte« für die Verbandsarbeit zu gewinnen, wird gefordert, die Führungs- und Strukturmodelle dem Bedürfnis nach Individualität und Mitsprache anzupassen.[410]

Im Jahr 2008 nannten die Ehrenamtlichen die Begründung »Es macht Spaß« als primäres Motiv für die Übernahme eines Ehrenamtes, gefolgt von »Volkssolidarität am Leben erhalten«, »etwas für das Gemeinwohl tun« und »anderen Menschen helfen« (Volkssolidarität 2008b: 30). Das Durchschnittsalter der Ehrenamtlichen ist bislang mit 69,3 Jahren (und steigender Tendenz) sehr hoch; das ist eine Folge des insgesamt hohen Altersdurchschnitts im Mitgliederverband (Niederland 2005b). Das Ehrenamt zeichnet sich dadurch aus, dass Alte Alten helfen: »Der typische Ehrenamtliche der VS beginnt sein Engagement jenseits des Erwerbsarbeitsalters« (Leonhardt 2003: 161). Wie bereits im Jahr 2001 wurde das Ehrenamt auch 2008 zu rund 88 Prozent von Rentnern, 8 Prozent Erwerbstätigen und 4 Prozent Arbeitslosen getragen (Volkssolidarität 2001a: 30; 2008b: 28). Der Anteil der Frauen im Ehrenamt der Gruppen ist mit rund 78 Prozent als äußerst hoch zu bewerten, nimmt gleichwohl ab.

Als Zeichen der Anerkennung und Würdigung ehrenamtlichen Engagements werden im Rahmen ihrer Ehrenordnung goldene, silberne und bronzene Solidaritätsnadeln verliehen (Volkssolidarität 2004a: 22).[411] Ebenso kann sie Personenvorschläge für staatliche Auszeichnungen durch Verdienstorden etc. einreichen und ihren aktiven Mitgliedern in Regional- und Wochenzeitungen Dank und Anerkennung ihrer Arbeit zusprechen.

---

410 Die Landesvorsitzende von Berlin verwies bereits 2001 darauf, dass die Betätigungsfelder für ehrenamtliches Engagement vielfältiger werden und insbesondere neue Interessengruppen und Zirkel entstehen, die selbständig ihre Aktivitäten vorbereiten und durchführen und keine Betreuung durch Hauptamtliche wünschen und benötigen (Roßberg 2001).

411 In den Jahren 2006 und 2007 wurden 41 aktive Ehrenamtliche mit der goldenen und 200 Ehrenamtliche mit der silbernen Ehrennadel gewürdigt (Volkssolidarität 2008c: 17). 238 Engagierten wurde im Jahr 2007 die bronzene Solidaritätsnadel verliehen (ebd.).

6. Lobbypolitik

In ihrer Doppelfunktion ist die VS als Sozialverband einerseits eine Klientelorganisation mit direkter Interessenvertretung. Andererseits ist die VS als Wohlfahrtsverband zugleich dem Prinzip der advokatorischen Interessenvertretung ihrer betreuten Klientel verpflichtet. Im Zentrum ihres sozialpolitischen Engagements steht die Forderung des Erhalts der sozialen Sicherungssysteme und die Angleichung der Lebensbedingungen in Ost- und Westdeutschland (Volkssolidarität 2004a: 31). Der Verband spricht sich dafür aus, die Lebenssituation älterer Menschen wie auch die Rahmenbedingungen für das Ehrenamt in der Sozial- und Verbandsarbeit zu verbessern (Volkssolidarität 1999a: 43). Er unterstreicht seinen Anspruch, nicht nur Kritik üben, sondern auch eigene, alternative Konzepte in die Diskussion einbringen zu wollen.[412]

6.1 Lobbyarbeit: Schwerpunkte und Instrumente

Die VS dehnte ihren langjährigen Vertretungsanspruch als »Lobby für ältere Menschen« auf die Interessenvertretung von Kindern und Jugendlichen sowie aller sozial benachteiligter Menschen aus (§ 2 der Satzung). Dabei wird der Schwerpunkt auf die Vertretung der ostdeutschen Bevölkerung gelegt, um eine rasche Angleichung der Lebensverhältnisse zu befördern und auf spezifische ostdeutsche Schwierigkeiten, wie die mangelnde Ärzteversorgung in einigen Regionen sowie die höhere Arbeitslosenquote hinzuweisen. Gleichwohl bemüht sich die VS zunehmend auch, sich als gesamtdeutscher Sozialverband zu profilieren. Der Schwerpunkt ihrer sozialpolitischen Arbeit lag seit der Jahrtausendwende auf der Alterssicherung, der Gesundheitspolitik, der Pflegepolitik, der Verhinderung von Armut und der Forderung nach einer verstärkten politischen Teilhabe älterer Menschen.

Routinisierte Beziehungen und Informationsnetzwerke mit bundespolitischen Entscheidungsträgern in der Regierung und den Ministerien unterhält die Volkssolidarität nicht. Das erschwert ihr die Möglichkeit, eine direk-

---

412 Dazu zählen beispielsweise die gesundheitspolitischen Reformpositionen der Volkssolidarität (2002), die sozialpolitischen Positionen (2003), die Seniorenpolitischen Standpunkte (2004), die Eckpunkte für ein Soziales Infrastrukturprogramm für die neuen Bundesländer (2004) oder die »Magdeburger Forderungen« für eine sozial gerechte Gesundheitsreform (2006) (Volkssolidarität 2006c: 7).

te, explizite Interessenvertretung in der Seniorenpolitik zu betreiben. Die direkten politischen Kontakte beschränken sich trotz der Bemühungen um einen besseren Zugang zu Bundesministerium für Familie, Senioren, Frauen und Jugend (BMFSFJ), Bundesministerium für Gesundheit (BMG), Bundesministerium für Arbeit und Soziales (BMAS) und Bundesministerium für Verkehr, Bau und Stadtentwicklung (BMVBS) weitgehend auf einen gelegentlichen Informationstransfer. Insbesondere im BMG und BMAS haben die Spitzenverbände der freien Wohlfahrtspflege, wie der Paritätische Wohlfahrtsverband, in dem die Volkssolidarität gleichwohl mitwirkt,[413] einen besseren Zugang. Die Volkssolidarität wird von den politischen Entscheidungsträgern weiterhin insbesondere als Mitgliedsverband des DPWV und als ostdeutscher Regionalverband wahrgenommen und hat den Durchbruch zum bundespolitisch relevanten Akteur bislang nicht geschafft. Überdies bewegt sich die VS erst seit ihrer Konsolidierung als freier Wohlfahrtsverband vor rund zehn Jahren auf bundespolitischem Parkett. Sie kann daher im Gegensatz zu VdK und SoVD nicht auf seit Jahrzehnten geknüpfte Netzwerkstrukturen zurückgreifen. Gleichwohl bestehen singuläre Arbeitskontakte zur Ministerialbürokratie[414] und gelegentlich wird die VS auch zu Anhörungen in den Ministerien oder den Bundestagsausschüssen geladen. Häufig besteht die einzige Möglichkeit konventionellen Lobbyings auf der Bundesebene darin, schriftliche Stellungnahmen zu Gesetzentwürfen einzureichen, es sei denn, spezifisch ostdeutsche Probleme werden auf die Agenda gesetzt: Im Jahr 2004 führten der Bundesgeschäftsführer und der Referent für Sozialpolitik beispielsweise mit dem Referatsleiter »Koordinierung für Angelegenheiten der neuen Länder im Bundeskanzleramt« ein Arbeitsgespräch zur Frage der demografischen Entwicklung in den neuen Bundesländern sowie zur Alterssicherung (Spätsommer 2004/2005: 9).

Aufgrund der geringen Vernetzung in institutionalisierte Entscheidungsprozesse und Bundesgremien[415] sind die Abgeordneten und Fraktionen des Deutschen Bundestages Hauptansprechpartner für die Volkssolidarität. Neben gezielten Kontaktbemühungen mit Abgeordneten der neuen Bundes-

---

413 Da der Bundesgeschäftsführer in den Verbandsrat und den Vorstand des DPWV gewählt ist, eröffnet sich der Volkssolidarität eine indirekte Möglichkeit, Lobbyarbeit zu betreiben.

414 Im BMG wurden beispielsweise Gespräche mit dem Leiter der Abteilung »Gesundheitsversorgung, Krankenversicherung, Pflegesicherung« über die Weiterentwicklung der Pflegeversicherung geführt.

415 Die Volkssolidarität war von 2002 bis 2005 in kein beratendes Gremium in einem Bundesministerium eingebunden (Burau 2006: 110).

länder in den Jahren 2003 und 2007 unterhält sie kontinuierliche sachbezogene Kontakte zu allen Fraktionen.[416] Ebenso wird der Interessenvertretung auf Länder- und Kommunalebene ein zunehmend höherer Stellenwert eingeräumt, um auf vermitteltem Wege über ostdeutsche Parteien, Abgeordnete und Länderregierungen, die Interessen der Mitglieder in den politischen Entscheidungsprozess einzubringen.

In der Rentenpolitik ist es der Volkssolidarität durch politische Hintergrundgespräche mit ostdeutschen Abgeordneten, öffentlichkeitswirksame Aktionen und die Kooperation mit anderen Verbänden und ver.di gelungen, die Anpassung des Rentenwerts Ost auf die politische Agenda zu setzen. Die Anpassung des Rentenwerts Ost an den Rentenwert West ist seit langem eine zentrale Forderung der VS, um als Anwalt der ostdeutschen Rentner in deren Interesse Rentengerechtigkeit zu erzielen (Volkssolidarität 2004a: 34). Dass ihr dies gelingt, zeigt die Unterschriftenaktion des Jahres 2002, bei der dem Bundestagspräsidenten eine Petition von 144.000 Unterschriften übergeben wurde mit der Aufforderung, die Angleichung des Rentenwerts Ost an den Rentenwert West anzustoßen (ebd.). Im Jahr 2008 trugen die kontinuierlichen Bemühungen der Volkssolidarität und anderer Organisationen Früchte: Politiker aller Fraktionen sprachen sich dafür aus, die Angleichung zu beschleunigen. Bundeskanzlerin Merkel plädierte dafür, die Vereinheitlichung noch vor der Bundestagswahl 2009 auf den Weg zu bringen (Berliner Zeitung 11.11.2008).

Im Einklang mit SoVD, VdK und Gewerkschaften spricht sich die Volkssolidarität dafür aus, die Grundprinzipien des Generationenvertrages in der GRV zu bewahren und die Lebensstandsicherung als grundlegendes Ziel beizubehalten (Volkssolidarität 2005a). Für eine zukunftsfähige Finanzierung sei die Einnahmebasis der umlagefinanzierten paritätischen Rentenversicherung zu verbreitern und der steuerfinanzierte Bundeszuschuss beizubehalten.[417] Um gemeinsam Verbesserungen im Sinne der Mitglieder der Volkssolidarität zu erzielen, wird inhaltlich mit den Gewerkschaften und anderen Sozialverbänden wie auch dem DPWV zusammengearbeitet. Wie die Gewerkschaften und die übrigen Sozialverbände plädierte die VS 2007

---

416 Einen parlamentarischen Abend richtet der Bundesverband im Gegensatz zum VdK, SoVD und einzelnen Landesverbänden aufgrund seiner beschränkten finanziellen Ressourcen dagegen nicht aus.

417 Auch in der Gesundheits- und Pflegepolitik plädiert die VS für eine Stärkung der Einnahmenseite anstelle einer Kürzung der Ausgaben. Sie fordert die Einführung einer Bürgerversicherung.

gegen die Heraufsetzung der Regelaltersgrenze in der gesetzlichen Rentenversicherung, da es sich bei der Rente mit 67 um eine weitere Leistungskür-
zung handele, solange die hohe Arbeitslosigkeit nicht abgebaut werde.[418].

Anders als in der Rentenpolitik tritt das Spannungsverhältnis als Sozial-
und Wohlfahrtsverband in der Pflegepolitik deutlich hervor: Als Sozialverband
vertritt die VS einerseits die Interessen ihrer älteren Mitglieder, die häufig
selbst pflegebedürftig sind. Als Wohlfahrtsverband ist sie dagegen selbst Leis-
tungserbringerin in der Pflege und damit auch Adressat von Kritik an der
Qualität der Pflege in den stationären Einrichtungen. Im Gegensatz zum VdK
und SoVD übt die VS als Erbringerin sozialwirtschaftlicher Dienste Kritik
daran, wie zusätzliche Pflegestützpunkte als Träger der Pflegebegleitung geschaffen werden sollen. Hier zeigt sich erneut der innerorganisatorische Zielkonflikt zwischen den Funktionen als Sozial- und Wohlfahrtsverband.[419]

Im Bereich Seniorenpolitik zur Förderung der gesellschaftlichen Teilhabe
zählt die Volkssolidarität unter den hier untersuchten Sozialverbänden zu
den Vorreitern. Ihr Entwurf für ein Bundesseniorenvertretungsgesetz (2003),
das auf mehr Mitwirkung und Mitbestimmung der älteren Generation zielte, sollte dazu beitragen, eine demokratische Diskussion über die politische
Teilhabe älterer Menschen in Gang zu setzen (Volkssolidarität 2004a: 35).
Darin plädierte der Verband dafür, einen Seniorenpolitischen Beirat beim
Bundeskanzler einzurichten. Zwar wurde dieser Gesetzesentwurf gewürdigt,

---

418 Im Juli 2007 veranstaltete die Volkssolidarität zum Thema »Rente mit 67 – Wie soll es
weitergehen?« einen Workshop, an welchem u. a. Vertreter des DGB, der IG Metall, der
IG BAU, des SoVD und VdK, des DPWV und der Deutschen Rentenversicherung als
Referenten eingeladen waren. Im selben Jahr führte die VS auch ein sozialpolitisches Fachgespräch zum Thema »Die demografische Herausforderung – Mythen und Fakten« durch.

419 Ein weiteres Beispiel für das Spannungsverhältnis zeigte sich im Bereich der Arbeitsmarktpolitik und führte dort auch zu Spannungen mit der Gewerkschaft ver.di (vgl. ähnlich
Volkssolidarität 2004d): In der Diskussion um die Einführung eines gesetzlichen Min-
destlohns war infolge der Konstruktion als Hybridorganisation nicht alleine die Gestal-
tungs- sondern auch die Thematisierungskompetenz der Volkssolidarität eingeschränkt.
Als Sozialverband muss die VS im Sinne sozial benachteiligter Arbeitnehmer für diesen
plädieren, als Arbeitgeber hat sie dagegen kein Interesse an dessen Einführung in ihren
Einrichtungen, weil damit eine Zunahme der Arbeitskosten verbunden wäre. Der Bundesvorstand der Volkssolidarität fasste trotz der Bedenken einiger Untergliederungen im Januar 2008 den Beschluss, die Forderung nach Mindestlöhnen aufzugreifen, um die
Glaubwürdigkeit des Verbandes nicht zu untermauern. Dieser sei unerlässlich, um Armut
im Erwerbsleben wie auch in der späteren Ruhestandsphase zu verhindern und sei darüber
hinaus ein probates Mittel, um durch angemessene Bezahlung die Qualität der Pflege zu
erhalten und zu verhindern, dass Arbeitskräfte abwandern.

einen politischen Erfolg im Sinne eines Bundesseniorenvertretungsgesetzes, ähnlich wie im Land Berlin, hat die VS bislang jedoch nicht erzielt.[420]

6.2 Chancen und Defizite der Lobbyarbeit

Wie alle Sozialverbände und die Gewerkschaften befindet sich die Volkssolidarität oftmals in einer Verteidigungsrolle für den Erhalt des bisherigen Sozialstaates. Als einziger der hier untersuchten Sozialverbände greift die Volkssolidarität regelmäßig auf sozialwissenschaftliche Expertise durch die enge Kooperation mit dem Sozialwissenschaftlichen Forschungszentrum Berlin-Brandenburg e.V. (SFZ) zurück, das ehemals vom Verbandspräsidenten geleitet wurde.[421] Der Verband vertritt die Auffassung, dass ergänzend zu persönlichen Netzwerken[422] zunehmend wissenschaftliche Expertise erforderlich ist, um effektive Lobbyarbeit zu betreiben und von der Politik ernst genommen zu werden (vgl. Sebaldt 1996: 677). Im Vorfeld der Gesundheitsreform 2007 wurde daher gemeinsam von SoVD und Volkssolidarität eine Expertise des Geschäftsführers des WidO (Wissenschaftliches Institut der AOK) zu den Folgen des Gesundheitsfonds herangezogen, um die Kritik der Sozialverbände zu dem Reformvorhaben argumentativ zu untermauern. Die im Jahr 2004 eingeführte Veranstaltungsreihe »Sozialpolitische Fachgespräche« ist ein weiteres Instrument, um die Kontakte der Volkssolidarität zur Wissenschaft trotz der begrenzten personellen Ressourcen im der Abteilung Sozialpolitik aufzubauen.[423]

Als Defizit in der sozialpolitischen Interessenvertretung sind vor allem Abstimmungs- und Kommunikationsprobleme innerhalb des Gesamtverbandes zu nennen. Bislang konzentriert sich die sozialpolitische Lobbyarbeit

---

420 In Berlin wirkte die Volkssolidarität dagegen erfolgreich an der Erarbeitung eines Berliner Seniorenmitwirkungsgesetzes mit, das 2006 vom Abgeordnetenhaus verabschiedet wurde.

421 Neben Studien zum Ehrenamt in der Volkssolidarität oder den Potenzialen der Sozial- und Wohlfahrtsverbände in den neuen Bundesländern, gibt die VS dort seit 1992 den Sozialreport in Auftrag, der mit Unterstützung der Hans-Böckler-Stiftung die Lebenssituation der über 50-jährigen in den neuen Bundesländern analysiert.

422 Die Netzwerkbildung befindet sich bei der Volkssolidarität auf Bundesebene bislang noch im Aufbau.

423 Als einer der ersten Referenten wurde im Jahr 2004 Prof. Dr. Martin Pfaff, MdB 1990–2002 und ehemaliger Vorsitzender der Arbeitsgemeinschaft der Sozialdemokraten im Gesundheitswesen (ASG), zu einer Diskussion über die Einführung einer Bürgerversicherung in der Krankenversicherung eingeladen.

weitgehend auf den Bundesverband, wenngleich sich insbesondere in den Landesverbänden Fortschritte festhalten lassen: Sowohl in Berlin, Mecklenburg-Vorpommern und Thüringen wurden im Jahr 2008 Sozialgipfel in Zusammenarbeit mit anderen Sozialverbänden durchgeführt. Ebenso sind politische Gespräche und Veranstaltungen wie das Berliner »Sozialforum 50plus« auf Länderebene ausgeweitet worden.[424] Einige Kreis- und Regionalverbände betrachten dagegen die sozialpolitische Interessenvertretung als eine untergeordnete Aufgabe. Eine gezielte Ansprache der jeweiligen Wahlkreisabgeordneten scheitere häufig daran, dass es den Kreisvorständen an fundierten Kenntnissen über die Verbandslinien mangele. Daher könne noch nicht von einer wirksamen, basisverankerten Interessenvertretung gesprochen werden (Volkssolidarität 2006a: 45/50).

Da die formalisierten Beteiligungsmöglichkeiten der Volkssolidarität auf Bundesebene – wie gezeigt – bislang weiterhin wenig entwickelt sind, bleibt der Volkssolidarität als Hauptinstrument der sozialpolitischen Interessenvertretung die Öffentlichkeits- und Kampagnenarbeit, die spätestens seit 2002 kontinuierlich ausgebaut und professionalisiert wurde. Wenngleich dem Sozial- und Wohlfahrtsverband keine direkte, explizite Gestaltungskompetenz mit Blick auf die Bundessozialpolitik zugesprochen werden kann, so fällt doch ihre Thematisierungskompetenz durch die Öffentlichkeitsarbeit im Sinne einer impliziten Interessenvertretung ins Auge.

6.3 Mobilisierungs- und Kampagnenfähigkeit

Neben der klassischen, formalen Lobbyarbeit organisiert die Volkssolidarität auch unkonventionelle Kampagnen und Protestaktionen der Mitglieder. Nur durch die Kombination beider Methoden, ergänzt durch moderne Öffentlichkeitsarbeit, kann nach Auffassung des Verbands wirkungsvoll Druck auf die politischen Entscheidungsträger ausgeübt werden. Zu den unkonventionellen Methoden zählen beispielsweise Unterschriftenaktionen und die Mobilisierung zu Demonstrationen: Mehr als 90.000 Unterschriften wurden 1999 im

---

424 Über die Zukunft der Rente, Gesundheit/Pflege und den Übergang vom Erwerbsleben in die Rente diskutierten u. a. Heinrich Tiemann, Staatssekretär im BMAS, Dr. Hanna Haupt (Sozialwissenschaftlerin und Mitglied der Arbeitsgruppe Seniorenpolitik/Alterssicherung/Rentenpolitik beim Bundesvorstand VS), Dr. Matthias von Schwanenflügel, Leiter der Unterabteilung Pflegeversicherung im BMG und Gerd Andres, Parlamentarischer Staatssekretär im BMAS.

Rahmen der Kampagne »Für soziale Gerechtigkeit – gegen Sozialabbau im Alter« gesammelt (Volkssolidarität 2006c: 6). Eigene Demonstrationen hat der Bundesverband aufgrund seiner begrenzten Ressourcen bislang zwar noch nicht durchgeführt, doch er beteiligte sich 2004 an der Protestdemonstration des SoVD in Berlin unter dem Motto »Gegen soziale Demontage – für soziale Gerechtigkeit« (Volkssolidarität 2006a: 42). Darüber hinaus initiierte er Sozialgipfel in ostdeutschen Bundesländern. Seit dem Jahr 2005 führt die Volkssolidarität regelmäßig Plakataktionen und Postkartenaktionen gegen die Sozialpolitik der Bundesregierung durch: So wurden 2006/07 rund 2.000 Plakate »Gesundheit ist keine Ware« als Protest gegen die Gesundheitsreform auf Litfass-Säulen in ostdeutschen Städten und Zügen der Berliner S-Bahn angebracht (Volkssolidarität 2007j: 8). 2007 forderte die Volkssolidarität ihre Mitglieder auf, eine Protestpostkarte gegen die Rentenpolitik unter dem Motto »Lebensqualität für heutige und künftige Rentner sichern!« an Bundeskanzlerin Merkel zu schicken (ebd.). Im Februar 2008 starteten die Volkssolidarität und der SoVD eine Initiative »Sozialabbau stoppen! Sozialstaat stärken!« Ziel war es, eine breite gesellschaftliche Debatte über ein neues Sozialstaatsverständnis anzustoßen. Mehr als 200.000 Menschen beteiligten sich an der Unterschriftenaktion der Verbände.[425]

6.4 Öffentliche Thematisierungskompetenz

Die Öffentlichkeitsarbeit zielt darauf ab, die sozialpolitische Interessenvertretung zu forcieren, die Verbandsphilosophie und -politik zu verbreiten, die Leistungsangebote und Entwicklungsergebnisse der Volkssolidarität zu propagieren und das einheitliche Handeln aller Verbandsgliederungen und die Kommunikation zwischen den Verbandsebenen zu fördern (Volkssolidarität 1999a: 21, Volkssolidarität 2004a: 58). Insbesondere seit im Jahr 2002 das »Kommunikationskonzept der Volkssolidarität« verabschiedet wurde, hat die Presse- und Öffentlichkeitsarbeit eine Aufwertung erfahren. Dabei gewinnt die internetbasierte Kommunikation an Bedeutung: Ab dem Jahr 2002 wurden im Rahmen des Projekts »VS geht online« erhebliche Fortschritte, beispielsweise durch die Einrichtung des Intranets und eines elektronischen Newsletters, den rund 200 externe Abonnenten nutzen, erzielt. Es ist der Volkssolidarität gelungen, ihre Präsenz in den ostdeutschen regiona-

---

425 Ende Mai 2008 wurde ein Grundsatzpapier zur Stärkung des Sozialstaats veröffentlicht.

len wie auch überregionalen Medien zu steigern, sodass sie dort zunehmend als Institution und Interessenvertreterin der Senioren wahrgenommen wird. Von den 408 zwischen 2004 und April 2008 veröffentlichten Pressemitteilungen bezogen sich rund 23 Prozent auf die Rentenpolitik, rund 20 Prozent auf die Gesundheitspolitik und jeweils rund acht Prozent auf die Arbeitsmarktpolitik und den Themenkomplex »Soziale Gerechtigkeit«, bei welchem die VS insbesondere die anhaltende Ungleichheit der Lebensverhältnisse in Ost- und Westdeutschland kritisierte. Daran ist abzulesen, dass der Verband insbesondere die Fragen der Rente und sozialen Sicherungssysteme aufgreift und hier als Interessenvertreter der ostdeutschen Senioren und sozial benachteiligten Menschen offensiv tätig ist.

Abbildung 23: Pressemitteilungen nach Sachgebieten Januar 2004–April 2008

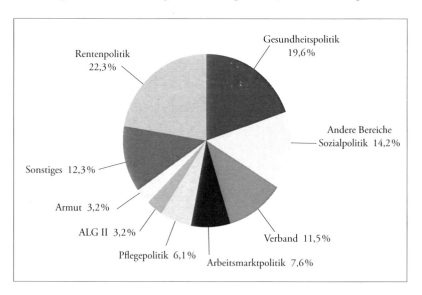

N = 408 Pressemitteilungen;

Quelle: Eigene Berechnungen.

Auffällig ist neben der hohen Zahl an kritischen Pressemitteilungen seit 2004 die Dichte an Broschüren und Materialien zu sozialpolitischen Themen wie auch zur strategischen Weiterentwicklung des Verbandes.[426] An-

426 Zu diesen verbandseigenen Veröffentlichungen zählt beispielsweise die »Zukunftsorientierung der Volkssolidarität«, »sozialpolitische Positionen der Volkssolidarität«, »Informatio-

lässlich des 60. Jahrestages der Verbandsgründung im Jahr 2005, veröffentlichte der Verband das Buch »Hurra, wir leben! 60 Jahre Volkssolidarität« (Lattka 2005), um einen Überblick über die Verbandsarbeit seit 1945 zu geben und Werbung für die VS zu machen[427].

Trotz einer professionalisierten und intensivierten Pressearbeit sind im Bereich der überregionalen bundesweiten Medienpräsenz weiterhin Defizite zu verzeichnen.[428] Dieser Umstand kann mit der regionalen Beschränkung der Volkssolidarität auf Ostdeutschland und dem geringen Leseranteil der Leitmedien in den neuen Bundesländern erklärt werden. Dort dominieren vielmehr das Neue Deutschland und die SuperIllu. Wird in den Medien über die Volkssolidarität berichtet, so erfolgt dies zu 32,4 Prozent im Zusammenhang mit der Rente, 32,1 Prozent mit der sozialen Lage in Ostdeutschland und zu 19,9 Prozent im Themenkomplex Gesundheit (Niederland 2008a: 9). Die Volkssolidarität wird demzufolge insbesondere als ostdeutsche Stimme mit einer Fachlichkeit im Bereich der Rente identifiziert.

Der 2007 erschienene »Leitfaden zur Medien- und Öffentlichkeitsarbeit der Volkssolidarität« soll den Verbandsgliederungen Hilfestellungen bei der Gestaltung der Presse- und Öffentlichkeitsarbeit geben. So soll ein einheitliches Auftreten und Erscheinungsbild der VS gesichert werden. Angesichts des föderalen Aufbaus der Volksolidarität ist dies teilweise ein schwieriges Unterfangen und kann auch durch Materialien wie das Handbuch für »Das einheitliche Erscheinungsbild der Volkssolidarität« nicht kurzfristig erreicht werden.

---

nen und Wissenswertes«, die Reihe »Zahlen-Fakten-Infos«, »Seniorenpolitische Standpunkte der Volkssolidaritäten«, »Änderungen in den Sozialversicherungen ab 2004« und eine Informationsbroschüre über neue Regelungen im Gesundheitsbereich ab 2007 (Volkssolidarität 2004a: 59; 2006a: 46f.).

427 Zeitgleich startete im Oktober/November 2005 eine Plakatkampagne »Solidarität leben«, um den Bekanntheitsgrad der Volkssolidarität weiter zu erhöhen.

428 In den westdeutschen Leitmedien findet die VS beinahe ausschließlich Erwähnung, wenn sie besonders offensiv agiert. Im Zuge der Debatte um die außerplanmäßige Rentenerhöhung im April 2008 wurde der Verbandspräsident beispielsweise mit folgender Replik auf die Äußerungen von Altbundespräsident Roman Herzog über die Gefahren einer künftigen »Rentnerdemokratie« in der »Frankfurter Rundschau« zitiert: »Wer so was in die Welt setzt, zündelt als geistiger Brandstifter gefährlich am sozialen Frieden« (Frankfurter Rundschau 12.4.2008).

7. Resümee

Zwanzig Jahre nach der Vereinigung hat die Volkssolidarität als eine der wenigen DDR-Organisationen einen festen Platz im Verbändesystem in Ostdeutschland eingenommen. Ihr ist es gelungen, sich von einer ehemaligen DDR-Massenorganisation zu einem freien Wohlfahrtsverband mit einer hohen sozialkulturellen Verankerung zu transformieren. Während sie in der DDR ab den fünfziger Jahren ausschließlich für die Betreuung älterer Menschen zuständig war, bedient die Volkssolidarität gegenwärtig nahezu alle Sparten der sozialen Dienstleistungen von stationären Alten- und Pflegeheimen bis hin zu Kindertageseinrichtungen und Suchtkliniken. Gleichwohl wird sie angesichts ihrer überdurchschnittlich alten Mitgliedschaft weiterhin als »Altenverband« wahrgenommen.

Nach dem Untergang der DDR verlor die Volkssolidarität ihre zentralistische Monopolstellung. Der Aufbau dezentraler Verbandsstrukturen nach der Wiedervereinigung ging mit der Etablierung neuer Steuerungsmechanismen einher. Anders als beim VdK sind nicht alleine die Landesverbände, sondern auch zwei Drittel der Kreisverbände rechtlich autonom. Diese ausgeprägten föderalen Strukturen waren für den Erhalt der Handlungsfähigkeit hilfreich, da notwendige Entscheidungen ortsnah in kleinen Gremien getroffen werden konnten (Angerhausen 2003: 312f). Mittlerweile plädiert insbesondere der Bundesverband für eine Reintegration der Kreisverbände in die Landesverbände, um das sozialpolitische und wohlfahrtsdienstliche Handeln zu vereinheitlichen. Doch der Widerstand der Kreisverbände gegen den mit einer Rezentralisierung einhergehenden Macht- und Ressourcenverlust deutet auf große Beharrungskräfte hin. Der radikale Wandel der Wendezeit ging ab Mitte der neunziger Jahre in einen schleichenden Wandel über, als die Strukturen für das Überleben der VS etabliert waren und nur mehr vergleichsweise marginale Anpassungsprozesse, beispielsweise an veränderte Qualitätsstandards in der Wohlfahrtspflege und in der Mitgliederverwaltung und Verbandsorganisation notwendig waren.

Durch eine Satzungsänderung im Jahr 2006 verankerte die Volkssolidarität erstmals das Profil als Sozial- und Wohlfahrtsverband. Damit unterscheidet sie sich grundlegend von VdK und SoVD, die keine sozialen Dienste anbieten. Ziel ist es, sich gleichwertig als Mitgliederverein, sozialpolitische Interessenvertretung und Wohlfahrtsverband zu profilieren. Die Funktionen Sozialverband und Wohlfahrtsverband können sich infrastrukturell befruchten, doch herrscht auch ein immanenter Zielkonflikt, da der Verband einerseits die Interessen der

Leistungsempfänger vertreten muss, andererseits jedoch selbst Leistungserbringer ist. Vorteilhaft im Wettbewerb mit den Spitzenverbänden der Wohlfahrtspflege wie der AWO oder Diakonie ist für die Volkssolidarität ihre hohe sozialkulturelle Verankerung in Ostdeutschland. Mit rund 300.000 Mitgliedern, mehr als 30.000 ehrenamtlichen Helfern und einer nahezu flächendeckenden Präsenz zählt der Verband zu den größten und am tiefsten in der säkularen ostdeutschen Gesellschaft verankerten Mitgliederorganisationen. Eine zentrale politische Forderung ist die Angleichung der Lebensbedingungen in beiden Teilen Deutschlands. Die regelmäßig herausgegebenen Sozialreporte weisen auf die weiter bestehenden Ost-West-Unterschiede hin. Als ostdeutscher Sozialverband ruht seine Legitimationskraft letztlich gerade auf der Artikulation dieser innerdeutschen Diskrepanz. Gleichwohl ist die VS zunehmend darin bemüht, sich als gesamtdeutscher Sozialverband zu etablieren.

Gerade der Mitgliederverband steht jedoch aufgrund der anhaltenden Mitgliederverluste und Überalterung der Mitgliederstruktur unter hohem Druck. Trotz intensivierter Bemühungen ist es bislang keinem Landesverband gelungen, dieser Entwicklung entgegenzuwirken. Die Vorteile einer Mitgliedschaft beschränken sich weitgehend auf traditionelle Geselligkeitsangebote vor Ort. Insbesondere in ländlichen Gebieten mit einer hohen Altersstruktur erfüllt die Volkssolidarität eine wichtige Funktion. Das Angebotsspektrum und das vermittelte Altersbild scheinen auf jüngere Menschen allerdings nur wenig Attraktivität auszustrahlen. Die Mehrzahl der »jungen Alten« scheint die VS weiterhin als »altbackenen Altenverein« wahrzunehmen: 41 Prozent der 60- bis 64-Jährigen und 29 Prozent der 65- bis 70-Jährigen fühlen sich zu jung für den Verband (vgl. Volkssolidarität 2006d: 10).

Der direkte, explizite Einfluss der Volkssolidarität auf die bundespolitischen Entscheidungsträger ist als vergleichsweise gering einzustufen, da sie im Wesentlichen weiterhin als regionaler Ostverband bzw. als »Sprachrohr der Ostrentner« wahrgenommen wird. Anders als den Spitzenverbänden der Wohlfahrtspflege wird ihr kein Zugang zu den Entscheidungszirkeln im BMG oder BMAS eingeräumt, wenngleich sich ihr Image als Mitgliederverband und potenter sozialer Dienstleister zunehmend verbessert; dies ist auch auf ihre Mitarbeit im DPWV zurückzuführen. Im Gegensatz zum VdK und SoVD ist die Volkssolidarität als ostdeutscher Nachzügler in der Bundespolitik nicht in staatliche Gremien eingebunden. Aufgrund ihrer DDR-Vergangenheit leidet sie nach wie vor unter Akzeptanzproblemen bei den politisch Verantwortlichen auf Bundesebene, obgleich sie aktiv Zugang zu den entsprechenden Politiknetzwerken sucht. Lobbyarbeit versucht der Verband mit wissenschaftlicher Unterfütterung zu betreiben und greift dabei sowohl auf Expertise aus den eigenen Reihen als auch auf die Zusammenarbeit mit Wissenschaftlern aus dem SFZ zurück. Trotz der geringen personellen Ausstattung der Bundesgeschäftsstelle für den Bereich der Sozialpolitik gelingt es dem Verband auf diese Weise, eigene Konzepte und gar einen eigenen Entwurf für ein Bundesseniorengesetz zu erarbeiten.

Um die mangelnde Einbindung in die bundespolitischen Politiknetzwerke und die fehlende Gestaltungskompetenz zu kompensieren, legt die Volkssolidarität zunehmend Wert auf die gezielte Interessenvertretung in den Ländern. Die von der Volkssolidarität initiierten Sozialgipfel in Mecklenburg-Vorpommern, Berlin und Thüringen erregten in der Öffentlichkeit große Aufmerksamkeit. Die Öffentlichkeitsarbeit ist eines der wenigen Druckmittel, die ihr angesichts ihrer regionalen Beschränkung und der begrenzten Konflikt- und Mobilisierungsfähigkeit ihrer überwiegend älteren Mitgliederklientel bleiben. Um die Thematisierungskompetenz zu stärken, wurde dieser Bereich ab 2002 professionalisiert, modernisiert und intensiviert: Gleichwohl ist das Interesse westdeutscher Medien an der Volkssolidarität aufgrund ihres Images als »Ostverband« gering geblieben. In den ostdeutschen Leitmedien und Regionalzeitungen hat die Volkssolidarität dagegen ihren Platz gefunden: Sowohl ihren sozialpolitischen Äußerungen als auch ihrer sozialkulturellen Mitgliederarbeit wird dort Aufmerksamkeit geschenkt.

Ob die Volkssolidarität das Spannungsverhältnis zwischen den Polen »Sozialverband« und »Wohlfahrtsverband« produktiv austariert, bleibt offen. Als größte Herausforderung gilt die Stabilisierung des Mitgliederverbandes. Gegenwärtig gewinnt die Volkssolidarität ihr Gewicht in den neuen Bundesländern insbesondere aus ihrer sozialkulturellen Arbeit und dem direkten Zugang zu älteren Menschen. Gelingt es nicht, künftige Rentnergenerationen für sich zu gewinnen, steht der Mitgliederverband langfristig vor der Erosion. Im Falle einer derartigen Entwicklung stellt sich die Frage, wie die Volkssolidarität ihr soziales Dienstleistungsangebot und ihre Interessenvertretungsfunktion weiterhin aufrecht erhalten kann und ob bzw., inwieweit sich der Einfluss, den sie als ostdeutsche Stimme insbesondere auf der Ebene der Kommunen und der Bundesländer hat, verringern wird.

Tabelle 36: Übersicht über wesentliche Entwicklungsetappen der Volkssolidarität

24.10.1945	Gründung der Volkssolidarität in den Ländern der sowjetischen Besatzungszone
1946	Bündelung der regionalen Aktivitäten im »Zentralausschuss der Volkssolidarität«
1951	Übertragung nahezu aller sozialen Einrichtungen an den Staat und die Gewerkschaften; Verlust der Aufgabengebiete
1956	Die Bewegung Volkssolidarität wird zur gesellschaftlichen Massenorganisation mit Konzentration auf die Betreuung älterer Menschen unter der Maxime »Tätigsein, Geselligkeit, Fürsorge«
1969	Ministerratsbeschluss »Grundsätze und Maßnahmen zur Verbesserung der medizinischen, sozialen und kulturellen Betreuung der Bürger im höheren Lebensalter und zur Förderung ihrer stärkeren Teilnahme am gesellschaftlichen Leben sowie über die Hauptkomplexe der Alternsforschung« als Grundlage der Tätigkeit der VS
9.11.1989	Fall der Mauer
11.12.1989	VI. Tagung des Zentralausschusses: Föderalisierung der Strukturen, Ablösung des bisherigen Vorsitzenden
Mai 1990	Wahl von Jost Biedermann zum Verbandspräsidenten
3.10.1990	Deutsche Vereinigung
1990	Massive Mitglieder- und Mitarbeiterverluste der Volkssolidarität
Dezember 1990	Beitritt der VS zum DPWV
1992	Beitritt der VS zur BAGSO
1993	Verabschiedung neuer Beitragsordnung und Satzung von einer außerordentlichen Delegiertenkonferenz

	Etablierung der VS als freier Wohlfahrtsverband
Ab 1995	Rezentralisierungsbemühungen in Sachsen-Anhalt und Brandenburg
1997	Wechsel in der Geschäftsführung der Bundesgeschäftsstelle
1998	Einführung einheitlicher Mitgliederausweise
2002	Wahl von Prof. Dr. Gunnar Winkler zum Präsidenten der VS
2006	Verankerung der Doppelfunktion Sozial- und Wohlfahrtsverband in der Satzung Abschaffung des Organs »Geschäftsführender Bundesvorstand«

Quelle: Lattka 2002: 742f.; Springer 1999; Braun 1990: 793; Helwig 2006: 240; Angerhausen 2003; Volkssolidarität 1994a.

V.4 Resümee: Sozialverbände als Interessenvertreter der Älteren

Vor dem Hintergrund des steigenden Anteils älterer Menschen an der Gesamtbevölkerung sowie der tiefgreifenden Sozialstaatsreformen seit 1989 wurde gefragt, ob sich die deutschen Sozialverbände mit ihren rund 2,2 Millionen Mitgliedern zu einer starken Lobby der Älteren entwickeln. Tatsächlich gelang es den ehemaligen Kriegsopferverbänden durch ihre Transformation zu umfassenden Sozialverbänden in vielfacher Weise, die Interessen der Senioren aufzunehmen und öffentlichkeitswirksam zu artikulieren. Dies bedeutet aber nicht, dass die Sozialverbände sich als generationenseparierende, reine Seniorenverbände verstehen, die sich vom Konsens des Generationenvertrages verabschiedet haben. Vielmehr haben sie insbesondere seit den neunziger Jahren weitere sozialstaatliche Klientelgruppen, wie Menschen mit Behinderungen, Patienten, Familien und SGB II-Empfänger, integrieren können.

1. Drittellandschaft der Sozialverbände

Die politische Ausgangskonstellation nach 1945 hat die regional gegliederte Domänenaufteilung zwischen den Sozialverbänden bis ins Jahr 2009 geprägt. Keinem der ehemaligen Kriegsopferverbände ist eine bundesweite flächendeckende Präsenz gelungen. Zugleich kann jedoch auch keiner der Verbände einen Alleinvertretungsanspruch in einer Region für sich reklamieren: Während die Volkssolidarität bislang ihr Wirken auf die ostdeutschen Bundesländer und Ostberlin beschränkt, sind der VdK und der SoVD im gesamten Bundesgebiet vertreten. Die regionalen Hochburgen des SoVD lagen 2008 in Niedersachsen, Schleswig-Holstein und Nordrhein-Westfalen (86 Prozent der Gesamtmitgliedschaft), also in der ehemaligen britischen Besatzungszone. Die Bastionen des VdK konzentrierten sich im Jahr 2008 mit rund 78 Prozent auf den Süden und die Mitte der Republik, also dort, wo amerikanische und französische Alliierte stationiert waren. Beide Verbände konnten sich jedoch bislang infolge der starken regionalen Dominanz der Volkssolidarität nur begrenzt in Ostdeutschland etablieren. Diese regionalen Schwerpunkte der untersuchten Verbände sind symptomatisch für die Sozialverbandslandschaft insgesamt. Dem VdK gelang es vergleichsweise gut, auch in seinen Diasporagebieten in Nord- und Ostdeutschland zu expandieren und damit den Anteil am Gesamtorganisationspotenzial der drei untersuchten Sozialverbände von rund 46 Prozent im Jahr 1992 auf rund 65 Prozent im Jahr 2008 zu erhöhen (Tabelle 37). Die stärksten Einbußen verzeichnet die Volkssolidarität, die seit 1992 mehr als 50 Prozent ihrer Mitglieder verlor, kaum neue Mitglieder werben konnte und damit ihre Position als zweitstärkster Sozialverband einbüßte (Tabelle 37). Ihr ist es bislang kaum gelungen, das Image als »alter Verband« abzulegen.[429]

Tabelle 37: Mitgliederentwicklung der Sozialverbände 1992, 2003 und 2008 im Vergleich

	1992 Absolute Mitgliederzahl	1992 Mitgliederanteil am Gesamtvolumen	2003 Absolut Mitgliederzahl	2003 Mitgliederanteil am Gesamtvolumen	2008 Absolute Mitgliederzahl	2008 Mitgliederanteil am Gesamtvolumen	Prozentuale Veränderung 1992–2008	Prozentuale Veränderung 2003–2008
Sozialverband VdK Deutschland	970.468	46.02%	1.196.819	59,38%	1.463.664	64,6%	Zuwachs rund 50%	Zuwachs rund 22%
Sozialverband Deutschland (SoVD)¹	494.969	23,48%	460.317	22,84%	512.088	22,6%	Zuwachs rund 3,5%	Zuwachs rund 11%
Volkssolidarität¹	642.962	30,50%	358.401	17,78%	288.387	12,7%	Rückgang rund 55%	Rückgang rund 19,5%
Gesamt	2.108.399	100%	2.015537	100%	2.264139	100%	–	–

1　Stand jeweils 31. Dezember des Jahres.

Quelle: Angaben des VdK 2008; der Volkssolidarität 2009, 2007; des SoVD 2008; eigene Berechnungen.

---

429 Dies verdeutlicht ebenfalls das zunehmende Durchschnittsalter der Verbandsmitglieder.

Um die skizzierte regionale Asymmetrie zu überwinden, ihre Schlagkraft zu erhöhen und Synergieeffekte zu erzielen, stellten der VdK und der SoVD mehrfach Überlegungen an, zu fusionieren. Trotz inhaltlich übereinstimmender Programmatik, gleicher Dienstleistungen und ähnlicher Mitgliederstruktur blieben diese Bemühungen bislang jedoch erfolglos.[430] Offensichtlich wirken die seit der Besatzungszeit bestehenden regionalen Verbandskonstellationen und die daraus resultierenden unterschiedlichen Verbandsstrukturen und -kulturen nach wie vor prägend. Ein Fusionsversuch in den Jahren 1998/1999 scheiterte am Widerstand des VdK Bayern, der Einspruch gegen die damals geplante Umbenennung in »Sozialverband Deutschland« erhob. Der einflussreiche bayerische Landesverband fürchtete um das Markenzeichen »VdK« und einen Verlust an Identifikation: »Eine Fusion ist danach nur unter der Konstellation »VdK« auf Bundesebene möglich« (VdK 2002b: 48). Geplant war ein föderaler Verband mit Großvereinsregelung, der seinen Sitz in Berlin haben sollte und dessen Gremien trotz unterschiedlicher Verbandsgröße in einer Übergangszeit paritätisch besetzt werden sollten (SoVD 1999b: 2). Trotz der gescheiterten Vereinigungsbemühungen wurde die politische Kooperation der beiden Verbände fortgeführt, da der sozialpolitische Leistungsabbau der letzten Jahre eine Bündelung aller verfügbaren Kräfte begünstigte (VdK 2002b). Die im Jahr 2004 erneute Initiative blieb trotz des Fusionswillens der beiden Verbandspräsidenten ebenfalls erfolglos. Der VdK-Landesverband Hamburg legte sein Veto ein und befürwortete indessen eine informelle Kooperation der beiden Verbände (SoVD-Zeitung 1/2007).[431] Das Scheitern lässt sich mit finanziellen, organisatorischen und personellen Differenzen erklären. Während der VdK föderal organisiert ist, wurde der SoVD bis ins Jahr 2009[432] zentral geführt. Dass durch die Fusion auf allen haupt- und ehrenamtlichen Ebenen Ämter weggefallen wären, stieß bei vielen Funktionären auf Widerstand. Somit verhinderten zwischenverbandliche Animositäten, innerverbandliche Querelen und der Widerstand einzelner Landesverbände des VdK bislang eine Fusion der beiden Sozialverbände und

---

430 Bereits Anfang der fünfziger Jahre war eine Fusion angestrebt worden, die jedoch am Widerstand der süddeutschen Landesverbände des VdK scheiterte. 1971 wurden abermals Einigungsverhandlungen aufgenommen.

431 Erklärtes Ziel war es, dass die Fusion von unten nach oben erfolgen sollte. Zunächst sollten alle Landesverbände des VdK und SoVD fusionieren, ehe sich die beiden Bundesverbände zusammenschließen (VdK 2006c: 37).

432 Erst im Januar 2009 wurde den Landesverbänden auf einer außerordentlichen Bundesverbandstagung durch eine Satzungsänderung die Möglichkeit eingeräumt, sich unter dem Dach des Bundesverbandes rechtlich zu verselbständigen.

damit die Chance zur Bildung eines größeren und möglicherweise konfliktfähigeren Sozialverbandes.

2. Transformation der Sozialverbände

Die drei untersuchten Sozialverbände blicken auf eine lange Verbandsgeschichte zurück. Der organisatorische Umbauprozess, den alle drei Verbände durchliefen, ist im Kontext historischer Konflikte und Konstellationen zu betrachten. Während die ehemaligen westdeutschen Kriegsopferverbände SoVD und VdK in erster Linie aufgrund verbandsinterner Faktoren den Weg eines inkrementellen Organisationswandels wählten, sah sich die Volkssolidarität einem extrem starken exogenen Veränderungsimpuls durch das Ende der DDR ausgesetzt, der sie zu einem radikalen Organisationswandel zwang (Angerhausen 2003: 51).

2.1 Schleichender Organisationswandel der Kriegsopferverbände

Der VdK und der SoVD, die nach dem Ende des Zweiten Weltkrieges als Kriegsopferverbände gegründet wurden, durchlaufen seit den siebziger Jahren einen inkrementellen Wandlungsprozess, der sich analytisch als *layering*-Strategie bzw. Anbaupolitik beschreiben lässt. Als Reaktion auf ihre »aussterbende« Stammklientel der Kriegsopfer öffneten sie ihre Reihen für Rentner und Menschen mit Behinderungen als neue zusätzliche Zielgruppen. Die stetig wachsende Klientelgruppe der Rentner bot vor dem Hintergrund des tief greifenden Umbaus der Rentenversicherung ein großes Organisationspotenzial. Wenngleich Rentner grundsätzlich bereits seit der Verbandsgründung Mitglieder werden konnten, waren die Verbände bis in die achtziger Jahre von Kriegsopfern und deren kulturellen und materiellen Interessen dominiert. Erst als diese aus den haupt- und ehrenamtlichen Führungsgremien nach und nach ausschieden und junge, von Behinderung betroffene Menschen sowie reformorientierte »junge Ältere« in leitende Positionen gelangten, wurde die Kriegsopferperspektive sukzessive zurückgedrängt. Die Kriegsfolgenbewältigungspolitik rückte in der sozialpolitischen Programmatik neben andere Ziele. Durch die von den Verbänden gewählte Anbaustrategie konnten die Mitgliederzahlen stabilisiert und so auch das Gewicht der Sozialverbände als Akteure in der seniorenpolitischen Arena erhöht werden.

Mitgliederstruktur: Differenziertes Wachstum von VdK und SoVD

Die Sozialverbände VdK und SoVD organisierten im Jahr 2008 neben Kriegs- und Wehrdienstgeschädigten, Hinterbliebenen und Menschen mit Behinderungen in erster Linie Rentner sowie ältere Arbeitnehmer. Anders als Parteien und Gewerkschaften gelingt es ihnen, trotz des nach wie vor hohen Altersschnitts ihrer Mitglieder und der damit korrespondierenden Sterberate zu wachsen und neue Mitglieder vor allem unter den Älteren zu gewinnen. Die meisten Zugewinne erzielen sie in ländlichen Regionen.

Zwischen 2003 und 2008 verbuchte der VdK Deutschland als größter Sozialverband einen Mitgliederzuwachs von rund 22 Prozent (Tabelle 37). Gegenüber dem Jahr 1992 konnte er seine Mitgliederzahlen sogar um rund 50 Prozent erhöhen. Gleichwohl wachsen die Landesverbände unterschiedlich: Insbesondere die Landesverbände Bayern, Rheinland-Pfalz und Hessen-Thüringen haben vom Mitgliederboom profitiert, während Nordrhein-Westfalen und Baden-Württemberg nur in geringem Umfang neue Mitglieder hinzu gewinnen konnten. Auch der SoVD organisierte 2008 rund elf Prozent mehr Mitglieder als 2003 (Tabelle 37), allerdings ist diese Wende in der Mitgliederentwicklung vor allem auf die Einführung von beitragsgünstigen Partner- und Familienmitgliedschaften seit 2002 zurückzuführen.[433] Der erfolgte Mitgliederzuwachs ging folglich nicht mit einem analogen Einnahmenzuwachs einher.

Die sozialpolitische Reformpolitik in den Jahren 2003 und 2004 und der infolge dessen gestiegene sozialrechtliche Beratungsbedarf scheinen das Interessenbewusstsein der Rentner und damit ihre Organisationsbereitschaft stark befördert zu haben. Die positive Mitgliederentwicklung der beiden Sozialverbände lässt sich vor allem auf die stark nachgefragte Rechtsberatung und -vertretung zurückführen (VdK Bayern 2008).[434] Darüber hinaus haben die Sozialverbände die Beitritte durch das Angebot weiterer selektiver Anreize sowie

---

433 Im VdK haben bislang lediglich Baden-Württemberg, Hamburg, Mecklenburg-Vorpommern, Niedersachsen-Bremen sowie das Saarland Familienmitgliedschaften eingeführt.

434 Nach eigenen Angaben hat alleine der VdK Bayern im Jahr 2008 rund 160.000 sozialrechtliche Beratungsgespräche durchgeführt, 65.000 Anträge bei Sozialbehörden gestellt, in 25.000 Fällen Widerspruch eingelegt und 10.410 Mitglieder vor Sozialgerichten vertreten (VdK Bayern 2008).

durch eine höhere Kampagnenorientierung gefördert. Gleichwohl schöpfen sie das gesamte Organisationspotenzial der größer werdenden und heterogenen Bevölkerungsgruppe Rentner bislang noch bei weitem nicht aus. Von den rund 19 Millionen Rentnern in Deutschland waren im Jahr 2008 rund 1,45 Millionen der über 60-Jährigen und damit acht Prozent in den untersuchten Sozialverbänden organisiert (Tabelle 38 und Tabelle 2).[435]

Entwicklung der Solidargemeinschaften zu multiplen Dienstleistungsverbänden

Die Sozialverbände sind wie alle großen Mitgliederorganisationen zunehmend mit einer in hohem Maße heterogenen Mitgliederstruktur konfrontiert. Anders als in der Nachkriegszeit organisieren sie nicht mehr nur eine relativ homogene Gruppe wie zuvor die Kriegsopfer. Diese verband das gemeinsame Interesse an einer Entschädigung für ihre gesundheitlichen Beeinträchtigungen durch den Kriegseinsatz; eine Interessenlage, die vergleichsweise einfach durch die Verbandsführung aggregiert werden konnte. Neue Mitgliedergruppen mit spezialisierten und differenzierten Ansprüchen sind demgegenüber schwerer zu bündeln (Streeck 1987: 477). Die Verbände können heute nicht mehr auf eine Art kollektive Solidarität ihrer Mitglieder zurückgreifen. Erkennbar ist dies an der hohen Fluktuation: Im VdK Berlin-Brandenburg betrug diese zwischen 2000 und 2005 rund 70 Prozent (VdK Berlin-Brandenburg 2005: 25). Als Freiwilligenverbände sind sie mit dem Trittbrettfahrerproblem konfrontiert. Darauf reagieren sie sowohl durch selektive Anreize wie auch durch vergemeinschaftende Integrationsangebote (Engel 2001). Dazu zählen Dienstleistungsangebote wie Einkaufsvorteile, vergünstigte Gruppenversicherungsverträge und Erholungsangebote. Letztlich entwickeln sich die Verbände so zu einer Art »Sozial-ADAC«. Das Selbstverständnis als »Service-Zentrale« erfordert eine höhere Effizienzorientierung im Sinne eines systematischen Rechnungswesens, professionalisierten Personals und einer Funktionsauslagerung in Dienstleistungszentren (vgl. Streeck 1987: 478f). Diese Ökonomisierungstendenzen können jedoch negativ auf die Vergemeinschaftsfunktion der Sozialverbände zurückwirken und das Verständnis und Verhalten einer reinen Anbieter-Kunden-Beziehung forcieren. Im Zuge der erweiterten unternehmerischen Aktivitäten

---

435 In der Volkssolidarität hatten mehr als 88 Prozent der Mitglieder das 60. Lebensjahr überschritten, beim SoVD und VdK jeweils rund 60 Prozent.

können die ideellen und politischen Ziele zunehmend an Bedeutung verlieren. Infolgedessen sinkt die Bindekraft der Wertegemeinschaft und die Motivation, sich in solchen zunehmend dienstleistungsorientierten Verbänden zu engagieren (Prott 2008). Gegenwärtig zählt der beitragsfinanzierte Sozialrechtsschutz zu den Hauptanreizen, eine Mitgliedschaft aufzunehmen. Falls es den Verbänden nicht gelingt, die Mitglieder auch nach dem Abschluss ihres Verfahrens an sich zu binden, wirkt sich dies nicht nur negativ auf die (finanziellen) Organisationsressourcen aus, sondern wäre ebenso ein Hinweis auf die sinkende soziale Integrationskraft der Sozialverbände, die eine der wesentlichen Funktionen von intermediären Organisationen und eine ihrer Hauptlegitimationsgrundlagen für die politische Interessenvertretung darstellt.

2.2 »Radikaler Organisationswandel«[436] der Volkssolidarität

Für die Volkssolidarität stellt sich die grundlegende Frage, wie sie sich als ehemalige DDR-Massenorganisation im gesamtdeutschen sozialpolitischen Verbändesystem positioniert, um ihr Überleben zu sichern.[437] Mit dem Systemwechsel veränderten sich die rechtlichen Grundlagen ihrer Arbeit, die Ressourcenzugänge, der Kreis der relevanten Bezugsgruppen sowie die Qualitätsstandards, an denen ihre soziale Arbeit gemessen wurde. Infolge der Größendimension der Umweltveränderungen auf der strukturellen wie auch der symbolischen Ebene konnte sich die VS Mitte der neunziger Jahre nicht darauf beschränken, lediglich einen inkrementellen Organisationswandel innerhalb ihrer bestehenden Deutungsmuster zu betreiben (Angerhausen 2003).[438] Neben dem Aufbau einer demokratischen Organisation, die auf

436 Radikaler Wandel erfolgt in drei Phasen: Zu Beginn werden die tief verwurzelten Orientierungen der Organisationsmitglieder aufgelockert (unfreezing). In der daran anschließenden Phase des Wandels werden die alten Orientierungen in Frage gestellt und neue Ideen eingebracht, unterschiedliche Gruppen streiten um die Deutungsmacht (movement). In der Stabilisierungsphase werden die neuen Orientierungen dann handlungsleitend (Lewin (1951) nach Angerhausen 2003: 307).

437 »Der Status als politisch eher unwichtige gesellschaftliche Organisation ohne Mandat in der Volkskammer ersparte ihr die Abwicklung« (Angerhausen 2003: 311).

438 Die Volkssolidarität musste sich auch eine neue Rechtsform geben und eine neue Aufgabenteilung und neue Abstimmungsverfahren innerhalb ihrer Untergliederungen entwickeln, um sich an westdeutsche Standards anzupassen und sich angesichts der Konkurrenzsituation auf dem Feld der freien Wohlfahrtspflege etablieren zu können (ebd. 2003: 159).

einem nicht-paternalistischen Aufgabenverständnis basiert, war der Verband auf der Suche nach einem neuen Profil. Dieses sollte den »Erwartungen etwa der Mitglieder an »Heimat«, Traditionsanbindung und Geselligkeit, der Untergliederungen an professionelle Unterstützung und Autonomie, der Akteure aus Politik, Verwaltung und freier Wohlfahrtspflege an die Fachlichkeit oder die politische Integrität Rechnung« tragen (ebd.: 171).[439] Somit waren neue Formen der Koordination, der Partizipation und Gemeinschaftsbildung für die Untergliederungen, die sozialen Dienste und die Mitglieder zu entwickeln, um den Organisationsbestand trotz ihrer durch die Rolle als DDR-Massenorganisation belasteten politischen Reputation sowie des in der Wendezeit vorhandenen Mangels an qualifizierten Mitarbeitern zu sichern (ebd.: 171, 306). Die Volkssolidarität vollzog in dieser Situation einen weitgehenden Identitätswandel: Sie blieb ein Mitgliederverband und ein Träger sozialer Dienste, allerdings mit einem neuen Aufgaben- und Selbstverständnis, und sie bildete eine neue Teilidentität als Interessenvertretung (ebd.: 301). Nachdem mit der Aufnahme in den DPWV im Jahr 1990 der erste Schritt einer Etablierung als freier Wohlfahrtsverband in den neuen Bundesländern geglückt war, galt es in den Folgejahren, diesen Weg zu konsolidieren. Der Verband war wirtschaftlich wie auch strukturell zu stärken sowie als Mitgliederverband zu stabilisieren. Es gelang der VS bis ins Jahr 2008 jedoch nur begrenzt, jüngere Mitglieder zu gewinnen, um so den fortschreitenden Überalterungs- und Schrumpfungsprozess aufzuhalten: Von 1992 bis 2008 hat sich die Zahl ihrer Mitglieder mehr als halbiert (Tabelle 37). Zugleich erhöhte sich das durchschnittliche Alter der Mitglieder auf rund 72 Jahre. Langfristig ist die Volkssolidarität mit dem Problem konfrontiert, ihre einstige Mitgliederstärke als Wettbewerbsvorteil gegenüber anderen Wohlfahrtsverbänden und als Legitimationsbasis für ihre Positionierung als ostdeutscher sozialpolitischer Interessenvertreter zu verlieren. Um dem Verlust ihrer Legitimationsgrundlage entgegenzuwirken, versucht die Volkssolidarität die Bereiche Mitgliederverband und sozialpolitische Interessenvertretung zu stärken und tritt seit einer Satzungsänderung im Jahr 2006 offiziell als Sozial- *und* Wohlfahrtsverband auf. Allerdings kann eines der zentralen Werbeinstrumente von VdK und SoVD, die Sozialrechtsvertre-

---

439 Angerhausen verweist an dieser Stelle auf Gersick (1991), der den Unterschied zwischen schleichendem Wandel und radikalem Wandel analog zu einem Spiel erklärt. Ein Spiel verändert sich, wenn die Spieler im Laufe der Zeit ihre Spielweise und Strategie im Rahmen der Spielregeln verändern. Bei einem radikalen Wandel würden dagegen die Spielregeln geändert.

tung, aufgrund fehlender Ressourcen und aus rechtlichen Gründen in Anbetracht ihrer Doppelfunktion als Sozial- und Wohlfahrtsverband nicht angeboten werden.[440] Mit Blick auf die Mitgliederrekrutierung und Organisationsloyalität kann es im Olsonschen Sinne als problematisch angesehen werden, dass die VS ihren Mitgliedern, abgesehen von den Geselligkeitsangeboten auf lokaler Ebene, gegenwärtig nur wenige selektive Anreize wie etwa vergünstigte Eintrittspreise zu kulturellen Veranstaltungen anbietet.

3. Gemeinsamkeiten der drei Sozialverbände

Bei allen Unterschieden hinsichtlich eines schleichenden bzw. radikalen Organisationswandels lassen sich zahlreiche Gemeinsamkeiten zwischen den Sozialverbänden erkennen, die sich sowohl auf die strategische Weiterentwicklung der Organisationsstruktur als auch auf die schwierige Aufgabe beziehen, Mitglieder für die ehrenamtliche Gremienarbeit zu gewinnen.

3.1 Rückläufiges ehrenamtliches Engagement

Zwar verzeichnen der VdK und der SoVD im Gegensatz zur Volkssolidarität Mitgliederzuwächse, doch entgegen dem gesellschaftlichen Trend eines steigenden bürgerschaftlichen Engagements älterer Menschen (Heinze 2006: 46) nimmt in allen drei Verbänden die Bereitschaft ab, ein Ehrenamt zu übernehmen. Während sich in der Volkssolidarität im Jahr 2008 rund elf Prozent der Mitglieder ehrenamtlich aktiv in das Verbandsleben und die Wohlfahrtseinrichtungen einbrachten, engagierten sich im VdK und SoVD nur rund 4,4 bzw. 3,9 Prozent der Mitglieder in den Gremien auf Orts-, Kreis-, Landes- und Bundesebene.

Vom sinkenden Engagement sind insbesondere die Ortsverbände und -gruppen betroffen, in denen immer weniger Mitglieder dauerhaft eine Funktion übernehmen wollen. Speziell für noch berufstätige Mitglieder sowie für »junge Alte« scheint das Ortsverbandsleben wenig attraktiv zu sein.

---

440 Dem Rechtsdienstleistungsgesetz zufolge dürfen Verbände der freien Wohlfahrtspflege wie die Volkssolidarität ausschließlich eine Sozialrechtsberatung, jedoch keine Rechtsvertretung vor Gericht durchführen. Der Klient kann sich sozialrechtlich beraten lassen, im Falle eines Prozesses muss er sich jedoch von einem Rechtsanwalt vertreten lassen.

Aktivitätsangebote vor Ort, wie Ausflüge, Adventsfeiern und Seniorennachmittage, richten sich häufig an die über 70-jährigen Mitglieder.[441] Sozialpolitische Veranstaltungen werden von den Ortsverbänden vergleichsweise selten durchgeführt. Auffallend ist der anhaltende Rückgang von Ortsverbänden und -gruppen in allen untersuchten Sozialverbänden. Im Hinblick auf ein aktives Verbandsleben vor Ort stehen die Mitgliederorganisationen vor einem Nachwuchsproblem. In der VS steigt darüber hinaus das Durchschnittsalter der Engagierten überproportional: Im Jahr 2005 war ein ehrenamtlich engagiertes Mitglied durchschnittlich 69,3 Jahre alt (Niederland 2005b). Darüber hinaus engagieren sich insbesondere im VdK und SoVD mehrheitlich Männer in den Vorständen auf Orts- und Kreisebene: Je höher und verantwortungsvoller die Führungsposition in der Verbandshierarchie, desto weniger Frauen sind dort tätig.[442] Vor diesem Hintergrund ist die Wahl einer Frau an die Spitze des VdK als Besonderheit zu bewerten.

Zurückzuführen ist das rückläufige ehrenamtliche Engagement in den Sozialverbänden auf die veränderte Motivlage bürgerschaftlich engagierter Menschen: Während beim »klassischen« Ehrenamt die Beteiligten ihre ehrenamtliche Tätigkeit über lange Zeiträume ausüben und das Ehrenamt *für andere* im Vordergrund steht, gewinnt beim »neuen Ehrenamt auch der eigene Nutzenanteil stärkere Bedeutung (»Gemeinsam mit anderen für sich und andere«)« (BAGSO 2005b: 240). Um die Attraktivität zur Übernahme eines Ehrenamtes zu erhöhen, fördern die Sozialverbände in ersten Ansätzen eine verbesserte Motivations- und Anerkennungskultur, indem sie beispielsweise besonders Engagierte für ihr Wirken auszeichnen oder zunehmend Weiterbildungen und Schulungen anbieten. Gleichwohl scheint eine systematische Kultur der Anerkennung bislang noch nicht etabliert zu sein. Entsprechend der Tendenz, dass die Partizipationserwartungen der Älteren anspruchsvoller werden und diese mehr Wert auf selbstorganisierte und selbstbestimmte Formen richten (Heinze 2006: 49), kann eine Erweiterung der bislang traditio-

---

441 Gleichwohl sind Entwicklungsprozesse erkennbar: So bietet die Volkssolidarität beispielsweise auf der Ortsebene Interessengruppen für Malerei oder PC-Kurse an, um ihre Angebote auf die Bedürfnisse der Mitglieder abzustimmen. Der Landesverband Berlin präsentiert auf seiner Homepage eine Datenbank für Betätigungsangebote im ehrenamtlichen Bereich der Volkssolidarität. Dort kann gezielt je nach Interessenschwerpunkt und Bezirk nach ehrenamtlicher Beschäftigung gesucht werden. Diese reicht vom klassischen Besuchsdienst über Hausaufgabenbetreuung bis hin zum Aufbau einer interkulturellen Stadtteilzeitung.

442 VdK und SoVD bemühen sich um ein stärkeres Engagement von Frauen und haben im Jahr 2008 diesbezüglich einen Leitfaden konzipiert.

nell hierarchisch strukturierten Ortsverbände neue, zusätzliche Beteiligungsmöglichkeiten schaffen. Als Beispiel können die Interessengruppen der Volkssolidarität angeführt werden, die sich stärker entsprechend der Interessen der Mitglieder anstatt nach dem Territorialprinzip organisieren (Steinäcker 2006: 13).[443]

3.2 Organisationskonflikte

In den untersuchten Sozialverbänden finden weniger inhaltliche Richtungskämpfe als vielmehr Kontroversen um den richtigen organisationspolitischen Weg statt. Im SoVD entzündete sich im Jahr 2003 ein Konflikt über die zentrale Organisationsstruktur und den Finanzausgleich zwischen den Landesverbänden. Die beiden größten Landesverbände Niedersachsen und NRW streben seitdem eine Verselbständigung an, um eigenständiger und vermeintlich effizienter handeln zu können (SoVD Niedersachsen 2003: 138). Der Bundesverband wie auch viele kleinere Landesverbände hegen gegenüber diesem Bestreben große Skepsis, da sie die Schwächung des Gesamtverbandes befürchten.[444] Im VdK hingegen bestehen Konfliktlinien entlang der Frage, welche thematischen Schwerpunkte gelegt werden sollen und wie dabei die Interessenvertretung von Menschen mit Behinderungen profiliert werden kann. Ursache für interne Querelen gründen auf der Unzufriedenheit vieler Landesverbände mit der Führung des Altpräsidenten Hirrlinger. Dieser hatte lange das Bild des Rentnerverbandes in der Öffentlichkeit ge-

---

443 Da davon auszugehen ist, dass ein Bürger umso eher ehrenamtlich tätig wird, je gehobener der bildungsbezogene, berufliche und ökonomische Status ist (Heinze 2006: 48), wäre in künftigen Studien zu prüfen, inwiefern aus dieser Korrelation ein Hindernis für das ehrenamtliche Engagement in den Sozialverbänden erwächst. Dazu ist das sozio-ökonomische Profil der Verbandsmitglieder zu erheben und zu prüfen, ob überdurchschnittlich viele Mitglieder einen bildungsfernen und unterdurchschnittlichen ökonomischen Status haben.

444 Gleichwohl wurde den Landesverbänden auf der Bundesverbandstagung 2009 die Möglichkeit eingeräumt, sich als eigenständige Vereine unter dem Dach des Bundesverbandes neu zu firmieren. Die Landesverbände Nordrhein-Westfalen, Schleswig-Holstein und Berlin-Brandenburg werden die Eintragung als eigenständiger Verein voraussichtlich im Jahr 2009 vollziehen, der größte Landesverband Niedersachsen folgt voraussichtlich im Frühjahr 2010. Die Föderalisierungstendenzen können als Lernprozesse charakterisiert werden. Der Verband passt sich imitational an die Strukturen des Regierungssystems und anderer Verbände an, um beispielsweise positive Berücksichtigung bei der Vergabe öffentlicher Landesmittel zur Projektförderung zu bekommen.

prägt. Für viele kam die Themenvielfalt des VdK nur unzureichend zum Ausdruck. Die Kritik an Hirrlinger spiegelte sich in seinen Wahlergebnissen wider: War er 1998 noch mit rund 97 Prozent im Amt bestätigt worden, erhielt er auf dem Bundesverbandstag 2006 »nur« noch rund 80 Prozent der Stimmen (VdK 2002b: 34; VdK 2006c). Ebenso sorgt die finanzielle und konzeptionelle Übermacht der Bayern bei vielen anderen Landesverbänden für Unmut. Dies kam auch bei der Wahl zur Bundesvorsitzenden 2008 zum Ausdruck: Die bayrische Landeschefin Ulrike Mascher erhielt lediglich 74 Prozent der Stimmen.

In der Volkssolidarität wiederum konzentriert sich der Konflikt auf die strukturelle Ausrichtung als Wohlfahrts- *und* Sozialverband. Einige Untergliederungen hinterfragen kritisch, weshalb ein Schwerpunkt auf die Mitgliederpflege und sozialpolitische Interessenvertretung zu legen sei, wenn doch der Wirtschaftsbetrieb auch ohne weitere Bemühungen entsprechend funktioniere. Damit stellen sie die wesentliche Legitimationsbasis für die Existenz der Volkssolidarität als Sozialverband in Frage.

Alle drei Sozialverbände haben ihre Arbeitsweise in den Geschäftsstellen durch moderne Kommunikationsmittel, ein betriebliches Rechnungswesen und eine klare Aufgabenteilung professionalisiert, um die Beitragsmittel effektiver einzusetzen. Gleichwohl ließen sich im Jahr 2008 weiterhin Defizite der Professionalisierung feststellen. Weder der VdK als größter Sozialverband noch die Volkssolidarität verfügen über eine verbandsweite, einheitliche Mitgliederverwaltung, da in den Gliederungen mit unterschiedlichen EDV-Systemen gearbeitet wird. In der Volkssolidarität und im SoVD ist es bis zum Jahr 2009 nicht gelungen, ein einheitliches Erscheinungsbild bis in alle Untergliederungen zu verankern (Volkssolidarität 2004a: 8). Und infolge der weiterhin hohen Bedeutung der Hauskassierung hat sich in der Volkssolidarität bislang noch kein einheitlicher Mitgliedsbeitrag durchsetzen können. Doch ist Professionalisierung automatisch als positiver Prozess zu denken? Sind nicht gleichermaßen negative Folgen für die Vergemeinschaftung damit verbunden? So wird beispielsweise durch die Umstellung von der Hauskassierung zum Bankeinzugsverfahren der direkte regelmäßige Kontakt zum Mitglied geschwächt und damit neue Methoden der Mitgliederbindung notwendig. Sozialverbände stehen wie alle Mitgliedergroßorganisationen vor der Herausforderung, das Spannungsverhältnis zwischen Ökonomisierungserfordernissen auf der einen Seite und sozialer Integration der Mitglieder auf der anderen Seite auszubalancieren.

Bislang sind stringente Organisationsentwicklungsprozesse in den Sozialverbänden nur begrenzt erkennbar. Es scheint unklar, in welche Richtung
sich die Verbände entwickeln und worauf der Schwerpunkt der Arbeit inhaltlich wie auch funktional gelegt werden soll. Ist die Vergemeinschaftungs-
funktion wieder stärker in den Vordergrund zu rücken oder der »soziale
ADAC« voranzubringen? Soll man sich auf die Organisation älterer Menschen konzentrieren oder den Weg zum umfassenden Sozialverband konsequent weitergehen? Bislang scheinen strategische Fragen zur weiteren Organisationsentwicklung nicht gestellt zu werden.

4. Organisationsunterschiede

Neben einer Reihe von Gemeinsamkeiten weisen insbesondere VdK und
SoVD wesentliche Unterschiede sowohl in der Binnenstruktur (beispielsweise in der Mitglieder-, Alters- und Dienstleistungsstruktur) als auch im Hinblick auf die inhaltliche Auseinandersetzung mit sozialpolitischen Sachfragen auf. Beide ehemaligen Kriegsopferverbände kennzeichnet seit rund
sechzig Jahren ein unterschiedlicher Organisationsaufbau: Während der
VdK seit 1950 föderal gegliedert ist und die Finanzautonomie den Landesverbänden übertragen wurde, war im zentral strukturierten SoVD bis ins
Jahr 2009 einzig der Bundesverband als eingetragener Verein registriert. Darüber hinaus ist die unterschiedliche Bedeutung des sozialpolitischen Ausschusses im Bundesverband bemerkenswert: Während dieser im VdK infolge
der Dominanz des zwischen 1990 und 2008 amtierenden Verbandspräsidenten eine marginale Rolle spielte, fungiert er im SoVD bereits seit Jahrzehnten
– in Zusammenarbeit mit der Abteilung Sozialpolitik – als sozialpolitischer
Motor des Verbandes. Nicht alleine Verbandsfunktionäre bringen ihre sozialpolitischen Ideen ein, sondern der SoVD ist dazu übergegangen, externe
Experten, darunter den ehemaligen Direktor der BfA, ehemalige hohe Gewerkschaftsfunktionäre oder ausgeschiedene Mitglieder des Deutschen Bun-
destags für eine Mitarbeit zu gewinnen. Der SoVD hat sich in der Vergangenheit stärker als der VdK bemüht, externen Sachverstand für seine
konzeptionelle Ausrichtung heranzuziehen. Während der VdK in der Hirr-
linger-Ära einem pragmatischen Politikverständnis folgte, richten der SoVD
und die Volkssolidarität ihre Sozialpolitik konzeptioneller und pointierter
aus und sind bestrebt, neue Konzepte, wie etwa die Erwerbstätigenver-

Tabelle 38: Organisationsaufbau und Merkmale der Sozialverbände

	Sozialverband VdK Deutschland	Sozialverband Deutschland	Volkssolidarität
Verbandstypus	Sozialverband	Sozialverband	Wohlfahrts- und Sozialverband
Gründung	1950 als Kriegsopferverband, Nachfolgeorganisation des BKD	1917 als Reichsbund 1946 Wiedergründung als Kriegsopferverband	1945 als Volkssolidarität gegen Winternot
Mitgliederzahl 2008[1]	Rund 1,45 Mio.	Rund 512.000	288.837
Mitgliederentwicklung	Steigend 1992–2008 um rund 50% 2003–2008 um rund 22%	Steigend 1992–2008 um rund 3,5% 2003–2008 um rund 11%	Fallend 1992–2008 um rund 55 Prozent 2003–2008 um rund 19,5 Prozent
Anteil 60plus 2008	Rund 60 Prozent	Rund 60 Prozent	Rund 88 Prozent
Altersstrukturentwicklung	Verjüngung	Verjüngung	Fortlaufende Überalterung
Regionale Hochburgen	Süddeutschland (Bayern)	Norddeutschland (Niedersachsen)	Ostdeutschland
Organisationsgrad in Hochburgen nach Wohnbevölkerung 2007	Bayern: 4,3%	Schleswig-Holstein: rund 3,3% Niedersachsen: 3,1%	Mecklenburg-Vorpommern: rund 3,5% Sachsen: rund 1,7%
Formale Organisationsstruktur	Föderal strukturierter Verband	Bis 2009 zentral regulierter Föderalismus im Verband	Föderal organisierter Verband Hohe rechtliche und ökonomische Dezentralisierung bis auf Kreisverbandsebene
	Landesverbandsspezifischer Mitgliedsbeitrag	Bundeseinheitlicher Mitgliedsbeitrag	Dezentrale Beitragserhebung vorwiegend durch Hauskassierung
Hauptamtliche Mitarbeiter 2008	Rund 1.500 Mitarbeiter	Rund 660 Mitarbeiter	Rund 16.400 Mitarbeiter (inkl. sozialer Einrichtungen), Rund 360 Beschäftigte im Sozialverband
Zahl der Mitglieder pro Hauptamtlichem	Ca. 950 Mitglieder	Ca. 775 Mitglieder	Ca. 800 Mitglieder

	Sozialverband VdK Deutschland	Sozialverband Deutschland	Volkssolidarität
Ehrenamtliche 2008	Rund 64.000 Rund 4,4 Prozent der Mitglieder	Rund 19–20.000 Rund 3,9 Prozent der Mitglieder	Rund 30.600 Rund 11 Prozent der Mitglieder
Besondere Dienstleistungen	Sozialrechtsberatung und -vertretung*	Sozialrechtsberatung und -vertretung*	Sozialberatung
Lobbyarbeit	Pragmatische, kompromissorientierte Forderungen	Alternativkonzepte wie die Erwerbstätigenversicherung	Alternativkonzepte wie die Bürgerversicherung in der Kranken- und Pflegepolitik
	Mitgliedschaft in Beiräten der Ministerien	Mitgliedschaft in Beiräten der Ministerien	Keine Mitgliedschaft in Beiräten der Ministerien
	Geringe Zusammenarbeit mit der Wissenschaft	Sporadische Zusammenarbeit mit der Wissenschaft	Ausgeprägte Zusammenarbeit mit dem SFZ und der Wissenschaft
Strategische Allianzen	Eingeschränkte Kooperationsbereitschaft	Hoher Kooperationswille mit der VS und Gewerkschaften	Hoher Kooperationswille mit anderen Verbänden wie dem SoVD und ver.di
	Netzwerk Rente Netzwerk Gesundheit	Netzwerk Rente Netzwerk Gesundheit	Netzwerk Rente Netzwerk Gesundheit
Besondere Kennzeichen	Personelle Kontinuitäten der ehrenamtlichen Verbandsführung Größte Mitgliederdynamik	Größte Verbandskrisen Rekrutierung externen Sachverstands für den SPA	Mischstruktur als Wohlfahrts- und Sozialverband Ostdeutsche Stimme: nahezu flächendeckende Verankerung
	»Südverband«	»Nordverband«	»Ostverband«

1 Stand jeweils 1. Januar des Jahres.

* In Einzelfällen können im Rahmen der Prozessvertretung Gebühren und sonstige Kosten für die Mitglieder entstehen.

Quelle: Angaben der Sozialverbände; eigene Recherchen.

sicherung in der gesetzlichen Rentenversicherung, in die öffentliche Diskussion einzubringen. Der SoVD wird in dieser Hinsicht jedoch von der Volkssolidarität eingeholt. Der ostdeutsche Verband bemüht sich auf drei Ebenen, stärker in das Blickfeld der politischen Entscheidungsträger zu gelangen:

Erstens wird ein besserer Zugang zu den Entscheidungszentren auf Bundesebene durch eine aktive Netzwerkbildung forciert.[445] Ebenso soll durch
eine hochfrequente Pressearbeit die überregionale Medienpräsenz als origi-
närer ostdeutscher Seniorenverband ausgebaut werden. Drittens veranstaltet die Volkssolidarität regelmäßig eigene Veranstaltungsreihen, wie die sozialpolitischen Fachgespräche, um sozialpolitische Konzepte einer breiten
Fachöffentlichkeit zu präsentieren. Bislang ist es dem Wohlfahrts- und Sozialverband jedoch durch seine regionale Konzentration in Ostdeutschland,
seine vergleichsweise »junge« bundespolitische Präsenz sowie aufgrund von
Vorbehalten vieler politischer Entscheidungsträger und Medien gegen die
ehemalige DDR-Massenorganisation nicht gelungen, an den Bekanntheitsgrad des VdK anzuknüpfen. Eine Zusammenfassung der wesentlichsten
hier skizzierten Gemeinsamkeiten und Unterschiede der Sozialverbände
bietet Tabelle 38.

5. Einflusspotenzial: Sozialverbände als *pressure groups*

Die zu Beginn geäußerte Vermutung eines zunehmenden expliziten Einflusses der Sozialverbände auf Entscheidungsprozesse in der Renten-, Pflege- und
Gesundheitspolitik ist alles in allem zu relativieren. Zwar zeigen die steigenden Mitgliederzahlen, dass Senioren aufgrund ihres gemeinsamen Interesses
an Rentensteigerungen und einer guten gesundheitlichen Versorgung durchaus artikulations- und mobilisierungsfähig sind. Gleichwohl konnten die Sozialverbände trotz ihrer Rekrutierungserfolge bislang nur begrenzte materielle
Erfolge für die Älteren erzielen. Doch scheinen sie mit ihrer Politik der Besitzstandswahrung vergleichsweise erfolgreich zu sein, da das Gros der gegenwärtigen rentenpolitischen Einschnitte erst die künftigen Rentnergenerationen
betreffen wird.[446] Während in der regulativen wie auch distributiven Politik
für Menschen mit Behinderungen ein Gestaltungspotenzial von SoVD und

---

445 Neben persönlichen Gesprächen am Rande von Fachveranstaltungen gibt die Volkssolida-
    rität beispielsweise Stellungnahmen zu Gesetzesentwürfen ein, obwohl sie nicht dazu auf-
    gefordert wurde.
446 Gleichwohl ist die weitgehende Besitzstandswahrung nicht alleine auf das Wirken der
    Sozialverbände zurückzuführen. Da generell von einem Interesse der politischen Entschei-
    dungsträger auszugehen ist, wiedergewählt zu werden, und die Älteren einen hohen Anteil
    an der Wahlbevölkerung haben, denken jene implizit mögliche Folgen eines Leistungsab-
    baus für diese Sozialstaatsgruppe mit (Pierson 1994).

VdK nachgewiesen wurde (Spörke 2008, Hammerschmidt 1992), spielen die Sozialverbände in der distributiven Renten- wie auch in der Gesundheits- und Pflegepolitik eine vergleichsweise marginale Rolle.[447] Von Politik und Verwaltung werden VdK und SoVD insbesondere in die Beratungen und Beiräte zur Gestaltung einer Politik für Menschen mit Behinderungen einbezogen und als deren Interessenvertreter wahrgenommen.[448]

Dagegen gelingt es den Verbänden nur begrenzt, in der distributiven Sozialpolitik eine vergleichbare Position einzunehmen. Je weniger Gestaltungsmacht und direkten Zugang zum Regierungssystem ein Verband in der sozialpolitischen Arena besitzt, desto eher setzt er den Schwerpunkt auf seine Thematisierungskompetenz mittels einer offensiven Öffentlichkeitsarbeit (vgl. Hackenbroch 1998: 164). Die »latente« Macht der zunehmenden Gruppe älterer Wähler nutzen sie in sozialpolitischen Debatten als Drohkulisse, indem sie medienwirksam die politischen Entscheidungsträger vor einer Mobilisierung ihrer mehrheitlich verrenteten Mitglieder warnen.[449] Durch eine intensive Medienarbeit können Verbände darüber hinaus ihren Mitgliedern das Bild einer starken Interessenvertretung vermitteln, um sich letztlich deren Loyalität zu sichern. Alle untersuchten Sozialverbände räumen der Öffentlichkeitsarbeit einen hohen Stellenwert ein und bauten diesen Bereich sukzessive aus. Dies ist unter anderem an der gestiegenen Anzahl der durchgeführten Pressekonferenzen festzumachen. Als ostdeutscher Sozialverband ist die Volkssolidarität am wenigsten in bundespolitische Netzwerke und in den Beiräten der Bundesministerien vertreten. Daher versucht sie, über eine frequentierte Öffentlichkeitsarbeit auf sich aufmerksam zumachen: Zwischen 2004 und April 2008 gab die Volkssolidarität 408 Pressemeldungen heraus. Der wesentlich größere und bundespolitisch einflussreichere VdK, der enge und routinierte Kontakte zur Verwaltung und Politik unterhält,

---

447 Gleichwohl ist anzumerken, dass auch die Koppelung von Gewerkschaften und sozialdemokratischer Partei in der zweiten rot-grünen Amtsperiode unter den Bedingungen ökonomischer Knappheitsbedingungen abgenommen hat (Weßels 2007: 161ff).

448 Die beiden Sozialverbände sind sowohl Mitglied des Beirat für die Teilhabe behinderter Menschen im BMAS sowie des Beratenden Ausschusses für behinderte Menschen bei der Bundesagentur für Arbeit. Infolge ihrer Gründung als Kriegsopferverbände wirken sie ebenso im Bundesausschuss der Kriegsbeschädigten- und Kriegshinterbliebenenfürsorge beim BMAS mit.

449 Auch die institutionalisierten Zugänge von VdK und SoVD zu den politischen Entscheidungsträgern wie auch die persönlichen Kontakte sind weniger auf deren offensiven Druck zurückzuführen, als vielmehr darauf, dass die Politik infolge der zunehmenden Anzahl älterer Menschen darauf bedacht ist, einen angemessenen Umgang mit dieser Wählergruppe zu pflegen und ihr zu signalisieren, dass sie ihre Interessen berücksichtigt.

veröffentlichte hingegen nur 235 Pressemeldungen. Auch wenn die Zahl seiner Pressemeldungen im Vergleich zur Volkssolidarität niedriger ausfällt, wird er als größter Sozialverband häufiger in der überregionalen Presse zitiert und genießt laut Marktforschungsunternehmen GfK einen weitaus höheren Bekanntheitsgrad als Volkssolidarität oder SoVD (GfK 2008).

Einflussstrategien: generationenübergreifendes Selbstverständnis und Handeln

Die Sozialverbände werden in der Öffentlichkeit vor allem als Anwälte der Senioren wahrgenommen (Der Spiegel 7.10.2003). Sie selbst verstehen sich jedoch als generationenübergreifende Organisationen, die die Interessen aller sozial benachteiligten Menschen vertreten. Sie unterstreichen bereits in ihren Satzungen, dass sie keine einseitige Politik im Sinne verrenteter Gesellschaftsmitglieder betreiben. Dass sie nicht allein Rentnerinteressen vor Augen haben, ist auch daran zu erkennen, dass beispielsweise der VdK im Jahr 2008 eine bundesweite Kampagne gegen Kinder- und Altersarmut startete (VdK 2008c). Eine Politik, die die Balance der Generationensolidarität gefährden und aus dem Gleichgewicht bringen könnte, vermeiden alle Sozialverbände. Eine offensive Interessenpolitik für Senioren trägt die Gefahr in sich, gesellschaftlich zu separieren und einen gegnerischen Interessenverband der jüngeren Generation zu provozieren. Daher verfolgen die Sozialverbände insgesamt eine integrativ-befriedende Strategie, um an politischen Entscheidungen beteiligt zu sein und ihre noch erwerbstätigen Mitgliedergruppen nicht zu verlieren.

6. Kooperation und Konkurrenz

Die Sozialverbände verstehen sich trotz ihrer gestiegenen öffentlichen Präsenz in der Seniorenpolitik nicht als Konkurrenten der Gewerkschaften und Wohlfahrtsverbände. Vielmehr unterhalten sie verschiedenartige Kooperationen wie das 2006 vom DGB initiierte »Netzwerk für eine gerechte Rente«. Im Jahr 2007 legten der DGB, die Volkssolidarität und der SoVD ein gemeinsames Konzept zur Erwerbstätigenversicherung vor (SoVD 2007a). Durch die Zusammenarbeit mit ressourcenstarken Partnern wie den Gewerkschaften oder Wohlfahrtsverbänden können die Sozialverbände ihre Defizite hinsichtlich expliziter politischer Durchsetzungsfähigkeit kompensieren, wenn beide Kooperationspartner ähnliche Ziele verfolgen und sich von der Zusammenarbeit interessenpolitische Vorteile versprechen (Münchow 2005: 43). Verbände agieren generell in einem Spannungsfeld von Kooperation und Konkurrenz: Einerseits sind sie gefordert, Bündnisse im Sinne einer verbesserten Durchsetzungsstrategie zu organisieren, anderseits sind sie mit Blick auf die Mitgliederrekrutierung an einem genuinen, scharf abgegrenzten Profil des eigenen Verbandes interessiert. Eine komplementäre Arbeitsteilung nach unterschiedlichen Sachgebieten oder Regionen findet bislang nicht statt, sodass das Konkurrenzprinzip weiter ausgeprägt ist. Je weniger Mitglieder ein Verband zählt und je schwächer er in sozialpolitische Netzwerkstrukturen eingebunden ist, desto eher ist er darin bestrebt, Bündnisse mit ähnlich ausgerichteten Verbänden einzugehen: Während die Volkssolidarität als mitgliederschwächster und nur wenig in bundespolitische Netzwerke eingebundener Verband den höchsten Stellenwert auf die Zusammenarbeit mit anderen Organisationen legt, hat der VdK als mitglieder- und ressourcenstärkster Sozialverband ein vergleichsweise geringes Interesse an Kooperationen. Statt sich beispielsweise an der vom SoVD und der Volkssolidarität im Februar 2008 gestarteten gemeinsamen Kampagne »Sozialabbau stoppen! Sozialstaat stärken!« zu beteiligen, initiierte der VdK einen Monat später die eigene Plakatkampagne »Aktion gegen Armut«. Das gemeinsame Konzept für eine Umstrukturierung der gesetzlichen Rentenversicherung zur Erwerbstätigenversicherung wurde ebenfalls ohne den VdK erarbeitet. Diese bündnispolitische Distanz ist auf die höhere Reputation des VdK und seines ehemaligen Verbandspräsidenten, auf das pragmatische Politikverständnis und intensiveren Kontakte zur Politik zurückzuführen. Seine Stärke als medienpräsenter und mitgliederstarker Verband erlaubt es dem VdK, Kooperationen mit Bedacht zu wählen. Insbesondere der frühere Verbandspräsident Hirrlinger lehnte eine Intensivierung der Kooperationsbeziehungen ab. Vor allem Bündnisse mit der ehemaligen DDR-Massenorganisation Volkssolidarität scheinen vom VdK-Bundesverband kritisch beurteilt zu werden. Als pragmatischer Verband kritisiert der VdK ein zu stark ausgeprägtes Blockade- und Protestverhalten der anderen Verbände, das sich in Sachfragen als kontraproduktiv erweise. Im Ergebnis ist es den Sozialverbänden vor allem infolge ihrer in der Besatzungszeit festgelegten Domänenaufteilung bislang nicht gelungen, ihre regional sehr unterschiedliche Verankerung im Sinne einer Drittelung der sozialverbandlichen Akteurslandschaft zu überwinden und mit geeinten Kräften zu handeln.

VI. Seniorenfrage in den Gewerkschaften

1. Problemstellung

Als Mitgliederorganisationen sind die acht DGB-Gewerkschaften seit über zwei Jahrzehnten mit einem massiven Veränderungsprozess konfrontiert, der sich als »kombinierter Alterungs- und Schrumpfungsprozess« charakterisieren lässt (Streeck 2007: 294). Im Jahr 2008 stellten die im Ruhestand befindlichen Mitglieder der DGB-Gewerkschaften mit 21 Prozent an der Gesamtmitgliedschaft mehr als ein Fünftel aller organisierten Mitglieder.[450] »Unbeabsichtigt und weitgehend unbemerkt«, so konstatiert Martin Kohli, »sind die Gewerkschaften zu einem der größten Seniorenverbände in Deutschland geworden« (Kohli 2006: 131). Das Altern der Gewerkschaften durch die stetige Zunahme des Seniorenanteils in den letzten Jahren ist jedoch nicht auf eine absolute Zunahme älterer Mitglieder zurückzuführen. Vielmehr hat die Anzahl der Erwerbstätigen, die seit den neunziger Jahren ausgetreten sind bzw. gar nicht mehr in die Gewerkschaft eintreten, stark zugenommen. Es sind folglich die austretenden bzw. fehlenden jungen Mitglieder, durch die sich die Mitgliederstruktur der Arbeitnehmervertretungen verändert.[451]

Einen Überblick über die Entwicklung der Seniorenmitgliederzahlen[452] der DGB-Gewerkschaften im Zeitraum von 1993 bis 2008 liefert Abbildung 24. Während der prozentuale Anteil der Rentner und Pensionäre an der Gesamtmitgliedschaft im Jahr 1993 bei 13,3 Prozent lag, wuchs dieser im Zeitraum von fünfzehn Jahren um rund neun Prozentpunkte auf 21 Prozent

---

450 Auf den Alterungsprozess der Christlichen Gewerkschaften und des Deutschen Beamtenbundes (DBB) wird im Folgenden nicht eingegangen. Im Zentrum der Studie steht die Entwicklung des DGB und seiner Mitgliedsgewerkschaften.
451 Hier ist z.B. die Vertretungslücke im Dienstleistungssektor zu nennen.
452 Unter der Bezeichnung Senioren werden Rentner, Pensionäre sowie Vorruheständler zusammengefasst, die aus Altersgründen aus dem aktiven Erwerbsleben ausgeschieden und Bezieher von gesetzlichen Rentenleistungen sind.

(Tabelle 39). Bis Mitte der neunziger Jahre stieg der Anteil dieser Mitgliedergruppe stetig an und hält sich seit dem Jahr 2000 relativ konstant. Höhepunkt der Entwicklung war das Jahr 2001, als der DGB insgesamt 1.667.289 Senioren organisierte. Im Verhältnis zur gesamten Mitgliederentwicklung

Abbildung 24: Seniorenmitgliederzahlen in den DGB-Gewerkschaften 1993–2008*

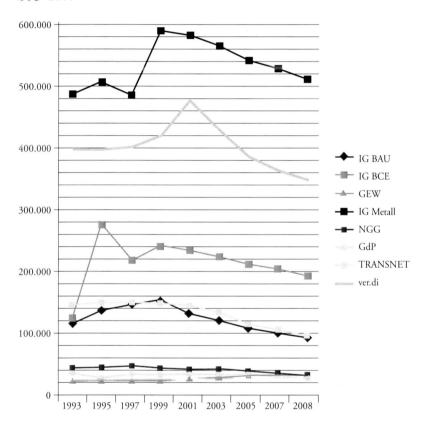

* Die Daten der Gründungsgewerkschaften sind vor den Fusionen zum Zweck einer besseren Darstellung summiert worden.

Quelle: Angaben DGB-Bundesvorstandes; eigene Darstellung.[453]

---

453 Die vom DGB zur Verfügung gestellten Daten weichen teilweise von den Daten der Einzelgewerkschaften ab.

zeigt sich, dass der Alterungsprozess nicht auf eine absolute Zunahme der Senioren zurückzuführen ist. Drei Hauptfaktoren bedingen die Dynamik der Mitgliederentwicklung: In Folge der deutschen Vereinigung stieg die Zahl der Gesamtmitglieder und auch der älteren Mitglieder zeitweilig überproportional. Zum anderen führte die in den neunziger Jahren massiv betriebene Frühverrentungspolitik zu einem starken Anstieg der Mitglieder im Ruhestand.[454] Zudem haben alle Gewerkschaften anhaltende Probleme bei der Rekrutierung und Mitgliederbindung jüngerer Arbeitnehmer. Lag in den achtziger Jahren der Anteil der 18- bis 24-Jährigen im DGB bei rund 15 Prozent, so betrug er im Jahr 2008 nur noch 7,6 Prozent (vgl. Schroeder/Wessels 2003: 33; Angaben DGB). Mit diesem Trend sind die Gewerkschaften bereits seit Beginn der achtziger Jahre konfrontiert. Organisationspolitisch stehen die Arbeitnehmervertretungen daher vor der Aufgabe, eine stetig gewachsene Gruppe von Mitgliedern in die eigenen Organisationsstrukturen zu integrieren, die außerhalb des Arbeitsmarktes steht.

Die markanten Punkte der Entwicklungslinien der einzelnen Gewerkschaften sind vor dem Hintergrund der Fusionsprozesse und der Branchenspezifika zu betrachten. So ist bei der IG BCE zu berücksichtigen, dass im Jahr 1997 mit der Vereinigung von IG Chemie und IG Bergbau sowie der Gewerkschaft Leder (GL) die Zahl der Senioren im Vergleich zum Jahr 1995 abgenommen hat. Dagegen lässt sich der Höhepunkt bei der IG Metall im Jahr 1999 auf die Vorruhestandspolitik in der Metall- und Elektrobranche Ende der neunziger Jahre zurückführen. Mit dem Zusammenschluss ihrer fünf Quellgewerkschaften verzeichnete ver.di im Jahr ihrer Gründung 2001 den höchsten absoluten Stand an Seniorenmitgliedern, der in den darauf folgenden Jahren überproportional abnahm.

Bedingt durch spezifische Unternehmens- und Berufskulturen, Traditionen und strukturelle Veränderungen des Branchensegments erweist sich die Alterung der Mitgliedschaft in den einzelnen DGB-Gewerkschaften als sehr facettenreich. Allen Organisationen ist gemein, dass ihre Mitgliedschaft im betrachteten Zeitraum der letzten dreizehn Jahre einem Alterungsprozess unterliegt (Tabelle 40). TRANSNET war mit einem Rentner- bzw. Pensionärs-Anteil von 42,5 Prozent im Jahr 2008 die strukturell älteste Gewerkschaft im DGB. Dies ist darauf zurückzuführen, dass es aufgrund der Umstrukturierung des Bahnsektors lediglich zu einer geringen Anzahl von Neueinstellungen und folglich auch nur sehr wenigen Neueintritten in die

---

454 Das Altersteilzeitgesetz wurde im Jahr 1996 eingeführt.

Tabelle 39: Mitgliedergruppe Senioren in den DGB-Gewerkschaften 1993–2008[455]

Gewerkschaft	1993	1995	1997	1999	2001	2003	2005	2008
IG BAU	115.889	136.874	145.942	152.736	131.312	120.840	108.079	92.923
IG BCE	124.222	276.178	217.695	239.196	234.787	222.762	212.539	193.337
GEW	22.888	22.676	22.087	22.466	26.030	28.450	30.125	31.767
IG Metall	487.815	504.744	484.010	588.898	582.457	565.316	541.427	511.358
NGG	42.460	44.150	45.672	42.191	41.152	41.264	36.951	32.960
GdP	35.118	27.075	33.012	33.283	32.810	31.745	30.450	27.981
TRANSNET	146.593	149.250	149.106	149.395	142.828	133.004	113.826	96.859
Ver.di	396.757	397.288	401.731	417.168	475.913	430.606	386.851	348.299
DGB-. Seniorenanteile	1.371.742	1.558.235	1.499.255	1.645.333	1.667.289	1.573.987	1.460.248	1.335.484
DGB-Gesamt	10.290.152	9.354.670	8.623.471	8.036.687	7.899.009	7.363.147	6.778.638	6.371.475
Anteil Senioren in %	13,3	16,7	17,4	20,5	21,1	21,4	21,5	21,0

Quelle: DGB 2008; eigene Berechnungen.

Gewerkschaft kam. Auf der anderen Seite zeigen sich die Mitglieder der ehemaligen Unternehmensgewerkschaft der Deutschen Bahn ihrer Gewerkschaft traditionell verbunden. Ähnlich wie im Bergbau ist auch unter den Eisenbahnern die Unternehmensbindung sehr ausgeprägt, womit auch die Gewerkschaftsbindung traditionell fest verankert ist, sodass auch nach dem Übergang in den Ruhestand nur eine »minimale Fluktuation« zu verzeichnen ist (Müller/Willke 2006; Wolf u. a. 1994. 32). Der Seniorenanteil an der Gesamtmitgliedschaft der IG BAU erhöhte sich um 8,6 Prozent auf 27,6 Prozent im Jahr 2008. Damit zählen TRANSNET und IG BAU zu jenen Gewerkschaften, die im Zeitraum von 1995 bis 2008 am stärksten gealtert sind.

Gemessen an der Mitgliedschaftsstruktur ist die Gewerkschaft Erziehung und Wissenschaft (GEW) die jüngste Organisation. Der Anteil von Mitglie-

---

455 Die vom DGB zur Verfügung gestellten Daten weichen teilweise in Nuancen von den Daten der Einzelgewerkschaften ab.

dern im Ruhestand betrug 2008 lediglich 12,6 Prozent[456]. Die Gewerkschaften des öffentlichen Dienstes ver.di, GdP und GEW, in denen ein hoher Anteil an Angestellten organisiert ist, weisen einen vergleichsweise geringen Seniorenanteil auf. Dies lässt sich darauf zurückführen, dass Angestellte im Allgemeinen weniger geneigt sind, sich gewerkschaftlich zu organisieren (Ebbinghaus 2003: 175) und meist mit dem Austritt aus dem Berufsleben ihre Mitgliedschaft beenden. Der Anteil der pensionierten Beamten an den Mitgliedsgewerkschaften des DGB lag im Jahr 2008 bei ca. 10,1 Prozent. Der Anteil der Frauen an dieser Gruppe betrug im Jahr 2008 rund 23 Prozent.

Richten wir den Blick auf die Industriegewerkschaften IG Metall und IG BCE so zeigt sich ein relativ moderater Anstieg der Seniorenquote: Die IG Metall hatte 1995 einen Rentneranteil von 19,6 Prozent, der um 2,6 Prozent auf 22,2 Prozent im Jahr 2008 angestiegen ist. Vor ihrem Zusammenschluss zur IG BCE hatten die drei Quellgewerkschaften IG CPK, IG BE und GL zusammen einen Rentneranteil von 24,6 Prozent. Im Jahr 2008 wuchs der relative Anteil – trotz absoluter Verluste in dieser Gruppe – um 3 Prozent auf 27,6 Prozent. Der Anstieg der Seniorenquote lässt sich neben den allgemeinen Mitgliederverlusten in der Erwerbstätigengruppe vor allem auch auf die in den achtziger und neunziger Jahren massiv betriebene Frühverrentungspraxis in den jeweiligen Branchen zurückführen. Die Zahl der Seniorenmitglieder ist in allen Gewerkschaften im Vergleich der Jahre 1995 und 2008 gesunken, mit Ausnahme der GEW und GdP. Ursächlich dafür ist die erfolgreiche Mitgliederhaltearbeit in diesen beiden Gewerkschaften.

---

456 Dieser vergleichsweise niedrige Anteil ist auf die Struktur der Alterskohorten sowie auf die Einstellungspolitik der Kultusministerien der Länder zurückzuführen. So stellten im Jahr 2007 Mitglieder im Alter zwischen 46 und 55 Jahren 32 Prozent und die Gruppe der 56- bis 65-Jährigen 26,9 Prozent der Gesamtmitgliedschaft. Diese Gruppe ist im Zuge der Einstellungswelle von Pädagogen in den 1970er Jahren in die GEW eingetreten und steht weiterhin im Berufsleben. In den kommenden Jahren wechselt diese Gruppe in den Ruhestand, sodass der Rentner- bzw. Pensionärsanteil der GEW perspektivisch zunehmen wird (Pfahl/Reuß 2007).

Tabelle 40: Gewerkschaftssenioren 1995–2008

Gewerkschaft	1995* Mitglieder Insgesamt	Senioren- mitglieder	Senioren In %	2008* Mitglieder insgesamt	Senioren- mitglieder	Senioren In %
IG BAU	722.576	136.874	18,9	336.322	92.923	27,6
IG BCE	1.122.687	276.178	24,6	701.053	193.337	27,6
GEW	306.448	22.676	7,4	251.900	31.767	12,6
IG Metall	2.869.469	526.799	19,6	2.300.563	511.358	22,2
NGG	322.019	44.150	13,7	205.795	32.960	16
GdP	198.897	27.075	13,6	167.923	27.981	16,7
TRANSNET	398.404	149.250	37,5	227.690	96.859	42,5
ver.di	3.026.974	397.288	13,1	2.180.229	348.299	16
DGB-Gesamt	9.354.670	1.558.235	16,7	6.371.475	1.335.484	21

* jeweils zum Jahresende

Quelle: DGB 2008; eigene Berechnungen.

Die Gewerkschaften geraten durch die genannten Entwicklungen unter erheblichen Anpassungsdruck: Ihre Vertretungsmacht basiert in erster Linie auf einer möglichst hohen Mitgliederzahl, denn nur so können sie ihr primäres Organisationsziel, die Interessenvertretung der Erwerbstätigen, wirkungsvoll verfolgen (Streeck 1979; Ebbinghaus 2003: 175). Mit Blick auf ihre Mitgliederstruktur haben sie daher ein elementares Interesse daran, ihre Mitglieder auch im Ruhestand an sich zu binden. Die Nutzung dieser Ressource kann ihnen jedoch vermutlich am ehesten durch eine Neujustierung der gewerkschaftlichen Politik für Ältere und mit Älteren gelingen. Denn das wachsende Gewicht der Senioren stellt sie vor die Herausforderung, die damit zugleich gestiegenen Partizipationserwartungen der Älteren mit angemessenen Organisations- und Integrationsangeboten zu beantworten. Neben und vor die tradierten Formen der stellvertretenden Interessenvertretung für die ehemals Beschäftigten als »Politik für Ältere«[457] und die (nicht unbedingt seniorenspezifische) Mitarbeit Älterer in der Organisation als »Politik von Älteren« kommt zunehmend der Anspruch einer Selbstorganisation der Älteren als »Politik von Älteren für Ältere« (Künemund u.a. 1993; Wolf u.a. 1994, Kohli u.a. 1997)

457 Beispielsweise in den Selbstverwaltungsorganen der Sozialversicherungen.

hinzu. Eine um diese Dimension erweiterte Seniorenpolitik könnte folgen-
reich für die innergewerkschaftlichen Strukturen werden: Erstens auf der Ebene der innerorganisatorischen Repräsentanz der Älteren, zweitens auf der Ebene der Strategie- und Zieldefinition und drittens im Hinblick auf die
vorhandenen Ressourcen und Aktivitäten von Senioren in der Organisation
(Wolf u.a 1994).

2. Satzungsrechtliche Verankerung

Gewerkschaften verstehen sich grundsätzlich als generationenübergreifende
»Institutionen der Solidarität« (Schroeder/Keudel 2008: 15), die »auf dem
Grundsatz der gegenseitigen Hilfe« beruhen (Neumann 1978: 150). Dieses
Selbstverständnis schließt von jeher auch die Interessenvertretung der
ehemals Beschäftigten ein. Als Tarifpartei sind sie (durch die strukturelle
Kopplung der Renten an die Bruttolöhne) unmittelbar an der Entwicklung
der Altersbezüge beteiligt; ebenso nehmen sie durch ihre Vertretungsfunktion in den Selbstverwaltungsgremien der Sozialversicherungen Einfluss auf
die Alterssicherung und die Gesundheitsversorgung der Älteren.

Allerdings findet diese Politik für Ältere vornehmlich ohne die direkte
Beteiligung der Älteren selbst statt. Die Mitglieder im Ruhestand sind in den
meisten Gewerkschaften formal keine Vollmitglieder und sind in den innerverbandlichen Entscheidungsgremien nur schwach repräsentiert. Demgegenüber stehen tendenziell gestiegene Partizipationsansprüche einer größer
gewordenen Zahl aktiver Gewerkschaftssenioren (vgl. Bundesarbeitskreis
Arbeit und Leben 2002), die mehr Beteiligungsrechte (Satzungsbestimmun-
gen, Personengruppenstatus, Antragsrechte, Richtlinien etc.) einfordern. An
diesem Punkt bestehen zwischen den acht DGB-Gewerkschaften jedoch
mitunter große Unterschiede, die es zu untersuchen gilt.

In den Gewerkschaften IG BAU, GEW, GdP, NGG und TRANSNET[458]
sind die politischen Mitspracherechte der Älteren in eigenen Gremien und
Ausschüssen satzungsrechtlich abgesichert. Dagegen vermeiden die Industriegewerkschaften IG BCE und IG Metall eine formell stärkere Einbindung
der Gewerkschaftssenioren. Diese Zurückhaltung ist einem organisationspo-

---

458 In TRANSNET sind auf örtlicher Ebene 4 Vertreter der Senioren in den Gremien vertre-
    ten. Auf dem Gewerkschaftstag im Jahr 2008 wurde die Anzahl der Vertreter der Senioren
    des Hauptvorstandes auf sechs erhöht. Die Vertreter der Jugend haben zwei Sitze.

litischen Dilemma geschuldet: Befürchtet wird, dass eine zu starke Orientierung an den Interessen der Älteren mit den primären Organisationszielen,
die auf eine möglichst wirkungsvolle Vertretung der Erwerbstätigeninteressen ausgerichtet sind, konkurrieren könnte. Dennoch ist Bewegung in die IG
Metall gekommen, indem sie einen neuen Rahmen für die Mitarbeit der Älteren eingerichtet hat, die sogenannte »außerbetriebliche Gewerkschaftsarbeit«.

Auffällig ist, dass vor allem Gewerkschaften des (ehemaligen) öffentlichen
Dienstes verhältnismäßig breite Vertretungsstrukturen für die Gruppe der Senioren aufweisen. So scheint es diesen Gewerkschaften zu gelingen, ältere Mitglieder auch nach dem Ausscheiden aus dem Berufsleben an sich zu binden.
Beamte, deren Organisationsgrad traditionell hoch ist (Ebbinghaus 2003:
190), sind eher bereit, auch als Pensionäre ihre Mitgliedschaft aufrechtzuerhal-
ten, wie die Erfahrungen bei den ehemaligen Staatsunternehmen der Deutschen Bahn und Post belegen.[459] Dagegen scheint es schwierig, Angestellte in
der Privatwirtschaft, vor allem im Dienstleistungssektor, nach dem Ausscheiden aus dem Erwerbsleben langfristig an die Gewerkschaft zu binden. Dies
zeigt sich etwa bei der Dienstleistungsgewerkschaft ver.di, deren Seniorenanteil
– trotz breiter Formalrechte für diese Mitgliedergruppe – lediglich ca. 16 Prozent beträgt[460].

Demzufolge stellten Wolf u. a. bereits Anfang der neunziger Jahre fest:
»Insgesamt ist die gewerkschaftliche Seniorenarbeit eher dort vorfindbar, wo
entweder Beamte organisiert sind oder aber traditionsreiche Industrieberufe
vorherrschen und sich parallel dazu ein langjähriges Zugehörigkeitsgefühl zu
großen Betrieben bei den Beschäftigten herausbilden konnte«. Dort, wo be-
rufsethische Motive nur rudimentär vorhanden sind und »ein gewisser Be-
rufs- oder Betriebsstolz« fehlen, scheinen die Voraussetzungen für gewerkschaftliche Seniorenarbeit kaum vorhanden zu sein, »weil sie nicht an
gemeinsame Traditionen und das Gefühl von weiter bestehenden Bindungen
anknüpfen können« (Wolf u.a. 1994: 47).

---

459 In diesem Zusammenhang ist zu erwähnen, dass der im DBB organisierte Seniorenverband BRH (Bund der Ruhestandsbeamten, Rentner und Hinterbliebenen) 80.000 Pensionäre und Rentner organisiert, die Mitglieder das DBB sind bzw. waren.
460 In der Dienstleistungsgewerkschaft ver.di sind ein Drittel Arbeiter, rund die Hälfte Angestellte und rund 10 Prozent Beamte organisiert (ver.di 2008).

Pluralisierung von Akteuren und Interessenlagen

Wenn sich das Verhältnis zwischen beschäftigten und nicht mehr erwerbstätigen Mitgliedern zugunsten letzterer verschiebt, so kann dies auch Folgen für die (nach außen gerichtete) gewerkschaftliche Strategie- und Zieldefinition haben. Gewerkschaften verstehen sich als intermediäre Organisationen: Im Innenverhältnis wollen sie für ihre Mitglieder eine Solidargemeinschaft sein und im Außenverhältnis verstehen sie sich als Kampfverband in tarifpolitischen Auseinandersetzungen wie auch als politischer Verband in der sozialpolitischen Arena (Neumann 1978). Ihre strategische Ausrichtung am Primat der Erwerbsarbeit ist bislang eng mit dem sozialpolitischen Modell einer Politik für alle Lebensalter gekoppelt. So ließen sich die sozialpolitischen Interessen beider Gruppen zu Zeiten der Expansionsphase des Wohlfahrtsstaats im Sinne des Generationenvertrages ausbalancieren (Schölkopf 2000).

Mit dem Rückbau des Sozialstaats sind jedoch neue Konfliktlinien entstanden, da die in den letzten Jahren eingeschränkten Sozialleistungen zur Differenzierung und teilweisen Polarisierung von Interessenlagen beigetragen haben. Während für die aktiv Beschäftigten die Begrenzung der Abgabenlast durch Beitragssatzstabilität angestrebt wird, haben Rentenbezieher ein Interesse an der Sicherung des Rentenniveaus, ggfs. auch durch Beitragserhöhungen. Zielkonflikte dieser Art haben den Anspruch einer direkten Interessenvertretung auf Seiten der Älteren befördert. Die Gewerkschaften haben sich jedoch der Seniorenfrage, d.h. der Herausforderung, als erwerbszentrierte, intermediär agierende Organisation Handlungsperspektiven zu entwickeln, um mit einer alternden Mitgliederstruktur im Rahmen ihrer politischen Zielfunktion umzugehen, bislang nur zögerlich gestellt. Vielmehr sind sie bestrebt, die mit der organisationsinternen Pluralisierung der Akteure und Heterogenität der Interessen neu entstehenden Konfliktlinien innerhalb des vorhandenen, auf Homogenität zielenden institutionellen Arrangements zu bearbeiten. Damit ist das Spannungsfeld identifiziert, das sich eröffnet, wenn die Interessenvertretung der Rentner und Pensionäre in Richtung eines seniorenpolitischen Mandats der Gewerkschaften ausgeweitet würde. Dies könnte auf die Gründung einer branchenübergreifenden Rentnergewerkschaft hinauslaufen, wie sie etwa in Italien existiert. Es sind aber auch andere Vertretungsformen innerhalb der bestehenden Strukturen denkbar, um die spezifischen Interessen und Bedürfnisse der Älteren stärker als bislang aufzunehmen. Letztlich werden die Gewerkschaften nicht der Frage entkommen, neue Antworten zu geben, um Ausgleiche zwischen den Erwerbstätigen und Nichterwerbstätigen unter ihrem Organisationsdach zu entwickeln. Sonst könnte das in der Seniorenfrage angelegte Konfliktpotenzial einerseits langfristig eine durchaus Bestandsgefährdende Wirkung entfalten. Andererseits ist zu vermuten, dass die alterspolitischen Bestrebungen der politisch aktiven Senioren in den Gewerkschaften durch das Zugeständnis vermehrter konkreter Partizipationsmöglichkeiten und Aktionsräume organisationsintern eingehegt werden könnten (Nägele 1999: 109).

Gewerkschaftliche Seniorenpolitik stärkt Organisationsressourcen

Welche Chancen können sich für die Gewerkschaften durch eine stärkere Integration und Anerkennung älterer Mitglieder in der Nacherwerbsphase ergeben? Die Älteren sind für die Gewerkschaften nicht allein wegen ihrer Mitgliederzahl, sondern auch als Organisations- und Finanzressource bedeutsam. Und vor dem Hintergrund der anhaltend rückläufigen Zahl erwerbstätiger, ehrenamtlich engagierter Mitglieder (Biebeler/Lesch 2006) und den damit verbundenen Problemen in den traditionellen Kernbereichen des gewerkschaftlichen Engagements sind neue Initiativen notwendig. Vor allem geht es auch darum, wie das Problem der generativen Diskontinuität in den gewerkschaftlichen Gremien, so ein Ergebnis der Studie »Neue Ehrenamtlichkeit in traditionellen Mitgliederverbänden« aus dem Jahr 2003 (Wolf u. a. 2003), besser bewältigt werden kann. In der empirische Erhebung des Bundesarbeitskreises Arbeit und Leben (2002)[461] ist herausgekommen, dass die Anerkennung ihrer ehrenamtlichen Tätigkeit durch die Gewerkschaft sowie die Möglichkeit zu Weiterbildungsmaßnahmen wichtige Anreize für das Engagement von Gewerkschaftssenioren sind (Arbeit und Leben 2002). Eine »kontrollierte« Einbindung der im Ruhestand befindlichen Mitglieder in die Organisation könnte die Organisationsressourcen insbesondere auf lokaler Ebene stärken.

---

461 Basierend auf 191 durchgeführten Telefoninterviews sowie Expertengesprächen mit Verantwortlichen der gewerkschaftlichen Seniorenarbeit vor Ort, wurden Aussagen über die Motivstruktur der ehrenamtlich Engagierten sowie die erforderliche Anreizstruktur für die Bereitschaft zum Engagement getroffen.

3. Wandel des Altersbildes: »Junge Alte« als Organisationsressource

Rentner und Pensionäre zählen zur größten Gruppe der Nicht-Vollmitglieder in den Gewerkschaften. Auch wenn sie damit nicht im Fokus der gewerkschaftlichen Zielausrichtung stehen, unterstreichen sie mit ihrer Mitgliedschaft den gesamtgesellschaftlichen Vertretungsanspruch der Gewerkschaften und stellen zudem unterschiedliche Ressourcen zur Verfügung. Eine wichtige Voraussetzung für ein stärkeres ehrenamtliches Engagement von Senioren in den Gewerkschaften ist allerdings ein Wandel des nach wie vor vorherrschenden traditionellen Altersbildes. Die Vorstellung, mit dem Übergang in den Ruhestand den Rückzug ins Private zu verbinden, müsste einem modernen Altersbild weichen, das die Potenziale und Kompetenzen unterstreicht. Im Zentrum stehen vor allem die »jungen Alten«, also die heute 55–69-Jährigen Gewerkschaftsmitglieder. Diese Gruppe verfügt durch ihre oftmals langjährige Tätigkeit als Betriebsräte oder Vertrauensleute über ein beträchtliches soziales Kapital, das auch im Ruhestand als Organisationsressource genutzt werden kann. Neben der finanziellen Unterstützung, die diese Mitgliedergruppe mit ihren – reduzierten – Mitgliedsbeiträ-

Abbildung 25: Mitglieder im Ruhestand als Organisationsressource

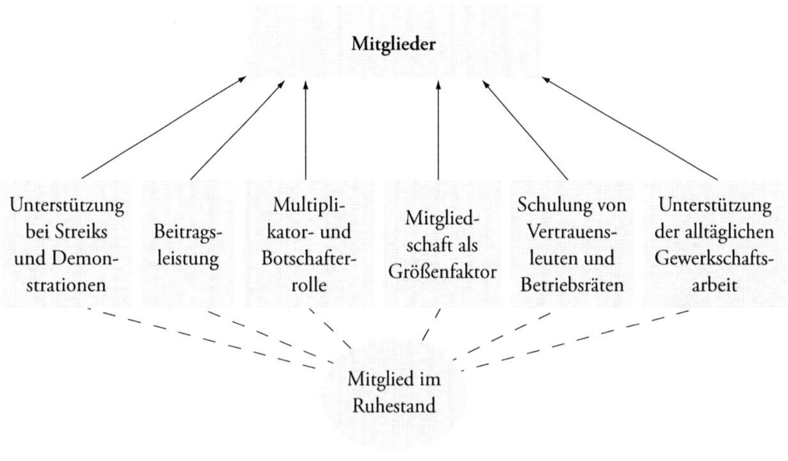

Quelle: Eigene Darstellung.

gen der Organisation zukommen lässt, können erfahrene Gewerkschaftssenioren kleinere Aufgaben übernehmen und auf diese Weise die Hauptamtlichen unterstützen. Bei Streiks und Demonstrationen sind Rentner und
Pensionäre schon jetzt häufig eine Stütze, um diese Veranstaltungen durchzuführen.

Unter einem aktiven Engagement im Bereich der Seniorenarbeit verstehen wir eine regelmäßige Beteiligung an seniorenspezifischen Veranstaltungen, in der seniorenpolitischen Gremienarbeit oder die Übernahme von kleineren Aufgaben im Rahmen der alltäglichen Gewerkschaftsarbeit. Darüber
hinaus fungiert diese Mitgliedergruppe auch nach dem Ausscheiden aus dem
aktiven Erwerbsleben als Multiplikator im Rahmen der gewerkschaftlichen
Außenkommunikation, in dem sie für gewerkschaftliche Anliegen wirbt.
Nicht zuletzt leistet sie einen Beitrag dazu, dass Gewerkschaften als genera-
tionsübergreifende Akteure wahrgenommen werden.

4. Anreizstrukturen für Gewerkschaftssenioren

Die acht DGB-Gewerkschaften unterscheiden sich nicht nur hinsichtlich
ihrer Mitgliedschaftsstruktur, sondern auch in ihren Anreizstrukturen für
diese Mitgliedergruppe. Tabelle 41 gibt einen Überblick sowohl über die unterschiedlichen satzungsbezogenen Vertretungsoptionen wie auch über den
materiellen Leistungsumfang für Gewerkschaftssenioren. Gegenübergestellt
wird die Höhe des jeweiligen verminderten Mitgliederbeitrages für Rentner
bzw. Pensionäre. Geht man von einem durchschnittlichen monatlichen Mitgliedsbeitrag von fünf bis sieben Euro pro Mitglied im Ruhestand aus, erhalten die acht DGB-Mitgliedsgewerkschaften jährlich zwischen 84 Millionen
Euro bis 117,6 Millionen Euro von den rund 1,4 Millionen Gewerkschaftssenioren an Beiträgen. Damit umfassen die Mitgliedsbeiträge dieser Mitgliedergruppe zwischen sieben bis neun Prozent an den gesamten Einnahmen
aller acht DGB-Gewerkschaften.

Mitglieder im Ruhestand können in gleicher Weise wie die beschäftigten
Mitglieder die Rechtsschutz- und Freizeitunfallversicherung in Anspruch
nehmen und bekommen die Mitgliederzeitung zugestellt. Während das
Treuegeld als Leistung für langjährige Mitglieder bis 2008 in allen Gewerkschaften abgeschafft wurde, zahlen die IG Metall, GdP und TRANSNET
weiterhin Sterbegeld. Diese Leistung wurde in den meisten Gewerkschaften

Tabelle 41: Mitgliedsbeiträge, Leistungen und Verankerung der Seniorenarbeit in den DGB-Gewerkschaften

Gewerkschaft	Seniorenanteil (Ende 2007)	Mitgliedsbeitrag (2007)	Satzungsbasierte Leistungen, Versicherungsleistungen[2]	Sterbegeld	Zusendung der Mitgliederzeitung	Treugeld	Verankerung i. d. RL[2]	VWSt[2]	Seniorenarbeit Vorstandsebene
IG BAU	28,4 %	0,75 %	R, F	—	Ja	—	Ja	Ja	Ja
IG BCE	28,7 %	0,5 %	R, F	—	Ja	—	—	—	—
GEW	13 %	0,66 %	R, F, prAv	Stpr	Ja	—	Ja	Ja	Ja
IG Metall	22,9 %	0,5 %	R, F, Nf	Ja	Ja	—	—*	Ja**	Ja***
NGG	16,6 %	5,00 €	R, F	—	Ja	—	Ja	Ja	—
GdP	17,7 %	5 – 34 €[3]	R, F	Ja	Ja	—	Ja	Ja	Ja
TRANSNET	44 %	0,7 %	R, F, St	Ja	Ja	—	Ja	Ja	Ja
ver.di	16,5 %	0,5 %	R, F, prAv	—	Ja****	—	Ja	Ja	Ja

* Senioren sind in der Satzung als Mitgliedergruppe nicht explizit erwähnt.

** Richtlinie für die außergewerkschaftliche Mitgliederarbeit

*** Ressort für außerbetriebliche Gewerkschaftsarbeit auf Vorstandsebene

**** senioreneigene Mitgliederzeitung

[2] R = Rechtsschutzversicherung F = Freizeitunfallversicherung St = Sterbegeldversicherung prAv = private Altersvorsorge (zusätzlich abzuschließende Versicherung) Stpr = private BFW-Sterbegeldversicherung Nf = Unterstützung in Notfällen RL = Richtlinie VWst = Verwaltungsstellenebene

[3] Je nach Besoldungsgruppe beläuft sich der monatliche Mitgliedsbeitrag für Pensionäre und Rentner zwischen 5,08 und 34,03 Euro. Für Hinterbliebene liegt der Mitgliedsbeitrag ebenfalls gemessen an der Besoldungsgruppe zwischen 2,91 und 13,61 Euro.

Quelle: Satzungen und Angaben der jeweiligen Einzelgewerkschaft.

in den neunziger Jahren eingestellt.[462] Die Leistungsreduzierungen werden
vor allem mit dem finanziellen Einsparbedarf infolge sinkender Mitgliedszahlen begründet. Wegen der begrenzten finanziellen Ressourcen scheinen
die Gewerkschaften auch bestrebt, sich auf ihre Kernaufgaben, namentlich
die Vertretung ihrer aktiv beschäftigten »Stammkunden« (Streeck 1987) in
den arbeits- und tarifpolitischen Arenen zu konzentrieren.

5. Leitfragen und Stand der Forschung

Folgende Leitfragen liegen der Studie zugrunde: Welche strategischen Hand-
lungsanforderungen ergeben sich aus der veränderten Altersstruktur der Gewerkschaften? Können die Gewerkschaften, deren primäres Handlungsfeld
der Arbeitsmarkt ist, angesichts des fortgeschrittenen Umbaus des Sozialstaates weiterhin als generationenübergreifende Organisationen handeln?
Kommt es zu Veränderungen der gewerkschaftlichen Interessenlage in der
sozialpolitischen Arena? Falls ja, ist dies auf den Einfluss der Mitgliedergruppe der Senioren zurückzuführen, indem diese eine verstärkte direkte Vertretung ihrer spezifischen Interessen durch die Gewerkschaften einfordert? Welche Strategien hinsichtlich der innergewerkschaftlichen Seniorenfrage und
welche Angebote, Formen und Aktivitäten in der Seniorenpolitik bzw. Seniorenarbeit lassen sich vor dem Hintergrund des beschriebenen Prozesses
konstatieren? Welche Anreize bestehen für die Aufrechterhaltung der Mitgliedschaft im Ruhestand?

Erstmals befasste sich Anfang der neunziger Jahre die Studie von Wolf,
Kohli und Künemund mit den Voraussetzungen und Folgen einer gewerkschaftlichen Altenpolitik (Wolf u.a 1994). Die Untersuchung »Alter und gewerkschaftliche Politik. Auf dem Weg zur Rentnergewerkschaft?« rückte in
ihrem empirischen Teil die Praxis der Seniorenarbeit in der IG Metall ins
Zentrum. Aus der Perspektive der älteren Mitglieder wurden deren Lebenslagen, ihr politisches und soziales Interesse an der Gewerkschaft wie auch
ihre Motive für die Aufrechterhaltung oder Beendigung der Mitgliedschaft
untersucht. Ebenso wurden inhaltliche Schwerpunkte, Organisations- und
Beteiligungsformen für die Aktivitäten von Gewerkschaftssenioren berück-

---

462 Ende 1991 gewährten GEW, GHK, Gewerkschaft Leder, NGG, IG CPK, IG Metall,
DPG, GdED, IG BE das Sterbegeld als Satzungsleistung (Wolf et. al 1994: 43).

sichtigt. Zum Zeitpunkt der Veröffentlichung war die Seniorenarbeit in zehn der damals sechzehn Einzelgewerkschaften des DGB satzungsrechtlich verankert.

Die Autoren entwickelten eine international vergleichend angesiedelte Sechser-Typologie zur Organisation der gewerkschaftlichen Seniorenarbeit und diskutierten deren Vor- und Nachteile (ebd. 393ff.). Dabei reicht das Spektrum von der ausschließlich an Erwerbstätigeninteressen orientierten Variante (griechisches Modell) über gewerkschaftliche Organisationsmodelle mit unterschiedlichen Beteiligungsrechten – wie in Deutschland – bis zur eigenständigen Organisierung der Senioren in Rentnergewerkschaften nach italienischem Muster. In eigenständigen Organisationsformen sehen die Autoren den Vorteil, dass damit das Problem einer Funktionsüberlastung auf Seiten der Einzel- bzw. Branchengewerkschaften vermieden werden könne, sofern diese Rentnerorganisationen unter dem Dach des DGB angesiedelt blieben. Noch darüber hinausgehend griffen sie einen damaligen Vorschlag aus der IG Metall auf, der eine Doppelmitgliedschaft der Senioren in der bisherigen Einzelgewerkschaft wie in der Rentnerorganisation vorsieht. Im Ergebnis allerdings konstatierten die Autoren eine Kluft zwischen den proklamierten Zielen zur Seniorenpolitik und der Organisationsrealität in vielen Gewerkschaften (ebd. 400). Organisationsinterne Zielvorgaben stünden oft unverbunden neben oder sogar im Gegensatz zu durchaus im Interesse der Gewerkschaft liegenden externen Optionen, die funktionsentlastend und im Sinne einer Bindung der Älteren an die Organisationen wirken könnten.

Die Autoren plädieren für ein koordiniertes Vorgehen der Einzelgewerkschaften in der branchenübergreifenden Form unter dem Dach des DGB, um den Gewerkschaftssenioren ein »quer zu den hergebrachten Branchenzuordnungen« (Wolf u. a. 1994: 401) liegendes Organisationsangebot vorzugeben. Zugleich würden sie Mitglied in ihren jeweiligen Einzelgewerkschaften bleiben. Zum damaligen Zeitpunkt, so resümiert die Studie, hinkten die deutschen Gewerkschaften einer derartigen Entwicklung – im Unterschied zu anderen Ländern in Europa – hinterher. Ihre Prognose: In Deutschland sei die Gründung einer separat von den DGB-Gewerkschaften agierenden Rentnergewerkschaft nicht in Sicht (Künemund u. a. 1993, Kohli 1994).

Die Studie von Wolf u. a. eröffnet einen Zugang zu den zentralen Fragen unserer Untersuchung, nämlich die Fragen nach den Interessenlagen von Älteren, nach den unterschiedlichen Motiv- und Anreizstrukturen für die Beibehaltung der Mitgliedschaft im Ruhestand und den potenziellen Organisationsformen für Senioren in den unterschiedlichen Verbandsstrukturen. Im Jahr 2003 haben Wolf u. a. (2003) die Studie »Neue Ehrenamtlichkeit in traditionellen Mitgliederverbänden« vorgestellt. Neben dem Engagement von Jugendlichen und Erwerbslosen beschäftigten sich die Autoren ebenfalls mit den Handlungspotenzialen der gewerkschaftlichen Seniorenarbeit.

Svenja Pfahl und Stefan Reuß (2007) untersuchen in ihrer Studie die Mitgliederbindung im mittleren Lebensalter in der GEW. Ausgangspunkt der Untersuchung ist der hohe Anteil der Mitgliedergruppe im Alter von 50 bis 70 Jahren, die starke Austrittsbewegungen aufweist. Die Autoren verweisen auf die Selbst- und Fremdbilder dieser Gruppe. »Jüngere Ältere« grenzen sich von den »echten Älteren« ab. Zum Teil bestehen auch Vorbehalte gegenüber dem Begriff Senioren. Die Autoren plädieren für eine Auseinandersetzung über ein neues Altersbild im Erwerbsleben und in der Organisation. Als wichtige Gründe für den Verbleib in der GEW werden der Aktivitätsgrad sowie soziale Bindungen zur Gewerkschaft genannt.

Bei der Frage, wie die Belange der Mitgliedergruppe der Senioren in den Gewerkschaften Berücksichtigung finden, sind die Analysen von Karl-Heinz Köpke zu erwähnen. Als ehemaliger stellvertretender Vorsitzender des DGB-Landesbezirks Nordmark setzt er sich mit der gewerkschaftlichen Seniorenfrage auseinander. Köpke sieht essenziellen Handlungsbedarf auf Seiten des DGB, um die Interessen und Anliegen der Gewerkschaftssenioren in dessen Arbeit und Organisationsstrukturen zu integrieren (Köpke 2006).

6. Aufbau der Einzelfallstudien

In den Einzelfallstudien richten wir den Blick auf die Seniorenfrage in den Gewerkschaften IG Metall, ver.di und IG BCE sowie im DGB. Alle drei untersuchten Einzelgewerkschaften setzten im Zuge des anhaltenden gesellschaftlichen und wirtschaftlichen Wandlungsprozesses fundamentale Organisationsreformen um. Die Multibranchengewerkschaft ver.di ist das Ergebnis des im Jahr 2001 abgeschlossenen Fusionsprozesses der fünf Einzelgewerkschaften DAG, HBV, ÖTV, DPG und IG Medien. Die vereinte Dienstleistungsgewerkschaft vertritt mehr als 1.000 unterschiedliche Berufsgruppen in privaten und öffentlichen Dienstleistungssektoren. Als Konglomerat unterschiedlich geprägter Traditionen und Branchenspezifika steht ver.di vor der Herausforderung, unterschiedliche Interessenlagen auszubalancieren, um ein möglichst stringentes Handeln zu gewährleisten. Die IG BCE entstand im Jahr 1997 durch den Zusammenschluss der IG Chemie-Papier-Keramik (IG CPK), der IG Bergbau und Energie (IG BE) und der Gewerkschaft Leder (GL). Die Mitglieder der IG BE, die in der Regel bereits früh aus dem aktiven Erwerbsleben ausgeschieden sind, behielten mehrheitlich ihre Mitgliedschaft aufrecht. Auch in der IG CPK kam es zu Beginn der neunziger Jahre aufgrund der Frühverrentungspolitik zu einer sprunghaften Zunahme von Gewerkschaftsmitgliedern im Ruhestand. Die IG Metall durchlief in den neunziger Jahren einen innerorganisatorischen Reformprozess, der durch eine systematisch fundierte Organisationsentwicklung (OE) flankiert wurde. Im Jahr 1998 fusionierte die IG Metall zunächst mit der Gewerkschaft Textil-Bekleidung (GTB), im Jahr 2000 mit der Gewerkschaft Holz und Kunststoff (GHK). Die Mitglieder der IG Metall sind mehrheitlich in den Branchen der metallverarbeitenden Industrie tätig und zeichnen sich traditionell durch eine starke betriebliche Verankerung aus.

Neben der Untersuchung der aktuellen formalen Verankerung der Mitgliedergruppe der Senioren wird die historische Entwicklung ihres Status' in den einzelnen Gewerkschaften nachgezeichnet, um Unterschiede und Gemeinsamkeiten zu erfassen. Ebenso wird der Blick auf die in den drei Gewerkschaften angebotenen selektiven Anreize für Senioren gerichtet. Zuvor jedoch wird das Augenmerk auf die Rolle des DGB im Politikfeld der Seniorenpolitik gelegt und die Auseinandersetzung über die Integration der Älteren in die Dachorganisation nachgezeichnet.

VI.1 DGB und die Seniorenfrage

1. Einleitung

Der Deutsche Gewerkschaftsbund (DGB) vertritt als Dachverband im Jahr 2009 die acht Einzelgewerkschaften IG Metall, IG BCE, ver.di, IG BAU, GEW, GdP, NGG und TRANSNET.[463] Traditionell zeichnet sich das Verhältnis zwischen den Einzelgewerkschaften und dem DGB durch eine funktionale Arbeitsteilung aus. Die Aufgabe des DGB besteht darin, die Mitgliedsgewerkschaften zu einer »wirkungsvollen Einheit« zu vereinigen und ihre gemeinsamen Interessen zu vertreten (DGB 2006a: 5). Um als einheitliches gewerkschaftliches Sprachrohr in der Öffentlichkeit zu agieren, muss der DGB Einstimmigkeit mit den Einzelgewerkschaften erzielen, was aufgrund der divergierenden Interessenlagen nur begrenzt gelingt. Gleichwohl ist der DGB als Dachverband ohne tarifpolitisches Mandat bestrebt, durch eigenständige Kompetenzgestaltung ein klares und originäres Profil zu formen. Er übernimmt formal die Rolle als »politische Lobbyorganisation der Gewerkschaften« gegenüber der Bundesregierung und den Landesregierungen (Hassel 2007: 188).[464] Gleichwohl wird seine Rolle als Lobbyist der Gewerkschaften dadurch eingeschränkt, dass die mächtigen Einzelgewerkschaften einen großen eigenständigen Handlungsradius besitzen und selbst im (sozial-)politischen Prozess aktiv werden.

---

463 Der DGB gründete sich im Jahre 1949. Die Organe sind der Bundeskongress (gewählte Delegierte der Mitgliedsgewerkschaften), der in der Regel alle vier Jahre zusammentritt, der Bundesvorstand (fünf Mitglieder des Geschäftsführenden Bundesvorstandes, acht Vorsitzende der Einzelgewerkschaften), der Bundesausschuss und die Revisionskommission. Der Organisationsaufbau des DGB umfasst neun Bezirke, ihrerseits untergliedert in 88 Regionen. Die Anzahl der Regionen nahm in den vergangenen Jahren aufgrund von Zusammenlegungen ab.

464 Die Koordinationsaufgaben umfassen die Erarbeitung und Artikulation von politischen Stellungnahmen zu Gesetzesvorhaben in internationalen Gremien und gesellschaftspolitischen Politikfeldern.

Da dem DGB die betriebs- und tarifpolitische Machtbasis fehlt, ist er auf eine hohe mediale Präsenz angewiesen, um als eigenständiger Akteur in Erscheinung zu treten und damit politisches Agenda-Setting zu betreiben. Dies erfordert eine enge Kooperationsbereitschaft seitens der Medien, die allerdings in den letzten Jahren eher zurückgegangen ist. Doch nicht alleine die öffentliche Aufmerksamkeit für den DGB hat abgenommen. Auch die sinkende Mitgliederbasis der Einzelgewerkschaften trifft die abgeleitete Vertretungsmacht des DGB empfindlich. Während der DGB im Jahr 1997 noch 8,62 Millionen Mitglieder vertrat, waren es elf Jahre später nur rund 6,37 Millionen Mitglieder (Rückgang in Höhe von 26 Prozent). Da sich der DGB durch Beiträge seiner Mitgliedsgewerkschaften in Höhe von 12 Prozent von deren Beitragseinnahmen finanziert, spiegeln sich die finanziellen Engpässe der Einzelgewerkschaften[465] auch in verringerten finanziellen Ressourcen des Dachverbandes wider.[466] Veränderte Umweltbedingungen führten unter anderem dazu, dass der DGB sich in den vergangenen zwanzig Jahren ungewollt zu einer Organisation gewandelt hat, in der ein Fünftel der Mitglieder außerhalb der aktiven Erwerbsphase steht: Im Jahr 2008 betrug der Anteil der Rentner und Pensionäre in den DGB-Gewerkschaften 21 Prozent.[467] Mit Blick auf die sozialpolitische Gestaltungsfunktion des DGB eröffnet sich die Frage, ob dieser ein Interesse daran besitzt, sich im Handlungsfeld Seniorenpolitik zu profilieren, um damit gegenüber den Mitgliedsgewerkschaften seinen eigenen Gestaltungsanspruch zu stärken.

Traditionell ist der DGB im Handlungsfeld Sozialpolitik der Verhandlungspartner gegenüber den Regierungen. Zu diesem Zweck koordiniert der DGB-Bundesvorstand die unterschiedlichen Interessen der Einzelgewerkschaften.[468] Eine gemeinsame Konsensfindung gelingt dem DGB indes

---

465 Diese sind bedingt durch die Veränderungen des gewerkschaftlichen Handlungsraumes aufgrund veränderter gesellschafts- und arbeitsmarktpolitischer Umweltbedingungen und zurückgehender Mitgliederzahlen.

466 Die Gemeinschaftsaufgaben, wie beispielsweise der Finanzausgleich zwischen kleinen und großen Gewerkschaften, sind zunehmend schwieriger zu erfüllen. Auch die Bereitschaft der Einzelgewerkschaften, sich bei »der Weiterentwicklung ihrer Organisationsbereiche« (Hassel 2007) mit anderen zu koordinieren, nimmt ab.

467 Im selben Jahr betrug der Anteil der Jugend bis einschließlich 27 Jahre 7,6 Prozent.

468 In § 2, Nr. 3b) der DGB-Satzung ist zur Aufgabe in der Sozialpolitik folgender Wortlaut angeführt: »Politische Aufgaben des Bundes sind b) in der Sozialpolitik insbesondere: die Vertretung der Interessen der Arbeitnehmerinnen und der Arbeitnehmer in der nationalen und internationalen Sozial- und Gesundheitspolitik einschließlich des Umweltschutzes; in der Sozialversicherung einschließlich Selbstverwaltung; in der Arbeitsmarktpolitik und

nicht immer, da die Positionen der Mitgliedsgewerkschaften teilweise divergieren. Die Seniorenpolitik wird als sozialpolitische Querschnittsaufgabe begriffen. Semantisch unterscheiden die Gewerkschaften zwischen Senioren*arbeit* und Senioren*politik*. Diese Definition wird offiziell von allen Mitgliedsgewerkschaften getragen. Seniorenarbeit umfasst die unmittelbare Betreuung der aus dem Erwerbsleben ausgeschiedenen älteren Mitglieder sowie die Umsetzung und Unterstützung ihres nachberuflichen, gewerkschaftlichen Engagements. Dieser Bereich liegt in der Verantwortung der jeweiligen Einzelgewerkschaften, um den unmittelbaren Bezug zum Mitglied zu gewährleisten. Unter Seniorenpolitik als sozialpolitischem Handlungsfeld versteht der DGB dagegen die Erfassung, Koordinierung und Vertretung der gemeinsamen seniorenpolitischen Interessen gegenüber den politischen Akteuren auf Bundes- und Landesebene. Im Folgenden wird gefragt, inwiefern der DGB als Dachorganisation den Alterungsprozess in den eigenen Reihen thematisiert und wie sich seine seniorenpolitische Ausrichtung in den vergangenen Jahren entwickelte. Es ist zu untersuchen, ob sich der DGB hin zu einer expliziten seniorenpolitischen Interessenvertretung entwickelt. Dazu wird die Debatte um die seniorenpolitische Ausrichtung des DGB der vergangenen zwei Jahrzehnte analysiert.

2. Debatte um die seniorenpolitische Ausrichtung des DGB

»Die Bedeutung des DGB in der Zukunft wird davon abhängen, wie es ihm gelingt, sich zum Anwalt, zum Sprachrohr neuer gesellschaftlicher Fragen zu machen und Konzepte zur Gestaltung eines neuen Gesellschaftsvertrages zu entwickeln, der auch zwischen älteren und jüngeren Menschen erforderlich ist« Redebeitrag auf dem 16. ordentlichen DGB-Bundeskongress 1998 (DGB 1998: 161)

Seit Jahren finden im DGB Debatten darüber statt, ob und wie eine seniorenpolitische Ausrichtung in den eigenen Reihen gestaltet werden kann. Der Dachverband ist seit jeher bestrebt, die Interessen der älteren Gewerkschaftsmitglieder in seinen sozialpolitischen Positionen mit zu berücksichtigen. Doch wurden auf den Bundeskongressen der letzten zwanzig Jahre von den Gewerkschaftssenioren Anträge eingebracht, um die Bedeutung ihrer Mit-

---

Arbeitssicherheit; im Arbeits- und Sozialrecht, Betriebsverfassungs- und Personalvertretungsrecht; im Rechtsschutz.

gliedergruppe zu stärken. So wurde wiederholt gefordert, Senioren als eigene Personengruppe auch in der Satzung abzusichern. Die Anträge wurden allerdings beständig abgelehnt.

Abbildung 26: Kurze Chronologie der DGB-Beschlüsse zur Seniorenpolitik/-arbeit

1986	DGB-Bundeskongress: Schaffung von Vertretungsstrukturen für Senioren in den Landes- und Kreisverbänden.
1996	Außerordentlicher DGB-Bundeskongress: DGB soll gemeinsame Aufgaben mit den Gewerkschaften für Senioren wahrnehmen.
1999	Koordinierungstelle Seniorenpolitik: Ein Arbeitskeis aus Gewerkschafts- und DGB-Vertretern wird eingerichtet..
2001	Einstellung der Koordinierungsstelle, Modifizierung und Weiterführung in der Abteilung Organisationspolitik.
2002	DGB-Bundeskongress beschließt Beendigung des Modells und Fortführung des Koordinierungskreises Seniorenarbeit.
2004	DGB-Bundesvorstand beschließt Beendigung des Modells und Fortführung des Koordinierungskreises Seniorenarbeit.
2006	DGB-BV erarbeitet Konzept für die seniorenpolitische Interessenvertretung. Koordinierungskreis Seniorenpolitik entsteht.
2008	DGB-Bundesvorstand beschließt »Seniorenpolitische Eckpunkte«.

Quelle: Protokolle der DGB-Bundeskongresse; eigene Darstellung.

Begonnen hat die gezielte Diskussion über die Rolle der Gewerkschaftssenioren auf dem 13. ordentlichen DGB-Bundeskongress im Jahr 1986. Damals wurde der Bundesvorstand beauftragt, die Voraussetzungen für eine explizite Vertretung der Senioren in den Landesbezirken und Kreisen zu schaffen. Anfang bzw. Mitte der achtziger Jahre wurde in Politik und in den Parteien CDU und SPD erstmals über die gesellschaftliche Alterung diskutiert.[469] Infolge dieser externen Anstöße konnten erste Personengruppenausschüsse und Arbeitskreise der Senioren im DGB eingerichtet werden. Es dauerte aber noch einmal zwei Jahre bis der DGB-Bundesvorstand in einem Schreiben seine Landesbezirke und Kreise aufforderte, die Seniorenarbeit der Mitgliederorganisationen z. B. durch die Gründung von Arbeitskreisen zu

---

469 Ebenso wurde Mitte der 1980er Jahre auch die Gründung der BAGSO vorbereitet.

unterstützen.[470] Auch die Delegierten des 14. ordentlichen DGB-Bundeskongresses im Jahr 1990 sprachen sich dafür aus, die gewerkschaftliche Arbeit für Senioren zu intensivieren. Abgelehnt wurden jedoch jene Anträge, die die Bildung von Seniorenausschüssen auf allen DGB-Ebenen forderten bzw. Stimmrechte für die Seniorenvertreter in den Kreisvorständen vorsahen. Der 15. ordentliche DGB-Bundeskongress im Jahr 1994 nahm als Material für den Bundesvorstand die Forderung an, der gewerkschaftlichen Seniorenarbeit in den Mitgliedsgewerkschaften sowie im DGB einen höheren Stellenwert einzuräumen. Die Einrichtung eigener Seniorenausschüsse als dritte Säule der Personengruppenarbeit[471] mit Satzungsrang wurde abgelehnt (Köpke 2007). Ein Jahr später veröffentlichte der Bundesvorstand ein Papier, in dem die Seniorenarbeit als Aufgabe der Mitgliedsgewerkschaften definiert wurde. Der Dachverband verpflichtete sich, nach Aufforderung durch die geschäftsführenden Hauptvorstände der Mitgliedsgewerkschaften koordinierende Aufgaben zu Sachthemen der Seniorenpolitik zu übernehmen (DGB 1996b).

Als erster Meilenstein für eine gestärkte seniorenpolitische Ausrichtung kann der Beschluss des 5. außerordentlichen DGB-Bundeskongress im Jahr 1996 bezeichnet werden. Denn damals wurde erstmals die Vertretung der Interessen älterer Mitglieder der Mitgliedsgewerkschaften innerhalb der DGB-Strukturen beschlossen und in die Satzung aufgenommen. In § 2 Ziff. 3h der DGB-Satzung heißt es:

»Die Vertretung und Koordinierung der gemeinsamen Interessen, insbesondere […] die Wahrnehmung der gemeinsamen Interessen der Gewerkschaften für die Arbeiterinnen und Arbeiter, die Angestellten, die Beamtinnen und Beamten, die Frauen, die Jugend und die Seniorinnen und Senioren« (DGB 2006b).

Ebenso wurde im DGB-Grundsatzprogramm (DGB 1996a) durch folgende Passage die Interessenvertretung der aus dem Erwerbsleben ausgeschiedenen Mitglieder verankert:

»Gewerkschaften vertreten die Interessen der Menschen, die im Arbeitsleben stehen, die eine Ausbildung und Arbeit anstreben, arbeitslos oder im Ruhestand sind« (ebd.:

---

470 Allerdings wurde betont, dass die Betreuung der aus Altersgründen aus dem Erwerbsleben ausgeschiedenen Mitglieder eine wesentliche Aufgabe der Einzelgewerkschaften sei.

471 Auf dem DGB-Bundeskongress 1994 wurde die Personengruppenarbeit für Angestellte und Arbeiter aufgegeben, für Beamte reduziert und die Mitgliederzahl in verschiedenen Organen des DGB vermindert. Mit diesen organisatorischen Strukturentscheidungen wurde das Ziel verfolgt, das Profil des DGB schärfen und seine einflusspolitische Position zu stärken.

2). Weiter wurde festgelegt: »Wir wollen stärker die Interessen von Arbeitslosen, Vorruheständlerinnen und Vorruheständlern sowie Seniorinnen und Senioren aufgreifen und entsprechende Angebote zur Mitarbeit entwickeln« (ebd.: 38).

Die ausdrückliche Benennung dieses Feldes als Aufgabenbereich im Jahr 1996 ist auch vor dem Hintergrund der seit längerem stattfindenden Debatten auf Bundesvorstandsebene der SPD[472] zu reflektieren. Im Vorfeld der Gründung der SPD Arbeitsgemeinschaft der Älteren (AG 60 plus) beschäftigte sich eine Kommission mit dem demografischen Wandel im Allgemeinen und dem parteieigenen Alterungsprozess im Speziellen. Aufgrund der engen Kontakte und persönlichen Netzwerke zwischen SPD und Gewerkschaften nahm der Bundesvorstand augenscheinlich wichtige Impulse auf, welche dazu führten, dass man sich auch in der Dachorganisation gezielter diesem Thema annahm (Mackroth/Ristau 2000: 748).[473]

Ab Ende der achtziger Jahre wurde das Modell einer eigenständigen Rentnergewerkschaft in kleinen Kreisen der hauptamtlich Beschäftigten diskutiert. Der Impuls für die »Roten Panther« kam erstmals in der IG Metall auf. Dieses Modell sah in den italienischen Rentnergewerkschaften ein Modell, damit »agile kollektive Akteure« (Künemund 1993: 542) unter dem Dach des DGB zu altersspezifischen Themen Stellung beziehen können. Die Befürworter eines solchen Vorschlags sahen darin einen Weg von der »Seniorenbetreuung« zur »Seniorenaktivierung«: »Ein solches Bemühen bedeutet nicht weniger als den Aufbau einer schlagkräftigen Alten-Lobby als Teil zukünftiger Gewerkschaftsbewegung« (Schabedoth 1989: 193). Die Idee, Gewerkschaftsmitglieder im Ruhestand in einer eigenen Organisation unter dem Dach des DGB als eigene Vertretungssäule neben den Branchengewerkschaften zu organisieren, fand jedoch keinen Zuspruch. Zu hoch wurde der damit verbundene Ressourcenaufwand eingeschätzt. Ebenso befürchtete man Image- und Steuerungsverluste als Erwerbstätigenorganisation. Dabei spielte auch die Angst vor einer Funktionsüberlastung eine Rolle, die mit der Institutionalisierung von Seniorenrechten einhergehen könnte.

---

472 Im SPD-Parteivorstand befasste sich eine Kommission »Demographischer Wandel« seit Ende der achtziger Jahre mit der Alterung der Gesellschaft und der Mitgliederstruktur der Partei. Das Ergebnis war die Institutionalisierung der Arbeitsgemeinschaft der Älteren. Zuvor waren auf der SPD-Bezirksebene bereits Senioren-Vertreter integriert worden.

473 Zwischen 1991 und 1995 befasste sich im SPD-Parteivorstand die Projektgruppe unter der Leitung von Hans-Ulrich Klose. Zu Kooperationsveranstaltungen wurden u. a. die Gewerkschaften eingeladen. Damit sollten auch die Kommunikationskanäle erweitert werden (ebd.: 748).

Im internationalen Jahr der SeniorInnen 1999 richtete der Bundesvorstand eine Koordinationsstelle Seniorenpolitik als zweijähriges Modellprojekt ein.[474] Neben der Koordinationsstelle, die mit einer hauptamtlichen Mitarbeiterin auf der Bundesebene[475] besetzt war, wurde ein Seniorenarbeitskreis eingerichtet. Dieser bestand aus ehrenamtlich aktiven Gewerkschaftssenioren, Vertretern der Landesbezirke und teilweise hauptamtlich Beschäftigten der Einzelgewerkschaften.[476] Neben einem Mitarbeiter der IG Metall, der auf der Vorstandsebene für die Koordinierung der Seniorenarbeit zuständig war, entsendeten vorrangig die Gewerkschaften des öffentlichen Dienstes hauptamtlich Beschäftigte. Von der damaligen IG CPK war hingegen kein Vertreter in diesem Arbeitskreis. Dies verdeutlicht, dass diejenigen Einzelgewerkschaften, in denen Senioren als eigenständige Personengruppen integriert waren, ein scheinbar größeres Interesse an einer breiteren Thematisierung und Koordinierung auch auf DGB-Ebene zeigten als jene, in denen die Senioren zwar fester Bestandteil der lokalen Gruppen waren, jedoch ohne formale Anerkennung als Gruppe. Um die seniorenpolitischen Aktivitäten weiter zu entwickeln, und die gewerkschaftliche Seniorenpolitik bundesweit zu vernetzen, gehörten folgende Punkte zu den gesetzten Zielen der Koordinierungsstelle: 1. Die Förderung des Informations- und Erfahrungsaustausches innerhalb der Gewerkschaften, 2. die Koordinierung und Bündelung der gewerkschaftlichen Seniorenaktivitäten, 3. verstärkte Transparenz und Repräsentanz nach außen (DGB 2000a: 5). Die Koordinierungsstelle organisierte unter anderem die 1. Seniorenpolitische Fachtagung des DGB, die im Oktober 1999 stattfand.[477] Hauptziel dieser Arbeitstagung war es, »die zunehmende Bedeutung der Seniorenpolitik in den Gewerkschaften zu unterstreichen und die Notwendigkeit eines einheitlichen politischen Programms und einer klaren Definition gewerkschaftlicher Seniorenpolitik auf-

---

474 Im Jahr zuvor lagen dem 16. ordentlichen Bundeskongress zur Seniorenpolitik des DGB neun Änderungsanträge zur Satzung sowie drei Anträge zur DGB-Modernisierung und -organisationspolitik vor, die zunächst von der Antragskommission zur Ablehnung empfohlen wurden. Nach reger Diskussion änderte sie ihre Empfehlung in »Annahme als Material an den Bundesvorstand zur Debatte über die Organisationsreform«. Der Bundeskongress folgte dieser Empfehlung (DGB 1998).

475 Formal war die Stelle der Abteilung Sozialpolitik im DGB-Bundesvorstand zugeordnet. Die Mitarbeiterin war jedoch in Frankfurt am Main tätig. Dieser Zustand führte zu einer unzureichenden Koordinierung mit der Abteilung.

476 Der Seniorarbeitskreis bestand aus 28 Mitgliedern.

477 Insgesamt nahmen an der Tagung rund 120 Mitglieder aus den jeweiligen Einzelgewerkschaften teil.

zuzeigen« (DGB 2000: 6). Die DGB-Führung begrüßte zunächst die Ergebnisse dieser Arbeitsgruppe und betonte, langfristig die Seniorenpolitik in den Gewerkschaften verbessern zu wollen, um eine stärkere Einflussnahme der Senioren in der Gesellschaft zu erreichen. Obgleich der Seniorenarbeitskreis mit Unterstützung der Koordinierungsstelle erste konkrete Schritte hinsichtlich der thematischen Bearbeitung hervorbrachte, wurde die als Modellprojekt angelegte Struktur nicht fortgeführt. Gründe dafür lagen vermutlich einerseits in der unzureichenden Einbindung der Koordinierungsstelle innerhalb der Abteilung Sozialpolitik auf der DGB-Bundesvorstandsebene. Andererseits bestand in der Folgezeit eine große Zurückhaltung des Bundesvorstandes gegenüber den Vorschlägen des Arbeitskreises.

Nach der Einstellung des ersten Modellprojektes beschloss der DGB-Bundesvorstand im November 2001[478] die Einrichtung eines neuen zweijährigen Modells mit einer Laufzeit von 2002 bis 2004. Im Beschluss war das Ziel benannt worden, einen ehrenamtlichen Seniorenbeauftragten zu etablieren.[479] Darüber hinaus wurde zur Koordinierung der Seniorenpolitik auf Bundesebene ein neuer Koordinierungskreis eingerichtet. Dieser neue Arbeitskreis wurde – basierend auf den Erfahrungen des alten Arbeitskreises – ausschließlich mit hauptamtlichen Mitarbeitern der Einzelgewerkschaften besetzt und von der Abteilung Organisationspolitik des DGB-Bundesvorstandes mit wechselnder personeller Verantwortung koordiniert. Bis zum Ende dieses Modells im Jahr 2004 wurde kein ehrenamtlicher Seniorenbeauftragter berufen. Stattdessen wurde der bereits länger bestehende »Koordinierungskreis Seniorenarbeit« in der Abteilung Organisationspolitik weitergeführt.

Der 17. ordentliche DGB-Bundeskongress im Jahr 2002 hatte hinsichtlich der Institutionalisierung neuer Strukturen keine Auswirkung.[480] Auf Antrag der GEW wurde die DGB-Satzung (§ 2 Ziff. 3f.) allerdings mit folgendem Wortlaut ergänzt:

»Politische Aufgaben des Bundes sind (…) f) in der Seniorenpolitik insbesondere: die Vertretung der Interessen der Seniorinnen und Senioren und Wahrung ihrer Mitwirkung bei der Gestaltung des gesellschaftlichen Lebens, in der Sicherung und Entwicklung ihrer ökonomischen und sozialen Belange. Der DGB setzt sich für die Schaffung eines seniorenfreundlichen Klimas und die Beseitigung jeglicher Diskri-

---

478 Das Jahr 2001 war das europäische Jahr des Ehrenamts.
479 Dieses Modell wurde in der Praxis jedoch nie umgesetzt und lief im Jahr 2004 zugunsten modifizierter Strukturen aus.
480 Der Kongress lehnte Anträge auf die strukturelle Einrichtung von Sitz und Stimme der Mitgliedergruppe Senioren ab.

minierung der älteren Generation in der Gesellschaft ein« (DGB 2002: 8).
Auch die Delegierten des 18. ordentlichen DGB-Bundeskongresses im Jahr
2006 lehnten satzungsändernde Anträge ab.[481] Auf Antrag des Bezirksvor-
standes Baden-Württemberg verpflichtete sich der DGB allerdings,»ein
Konzept [zu] erarbeiten, um die politische Interessenvertretung der in den
Gewerkschaften organisierten Seniorinnen und Senioren zu stärken. Ziel
[sei] eine verbesserte und gestärkte Koordinierung und Zusammenarbeit bei
politischen Themen, die die Seniorinnen und Senioren betreffen. Ein eigenständiger, in der Satzung des DGB verankerter Status [sei] dafür nicht erforderlich« (Antrag A 12 siehe DGB 2006d).[482]

Der seit 2002 eingerichtete Koordinierungskreis»Seniorenarbeit«, der
bis 2006 unter Federführung der Abteilung Organisationspolitik des Bundesvorstands wirkte, wurde danach der Abteilung»Sozialpolitik« zugeordnet
und in»Koordinierungskreis Seniorenpolitik« umbenannt[483]. Als Grund für
diesen Wechsel wird vonseiten des Bundesvorstandes die stärkere inhaltliche
Ausrichtung genannt, da man die Interessen der Senioren in der Sozialpolitik als Querschnittsaufgabe besser bündeln könne. Ein anderer Grund für
diesen Zuständigkeitswechsel könnte auch darin liegen, dass man die Seniorenfrage nicht länger mit der strukturellen Organisationspolitik in Verbindung sehen wollte. Diesen Eindruck wollte man augenscheinlich vermeiden
und die Seniorenfrage ausschließlich auf die sozialpolitische Dimension
konzentrieren. Schließlich kann es natürlich auch einfach das Ergebnis einer
neuen Geschäftsverteilung sein, die den einzelnen Vorstandsmitgliedern bestimmte Gestaltungsbereiche zuweist. Jedenfalls gehören dem Koordinierungskreis Vertreter der Einzelgewerkschaften sowie der DGB-Bezirke an.[484]

Als erstes Ergebnis aus dem seit 2006 eingerichteten»Koordinierungskreis
Seniorenpolitik« sind die»Seniorenpolitischen Eckpunkte« hervorgegangen,

---

481 Vier Anträge zur Organisationspolitik wurden als Material angenommen.
482 Das Verständnis der arbeitsorganisatorischen Differenzierung zwischen Seniorenpolitik
und Seniorenarbeit wurde bereits durch die Verankerung dieses Aufgabenfeldes im DGB-
Grundsatzprogramm im Jahre 1996 bzw. mit der Verankerung als Satzungsauftrag auf
dem DGB-Bundeskongress 2002 beschlossen (DGB 1996a: 3).
483 Obgleich der Aufgabenbereich der Seniorenpolitik seitdem in der Abteilung Sozialpolitik
angesiedelt ist, besteht nach wie vor eine enge Zusammenarbeit mit der Abteilung Organisationspolitik. Ziel der gemeinsamen Zusammenarbeit ist es, in den Bezirken einheitliche Strukturen aufzubauen und damit die Seniorenpolitik als gesellschaftspolitisches Thema in den Gliederungen zu stärken.
484 Diese entscheiden eigenständig, ob sie einen hauptamtlichen oder ehrenamtlichen Vertreter in das Gremium entsenden.

die vom Bundesvorstand nach der Beratung im sozialpolitischen Ausschuss des DGB[485] im Frühjahr 2008 verabschiedet wurden. Darin heißt es:

»Der DGB und die Gewerkschaften brauchen die Seniorinnen und Senioren. Als politisch aktive Gewerkschafterinnen und Gewerkschafter setzen sie sich gemeinsam mit den anderen Gewerkschaftsmitgliedern für eine solidarische Gesellschaft und eine gerechte Arbeitswelt ein. Ihre Erfahrungen aus langjährigem, gewerkschaftlichem Engagement sind für die Gewerkschaftsarbeit von unschätzbarem Wert. Sie stehen uns bei Veranstaltungen, bei Streiks und bei anderen politischen Aktionen mit Rat und Tat zur Seite« (DGB 2008a: 3).

Dieses Papier kann als erstes grundlegendes und öffentlich artikuliertes Zeichen der Anerkennung gegenüber dem Engagement der Gewerkschaftssenioren gewertet werden. Es umfasst die Positionen des Dachverbandes zu den seniorenpolitischen Themenbereichen Alterssicherung, Gesundheit, Pflege, Altersdiskriminierung sowie altersgerechtes Leben und Wohnen. Darüber hinaus wird die Bedeutung der Interessenvertretung aller Generationen und damit auch der Senioren unterstrichen:

»Andererseits brauchen auch die Seniorinnen und Senioren die Gewerkschaften. Denn DGB und Gewerkschaften streiten nicht nur für die Interessen der Beschäftigten, sondern auch für diejenigen, die aus dem Erwerbsleben bereits ausgeschieden sind. Wir setzen uns ein für eine zukunftsfähige Alterssicherung, für eine solidarisch finanzierte Gesundheitsversorgung, für bessere Pflegeleistungen und gegen Altersdiskriminierung. Wir organisieren die gesellschaftliche Gegenwehr, um Leistungsverschlechterungen bei der Rente bzw. der Altersversorgung insgesamt und im Gesundheitssystems zu verhindern« (ebd.).

Der DGB hat sich in den vergangenen zwanzig Jahren schwer getan, eine konsequente strategische Ausrichtung in der Seniorenfrage auf den Weg zu bringen. Wiederholte Wechsel der Zuständigkeiten, mehrmalige Einführungen und Auflösungen von Modellprojekten und Arbeitskreisen auf Bundesvorstandsebene erschwerten eine kontinuierliche Auseinandersetzung. Wie in anderen (sozial-) politischen Themenfeldern fällt die Kompromissfindung für den DGB auch im Bereich der Seniorenpolitik nicht einfach. Dies ist in erster Linie vor dem Hintergrund der Traditionen und Sichtweisen der Seniorenarbeit in den jeweiligen Einzelgewerkschaften zu sehen. Während etwa in der IG BAU, TRANSNET, GEW, GdP und ver.di den Senioren umfang-

---

485 Dem sozialpolitischen Ausschuss gehören hauptamtliche Vertreter aller Mitgliedsgewerkschaften sowie des DGB an. Hier wird die sozialpolitische Programmatik des Dachverbandes beraten und Vorlagen für den Bundesvorstand entwickelt.

reiche Beteiligungsrechte zugesprochen werden und diese Gewerkschaften eigene Verpflichtungen gegenüber ihren Mitgliedergruppen haben, sind die Industriegewerkschaften IG Metall und IG BCE aber auch die NGG in dieser Hinsicht eher zurückhaltend.[486] Diese unterschiedlichen Positionen und Einstellungen beeinträchtigen eine gemeinsame Positionsfindung auf der Ebene der Dachorganisation.

In der Vorbereitung für den 19. ordentlichen DGB-Bundeskongress im Jahr 2010 ist Bewegung in die Seniorenfrage gekommen. Im Rahmen der internen Diskussionen über eine Organisationsstrukturreform des Dachverbandes erhielt das ehrenamtliche Engagement der Mitgliedergruppe Senioren neue Aufmerksamkeit.[487] So wurde in einem Eckpunktepapier der Vorsitzenden der Mitgliedsgewerkschaften und des DGB vom Dezember 2008 hinsichtlich der Grundprinzipien des Dachverbandes folgendes benannt: »Die jeweiligen Vorstände können Vertretungen von Frauen, Jugend und Senioren beratend zu ihren Sitzungen hinzuziehen« (DGB 2008a: 1). Zu diesem Zweck wird gegenwärtig an einer Richtlinie »zur organisationspolitischen Stärkung der Seniorenpolitik« (DGB 2009) gearbeitet. Darin wird die Aufgabe unterstrichen, dass die Seniorenpolitik der »Interessenvertretung in den für Seniorinnen und Senioren relevanten Politikfeldern mit Ziel der Unterstützung der Arbeit der Gewerkschaften« (ebd.) diene. Ebenso nimmt der DGB ausdrücklich die Position ein, dass »die Bindung und Gewinnung [der Senioren] eine wichtige organisationspolitische Komponente« (ebd.) sei. Angedacht ist der Aufbau seniorenpolitischer Gremien auf der jeweiligen Organisationsebene. Dazu heißt es:

»Nach Bedarf und dem Wunsch aktiver Seniorinnen und Senioren aus DGB-Gewerkschaften, sich auf der jeweiligen Organisationsebene des DGB zu organisieren, ist von der Organisationsebene in Abstimmung mit den Gewerkschaften nachzukommen und ein gemeinsames Gremium einzurichten. Die Entscheidung darüber treffen die für die jeweilige Organisationsebene des DGB zuständigen Vorstände. Für Seniorenpolitik ist dann eine hauptamtliche Ansprechpartnerin (Ansprechpartner) zu benennen« (ebd.).

---

486 Im Rahmen der Konzeptionalisierung der »Seniorenpolitischen Eckpunkte« bestand zwischen den Mitgliedsgewerkschaften Einigkeit darüber, dass sich der DGB in diesem Feld explizit positionieren solle. In der Anfangsphase wurden die ersten Vorschläge allerdings dahingehend kritisiert, dass neben den großen politischen Leitlinien auch sehr konkrete Sachfragen enthalten waren.

487 Die Strukturreform soll mit dem DGB-Bundeskongress 2010 begonnen und bis zum Jahr 2014 umgesetzt werden.

Der Koordinierungskreis Seniorenpolitik als bundesweites Gremium soll bestehen bleiben.

Die seit dem Jahr 2008 angestrebte organisationspolitische Stärkung der Seniorenarbeit ist vor dem Hintergrund zu sehen, dass die Dachorganisation zunehmend Schwierigkeiten hat, ihre Aufgaben bei geringer Ressourcenausstattung zu erfüllen. Die Diskussion um eine grundlegende Organisationsreform des DGB sieht eine Neugestaltung der Organisationsebenen in Kreisbzw. Stadtverbänden, Bezirken- sowie Unterbezirken und Bund vor. Es ist geplant, die Satzung dahin gehend zu verändern, die unterste Organisationsebene der neu zu schaffenden Kreis- bzw. Stadtverbände ausschließlich auf der Basis ehrenamtlicher Strukturen einzurichten. Die Seniorenarbeit erhält auf dieser Ebene folglich eine neue Bedeutung, da hauptamtliche Strukturen abgebaut und durch ehrenamtliches Engagement kompensiert werden sollen. Dementsprechend wird eine verstärkte satzungsbasierte Etablierung einer aktiven Seniorenarbeit auf dem nächsten Bundeskongress offensichtlich eine entscheidende Rolle spielen, um die Präsenz des DGB in der Fläche zu verbessern.

3. DGB als politischer Akteur im Feld Seniorenpolitik

»Gewerkschaftliche Forderungen und Vorstellungen zur Sozialpolitik orientieren sich an den Interessen und Bedürfnissen der Arbeitnehmer und ihren Familien während ihres gesamten Lebensweges. Dies gilt auch für die Forderungen zur Verbesserung der Lebenssituation älterer Menschen in der Bundesrepublik« (DGB 1979: 5).

Der DGB definiert hinsichtlich seiner sozialpolitischen Aufgaben »die Vertretung der Interessen der Arbeitnehmerinnen und Arbeitnehmer in der nationalen und internationalen Sozial- und Gesundheitspolitik einschließlich des Umweltschutzes; in der Sozialversicherung einschließlich Selbstverwaltung; in der Arbeitsmarktpolitik und Arbeitssicherheit; im Arbeits- und Sozialrecht, Betriebsverfassungs- und Personalvertretungsrecht; im Rechtsschutz« (DGB 2006b: 6).

Gewerkschaftliche Sozialpolitik wird infolge dessen im engeren Sinne in den Bereich des Arbeitslebens und durch die damit verbundene Verzahnung im sozialen Sicherungssystem angesiedelt. Seit jeher erhebt der DGB in der sozialpolitischen Arena den Anspruch, als wichtiger Gestaltungsakteur wahrgenommen und demgemäß in politische Entscheidungen einbezogen zu werden. Das gewerkschaftliche Verständnis von Sozialpolitik ist traditionell ein umfassendes, das im Hinblick auf die nachberufliche Phase den Erhalt des Lebensstandards als Referenzpunkt hat. Als Solidargemeinschaft gehört es zu den sozialpolitischen Leitvorstellungen der Gewerkschaft, eine Politik für die organisierten Arbeitnehmer zu verfolgen, die sämtliche Lebensphasen, also auch die der Ruhestandsphase, umfasst.»Sie sehen und vertreten die Arbeitnehmer nicht mehr nur vorrangig als Barleistungsempfänger und Beitragszahler, sondern ebenso in ihrer Rolle als Patient beim Arzt, im Krankenhaus, während der Rehabilitationsmaßnahmen, als Arzneimittelverbraucher usw.« (Muhr 1975: 139). Aus diesem Verständnis heraus veröffentlichte der DGB erstmals im Jahr 1979 ein Programm bezogen auf die Lebenssituation älterer Menschen (DGB 1979). Als Vertreter in den Selbstverwaltungsgremien der Sozialversicherung verfolgen die Gewerkschaften ebenfalls im Sinne des Solidaritätsprinzips eine Politik, die auch der gegenwärtigen Rentnergeneration zugute kommt.

Seit der Aufbauphase des deutschen Wohlfahrtsstaates tragen die Gewerkschaften als maßgebliche Akteure das generationenübergreifende Leitbild der Koppelung von sozialer Sicherung und Erwerbstätigkeit, die den Generationenvertrag fundiert. Das Bekenntnis zur»Leistungsbezogenheit der Rente« verdeutlicht zugleich die primär erwerbs- und arbeitnehmerorientierte Perspektive des DGB, indem die Verbindung von Lebensarbeitsleistung und Alterseinkommen als wichtiger Grundsatz verstanden wird (Winter 1997a: 168).[488] In Fragen des Rentenniveaus orientiert sich der DGB an »einer Rollenfunktion des alten Menschen, welche ihm im Alter eine sinnvolle Lebenserfüllung ermöglicht, wozu insbesondere gehört, dass die Freizeit auch mit Beschäftigungen verbracht werden kann, die – simpel gesagt – Geld erfordern« (Leminsky/Otto 1974: 210). Die Gewerkschaften teilen mit den Akteuren der beiden Volksparteien den seit der Nachkriegszeit etablierten Konsens einer weitgehenden sozialen Absicherung vor Altersarmut (Hassel/Trampusch 2006).[489] So wurde die große Rentenreform 1957 von den Gewerkschaften besonders begrüßt, da»durch die Umstellung des Sicherungssystems auf die Umlagedeckung die wirtschaftlichen Zuwächse der

---

488 Gleichzeitig vertritt der DGB die Auffassung, dass das äquivalenzorientierte Rentenmodell durch das Prinzip des sozialen Ausgleichs zu ergänzen ist.

489 Die traditionellen Beziehungen zwischen Parteien und Gewerkschaften wurden im Zuge der Reformprozesse der jüngsten Vergangenheit geschwächt, auch weil Sozialpolitiker von CDU und SPD immer weniger Bindungen zu den Verbänden aufzeigen.»Sowohl CDU/ CSU als auch SPD fühlen sich in der Sozialpolitik heute weniger den Interessen der Gewerkschaften und Arbeitnehmerbewegung verpflichtet« (Hassel/Trampusch 2006: 125).

Wiederaufbauphase aus dem Stand heraus auch den Leistungsempfängern zugeleitet werden« konnten (Döring/Koch 2003: 385).

In der seit Ende der achtziger Jahre anhaltenden Debatte um die Finanzierungsprobleme der Sozialversicherungssysteme und den damit erforderlichen Umstrukturierungsmaßnahmen gerieten die Arbeitnehmer zunehmend in eine defensive Position. Der DGB verfolgt in erster Linie die Strategie, die bestehenden institutionellen Arrangements des Sozialstaats zu verteidigen und Reformen, die zu Leistungskürzungen führen, abzuwehren. Ebenso werden Privatisierungsmaßnahmen von Sozialleistungen abgelehnt. Als sozialpolitischer Akteur hat er die Aufgabe, die Interessen der Beitragszahler und der Leistungsempfänger auszubalancieren.

Forderungen nach einer expliziten Vertretung der spezifischen Interessen der Senioren und der Etablierung des demografischen Wandels als eigenständiges Handlungsfeld (vgl. Köpke 2006: 121) sind in den vergangenen zwei Jahrzehnten auf den Bundeskongressen vonseiten der Gewerkschaftssenioren wiederholt vorgetragen worden. Während der Aufbau- und der Konsolidierungsphase des Sozialstaates waren die Interessen der Rentner und Pensionäre adäquat mitvertreten worden, ohne explizit als solche deklariert zu werden. Die Veröffentlichung der »Seniorenpolitischen Eckpunkte« im Frühjahr 2008 ist insofern eine Zäsur, da der DGB mit dieser Publikation erstmalig ausdrücklich als Interessenvertreter derjenigen Mitglieder in Erscheinung tritt, die gegenwärtig außerhalb des aktiven Berufslebens stehen. Es scheint, als ob Interessen der Ruheständler in Zeiten des umfassenden Sozialstaatsumbaus und vor dem Hintergrund der demografischen Herausforderungen auch von den Gewerkschaften deutlich benannt werden, um weiterhin als gestaltender Akteur in die sozialpolitischen Entscheidungsprozesse eingebunden zu werden.

Im Rahmen der direkten Interessenvertretung für Senioren geht der DGB auch Bündnisse mit den Sozialverbänden ein. Neben dem »Netzwerk Rente« existiert das »Netzwerk Gesundheit«, in denen der DGB mit den Sozialverbänden in Sachfragen zusammenarbeitet. Auch dadurch versucht sich der Dachverband in diesem Feld als maßgeblicher sozialpolitischer Akteur zu legitimieren.[490] Im Folgenden werden die rentenpolitischen Positionen des DGB in der Phase des Sozialstaatsumbaus der jüngsten Vergangenheit skizziert.[491]

---

490 Zur strategischen Partnerschaft von DGB und Sozialverbänden siehe IV.3.
491 Es werden exemplarisch die Positionen des DGB innerhalb der Rentenpolitik vorgestellt.
    In den Bereichen der Gesundheitspolitik und Pflegepolitik teilt der DGB die gemeinsa-

Die rentenpolitischen Positionen des DGB

Die Gewerkschaften argumentieren mit Blick auf die Entwicklung der Renten vorrangig aus der Sicht ihrer heute aktiv erwerbstätigen Mitglieder, den zukünftigen Transferempfängern. Im Rahmen der Umstrukturierungsdebatte des Rentensystems steht der DGB im Bereich der Sozialpolitik vor der Herausforderung, eine einheitliche Position seiner Mitgliedsgewerkschaften zu formulieren. Diese Meinungsführerschaft des Dachverbandes wird zwar generell von den Einzelgewerkschaften anerkannt, in den wichtigsten Bereichen der Sozialpolitik werden jedoch von diesen letztlich eigene Positionen vertreten (Winter 1997a: 175). Kennzeichnend für die Rentenpolitik sind die teilweise großen programmatischen Differenzen zwischen den Gewerkschaften in Folge unterschiedlicher Interessenorientierungen der Mitgliedschaft, die zuweilen auch auf spezifischen Branchenstrukturen basieren.[492] Im Kontext der Reformen des Rentensystems nahm der DGB stets eine prominente Rolle ein (Hegelich 2006: 198). Dies zeigte sich insbesondere bei der Rentenreform 1992, deren Kernanliegen es war, das Rentenniveau an die Nettolohnentwicklung anzupassen; zudem sollten die demografischen Lasten gleichermaßen auf Beitragszahler, Rentner und Bund verteilt werden. Obwohl die IG Metall die Rentenreform ablehnte, einigte man sich im DGB letztlich auf eine Zustimmung im Sinne der gerechten Verteilung der Lasten. Um den Konflikt zwischen Rentnern und Beitragszahlern zu vermeiden, wurde darauf geachtet, dass die Schlechterstellung nicht zulasten der einen oder anderen Gruppe geht, sondern beide gleichermaßen belastet werden (ebd.)[493]. Im gleichen Zusammenhang forderte der DGB die Anhebung des Bundeszuschusses für eine gerechtere Politik, da die Lasten auf »alle Schultern, die an der Rentenversicherung beteiligt sind, verteilt werden« müssten (ebd.).

Die bereits in der Reform von 1992 vorgesehene Anhebung des Renteneintrittsalters sowie die Einführung versicherungsmathematischer Abschläge, be-

---

men Positionen mit den Sozialverbänden. Vgl. dazu IV.3 Die gemeinsame sozialstaatliche Programmatik der Sozialverbände und Gewerkschaften.

492 In diesem Zusammenhang sind in erster Linie IG Metall und IG BCE zu nennen, die eine relativ homogene Mitgliederklientel mit meist verhältnismäßig gut ausgestatteten Beschäftigungsverhältnissen vertreten. Bei der NGG und partiell bei ver.di sind die Interessen von Beschäftigten im Niedriglohnsektor mit zu berücksichtigen.

493 Die IG Metall plädierte für Reformschritte einer Mindestsicherung oder die Konzeption eines gleitenden Übergangs in den Ruhestand ohne versicherungsmathematische Abschläge, um dem einseitigen Nachteil von Beitragszahlern und Rentnern entgegenzuwirken (Winter 1997a: 177).

dingt durch vorhersehbare Belastungen aufgrund demografischer Veränderungen, wurden vom DGB und – allen voran – von der IG Metall zunächst vehement abgelehnt. Anfang der neunziger Jahre argumentierte der DGB in dieser Frage, dass auch vor dem Hintergrund des demografischen Wandels kein Handlungsbedarf für die Heraufsetzung bestehe und es sozialpolitisch angeraten sei, »dass ältere Arbeitnehmer ihre Arbeitsplätze freimachen für jüngere Arbeitslose« (ebd.: 199). Auch die im Jahr 2007 beschlossene »Rente mit 67« wurde von den Arbeitnehmervertretungen abgelehnt, jedoch mit einer anderen Begründung. Befürworteten und unterstützten die Gewerkschaften die seit den siebziger Jahren massiv durchgeführte Frühverrentungspolitik, verbunden mit dem Ziel, eine »nicht mit materiellen Sanktionen belegte »flexible« Wahl des Ausstiegs vor der Regelaltersgrenze 65 zu erreichen« (vgl. Döring/Koch 2003: 395), kam es im Laufe der Reformdebatten in den neunziger Jahren zu einem Paradigmenwechsel.[494] Danach sollte nicht mehr die die Sozialkassen stark belastende Frühverrentungspolitik zentral sein, sondern die Arbeitgeber sollten verstärkt in die Pflicht genommen werden. Beschäftigungsverhältnisse älterer Arbeitnehmer seien ihrem Alter entsprechend zu verbessern, um damit eine längere Lebensarbeitszeit zu gewährleisten. Diese Argumentationslogik lag auch der Ablehnung der Rentenreform 2007 zugrunde: Da in der Realität viele ältere Arbeitnehmer vor ihrem 67. Lebensjahr aus der Erwerbstätigkeit ausscheiden (müssen), komme die Heraufsetzung der Renteneintrittsalters einer Rentenminderung gleich.

Im Zuge der Vereinigungsfolgen und der sinkenden Einnahmen der Sozialversicherungssysteme im Laufe der neunziger Jahre argumentierte der DGB, dass die Bekämpfung der Arbeitslosigkeit höchste Priorität besitze. Er unterstrich die Auswirkungen der arbeitsmarktpolitischen Entwicklung auf die Rentenversicherung. Die von der konservativ-liberalen Regierung geplante Einführung des demografischen Faktors[495] wurde von allen DGB-Gewerkschaften vehement abgelehnt.[496] Die von den Arbeitgebern und Teilen des

---

494 Im »Aktionsprogramm 72« vertrat der DGB noch die Auffassung, dass Arbeitnehmer das Recht haben müssen, »ab dem 60. Lebensjahr zwischen Arbeit und Rente zu wählen« (Leminsky/Otto 1974: 1999).

495 Durch die Veränderung der Rentenformel sollte die Belastung der gesetzlichen Rentenversicherung durch die demografische Entwicklung gleichermaßen auf den Rentenbestand und Rentenzugang verteilt werden. Infolge dieser Veränderung wäre das Rentenniveau von 70 Prozent auf 64 Prozent gesenkt worden (DGB 1998: 1). Mit dem Regierungswechsel wurde der demografische Faktor zunächst ausgesetzt und unter dem Begriff »Anpassungsfaktor« unter Riester wieder weiterverfolgt.

496 In diesem Zusammenhang unterstützten die DGB-Gewerkschaften bei der Bundestagswahl 1998 auch den Wechsel zu einer rot-grünen Regierung.

politisch-administrativen Systems befürwortete Reform einer Senkung des Rentenniveaus lehnten die Arbeitnehmer ab. Um den Ruf als »Blockierer« abzuwehren und dennoch an den Reformprozessen beteiligt zu werden, machte der DGB der Maxime folgend, die Lasten gerecht zu verteilen, den Vorschlag, die Einnahmebasis des Rentensystems zu vergrößern. Seit 2007 plädiert der DGB verstärkt für den Ausbau der Rentenversicherung zum Regelsicherungssystem für alle Erwerbstätigen. Die Vorschläge der Gewerkschaften zielen in erster Linie auf die Erhöhung der Einnahmenseite, ohne dabei den Beitragssatz zulasten der Arbeitnehmer zu erhöhen. Eine Reduzierung der Ausgabenseite – also die Senkung des Rentenniveaus – wird abgelehnt. Unter den Mitgliedsgewerkschaften besteht Einigkeit, sich mit der Erwerbstätigenversicherung als Alternativvorschlag in der Debatte zu positionieren; sie teilen die Ansicht, dass die gesetzliche Rentenversicherung als Institution der Lebensstandardsicherung im Alter breit und damit stabil in der Gesellschaft verankert sein soll. Auch die Gewerkschaften des öffentlichen Dienstes befürworten das Konzept, da die bestehenden Privilegien der Beamten über die zweite Rentenversicherungssäule bestehen bleiben. Mit der Ausweitung der Beitragszahler sowie der Erhöhung des steuerfinanzierten Anteils in der Rentenversicherung verfolgen die Gewerkschaften das Ziel, dass das Rentensystem trotz des finanziellen Drucks »seinen Charakter als lebensstandardsichernde Altersversorgung« (Hegelich 2006: 215) beibehält.

Im Rahmen des Reformprozesses um das »Altersvermögensgesetz« 2001[497] konnten die Arbeitnehmervertretungen konkrete Vorschläge einbringen, weil hier unmittelbare Handlungsfelder der gewerkschaftlichen Tarifpolitik betroffen sind. Die Rentenreform 2001 bedeutete einen grundlegenden Paradigmenwechsel, der im bisherigen gewerkschaftlichen Grundverständnis einem Strukturbruch gleichkam. Schließlich bestand nach der großen Rentenreform 1957 das von allen Seiten getragene Einvernehmen, wonach die Regelung der Alterssicherung nach dem Prinzip der Lebensstandardsicherung eine der elementaren Aufgaben des Wohlfahrtstaates sein sollte (Döring/Koch 2003: 398). Die Stärkung der kapitalgedeckten Alterssicherung in der zweiten und dritten Säule wurde vor allem aus Gründen der einseitigen Belastung der Arbeitnehmer

---

497 Kern dieses Gesetzes war der Ausbau des Drei-Säulen-Systems der Rentenversicherung. Neben der gesetzlichen, umlagefinanzierten Rente wurde die betriebliche Altersvorsorge als zweite sowie die staatlich geförderte private Altersvorsorge als dritte Säule eingeführt. Der Schwerpunkt der sogenannten »Riester«-Reform 2001 lag weniger auf dem Aufbau der betrieblichen Altersvorsorge, als vielmehr auf der Einführung der privaten Altersvorsorge.

durch den Wegfall der paritätischen Finanzierung kritisiert. Hauptkritikpunkt am Ausbau der dritten Säule ist seitens der Gewerkschaften, dass selbst mit staatlicher Förderung die eigenständige private Vorsorge für viele Arbeitnehmer nicht gelingen kann, da ihnen dafür die erforderlichen finanziellen Möglichkeiten fehlen. Demgegenüber flankieren der DGB und seine Mitgliedsgewerkschaften den Ausbau der Betriebsrenten als zweite Säule der Alterssicherung, zumal sie in diesem Bereich, vermittelt über die Tarifpolitik, über effektive, eigene Einflusspotenziale verfügen (DGB 2008b). Außerdem spricht sich der DGB für eine Angleichung der Ost- an die Westrenten aus, die allerdings nicht zulasten der Beschäftigten gehen dürfe.

4. Seniorenaktivitäten auf DGB-Landes- und Kreisebene

»Ehrenamtliche Arbeit als Seele der Gewerkschaftsarbeit muss in möglichst vielen Orten (Orts- und Kreisverbänden) möglich sein und von DGB-Hauptamtlichen professionell unterstützt werden« (DGB 2006c).

Zwar ist die mitgliedernahe Seniorenarbeit im Aufgabenbereich der Mitgliedsgewerkschaften angesiedelt, gleichzeitig existieren jedoch auch in den Bezirken und Regionen des DGB Gremien, in denen sich Mitglieder in ihrer nachberuflichen Lebensphase gewerkschaftlich engagieren.[498] Im Jahr 2008 bestanden in acht von neun Bezirken Seniorenarbeitskreise bzw. -ausschüsse.[499] Vielerorts sind Vertreter dieser Gremien in die lokalen Seniorenbeiräte bzw. -vertretungen eingebunden. Damit ist der DGB durch seine Seniorenvertreter in diesem seniorenpolitischen Kernbereich ein etablierter Akteur. In den Bezirken betreuen Gewerkschaftssekretäre, die entweder dem Bereich Organisations- oder Sozialpolitik zugewiesen sind, die Arbeit der Senioren. Vonseiten des DGB-Bundesvorstandes heißt es, dass die bisherige Senioren-

---

498 Die Seniorenarbeitskreise bzw. -ausschüsse sollen durch Seniorenvertreter aller Mitgliedsgewerkschaften besetzt sein.

499 Im Jahr 2008 engagierten sich in 57 von insgesamt 88 Regionen (65 Prozent) Senioren innerhalb der gewerkschaftlichen Strukturen. Im Frühjahr 2008 existierten auf der Ebene der Regionen unterschiedliche Formen der Seniorenarbeitsstrukturen: Es gab 29 Seniorenarbeitskreise, zehn Seniorenausschüsse, drei Regionen mit Seniorentreffs, vier Seniorenbeiräte, vier Koordinierungsgruppen, eine Projektgruppe, fünf Seniorengruppen, einen Seniorenrat. Die thematische Ausrichtung der Seniorenaktivitäten auf dieser Ebene umfasst Fragen zur aktuellen Renten- und Pflegepolitik, zur demografischen Entwicklung sowie zur Gesundheitsförderung und dem altersgerechten Wohnen.

arbeit innerhalb des DGB »sehr behutsam angegangen« wurde (DGB 2006c: 7), vor allem weil die Vertretung der Arbeitnehmerinteressen Vorrang habe. Gleichzeitig unterstreicht der DGB die Vorteile der politischen Seniorenarbeit für die Gesamtorganisation, da die betroffene Personengruppe über einen reichen Erfahrungsschatz, Aktivitätsbereitschaft und Zeitbudget verfügt. Auf dem DGB-Bundeskongress 2006 forderten die Senioren eine vergleichbare innerorganisatorische Stellung wie die Gruppen Jugend und Frauen.[500] »Wir Seniorinnen und Senioren wollen in den Gremien und Konferenzen des DGB verankert sein und gewerkschaftlich mitgestalten« (DGB 2006a: 99). Auf dem Bundeskongress wurde der Antrag, Seniorenausschüsse auf allen DGB-Ebenen als Satzungsrecht festzuschreiben, abgelehnt. Der Dachverband formulierte vielmehr den Anspruch, dass mit dem bundesweiten Koordinierungskreis »Formen für einen bundesweiten und gewerkschaftsübergreifenden Erfahrungstransfer (z. B. Themenforen) auf allen Organisationsebenen« entwickelt werden sollen, um das Engagement der Mitglieder außerhalb der betrieblichen Organisationsstrukturen zu fördern (DGB 2006c). Bislang sind in diesem Koordinierungskreis Vertreter der Bezirke nicht miteingebunden. Allerdings ist beabsichtigt, zukünftig Mitarbeiter dieser Organisationsebene verstärkt einzubinden. Vor dem Hintergrund des Organisationsreformprozesses, der im Vorfeld des DGB-Bundeskongresses im Jahr 2010 vorbereitet wird, wird der ehrenamtlichen Arbeit der Mitglieder im Ruhestand neue Aufmerksamkeit geschenkt und es bleibt abzuwarten, wie sich die Seniorenarbeit als eigenständiges Handlungsfeld etablieren wird.

5. Resümee

Der DGB versteht sich seit seinen Anfängen auch als politischer Interessenvertreter der Mitglieder außerhalb des Erwerbslebens. Dieser Anspruch bestand allerdings bislang eher impliziter Art. Die Debatte um eine explizite Interessenvertretung dieser Mitgliedergruppe sowie ihre Stellung in der Organisationsstruktur hat auf der Ebene der gewerkschaftlichen Beschlusspolitik erst 1986 begonnen; seit dem DGB-Bundeskongress 2002 wird sie subs-

---

500 Auf dem Bundeskongress waren zehn Gewerkschaftssenioren von 400 Delegierten anwesend.

tanzieller geführt. Ihren Niederschlag fand diese Debatte auch darin, dass die Seniorenpolitik als Handlungsfeld in die DGB-Satzung aufgenommen wurde. Die Thematisierung der Seniorenfrage geht einerseits von der Gruppe der aktiven Gewerkschaftssenioren aus, andererseits sucht auch die DGB-Führung – wenngleich zögerlich – nach eigenen Wegen, um der quantitativen und qualitativen Relevanz dieser Gruppe entsprechen zu können. Die Art und Weise der Auseinandersetzung verdeutlicht indes das Dilemma des Dachverbandes: »Seniorenpolitik« ist zwar als übergreifendes sozialpolitisches Themenfeld qua Satzungsauftrag im DGB angesiedelt, doch wurde die Profilierung in und durch dieses Feld lange als wenig erfolgversprechend betrachtet.

Die wiederholte Einrichtung und Auflösung von Modellprojekten und Arbeitskreisen sowie wechselnde Zuständigkeiten auf Bundesvorstandsebene sind ein Indikator dafür, wie schwer sich der DGB damit tut, eine verbindliche und konsequente seniorenpolitische Strategie zu verfolgen. Offiziell wird die »Seniorenpolitik« zwar als elementares Politikfeld herausgestellt, eine offensivere Positionierung in diesem Feld wird jedoch nicht in gleichem Maße realisiert. Das heißt: Inhaltlich können durchaus klare Vorschläge und Kritiken zugunsten der Älteren formuliert werden, wenn daraus jedoch strategische und vor allem strukturelle Implikationen entwickelt werden sollen, besteht dafür gegenwärtig noch keine adäquate Ressourcenbasis. Die Hintergründe dieser *muddling through*-Strategie sind darin zu sehen, dass die Einzelgewerkschaften nicht daran interessiert sind, ihre seniorenpolitische Kompetenz ausschließlich an den DGB zu übertragen. Da der DGB über wenige autoritative Ressourcen verfügt, ist er in seiner Handlungs- bzw. Koordinationsfähigkeit strukturell eingeschränkt. Der Weg zu verbindlichen und von allen Mitgliedsgewerkschaften getragenen Positionen ist mit einem hohen Koordinationsaufwand verbunden, vor allem weil die großen Einzelgewerkschaften ihre jeweiligen Positionen unabhängig durchzusetzen versuchen. Denn obwohl zwischen Seniorenarbeit im Sinne der Betreuung und Beteiligung der Älteren in den Einzelgewerkschaften und der Seniorenpolitik koordiniert durch den DGB unterschieden wird, beanspruchen die Einzelgewerkschaften aufgrund der branchenspezifischen Interessenlagen eigene seniorenpolitische Positionen. Die Aufgabe des DGB besteht folglich darin, daraus eine konsistente Positionierung zu erarbeiten. Ein anderer vom DGB verfolgter Weg, eine direkte Interessenvertretung für Senioren zu praktizieren, ist die Zusammenarbeit mit den Sozialverbänden. Im Bündnis mit diesen Kooperationspartnern kann er sich als seniorenpolitischer Akteur positionieren, ohne weder eine zu hohe Ressourcenbelastung einzugehen, noch einen Profilverlust hinsichtlich seiner Vertretungsfunktion für die aktiv Beschäftigten zu befürchten.

VI.2 Senioren in der IG Metall

1. Einleitung

Die Industriegewerkschaft Metall ist die größte Einzelgewerkschaft in der Bundesrepublik, deren wichtigste Vorläuferorganisation der Deutsche Metallarbeiter-Verband (DMV) war.[501] Die vergleichsweise homogene Mitgliederstruktur, die starke Verankerung in den strukturbestimmenden Unternehmen der Metall- und Elektroindustrie sowie eine spezifische Organisationskultur, die mobilisierungs- und konfliktfähig ist, ließen die IG Metall nach dem Ende des Zweiten Weltkrieges zu einer machtvollen, auch international renommierten, Gewerkschaftsorganisation werden. Sie vertritt gegenwärtig die Interessen der Beschäftigten in der Metall- und Elektrowirtschaft, in der Eisen- und Stahlindustrie, im Metallhandwerk, in der Textil- und Bekleidungsindustrie, dem Textilreinigungsgewerbe sowie in der Holz- und Kunststoffindustrie.[502] Die IG Metall umfasst die Bezirke Baden-Württemberg, Bayern, Frankfurt, Nordrhein-Westfalen, Niedersachsen/Sachsen-Anhalt, Küste, Berlin/Brandenburg/ Sachsen. Im Jahr 2008 gliederte sich die örtliche Ebene in 164 Verwaltungsstellen, die vor Ort die Arbeit der IG Metall koordinieren. Neben der IG Metall ist der Arbeitgeberverband Gesamtmetall mit dafür verantwortlich, dass diese Branche über viele Jahrzehnte maßgebliche tarifpolitische Standards in Deutschland setzen konnte.

Seit den siebziger Jahren haben sich die Bedingungen gewerkschaftlichen Handelns in allen Bereichen ihres Wirkens rapide geändert. Die Strukturkri-

---

501 Der DMV wurde im Jahr 1891 gegründet und galt während des Kaiserreiches und der Weimarer Republik als größte Einzelgewerkschaft.

502 Im Jahr 1998 fusionierte die IG Metall mit der Gewerkschaft Textil-Bekleidung (GTB) und darauf folgend im Jahr 2000 mit der Gewerkschaft Holz und Kunststoff (GHK). Der Organisationsname »IG Metall« ist dabei erhalten geblieben. Die früheren GTB- und GHK-Mitglieder sind den IG Metall-Mitgliedern in allen Punkten gleichgestellt.

se ist allerdings in ihrer ganzen Reichweite erst in den neunziger Jahren sichtbar geworden. Als wichtigste Phänomene des Wandels sind die Internationalisierung bzw. Europäisierung, die Individualisierung, die betriebliche Dezentralisierung der Leistungs- und Tarifpolitik, die mikrotechnische III. industrielle Revolution, Veränderungen im Geschlechterverhältnis, die Ökologie (Schroeder 2000: 127) und in zunehmendem Maße die demografischen Veränderungen anzuführen. Darüber hinaus hat die Bedeutung des gewerkschaftlichen Milieus stetig abgenommen. Die Folgen dieser veränderten Umwelt bestehen in Repräsentationslücken insbesondere in Ostdeutschland, im Bereich von Wissenschaft und Forschung sowie in der Gruppe der Angestellten.

Im Jahr 2008 umfasste die Gruppe der Rentner und Vorruheständler rund 22 Prozent an der Gesamtmitgliedschaft. Seit über zwanzig Jahren ist die IG Metall darum bemüht, diese Mitgliedergruppe auch nach dem Ausscheiden aus dem Erwerbsleben an sich zu binden. In der Frage, wie eine innergewerkschaftliche Seniorenarbeit gestaltet werden könnte, tut sich die IG Metall hinsichtlich einer langfristigen Strategieausrichtung allerdings schwer. Dies ist im Rahmen der Gesamtsituation der Organisation und ihres eigenen Selbstverständnisses zu betrachten. Im Folgenden werden die Etappen der Debatte um die Seniorenfrage in der IG Metall nachgezeichnet. Es wird gezeigt, welche selektiven Leistungsanreize der verrenteten Mitgliedschaft angeboten werden und wie die Seniorenarbeit auf der lokalen Ebene ausgestaltet ist.

2. Mitgliederstruktur im Wandel

Im Zeitraum von 1989 bis 2008 stieg der Anteil der verrenteten Mitglieder in der IG Metall stark an. Während sich Ende 1989 rund 16,5 Prozent der Gewerkschaftsmitglieder im Ruhestand bzw. Vorruhestand befanden, vergrößerte sich dieser Anteil bis Ende 2008 auf 22,8 Prozent. Eine entscheidende Bedingung für dieses relative Wachstum ist der Rückgang im Bereich der erwerbstätigen IG Metall-Mitglieder. Seit Jahren leidet die IG Metall infolge der Veränderungen der Unternehmens-, Arbeits- und Beschäftigungsstruktur an einem anhaltenden Mitgliederrückgang: Verzeichnete sie seit Ende der sechziger bis Anfang der achtziger Jahre einen steten Mitgliederzuwachs und hatte vor dem Mauerfall im Jahr 1989 2.679.237 Mitglieder

(Schroeder 2000: 123), so sank dieser nach einem zeitweiligen neuen Höchststand im Jahr 1991 von 3.625.428 auf 2.300.563 im Dezember 2008 (Abbildung 27). Die neunziger Jahre waren damit einschneidende Jahre für die IG Metall, sie verlor im Zeitraum zwischen 1991 und 1999 ca. 920.000 ihrer Mitglieder, rund ein Drittel ihres Bestandes. Diesen Mitgliederrückgang konnte sie bis zum Jahr 2008 dank gezielt geführter Werbekampagnen annähernd stoppen.[503] Dagegen verschlechterten sich durch die 2008 einsetzende Finanz- und Wirtschaftskrise die Bedingungen für die gewerkschaftliche Mitgliederrekrutierung einmal mehr.

Abbildung 27: Mitgliederstrukturentwicklung der IG Metall 1989–2008*

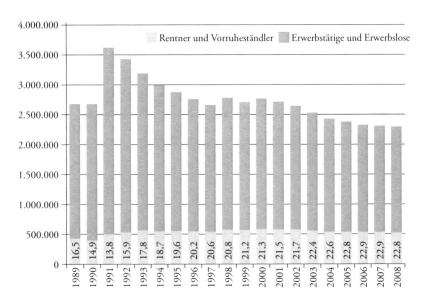

* jeweils zum Jahresende;

Quelle: IG Metall; eigene Berechnungen.

Doch zunächst noch einmal ein Blick auf die Altersstruktur der Mitgliedschaft: Im Zuge der deutschen Vereinigung verjüngte sich die Mitgliederstruktur zunächst temporär. 1991 lag der Anteil der Rentner und Vorruhe-

---

503 Vor allem weil sie verstärkt in der Lage war, Leiharbeiter als Mitglieder zu rekrutieren.

ständler bei 13,8 Prozent und stieg seitdem konstant an. Seit 2003 stabilisierte sich der prozentuale Seniorenanteil bei rund 22 Prozent. Im Jahr 1998 und 2000 stieg die absolute Zahl der Rentner kurzzeitig an. Dies war auf die Fusion mit der GTB (1998) und zwei Jahre später mit der GHK (2000) zurückzuführen.

Tabelle 42: Rentner und Vorruheständler an der Gesamtmitgliedschaft 1992–2008

Jahr	Mitglieder	Rentner (R)	Vorruhe-ständler (V)	Rentner + Vorruhe-ständler	Anteil R+V in Prozent	Anteil R+V (West) in Prozent	Anteil R+V (Ost) In Prozent
1992	3.438.196	439.045	108.304	547.349	15,9	16,0	15,6
1993	3.194.338	439.464	128.181	567.645	17,8	17,6	18,6
1994	2.995.738	436.195	125.162	561.357	18,7	18,6	19,5
1995	2.869.469	448.043	114.759	562.802	19,6	19,5	20,2
1996	2.752.226	454.685	102.404	557.089	20,2	20,2	20,6
1997	2.660.951	464.437	84.026	548.463	20,6	20,7	20,2
1998	2.772.916	506.677	70.490	577.167	20,8	20,9	20,0
1999	2.701.996	519.547	53.540	573.087	21,2	21,3	20,6
2000	2.763.485	549.210	39.672	588.882	21,3	21,4	20,7
2001	2.710.226	553.679	28.778	582.457	21,5	21,5	21,2
2002	2.643.976	553.373	21.172	574.545	21,7	21,6	22,4
2003	2.525.348	549.373	15.943	565.316	22,4	22,1	25,2
2004	2.425.005	536.098	12.173	548.271	22,6	22,2	26,3
2005	2.376.225	535.767	5.660	541.427	22,8	22,3	27,5
2006	2.332.720	530.879	3.186	534.065	22,9	22,3	28,1
2007	2.306.283	527.051	1.694	528.745	22,9	22,3	28,5
2008	2.300.563	523.591	904	524.495	22,8	22,1	29,4

Quelle: IG Metall Vorstand 2009.

Die Ursachen für den Alterungsprozess der IG Metall liegen nicht allein in der demografischen Entwicklung begründet. Vielmehr müssen als Erklärungsansätze die komplexen Veränderungen der vergangenen Jahre herangezogen werden: Mangelnde Rekrutierungserfolge bei den jüngeren Arbeitnehmern und eine veränderte Einstellung zur Gewerkschaftsmitgliedschaft bei den mittleren Altersgruppen sind maßgebliche Einflussfaktoren.

Betrachtet man die Mitgliederentwicklung nach Ost-West Besonderheiten, so zeigt sich, dass der Alterungsprozess in den ostdeutschen Bundesländern eine stärkere Dynamik aufweist. Im gesamten Bundesgebiet belief sich der prozentuale Anteil der Gewerkschaftssenioren zum Jahresende 1992 auf 15,9 Prozent. Der Anteil der Rentner und Vorruheständler in den westdeutschen Bundesländern betrug im selben Jahr 16 Prozent, in den neuen Bundesländern lag er mit 15,6 Prozent auf einem vergleichbaren Niveau. Seit 1996 lässt sich ein konstanter Anstieg festhalten. Dabei ist die Entwicklung für West und Ost jedoch unterschiedlich. Während im Jahr 2008 die Rentner und Vorruheständler in West-Deutschland 22,1 Prozent stellten, betrug der Anteil dieser Gruppe in Ost-Deutschland 29,4 Prozent. Der relative Anstieg der Rentner und Vorruheständler in Ost-Deutschland ist neben einer hohen Verrentung innerhalb des Mitgliederbestandes darauf zurückzuführen, dass die IG Metall bei den jüngeren Beschäftigten gravierende Rekrutierungsprobleme hat. Auch das Wegbrechen ganzer Industriekerne und die damit einhergehende Entlassung der Belegschaften in den neunziger Jahren sind als Gründe für diese Entwicklung zu nennen. Dies zeigt sich insbesondere am verhältnismäßig raschen Anstieg des Ruheständler-Anteils im Jahr 1993. Im Laufe eines Jahres ist dieser um 3 Prozent auf 18,6 Prozent angestiegen. Allgemein lässt sich festhalten, dass aufgrund der Arbeitsmarktstruktur – der hohen Anzahl von Arbeitslosen und Vorruheständlern – die IG Metall in Ost-Deutschland vor massiven Herausforderungen steht.

Tabelle 43 gibt einen Überblick über den Anteil der Rentner und Vorruheständler bei den Austritten und Streichungen. Es lässt sich für Ost-Deutschland festhalten, dass dort der prozentuale Anteil der Rentner und Vorruheständler zunimmt, gleichzeitig verlassen jedoch auch mehr Mitglieder dieser Gruppe die Gewerkschaft als in West-Deutschland. Im Jahr 2004 stieg der bundesweite Austrittsanteil der Rentner und Vorruheständler um 3,3 Prozentpunkte auf 22,4 Prozent vergleichsweise hoch an. Dieser Anstieg kann als Ausdruck eines Vertrauensverlustes vor dem Hintergrund der Querelen um die Wahl des 1. Vorsitzenden sowie des verlorenen Streiks in Ost-Deutschland verstanden werden.

Tabelle 43: Anteil der Rentner und Vorruheständler an Austritten und Streichungen 1993–2008 (in Prozent)

Jahr	Anteil R+V/ Austritte/Str. insg.	Anteil R+V/ Austritte/Str. (West)	Anteil R+V/ Austritte/Str. (Ost)
1993	11,2	12,4	9,9
1994	16,7	17,3	15,9
1995	17,0	16,5	17,9
1996	16,8	16,6	17,3
1997	18,7	17,1	23,3
1998	17,6	16,8	20,2
1999	17,0	16,8	18,0
2000	17,1	16,6	19,7
2001	18,2	17,6	21,1
2002	19,2	18,5	23,6
2003	19,1	19,1	18,8
2004	22,4	21,5	27,5
2005	19,1	18,3	24,2
2006	18,1	17,0	26,7
2007	17,6	16,6	26,2
2008	17,6	17,0	22,8

Quelle: IG Metall Vorstand 2009.

Der Frauenanteil innerhalb der Mitgliedergruppe Senioren liegt bei rund 18 Prozent und entspricht dem Frauenanteil in der Gruppe der beschäftigten Mitglieder.[504]

---

504 Der Frauenanteil an der Gesamtmitgliedschaft lag im selben Jahr bei 17,7 Prozent.

Abbildung 28: Altersstruktur der IG Metall-Mitgliedschaft 2002–2008*

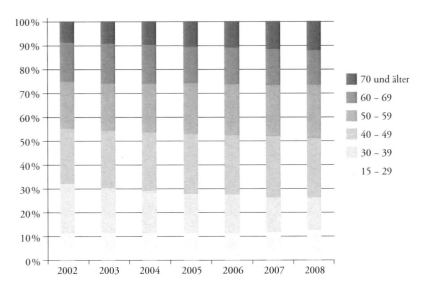

*Daten jeweils Dezember des Jahres;

Quelle: IG Metall Vorstand 2009;

Das Durchschnittsalter der IG-Metall-Mitglieder lag zum Jahresende 2002 bei 48 Jahren, im Jahr 2008 bei 49,6 Jahren. Der Anteil der Mitglieder bis einschließlich 29 Jahre betrug im Jahr 2008 rund 12 Prozent. Dies ist deshalb problematisch, weil die Rekrutierung neuer Gewerkschaftsmitglieder mit steigendem Alter zunehmend schwieriger wird: Was im Auszubildendenalter nicht geworben wird, ist später nur noch schwer ansprechbar. Der Blick auf die Altersstruktur der IG Metall verdeutlicht, dass die Mehrzahl der IG Metall-Mitglieder im mittleren Lebensalter zwischen 40 und 59 Jahren ist. Und obwohl ihr relativer Anteil steigt, hat die Zahl der Mitglieder im Alter ab 60 Jahren abgenommen.

3. Seniorenarbeit in der IG Metall

Das Kerngeschäft der IG Metall liegt in der Vermittlung zwischen betriebsbezogener Arbeit und überbetrieblich-flächentarifvertraglicher Absicherung.

Allerdings haben sich die Bedingungen des gewerkschaftlichen Handelns in den letzten zwanzig Jahren gravierend verändert. Die IG Metall steht vor der Herausforderung, dass derzeit nahezu die Hälfte ihrer Mitglieder außerhalb des betrieblichen Wirkungsfeldes steht (IG Metall 2003: 1). Zu dieser Mitgliedergruppe gehören Mitglieder in nicht erfassten Betrieben, Erwerbslose, Vorruheständler und Rentner. Aus diesem Grund gehört es spätestens seit dem Prozess der Organisationsentwicklung 1992 zur selbst definierten Aufgabe, diese Mitglieder über die außerbetrieblichen Strukturen zu erreichen und in die Organisation zu integrieren.

Vor allem die Integration der in Rente befindlichen Mitglieder stellt aufgrund ihrer prozentualen Stärke an der Gesamtmitgliedschaft und ihrer Forderungen nach größeren Beteiligungsmöglichkeiten eine Herausforderung für die IG Metall dar. Seit Mitte der achtziger Jahre wird eine wiederkehrende Debatte geführt, wie die Senioren verstärkt als Ressource für ehrenamtliches Engagement eingebunden werden können, ohne dabei das Profil als starke Arbeitnehmerorganisation einzubüßen. Um den gegenwärtigen Stand der Seniorenfrage in der IG Metall zu analysieren, wird zunächst ein Überblick über die spezifischen Leistungen für diese Personengruppe gegeben. Daran anschließend wird die Debatte über die organisatorische Einbindung der Gewerkschaftssenioren in der IG Metall nachgezeichnet.

Mitgliedsbeiträge für Rentner und Vorruheständler

Der Beitragssatz für Rentner beläuft sich gegenwärtig auf 0,5 Prozent des monatlichen Einkommens. Im Juni 2008 betrug der durchschnittliche Monatsbeitrag für Rentner 5,14 Euro. Auf dem 16. ordentlichen Gewerkschaftstag in Berlin wurde beschlossen, zum 1.1.1990 den pauschal zu leistenden Mitgliedsbeitrag von 3 DM auf 0,5 Prozent des aktuellen Einkommens, damals auf mindestens 5 DM, zu erhöhen. Im Vorfeld und während des Gewerkschaftstages gab es rege Diskussion darüber, ob der von Rentnern zu entrichtende Betrag mehr als ein Solidaritätsbeitrag sein solle. Als Argument für die Erhöhung wurde angeführt, dass damit das unterschiedliche Leistungsvolumen der verrenteten Mitglieder berücksichtigt werde. Die Erhöhung des Mitgliederbeitrags für Mitglieder außerhalb des Erwerbslebens hatte zur Folge, dass ca. 40.000 Rentner und damit rund ein Zehntel der Gewerkschaftssenioren aus der IG Metall austraten (Künemund/Wolf 1993: 321).

3.1 Unterstützungsleistungen für Gewerkschaftssenioren

Mit der Mitgliedschaft in der IG Metall sind verschiedene Unterstützungs-leistungen verbunden. Nach der Satzung aus dem Jahr 2008 können Mit-glieder im (Vor-)Ruhestand die Freizeitunfallversicherung, den Rechtsschutz sowie die Unterstützung für Rentner und die Unterstützung im Todesfall in Anspruch nehmen. Ebenso können Gewerkschaftssenioren mit dem Über-gang in den Ruhestand Treuegeld beantragen und bekommen weiterhin die gewerkschaftseigene Zeitschrift »Metall« zugestellt.

Tabelle 44: Leistungen der IG Metall für Mitglieder im Ruhestand

Unterstützung im Todesfall	Treuegeld*/Jubiläumsgeld (bis 31.12.1990)
Unterstützung für Rentner (bis 31.12.1990)	
Rechtschutz	Freizeitunfallversicherung
Jubiläumspräsent	Zustellung der Mitgliedszeitschrift METALL

*für ehemalige GHK-Mitglieder;

Quelle: Eigene Darstellung.

Unterstützung durch Rechtschutz (§27)

Rentner und Vorruheständler haben wie die Arbeitnehmer ein Anrecht auf Rechtsberatung sowie Prozessvertretung mit Unterstützung der IG Metall. Dies greift bei allen sozialrechtlichen Fragen.

Freizeitunfallversicherung (§26)

Die IG Metall gewährt in Kooperation mit der Volksfürsorge-Versicherung ihren Mitgliedern eine Freizeitunfallversicherung, sofern diese mindestens 12 Monate den satzungsgemäßen Mitgliedsbeitrag geleistet haben. Ebenso wird eine Invaliditätsentschädigung in Höhe des 500fachen individuellen Mo-natsbeitrages bei Vollinvalidität gewährt. Rentnern wird diese Invaliditäts-entschädigung lediglich mitversichert, wenn sie in einem Arbeitsverhältnis stehen und einen einprozentigen Mitgliedsbeitrag entrichten.

Unterstützung im Todesfall (§30)

Die IG Metall ist die einzige Gewerkschaft im DGB, die weiterhin eine Leistung im Sterbefall gewährt. Die Unterstützung im Todesfall für Mitglieder und deren Hinterbliebene beträgt gegenwärtig mindestens 65 Euro.

Unterstützung für Rentner (§ 29)

Die Unterstützungsleistung für Rentner wurde Anfang der fünfziger Jahre als satzungsverankerte Solidarleistung eingeführt. Mitglieder, die außerhalb des Erwerbslebens standen, erhielten seit 1950 in jedem Quartal eine materielle Zuwendung. Die Höhe dieses gewerkschaftlichen Renten-Zuschusses richtete sich nach der Mitgliedschaftsdauer und den zuvor geleisteten Beitragszahlungen. Da die bis zur Rentenreform 1957 ausbezahlten staatlichen Rentenleistungen zu gering waren, um die Lebensgrundlage im Alter zu sichern, unterstützte die IG Metall ihre älteren Mitglieder mit dieser Zahlung. Mit der Rentenreform 1957 verbesserte sich die materielle Lage der damaligen Rentner-Generation, sodass die Quartalszahlungen nicht mehr zeitgemäß erschienen. Mit Beschluss des Gewerkschaftstages 1970 wurde die Regelung eingeführt, dass das Mitglied beim Ausscheiden aus dem Erwerbsleben eine einmalige Unterstützungsleistung in Höhe von 20 Prozent der während der Mitgliedschaft erbrachten Beiträge erhalten soll, sofern es der IG Metall mindestens 20 Jahre angehörte. Gegenwärtig beträgt die Unterstützungshöhe 20 Prozent für die bis zum 31.12.1990 geleisteten Beiträge. Mitglieder, die nach dem 31.01.1990 in die IG Metall ein- bzw. übergetreten sind, erhalten keine Unterstützungsleistung mehr (§ 6 Satz 3). Diese »20 Prozent«-Leistung war vierzig Jahre Bestandteil der Unterstützung für Mitglieder im Rentenalter, bis auf dem 16. ordentlichen Gewerkschaftstag 1989 in Berlin nach einer kontrovers geführten Debatte beschlossen wurde, diese Unterstützungsleistung ab dem 31.01.1990 auslaufen zu lassen. Die Befürworter dieser Kürzung argumentierten damit, dass die finanziellen Ressourcen der IG Metall in erster Linie dazu da seien, die Kampffähigkeit als Arbeitnehmervertretung zu stabilisieren (IG Metall 1990: 727). Insbesondere befürchtete man, dass durch die neuen Mitglieder des ehemaligen FDGB diese Leistung zu einer übermäßigen finanzielle Belastung der IG Metall werden könne. Unter den Leistungen, die die IG Metall ihren Gewerkschaftssenioren gewährt, umfasst diese Leistungsart den größten finanziellen Aufwand: Im Jahr 1989 brachte die Industriegewerkschaft rund 29,9 Millionen DM für diese Leistung auf, 2006 betrug dieser Posten immer noch 8,6 Millionen Euro (IG Metall 2007a: 221, Künemund/

Wolf 1993: 321). Die Unterstützungsleistungen für Rentner und Vorruheständler sanken allerdings kontinuierlich und betrugen im Jahr 2006 nur noch
rund zwei Prozent der gesamten Organisationsausgaben. Dagegen blieben die
Unterstützungsleistungen im Todesfall mit 10.5 Millionen Euro bzw. 2,3 Prozent des Beitragsaufkommens in etwa gleich hoch (IG Metall Vorstand).

*Tabelle 45: Ausgaben für Unterstützungsleistungen für Gewerkschaftssenioren
der IG Metall*

Jahr	Rentnerunterstützung	Unterstützung im Todesfall
1989	29,9 Mio. DM	12,6 Mio. DM
2003	11.308.588 Euro	10.716.989 Euro
2004	10.143.712 Euro	10.631.406 Euro
2005	8.939.758 Euro	10.762.325 Euro
2006	8.605.226 Euro	10.605.781 Euro

Quelle: IG Metall 2007a: 221; Künemund/Wolf 1993: 321.

Jubiläumsgeld/Treuegeld

Gemäß der Satzung haben lediglich die ehemaligen Mitglieder der GHK, die
im Jahr 2000 mit der IG Metall fusionierte, beim Ausscheiden aus dem Arbeitsleben ein Anrecht auf Treuegeld. Dieser Anspruch bezieht sich auf die bis
zum 31.12.1990 erworbenen Anwartschaften aus der Treuegeldregelung der
GHK. Mitglieder der IG Metall erhalten bei einer Mitgliedschaft von 40 Jahren eine Urkunde und ein Präsent, bei 50- und 60-jähriger Mitgliedschaft ein
Jubiläumsgeld von 100 Euro und bei 70-jähriger Mitgliedschaft (sowie für alle
weiteren 5 Jahre) 150 Euro. Die Verwaltungsstellen erhalten für die Ausführung von Jubiläumsfeiern eine finanzielle Zuwendung des Vorstands und entscheiden eigenverantwortlich, welches Präsent der jeweilige Jubilar erhält.

3.2 Seniorendebatte in der IG Metall

In der Zeit der gewerkschaftlichen Expansion erfuhren Mitglieder im Ruhestand vonseiten der Organisation wenig Aufmerksamkeit. Vereinzelt waren

ehemalige Funktionäre, beispielsweise als ehrenamtliche Mitglieder in Gremien wie den Kontrollausschuss[505] eingebunden, doch gehörte es zum damaligen Grundverständnis, dass Gewerkschaftsmitglieder mit dem Ausscheiden aus dem Erwerbsleben auch ihr aktives gewerkschaftliches Engagement in eine passive Mitgliedschaft verändern. In der Rentenphase hatten sie zwar weiterhin ein Anrecht auf Mitgliedschaft und erhielten zu Jubiläen ein Präsent; in der Regel wurden die Gewerkschaftssenioren jedoch organisatorisch »verwaltet« (Schabedoth 1989: 193). Darüber hinaus verfügte die Seniorenarbeit über keine formalisierten Strukturen. Je nach Engagement und Eigeninitiative dieser Mitgliedergruppe und Unterstützung der Funktionäre fanden in den Verwaltungsstellen Treffen oder themenspezifische Veranstaltungen statt. Man unterstützte bisweilen auch die Hauptamtlichen bei der alltäglichen Gewerkschaftsarbeit (vgl. ebd.). Wenngleich insbesondere in traditionsreichen Industrieberufen der metallverarbeitenden Industrie nachberufliches Engagement in Form von Geselligkeitsangeboten und politischen Veranstaltungen vorfindbar war, sah die IG Metall für diese Zusammenkünfte keine explizite Ressourcenausstattung und Strukturen vor. Ein einheitliches Verständnis über die Ziele und Arbeitsschwerpunkte einer gewerkschaftlichen Politik »mit und für Senioren« existierte damals nicht (ebd.). Ab Mitte der siebziger Jahre nahmen die Zahl der Seniorenarbeitskreise jedoch stetig zu, da die älteren Mitglieder stetig den Anspruch entwickelten, in ihrer Gewerkschaft auch als Rentner aktiv eingebunden zu sein (vgl. Künemund u. a. 1993: 541). Die anfangs zögerliche Entwicklung der gewerkschaftlichen Seniorenarbeit erhielt jedoch erst in den achtziger Jahren eine gewisse Dynamik.

3.3.1 Seniorenfrage in den achtziger Jahren

Ende der achtziger Jahre begann in vielerlei Hinsicht eine entscheidende Phase in der Auseinandersetzung um die gewerkschaftliche Seniorenarbeit in der IG Metall. Vor dem Hintergrund der ansteigenden Anzahl von Mitgliedern im Rentenalter wurde unter der Leitung des IG Metall-Vorsitzenden Franz Steinkühler über Entwicklungsperspektiven in diesem Bereich diskutiert. Mit dem Amtswechsel von Hans Meyr zu Steinkühler erhielt das Interesse an Diskussionen »der politischen und gesellschaftlichen Entwicklungsbedingungen für eine zukunftsorientierte Gewerkschaftspolitik erheblichen

---

505 Der Kontrollausschuss ist ausschließlich von verdienten Gewerkschaftssenioren besetzt.

Auftrieb« (Schabedoth/Tiemann 1991: 80). Der eingeleitete Verständniswandel in der Seniorenfrage wurzelte in der Einsicht, dass die veränderte Altersstruktur den politischen Gestaltungsanspruch der Gewerkschaft vor neue Herausforderungen stellen könnte. Die Debatte ist ebenso im Kontext der damals beginnenden gesamtgesellschaftlichen Diskussion um den demografischen Wandel zu sehen. Anfang der achtziger Jahre wurde dem Umstand verstärkt Aufmerksamkeit geschenkt, dass ein überproportionaler Teil der verrenteten Gewerkschaftsmitglieder »nach einer kurzen Schamfrist« ihre Mitgliedschaft aufkündigte, nachdem sie die »20-Prozent«-Leistung in Anspruch genommen hatten. Um die finanziellen Organisationsressourcen zu stärken, sollten die Mitglieder auch in der Ruhestandsphase langfristig an die IG Metall gebunden werden. Die Diskussion über die Etablierung einer aktiven gewerkschaftlichen Seniorenpolitik *von Älteren für Ältere* sollte den verlautbaren Forderungen der Gewerkschaftssenioren nach mehr Beteiligungsmöglichkeiten Rechnung tragen (ebd.). Um älteren Mitgliedern in ihrem unmittelbaren Wohn- und Lebensbereich Beteiligungsräume zu ermöglichen, sah man im außerbetrieblichen Handlungsfeld das größte Potenzial der Weiterentwicklung (Schabedoth 1989: 194).

Unter dem Motto »Die andere Zukunft – Solidarität und Freiheit« plädierte die IG Metall im Vorfeld des Internationalen Zukunftskongresses 1988 für eine solidarische Sozialpolitik. In diesem Kontext wurde auch diskutiert, wie eine gewerkschaftliche Seniorenpolitik gestaltet und die im Ruhestand befindlichen Mitglieder besser in die gewerkschaftliche Arbeit integriert werden könnten (IG Metall 1988b). Erstmals wurden die Veränderungen, die mit dem demografischen Wandel einhergehen, als Herausforderung benannt: »Die gewerkschaftliche Politik steht zugleich vor neuen Aufgaben, die sich aus den ökonomischen und vor allem demographischen Rahmenbedingungen in der Bundesrepublik ergeben« (Steinkühler 1988: 9). Ebenso sprach sich der Vorstand für eine gesellschaftliche Integration der Älteren aus: »Ältere Menschen gehören nicht zum »alten Eisen«, sondern wollen aktiv am Leben unserer Gesellschaft teilnehmen« (ebd.: 11).

In der Debatte wurde auch die Frage einer gewerkschaftlichen »Lobby für die Interessen älterer Menschen« (Steinkühler 1988: 10) und damit zusammenhängend die Gründung einer Gruppe der »Roten Panther« unter einem einheitsgewerkschaftlichen Dach diskutiert (Schabedoth 1989: 193). Als gewerkschaftliches Pendant zu den »Grauen Panthern« sollten die Mitglieder im Ruhestand in einer eigenständigen Organisation unter dem Dach des DGB organisiert werden. Dieses Konzept löste kontroverse Reaktionen aus. Ein eigenständiger, homogener Interessenverband hätte große Chancen, die spezifischen Interessen älterer Menschen politisch durchzusetzen, so die Befürworter dieses Konzeptes (ebd.). Ein Gewerkschafts-Seniorenbund könne als Interessenvertreter gegenüber den Rentenversicherungsträgern, den politischen Entscheidungsinstanzen und staatlichen Behörden auftreten.[506] Die Befürworter eines gewerkschaftseigenen Seniorenverbands verwiesen auf die italienischen Rentnergewerkschaften. Sie sahen den Vorteil einer solchen Struktur darin, dass die Einzelgewerkschaften auf diese Weise keine Ressourcen für die gewerkschaftliche Seniorenarbeit aufwenden müssten, ihr Hauptaugenmerk alleinig auf die betriebsbezogenen Handlungsfelder richten könnten und damit ein klares Profil als Interessenvertreter der aktiv Beschäftigten bewahrt werden könnte. Das Konzept der »Roten Panther« wurde letztlich als nicht realisierbar abgelehnt. Insbesondere, so argumentierten die Gegner des Konzepts, könne man langjährige Gewerkschaftsmitglieder nicht ohne weiteres aus ihrer Herkunftsgewerkschaft ausgliedern. Die damit verbundenen finanziellen Verluste aufgrund des Beitragswegfalls sprachen ebenfalls gegen ein solches Vorhaben.

Als Folge der zuvor geführten Debatten verabschiedete der Vorstand im April 1989 die »Richtlinien für die Aktivierung der Seniorenarbeit der IG Metall«. Mit dieser Publikation bezog der Vorstand erstmals Stellung zu den bis dahin amorphen Aktivitäten der Senioren-Arbeitskreise. Er rief die Verwaltungsstellen dazu auf, der zunehmenden Anzahl älterer IG Metall-Mitglieder Unterstützung anzubieten, um ihnen auch nach dem Ausscheiden aus dem Erwerbsleben die Möglichkeit zu geben, als »Teil der Gewerkschaftsbewegung aktiv bleiben zu können« (IG Metall 1989: 3). Die IG Metall gewährte den Gewerkschaftssenioren nun ein verstärktes Angebot und organisatorische Unterstützung bei ihren lokalen Aktivitäten. Mit der Einführung dieser Richtlinie setzte die IG Metall ein Zeichen, um die Einflussmöglichkeiten dieser Altergruppe »auf das politische, soziale und kulturelle Leben« zu erweitern (IG Metall 1992: 215). Ziel dabei war, die zum Teil jahrzehntelange Erfahrung von ehren- und hauptamtlichen und Funktionären sowie das vielfältige Wissen der ehemaligen Kollegen für die Arbeit der IG Metall zu nutzen (ebd.).

Das selbst definierte Ziel der Seniorenpolitik in der IG Metall war die Vertretung der Interessen nicht mehr erwerbstätiger Mitglieder gegenüber

---

506 Ebenfalls wurde die Gründung einer Stiftung mit dem Namen »Solidarität im Alter« vorgeschlagen, die gemeinnützig die Sozialarbeit für alte Menschen organisieren könne (Handelsblatt 1992).

den politischen Entscheidungsinstanzen, Behörden und den Renten- und Krankenversicherungen (IG Metall 1989: 9). Forderungen im Hinblick auf die finanzielle Sicherheit, Gesundheit und soziale Situation gehörten damit in den politischen Forderungskatalog. Ebenso wurde der Dialog zwischen den Generationen als eine wichtige Herausforderung betont. Darüber hinaus begriff die IG Metall die prozentuale Zunahme älterer Mitglieder als Potenzial für ihre tarif- und gesellschaftspolitische Arbeit. Sie rief die Gewerkschaftssenioren auf, die Kollegen im Erwerbsleben bei ihren tarifpolitischen Forderungen durch »öffentliche Aktionen bis hin zu Maßnahmen des zivilen Ungehorsams und gewaltfreien Widerstandes« (ebd.: 12) zu unterstützen. Zwar rückten damit die Senioren erstmals in den Fokus struktureller Überlegungen; gleichwohl kritisierten aktive Gewerkschaftssenioren die verabschiedete Richtlinie als zu schwach. Denn ohne den Status als eigenständige Personengruppe seien keine wirklichen Einflussmöglichkeiten gegeben.

Zur Organisation der IG Metall-Seniorenarbeit 1989 (Richtlinie)

Die Organisationsstrukturen der Seniorenarbeit in der IG Metall sahen 1989 vor, dass die Mitglieder der Senioren-Arbeitskreise (SAK) auf örtlicher Ebene einen Sprecher sowie mindestens einen Stellvertreter wählen, die mit beratender Stimme an den Sitzungen der erweiterten Ortsverwaltung und der Vertreterversammlung beteiligt werden *können*: Die Arbeit der SAK soll in Abstimmung mit dem Ersten Bevollmächtigten beziehungsweise mit einem dafür beauftragten Sekretär erfolgen. Demnach unterstützt die Verwaltungsstelle organisatorisch die Tätigkeiten der SAK, der als »Sprachrohr und Interessenvertretungsorgan« der aus dem Erwerbsleben ausgeschiedenen IG Metall-Mitglieder fungiert (IGM 1989: 13). Die Seniorenarbeit soll dazu dienen, »genauso wie bei der gewerkschaftlichen Betriebs- und Tarifpolitik durch eine Organisierung, Bündelung und Mobilisierung von Interessen Gegenmacht zu formieren und Durchsetzungsfähigkeit zu gewinnen« (ebd. 7). Auf örtlicher Ebene können Veranstaltungen zu gewerkschaftlichen Aktivitäten und gesellschaftspolitischen Themen, Freizeitangebote, Nachbarschaftshilfe im Wohnbereich, Besuchs- und Beratungsdienste und ähnliches selbst organisiert werden (ebd.). Die Bezirke übernehmen im Rahmen ihrer Möglichkeiten die Koordinierung von bezirks- und landesweiten Aktionen und die Organisation von Erfahrungsaustausch der Senioren-Arbeitskreise. Die Förderung des Erfahrungsaustausches über die Bezirksebene hinaus sowie die Koordinierung von bundesweiten Aktionen unterliegen dem Vorstand. Die Richtlinie verfolgte zwei Ziele: Einerseits sollte die Einbindung der Senioren in die allgemeinen gewerkschaftlichen Aktivitäten quantitativ und qualitativ erweitert werden. Dieser Bereich funktioniert in der Regel dort, wo sich ehemalige ehrenamtliche Funktionäre beteiligen (vgl. Künemund 1991a: 21). Andererseits wurde die Möglichkeit verbessert, beratenden Einfluss auf die Organisation im Sinne der politischen Interessenvertretung zu nehmen.

3.3.2 Seniorenfrage im Kontext der deutschen Vereinigung

Mit dem Zusammenbruch der DDR veränderte sich auch in der gewerkschaftlichen Seniorenfrage der Handlungsbedarf. Die »Veteranen«[507] des ehemaligen FDGB konnten im Zuge der deutschen Vereinigung in die westdeutschen Gewerkschaftsorganisationen übertreten. Anders als im FDGB, wo unter der Bezeichnung »Veteranenbetreuung« ein umfangreiches Organisationsangebot in der Seniorenarbeit bestand, hatte die IG Metall diese Frage erst Ende der achtziger Jahre verstärkt thematisiert. Die IG Metall bemühte sich bei der Überführung der ehemaligen FDGB-Veteranen, unterschiedlich geprägte Erfahrungsmuster und normative Erwartungsgefüge in die eigene Organisation einzugliedern. Der erhebliche Organisationsdruck der verrenteten Mitglieder aus Ostdeutschland trieb die Seniorenfrage weiter voran.

Als Massenorganisation hatte der FDGB in der DDR als »sozialer Verwaltungs-, Verteilungs- und Leistungsgigant« (Gill zitiert nach Teipen 1994: 364) auch im Hinblick auf die Betreuung der Senioren umfangreiche Funktionen inne. Die »Veteranen-Betreuung« des FDGB bildete ein wichtiges Element der »betriebszentrierten Sozialpolitik (Teipen 1994: 369). Entsprechend der Leitidee, die Rentner in das gewerkschaftliche Leben einzubeziehen und ihre medizinische, soziale und kulturelle Situation zu verbessern, fand die Arbeit mit den Veteranen Niederschlag in den Arbeitsplänen der Betriebsgewerkschaftsleitungen (BGL) sowie der Vorstände und in den Betriebskollektivverträgen (Mrochen 1980: 83). In allen Betrieben bestanden Veteranenkommissionen und Veteranenabteilungsgewerkschaftsorganisationen (Veteranen-AGO), in die alle verrenteten Gewerkschaftsmitglieder eingebunden waren. Die aus die-

---

507 Die Bezeichnung »Veteran« wurde anfangs ausschließlich als offiziell gebrauchter Begriff für die Auszeichnung verdienter Rentner verwendet, die beim Aufbau des sozialistischen Systems eingebunden waren. In späteren Jahren war dieser Titel Ausdruck der politischen Loyalität der verrenteten Mitglieder. Seit den siebziger Jahren bezeichnete man langjährige Gewerkschaftsmitglieder als »Veteranen« (Teipen 1994: 369).

sem Kreis ernannten ehrenamtlichen Mitglieder wurden in den Veteranenab-teilungsgewerkschaftsleitungen (Veteranen-AGL) zusammengefasst, die un-mittelbar der BGL unterstanden (Teipen 1994: 371). In den Betriebskollektiv-verträgen war festgelegt, wie die Veteranen innerhalb der betrieblichen Strukturen und damit »zur Unterstützung der Planerfüllung« (ebd.) wirksam eingebunden werden sollten. Die Veteranen-Betreuung erfüllte ebenfalls die Funktion, das ehrenamtliche Engagement der Gewerkschaftsmitglieder poli-tisch zu steuern und darauf Einfluss zu nehmen (ebd.: 376). Die verrenteten Gewerkschaftsmitglieder in der DDR waren nach dem Ausscheiden aus dem Erwerbsleben weiterhin unmittelbar in das gewerkschaftliche und kulturelle Leben im Betrieb eingebunden. Neben beispielsweise Vorsorgeuntersuchun-gen und sozialer Betreuung hatten die verrenteten Gewerkschaftsmitglieder Zugang zum Betrieb und konnten etwa mit ihren ehemaligen Kollegen beim »Werksküchenessen« (Mrochen 1980: 83) zusammenkommen. Diese gemein-schaftsorientierten Angebote ermöglichten eine biographische Kontinuität, die den älteren Mitgliedern »ein Gefühl des Behütetseins in der Gewerkschaft« vermittelte (Teipen 1994: 376). Von den Veteranen, die in das Betriebsgesche-hen eingebunden waren, und die damit verbundenen kulturellen und sozialen Angebote nutzten, wurde im Gegenzug soziales Engagement verlangt. Die Teilnahme an Gewerkschaftsversammlungen, Bildungsveranstaltungen sowie anderen Aktivitäten des FDGB sollte dazu dienen, die »Politik von Partei (SED) und Gewerkschaft vor allem unter ihren Altersgenossen« zu vertreten (FES 1987: 37). Je aktiver die Gewerkschaftsrentner, desto höher war die Chance, Sozialmaßnahmen, etwa beim Feriendienst, zu erhalten (ebd.).

Mit dem Zusammenbruch der DDR stand auch deren Veteranenbetreu-ung am Ende. Jedenfalls verfügte die westdeutsche IG Metall weder über einen ähnlichen Erfahrungshintergrund in der Seniorenarbeit noch war sie bereit, die dafür notwendigen Ressourcen anzubieten. Die Folge war eine hohe Unzufriedenheit und Enttäuschung unter den älteren Mitgliedern des ehemaligen FDGB, die sich einen ähnlichen Stellenwert ihrer Gruppe in den gesamtdeutschen Gewerkschaftsstrukturen gewünscht hatten. Aufgrund des Bruchs in der gewerkschaftlichen Seniorenbetreuung traten relativ wenige »FDGB-Veteranen« der IG Metall bei (Künemund u. a. 1993: 547).[508] Die-jenigen, die in die IG Metall eintraten, konfrontierten die westdeutsche IG Metall im Anpassungsprozess massiv mit Forderungen einer von ihnen als angemessen empfundenen Seniorenpolitik.

---

508 Diese Gruppe wurde nicht offensiv von den westlichen Aufbauhelfern geworben.

3.3.3 Seniorenfrage im OE-Prozess

Das auf dem 17. ordentlichen Gewerkschaftstag der IG Metall 1992 eingeleitete Projekt OrganisationsEntwicklung (OE) hatte das Ziel, »die politische
und organisatorische Effektivität der IG Metall durch mittel- und langfristig
wirksam werdende Veränderungen zu erhalten und zu erhöhen« (ebd.:
190).[509] Der OE-Prozess stand für die Weiterentwicklung der Organisation,
um durch Reformen Antworten auf die gravierenden Herausforderungen in
den neunziger Jahren zu finden (Schabedoth/Tiemann 1991). Im Fokus der
Reformbemühungen stand die Mitgliederentwicklung. Im Rahmen der OE-
Projektarbeit beschloss der 17. ordentliche Gewerkschaftstag die Schaffung
eines Ressorts »Seniorenarbeit«[510] auf Vorstandsebene. Der in diesem Ressort eingerichtete Referentenarbeitskreis diskutierte mögliche Umsetzungs-
konzepte für den Aufbau von gleichberechtigten Arbeitsstrukturen der Seniorenarbeit.[511] Die Forderung der Gruppe der nicht mehr berufstätigen
Mitglieder, als gleichberechtigte Mitgliedergruppe auf allen Ebenen anerkannt zu werden, »war Anfang der neunziger Jahre nicht mehr zu ignorie-
ren« (Müllner 2008). Gleichzeitig erhielt die Frage der Mitgliederbindung
angesichts des gravierenden Mitgliederschwunds eine neue Dimension. Vor
dem Hintergrund der Ressourcenlage und Zielausrichtung als Industriegewerkschaft verfolgte die Gewerkschaftsführung die Vorstellung, die Gewerkschaftssenioren zwar als Mitglieder an die IG Metall zu binden, ohne dabei
jedoch eigenständige, finanziell aufwendige Strukturen aufzubauen.

---

509 Der OE Prozess begann 1992 und endete mit dem 5. GT 1998.

510 1995 definierte die IG Metall mit der Bezeichnung Senioren Übergangsgeldempfänger,
Vorruheständler und Rentner.

511 Zwischen 1992 bis 2004 fanden unter der Leitung des zuständigen Vorstandssekretärs des
Referates »Seniorenarbeit« regelmäßige Treffen des »Referentenarbeitskreises für mitglie-
derorientierte Gewerkschaftsarbeit« statt. Dabei sollten Impulse für die konzeptionelle
Weiterentwicklung der Seniorenarbeit entwickelt werden. 1991 fand das erste noch informelle Treffen statt, an dem 64 Sprecher von örtlichen Senioren-Arbeitskreisen teilnahmen.
Danach wurden 35 Arbeitskreis-Sprecher regelmäßig zu konzeptionellen Zusammenkünf-
ten eingeladen. Dieser sogenannte Referentenarbeitskreis hatte es sich zum Ziel gesetzt,
ein systematisches Umsetzungskonzept zur gleichberechtigten Integration der Senioren in
das Organisationsleben der IG Metall zu erarbeiten. Hier wurden die ersten Vorschläge für
die Konzeption einer Richtlinie »Arbeit mit Mitgliedergruppen« erarbeitet, die Grundlage
für die spätere Außerbetriebliche Gewerkschaftsarbeit werden sollte. Nach einem personellen Wechsel im Jahr 2004 wurde der Referenten-Arbeitskreis in seiner bisherigen Form
aufgelöst.

Abbildung 29: Etappen der Formalisierung der Seniorenarbeit der IG Metall

1989	Richtlinie zur Aktivierung der Seniorenarbeit
1992	Einrichtung des Ressorts »Seniorenarbeit« auf Vorstandsebene
1996	Orientierungsrahmen für die Seniorenarbeit in der IG Metall
1998	1. Seniorenpolitische Konferenz der IG Metall/AGA-Gründung
1999	Satzungsänderung § 2 und § 14n
2002	Richtlinie »Arbeit mit Mitgliedergruppen«
2005	Einrichtung des AGA-Ressorts auf Vorstandsebene
2007	1. AGA-Konferenz

Quelle: Satzung, Richtlinien und Protokolle der Gewerkschaftstage der IG Metall;
eigene Darstellung.

Nach dem Wechsel an der Führungsspitze und dem Antritt von Klaus Zwi-
ckel als 1. Vorsitzender der IG Metall im Jahr 1993 wurde die unter Steinkühler begonnene Diskussion um eine stärkere gesellschaftspolitische Ausrichtung der Organisation abgeschwächt. Im Vordergrund des gewerkschaftlichen
Handelns stand die Bewältigung der Krise des Aufbau Ost sowie der gesamtdeutschen Standortkrise. Auf Vorstandsebene wurde 1996 ein »Orientierungsrahmen für die Seniorenarbeit in der IG Metall« formuliert. Mit diesem Schritt verpflichtete sich die IG Metall erstmals, außerbetriebliches
Handeln verbindlich zu gestalten und damit dem ehrenamtlichen Potenzial
der SAK Rechnung zu tragen. Doch der Aufbau eigener formal organisierter
Strukturen für die Seniorenarbeit wurde weiterhin abgelehnt. Die Bindung
von Rentnern und Vorruheständlern als Mitglieder war das durch diesen
Organisationsrahmen verfolgte Ziel. Ebenso wurde erstmals das Konzept der
Mitgliederbetreuung und -werbung in Klein- und Mittelbetrieben (KMU)
der Metall- und Elektroindustrie sowie für das Metallhandwerk durch Seni-
orenpartner/teams eingeführt. Als »ehrenamtliche Beauftragte«, die von den
Bevollmächtigten der Verwaltungsstellen je nach Qualifikation ausgewählt
werden, können Senioren IG Metall-Mitglieder in Betrieben, die unzurei-

chend gewerkschaftlich erreichbar sind, betreuen, sie informieren und Hilfestellungen leisten. Aufgabeneinsatz und -gebiet sowie Verantwortungsbe-
reich werden von den Ortsverwaltungen bestimmt. Als ehemalige
Funktionsträger wollte man die Mitglieder im Ruhestand in die Betreuungsarbeit einbinden, um letztlich auch von ihrem Erfahrungswissen zu profitieren. Dieses Konzept der Betreuungsarbeit durch Senioren etablierte sich innerhalb der Strukturen der späteren außerbetrieblichen Gewerkschaftsarbeit
in den sogenannten B-Teams (kleine Berater- und Betreuer Teams) als wichtiger Bestandteil. In der Frage, wie das neue Handlungsfeld außerhalb der
betrieblichen Strukturen bezeichnet werden solle, kam zunächst lediglich
der Arbeitstitel »Außerbetriebliche Aktivitäten« in Betracht. Auf dem 19. ordentlichen Gewerkschaftstag im Jahr 1999 in Hamburg konnte sich jedoch
der Begriff »Außerbetriebliche Gewerkschaftsarbeit« für diese Form der Mitgliederarbeit durchsetzen.

Die im OE-Prozess angestoßenen Debatten zur Seniorenfrage wurden
vor dem Hintergrund der elementaren Herausforderungen in Ostdeutschland wieder zurückgestuft. Stattdessen verfolgte man das Ziel der organisatorischen Straffung und reduzierte die Anzahl der Personengruppen, um Paral-
lelgesellschaften zu vermeiden.[512] Die Beschlüsse des 5. außerordentlichen
Gewerkschaftstages 1998 in Mannheim hatten grundlegende Veränderungen
im Organisationsaufbau der IG Metall zur Folge: Vor der Organisationsreform war die IG Metall in die drei Sektoren Metall- und Elektroindustrie,
Stahl und Handwerk strukturiert und unterschied Angestellte, ausländische
Arbeitnehmerinnen und Arbeitnehmer, Frauen und Jugend als satzungsge-
mäße Personengruppe. Während des OE-Prozesses wurde über die Struktur
der bis zu diesem Zeitpunkt stark ausdifferenzierten Personengruppenarbeit
diskutiert.[513] Der Gewerkschaftstag 1998 beschloss, dass lediglich Frauen
und Jugend als satzungsverankerte Personengruppen mit eigenem Antragsrecht an den Gewerkschaftstag bestehen bleiben sollten.[514] Durch die Fo-
kussierung auf die Kernklientel hatte sich die IG Metall auch zum Ziel gesetzt, »Mitglieder in den traditionellen Kernbereichen zu halten und zu

---

512 Die Personengruppen weisen eigene Vertretungsstrukturen auf und haben satzungsveran-
kert das Recht, eigene Konferenzen durchführen zu können.

513 Vor allem die starre Struktur der Zuordnung, die Beschäftigung der einzelnen Ausschüsse
mit den gleichen Themen und der damit verbundene ineffiziente Ressourcenaufwand
wurden kritisiert.

514 Der eigenständige Status als Personengruppe Jugend ist erforderlich, um Bundes- und
Landesmittel im Rahmen der Jugendförderungsarbeit zugewiesen zu bekommen.

gewinnen, gleichzeitig neue Beschäftigtengruppen stärker anzusprechen und zu erschließen« (IG Metall 1999: 214). Daneben gibt es seither die Mitgliedergruppenarbeit. Mit der Einführung dieses neuen Verständnisses der Mitgliederbetreuung hatte es sich die IG Metall zum Ziel gesetzt, Beschäftigte in den Betrieben und Mitglieder, die nicht über die betriebsorientierten Organisationsstrukturen erfasst werden können, gleichermaßen in ihre Gesamtpolitik zu integrieren. Dabei handelt es sich um Mitglieder in nicht erfassten Betrieben, Beschäftigte in der Montage, Erwerbslose, Vorruheständler, Rentner (ebd.). Um die Themen und besonderen Interessen dieser Mitgliedergruppen in der Organisation adäquat zu berücksichtigen, liefert die Richtlinie die organisatorisch formalen Rahmenbedingungen.

Auf dem Gewerkschaftstag 1998 in Mannheim wurden im Hinblick auf die gewerkschaftliche Seniorenarbeit einige Satzungsänderungen vorgenommen: In Paragraph 2 der Satzung bezieht die IG Metall *alle* Mitglieder in ihre Unterstützungsaufgabe mit ein. »Die IG Metall ist die Interessenorganisation aller abhängig Beschäftigten in den Betrieben der Metallwirtschaft. Sie vertritt gemeinsam mit anderen zunehmend auch Interessen Nicht-Beschäftigter in der Gesellschaft« (IG Metall 1998: 189). Das Fehlen einer expliziten Berücksichtigung der verrenteten Mitglieder wurde von dem Kreis der engagierten Senioren als Niederlage empfunden. Sehr deutlich wird dies in Paragraph 2 Ziffer 2, der die Hauptaufgaben der IG Metall definiert: Aufgaben und Ziele der IG Metall sind insbesondere der »…Zusammenschluss der in der Metallindustrie, im Metallhandwerk und in sonstigen Metallbetrieben Beschäftigten zum gemeinsamen Handeln« (ebd.). Die Bestimmung dokumentiert, so ein Aktivist der Gewerkschaftssenioren, dass der Fokus auf der betrieblichen Verankerung und Vertretung liegt und »für das gemeinsame Handeln die Gruppe der Seniorinnen und Senioren nicht erforderlich« sei (Müllner 2008).

Die aktiven Gewerkschaftssenioren waren sich darüber im Klaren, dass eine eigenständige Personengruppe »Senioren« nicht durchsetzbar war. Sie betonen, dass es für sie wichtiger war, »die Verantwortlichen auf allen Ebenen davon zu überzeugen, dass die Interessenlage der Seniorinnen und Senioren fester Bestandteil der politischen Aufgabenstellung der IG Metall sein muss« (Müllner 2008). Auch wenn dieses Ziel nicht erreicht werden konnte, wird der außerordentliche Gewerkschaftstag 1998, der sogenannte OE-Kongress, als Meilenstein in der Frage der Integration der Gewerkschaftssenioren gewertet. Die Änderung des Paragraphen 14n) formuliert seit 1998 den Auftrag für die Ortsvorstände, die außerbetriebliche Gewerkschaftsarbeit zielgerichtet zu organisieren, dieses zweite Standbein zu stabilisieren und zur Stärkung der Gesamtorganisation einzusetzen: »Der Ortsvorstand ist für die Betreuung und Beteiligung der nicht über betriebliche Strukturen erreichbaren Mitglieder unter Einbeziehung der nicht in Betrieben tätigen Mitglieder verantwortlich« (§ 14 n). Mit dieser Weichenstellung eröffnete die IG Metall ein neues Handlungsfeld, das sich nicht allein auf die Senioren bezog, sondern auf alle nicht betrieblich erreichbaren Mitglieder. Die außerbetriebliche Gewerkschaftsarbeit wurde somit als neues gewerkschaftliches Handlungsfeld definiert und satzungsgemäß verankert.

3.3.4 Außerbetriebliche Gewerkschaftsarbeit

Die Geburtstunde der »Außerbetrieblichen Gewerkschaftsarbeit« (AGA) war die 1. Seniorenpolitische Fachtagung der IG Metall im Juli 1998 in Sprockhövel. Im damals noch laufenden OE-Prozess wurde im Rahmen dieser Konferenz die zukünftige Ausrichtung der Seniorenaktivitäten in der IG Metall diskutiert. Dass sich die Anfänge der heutigen AGA-Strukturen auf die Debatte um die Seniorenfrage gründen, zeigt, dass die Seniorenarbeit für die ehrenamtliche Gewerkschaftsarbeit im außerbetrieblichen Bereich von Anfang an zentral war.

Als Teilergebnis beschloss der Vorstand im Mai 2002 die Richtlinie für die »Arbeit mit Mitgliedergruppen«, die die ehrenamtliche Arbeit von Mitgliedergruppen im außerbetrieblichen Bereich als eigenständiges Handlungsfeld in die Gesamtorganisation integriert. Bereits in der Entschließung zum 19. ordentlichen Gewerkschaftstag 1999 unterstrich die IG Metall ihr Bestreben »neben der betriebsorientierten Gewerkschaftsarbeit auch den außerbetrieblichen Bereich auf der Grundlage der Erfahrungen der letzten Jahre fördern und ausbauen« zu wollen (IG Metall 1999: 216). Für die ständige Koordination dieses Bereiches wurde auf Vorstandsebene im Bereich VB 09 im Jahr 2003 das Ressort »Außerbetriebliche Gewerkschaftsarbeit« geschaffen. Als Mitgliedergruppen im außerbetrieblichen Bereich zählen neben den Senioren und Vorruheständlern, Arbeitslose, Praktikanten, Studenten oder Einzelmitglieder in Betrieben ohne Betriebsrat. Die AGA legt jedoch im Wesentlichen einen Schwerpunkt auf die Senioren- und Erwerbslosenarbeit sowie die hauptsächlich in Ostdeutschland verbreitete Vertrauensleutearbeit im Wohngebiet. Die Wohngebietsarbeit ist innerhalb der Außerbetrieblichen Gewerkschaftsarbeit eingeführt worden, um eine »mitgliedernahe Infrastruktur« (Wolf et. al 2003: 80) gewährleisten zu können. Auf diese Weise sollen betriebsferne oder potenzielle Mitglieder in ihrem unmittelbaren Wohn- und Lebensumfeld erreicht werden. Damit hat sich die gewerkschaftliche Arbeit für lebensweltliche Themen geöffnet, um die Mitglieder besser in der Gewerkschaft zu verankern. AGA versteht sich als Schwerpunktaufgabe und konzentriert sich vorrangig auf den Bereich der betriebsfernen Mitgliederbetreuung und Mitgliederbeteiligung sowie auf die Unterstützung von Projekten, Kampagnen und Aktionen auf örtlicher Ebene (IG Metall 2007b).

AGA stellt innerhalb der Gewerkschaft jedoch weiterhin ein von vielen als wenig prestigeträchtig wahrgenommenes randständiges Handlungsfeld dar. Die AGA erscheint als das »ungeliebte Stiefkind« der IG Metall und die Übertragung der damit verbundenen Aufgaben wird von den hauptamtlichen Funktionären nicht selten als störende Mehrarbeit empfunden. Sie wird nur von einer Minderheit als Potenzial für gewerkschaftliches Handeln verstanden. Vorrangig dominiert die Meinung, dass es hierbei um ein Aufgabenfeld handelt, das Ressourcen bindet, die für andere betriebsnahe Aktivitäten bzw. im Rahmen von Tarifauseinandersetzungen benötigt werden. Die Forderungen, insbesondere der Gewerkschaftssenioren, werden teilweise als überzogen oder gar als störend empfunden. Auf der Vorstandsebene erhielt AGA zwar den Status eines eigenen Ressorts, eine intensiv geführte Debatte über die Potenziale eines verstärkten ehrenamtlichen Engagements der eigenen Mitglieder wurde jedoch bislang nur in geringem Umfang geführt. Ein öffentlich in Erscheinung tretender Akteur der IG Metall, der sich mit einer breiten Aufmerksamkeit der Seniorenfrage annimmt und für dieses Thema sensibilisiert, ist bislang nicht erkennbar.

Organisationsstruktur der außerbetrieblichen Gewerkschaftsarbeit (Richtlinie »Arbeit mit Mitgliedergruppen«)

Die im Juli 2002 in Kraft getretene Richtlinie »Arbeit mit Mitgliedergruppen« gibt Empfehlungen und Rahmenbedingungen für die über- und außerbetriebliche Arbeit der Ausschüsse, der Arbeitskreise und der anderen Arbeitsformen, in denen sich die unterschiedlichen Mitgliedergruppen zusammenfinden (IG Metall 2002: 1).[515] Im Vordergrund aller Aktivitäten stehe die »soziale Bindung an die IG Metall durch persönliche Kontakte«

---

515 Die Arbeitsstrukturen sollen sich an örtlichen Gegebenheiten, Neigung und Interesse der Beteiligten orientieren und in unterschiedlicher Zusammensetzung, Aufgabenstellung und Dauer gebildet werden (ebd.: 2).

(ebd.). Ergebnisorientierte Arbeitsformen sind angestrebt, die unterschiedlich gestaltet sein können.[516] Zentraler Ort der AGA ist die örtliche Ebene.[517] Die vom Ortsvorstand gebildeten Ausschüsse oder Arbeitskreise haben die Möglichkeit, Anträge an den Ortsvorstand, die Delegiertenversammlung, den Bezirksausschuss und den Ausschuss beim Vorstand zu stellen. Auf der örtlichen Ebene entscheidet die Ortsverwaltung darüber, in welcher Höhe und für welche Gelegenheiten sie finanzielle Ressourcen für AGA bzw. im Konkreten für die Aktivitäten in den Senioren-Arbeitskreisen zur Verfügung stellen. Die einzelnen Verwaltungsstellen weisen zwar – je nach Größe und Struktur – eine unterschiedliche Finanzausstattung auf, es kann jedoch festgehalten werden, dass jede Verwaltungsstelle für die Gruppe der Senioren Mittel zur Verfügung stellt.[518]

Auf der Ebene der Bezirke werden zur Unterstützung der Arbeit mit Mitgliedergruppen in den Verwaltungsstellen bezirkliche Ausschüsse oder Arbeitskreise gebildet, denen auch die zuständigen Bezirkssekretäre angehören.[519] Diese Gremien können Anträge an die Bezirksleitung, die Bezirkskonferenz oder den betreffenden Ausschuss beim Vorstand stellen

---

516 Es besteht die Möglichkeit, einen Ausschuss zu bilden, der sich aus ausgewählten Vertreter/innen zusammensetzt. Ebenso kann vom Ortsvorstand, der Bezirksleitung oder vom Vorstand ein Arbeitskreis eingerichtet werden, der offen für Interessierte ist oder aus den in den Arbeitskreis berufenen Mitgliedern besteht. Im Arbeitskreis soll an einem »vorgegebenen Themenbereich oder in einer Branche zeitlich unbefristet gearbeitet werden« (ebd.: 3). Ebenfalls sollen Kampagnen, Aktionen und Veranstaltungen von Interessierten und Funktionären organisiert und durchgeführt werden. Zeitlich begrenzte und themenspezifische Projekte sollen von einem Projektteam koordiniert und durchgeführt werden. »Treffen« und »Netzwerke« bezeichnen regelmäßige Zusammenkünfte, die für den Erfahrungs- und Informationsaustausch genutzt werden sollen. In den Netzwerken steht die gemeinsame Qualifizierung und Beratung zu bestimmten Themen im Vordergrund.

517 Der Ortsvorstand leitet die Wahl eines örtlichen Ausschusses ein, wenn von mindestens sieben Mitgliedern aus drei Betrieben ein Antrag auf Ausschussbildung vorliegt und wenn mindestens fünf Prozent der Mitglieder vor Ort dieser Mitgliedergruppe angehören und eine Wahlbeteiligung von mindestens drei Prozent oder 100 dieser wahlberechtigten Mitgliedern sichergestellt wird (ebd.: 4). Unabhängig davon kann der Ortsvorstand einen Arbeitskreis oder Ausschuss einrichten und einen Sprecher benennen. Die Wahl der Mitglieder der örtlichen Ausschüsse oder Arbeitskreise erfolgt in einer Versammlung für alle betroffenen Mitglieder oder deren Delegierte (ebd.).

518 Die Ortsverwaltung unterstützt die Senioren bei der Durchführung von Ausschuss- bzw. Arbeitskreissitzungen, bei Ausflügen oder bezuschusst besondere Aktivitäten oder Projekte.

519 In diesen sind die Verwaltungsstellen durch ein Mitglied der örtlichen Ausschüsse oder Arbeitskreise mit einem Sprecher bzw. Vertreter vertreten.Die Sitzungen der bezirklichen Ausschüsse bzw. Arbeitskreise finden je nach Bedarf – jedoch mindestens zweimal im Jahr

(ebd. 5). Im Rahmen der Budgetregelung werden für die AGA-Koordinie-rung Ressourcen zur Verfügung gestellt. Die Verantwortlichen im jeweili-gen Bezirk entscheiden eigenverantwortlich über Inhalte, Struktur und Anzahl der Zusammenkünfte (ebd.).

Der Vorstand bildet Arbeitsstrukturen mit ehren- und hauptamtlichen Vertretern aus den Bezirken, um sich hinsichtlich der Arbeit mit Mitglieder-gruppen beraten zu lassen.[520] Basierend auf formalrechtlichen Mängeln[521] ist in der Richtlinie das Antragsrecht an den Gewerkschaftstag enthalten. Zum nächsten Gewerkschaftstag ist dieser Punkt vom Vorstand zu klären. Ein Antragsrecht an den Gewerkschaftstag wird der AGA augenscheinlich verwehrt. Es besteht jedoch das Antragsrecht an den IG Metall-Vorstand.

Zum Zweck einer übergeordneten Koordinierung beauftragte der 20. or-dentliche Gewerkschaftstag der IG Metall 2003 den Vorstand, ein Ressort für außerbetriebliche Gewerkschaftsarbeit (AGA) »mit dem Schwerpunkt der Be-treuung der Gruppe der Rentner und erwerbslosen Mitglieder« (IG Metall 2007a: 1) einzurichten. Auf Vorstandsebene koordinierten im Jahr 2008 zwei politische Sekretäre und eine Verwaltungsangestellte die AGA-Arbeit. Zu den Aufgaben zählen u. a. sowohl die Beratung bei Problemen, die die Mitglieder-gruppen in besonderer Weise betreffen, als auch die Bearbeitung von allgemei-nen Stellungnahmen zu gewerkschaftlichen- und gesellschaftspolitischen Fra-gen im Bereich der außerbetrieblichen Mitgliedergruppen auf Bundesebene. Das Ressort verfügt über ein eigenes Finanzbudget, das u. a. für die Durchfüh-rung von Seminaren und Publikationen (z. B. den AGA-Report) eingesetzt wird. In der Richtlinie »Arbeit mit Mitgliedergruppen« ist ebenfalls die Durch-führung von Konferenzen der AGA auf Bundesebene festgehalten (IG Metall 2002: 6).[522] Dabei legt der Vorstand die Teilnehmerstruktur »auf Vorschlag der Ausschüsse und Arbeitskreise« (ebd.) fest.[523]

– statt. Die Bezirksleitung übernimmt die Geschäftsführung des bezirklichen Ausschusses und lädt zu den Sitzungen ein.

520 Diesem Ausschuss gehören das zuständige geschäftsführende Vorstandsmitglied, der Vor-sitzende und die Stellvertreter der bezirklichen Ausschüsse oder Arbeitskreise, die Sachbe-arbeiter des betreffenden Funktionsbereiches beim Vorstand sowie die zuständigen Be-zirkssekretäre an. Ebenso kann der Vorstand bei besonderen Aufgaben und zur Unterstützung der Ausschussarbeit Arbeitskreise und Projekte bilden.

521 Das Antragsrecht an den Gewerkschaftstag ist zwar in der Richtlinie verankert, jedoch nicht in der Satzung, die formal rechtlich stärker ist. Demnach ist das Antragsrecht nicht rechtsgültig.

522 Die erste zentrale AGA-Tagung fand im April 2007 in Sprockhövel statt.

523 Zu den Aufgaben der Konferenzen gehören folgende Aspekte: »Beratung von Problemen, die die Arbeitnehmer bzw. Mitgliedergruppen in besonderer Weise betreffen; Vorschläge

4. Engagement der Gewerkschaftssenioren

Im Folgenden wird der Blick auf die Seniorenarbeit in den Strukturen der AGA gerichtet. Es werden die unterschiedlichen Facetten der AGA in den Regionen skizziert.

Strukturen der AGA

Da AGA vielfältige Formen der Mitgliedergruppenarbeit umfasst, finden sich in den IG Metall-Regionen unterschiedliche Prägungen und Dynamiken. Neben den Senioren-Arbeitskreisen sind Erwerbslosen-Arbeitskreise sowie AGA-Arbeitskreise mit gemischter Zusammensetzung vorhanden, in denen sich vermehrt auch Senioren beteiligen. In einer internen Studie der IG Metall im Jahr 2005 wurde festgestellt, dass bisher nicht in allen Bezirken AGA flächendeckend als ein eigenständiges Arbeitsfeld akzeptiert ist und einige örtliche Geschäftsführer an den bisherigen Strukturen der Seniorenarbeit festhalten möchten.

Insbesondere in den süddeutschen Bezirken Baden-Württemberg und Bayern, wie auch in Teilen Nordrhein-Westfalens steht die IG Metall-Bezirksleitung dem Begriff »AGA« weiterhin zögerlich gegenüber und nimmt diese Strukturen als von der Vorstandsebene »aufgesetzt« wahr.[524] Der Senioren-Arbeitskreis auf der Bezirksebene in Stuttgart beschäftigt sich weiterhin nahezu ausschließlich mit der Betreuung und Beteiligung älterer Menschen und führt auf dieser Grundlage regelmäßige Erfahrungsaustausche und Bildungsveranstaltungen durch.[525] In Bayern finden zwar in einigen Verwal-

---

und Beratung von Maßnahmen zur Lösung der besonderen Probleme der Mitgliedergruppen; Förderung der Öffentlichkeitsarbeit; Mobilisierung und Verstärkung der gewerkschaftlichen Aktivitäten in der Gewerkschaftsarbeit mit Mitgliedergruppen; Stellungnahme zu gewerkschafts- und gesellschaftspolitischen sowie beruflichen Fragen im Bereich der einzelnen Mitgliedergruppen; Beratung von gleichstellungspolitischen Fragen, die die weiblichen Beschäftigten und Erwerbslosen in besonderer Weise betreffen; Vorschläge und Beratung von Maßnahmen zu besonderen gleichstellungspolitischen Themen einzelner Branchen« (ebd.)

524 Die Integration der arbeitslosen Mitglieder in die außerbetriebliche Gewerkschaftsarbeit wird hier als nicht besonders erforderlich angesehen.

525 In Baden-Württemberg sind nicht in jeder Verwaltungsstelle Seniorenarbeitskreise zu finden.

tungsstellen außerbetriebliche Aktivitäten statt, man tut sich dort jedoch ebenfalls schwer mit dem Begriff der »AGA«.

Die Debatte über den organisationspolitischen Vertretungsanspruch derjenigen Mitglieder, die nicht über betriebsorientierte Organisationsstrukturen erreichbar sind, findet dagegen in anderen Regionen mit regem Interesse statt. Insbesondere sind hier die Bezirke Berlin-Brandenburg-Sachsen, Küste und Niedersachsen und Sachsen-Anhalt zu nennen, in denen regelmäßig ein Erfahrungsaustausch der örtlichen Arbeitskreisleiter zur AGA stattfindet.[526] Insbesondere in Ostdeutschland hat sich aufgrund der dortigen schwierigen Arbeitsmarktstrukturen und der Erfahrungen aus der Seniorenarbeit des FDGB die AGA als fester Bestandteil gewerkschaftlicher Aktivitäten entwickelt. Doch auch in den AGA-Arbeitskreisen engagieren sich überwiegend Senioren. Das hohe Engagement der ostdeutschen Senioren entspricht der Tradition der »Veteranen-Betreuung« in der DDR. Zugleich beteiligen sich die Gewerkschaftssenioren teilweise auch in der Erwerbslosenarbeit. Dies ist vor allem vor dem Hintergrund der hohen Arbeitslosigkeit in Ostdeutschland zu verstehen.[527] Der Umfang und die Gestaltungsvarianten der AGA im Bezirk Berlin-Brandenburg-Sachsen nimmt im Vergleich zu anderen IG Metall-Bezirken eine Vorreiterrolle ein.[528] Hier existierten im Jahr 2005 zehn AGA-Arbeitskreise. Die Aktivitäten in diesem Bezirk spiegeln den Mitgliederbestand und die Mitgliederstruktur wider: Insgesamt sind in Berlin-Brandenburg-Sachsen lediglich 51 Prozent der IG Metall-Mitglieder erwerbstätig bzw. an betriebliche Gewerkschaftsstrukturen angebunden, 49 Prozent der Mitglieder sind Senioren, Erwerbslose und sonstige Mitglieder. Die AGA nimmt in den Verwaltungsstellen dieses Bezirks weiter an Bedeutung zu.[529]

---

526 Neben dem Aspekt des Erfahrungsaustausches bieten die bezirklichen und örtlichen AGA-Arbeitskreise Möglichkeiten zur Qualifizierung und Weiterbildung an.

527 Wenn sich erwerbslose Mitglieder ehrenamtlich im Rahmen der Erwerbslosenarbeit engagieren, bleiben sie auch nach dem Übergang in den Ruhestand meist in diesen Strukturen aktiv.

528 Dies ist auf die sehr hohe Anzahl von Senioren- und Erwerbslosen-Arbeitskreisen zurückzuführen.

529 Vermehrt werden in den Verwaltungsstellen die Senioren- und Erwerbslosen-Arbeitskreise in die AGA-Arbeitskreise überführt.

Tabelle 46: Außerbetriebliche Gewerkschaftsarbeit in den IG Metall-Bezirken

Bezirk	Mitglieder gesamt	Rentner	Vorruhe-stand	Erwerbslose	Verwal-tungsstellen (Vst.)	Erwerbs-losen-AK	Senioren-AK	AGA-AK
Baden-Württemberg	425.909	85.848	148	28.423	27	4, 1 Pro-jekt-gruppe	16 Vst. je 1 AK 3 Vst. je 2 AK 2. Vst. je 3 AK	1
Bayern	349.881	67.191	153	28.623	21	1	10 Vst. je 1 AK 2 Vst. Je 2 AK 3 Vst. Je 3 AK	2
Berlin-Brandenburg-Sachsen	159.939	45.431	5	31.010	13	4	7	10
Frankfurt	320.145	70.794	425	37.693	27	10	21	9
Küste	181.751	38.659	135	24.835	19	4	15	6
Niedersachsen und Sachsen-Anhalt	269.276	61.904	15	27.920	19	7	18	3
Nordrhein-Westfalen	592.321	157.791	1.088	66.584	46	8	44	2

Quelle: Interne Telefonbefragung des AGA-Ressorts auf Bundesvorstandsebene der IG Metall im Jahr 2005; Mitgliederdaten Stand für September 2007; Angaben zur Verfügung gestellt vom IG Metall Vorstand AGA-Ressort; eigene Darstellung.

Im Bezirk Küste wird AGA als »2. Standbein« gewerkschaftlicher Arbeit verstanden, um das ehrenamtliche Engagement der IG Metall-Mitglieder strukturell zu profilieren.[530] Seniorenarbeit ist in fast allen Verwaltungsstellen

---

530 Insbesondere in den östlichen Regionen des Bezirks beinhaltet dieser Ansatz den Leitgedanken, Mitglieder, die aus dem Betrieb ausscheiden, weiterhin umfangreich ehrenamtlich in die Gewerkschaftsarbeit einzubinden.

fester Bestandteil. Seit geraumer Zeit wird diese jedoch in die aufgebauten AGA-Arbeitskreise integriert. In den Bezirken Nordrhein-Westfalen und Frankfurt existieren Seniorenarbeitskreise zum Zweck des Erfahrungsaustausches, die sich inhaltlich zunehmend an der AGA orientieren.[531] Im Bezirk Nordrhein-Westfalen findet überwiegend die traditionelle Seniorenarbeit statt. Die dortige Mitgliederstruktur – 27 Prozent der Mitglieder im Jahr 2006 sind Rentner bzw. Vorruheständler – spiegelt sich in der Struktur der Mitgliedergruppenarbeit wider. Mit Ausnahme von zwei haben alle anderen Verwaltungsstellen aktive Senioren-Arbeitskreise. Senioren unterstützen hier überwiegend die Verwaltungsstellen bei ihrer politischen Arbeit und bei der Mitgliederwerbung und -rückholaktionen. Vereinzelt üben Senioren auch beratende Funktionen aus, beispielsweise in der Erwerbslosenberatung.

5. Resümee

Der männliche Industriearbeiter, einstmals das Rückgrat der Gewerkschaften, wird älter: Zwischen 1992 und 2008 ist der prozentuale Anteil der Rentner in der IG Metall von 16 auf rund 23 Prozent gewachsen und hält sich seit 2000 relativ stabil. Ende der achtziger bzw. Anfang der neunziger Jahre griff die Spitze der IG Metall diese Entwicklungen auf, um die innerorganisatorische Einbindung dieser Mitgliedergruppe zu diskutieren. Zum einen wegen ihrer schieren Größe, zum anderen fiel das Augenmerk auf diese Mitgliedergruppe, da eine verhältnismäßig große Zahl beim Übergang in den Ruhestand die Mitgliedschaft kündigte. In Anbetracht des massiven Mitgliederschwunds in den neunziger Jahren war die Organisation bemüht, die Mitgliederzahl zu stabilisieren, indem sie auch den Senioren verbesserte Beteilungsmöglichkeiten anbot. Vor allem aber waren es die zunehmenden Forderungen nach formal geregelten Beteiligungsstrukturen der Gruppe selbst, die Impulse sendeten. Mit dem Verweis auf die gewerkschaftlichen Kernaufgaben in Zeiten der Krise wurde jedoch abgelehnt, der betriebsfernen Personengruppe weit reichende organisatorische Strukturen zu gewähren und finanzielle Ressourcen zur Verfügung zu stellen.

---

531 Diese Entwicklung wurde durch aktive Arbeitskreise in einigen Verwaltungsstellen gefördert, von den Bezirksleitungen eingeleitet und mit deren Unterstützung weiterentwickelt.

Während des OE-Prozesses wurde eine neuerliche Debatte über die Einbindungspotenziale der Gewerkschaftssenioren geführt. Der im Jahr 1996 verabschiedete Orientierungsrahmen zur Seniorenarbeit rief die Verantwortlichen in den Verwaltungsstellen dazu auf, sich vor Ort intensiver mit den Erwartungen der Senioren auseinanderzusetzen. Ein Ergebnis des OE-Prozesses der IG Metall ist die 2002 vom Vorstand verabschiedete Richtlinie zur Arbeit mit Mitgliedergruppen. Diese Entwicklung ist vor dem Hintergrund der gesamten Organisationsreform zu betrachten, die zum Ziel hatte, die Anzahl der Personengruppen zu reduzieren und die Organisation als Ganzes zu straffen. Seitdem ist die Seniorenarbeit formal in die Strukturen der »Außerbetrieblichen Gewerkschaftsarbeit« integriert. Erstmals wurden auf allen Organisationsebenen eigenständige Strukturen geschaffen, die dem ehrenamtlichen Engagement im außerbetrieblichen Bereich Rechnung tragen sollen. Innerhalb der AGA spielt in erster Linie die Erwerbslosen- und Seniorenarbeit eine wichtige Rolle. Insbesondere in Ostdeutschland ist AGA infolge der schwierigen Arbeitsmarktsituation ein wesentlicher Bestandteil der gewerkschaftlichen Arbeit in den Verwaltungsstellen. AGA bietet dort die Infrastruktur zur Organisierung dieser Mitglieder. Das Bündeln aller außerbetrieblichen Mitgliedergruppen in einem Bereich kann jedoch auch zu Konflikten führen. Die Mitglieder, die in AGA erfasst werden, stellen keine homogene Gruppe dar. Auf die vielfältigen Erwartungen und Interessen muss jeweils unterschiedlich eingegangen werden. Auffallend ist, dass die Integration der gewerkschaftlichen Seniorenarbeit in die AGA-Strukturen nur zögerlich und in manchen Bezirken sogar kaum vorankommt.

Mit der Einführung der AGA geht die IG Metall einen neuen Weg in der Frage, wie ihre Mitglieder im Ruhestand in die Organisation eingebunden werden können. Sie stellte damit die Bedeutung des ehrenamtlichen Engagements der betriebsfernen Gewerkschaftsmitglieder heraus und eröffnete formal strukturierte Organisationsangebote für Partizipations- und Einflusschancen. Der Vorstand hat sich gegen eine Seniorenarbeit mit eigenem Personengruppenstatus entschieden und versucht diese auf die AGA zu begrenzen, um die organisatorische Zielfunktion, die Interessenvertretung der Beschäftigten, konsequent zu verfolgen. Die Anzahl von Personengruppen wurde aus Gründen der Steuerungsfähigkeit und Ressourcenverwendung begrenzt. Eine langfristige Handlungsstrategie hinsichtlich des organisatorischen Umgangs mit der Mitgliedergruppe Senioren, die mittlerweile ein Fünftel der Gesamtmitgliedschaft umfasst, besteht nicht. Darüber hinaus wird das Handlungsfeld der AGA von einigen Funktionären als unliebsame

Zusatzaufgabe wahrgenommen, da sie nicht zum Bestandteil des Kerngeschäfts der Industriegewerkschaft gehört. Die zukünftige Entwicklung hängt insbesondere davon ab, ob und wie die Hauptamtlichen bereit sind, sich dem Konzept der AGA zu öffnen.

VI.3 Senioren in ver.di

1. Einleitung

Als sich im Frühjahr 2001 die Gewerkschaften DAG, DPG, HBV, IG Medien und ÖTV[532] zur Vereinten Dienstleistungsgewerkschaft ver.di zusammenschlossen, nahm innerhalb der deutschen Gewerkschaftslandschaft ein opulenter Riese seinen Platz ein. Die Multibranchengewerkschaft entstand als Reaktion auf die bestehenden strukturellen Probleme, insbesondere auf den seit den neunziger Jahren anhaltenden gravierenden Mitgliederrückgang.[533] Die Fusion vollzog sich mit dem Anspruch, das bis dato dominierende Industrieverbandsprinzip abzulösen, wonach Arbeitnehmer eines Unternehmens derjenigen Gewerkschaft angehören, zu deren Branchenzweig dieser zuzuordnen ist (Keller 2001, 2004; Müller/Niedenhoff 2002; Müller/Wilke 2003). Ver.di zeichnet sich als Gewerkschaft der privaten und öffentlichen Dienstleistungssektoren aus und agiert in diesen Bereichen als Arbeitnehmervertretung von über 1.000 Berufsgruppen. Die neue Multibranchengewerkschaft entstand – trotz erheblicher Größenunterschiede zwischen den fünf Quellgewerkschaften – als »Zusammenschluss gleichberechtigter Partner« (Keller 2007: 467). Diese Form der Fusion hatte zur Folge, dass sich ver.di in einer komplexen Matrixstruktur mit gleichberechtigten vertikal-regionalen (elf Landesbezirke[534]) und horizontalen-fachlichen (13 Fachberei-

---

532 Deutsche Angestelltengewerkschaft (DAG), Deutsche Postgewerkschaft (DPG), Gewerkschaft Handel, Banken, Versicherung (HBV), Industriegewerkschaft Medien (IG Medien), Gewerkschaft Öffentliche Dienste, Transport und Verkehr (ÖTV).

533 Ein wichtiges Ziel, welches mit dem Zusammenschluss verfolgt wurde, war die DAG als Mitglied wieder in den DGB zurückzuholen.

534 Die elf Landesbezirke sind im Jahr 2009 Baden-Württemberg, Bayern, Berlin/Brandenburg, Hamburg, Hessen, Niedersachsen/Bremen, Nord (Schleswig-Holstein/Mecklenburg-Vorpommern), Nordrhein-Westfalen, Rheinland-Pfalz, Saarland, Sachsen/Sachsen-Anhalt/Thüringen. Bei der Fusion zählte ver.di noch 13 Landesbezirke, da Sachsen, Sachsen-Anhalt und Thüringen noch jeweils eigene Bezirke bildeten.

che) Koordinaten als Organisationsform institutionalisierte, um damit die divergierenden (Gruppen-) Interessenlagen zu berücksichtigen. Darüber hinaus sind in der Matrixstruktur auch Gruppen eingebunden, die über eigene Willensbildungsorgane und Beteiligungsmöglichkeiten verfügen. Neben der Frauen- und Gleichstellungspolitik, die als Aufgabenbereich in der Satzung verankert ist (ver.di 2008: 38), wird in ver.di zwischen folgenden Mitgliedsgruppen unterschieden: Jugend, Senioren, Arbeiter, Beamte, Meister, Techniker, Ingenieure (MTI), freie Mitarbeiter, persönlich selbständige, freiberufliche und arbeitnehmerähnliche Personen, Erwerbslose sowie Migranten. Jede der fünf Gründungsgewerkschaften brachte eigene Traditionen und Kulturen, Prägungen und Mentalitäten, Motive und Vorstellungen in die gemeinsame Organisation mit ein, die auch im Hinblick auf die Seniorenarbeit prägend waren.

Die ursprünglich optimistischen Erwartungen, die mit dem Zusammenschluss verbunden waren, revidierten sich seit der Gründungsphase. War ver.di zu Beginn des neuen Jahrtausends als weltweit größte Einzelgewerkschaft angetreten, verlor sie seither ein Fünftel ihrer Mitglieder. Obgleich die Organisation eine nicht geringe Anzahl von Neuzugängen vorweisen kann, bestehen große Probleme bei der langfristigen Mitgliederbindung (Keller 2007). Zwar werden Mitgliederverluste über alle Fachbereiche und Altersgruppen hinweg verzeichnet, jedoch scheinen Mitglieder insbesondere beim Übergang von der Erwerbs- in die Ruhestandsphase ihre Mitgliedschaft verhältnismäßig häufig aufzukündigen.

Im Vergleich zu anderen DGB-Mitgliedsgewerkschaften räumt ver.di den Gewerkschaftssenioren[535] eine breite Palette an spezifischen Leistungsangeboten sowie umfangreiche satzungsverankerte Partizipationsmöglichkeiten. Umso erstaunlicher erscheint es bei einer ersten Betrachtung, dass die Mitgliedschaft für viele Mitglieder in der Ruhephase nur noch begrenzt attraktiv erscheint. Im Folgenden wird diesen Hintergründen nachgegangen. Dabei wird der Blick auch auf die Beteiligungs- und politischen Einfluss-

---

535 Zur Personengruppe Senioren zählen Mitglieder, die aufgrund ihres Alters, Erwerbsminderung oder aufgrund einer Vorruhestandsvereinbarung aus dem aktiven Erwerbsleben ausgeschieden sind (ver.di 2005: 3). Dazu zählen auch Personen, die sich in der Freistellungsphase der Altersteilzeit befinden. Auf dem 2. ver.di Bundeskongress im Herbst 2007 wurde der Gewerkschaftsrat damit beauftragt die Definition dieser Mitgliedergruppe wie folgt zu prüfen und in die Satzung aufzunehmen: »Die ver.di Mitglieder ab dem 60. Lebensjahr sowie die aus dem Erwerbsleben ausgeschiedenen Mitglieder bilden die Gruppe der Seniorinnen/Senioren. Sie vertreten deren Interessen in gesellschaftlichen, wirtschaftlichen, sozialen und kulturellen Angelegenheiten« (ver.di 2007e: 451).

möglichkeiten der Senioren auf die Gesamtorganisation gerichtet. Um Kontinuitäten aber auch Brüche in der organisationspolitischen Auseinandersetzung zu reflektieren, wird der Entwicklungsprozess der vormals fünf unterschiedlich geprägten Formen der Seniorenarbeit zu einer einheitlichen in ver.di nachgezeichnet.

2. Mitgliederstruktur im Wandel

War mit der Fusion zur Vereinten Dienstleistungsgewerkschaft das Bestreben verbunden, als mitgliederattraktive Organisation in Erscheinung zu treten, so entspricht die Mitgliederentwicklung der lertzten Jahre nicht den ursprünglichen Erwartungen. Seit 2001 verlor ver.di über 600.000 Mitglieder. Zwar gelingt es ver.di vergleichsweise gut, neue Mitglieder zu rekrutieren, doch die langfristige Bindung erweist sich bislang als schwierig. Besonders die Fluktuation der beschäftigten Mitglieder ist erheblich, und »die für den Organisationsbestand notwendige Sicherung ihrer Loyalität gelingt nur unzureichend« (Keller 2007: 468). Um diesem Trend entgegenzuwirken, bemüht sich ver.di mit Hilfe von Organisationsstrukturreformen die Mitgliederorientierung zu stärken. So wird im Diskussionspapier des ver.di-Bundes-

Abbildung 30: Altersstruktur der Gesamtmitgliedschaft von ver.di 2002–2008

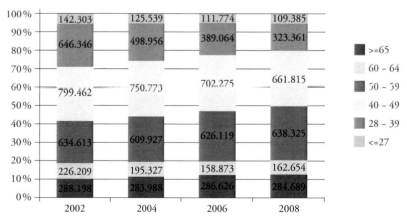

Quelle: Angaben des ver.di-Bundesvorstandes 2009; eigene Darstellung.

vorstandes unter der Leitidee »Chance 2011« im Jahr 2008 betont, »dass die Mitgliederorientierung (als Einheit von Mitgliederinteressenvertretung, Mitgliedergewinnung, -bindung und -rückgewinnung) Maßstab für die Veränderungsarbeit auf allen Themenfeldern sein bzw. werden muss« (ver.di 2008a: 4). Der Fokus liegt naturgemäß auf der Mitgliederrekrutierung jüngerer Beschäftigter.

Abbildung 31 stellt dar, dass ver.di wie andere Mitgliederorganisationen an einem Nachwuchsproblem bei den jüngeren Beschäftigten leidet. Die mitgliederstärkste, jedoch in absoluten Zahlen auch abnehmende Altersgruppe sind die Mitglieder mittleren Alters zwischen 40 bis 59 Jahren. Gerade die Bindung von Mitgliedern, die aus dem Erwerbsleben in den (Vor-) Ruhestand übergehen, erweist sich als schwierig.

Vergleicht man die Mitgliederdaten der fünf ver.di-Quellgewerkschaften, lässt sich festhalten, dass sich die ehemals eigenständigen Organisationen nicht nur in der Gesamtmitgliederzahl stark unterschieden, sondern auch hinsichtlich ihres jeweiligen Seniorenanteils bestanden deutliche Differenzen. Während die verrenteten und pensionierten Gewerkschaftsmitglieder in der ehemaligen Unternehmensgewerkschaft DPG mit rund 29 Prozent einen vergleichsweise hohen Seniorenanteil an der Gesamtmitgliedschaft ausmachten, umfassten die Senioren in der HBV nur rund 10 Prozent. Auch die IG Medien wies mit 12 Prozent einen vergleichsweise niedrigen prozentualen Anteil auf. Die mitgliederstarke ÖTV mit insgesamt rund 1,5 Millionen Mitgliedern hatte mit 15,1 Prozent einen Seniorenanteil, der in etwa dem heutigen prozentualen Anteil dieser Mitgliedergruppe in ver.di entspricht.

Tabelle 47: Seniorenanteil in den ver.di-Gründungsorganisationen*

Gründungsgewerkschaften	Mitglieder gesamt	Senioren	Anteil Senioren in Prozent
DAG	401.406	56.067	13,97
DPG	457.168	131.357	28,73
HBV	457.720	45.689	9,98
IG Medien	178.714	21.317	11,93
ÖTV	1.526.891	230.251	15,08
Gesamt	3.021.899	484.681	16,04

*Stand: 31.12.1999;

Quelle: Gemeinsamer Verschmelzungsbericht der fünf Gewerkschaftsvorstände zu ver.di vom 22.11.2000.

Betrachtet man den Seniorenanteil an der ver.di-Gesamtmitgliedschaft im Zeitverlauf (Tabelle 48) lässt sich zunächst festhalten, dass der prozentuale Anteil dieser Gruppe nahezu konstant bei 16 Prozent liegt, wenngleich mit erheblichen Unterschieden nach Fachbereichen. Vergleicht man die absoluten Zahlen der Senioren von 2001 (478.119) mit 2008 (354.459)[536] hat allein diese Gruppe rund 123.660 Mitglieder verloren. Mitgliederverluste sind nach Keller in der ersten Fusionsphase jedoch durchaus als »normal« zu charakterisieren (Keller 2004). Insbesondere in den ersten Jahren nach der ver.di-Gründung verließen Mitglieder nach dem Ausscheiden in den Ruhestand die neu gegründete, komplexe Organisation, die ihnen ungewohnt und fremd erschien. Viele fanden sich in ihr nicht mehr ausreichend betreut, was auf ein fehlendes Identifikationsmerkmal mit der neuen Gewerkschaft schließen lässt. Generell lässt sich beobachten, dass Mitglieder in den ersten Jahren nach bzw. während des Übergangs in den (Vor-)Ruhestand ihre Mitgliedschaft aufkündigen. Der Anteil der Senioren an den Gesamtaustritten belief sich im Jahr 2004 auf 22 Prozent und stieg im Jahr 2008 auf 29 Prozent an.[537] Zugleich sank die absolute Zahl der Senioren im Vergleich zum Vorjahr in 2008 um 3 Prozent. Nach einer internen Umfrage werden von der Altergruppe »55 plus« verschiedene Austrittsgründe angeführt. Häufig fehle es dieser Mitgliedergruppe an ausreichenden Informationen über Leistungen und Vorteile, die für die Beibehaltung der Mitgliedschaft nach dem Übergang in den Ruhestand sprechen. Grund für dieses mangelnde Wissen seien fehlende Kommunikation und Werbung von Seiten der Organisation. Als weiteres Argument, die Mitgliedschaft zu beenden, werden wiederholt finanzielle Gründe genannt.

---

536 Von den 354.459 Mitgliedern im Ruhestand waren 213.460 Männer und 140.549 Frauen Der Frauenanteil der Senioren liegt unter dem Frauenanteil der Gesamtorganisation. Dieser betrug zum Jahresende 2008 50 Prozent.

537 Der Anteil der Erwerbstätigen an den Gesamtaustritten belief sich im selben Jahr auf 35,2 Prozent.

Tabelle 48: Anteil der Senioren an der Gesamtmitgliedschaft von ver.di 2001–2008

Jahr	Gesamtmitglieder	Senioren	Anteil Senioren in Prozent
2001	2.806.480	475.913	16,96
2002	2.740.123	453.768	16,56
2003	2.614.094	430.606	16,47
2004	2.464.510	402.867	16,35
2005	2.359.292	386.851	16,40
2006	2.274.731	371.132	16,32
2007	2.205.145	363.378	16,48
2008	2.180.229	354.459	16,26

Quelle: Angaben des ver.di-Bundesvorstandes 2009.

Ein Erklärungsgrund für die schwache Bindungsfähigkeit der Organisation bei Mitgliedern, die von der Erwerbstätigkeits- in die Ruhephase übergehen, ist darin zu sehen, dass die persönliche Vernetzung der hauptamtlich Beschäftigten zu den Mitgliedern in vielen Fällen nur unzureichend besteht (vgl. ver.di 2008c).[538] In gewerkschaftlich gut organisierten Betrieben können die Mitglieder in der Übergangsphase durch den persönlichen Kontakt besser angesprochen und für eine weiterführende Mitgliedschaft geworben werden. Zu vielen Betrieben bestehen häufig nur geringe persönliche Kontakte, sodass sich die Vernetzung zum einzelnen Mitglied als schwierig erweist. Dies ist vor allem auf das generelle Organisationsdefizit von ver.di zurück zu führen, das gemessen am Mitgliederbetreuungsbedarf in der mangelnden Präsenz in der Fläche liegt. Die Matrixstruktur als mehrdimensionales Organisationsprinzip erschwert die Herstellung und Aufrechterhaltung eines persönlichen Bezugs zwischen Mitglied und Organisation. Dieses Defizit ist auch dadurch bedingt, dass Aufgabenbereiche starren Zuständigkeiten zugeordnet sind und ein gezieltes Reagieren der hauptamtlichen Mitar-

---

538 Dies konstatiert auch der ver.di-Bundesvorstand und stellt dieses Defizit in die Bemühungen der Organisationsreform der Debatte »Chance 2011«.

beiter bei Anliegen der Mitglieder nicht gewährleistet werden kann.[539] Die Mitgliederhaltearbeit von ver.di erweist sich auch deshalb als schwierig, da die Organisation über den Statuswechsel des einzelnen Mitglieds nur nach dessen Informationsweitergabe erfährt. Ebenso wird häufig selbstkritisch dargelegt, dass das Bewusstsein aufseiten der ver.di-Funktionäre relativ gering ist, auch für diese Mitglieder aktiv zu werden. Der 2. ordentliche ver.di-Bundeskongress im Herbst 2007 beschäftigte sich mit dem Aspekt der verbesserten Mitgliederhaltearbeit und der damit verbundenen Frage, wie Mitglieder beim Übergang in den Ruhestand betreut und weiterhin intgeriert werden können (ver.di 2007e: 215). Der Gewerkschaftsrat wurde beauftragt, zu dieser Problemlage Lösungsalternativen zu erarbeiten. Zu diesem Zweck wurden Arbeitsgruppen eingerichtet, die eine Verknüpfung dieser Thematik mit der eingeführten *Organizing*[540]-Strategie herstellen sollen.

In den dreizehn vertikal strukturierten Fachbereichen der Organisation spiegeln sich die ehemals unterschiedlich stark ausgeprägten Seniorenanteile der Gründungsgewerkschaften wider (Tabelle 49). In den Fachbereichen 09 und 10 nehmen mit rund 25 und 29 Prozent die Senioren einen vergleichsweise hohen Anteil an den dort organisierten Mitgliedern ein. Traditionell ist in der ehemals staatlichen Post/Telekommunikationsbranche aufgrund ihrer betriebsnahen Organisation eine starke Gewerkschaftsbindung der Mitglieder zu finden. Ebenso spielt der Beamtenstatus eine wichtige Rolle: Von den Senioren im FB 09 sind im Jahr 2008 72,4 Prozent pensionierte Beamte, im FB 10 im

---

539 Diese Schwierigkeiten liegen im komplexen, recht abstrakten Grundprinzip »der stets labilen Matrixstruktur« begründet. Von Beginn an verursachte diese hohe Transaktionskosten, vor allem Koordinations-, Abstimmungs- sowie Kontrollkosten, »welche die Effizienz der Arbeitsabläufe erheblich beeinträchtigen (Keller 2007: 470).

540 Mit dem sogenannten Organizing-Ansatz wird eine gewerkschaftliche Strategie verfolgt, um in Betrieben und Unternehmen, in denen keine Tarifbindung besteht oder eine betriebliche Interessenvertretung fehlt, Mitglieder zu werben. Organizing wird als strategischer Organisationswandel begriffen, der – über bloße Mitgliederrekrutierung hinaus – Methoden (Kampagnenorientierung), organisatorische Formen (Mitgliederpartizipation) und politische Ziele (Betonung von Gerechtigkeitsthemen) erfolgreich miteinander kombiniert. Diese Strategie wurde in den USA entwickelt und führte dort zu Erfolgen in der Mitgliederrekrutierung, insbesondere in den Bereichen Gesundheitswesen, in Alten- und Pflegeheimen, bei Sicherheitsdiensten, im Reinigungs- und Cateringgewerbe, bei Transportunternehmen, im Bildungssektor und im Öffentlichen Dienst. Die ver.di-Führung hat dieses Konzept in ihre Gewerkschaftspolitik aufgenommen und als ein Instrument der Mitgliedergewinnung in ihre Organisationspolitik integriert.

gleichen Jahr 55,3 Prozent.[541] Auch im Bereich des öffentlichen Dienstes (Fachbereich 06) bleibt eine Vielzahl von Senioren nach dem Übergang in den Ruhestand Gewerkschaftsmitglied. Dieses verdeutlicht, dass die Berufsstruktur ein wichtiges Erklärungsmoment liefert: Dort, wo sich Beamte organisieren, ist der Anteil der Gewerkschaftsmitglieder im Ruhestand höher, was auf

Tabelle 49: Seniorenanteil nach Fachbereichen 2008

Fachbereich*	Mitglieder Gesamt	Senioren	Anteil Senioren in Prozent
01 Finanzdienstleistungen	108.415	13.965	12,88
02 Ver- und Entsorgung	152.675	25.506	16,71
03 Gesundheit, Soziale Dienste, Wohlfahrt und Kirche	342.292	33.559	9,80
04 Sozialversicherung	64.362	7.743	12,03
05 Bildung, Wissenschaft und Forschung	51.930	7.068	13,61
06 Bund und Länder	101.352	23.038	22,73
07 Gemeinden	256.890	46.842	18,23
08 Medien, Kunst und Industrie	156.925	24.230	15,44
09 Telekommunikation, Informationstechnologie, Datenverarbeitung	127.001	31.281	24,63
10 Postdienste, Spedition und Logistik	261.184	75.814	29,03
11 Verkehr	131.175	18.637	14,21
12 Handel	327.185	34.393	10,51
13 Besondere Dienstleistungen	98.822	12.374	12,52
Gesamt	2.180.208	354.459	16,26

*Bestände jeweils zum Jahresende;

Quelle: ver.di-Bundesvorstand 2009.

---

541 Der Beamtenanteil aller Mitglieder im FB 9 belief sich im Jahr 2008 auf 22,7 Prozent, im FB 10 auf 25,9 Prozent.

eine anhaltend enge Bindung auch der pensionierten Beamten an die Gewerkschaften schließen lässt. In den privatwirtschaftlichen Dienstleistungsbranchen Handel (Fachbereich 12), Finanzdienstleistungen (Fachbereich 01) sowie im Gesundheitsbereich (Fachbereich 03) liegt der Anteil der organisierten Senioren zwischen 10 bis 12 Prozent. Es ist zu vermuten, dass dort generelle Schwierigkeiten bei der Mitgliederbindung eine Rolle spielen. Für viele Mitglieder in diesen gewerkschaftlich schwach organisierten Branchen scheint mit dem Ende der Erwerbstätigkeit auch die Gewerkschaftsmitgliedschaft obsolet zu werden.

Richtet man den Blick auf die ehemaligen Berufsgruppen innerhalb der Gruppe Senioren und vergleicht diese mit denen der Gesamtmitgliedschaft, ist zu erkennen, dass die Gruppe der pensionierten Beamten in der Gruppe der Senioren mit rund einem Fünftel einen verhältnismäßig großen Anteil ausmacht. Innerhalb der Gesamtmitgliedschaft stellen die Beamten knapp 8 Prozent, mit einer Konzentration auf die Fachbereiche 06, 09 und 10.

Abbildung 31: Anteil der Berufsgruppen in der Gesamtmitgliedschaft und in der Personengruppe Senioren 2008

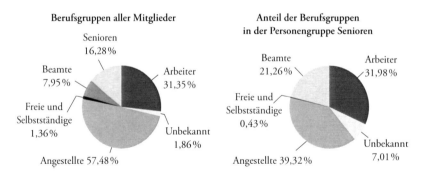

Quelle: Angaben des ver.di-Bundesvorstandes 2009.

Der Arbeiteranteil an der Gesamtmitgliedschaft und in der Gruppe Senioren ist mit rund 31 Prozent gleich. Die größte Berufsgruppe bildet sowohl bei den Senioren als auch in der Gesamtmitgliedschaft die Angestellten. Traditionell weisen Beamte einen höheren Organisationsgrad als Arbeiter und Angestellte auf (Biebeler/Lesch 2006: 8). Zwischen 2000 und 2004 lag der Anteil der aktiven Gewerkschaftsmitglieder bei der Gruppe der Beamten bei

39,8 Prozent, bei Angestellten im selben Zeitraum bei 15,3 Prozent und bei
Arbeitern bei 31 Prozent. Im Vergleich zu Angestellten zeichnen sie sich
durch eine enge Bindung an ihre Gewerkschaft aus. Es ist anzunehmen, dass
der Anteil der Gewerkschaftssenioren an der Gesamtmitgliedschaft perspektivisch zurückgehen wird. Denn der Anteil der Beamten wird durch eine
geringere Zahl von Verbeamtungen sowie durch (Teil-)Privatisierungen
staatlicher Unternehmen abnehmen.

3. Senioren in den Gründungsgewerkschaften und ver.di

Um die gegenwärtige Bedeutung der Senioren als Mitgliedergruppe und die
Entwicklung hin zu einer einheitlichen Seniorenarbeit in ver.di nachzuvollziehen, wird ein Überblick über die materiellen Anreize für die älteren Gewerkschaftsmitglieder in den fünf Gründungsgewerkschaften sowie der bestehenden Regelung in ver.di gegeben. Es wird der Frage nachgegangen, wie
diese Mitgliedergruppe in der jeweiligen Herkunftsgewerkschaft formal integriert war. Daran anschließend wird die Debatte um eine einheitliche Seniorenarbeit während der Fusionsprozesse zu ver.di nachgezeichnet.

3.1 Unterstützungsleistungen für Gewerkschaftssenioren

Die Mitgliedschaftsbeiträge für Gewerkschaftssenioren waren in DPG,
DAG, HBV, ÖTV, und IG Medien vor dem Zusammenschluss zu ver.di
nahezu ähnlich geregelt (Tabelle 50). Außer in der DPG, die mit 0,7 Prozent
des Renten- bzw. Pensionseinkommens den höchsten Beitragssatz für ver-
rentete, respektive pensionierte Mitglieder aufwies, lag der Mitgliedsbeitrag
in den vier anderen Gründungsgewerkschaften bei 0,5 Prozent des Altersein-
kommens.[542] Alle ver.di-Gründungsgewerkschaften boten ihren Mitgliedern
im Ruhestand den gewerkschaftlichen Rechtsschutz sowie eine Freizeit-Un-

---

542 In den 1980er Jahren bzw. bis Anfang der 1990er Jahre hatten DAG, ÖTV und IG Medi-
    en die Mitgliedsbeitragsmodalitäten für diese Mitgliedergruppe geändert. So hatten in der
    DAG Mitglieder im Ruhestand 1,-DM für jeweils volle 300 DM ihres Einkommens, in
    der IG Medien 3 DM (1,50 DM in den neuen Bundesländern) und in der ÖTV 1 DM
    bis zu 400 DM des Gesamteinkommens (für jede weitere 300 DM erhöhte sich der Bei-
    trag um 1 DM) als Beitrag zu entrichten.

Tabelle 50: Unterstützungsleistungen für Gewerkschaftssenioren in den fünf Gründungsgewerkschaften und ver.di

Leistung	DAG	D²G	HBV	IG Medien	ÖTV	ver.di
Mitgliedsbeitrag für Senioren	0,5 % der Leistungen aus der Sozialversicherung, mindestens 2 DM	0,7 % der Gesamtversorgung	0,5 % des Renteneinkommens	0,5 % des gesetzlichen Einkommens, Mindestverwaltungsbeitrag ab 1998 7 DM, 5 DM in den neuen Bundesländern	0,5 % des Gesamteinkommens	0,5 % des regelmäßigen Bruttoeinkommens. Der Mindestbeitrag beträgt 2,50 Euro
Rechtsschutz	Ja	Ja	Ja	Ja	Ja	Ja
Unterstützungsleistung für Renner	mind. 15-jährige ununterbrochene Gewerkschaftsmitgliedschaft, mind. 5 Jahre DAG.	–	–	–	–	–
Sterbegeld	–	Gestaffelt nach Mitgliedschaftsdauer: Zwischen 100,-DM bei 1-jähriger Mitgliedschaft und 600 DM bei 10-jährige Mitgliedschaft	–	–	1.500,- DM Sterbegeld im Falle eines Betriebs- od. Dienstunfalls (nur für Mitglieder, die vor dem 1.04.1971 aus dem Arbeitsleben ausgetreten sind)	–

Leistung	DAG	DPG	HBV	IG Medien	ÖTV	ver.di
Treuegeld	–	–	–	–	nach mind. 15-jähriger Mitgliedschaft für Übergang in (Vor-)Ruhestand; beträgt das 20-fache, nach 20-jähriger. das 30 fache des mtl. Durchschnittsbeitrags der letzten 3 Kalenderjahre.	Ehemalige Mitglieder der ÖTV haben nach Erfüllung der Voraussetzungen Anspruch auf ein Treuegeld.
Zuschuss Grabpflege	–	Richtet sich nach Dauer der Mitgliedschaft, beträgt zwischen 100-1000 DM	–	–	–	Den Mitgliedern der ehemaligen DPG kann ein Zuschuss zur Grabpflege gewährt werden.
Publikationen speziell für Senioren	Seniorenplan, Seniorenbasisprospekt	»Seniorenpost« Versorgungsempfänger-Info Versorgungsempfänger-Themen in Mitgliederzeitschrift	–	»Senioren-Reader« des Hauptvorstand Artikel in den vier zentralen Publikationsorganen, eigene »Senioren-Blätter«	Seniorenpolitisches Programm, »Senioren-Report«	»dabei-SEIN«

Quelle: Satzungen der Gewerkschaften DAG, DPG, HBV, IG Medien, jeweils Stand November 1999; ÖTV, Stand November 2000; Künemund 1992; eigene Darstellung.

fallversicherung an.[543] Die HBV gewährte zusätzlich eine Wohnungsrechts-schutzversicherung. Zu den satzungsbasierten Leistungen gehört auch in ver.di die Rechtschutz- sowie die Unfallversicherung. Ehemalige Mitglieder der ÖTV haben nach Erfüllung der Voraussetzungen Anspruch auf ein Treuegeld, den Mitgliedern der ehemaligen DPG kann zudem ein Zuschuss zur Grabpflege gewährt werden. Als Informationsdienstleistung können ver.di-Mitglieder im Ruhestand ebenfalls die Mietrechtsberatung sowie einen Lohnsteuerservice in Anspruch nehmen.

Vergleicht man, wie in Tabelle 50 dargestellt, die Leistungen für Mitglieder im Ruhestand der fünf Gründungsgewerkschaften mit den Leistungen in ver.di wird ersichtlich, dass die satzungsverankerten Leistungen für diese Mitgliedergruppe reduziert worden sind. Vielmehr präsentiert ver.di im Bereich »Mitgliederservice« ein umfangreiches und vielfältiges Angebot an kommerziellen Leistungen. In den Sparten »Versorgen, Versichern, Finanzieren, Reisen, Kommunizieren, Einkaufen, Beraten/Helfen« bietet die Gewerkschaft zusätzlich abzuschließende Serviceleistungen zu vergünstigten Konditionen an. Im Bereich Versicherungen erfährt die Unfallversicherung 50plus große Nachfrage.[544] ver.di bietet ihren Mitgliedern auch vergünstigte Mobilverträge oder Musical-Karten an. Im Bereich »Reisen« werden der Klientel »55plus« spezifische Angebote gemacht, die große Beliebtheit genießen, da sie nach eigenen Angaben sowohl kostengünstiger im Vergleich zu anderen Anbietern sind als sich auch an den Interessen der »jungen Alten« orientieren.[545] Um diese Serviceleistungen zu günstigen Konditionen anbieten zu können, wurde eine externe GmbH aufgebaut.[546] Kooperationen bestehen im Versicherungsbereich mit der Volksfürsorge, BHW und Winterthur. Um einen tatsächlichen Anreiz für die Aufrechterhaltung der Mitgliedschaft und eine stärkere Bindungsfähigkeit an die Organisation herzustellen, dürfen diese Dienstleistungen jedoch nicht den »Charakter kollektiver Güter haben [...]; außerdem dürfen diese Angebote nicht über den Markt kostengünstiger zur Verfügung gestellt werden« (Keller 2001: 385).

---

543 Im Zuge der Organisationsreform »Chance 2011« wurde diskutiert, die Freizeitunfallversicherung einzustellen. Dieses Vorhaben wurde vom Bundesseniorenausschuss vehement kritisiert, da diese Leistung für Senioren sehr attraktiv ist und als einheitliche Leistung für alle Altersgruppen einen hohen Stellenwert genießt und ein zentrales Werbeargument ist.

544 Ohne zusätzliche Gesundheitsprüfung kann diese Versicherung bis zum 80. Lebensjahr abgeschlossen werden.

545 Vor allem wird mit diesem Angebot die Möglichkeit geboten, auf Reisen mit Gleichgesinnten zusammen zu kommen und Gemeinschaftserlebnisse zu teilen.

546 Diese wurde bereits im Jahr 1999 von der ÖTV gegründet.

Jedes Mitglied ab dem 55. Lebensjahr erhält seit Herbst 2006 zweimal jährlich das Seniorenmagazin »dabei.SEIN«[547], welches der ver.di-Mitglieder-zeitschrift »PUBLIK« beiliegt. Die Auflagehöhe liegt bei rund 700.000 Exemplaren (ver.di 2007d: 15), die Erstellungskosten belaufen sich auf ca. 200.000 Euro jährlich, die durch Anzeigenschaltung weitgehend beglichen werden. Für die Organisation bietet sich durch diese Publikation die Möglichkeit, der Mitgliedergruppe seniorenspezifische Angebote aus dem Bereich des kommerziellen Mitgliederservice zu unterbreiten. Die Senioren haben ebenfalls Anspruch auf gewerkschaftliche Bildungsangebote, die ihren Interessen entsprechen. Jährlich werden drei bundesweite Bildungsseminare angeboten.[548] Auf der Ebene der Landesbezirke stehen Senioren ebenfalls Bildungsangebote zur Verfügung, vor allem der Landesbezirk Niedersachsen-Bremen bietet ein breites Spektrum an. Neben diesem Leistungsangebot werden Mitglieder nach 25, 40, 50, 55, 60, 65, 70 und 75 Jahren Mitgliedschaftsdauer geehrt. Die Feierlichkeiten und der finanzielle Aufwand obliegen den Bezirken.[549]

3.2 Beteiligungsangebote in den Gründungsgewerkschaften und ver.di

Im Folgenden wird der Blick auf die unterschiedlichen Ausprägungen der Seniorenarbeit in den fünf Gründungsgewerkschaften und ver.di gerichtet. Damit soll einerseits nachgezeichnet werden, wie Mitglieder im Ruhestand in die fünf Gründungsgewerkschaften integriert waren. Andererseits sollen Traditionen und Prägungen der jeweiligen Seniorenarbeit profiliert werden.

---

547 Bis 2005 gab es lediglich eine senioreneigene Mitgliederzeitschrift im Fachbereich 10. Die Einführung eines eigenen Magazins für diese Mitgliedergruppe ist darauf zurückzuführen, dass die Senioren in »PUBLIK« ihrer Ansicht nach nicht genügend Platz für ihre Belange zugesprochen bekamen. Als Reaktion auf die andauernde Kritik von Seiten der älteren Gewerkschaftsmitglieder beschloss der Vorstand, eine eigene Zeitschrift für Senioren herauszugeben. Themen zur Gesundheit und Pflege aber auch Alltagsprobleme, die mit dem individuellen Altern in Verbindung stehen, werden dort thematisiert. Die fachlichen Artikel werden von der Abteilung Sozialpolitik des Bundesvorstandes erarbeitet, die redaktionelle Betreuung erfolgt im FB 09.
548 Die Bildungsseminare werden von »Arbeit und Leben« organisiert und durchgeführt. Die Kosten, die von der Koordinierungsstelle für Seniorenarbeit im FB 09 übernommen werden, beliefen sich zuletzt auf jährlich rund 71.000 Euro. Auf die 18 Teilnehmerplätze bewerben sich rund 40 Mitglieder. Nach Angaben des Gewerkschaftssekretärs sind es häufig langjährige aktive Ehrenamtliche, die wiederholt an den Bildungsseminaren teilnehmen.
549 Der Jubilar erhält in der Regel eine Urkunde mit Ehrennadel. Weitere Präsente wählt der jeweilige Bezirk selbst aus.

Die Unterschiede sind vor dem Hintergrund der branchenspezifischen Leitbilder, dem jeweiligen Berufsethos und Zugehörigkeitsempfinden gegenüber der Gewerkschaft zu verstehen.

3.2.1 Satzungsstatus in den fünf Gründungsgewerkschaften

Es ist angesichts der Branchendifferenzen nicht verwunderlich, dass in der praxisbezogenen Ausgestaltung der Seniorenaktivitäten zwischen den fünf ver.di-Gründungsgewerkschaften DAG, DPG, HBV, IG Medien und ÖTV erhebliche Unterschiede bestanden, obgleich alle Organisationen die älteren Gewerkschaftsmitglieder als eigene Mitgliedergruppe anerkannten. Mit einem kurzen Überblick zu den Besonderheiten der Seniorenarbeit in den Quellgewerkschaften werden die vorhandenen Variationen als Integrationsherausforderungen identifiziert.

In der DAG war eine lebendige Seniorenarbeit vorzufinden, die sich auf die in einer Richtlinie verankerten Aufgaben bezog. Die Senioren waren gemäß der DAG-Satzung organisationsintern auf allen Ebenen der Gewerkschaft in Seniorenausschüssen vertreten.[550] Das Bestreben der DAG-Seniorenarbeit war es, Einfluss auf politische Institutionen auszuüben.[551] Neben der Beteiligung an kommunalen Seniorenbeiräten und Landesseniorenbeiräten sollte auf die Wohlfahrtsverbände, Sozialämter und andere seniorenspezifischen Einrichtungen eingewirkt werden (vgl. Künemund u.a. 1992: 27). Aus diesem Grund war man sowohl in der BAGSO als auch in der FERPA Mitglied. Darüber hinaus werden kulturelle und gesellige Veranstaltungen angeboten. Auch an sozial- bzw. rentenpolitischen Auseinandersetzungen zeigten die DAG-Senioren reges Interesse. Die Bundesseniorenkonferenz stellte zu den DAG-Bundeskongressen regelmäßig eine Vielzahl von Anträgen.[552]

Unter den fünf ver.di-Gründungsgewerkschaften wies die DPG nicht nur den höchsten Seniorenanteil auf, sondern hatte im Vergleich zu den anderen Quellorganisationen auch die ausgeprägteste Seniorenarbeit. Die

---

550 Die inhaltliche Anbindung der Seniorenarbeit war im Ressort Sozialpolitik beim Bundesvorstand organisiert.

551 Bereits seit 1981 war der Seniorenplan der DAG die Grundlage für die Politische Arbeit der Senioren in der DAG. Dieser wurde anlässlich der 1. Rentnerkonferenz 1980 geschaffen und kontinuierlich aktualisiert. Ab 1999 wurde die Zeitschrift SeniorenSpezial herausgegeben, womit eine starke Zustimmung erreicht wurde.

552 Positionen zu Themenbereichen wie Kranken- bzw. Altenpflege, Verbesserung der Krankenversorgung, etc. wurden ebenfalls kontinuierlich erarbeitet (ebd.).

ehemalige Unternehmensgewerkschaft im staatlichen Post- und Fernmelde-
bereich integrierte seit jeher Rentner und Ruhestandsbeamte in besonderer
Weise in die gewerkschaftliche Gemeinschaft. Die älteren Gewerkschaftsmitglieder der DPG zeichneten sich durch ein identitätsstiftendes Gemeinschaftsgefühl aus. Man verstand sich als eine »Familie« innerhalb der Gewerkschaft. Diese enge Bindung ist wie in anderen Gewerkschaften
ehemaliger Staatsunternehmen mit dem hohen Anteil an Ruhestandsbeamten zu erklären. In der DPG existierten parallel zu den gewerkschaftlichen
Betriebsgruppen Seniorengruppen, die eng an die betriebliche Struktur gebunden waren und meist wohnortnah wirkten. Diese Seniorengruppen
waren mit denselben Rechten ausgestattet wie die Betriebsgruppen. Die Beteiligung der Personengruppe Versorgungsempfänger war auf allen Organisationsebenen in der Satzung verankert. Wesentliches Element der Senioren-
gruppenarbeit auf der örtlichen Ebene war die Möglichkeit der eigenständigen
Finanzmittelverfügung, die in ver.di in den Fachbereichen 09 und 10 in gleicher Weise vorzufinden ist. Die enge Bindung der Senioren an ihre Gewerkschaft äußerte sich auch darin, dass die Versorgungsempfänger bereit waren,
einen Mitgliedsbeitrag in Höhe von 0,7 Prozent ihres zur Verfügung stehenden Einkommens zu entrichten. Damit lag dieser Beitrag lediglich 0,1 Prozent unter dem für die aktiv Beschäftigten. Die Aktivitäten in den einzelnen
DPG-Seniorengruppen variierten je nach Engagement der Seniorenvertreter. Die Mehrzahl der aktiven Senioren brachte sich bereits vor ihrem Ruhestand in die Gewerkschaft ein. In den Jahren vor dem Zusammenschluss zu
ver.di wurden Seniorentreffen organisiert, die in dieser Form in anderen Gewerkschaften nicht zu finden sind. So fanden zwischen 1997 bis 2001 in der
Regel einwöchige Reisen von bis zu 3.500 älteren Gewerkschaftsmitgliedern
unter anderem in Zell am See, Prag, Seefeld, Tirol oder auf Mallorca statt.[553]
    In der IG Medien existierte lange Zeit keine Richtlinie für die Seniorenar-
beit. In der Satzung wurde lediglich darauf verwiesen, dass auf der Ortsebene
Seniorengruppen gebildet werden können (IG Medien 1999).[554] Es existierten

---

553 Neben dem Geselligkeitsaspekt boten die mitgereisten hauptamtlich Beschäftigten Infor-
    mationsveranstaltungen zu inhaltlichen Themen wie beispielsweise zur Gesundheitsre-
    form oder Neuigkeiten zur gewerkschaftlichen Arbeit an. Diese Seniorentreffen waren
    unter den DPG-Gewerkschaftssenioren sehr beliebt, obgleich sie für die Reiseveranstal-
    tungen finanziell selbst aufkommen mussten.
554 Die Personengruppe Senioren entsendet Vertreter in und für Gremien oder Ausschüsse,
    »in denen die Interessen der Personengruppe Senioren der IG Medien vertreten werden«
    (IG Medien 1999: 33).

Ortsvereins-Seniorengruppen, Seniorenvertretungen im Ortsvereinsvor-
stand, die jedoch über keine Finanzautonomie verfügten. Die konkrete Seniorenarbeit in der IG Medien beschränkte sich vor der deutschen Vereinigung
auf kleine Gruppen, die sich in erster Linie zum geselligen Beisammensein
trafen und nur vereinzelt als gewerkschaftliche Seniorenarbeitskreise in Erscheinung traten, sowie auf Jubilarehrungen (Künemund u.a. 1992: 12).
Nach der Wende erhielt die Seniorenarbeit durch die ehemaligen Veteranen
des FDGB neue Impulse, was sich auch darin äußerte, dass die zuvor nicht
formalisierte Personengruppe der Senioren nach dem Gewerkschaftstag im
Herbst 1992 einen satzungsverankerten Status zugesprochen erhielt.

   In der HBV besaßen Gewerkschaftssenioren zwar Beteiligungsrechte, ihre
Stellung in der Organisation war im Vergleich zu der in den anderen Gründungsgewerkschaften allerdings schwach. Dies ist vor dem Hintergrund der
dienstleistungsorientierten Branchenstruktur und der damit verbundenen
schwächer ausgeprägten Gewerkschaftsbindung zu verstehen. Darüber hinaus
hatten die wenigen verbliebenen Mitglieder im Ruhestand in der HBV häufig
keine bzw. wechselnde Ansprechpartner, die zudem lediglich geringe Entschei-
dungsbefugnisse besaßen. Die Aktivitäten der Senioren lassen sich als heterogen bezeichnen und vielerorts standen die Geselligkeitsangebote weit mehr im
Vordergrund als eine inhaltlich ausgerichtete Seniorenarbeit.

   Die ÖTV legte lange Zeit kein wesentliches Augenmerk auf eine mitglie-
dergestützte Seniorenarbeit. Diese fand zwar auf der örtlichen Ebene statt,
ohne jedoch in formale Strukturen eingebunden zu sein. Der ÖTV-Gewerk-
schaftstag 1980 beauftragte den Hauptvorstand, eine Rahmenkonzeption für
die Arbeit der Seniorenausschüsse auf der Kreisebene zu beschließen, welches die fakultative Einrichtung dieser Gremien vorsah. Bis zum Jahr 1988
waren laut einer Umfrage in mehr als 100 der 147 damaligen Kreisebenen
Seniorenausschüsse eingerichtet worden (ÖTV 1992: 32). Nach der deutschen Vereinigung waren es wie in anderen Gewerkschaften die Veteranen
des ehemaligen FDGB, die die Organisation mit der Forderung konfrontierten, die gewerkschaftliche Seniorenarbeit zu stärken. Im Jahr 1990 verabschiedete der Hauptvorstand eine modifizierte Rahmenkonzeption für die
Arbeit der Seniorenausschüsse. Auf Vorstandsebene betreute ein Gewerkschaftssekretär diese Mitgliederarbeit. Auf diese Weise sollten die gewerkschaftlichen Erfahrungen der älteren Gewerkschaftsmitglieder und ihre Rolle als Meinungsträger unterstrichen werden. Im Jahr 1995 beschloss der
ÖTV-Hauptvorstand die Richtlinie zur Seniorenarbeit. Aufgrund der heterogenen Berufsgruppen innerhalb der ÖTV war jedoch nicht ein wie in der

Tabelle 51: Formale Verankerung der Gruppe Senioren in den ver.di-Gründungsgewerkschaften

	DAG	DPG	HBV	IG Medien	ÖTV
Status als Personengruppe	Ja	Ja Rentner und Ruhestandsbeamte (Personengruppe Versorgungsempfänger)	Ja	Ja	Ja
Bildung von Seniorenausschüssen	Zusammensetzung und die Aufgaben der Seniorenausschüsse werden vom Bundesvorstand nach Abstimmung mit dem Bundesseniorenausschuss im Einvernehmen mit dem Gewerkschaftsrat getroffen.	Mit Zustimmung des zuständigen Bezirksvorstands können sich Versorgungsempfänger zu einer eigenständigen Betriebsverwaltung VE zusammenschließen. Für die Ortsverwaltungs- und Amtsgruppenvorstände sind Ausschüsse bzw. Versammlungen nicht obligatorisch vorgeschrieben, bei den Bezirksvorständen sind Bezirksausschüsse für die Versorgungsempfänger eingerichtet, beim Vorstand ein Bundesausschuss für Versorgungsempfänger.	Auf Orts-, Bezirks-, Landes und Bundesebene	Auf Orts-, Bezirks-, Landes- und Bundesebene können Seniorenausschüsse gebildet werden	Auf Bundesebene und in den Bezirken bestehen Personengruppenausschüsse, in Kreisverwaltungen können diese gebildet werden
Aufgabe der Seniorenausschüsse	Beteiligung an kommunalen Seniorenbeiräten bzw. Mitwirkung bei der Einrichtung derselben. Im Seniorenplan: Einwirkung auf die Organe der Wohlfahrtsverbände, Sozialämter und andere Einrichtungen, Förderung und Pflege kultureller Veranstaltungen, Aufrechterhaltung von Kontakten zu behinderten und kranken Mitgliedern.	Vertretung bzw. Beisitz aus der Personengruppe der Versorgungsempfänger in den Amtsgruppen-, Ortsverwaltungs- und Bezirksvorständen sowie im Hauptvorstand. Schwerpunkt liegt auf der Beratung der gewerkschaftlichen Organe	Zur Wahrnehmung der besonderen Interessen der Senioren	Beratung der Organe und Gliederungen der IG Medien in den in den Senioren betreffenden Fragen	Zur Unterstützung der Seniorenarbeit können in den Bezirken und auf Bundesebene Personengruppensekretariate eingerichtet werden.
Formalisierung	Richtlinie in Abstimmung mit Bundesseniorenausschuss, Bundesvorstand und Gewerkschaftsrat. Bei Teilnahme an Vorstandssitzungen erhalten Seniorenvertreter auf Grundlage der Richtlinie Stimmrecht	Richtlinie für die Arbeit der Beratungsgremien der Personengruppe Versorgungsempfänger	Richtlinie für Seniorenarbeit erlässt Gewerkschaftsausschuss	Keine Richtlinie vorhanden. Geschäftsordnung durch Zustimmung des Hauptvorstands	Richtlinie für Personengruppenausschüsse beschließt der Hauptvorstand.
Mitgliedschaft in BAGSO und FERPA	Ja	Ja	Ja	Ja	Ja

Quelle: Satzungen der Gewerkschaften DAG, DPG, HBV, IG Medien, jeweils Stand November 1999; ÖTV, Stand November 2000.

DPG vorhandenes vergleichbares Gemeinschaftsgefühl unter den Gewerkschaftssenioren gegeben. Wiederum waren es vor allem die in der ÖTV organisierten Beamten, die sich im Ruhestand aktiv einbringen wollten. Die gemeinsame Orientierung bezog sich neben dem Geselligkeitsaspekt auf politisch orientierte Aspekte, beispielsweise in der Positionserarbeitung zu sozial- bzw. rentenpolitischen Themen.

Zusammenfassend lässt sich festhalten, dass die Beschäftigten des öffentlichen Dienstes sowie Beamte eine engere Bindung zu ihren Gewerkschaften aufzeigen und sich auch in der nachberuflichen Phase häufiger ehrenamtlich einbringen. Dagegen zeigt sich das Engagement der älteren Gewerkschaftsmitglieder der privaten Dienstleistungsbranchen als weniger ausgeprägt. Der unmittelbare Bezug zur ehemaligen Arbeitsstätte und der Kontakt zu den ehemaligen Kollegen des Unternehmens fördert die kontinuierliche Mitarbeit in der Ruhestandsphase.

3.2.2 Auf dem Weg zu einer »einheitlichen« Seniorenarbeit im ver.di Gründungsprozess

Bei der Gestaltung der Organisation als Matrixstruktur mit vertikal-regionaler und horizontal-fachbereichsbezogener Struktur erhielten Senioren gesonderte Vertretungs- und Beteiligungsrechte zugesprochen. Diesen Vertretungsansprüchen der jeweiligen Gruppen und den sich daraus ergebenen Problemlagen wurde in der Vorphase des Fusionsprozesses zunächst wenig Beachtung geschenkt. Mit einer stetig wachsenden Anzahl zu berücksichtigender Personengruppen zeigte sich, welche Herausforderungen sich durch diese strukturelle Einbindung in die neue Organisation stellten (Keller 2001: 378). Mit der Konzeptionalisierung der neuen Organisation in einer Matrixstruktur wäre die Einrichtung besonderer Gruppeneinheiten »eigentlich unnötig« gewesen (Müller/Niedenhoff/Wilke 2002: 103). Als Strategie der Integration von Minderheitengruppen hatte sich diese Form in den großen Industriegewerkschaften jedoch bewährt, sodass man in ver.di ebenfalls nicht darauf verzichten wollte (ebd.). Doch durch diese zusätzliche Willensbildungssäule »verkomplizierte« sich die ver.di-Matrix-Struktur (ebd.).[555] Die einzelnen Gruppen be-

555 In den Satzungsverhandlungen lehnte die DAG die doppelten vertikalen dazu hauptamtlich gestützten Strukturen mit Wahlfunktionen strikt ab. Entschärft wurde der Konflikt zunächst dadurch, dass man darauf verzichtete, in der Satzung die detaillierten Vorschriften zu den Gruppen zu verankern. Stattdessen verlagerte man die Regelung auf vom Gewerkschaftsrat zu erlassende Richtlinien. »Für die meisten Personengruppen (Frauen,

standen darauf, an den alten, in den Einzelgewerkschaften bestehenden Personenregelungen festzuhalten. »Die entsprechenden Gruppen konnten ihre Forderungen nach Beibehaltung ihrer in den alten Einzelgewerkschaften bestehenden Vertretungsformen vehement vortragen – und sogar mit exit drohen« (Keller 2004: 34). Somit beinhaltete der Fusionsprozess vor allem eine möglichst breite Konsensfindung aller beteiligten Akteure.[556]

Der Vereinigungsprozess war auch im Hinblick auf die Strukturierung einer einheitlichen Seniorenarbeit ein Kraftakt, um die unterschiedlich gewachsenen und geprägten Traditionen zu vereinen. Im Vorfeld des Fusionsprozesses – als die Übergangsorganisation Go.verdi die Gründung der neuen Dienstleistungsgewerkschaft vorbereitete – wurde eine Arbeitsgruppe aus ehren- und hauptamtlichen Kollegen der Gründungsgewerkschaften gebildet. Unter der Federführung der DPG sollte sie die Strukturen und organisatorischen Rahmenbedingungen einer gemeinsamen Seniorenarbeit auf den Weg bringen. Dieser Kreis tagte erstmals im Oktober 1998 und begleitete den Prozess bis zur Vorbereitung der Konstituierung eines ver.di-Bundesseniorenausschusses. Die Bundes-Seniorenausschüsse der Gründungsgewerkschaften trafen sich im Juni 1999 und im November 2000, um auf »diesem Weg Einfluss auf die künftigen Rechte und Pflichten der SeniorInnen in ver.di zu nehmen« (ver.di 2003c: 1). Bei der Gründung zu ver.di im März 2001 umfassten die Senioren 488.498 Mitglieder der fünf Gründungsgewerkschaften und stellten in der neuen Organisation die größte Randklientel dar. Von allen Gründungsgewerkschaften wurde ein hoher politischer Anspruch an die Seniorenarbeit dahingehend geteilt, seniorenpolitische Inhalte anzubieten. »Diese Aufgabe muss jetzt ebenso konsequent verfolgt werden, wie die Tatsache, die Seniorinnen und Senioren in ver.di zu halten« (DPG 2001a: 1).

Obgleich eine hohe Bereitschaft in den einzelnen Gewerkschaften vorhanden war, eine einheitliche Seniorenarbeit in ver.di aufzubauen, wurden während des Fusionsprozesses die Unterschiede innerhalb der Seniorenarbeit der Gründungsgewerkschaften sichtbar. Die Struktur der Seniorenarbeit in der DPG gab hierbei die Zielrichtung vor, da diese – insbesondere aufgrund der eigenen Fi-

---

Jugend, Senioren, Beamte, Erwerbslose, Behinderte) legte die Mitgliedsversammlung der Gründungsorganisation ver.di vorab bereits solche Richtlinien fest« (Müller/Niedenhoff/ Wilke 2002: 104).

556 Während die kleineren Gründungsgewerkschaften der Vereinigung zu ver.di deutlich befürworteten, brachte die mitgliederstarke ÖTV einige Bedenken hervor. Eine Vielzahl der Mitglieder verband mit dem Zusammenschluss zu ver.di die Befürchtung, die eigenen Interessen nicht vertreten zu sehen.

nanzmittelverfügung der örtlichen Seniorengruppen – als anzustrebendes Ideal empfunden wurde.[557] Die hauptamtlichen Akteure einigten sich auf den politischen Anspruch einer gestärkten Seniorenarbeit, sahen jedoch anfänglich nicht für alle Fachbereiche die Einführung eines ähnlichen Finanzierungsmodells der Ortsebene wie in der DPG vor. In dieser Frage kam es insbesondere zu Auseinandersetzungen zwischen Vertretern der DAG und DPG. Vor allem die Vertreter der DPG waren bestrebt, ihre eigene Finanzierungspraxis in ähnlicher Weise auch in der neu gegründeten Organisation zu institutionalisieren. Zunächst wurde diskutiert, die Personengruppe Senioren in einem eigenen, vierzehnten Fachbereich innerhalb der ver.di-Matrixstruktur zu organisieren. Dieser Vorschlag wurde jedoch mit der offiziellen Begründung abgelehnt, eine möglichst mitgliedernahe, fachbereichsbezogene Bindung zu ermöglichen. Es war jedoch vor allem die DPG, die sich diesem Modell widersetzte und in einem eigenen Entwurf zur Seniorenarbeit festschrieb, dass die neue ver.di-Satzung unter Paragraphen 94 den Erhalt der gewachsenen Seniorenstrukturen vor Ort zu gewährleisten habe (DPG 2001a: 2). Damit wollte sie sichern, dass die bestehenden »Betriebsgruppen Versorgungsempfänger« mit ihren Mitgliedern aus den Fachbereichen 01[558], 09 und 10 weiterhin unverändert als Seniorengruppe der vierten Ebene bestehen bleiben und eigenständige Finanzmittel erhält (ebd.). Diese Struktur wurde aufgenommen, da mit Blick auf die Fusionierung zu ver.di eine breite Zustimmung der Mitglieder angestrebt war. Parallel dazu schlug die DPG vor, neue gemeinsame Strukturen –mit finanzieller Ausstattung – zu ermöglichen.[559] Hier wird sichtbar, dass mit dem Bestreben, eine gemeinsame Dienstleistungsgewerkschaft zu errichten, indes auch Ängste der Gewerkschaftssenioren verbunden waren, bisherige Strukturen und Privilegien der Seniorenarbeit innerhalb ihrer Herkunftsgewerkschaft aufgeben zu müssen. Es waren also vor allem die DPG-Senioren, die große Befürchtungen äußerten, in ver.di »an den Rand gedrängt« zu werden (Brauer 1999). Vor allem die Furcht, die eigenständigen fi-

---

557 Die zuständige Gewerkschaftssekretärin der DPG koordinierte die Tätigkeiten des Arbeitskreises, welcher sich aus hauptamtlichen Vertretern der fünf Gründungsgewerkschaften bildete. Während des Fusionsprozesses wurde die Koordinierungsleitung für die einzelnen Bereiche und Branchen aufgeteilt. Neben der Koordinierung der Verhandlungen im Hinblick auf die Ausgestaltung der Seniorenarbeit leitete die DPG die Koordinierungsverhandlungen für die Gruppe der Beamten und Frauen.

558 Bezogen auf den Bereich der Postbank.

559 Im Rahmen der Erarbeitung einer konkreten Handlungshilfe für die Seniorenstrukturen vor Ort lieferte die IG Medien keine eigene Zuarbeit. Diese Tatsache verdeutlicht den geringen Erfahrungsschatz in der gewerkschaftlichen Seniorenarbeit dieser Gewerkschaft. Die Vorschläge von ÖTV und DAG waren leitend.

nanziellen Gestaltungsspielräume auf der örtlichen Ebene zu verlieren, brachte die im Ruhestand befindlichen DPG-Mitglieder dazu, auf die zuständigen Akteure massiven Druck auszuüben. Dieser war so stark, dass die Finanzstrukturierung der DPG auf der örtlichen Ebene auch in ver.di – zumindest für den Post- bzw. Telekombereich – übernommen wurde.

Ein weiterer Grund, warum es nicht zur Etablierung eines eigenen Senioren-Fachbereiches kam, ist in der Aussagekraft einer solchen Strukturierungsoption zu sehen: Mit einer solchen Institutionalisierung wäre auf Anhieb eine knappe halbe Million Mitglieder in einem Fachbereich organisiert. Das quantitative Machtpotenzial, das die Gruppe der Senioren auf diese Weise erhielte, hätte eine große Signalwirkung nach außen zur Folge gehabt.[560] Damit wäre ver.di die erste DGB-Gewerkschaft gewesen, die ihre Mitglieder im Ruhestand formal in einer solchen Struktur integriert hätte.

Obgleich die Seniorenpolitik als fachbereichsübergreifende Querschnittsaufgabe verstanden wird, sind die Senioren ihren ehemaligen Berufsbranchen, also den Fachbereichen zugeordnet. Dies verdeutlicht die Genese der heutigen Seniorenarbeit in ver.di: Auch wenn sowohl in den Gründungsgewerkschaften als auch in ver.di diese Mitgliedergruppe eigene formale Beteiligungsstrukturen besitzt, ist die Seniorenarbeit von der Motivation der dort agierenden hauptamtlich Beschäftigten im jeweiligen Fachbereich abhängig.

3.2.3 Seniorenarbeit in ver.di

Bedingt durch die Matrixstruktur bestehen Vertretungsstrukturen für Senioren in den horizontal-regionalen Organisationsebenen und in den vertikalen Fachbereichen. Die Senioren werden als Mitglieder innerhalb der Herkunftsfachbereiche geführt. In §61 der ver.di-Satzung heißt es:

»Senior/innen haben das Recht, auf allen Ebenen der Gesamtorganisation Senior/innenausschüsse zu bilden. In den Fachbereichen erhalten Senior/innen die Möglichkeit, über ihre Senior/innenvorstände der Ebenen Einfluss auf senior/innenrelevante Entscheidungen zu nehmen. Zur Wahrung der spezifischen Interessen können Vertreter/innen der Senior/innen in die Vorstände der Fachbereiche entsandt werden. Sofern die Senior/innen Vertreter/innen in Organe und Beschlussgremien der Ebenen und Fachbereiche entsenden, wählen sie jeweils eine/n Stellvertreter/in.« (ver.di 2008: 39)

---

560 Die Idee eines 14. Fachbereiches für Senioren ist zwar nicht verwirklicht worden, zu den vergangenen ver.di-Bundeskongressen lagen jedoch wiederholt Anträge für eine solche Neustrukturierung vor (ver.di 2007f).

Weiterführende Rahmenbedingungen zu Aufgaben, Kriterien der Gruppenzugehörigkeit und Einzelheiten der Strukturen sind in der »Richtlinie für Senioren/innenpolitik« festgelegt.[561] Auf der lokalen, vierten Ebene bestehen fachbereichsbezogene Betriebsgruppen der Senioren sowie Ortsseniorengruppen (Abbildung 33).[562] In den nächst höheren Ebenen sind fachbereichsübergreifende Bezirksseniorenausschüsse, Landesbezirksseniorenausschüsse und der Bundesseniorenausschuss angesiedelt.[563] Die Senioren-Vertreter sollen nach einem Fachbereichs- und Ebenen-Proporz anteilsmäßig vertreten sein.[564] Die Bezirksseniorenausschüsse, Landesbezirksseniorenausschüsse und der Bundesseniorenausschuss sind antragsberechtigt. Auf Bezirks-, Landesbezirks- und Bundesebene finden vor dem ver.di-Bundeskongress Senior/innenkonferenzen statt. Diese wählen die Senior/innenausschüsse der jeweiligen Ebene.

Im Hinblick auf die Vertretung der Senioren in den Bezirksvorständen wurde auf dem 2. ordentlichen ver.di-Bundeskongress 2007 beschlossen, zukünftig zwei statt einen Vertreter des Bezirksseniorenausschusses als Mitglieder des Bezirksvorstands zu entsenden (ver.di 2007f: 451). Begründet wurde dieser Antrag damit, dass der Bezirksjugendausschuss ebenfalls mindestens zwei seiner Vertreter entsenden darf.[565] Auch im Gewerkschaftsrat, dem höchsten Gremium zwischen den Bundeskongressen, sind die Senioren mit zwei Vertretern repräsentiert. Diese werden wie auch die Mitglieder des Bundesseniorenausschusses (BSA) von der Bundesseniorenkonferenz gewählt

---

561 Diese Richtlinie wird vom Gewerkschaftsrat auf Vorschlag des Bundesseniorenausschusses erlassen.

562 Hier sind grundsätzlich Mitgliederversammlungen der Senioren durchzuführen (ebd.: 4).

563 Der für die Seniorenarbeit zuständige Gewerkschaftssekretär auf der jeweiligen Ebene nimmt an den Sitzungen der Seniorenausschüsse teil.

564 Sie werden auf Seniorenkonferenzen bzw. Versammlungen gewählt. Die Ausschussgröße variiert stark. Die Fachbereiche, in denen die Seniorenarbeit nur rudimentär existiert, sind nicht regelmäßig vertreten. Fachbereiche mit einer ausgeprägten Seniorenarbeit entsenden oftmals auch mehrere Senioren in die Ausschüsse. Die Gremien werden jeweils für den Zeitraum von zwei Jahren gewählt.

565 Im Gewerkschaftsrat ist jeweils ein Vertreter der neun Landesbezirke, jeweils ein Vertreter der dreizehn Fachbereiche, sowie jeweils ein Vertreter der Personengruppen Arbeiter/innen, Beamt/innen, MIT, Freie, Erwerbslose. Jeweils zwei Vertreter entsenden die Personengruppen Frauen, Jugend und Senioren.

Abbildung 32: Gremien der Gruppe Senioren auf den Organisationsebenen

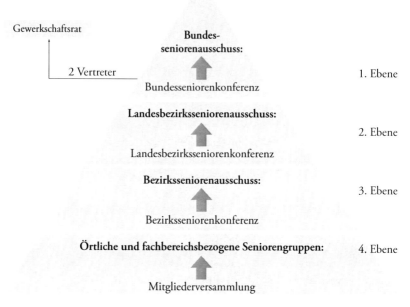

Quelle: ver.di 2005; eigene Darstellung.

(ebd.: 5; auch ver.di 2007b, 39).[566] Ebenso sind in den Landesbezirksvorständen zwei gewählte Vertreter und deren Stellvertreter der Senioren eingebunden.

Der BSA bündelt die spezifischen Interessen der Personengruppe Senioren und vertritt diese gegenüber der Gesamtorganisation.[567] Der BSA ist an die Bun-

---

566 Auf der Bundesseniorenkonferenz im Mai 2007 stand neben rentenpolitischen Themen, wie unter anderem »Rente mit 67« oder Angleichung des aktuellen Rentenwerts Ost an den aktuellen Rentenwert West, vor allem auch die Frage der Finanzierung der ver.di-Seniorenarbeit vor Ort auf der Agenda. Das Durchschnittsalter der Delegierten betrug 69 Jahre. Von den anwesenden 116 Delegierten, waren 59 männlich und 57 weiblich. (ver.di 2007c: 4).

567 Der Bundesseniorenausschuss (BSA) setzt sich zusammen aus Vertretern der elf Landesbezirke und dreizehn Fachbereichen und besteht augenblicklich aus 28 Mitgliedern. Seine Mitglieder kommen dreimal jährlich zusammen. Das Präsidium des BSA besteht aus dem Vorsitzenden, dem stellvertretenden Vorsitzenden, den Vertretern der Senioren im Gewerkschaftsrat und drei weiteren gewählten Mitgliedern.

desseniorenkonferenz, den Bundesvorstand und den Bundeskongress[568] antragsberechtigt (ver.di 2005: 5). Auch im BSA spiegelt sich das hohe Engagement der
älteren Gewerkschaftsmitglieder der Fachbereiche 09 und 10 wider: Von insgesamt 28 Mitgliedern des BSA sind acht Vertreter aus diesen Fachbereichen zu
zählen. Zur Unterstützung, Vorbereitung und Koordinierung der Tätigkeiten
dieses Gremiums ist im Ressort 5 des ver.di-Vorstandes der Bundesseniorensekretär für den Bereich Seniorenpolitik beauftragt. Dieser hauptamtlich Beschäftigte ist ausschließlich für diesen Bereich verantwortlich.[569]

Zu den Aufgaben und Zielen der Senioren in ver.di gehört die Beratung
und Unterstützung der Vorstände auf den Organisationsebenen und in den
Fachbereichen in seniorenrelevanten Fragen. Ver.di verfolgt den Leitgedanken, die Erfahrungen der Mitglieder im Ruhestand »in den gewerkschaftlichen Meinungsbildungsprozess« einfließen zu lassen; sie sind »wichtige gesellschaftliche Meinungsträger/innen« (ver.di 2005a: 3). Die Gremien der
Seniorenarbeit erarbeiten diesbezüglich Stellungnahmen, Vorschläge, Empfehlungen und Entschließungen. Das »Seniorenpolitische Programm« fasst
die Leitvorstellungen von ver.di zusammen und betont den politischen
Anspruch,[570] dass die »gewerkschaftliche Vertretung auch nach dem aktiven
Berufsleben wichtig ist« (ver.di 2007a: 191).

---

568 Die Mandate der Gruppe der Senioren werden im Verhältnis 2/3 zu Ebene und 1/3 Fach-
    bereiche angerechnet. Daraus ergaben sich 27 Delegierte aus den Fachbereichen und 53
    Delegierte der Ebenen. Insgesamt waren von 1008 Delegierten 80 Delegierte der Gruppe
    Senioren auf dem vergangenen ver.di-Bundeskongress im Jahr 2007 vertreten. Diese Quo-
    tierung wird kritisiert und dafür plädiert, jeweils einen Delegierten der Senioren aus den
    gegenwärtigen 88 Bezirken zum nächsten Bundeskongress zu entsenden, somit könnte
    eine flächendeckende Vertretung gewährleistet werden.
569 Der hauptamtlich Beschäftigte ist im Rahmen seiner Tätigkeit auch Mitglied des Koordi-
    nierungskreises Seniorenpolitik im DGB-Bundesvorstand.
570 Um das »Älter werden in einer solidarischen und friedlichen Welt« zu ermöglichen, wer-
    den im Seniorenpolitischen Programm folgende Forderungen benannt (verdi 2006a: 8):
    die Gestaltung eines demokratischen sozialen Europas unter Berücksichtigung der Situa-
    tion der älteren Menschen sowie die Gewährleistung sozialer Grundrechte und Mindest-
    standards in der Europäischen Union, volle und gleichberechtigte Teilhabe der Seniorin-
    nen und Senioren am gesellschafts-politischen Leben, an Kultur und Bildung; die
    Solidarität zwischen den Generationen; die Weitergabe von Wissen und Erfahrungen der
    älteren Generation an die noch in Arbeit stehenden Mitglieder; ein würdevolles Leben im
    Alter, frei von Altersdiskriminierung und Altersarmut, ohne Kriminalität und Gewalt;
    eine sichere und auskömmliche Altersversorgung; eine gute medizinische Versorgung und
    Pflege; altersgerechte und bezahlbare Wohnungen und Wohnformen.

Die Seniorenausschüsse auf Bezirks-, Landesbezirks- und Bundesebene haben das Recht,»in die jeweiligen Vorstände Mitglieder zu entsenden« und in seniorenrelevanten Bereichen vorrangig in folgenden Punkten zu beraten:

– »die Gewährung der Alterseinkünfte von Senioren sowie deren Hinterbliebene nach Art und Umfang, die Gestaltung des dafür maßgebenden Leistungsrechts und die Besteuerung dieser Einkünfte,
– die Krankenversorgung der Senioren und deren Hinterbliebene sowie die Gewährung sonstiger Leistungen dieses Personenkreises auf gesetzlicher, vertraglicher oder freiwilliger Grundlage im Rahmen betrieblicher oder außerbetrieblicher Sozialmaßnahmen,
– die Pflegeversicherung
– die Vorbereitung auf den Ruhestand und das Leben in der dritten Lebensphase,
– die Umsetzung der EU-Gleichbehandlungsrichtlinien« betreffen (verdi 2006a).

Ebenso ist die Einflussnahme auf die Seniorenpolitik des DGB im Einvernehmen mit den jeweils zuständigen Vorständen in der Richtlinie verankert.[571]

Exkurs: »Angleichung der Ostrenten« als seniorenpolitisches Agenda-Setting

Auch wenn das oberste Gremium für Seniorenarbeit, der Bundesseniorenausschuss, zu wesentlichen seniorenrelevanten Fragen Stellung bezieht, wird sein innerorganisatorischer Einfluss auf die Gesamtorganisation vonseiten der hauptamtlich Beschäftigten als verhältnismäßig gering bewertet.[572] In der Frage der »Angleichung der Ost- an die West-Renten« haben die Senioren in den vergangenen Jahren indes demonstriert, dass sie Debatten zu politischen Themen innerhalb der Organisation initiieren und auf die Agenda setzen können. In dieser sozialpolitischen Auseinanderset-

---

571 Zu diesem Zweck entsenden die Senioren auf der jeweiligen Organisationsebene ihre Vertreter in Ausschüsse oder ähnliche Veranstaltungen des DGB.
572 Dieser Eindruck wurde auch im Rahmen der geführten Debatte um die Organisationsreform »Chance 2011« deutlich. Der Bundesseniorenausschuss kritisierte das Diskussionspapier dahin gehend, dass die Gruppe der Senioren nicht angesprochen wird, obgleich die Reformansätze mit dem Ziel einer intensivierten Mitgliederorientierung diskutiert werden. Diese außerbetriebliche Gruppe wird aufgrund der gesellschaftlichen Veränderung an Bedeutung gewinnen und sollte in der Analyse nach Auffassung der Senioren nicht vernachlässigt werden. Die Frage nach den zentralen Bedürfnissen dieser Gruppe müsse einen gewichtigen Platz einnehmen.

zung nahm ver.di innerhalb des DGB eine Vorreiterrolle ein. Mit ihrem ausgearbeiteten Modell eines Angleichungszuschlags im Stufenmodell zur Vereinheitlichung der aktuellen Rentenwerte stellte sie als erste Gewerkschaft in dieser Frage ein eigenes Konzept vor. Dieser Angleichungszuschlag sieht vor, dass die Differenz zwischen den Renten in Ost- und Westdeutschland durch einen steuerfinanzierten Zuschlag ausglichen werden soll.[573] Als Gewerkschaft, die ehemalige Angestellte des öffentlichen Dienstes in Ostdeutschland organisiert, ist ver.di von der betroffenen Mitgliedergruppe wiederholt dazu aufgefordert worden, sich zu dieser sozialpolitischen Frage zu äußern. Ähnlich wie in den Gewerkschaften TRANS-NET, GdP und GEW, deren ostdeutsche Mitglieder im Ruhestand in das bisherige Rentenmodell überführt worden sind, übte diese Gruppe in ver.di durch ihre Vertretung in den Organisationsgremien Druck aus. Viele Ost-Rentner drohten wiederholt mit dem Austritt aus der Gewerkschaft, falls man sich nicht ihrer Situation annehme.[574] Allerdings gab diese Androhung gewiss nicht allein den Anstoß, sich in dieser Frage einzubringen. Vielmehr sah die Organisationsführung, deren Anspruch es ist, Gesellschaftspolitik zu gestalten, in diesem Feld Handlungsbedarf. Dennoch, die Beharrlichkeit und die forcierte Thematisierung durch die Personengruppe brachte dieses Thema wiederholt auf die Agenda der Organisation: Bereits auf der ersten Bundesseniorenkonferenz im Frühjahr 2003 stellte der vom BSA eingesetzte Arbeitskreis Rente seine Ausarbeitung »Die Einheit Deutschlands vollenden – Angleichung der Arbeitseinkommen und Renten noch in diesem Jahrzehnt« den Delegierten vor (ver.di 2003c: 3). Gewerkschaftssenioren in West- und Ostdeutschland befürworteten die Angleichungsbestrebungen.[575] Durch die Kooperation des Arbeitskreises

---

573 Dieser soll zusätzlich zu den Renten gezahlt werden, damit die Differenz von derzeit 3,22 Euro pro Entgeltpunkt ausgeglichen werden kann. Dieser Ausgleich soll in zehn Jahresschritten vorgenommen werden. Die Kosten belaufen sich im ersten Jahr auf rund 500 Mio. Euro.

574 Druck übte diese Klientelgruppe unter anderem darin aus, die zuständige Bereichsleiterin der Abteilung Sozialpolitik und die Vorstandsmitglieder mit Briefen zu überhäufen. Diese Gruppe hatte in der DDR höhere berufliche Positionen innerhalb der öffentlichen Struktur inne und verfügt insofern über Erfahrungswissen im Verwaltungsbereich. Als Betroffenengruppe fühlen sie sich im Vergleich zu anderen Rentnergruppen benachteiligt, was dazu führt, dass sie mit ihrem Anliegen Gehör finden möchten.

575 Die Diskussion wurde unter dem Motto »Seniorensolidarität« geführt. Im Zuge der darauf folgenden Debatten, in denen die Sachlage deutlicher wurde, kamen vonseiten der westdeutschen Gewerkschaftssenioren kritische Anmerkungen zum geplanten Modell, da die Angleichung zu einer höheren steuerlichen Belastung führe.

Rente nahm sich die Abteilung Sozialpolitik des Bundesvorstands dieses
Themas an und formulierte eigene konzeptionelle Überlegungen. Dazu
wurden sie zugleich durch den Gewerkschaftsrat verpflichtet, da die dortigen Vertreter der Senioren im Vorfeld des ver.di-Bundeskongresses 2003
darauf beharrten, den Aspekt der Ostrentenangleichung in den Leitantrag
zur Alterssicherung aufzunehmen. Unter dem Titel »Alterssicherung sozial
gestalten« verabschiedeten die Delegierten des 1. ordentlichen ver.di-Bun-
deskongresses im Oktober 2003[576] das Ziel, die aktuellen Rentenwerte
Ost auf Westniveau in einem Stufenplan anzuheben und damit die Ein-
kommenssituation der Rentner in den neuen Bundesländern zu verbessern. Allerdings wurde betont, dass die Finanzierung nicht zulasten einer
Erhöhung des Beitragssatzes und damit zulasten der Beschäftigten in Ost
und West erfolgen dürfe. Vielmehr müsse die Anhebung steuerfinanziert
werden. Die Abteilung Sozialpolitik erarbeitete daraufhin das sogenannte
»ver.di«-Modell, welches den Angleichungszuschlag im Stufenmodell vorsieht, und wirbt im DGB wie auch öffentlich für ihren Vorschlag.[577]

Ressourcen für die Seniorenarbeit

Die Gewerkschaftsführung geht davon aus, dass sich etwa drei bis fünf Prozent der Senioren in ver.di regelmäßig aktiv gewerkschaftspolitisch engagieren. In ver.di zählt die Gruppe der regelmäßig aktiven Ehrenamtlichen bundesweit 10.000 bis 15.000 Mitglieder.

   Auf allen Landesbezirks- und Bezirksebenen werden gegenwärtig zusammen jährlich schätzungsweise 250.000 bis 500.000 Euro für die Seniorenarbeit bereitgestellt. Auf der Bundesebene werden für bundesweite Koordinie-
rungsaufgaben im Rahmen der Tätigkeiten des Bundesseniorenausschusses
(63.000 Euro), Seminare auf Bundesebene (40.000 Euro) sowie die Teilfi-
nanzierung an der Mitgliederzeitschrift »dabei.SEIN« (20.000 Euro) Sach-

---

576 Auf der DGB-Ebene erhielt dieses Thema bereits im Jahr 2002 Bedeutung, da auf dem
    17. Ordentlichen DGB-Bundeskongress der DGB beauftragt wurde, in dieser Frage ein
    Lösungskonzept zu erarbeiten.
577 Neben zahlreichen Veranstaltungen, wie beispielsweise Workshops in Kooperation mit der
    GEW forcierte ver.di im Sommer 2008 die Gründung des Bündnisses »Bündnis für die
    Angleichung der Renten in den neuen Bundesländern« aus den Gewerkschaften ver.di,
    GEW, TRANSNET, GdP und den Sozialverbänden SoVD und Volkssolidarität sowie
    BRH. Das Bündnis hat im Frühjahr einen bundesweiten Aufruf organisiert, an dem sich
    namhafte Politiker und Ministerpräsidenten beteiligten.

mittel in Höhe von 123.000 jährlich kalkuliert, darunter fällt auch die Ausstattung und Durchführung der Bundesseniorenkonferenzen.[578]

Die Matrixstruktur der Organisation bestimmt maßgeblich die Finanzierung der Seniorenarbeit. Auf den Organisationsebenen, wo die fachbereichsübergreifende Seniorenarbeit auf Bezirks-, Landesbezirks- und Bundesebene stattfindet, ist die Finanzierung geregelt, da gemäß der Budgetierungsrichtlinie feste Budgetanteile (Haushaltsmittel) zur Verfügung gestellt werden (ver.di 2005a: 4). Für die fachbereichsbezogene Seniorenarbeit auf der Ortsebene sind die Fachbereiche zuständig: Da Senioren als Mitglieder im Fachbereich ihres jeweiligen Herkunftsbereiches zugeordnet werden, stehen ihnen gemäß ihrem Anteil angemessene Sachmittel zu – so zumindest die formale Regelung. In der Richtlinie »Seniorenpolitik« heißt es dazu: »Die finanzielle Ausstattung ist zu sichern« (ver.di 2003: 4). Diese Formulierung hat zur Folge, dass jeder Fachbereich grundsätzlich eigenständig über die Höhe des Sachkostenbudgets für die Seniorenarbeit auf der Ortsebene entscheidet. Senioren haben – außer in den Fachbereichen 09 und 10 – keinen Anspruch auf eine geregelte Finanzausstattung.

Die Seniorenarbeit in diesen Fachbereichen nimmt somit auch im Hinblick auf die Finanzausstattung eine exklusive Rolle ein, die, wie bereits erwähnt, in den Strukturen der ehemaligen DPG begründet ist. Hier haben die Betriebsgruppen der ehemaligen Versorgungsempfänger der vierten Ebene fest zugewiesene Finanzmittel, die aus dem Personalkostenbudget dieser Fachbereiche entstammen. Vier Prozent des in diesen Fachbereichen festgelegten Personalbudgets werden in Sachkosten umgewidmet und stehen unmittelbar und ausschließlich für die ehrenamtliche Arbeit in den örtlichen Seniorengruppen zur Verfügung. Das Finanzvolumen der vier Prozent wird auf die Anzahl der Senioren in den Betriebsgruppen umgerechnet. Demnach erhält jede örtliche Seniorengruppe einen festen monatlichen Centbetrag pro Mitglied und Anzahl der zu betreuenden Senioren. Folglich bedeutet dies, je größer die Seniorengruppe, desto mehr Geld wird ihr zugewiesen.

Die örtlichen Seniorengruppen anderer Fachbereiche sind dagegen abhängig von den Budgetierungsplänen der Bezirksverwaltungen. In den Fachbereichen findet die Finanzierung der Seniorenarbeit im Rahmen der Haushaltsplanung statt. Folglich müssen die Veranstaltungen und Projekte im Vorfeld gemeldet werden. Die Bereitschaft der zuständigen hauptamtlich

---

578 Die Personalkosten für den Bundesseniorensekretär und eine halbe Verwaltungsangestellte sind nicht mit eingerechnet.

Beschäftigten, Veranstaltungen und Aktivitäten zu bewilligen, ist hier maßgeblich[579]. Diese unterschiedlichen Strukturen in den Fachbereichen und das Fehlen der finanziellen Mittel für die örtliche Seniorenarbeit sind regelmäßig Ausgangspunkt für die Debatte, wie die Seniorenarbeit in der vierten Ebene finanziell geregelt werden soll.[580] Senioren aus anderen Fachbereichen äußern ihren Unmut darüber, dass die eigenverantwortliche Finanzierung der Seniorenarbeit nur in den Fachbereichen 9 und 10 existiert und stellen Forderungen, diese Struktur über alle Fachbereiche hinweg nach diesem Vorbild zu gewährleisten. Dies führt dazu, dass wiederum die Senioren der Fachbereiche 9 und 10 ihre Bedenken äußern, weil sie befürchten, dass durch eine übergeordnete Finanzierungsstruktur ihre Seniorenarbeit in ver.di nicht mehr aufrechterhalten werden kann.

Die bislang ungeklärte Frage der finanziellen Ausstattung der Seniorenarbeit ist eng mit der Frage der Anerkennung der Seniorenarbeit durch die Gewerkschaftsführung verbunden. Auch auf dem 2. ver.di-Bundeskongress 2007 forderten die Delegierten der Senioren die Organisation auf, der ehrenamtlichen Tätigkeit der Senioren die gebührliche Anerkennung in Form einer einheitlich geregelten und adäquaten Finanzierungsgrundlage auf der vierten Ebene zu erbringen.[581] Ein Delegierter brachte seinen Unmut wie folgt vor: »Wir wollen nicht mehr wie vor der Klagemauer in Jerusalem stehen und uns darüber aufregen, dass wir zu wenig Geld haben, sondern wir möchten, dass endlich Nägel mit Köpfen gemacht werden« (ver.di 2007e: 216). Als Ergebnis der geführten Debatte wurde ein Prüfantrag an den Bundesvorstand überwiesen. Der Bundesvorstand beauftragte daraufhin eine Arbeitsgruppe, einen Lösungsansatz für diese Problematik zu erarbeiten. Wie sich die Finanzierungsstrukturen im Bereich der Seniorenarbeit zukünftig entwickeln werden, bleibt zum gegenwärtigen Zeitpunkt noch abzuwarten.[582]

---

579 Vielerorts werden die engagierten Senioren wiederholt vor die Tatsache gestellt, dass für ihre Aktivitäten keine Finanzmittel zur Verfügung stehen. Die hauptamtlich Beschäftigten argumentieren mit dem Verweis auf die schwierige finanzielle Situation der Gesamtorganisation und den Fokus auf die betriebliche Gewerkschaftsarbeit.

580 Der Bundesseniorenausschuss hat diese unzureichende finanzielle Situation bereits in ersten Geschäftsbericht im Jahr 2003 bemängelt und darauf verwiesen, dass folglich Mitglieder nicht mehr betreut werden könnten (ver.di 2003c: 5).

581 Dafür wurde die Finanzierung der Seniorenarbeit auf der 3. und 4. Ebene auf einem Niveau von mindestens 0,50 Euro je Mitglied und Monat als Empfehlung vorgeschlagen (ebd.: 23).

582 In den Landesbezirken bestehen bereits alternative Finanzierungsregelungen: Die Fachbereiche in den ostdeutschen Landesbezirken Berlin-Brandenburg und Sachsen/Sachsen-Anhalt/Thüringen haben für die Finanzierung der Seniorenarbeit einen Gemeinschafts-

4. Resümee

Die satzungsrechtliche Verankerung der Seniorenarbeit von ver.di ist vor dem Hintergrund des Fusionsprozesses zu betrachten. Denn in der Verhandlungskonstellation des Fusionsprozesses ist es den engagierten Senioren-Repräsentanten gelungen, eine Art Vetoposition zu erringen, um ihre eigenen satzungsrechtlichen Interessen durchzusetzen. Da daran die Vereinigung nicht scheitern sollte, wurde diesem Anliegen entsprochen.

Durch Seniorenausschüsse, die auf allen Organisationsebenen bestehen, sind die innergewerkschaftlichen Artikulationsmöglichkeiten der ver.di-Senioren vergleichsweise stark. Dennoch weist ver.di im Vergleich zu anderen DGB-Gewerkschaften mit 16 Prozent nur einen verhältnismäßig niedrigen Seniorenanteil auf. Auch wenn die langfristige Bindung dieser Mitgliedergruppe an die Organisation schwierig ist, bleibt ihr Anteil an ver.di in den letzten Jahren stabil. Die schwache Mitgliederbindung der Senioren korreliert mit der komplexen Matrixstruktur von ver.di. Denn die Multibranchengewerkschaft, als Konglomerat heterogener Gruppen, scheint von einer Vielzahl von Mitgliedern im Rentenalter nicht mehr als Vertreterin der eigenen Interessen wahrgenommen zu werden. Gerade für Personen, die langjährige Mitglieder in einer der fünf Gründungsgewerkschaften waren, erscheint die Organisation zu groß, zu abstrakt, um sich damit noch identifizieren zu können. Hinzu kommen die traditionellen Schwierigkeiten der Gewerkschaften in den privatwirtschaftlichen Dienstleistungsbranchen: Während verbeamtete Gewerkschaftsmitglieder sich oftmals für eine lebenslange Mitgliedschaft entscheiden, sind Angestellte in privaten Dienstleistungsbranchen schwieriger zu organisieren und neigen dazu, die Gewerkschaft wieder zu verlassen. Dieses spiegelt sich auch in den unterschiedlichen Welten der ver-di-Seniorenarbeit wider. Der Seniorenanteil ist in den Fachbereichen 09 und 10, in denen pensionierte Beamte organisiert sind, vergleichsweise hoch. Dies hängt auch mit dem Betriebsgemeinschaftsgefühl der ehemaligen Unternehmensgewerkschaft zusammen. Mit der Abnahme der Mitglieder im Beamtenverhältnis wird perspektivisch vermutlich auch die absolute Anzahl der Senioren abnehmen.

---

fonds eingerichtet, welcher zentral für alle seniorenpolitischen Aktivitäten zur Verfügung steht. Diese Regelung kann sowohl als Konzentrierung der finanziellen Zuständigkeiten als auch als Strategie der einzelnen Fachbereiche interpretiert werden, ihre Koordinierungs- und Betreuungsaufgabe im Hinblick auf die Seniorenarbeit zu kumulieren. Dieses Modell wurde jedoch von anderen Landesbezirken nicht übernommen.

VI.4 Senioren in der IG BCE

1. Einleitung

Im Jahr 1997 fusionierten die drei unterschiedlich mitgliederstarken Gewerkschaften (IG CPK), IG Bergbau Energie (IG BE) und die Gewerkschaft Leder (GL) zur Multibranchengewerkschaft IG BCE. Damit kamen sehr verschiedene gewerkschaftliche Traditionen zusammen. Im Jahr 2008 hatten die rund 200.000 Gewerkschaftssenioren[583] einen Anteil von rund 28 Prozent an der IG BCE-Gesamtmitgliedschaft. Obgleich sie annähernd ein Drittel der Mitglieder stellen, sind sie nur relativ schwach in den formalen Strukturen der Organisation repräsentiert. Traditionell gehören die Knappschaftsleistungen und Betriebsrenten in den Branchen der heutigen IG BCE zu den niveauvollsten Alterssicherungsleistungen in Deutschland.

Unter den IG BCE Quellgewerkschaften verfügt die IG BE über eine der traditionsreichsten Anerkennungskulturen gegenüber älteren Gewerkschaftsmitgliedern in Deutschland. Auffallend ist jedoch, dass diese weder als Seniorenarbeit benannt wird, noch formal institutionalisiert ist. Im Gegenteil: Die in Rente befindlichen Gewerkschaftsmitglieder zählen nicht zu den satzungsverankerten Personengruppen, wie etwa die Frauen, Jugend und – bis 2005 – die Angestellten.[584] Ihre innerorganisatorische Stellung ist nicht durch eine Richtlinie geregelt und in der gewerkschaftlichen Ausrichtung der IG BCE finden sie lediglich marginale Beachtung. Seniorenarbeit findet

---

583 Gewerkschaftssenioren umfasst die Mitgliedergruppe Rentner und Pensionäre.

584 Seit dem Gewerkschaftskongress im Jahr 2005 ist das Konzept der Zielgruppenarbeit satzungsgemäß verankert. Durch neue Formen der Kommunikation möchte die IG BCE neue Möglichkeiten des Engagements der Mitglieder in den Betrieben aufbauen und unterstützen. Mit der Zielgruppenarbeit setzt sich die IG BCE zum Ziel, individuelle Bedürfnisse und Erwartungen der Beschäftigten stärker zu berücksichtigen. Die Zielgruppenarbeit verfolgt die Optimierung der Mitgliederbetreuung, eine verbesserte gewerkschaftliche Präsenz im Betrieb und versucht mit einem flexiblen Angebot zur Mitarbeit auf Zeit zugleich neue Beschäftigungsgruppen zu erreichen.

ausschließlich auf der örtlichen Ebene in den Seniorenarbeitskreisen und den Ortsgruppen statt und ist somit durch eine hohe Dezentralität gekennzeichnet. Obgleich die IG BCE dieser Mitgliedergruppe nur geringe selektive Anreize anbietet und sie scheinbar keine innergewerkschaftliche Rolle spielt, entschließen sich viele Gewerkschaftssenioren, ihre Mitgliedschaft beizubehalten. Um dieses Paradox zu erörtern, wird zunächst ein kurzer Blick auf die Organisationsstrukturen der IG BCE geworfen, um anschließend die Prägungen und Traditionen im Bereich der Seniorenarbeit in den drei Gründungsgewerkschaften IG CPK, IG BE und GL zu analysieren.

2. Organisations- und Mitgliederstruktur

Anders als beim Vereinigungsprozess von ver.di einigte man sich bei den Fusionsgesprächen zur IG BCE darauf, die bewährten Organisationsstrukturen der beteiligten Gewerkschaften gleichgewichtig zu übernehmen. Daher stehen die aus der Tradition der IG BE stammenden lebensweltbezogenen Ortsgruppen und der aus der IG CPK-Struktur übernommene betriebsbezogene Vertrauensleutekörper auf der unteren örtlichen Ebene der neuen Organisation formal gleichgestellt nebeneinander. Auf die unterste Organisationsebene bauen die weiteren drei Einheiten Bezirk, Landesbezirk und Hauptvorstand auf. Insgesamt ist die IG BCE derzeit in 44 Bezirke gegliedert. Die nächsthöhere Organisationsstufe besteht aus den acht Landesbezirken Baden-Württemberg, Bayern, Hessen/Thüringen, Nord, Nordost, Nordrhein, Rheinland-Pfalz/Saarland und Westfalen.

　　Der Vertrauenskörper war in der IG CPK der Mandatsträger der Mitgliedschaft und somit das Basiselement des Verbandes. In der Verbandskultur der IG CPK konzentrierte sich die Mitgliederbetreuung daher in der Regel auf die arbeits- bzw. betriebsbezogene Interessenvertretung. Die Betreuung reichte meist nicht über die betriebliche Ebene hinaus. Demgegenüber stellten die Ortsgruppen in der IG BE den Mittelpunkt der mitgliedernahen Wohnortarbeit dar. Die Ortsgruppen verstanden sich als »kollektiver, identitätsstiftender Zusammenschluss von Gleichgesinnten« (Klatt 1997: 90), in die das Mitglied ganzheitlich eingebunden war. So bezog sich die Arbeit der Ortsgruppen auch auf die Einbindung der Familie des Mitglieds, die Freizeit- und Kulturarbeit und die Betreuung bei Krankheit und Unfall. Mit diesem lebensweltlich orientierten Gewerkschaftsverständnis suchten die Ortsgruppen auch auf das kommunal- und gesellschaftspolitische Umfeld Einfluss zu nehmen.

Die formal gleichwertige Übernahme von Ortsgruppe und Vertrauenskörper als institutionelle Basiseinheiten in die neue Organisation der IG BCE lässt sich als Kompromisslösung im Zuge der Fusionsverhandlungen interpretieren. Im Vorfeld des Zusammenschlusses bestanden sowohl auf Seiten der Haupt- als auch auf Seiten der Ehrenamtlichen jeweils Befürchtungen »vor einem gewerkschaftlichen »Identitätsverlust«« (Kahmann 2005: 44). Die drei IG BCE-Gründungsgewerkschaften IG CPK, IG BE und GL unterschieden sich grundsätzlich hinsichtlich ihrer jeweiligen Verbandsidentität. Die Verbandskultur der IG CPK basierte auf einer im Kern zentralistischen Grundorientierung. Dahinter stand die Vorstellung, dass nur die Hauptamtlichen angesichts eines fortschreitenden Prozesses der Individualisierung und Verbetrieblichung in der Lage seien, die erforderliche verbandliche Geschlossenheit zu gewährleisten (Klatt 1997: 90). Demzufolge waren die Hauptamtlichen und die »handlungsmächtigen Betriebsräte vor allem aus den Großbetrieben« (Klatt 1997: 108) die bedeutendsten Akteure in der IG CPK. Mit anderen Worten: Die Integration des Verbandes vollzog sich nicht vorrangig über die lebensweltliche Gemeinschaft der Mitglieder wie in den Ortsgruppen der IG BE. Vielmehr stand der Betrieb und eine eher funktional dienstleistungsorientierte Beziehung zu den betrieblichen Interessenvertretern im Mittelpunkt der gewerkschaftlichen Arbeit (ebd.: 110).

Demgegenüber dominierte in der IG BE und der Gewerkschaft Leder der lebensweltbezogene, also über den betrieblichen Rahmen hinausgreifende »Wert der Gemeinschaft«. Das maßgebliche Element der Verbandsidentität war die »Gemeinschaft der Gleichen«, in der vor allem die ehrenamtliche Arbeit in den Ortsgruppen eine hohe Wertschätzung besaß. Die Ortsgruppen sind im Wohnort präsent, um einen ganzheitlichen Bezug der Gewerkschaft zum Mitglied von der »Wiege bis zur Bahre« zu ermöglichen (ebd.: 109). Voraussetzung für ein »Gefühl heimatlicher Geborgenheit unter Gleichgesinnten« ist allerdings eine möglichst große Homogenität der Arbeits- sowie Lebensbedingungen, der Überzeugungen und Interessen sowie die Herausbildung eines identitätsstiftenden Berufsethos, wie es für den Bergbau charakteristisch ist.

Mit der parallelen Existenz von Ortsgruppen und Vertrauenskörpern schuf die IG BCE »ein autonomieschonendes Organisationsmodell, das sich weitgehend als »Addition der Struktur- und Satzungselemente beider Organisationen« erklärt (ebd.: 43). Auch die finanzielle Ausstattung der Basisebene ist hervorzuheben: Um ihre satzungsverankerten Aufgaben zu erfüllen, »erhalten die Ortsgruppen bis zu einer Größe von 2.500 Mitgliedern 10 Prozent und die Vertrauenskörper 1,5 Prozent vom Beitragsaufkommen ihrer Mitglieder« (IG BCE 2005a: 41). Diese satzungsgeregelte »Rückvergütung« bietet den Ortsgruppen finanzielle Ressourcen, durch die sie relativ unabhängig von höheren Organisationsebenen über Gestaltungsspielräume verfügen.

Mitgliederstruktur

Ein Grund für die Fusion von IG CPK, IG BE und GL ist in der negativen Mitgliederentwicklung der beteiligten Gewerkschaften zu sehen. Alle drei Gewerkschaften verzeichneten nach einem kurz andauernden Mitgliederboom im Zuge der deutschen Vereinigung im Laufe der neunziger Jahre einen Abschwung der Mitgliederzahlen. Mit der Übernahme der ostdeutschen Industriegewerkschaft Chemie, Glas und Keramik (IG CGK) konnte die IG CPK nach der Wende zwar kurzzeitig einen Mitgliederzuwachs um 24 Prozent auf 876.674 im Jahr 1991 verbuchen. Dieser führte jedoch aufgrund der »Strukturanpassungsmaßnahmen« in der ostdeutschen chemischen Industrie zu einer Vielzahl von Entlassungen und darauf folgend zu einer Reduzierung der Gewerkschaftsmitgliedschaften. Im Fusionsjahr 1996 belief sich die Gesamtmitgliedschaft der IG CPK auf rund 700.000 Mitglieder (Tenfelde 1997: 322). Der strukturelle Mitgliederverlust der IG BE lässt sich auf den Wegfall der Arbeitsplätze im Steinkohlebergbau, insbesondere in Nordrhein-Westfalen, zurückführen. Anfang der neunziger Jahre waren rund 70 Prozent der Mitglieder im Bereich der Steinkohle beschäftigt. Da der Organisationsgrad in dieser Branche hoch war, traf der Arbeitsplatzabbau die Gewerkschaft besonders hart. Organisierte die IG BE im Jahr 1992 457.239 Mitglieder, so waren es im Jahr 1996 nur noch 335.317 Mitglieder. Dies entspricht einem prozentualen Rückgang von rund 27 Prozent in nur vier Jahren. Der rapide Mitgliederrückgang der GL ist in erster Linie darin begründet, dass die Leder produzierende Industrie in großem Umfang in die Entwicklungsländer verlagert wurde (Kahmann 2005: 19). Zwischen 1991 bis 1996 hat sich die Mitgliederanzahl von 41.718 auf 21.929 halbiert. Insgesamt verloren die IG BCE-Gründungsgewerkschaften im Zeitraum von 1992 bis 1996 rund 227.000 Mitglieder.

*Tabelle 52: Seniorenanteil an der Gesamtmitgliedschaft der IG CPK, IG BE,
GL 1989–1996*

Jahr	IG CPK			IG BE			GL		
	Mitglieder	*Gew.-Senioren*	*In %*	*Mitglieder*	*Gew.-Senioren*	*In %*	*Mitglieder*	*Gew.-Senioren*	*In %*
1989	664.618	88.990	13,4	331.106	136.188	41,1	44.583	2.450	3,7
1990	675.949	90.578	13,4	322.820	136.193	42,2	42.615	2.131	5,0
1991	876.674	91.598	13,6	313.198	134.728	32	41.718	3.311	6,2
1992	818.832	93.093	14,0	457.239	165.766	36,3	31.278	1.877	6,3
1993	778.530	120.942	18,8	403.172	160.281	39,8	27.420	k.A.	k.A.
1994	742.367	120.942	19,4	390.000	155.000*	39,7	25.043	k.A.	k.A.
1995	723.240	126.000	17,4	376.366	148.000*	39,3	23.081	k.A.	k.A.
1996	694.897	k.A.		363.910	k.A.*		21.929	k.A.	k.A.

*Ab 1994 wurde der Rentneranteil nicht mehr separat aufgeführt. Im Jahr 1994 waren schätzungs-
weise 155.000 in der IG BE organisiert.

Quelle: Tenfelde 1997: 322ff.; IG CPK 1994: 121f; Klatt 1997: 137ff.

Wie Tabelle 52, zeigt, wies insbesondere die IG BE mit rund 40 Prozent einen verhältnismäßig hohen Seniorenanteil auf. Dies ist vor allem auf die
strukturelle Wirtschaftslage im Bereich des Steinkohlebergbaus zurückzuführen. Der Seniorenanteil bei der IG CPK lag bis zum Jahr 1993 stetig unter 14 Prozent und stieg in diesem Jahr um vier Prozent auf 18,8 Prozent.
Diese Zunahme hat ihre Ursachen im Beitritt der ehemaligen FDBG-Vete-
ranen und in der seit Anfang der neunziger Jahre stark betriebenen Frühverrentungspolitik. Der Anteil von Mitgliedern im Rentenalter innerhalb der
GL lag dagegen konstant bei unter 10 Prozent.

Seit dem Zusammenschluss der drei Gewerkschaften zur IG BCE liegt
der Anteil der verrenteten Mitglieder zwischen 27 und 28 Prozent der Gesamtmitgliedschaft. Mitglieder unter 27 Jahre umfassten im Jahr 2008 lediglich 9,9 Prozent der Gesamtmitgliedschaft. Der Frauenanteil an der Gruppe
der Senioren lag im Jahr 2008 bei 16,1 Prozent.[585]

---

585 Der Frauenanteil der Gesamtmitgliedschaft lag im selben Jahr bei 19,4 Prozent.

Tabelle 53: Seniorenanteil an der Gesamtmitgliedschaft der IG BCE 2001–2008*

Jahr	Mitglieder gesamt	Mitglieder Senioren	Seniorenanteil an der Gesamtmitgliedschaft (in Prozent)
2001	862.364	234.787	27,2
2002	833.693	229.804	27,7
2003	800.762	222.762	27,8
2004	770.582	218.091	28,3
2005	748.849	212.528	28,4
2006	728.702	207.854	28,5
2007	713.253	204.603	28,7
2008	701.053	200.585	28,6

*Bestände jeweils zum Jahresende;

Quelle: Angaben des IG BCE Hauptvorstand 2009; DGB 2009.

Tabelle 54: Seniorenanteil der IG BCE in den Landesbezirken 2008*

Landesbezirk	Mitglieder insgesamt	Senioren Absolut	Seniorenanteil (in Prozent)
Nord	90.543	20.204	22,3
Nord-Ost	68.957	26.026	37,7
Westfalen	113.839	50.880	44,7
Nord-Rhein	116.223	34.714	29,7
Hessen/Thüringen	83.349	19.458	23,3
Baden-Württemberg	49.951	9.340	18,7
Rheinland-Pfalz/Saarland	84.626	22.918	27,1
Bayern	75.521	17.037	22,6

*zum Jahresende;

Quelle: Angaben des IG BCE-Hauptvorstandes 2008; eigene Berechnungen.

Mit einem Anteil von rund 45 Prozent stellen die Gewerkschaftssenioren im IG BCE-Landesbezirk Westfalen knapp die Hälfte der Mitglieder. In dieser Region liegt das ehemalige Zentrum der IGBE. Der hohe Seniorenanteil ist einerseits darauf zurückzuführen, dass es eine hohe Verbundenheit mit der Gewerkschaft jenseits der Erwerbsarbeit gibt. Andererseits ist er Ausdruck des Rückbaus in dieser Branche, der dazu führt, dass es kaum noch jüngere Arbeitnehmer gibt, womit auch das gewerkschaftliche Rekrutierungspotenzial drastisch gesunken ist. Dagegen ist im kleinen Landesbezirk Baden-Württemberg, in dem die IG BCE vergleichsweise schwach vertreten ist, der prozentuale Mitgliederanteil der Senioren an der Gesamtmitgliedschaft mit 18,8 Prozent im bundesweiten Vergleich relativ gering.

Tabelle 55: Altersverteilung der Ortsgruppen-Funktionäre März 2008

Landesbezirk	Anzahl der OG	Altersgruppe in Jahren								Durch- schnitts- alter
		bis 20	21–30	31–40	41–50	51–60	61–70	über 70	Gesamt	
Nord	115	2	41	82	318	390	300	189	1.322	56
Nord-Ost	312	5	75	145	530	762	859	438	2.814	58
Westfalen	246	0	48	148	752	805	804	828	3.385	60
Nord-Rhein	157	4	32	100	527	533	485	370	2.051	58
Hessen/Thü- ringen	163	1	43	108	360	532	508	298	1.850	58
Baden- Württemberg	17	0	5	16	60	50	41	15	187	54
Rheinland- Pfalz/Saar- lang	180	1	22	72	637	562	373	406	2.073	57
Bayern	33	0	5	30	85	89	53	56	318	56
Bundesweit	1.223	13	271	701	3.269	3.723	3.423	2.600	14.000	58

Quelle: Angaben des IG BCE Hauptvorstandes 2008.

Wie die Altersverteilung in Tabelle 55 darlegt, dominieren die Funktionäre der Altersgruppen »50 plus«. 43 Prozent der insgesamt 14.000 Ortsgruppenfunktionäre war 60 Jahre oder älter. Jüngere, erwerbstätige Mitglieder, beteiligen sich überwiegend in den betriebsnahen Strukturen der Vertrauenskörper. Der Altersdurchschnitt der Ortsgruppenfunktionäre lag im Jahr 2008 bei 58 Jahre, dagegen belief sich das bundesweite Durchschnittsalter der Vertrauensleute im selben Zeitraum auf rund 47 Jahre. In den Ortsgruppen finden sich mehrheitlich Mitglieder außerhalb des Erwerbslebens, damit orientiert sich auch die Gewerkschaftsarbeit an dieser Mitgliedergruppe. Der Landesbezirk Westfalen weist mit einem Durchschnittsalter von 60 Jahren eine sehr hohe Altersstruktur auf. Aufgrund des strukturellen Wandels, der eine hohe Anzahl von Betriebsschließungen und einen Mitgliederrückgang zur Folge hatte, altern die Ortsgruppen auch deshalb, weil neue, jüngere Mitglieder fehlen. Die hohe Altersstruktur in diesem Landesbezirk hat Schwierigkeiten bei der Wahl der Funktionäre zur Folge. Um die gewerkschaftliche Arbeit in dieser Region dennoch zu gewährleisten, wurden in den letzten Jahren einige Ortsgruppen organisatorisch zusammengelegt.

3. Leistungen und Beteiligungsangebote

Die Seniorenarbeit der IG BCE ist maßgeblich durch die traditionellen Strukturen der drei Gründungsgewerkschaften geprägt. Der folgende Vergleich der Leistungen für Rentner in der IG CPK, IG BE, GL und der heutigen IG BCE soll zunächst Erkenntnisse darüber liefern, welche Leistungsanreize die jeweilige Organisation für diese Personengruppe zur Verfügung stellte. Anschließend befassen wir uns mit den Strukturen der Seniorenarbeit in den Gründungsgewerkschaften und der IG BCE.

3.1 Unterstützungsleistungen für Senioren in den Gründungsgewerkschaften und IG BCE

Der Vergleich der materiellen Leistungsanreize (Tabelle 57) zeigt, dass die drei Gründungsgewerkschaften der IG BCE für ihre Mitglieder im Ruhestand je nach Mitgliedschaftsdauer unterschiedliche materielle Hilfen bereithielten. Vor allem kam dem Treuegeld und der Hinterbliebenenhilfe eine hohe Bedeutung zu. Aufgrund der hohen finanziellen Belastung stellte die IG CPK, ähnlich wie die IG Metall, im Jahr 1990 das Treuegeld als Satzungsleistung ein. Nach 1990 wurde nur denjenigen Mitgliedern diese Leistung gewährt, die der IG CPK mindestens seit 1975 angehörten.

Jubilarehrungen für eine langjährige Mitgliedschaft spielten nicht nur in der IG BE eine besondere Rolle, sondern auch in der IG CPK und GL. In der vom IG BCE-Vorstand beschlossenen Richtlinie zur Regelung der Jubilarehrung wird ebenfalls die Bedeutung der Jubilarehrungen unterstrichen: Bei einer Mitgliedschaft von 25, 40, 50, 60, 75 und 80 Jahren werden Jubilare im Rahmen einer Feierlichkeit mit einem Präsent, einer Ehrennadel und einer Urkunde geehrt. Bundesweit bemisst die Organisation im Jahr 2008 die Kosten pro Jubilar auf 50 Euro. Im Jahr 2000 wurden beispielsweise rund 3,4 Millionen DM für insgesamt 40.179 Jubilarehrungen von der IG BCE aufgewendet. Tabelle 56 verdeutlicht, dass viele Mitglieder der IG BCE eine starke Bindung an ihre Gewerkschaft haben und auch nach dem Übergang in den Ruhestand ihre Mitgliedschaft beibehalten. So hielten in der IG BE beim Übergang in den Ruhestand zu Beginn der neunziger Jahre rund 95 Prozent der Mitglieder ihre Mitgliedschaft aufrecht (Künemund u.a. 1993: 544).

Tabelle 56: Anzahl der Jubilarehrungen nach Mitgliedschaftsdauer 1998–2000

Mitgliedschaftsdauer	1998	1999	2000
25 Jahre	23.665	23.752	18.000
40 Jahre	12.977	11.181	10.500
50 Jahre	8.445	9.069	10.450
60 Jahre	1.057	1.014	950
70 Jahre	349	328	215
75 Jahre	101	118	17
80 Jahre	23	49	47
Ehrungen insgesamt	46.617	45.511	40.179

Quelle: IG BCE 2000b: 74.

Vergleicht man die Leistungen für Rentner der drei Quellgewerkschaften der IG BCE, so fällt auf, dass deren satzungsverankerte Ansprüche in der neuen Organisation stark reduziert worden sind. Im Ruhestand befindliche Mitglieder haben lediglich Ansprüche auf Treuegeld und Hinterbliebenenhilfe, die sie in ihren Herkunftsgewerkschaften erworben haben. Für Mitglieder,

Tabelle 57: Unterstützungsleistungen für Gewerkschaftssenioren in den Gründungsgewerkschaften und der IG BCE

	IG CPK	IG BE	Gewerkschaft Leder	IG BCE seit 1997
Monatlicher Mitgliedsbeitrag für Rentner	Seit 1989 5,- DM; ab 1990 wurde jährlich entsprechend um den Prozentsatz der gesetzlichen Rentenanpassung des Vorjahres erhöht. Die Erhöhung wurde auf volle 0,10 DM gerundet. Seit 1995 0,4 Prozent für aktive Mitglieder auf das Renteneinkommen (inklusive betrieblicher Rente)	Bis 1995 bei Einkommen bis 500 DM → 2 DM bis 1.000 DM → 3 DM für alle anderen Rentner → 5 DM Seit 1995 0,4 Prozent für aktive Mitglieder auf das Renteneinkommen (inklusive betrieblicher Rente)	DM 5,-	0,4 Prozent des Beitrages für aktive Mitglieder. Der zu zahlende Beitrag wird auf der Renten- und Versorgungseinkünfte berechnet.
Unterstützungsleistungen für Rentner		Kostenloser zehntägiger Aufenthalt in einem Erholungsheim in Königswinter		
Sterbegeld/ Hinterbliebenenhilfe	Als Hinterbliebenenhilfe kann bei Erfüllung der Anspruchsvoraussetzungen das Treugeld gezahlt werden, ansonsten bei 10-, 15-, 20-jähriger Mitgliedschaft das 10-,15-, 20-fache vom Durchschnitt der letzten 60 Monatsvollbeiträge gezahlt werden, falls die Leistungen der Freizeitunfallversicherung hierzu nicht in Anspruch genommen werden.	Das Sterbegeld richtet sich nach der Dauer der Mitgliedschaft: Bis zu 5 Jahren → DM 120,- Bei 5 bis 10 Jahren → DM 180,- Bei 10 bis 25 Jahren → DM 240,- Bei mehr als 25 Jahren → DM 300,-	Hinterbliebenenhilfe sofern die Voraussetzungen dafür erfüllt sind (Sonderregelung bei mindestens 10-jähriger Mitgliedschaft). Wurde diese einmalige Zuwendung bereits ausbezahlt, werden 15 Prozent der seit diesem Zeitpunkt geleisteten Beiträge erstattet.	Allen Mitgliedern der ehemaligen IG CPK, IG BE und Gewerkschaft Leder kann die Hinterbliebenenhilfe gemäß den alten Satzungsregelungen ihrer Herkunftsgewerkschaft nach Erfüllung der Voraussetzungen gewährt werden. Die Berechnung erfolgt einheitlich für alle übergetretenen Mitglieder nach den Satzungsregelungen der IG CPK. Mitglieder, die nach 1997 der IG BCE beigetreten sind, haben keine Ansprüche auf Hinterbliebenenhilfe.

Treuegeld/ Jubilarehrungen	Das Treuegeld kann gewährt werden, wenn die Mitgliedschaft bereits vor dem 1.10.1980 und insgesamt 25 Jahre ununterbrochen bestand. Mitgliedschaftszeiten und Beiträge in anderen Gewerkschaften werden nur anerkannt, wenn die Mitgliedschaft in der IG CPK vor dem 1.10.1990 erworben wurde. Für die Berechnung wird der Durchschnitt der letzten 120 Monats-Vollbeiträge vor dem 30.09.1990 zugrunde gelegt. Die Treuegeldregelung läuft folglich aus. Mit dem Erhalt des Treuegeldes entfällt der Anspruch auf Hinterbliebenenhilfe. Jubilare erhalten bei 25-, 40-, 60-, 70-, usw. jähriger Mitgliedschaft eine Urkunde, Anstecknadel und ein kleines Präsent.	Jubilarehrungen finden bei 25-, 40-, 50- und 60-jähriger Mitgliedschaft statt. Jubilare erhalten eine Ehrenurkunde, eine Ehrennadel, einen Ehrenteller und ab dem »40. Gewerkschaftsjubiläum« ein Buch. Für die Jubilarveranstaltung wird pro Jubilar ein Betrag von DM 40,- zur Verfügung gestellt.	Die einmalige Zuwendung wird nach 25-jähriger Mitgliedschaft in Höhe von ca. 15 Prozent der insgesamt bezahlten Beiträge (bis 1950 verschiedene Festbeträge, danach verschiedene Mindestbeiträge) mindestens jedoch in Höhe von DM 200,- gewährt.	Gewerkschaftsmitglieder der ehemaligen IG CPK und Gewerkschaft Leder behalten auch in der IG BCE die in ihren Herkunftsgewerkschaften erworbenen Ansprüche. Für Mitglieder, die nach 1997 in die IG BCE eingetreten sind, wird kein Treuegeld gewährt. Bei einer 10-jährigen Mitgliedschaft der IG BCE erhält das Mitglied ein Schreiben des Vorsitzenden und des stellvertretenden Vorsitzenden. Bei einer Mitgliedschaft von 25, 40, 50, 75, 80 und 85 Jahren wird der Jubilar zu einer Veranstaltung eingeladen bei der ihm ein Präsent, eine Ehrennadel und eine Urkunde überreicht werden. Die Jubilarehrungen werden von den Bezirken und manchmal von den Ortsgruppen durchgeführt. Die Organisation stellt für den Jubilar rund 50 Euro zur Verfügung (Präsente und Veranstaltung).
Rechtsschutzversicherung, Freizeit-Unfallversicherung	✓	✓	✓	✓

Quelle: Künemund et. al. 1992; IG CPK 1988; IG CPK 1995; IG BCE 2005a.

die nach der Vereinigung zur IG BCE der Gewerkschaft beigetreten sind, steht diese Form der Unterstützung nicht zur Verfügung. Die Leistungen des Treuegeldes in Höhe von rund 8,2 Millionen DM und der Hinterbliebenenhilfe in Höhe von 2,6 Millionen DM stellten im Jahr 2000 (IG BCE 2000b: 41) umfangreiche Finanzpositionen in der Ausgabenstruktur der Organisation dar.[586] Laut IG BCE-Satzung (IG BCE 2005a) steht dieser Mitgliedergruppe die Inanspruchnahme der Rechtschutzversicherung und der Freizeit-Unfallversicherung zu. Ebenso erhalten sie die Mitgliederzeitung »IG BCE kompakt« zugestellt. Langjährige (mindestens 10 Jahre), aktive Gewerkschaftssenioren haben die Möglichkeit, an einem zehntägigen Urlaub in Königswinter teilzunehmen (IG BCE 2007b: 2). Dass sich die Bedürfnisse und Erwartungen der jüngeren Rentner in den letzten Jahren verändert haben, lässt sich daran erkennen, dass diese exklusive Leistung nicht mehr die Attraktivität besitzt wie noch in den sechziger Jahren, viele bevorzugen den Individualurlaub.

3.2 Seniorenarbeit in den Gründungsgewerkschaften IG CPK, IG BE und GL

Seniorenarbeit in der IG CPK

Bis Anfang der neunziger Jahre gab es in der IG CPK keine ausgeprägte Seniorenarbeit. Im Vordergrund standen vielmehr gemeinschaftliche Aktivitäten, wie Jubilarehrungen bei mehrjähriger Mitgliedschaftsdauer. Dies änderte sich mit der Frühverrentungspolitik insbesondere ab den Jahren 1993 bis 1995. In dieser Zeit gingen viele ältere Gewerkschaftsmitglieder in den Vorruhestand und verfügten über zeitliche Ressourcen, die sie für Aktivitäten innerhalb der Gewerkschaft einbringen wollten. Viele der »jungen Alten« besaßen aufgrund ihrer Tätigkeiten als Vertrauensleute oder Betriebsräte ein großes gewerkschaftliches Erfahrungswissen. Insbesondere die ausgeschiedenen Mitglieder der Großchemiekonzerne in den Bezirken Ludwigshafen und Leverkusen aber auch im Bezirk Hamburg-Harburg organisierten sich in Seniorenarbeitskreisen und begannen eine bis heute rege Seniorenarbeit. Auch die neu beigetretenen Mitglieder des ehemaligen FDGB stellten die Forderung, Senioren ein verbessertes Betätigungsfeld anzubieten. Ähnlich

---

586 Im Geschäftsbericht 2005 der IG BCE werden die Ausgaben zu dieser Leistung nicht mehr angeführt.

wie in der IG Metall waren die ehemaligen FDGB-Veteranen mit dem bisherigen seniorenspezifischen Angebot in der IG CPK unzufrieden und äußerten ihren Wunsch, in der Gewerkschaft ähnlich eingebunden zu sein wie im FDGB.

Die Mitgliedergruppe Senioren besaß in der IG CPK weder einen Personengruppenstatus noch war die Seniorenarbeit formal in einer Richtlinie geregelt. Es existierte lediglich eine Empfehlung des Hauptvorstands, nach der in den Verwaltungsstellen Seniorenarbeitskreise gebildet werden konnten (Künemund et. al 1992: 18). Dort, wo der Wunsch bestand, einen Seniorenarbeitskreis zu errichten, unterstützten die hauptamtlich Beschäftigten dieses Anliegen. Der Aufbau einer flächendeckenden Seniorenarbeit stand jedoch nicht zur Debatte. Mitte der neunziger Jahre beschäftigte sich ein Koordinierungsausschuss unter der Leitung der Abteilung Organisation des Hauptvorstands mit der Frage, wie die aktiven Senioren in die Organisation eingebunden werden konnten und welche Aufgabenfelder sie in diesem Zusammenhang übernehmen konnten. Es wurde unter anderem die Möglichkeit diskutiert, die Senioren verstärkt bei der Durchführung von Jubilarehrungen einzusetzen und in diesem Aufgabenfeld ein Standbein der seniorenbezogenen Aufgaben zu etablieren. Dies wurde jedoch nicht verwirklicht.

Als nicht satzungsverankerte Personengruppe blieb den Senioren die Teilnahme als Mandatsträger an Delegiertenkonferenzen verwehrt, da die Wahl der Delegierten in den Mitgliederversammlungen der Betriebe bzw. der Vertrauensleute erfolgte (ebd.). Je nach Beschluss des Verwaltungsstellenvorstands bestand für den gewählten Sprecher des Seniorenarbeitskreises die Möglichkeit, als Gast an den Delegiertenkonferenzen teilzunehmen. Auch zu den Sitzungen des Verwaltungsstellenvorstands wurden die Sprecher des Seniorenarbeitskreises eingeladen, um ihre Sichtweise zu rentnerspezifischen Fragen darzulegen.

Die neunziger Jahre waren bis zum Zusammenschluss zur neuen IG BCE durch eine neue Debatte um die Einbindung der Senioren in die Organisation geprägt.[587] Obgleich in dieser Zeit die Seniorenarbeit wichtige Impulse durch ein stärkeres Engagement dieser Personengruppe selbst erhielt, wurde die ehrenamtliche Arbeit nicht formal in die Organisation integriert. Erklären kann man die zögerliche Entwicklung in der IG CPK mit der starken

---

587 In den Jahren 1995 und 1996 wurden die vom Vorstand erarbeiteten Senioren-Infos veröffentlicht, in denen unter anderem über aktive Seniorenarbeitskreise berichtet wurde.

Konzentration auf die hauptamtlichen Strukturen, was auch auf die politischen Kämpfe in dieser Gewerkschaft zurückzuführen ist, die in den 70er Jahren ausgetragen wurden (vgl. Kädtler/Hertle 1997).

Seniorenarbeit in der IG BE

Die IG BE kann aufgrund der frühen Verrentung ihrer Mitglieder und infolge des wirtschaftlichen Strukturwandels im Bergbau seit den sechziger Jahren als einer der »Präzedenzfälle überalterter Gewerkschaften« (Streeck 2006: 297) bezeichnet werden. Der Senioren-Anteil betrug im Jahr 1969 36,5 Prozent und eine nicht geringe Anzahl von Ortsgruppen setzte sich in ihrer Mehrheit aus Mitgliedern im (Vor-)Ruhestand zusammen.[588] Die Ortsgruppen verstanden sich nicht in erster Linie als gewerkschaftlicher Ansprechpartner vor Ort, sondern als »ein kollektiver, identitätsstiftender Zusammenschluss von Gleichgesinnten« (Klatt 1997: 107). Die Ortsgruppe, die neben der Betriebsgruppe als örtliche, wohnortsbezogene Basisgliederung institutionalisiert worden war, um »das Mitglied zusammen mit seiner Familie zu erfassen« (Tenfelde 1997: 171), hatte in der unmittelbaren Wiederaufbauphase nach dem Zweiten Weltkrieg auch die politische Funktion erhalten, jeglichen kommunistischen Einfluss in den eigenen Reihen einzudämmen. Während kommunistische Gewerkschafter den Vorschlag machten, eigene Invalidengruppen für die nicht mehr betriebstätigen Mitglieder auf der untersten Ebene zu gründen, befürchtete die sozialdemokratische Gewerkschaftsführung eine politische Instrumentalisierung durch die in den Betriebsgruppen bestehenden kommunistischen Zellorganisationen und verlagerte mit der Gründung der Ortsgruppen die politischen Debatten in diese (ebd.). »Aus den Betriebsgruppen kommende, als radikal angesehene Forderungen – ob tatsächlich kommunistisch inspiriert oder nicht, kann dahingestellt bleiben« (Streeck 2006: 297) – wurden in den von Rentnern dominierten Ortsgruppen regelmäßig abgelehnt. Demnach bildeten Rentnermitglieder in politisch-ideologischen Auseinandersetzungen eine »strategische Reservearmee«, deren Loyalität dadurch gesichert war, dass sie die Vorzüge der gut ausgestatteten Rentenversicherung des Bergbaus, der Knappschaft, erhielten (ebd.). Sie waren im Vergleich zu den Versicherten in der gesetzlichen Rentenversicherung gut ausgestattet. Auch die finanziellen Ressourcen durch die fünfzehnprozentige Beitragsrückvergütung ermöglichte

---

588 Solange sie im Erwerbsleben standen, brachten sich die Gewerkschaftsmitglieder in ihrer Mehrzahl in die Betriebsgruppen ein.

den Funktionären der Ortsgruppen im Rahmen der Satzung unabhängige Handlungsfreiheiten, die von den Beteiligten geschätzt wurden. Diese Budgetrichtlinie spielt auch für die heutige Arbeit in den Ortsgruppen der IG BCE eine wichtige Rolle. Die Einbindung des Mitglieds und seiner Familie in die Organisation, die durch die persönliche Ansprache und die fürsorgliche Betreuung des einzelnen als Teil der Wertegemeinschaft zum Ausdruck kam, ermöglichte eine hohe Mobilisierung und einen verhältnismäßig hohen Organisationsgrad (Klatt 1997: 112).

Mitglieder im Ruhestand wurden nicht als gesonderte Personengruppe in der Satzung erwähnt und es wurde keine formale Struktur für ihr Engagement eingeführt. Vielmehr waren sie wie erwerbstätige Mitglieder gleichberechtigt und voll stimmberechtigt. Ebenso konnten sie für die Vorstände der Ortsgruppen, der Geschäftsstellen und Bezirke kandidieren. Auch wenn Rentner in den Ortsgruppen in einigen Regionen, insbesondere in Westfalen, mehr als die Hälfte der ehrenamtlichen Funktionsträger stellten, verstand man die Ortsgruppe als generationenübergreifende wohnortnahe, gewerkschaftliche Beteiligungsstätte, die die ganze Familie einband, Freizeit- und Kulturangebote organisierte und bei Krankheit sowie Unfall oder bei sozialrechtlichen Fragen Unterstützung bot.

Exkurs: Die Rolle des Knappschaftsältesten

Die Knappschaft ist der Renten-, Kranken- und Pflegeversicherungsträger der im Bergbau beschäftigten Arbeitnehmer. Strukturell und personell bestand eine enge Verzahnung zur IG BE. Es handelt sich jedoch um zwei unabhängige Institutionen. Die Knappschaft ist eng mit der Tradition der Bergarbeiter verbunden und seit dem 13. Jahrhundert zunftmäßiger Zusammenschluss der Bergleute, um sich wechselseitig bei Krankheit und Unfällen zu unterstützen. Die zahlreichen Knappschaftsvereine schlossen sich im Jahr 1969 zur Bundesknappschaft mit Sitz in Bochum zusammen. Bis zur Fusionierung im Jahr 2005 zur neuen Deutschen Rentenversicherung Knappschaft-Bahn-See war sie eine öffentlich-rechtliche Selbstverwaltungskörperschaft. Die Sozialfürsorge der Knappschaft ist im Vergleich zu den Leistungen der gesetzlichen Rentenversicherung gut ausgestattet und bietet daher ihren Mitgliedern eine zufriedenstellende Alterssicherung. Die Knappschaftsältesten, heute als Versichertenälteste bezeichnet, nehmen eine besondere Stellung ein, indem sie die Knappschaft und die Gewerkschaft in Personalunion miteinander verbinden. In der Regel sind sie Gewerkschaftsmitglieder der ehemaligen IG BE und gehören zum Vorstand der Ortsgruppen. Der Knapp-schaftsälteste und sein Vertreter werden alle sechs Jahre bei den Sozialwahlen der Ortsgruppen gewählt. Der Versichertenälteste ist für die Rentenversicherungsträger ehrenamtlich in den örtlichen Strukturen tätig. Zu seinen Aufgaben gehört es, die Versicherten zu beraten und zu betreuen, beim Ausfüllen von Formularen der Rentenversicherung zu helfen, Anträge entgegenzunehmen und an die Versicherten weiterzuleiten sowie Auskünfte für sie einzuholen. Nahezu 70 Prozent der 1.275 Knappschafts-Ältesten standen im Jahr 2008 außerhalb des Erwerbslebens.[589] Viele von ihnen waren lange gewerkschaftlich, beispielsweise als Betriebsrat, tätig.[590]

Seniorenarbeit in der GL

Die Rentner in der Gewerkschaft Leder besaßen weder einen Status als Personengruppe noch war die ehrenamtliche Seniorenarbeit in einer Richtlinie formal gestaltet. Dieser Umstand ist auf den sehr geringen Seniorenanteil an der Gesamtmitgliedschaft zurückzuführen. Mitglieder, die aus dem aktiven Berufsleben ausschieden, blieben in die Ortsverwaltungen integriert. Sie wurden zu den Mitgliederversammlungen eingeladen und hatten das Recht, »Wahlvorschläge zu unterbreiten und zu wählen« (Künemund et. al 1992: 13).

3.3 Einbindung der Senioren in die Organisation

Im Folgenden steht die Entwicklung einer einheitlichen Seniorenarbeit in der IG BCE im Blickpunkt. Zunächst wird dargestellt, wie die Integration der Senioren in die neu gegründete Organisation während des Vereinigungsprozesses diskutiert wurde. Anschließend wird die heutige Einbindung dieser Mitgliedergruppe in die IG BCE untersucht.

3.3.1 Integration der Senioren im Fusionsprozess zur IG BCE

Mit der Fusion von IG CPK, IG BE und GL zur IG BCE verband sich das Ziel, eine »stark auf die gewerkschaftlichen Außenbeziehungen gerichtete

---

589 Im Jahr 2008 war der älteste Knappschafts-Älteste 1915 geboren, der jüngste im Jahr 1975.

590 Um die Aufgaben in dieser Funktion entsprechend erfüllen zu können, nehmen sie und ihre Vertreter an Bildungs- bzw. Schulungsveranstaltungen der Gewerkschaft teil.

Organisationsreform« durchzuführen (Kahmann 2005: 44), die neue Organisation zu konsolidieren und eine verbesserte Durchsetzungsfähigkeit zu ermöglichen. Obgleich der Rentneranteil in der IG BE mit rund 39 Prozent verhältnismäßig hoch war, wurde keine einheitliche, satzungsrechtlich abgesicherte Seniorenarbeit in der neuen Organisation angestrebt. Lediglich im Hinblick auf die Aufgaben der Bezirke ist die »Durchführung der Gruppenarbeit/Arbeitskreise für Angestellte, Frauen, Jugendliche sowie Rentner/ Rentnerinnen, Arbeitslose und ausländische Arbeitnehmer/Arbeitnehmerinnen« (IG BCE 2005a: 46) in der Satzung festgeschrieben. Das Prinzip der Ortsgruppen der IG BE und das der Seniorenarbeitskreise in der ehemaligen IG CPK wurde übernommen und so weiter entwickelt, wie es den jeweiligen organisatorischen Traditionen entsprach.

Die Einbindung der Seniorenarbeit in die Gesamtorganisation spielte während des Fusionsprozesses nur eine marginale Rolle. Im Vorfeld kam es wegen des Mitgliederbeitrages für Rentner zu Diskussionen.[591] Auf dem Gewerkschaftskongress der IG BE im Jahr 1995 wurde die bis zu diesem Zeitpunkt geltende Regelung des Mitgliederbeitrages für Rentner erneuert. Die Höhe des Beitrages belief sich auf 0,4 Prozent des monatlichen Renteneinkommens, welches sich aus der gesetzlichen und der betrieblichen Rente zusammensetzte. In Anbetracht der vergleichsweise komfortablen Knappschaftsrentenbezüge, die nun ebenfalls in die Berechnung des Mitgliederbeitrages einflossen, erhoffte sich die Gewerkschaft – auch im Hinblick auf die begonnene Zusammenführung mit der IG CPK und GL – von der neuen Regelung eine finanzielle Aufstockung. Dieser Schritt wurde mit dem Solidaritätsprinzip begründet: Mitglieder mit einem höheren Renteneinkommen sollen auch einen höheren Mitgliedsbeitrag leisten. Dies bedeutete teilweise eine Erhöhung um das Doppelte. Im Einzelfall konnte damit der monatliche Beitrag über 12,- DM betragen. Diese Erhöhung des Rentnerbeitrages blieb jedoch nicht ohne Folgen: In den zwei Jahren nach der Einführung sind rund 17.000 Mitglieder im Ruhestand und damit knapp zehn Prozent der Gewerkschaftssenioren aus der IG BE ausgetreten (IG CPK 1996a: 242).

Im Zuge einer harmonischen Zusammenführung wurde auf dem 15. ordentlichen und letzten Gewerkschaftstag der IG CPK im September 1995 unter heftiger Diskussion die Einführung des Mitgliedsbeitrages für Rentner

---

591 Seit Mitte 1992 hatten die IG BE und IG CPK gemeinsame Ausschüsse gebildet, um die Fusion vorzubereiten; seit 1993 kam die Gewerkschaft Leder hinzu. Von Juni 1991 bis Dezember 1994 fanden elf Sitzungen der Satzungskommission statt.

auf 0,4 Prozent des monatlichen Renteneinkommens beschlossen. Die Erhöhung wurde von Seiten des Hauptvorstands der IG CPK mit dem Hinweis auf die Finanzierung der Ortsgruppenarbeit, die in der IG BCE von der IG BE übernommen werden sollte, als erforderlich angesehen.

»Diese Ortsgruppenarbeit wird in einem sehr viel größeren Umfange als das bei uns zur Zeit der Fall ist, die Seniorenarbeit integrieren und unseren älteren Kolleginnen und Kollegen eine viel breitere Möglichkeit der Mitwirkung, der Mitbestimmung, der Mitarbeit ermöglichen. Da das Ganze letztendlich finanziert werden muss und aus der derzeitigen Kassenlage nicht finanziert werden kann, […] brauchen wir für die zukünftige Organisation die stärkere materielle Unterstützung auch durch unsere älteren Kolleginnen und Kollegen« (ebd.: 228).

Ein vielfach angeführtes Gegenargument beinhaltete die Befürchtung, dass eine große Zahl von Mitgliedern im Rentenalter aufgrund der Erhöhung die Gewerkschaft verlassen werde.[592] Letztlich wurde der Beitragsregelung dennoch zugestimmt.

Auch auf dem ersten ordentlichen Gewerkschaftstag der neu gegründeten IG BCE im Oktober 1997 wurde über die Seniorenarbeit und die Integration dieser Mitgliedergruppe in die Organisation diskutiert. Der über die Landesbezirkskonferenz Brandenburg/Sachsen von der Ortsgruppe Greifswald-Schönwalde eingebrachte Antrag zur »Gleichstellung der Seniorenarbeit mit der Personengruppenarbeit« (IG BCE 1998: 131) forderte eine bundesweite Regelung der Seniorenarbeit in der neuen Organisation durch eine Richtlinie. Nach Meinung der Antragssteller sollten Senioren ähnlich wie die Angestellten, Frauen und Jugend »gesetzte Mandate in den Vertretungen des Bezirks-, des Landesbezirksvorstandes, bei Bezirks- und Landesbezirkskonferenzen und Kongressen der Gewerkschaft« (ebd.) erhalten. Der Antrag wurde mit dem Hinweis auf die gelungene Integration der Senioren in die Ortsgruppen abgelehnt. Eine satzungsrechtliche Formalisierung der Seniorenarbeit in der IG BCE wird weiterhin als nicht erforderlich angesehen, da die örtliche Einbindung der Gewerkschaftssenioren auch ohne formelle Regelung angemessen erscheint.

---

592 Auch das Zugrundelegen der betrieblichen Rente für die Berechnung des jeweiligen Mitgliederbeitrages wurde mit dem Hinweis kritisiert, dass die Organisation für den Erwerb der Betriebsrente nichts beigetragen habe (ebd.: 237).

3.3.2 Seniorenarbeit in der IG BCE: Zwischen Ortsgruppen und Seniorenarbeitskreisen

Die flächendeckende Übernahme der betriebsorientierten Vertrauenskörper und der wohnortbezogenen Ortsgruppen hatte für die Seniorenarbeit zur Folge, dass diejenigen Mitglieder, die nicht mehr über die betrieblichen Strukturen erreicht werden konnten, dem Zuständigkeitsbereich der Ortsgruppen zugeordnet wurden. Folglich erhielten die Mitglieder im Ruhestand der ehemaligen IG CPK nun die Möglichkeit, sich sowohl in den bestehenden Seniorenarbeitskreisen als auch in den neuen Ortsgruppen einzubringen. Gegenwärtig bestehen in der IG BCE bundesweit schätzungsweise 150 Seniorenarbeitskreise und 1.223 Ortsgruppen, in denen sich die Gewerkschaftssenioren engagieren. Während in den Seniorenarbeitskreisen Seniorenarbeit als solche explizit bezeichnet wird, besteht in den Ortsgruppen keine separate Seniorenarbeit. Historisch – begründet durch die Struktur der IG BE – war eine definierte Seniorenarbeit nicht erforderlich, da die Rentner als vollwertige Mitglieder mit allen Rechten in den Ortsgruppen integriert waren. Aufgrund der hohen Altersstruktur der Funktionäre in den Ortsgruppen (siehe Tabelle 55) ist deren konkrete Arbeit jedoch besonders durch die spezifischen Anliegen der Rentner geprägt. Der politische Auftrag der Ortsgruppen, der zwar nicht formalisiert ist, jedoch von der IG BCE-Führung nachdrücklich begrüßt wird, ist das Engagement in den kommunalen Strukturen. Demnach wird auch die Mitarbeit in den kommunalen Seniorenbeiräten angestrebt. Die Seniorenarbeitskreise sind ebenfalls bestrebt, die spezifischen Anliegen älterer Menschen aus Sicht der IG BCE in diese Gremien einzubringen, wobei zum gegenwärtigen Zeitpunkt festgehalten werden kann, dass dort viele Aktivitäten weniger politisch, als vielmehr kulturell bzw. zum Zweck des geselligen Beisammenseins ausgerichtet sind.[593] Im Gegensatz zu den Seniorenarbeitskreisen sind die Ortsgruppen finanziell nicht von der Bezirksleitung abhängig. Konkurrenzsituationen zwischen engagierten Senioren in den Seniorenarbeitskreisen und den Ortsgruppen bestehen jedoch nicht. Vielmehr steht es den Senioren in der IG BCE frei, ob sie sich eher in der wohnortnahen Ortsgruppe oder mit den ehemaligen Betriebskollegen im Seniorenarbeitskreis einbringen möchten.

Die Seniorenarbeit in der IG BCE erweist sich in ihren regionalen Ausprägungen als sehr vielfältig. Insbesondere in mitgliederstarken Bezirken,

---

593 Die Vorsitzenden der Seniorenarbeitskreise können jedoch an überregionalen Bildungsveranstaltungen und Seminaren in den Schulungszentren der IG BCE teilnehmen.

wie beispielsweise in Ludwigshafen und Leverkusen, wo Chemiegroßkonzerne ansässig sind, ist eine recht aktive Beteiligung der Gewerkschaftssenioren vorzufinden. Dieses Phänomen ist das Ergebnis einer Gewerkschaftsarbeit, die sich durch den konkreten Unternehmensbezug auszeichnet und zugleich eine nachberufliche Bindung fördert. Dies deutet darauf hin, dass insbesondere in den branchenspezifischen Regionen des Bergbaus und der Chemie- und Energiegroßkonzerne Gewerkschaftssenioren ihre Mitgliedschaft aus Verbundenheit und Zugehörigkeitsgefühl häufig aufrechterhalten.

3.3.3 Beteiligung am Willensbildungsprozess

In der formalen Organisationsstruktur der IG BCE ist die Mitgliedergruppe der Senioren nicht zu finden. In der Abteilung 4 »Vertrauensleute/Ortsgruppen« des Hauptvorstands, die die Ortsgruppenarbeit bundesweit koordiniert, werden Fragen und Aspekte der Seniorenarbeit jedoch aufgegriffen. Die Vorsitzenden der 44 Bezirke treffen sich regelmäßig mit dem Leiter der Abteilung Organisationspolitik, um die Ortsgruppenarbeit zu koordinieren.[594]

In den Vertrauenskörpern und den Ortsgruppen findet die Delegiertenwahl zum Gewerkschaftskongress statt. Die Ortsgruppenmitgliederversammlung wählt die Delegierten zur Bezirkdelegiertenkonferenz. Ebenso schlägt sie die Delegierten zur Landesbezirkskonferenz, zum Beirat und zum Gewerkschaftskongress sowie die Mitglieder von Vorständen, Kommissionen und Ausschüssen vor (IG BCE 2005a: 37). Über ihre Beteiligung in den Ortsgruppen haben Gewerkschaftssenioren somit die Möglichkeit, sich in den innergewerkschaftlichen Willensbildungsprozess einzubringen. Hier findet keine Differenzierung zwischen erwerbstätigen und in Rente befindlichen Mitgliedern statt. Jedoch wird auch dabei die Maxime verfolgt, dass die betriebsbezogenen Anliegen in der Vertretung höhere Bedeutung erhalten.[595]

Auch wenn die überwiegende Mehrheit der Gewerkschaftssenioren mit der Ausgestaltung der örtlichen Seniorenarbeit zufrieden zu sein scheint, sind bisweilen auch Forderungen einer kleinen Gruppe aktiver Senioren hin-

---

594 Auf der Vorstandsebene steht allerdings kein explizites Budget für Aktivitäten der Seniorenarbeit zur Verfügung.

595 Im Landesbezirk Westfalen, in dem die Ortsgruppen einen verhältnismäßig hohen Altersdurchschnitt haben, wird auf informeller Ebene darauf geachtet, dass die Anliegen und Interessen der Gewerkschaftssenioren adäquat berücksichtigt werden.

sichtlich einer expliziten Interessenvertretung durch die Rentner zu verneh-
men. Im Vorfeld eines jeden Gewerkschaftskongresses liegen den Delegierten Anträge vor, die Seniorenarbeit formal in die Organisation zu integrieren.
Doch diese Forderungen wurden bislang stets abgelehnt. Von den Betroffenen wird diese Debatte als vergleichsweise moderat bezeichnet. Denn auch
der aktiven Senioren möchte »nicht vorne aus dem aktiven Erwerbsleben
hinausgehen, um hintenrum wieder aktiv politisch mitzumischen«, so die
Einschätzung eines Gewerkschaftsseniors. So scheint die Mehrzahl der Betroffenen mit dem Status quo zufrieden zu sein.

4. Resümee

Die IG BCE hatte im Jahr 2008 mit rund 28 Prozent einen im Vergleich zu
anderen DGB-Gewerkschaften hohen Seniorenanteil. Das Engagement dieser Mitgliedergruppe ist nicht in eine einheitlich strukturierte und satzungsrechtlich abgesicherte Seniorenarbeit eingebunden. Die Forderung nach einer Formalisierung der Seniorenarbeit wird zwar bisweilen von einzelnen
aktiven Senioren geäußert, die Mehrheit der Engagierten scheint jedoch mit
dem Status quo zufrieden zu sein. Sie erhalten auf örtlicher Ebene Partizipationsmöglichkeiten, das Engagement gestaltet sich indes überwiegend in
Form von Freizeitaktivitäten. Die in der IG CPK, IG BE und GL bestehenden Traditionen und Formen der Seniorenarbeit werden auch in der IG BCE
auf lokaler Ebene fortgeführt. Die Seniorenarbeitskreise und die Ortsgruppen sind die primären Beteiligungsarenen. Die Seniorenarbeit zeichnet sich
vor allem durch ihre in den örtlichen Strukturen verankerten Aktivitäten
aus, die regional je nach Betriebs- und Branchenstruktur unterschiedlich
stark ausgeprägt sind. Insbesondere in den mitgliederstarken Bezirken, in
denen Chemiegroßunternehmen ansässig sind, sowie in den Hochburgen
des ehemaligen Bergbaus, ist die Seniorenarbeit vergleichsweise umfassend.
Die wohnortbezogenen Ortsgruppen sehen jedoch keine direkte Seniorenarbeit in ihren formalen Strukturen vor, sondern verstehen sich als generati-
onsübergreifende Begegnungsstätten innerhalb der Organisation. Im Anschluss an die fortgeführte Tradition der IG BE besitzen Mitglieder im
Ruhestand weiterhin alle Rechte. Demzufolge wird eine formelle Verankerung der Seniorenarbeit bislang als nicht erforderlich betrachtet. Hinzu
kommt, dass die Mitglieder der ehemaligen IG BE aufgrund der spezifischen

Arbeits- und Lebenssituation, die durch sozialstaatliche Einrichtungen wie die Knappschaft flankiert wird, mit ihrer Gewerkschaft traditionell verbunden sind. Auch die älteren Mitglieder der ehemaligen IG CPK, die einen überwiegenden Teil ihres Erwerbslebens in einem Chemiegroßunternehmen verbrachten, haben in Folge der starken Unternehmensbindung ein großes Zugehörigkeitsgefühl zur Gewerkschaft. Das Nichtbestreben der Gewerkschaftsrentner, sich innerhalb der Organisation für eine offensive seniorenspezifische Interessenvertretung einzusetzen, ist auch darauf zurückzuführen, dass die ehemaligen Beschäftigten in den Branchen Chemie und Bergbau durch die gut ausgestattete betriebliche Altersvorsorge des Chemie-Pensionsfonds sowie die Leistungen der Knappschaft über ein zusätzliches Renteneinkommen neben der gesetzlichen Rente verfügen.

Die Führung der IG BCE verfolgt die Strategie, dass die gewerkschaftliche Arbeit in erster Linie an der betriebs- und arbeitsbezogenen Interessenvertretung der beschäftigten Mitglieder ausgerichtet sein müsse. Darüber hinaus würden die Interessen der Senioren ohnehin durch die sozialpolitischen Positionen ausreichend mit vertreten. Ein weiteres Argument gegen eine stärkere Einbindung der Senioren in die Organisation ist die Zufriedenheit dieser Mitgliedergruppe mit der bestehenden Lage.

VI.5 Resümee: Gewerkschaften und die Seniorenfrage

Gewerkschaften sind Erwerbstätigenorganisationen, deren Kernfunktion in der Gestaltung der Arbeits- und Lebensbedingungen der aktiv Erwerbstätigen besteht. Dieses Ziel bearbeiten sie vor allem mit ihren tarif- und betriebspolitischen Instrumenten. Doch seit den siebziger Jahren befinden sie sich in einer Übergangsphase, deren Auswirkungen sie seit den neunziger Jahren vor massive Herausforderungen stellten. Die damit einhergehenden gravierenden strukturellen Problemlagen äußern sich in vier grundlegenden Dimensionen: Die *Mitgliederkrise*, die in einem massiven Mitgliederschwund zum Ausdruck kommt, gründet sich insbesondere auf wirtschaftliche und gesellschaftliche Strukturverschiebungen. Diese Veränderungen führten zu einer *Legitimitätskrise*. Angesichts der Mitgliederverluste sehen sie sich darüber hinaus mit einer *Finanzkrise* konfrontiert, die die Ressourcen einschränkt (vgl. Schroeder/Keudel 2008: 9). Die strukturellen Veränderungen des Arbeitsmarktes, wie der von Krisen begleitete Aufbau Ost und die Standortkrise in Westdeutschland, forderten die Gewerkschaften in ihrer Kernfunktion als arbeitsmarktpolitische Gestaltungsakteure. Ebenso veränderte sich das politische System in der Weise, dass sich die Arbeitnehmervertretungen als politische Akteure zunehmend in einer defensiven Rolle als Verteidiger des bisherigen Sozialstaat-Systems wiederfanden. Die Aufweichung des traditionellen Sozialstaatskonsenses und der Sozialpartnerschaft führten zu einer *Einbettungskrise*. Diese zeigte sich darin, dass die Arbeitgeberverbände sich neu ausrichteten und der Staat manche seiner etablierten Unterstützungen für die Sozialpartnerschaft zurücknahm. Folgen dieser Strukturkrisen sind neben einem absoluten Mitgliederrückgang bei den aktiv Beschäftigten eine damit verbundene anhaltende Alterung des bestehenden Mitgliederbestandes. Im Jahr 2008 befanden sich 1,3 Millionen Mitglieder der acht DGB-Gewerkschaften altersbedingt außerhalb des Erwerbslebens, somit war jedes fünfte Mitglied ein Rentner oder Pensionär. Senioren bilden somit die zweitgrößte gewerkschaftliche Mitgliedergruppe. Auch wenn ihr prozentualer

Anteil an der Gesamtmitgliedschaft infolge mangelnder Rekrutierungserfolge bei den jüngeren Arbeitnehmern seit den neunziger Jahren stetig ansteigt bzw. konstant bleibt, nimmt die absolute Anzahl der Mitglieder im Ruhestand ab. Die Gewerkschaften altern folglich nicht, weil die Anzahl der älteren Mitglieder zunimmt, sondern weil sie zu wenige jüngere Arbeitnehmer als Mitglieder rekrutieren.

1. Die Seniorenfrage als innergewerkschaftlicher Zielkonflikt

Die Frage, wie und in welcher Form die Mitglieder im Ruhestand in die Gewerkschaften integriert werden können, wird seit den achtziger Jahren diskutiert. Die Zukunftsfähigkeit der Gewerkschaften hängt jedoch nicht von der Mitgliedergruppe der Senioren ab, prinzipiell könnte diese sogar ohne die außerbetriebliche Mitgliedergruppe auskommen. Hinsichtlich ihrer Bestandssicherung bzw. -revitalisierung sind sie strategisch vielmehr auf die Rekrutierung jüngerer, erwerbstätiger Zielgruppen ausgerichtet (vgl. Biebeler/Lesch 2007). Es wird befürchtet, dass durch eine zu starke innerorganisatorische Rolle der Senioren eine Funktionsüberlastung eintreten könnte. Gleichwohl verstehen sich Gewerkschaften traditionell als generationenübergreifende Solidargemeinschaften. Seit jeher besteht der Anspruch einer advokatorischen Interessenvertretung für diese Mitgliedergruppe, und zwar vermittelt über die eigene Tarif- und Sozialpolitik, ohne dabei ausdrücklich Senioren als genuine Klientel zu vertreten. Mit der Seniorenfrage stellt sich zwar kein existenzielles Problem für die Gewerkschaften, durch eine angemessene Einbindung der Senioren könnte jedoch ein organisationsspezifischer Nutzen erzielt werden.

Die Gewerkschaften können also durchaus ein elementares Interesse daran haben, Ruheständler auch weiterhin an sich zu binden. Denn ohne die verrenteten Mitglieder würde neben dem Wegfall der Beitragseinnahmen und ehrenamtlicher Unterstützung auch die Legitimation als gesellschaftlich übergreifende politische Organisation sinken. Durch den Verbleib dieser Mitgliedergruppe erhalten sie Unterstützung für ihre Arbeit und können einen höheren Legitimations- und Repräsentationsanspruch für sich reklamieren. Der Nutzen einer stärkeren Einbindung der Gewerkschaftssenioren ist auch vor dem Hintergrund ihrer Potenziale und Kompetenzen zu sehen, über die diese aufgrund ihrer meist langjährigen Erfahrung verfügen. Als

»stille Reserve« beteiligen sie sich häufig an Demonstrationen und Warn-streiks, sind mit Handlungsabläufen vertraut und können die hauptamtlich Beschäftigten unterstützen. Als Multiplikatoren, die sowohl in soziale Netz-werke vor Ort als auch in die Gewerkschaften eingebettet sind, übernehmen sie eine wichtige, auch intergenerative Vermittlerrolle. Durch die Einbin-dung dieses sozialen Kapitals könnte die »Akzeptanz der Gewerkschaften in der Bevölkerung erhöht und neue Mitgliederpotenziale erschlossen werden« (Bundesarbeitskreis Arbeit und Leben 2002: 2). Vor dem Hintergrund einer möglichst breiten Präsenz in der Fläche kann diese Engagementform als Chance verstanden werden, um etwaige Vertretungslücken zu kompensie-ren.

Die Mitgliedschaft in der Ruhestandsphase gründet auf unterschiedli-chen Motivlagen. Die Mehrzahl der passiven Ruhestandsmitglieder verbleibt aus einem normativen, erfahrungsbezogenen Moment des Klassenbewusst-seins in ihrer Gewerkschaft. Diese Mitglieder fühlen sich der gewerkschaftli-chen Solidargemeinschaft zugehörig und sind mit ihr solidarisch verbunden (vgl. auch Arbeit und Leben 2002; Pfahl/Reuß 2007). Ohne unmittelbar davon zu profitieren, möchten sie mit ihrem Mitgliedsbeitrag das gesell-schaftspolitische Handeln der Gewerkschaften unterstützen. Als weitere Gründe für den Verbleib kann die Inanspruchnahme der Satzungsleistungen sowie das Interesse an Informationen über Aktivitäten genannt werden. Schätzungsweise maximal drei bis fünf Prozent der Senioren sind an Gesel-ligkeits- und Informationsveranstaltungen interessiert.[596] Durch die Teil-nahme an diesem Angebot können die persönlichen Beziehungen zu ehema-ligen Kollegen gepflegt werden. Nur eine Minderheit von etwa einem Prozent sieht die Gewerkschaften als einen Beteiligungsort für ehrenamtli-ches Engagement.[597] Sich auch im Ruhestand gewerkschaftlich zu engagie-ren, steht in einem engen Kontext mit der Anerkennung der eigenen Lebens-leistung und dem Wunsch nach biographischer Kontinuität. Nur eine sehr kleine Minderheit, zumeist ehemalige Funktionäre, fordert die Teilnahme am innergewerkschaftlichen Meinungsbildungsprozess, beispielsweise durch direkte Beteiligungsrechte.

---

596 Dieser Näherungswert basiert auf der Annahme, dass an seniorenrelevanten Veranstaltun-gen in den Verwaltungsstellen zwischen maximal 80 bis 100 Personen teilnehmen.

597 Dieser Näherungswert basiert auf der Einschätzung der befragten Gewerkschaftssekretäre auf Vorstandsebene der Gewerkschaften, dass die örtlichen Seniorengruppen/Seniorenar-beitskreise durchschnittlich aus maximal 30 Personen bestehen.

Die Kosten für eine solche Erweiterung des Vertretungsmandats werden von den Führungsakteuren aller drei untersuchten Einzelgewerkschaften wie auch des DGB als hoch eingeschätzt. Es wird befürchtet, dass neben finanziellen Ressourcen auch Steuerungs- und Abstimmungsprobleme daraus resultieren könnten. Die interne Ausbalancierung der Interessenlagen erfordert einen zusätzlichen Koordinationsbedarf. Vor allem scheint es aus der strategischen Funktionärsperspektive einen Zielkonflikt zu geben: Nämlich zwischen dem Interesse, den Arbeitsmarkt breit gewerkschaftlich zu organisieren, um damit attraktiv für jüngere Arbeitnehmer zu sein und der gleichzeitigen Öffnung für die Älteren. Mit einer zu aktiven Rolle der Älteren wird die Schwächung des Profils als starker politischer Kampfverband verbunden. Diese Bedenken spiegeln auch das nach wie vor weit verbreitete defizitorientierte Altersbild wider, wonach mit dem Ausscheiden aus dem Erwerbsleben der Rückzug ins Private unabdingbar erfolge. Diese Vorstellung vom Alter ist nur schwer mit dem eigenen Selbstverständnis der kraftvollen, agilen Organisation in Einklang zu bringen. Die formale Einbindung und die damit einhergehende Institutionalisierung von expliziten Vertretungs- und Mitspracherechten in der Organisation kann durchaus die Gefahr der Funktionsüberlastung bergen, da die Interessen der Ruheständler als Sozialstaatsleistungsempfänger den Interessen der Erwerbstätigen diametral entgegenstehen können. In den deutschen Gewerkschaften steht allerdings nicht die Frage auf der Tagesordnung, ob, sondern *wie* diese Mitgliedergruppe in die jeweilige Organisation eingebunden und ihre Interessen artikuliert werden können.

2. Seniorenarbeit und Seniorenpolitik

Als aktive Mitglieder können sich Rentner und Pensionäre in den Gewerkschaften sowohl in den senioreneigenen Gremien des Dachverbandes (DGB) wie auch der Einzelgewerkschaften einbringen. Zugleich gibt es ähnliche Streitpunkte und Unklarheiten in der Aufgabenteilung zwischen Dachverband und Einzelgewerkschaften in der Seniorenpolitik wie auch in anderen Politikfeldern. Idealtypisch sollte die Arbeitsteilung folgendermaßen ausgestaltet sein: Senioren*arbeit* findet in der jeweiligen Einzelgewerkschaft statt und Senioren*politik* ist das primäre Koordinationsfeld des DGB. Eine direkte politische Interessenvertretung der Senioren erscheint erforderlich, um einerseits den Forderungen der Gruppe selbst nachzukommen, andererseits um in den sozialpolitischen Reformdebatten als generationenübergreifender Akteur zu agieren. Indes tat sich der DGB in der Vergangenheit lange damit schwer, eine klare Strategie für die explizite Interessenvertretung und Einbindung der Gewerkschaftssenioren zu entwickeln. Auch wird die Unterscheidung zwischen Seniorenarbeit und Seniorenpolitik nicht konsequent verfolgt. Die Hintergründe dieser *muddling-through*-Strategie sind darin zu sehen, dass mit einer intensiven, auch öffentlich geführten Auseinandersetzung über die explizite Interessenvertretung der Gewerkschaftssenioren sowohl ein möglicher Profilverlust als starke Arbeitnehmervertretung als auch Konsequenzen für die Organisationsstruktur des DGB befürchtet werden. Neben Kosten-Nutzen-Abwägungen wird die Diskussion insbesondere auch durch die Frage geleitet, wo die Kernaufgaben von Interessenvertretungen der Erwerbstätigen liegen.

Um nicht an Profilschärfe zu verlieren und dennoch advokatorisch im Feld der Seniorenpolitik aktiv zu sein, geht der DGB in den vergangenen Jahren wiederholt Bündnisse mit den Sozialverbänden zu konkreten sozialpolitischen Sachfragen ein. Die Kooperation mit den ausgewiesenen Experten im Feld der Seniorenpolitik ermöglicht den Gewerkschaften, in diesem Feld aktiv zu sein, ohne jedoch die primäre Funktion im Sinne der Interessenvertretung der aktiv Beschäftigten zu überfordern. Die Zusammenarbeit

Tabelle 58: IG Metall, ver.di, IG BCE und DGB im Vergleich

	IG Metall	*ver.di*	*IG BCE*	*DGB*
Mitglieder insgesamt sowie Senioren (absolut und prozentual) im Jahr 2008*	2.300.563 511.358 22,2%	2.180.299 354.459 16,3%	701.053 193.337 27,6%	6.371.475 1.335.484 21%
Mitglieder insgesamt sowie Senioren (absolut und prozentual) im Jahr 2001*	2.710.236 582.457 21,5%	2.806.496 475.913 17%	862.364 234.787 27,2%	7.899.009 1.667.289 21,1

	IG Metall	ver.di	IG BCE	DGB
Mitgliedsbeitrag für in Rente befindliche Mitglieder	0,5 % der monatliche Rente	0,5 % des regelmäßigen Bruttoeinkommens. Der Mindestbeitrag beträgt 2,50 Euro	0,4 % der monatlichen Rente	–
Leistungen für Mitglieder in Rente	Rechts- und Freizeitversicherung, Zustellung der gewerkschaftseigenen Mitgliederzeitung, Unterstützung im Todesfall, Unterstützung für Rentner für die Mitgliedsdauer bis 31.12.1990, danach ausgelaufen	Rechts- und Freizeitversicherung, Zustellung der gewerkschaftseigenen Mitgliederzeitung, Mitglieder der ehemaligen ÖTV haben für die Mitgliedsdauer bis zur ver.di-Gründung Anspruch auf Treuegeld; den ehemaligen Mitgliedern der DPG kann ein Zuschuss zur Grabpflege gewährt werden.	Rechts- und Freizeitversicherung, Zustellung der gewerkschaftseigenen Mitgliederzeitung, kostenloser zehntägiger Aufenthalt in der IG BCE-Erholungsstätte in Königswinter, Ansprüche auf Hinterbliebenenhilfe, Treuegeld für die Mitgliedsdauer bis 1997	Leistungen des DGB-Rechtschutzes
Senioren als satzungsverankerte Personengruppe	–	✓	–	–
Für den Gewerkschaftstag antragsberechtigt	–	Bundesseniorenausschuss ist antragsberechtigt	Ortsgruppen sind antragsberechtigt, Seniorenarbeitskreise nicht.	Seniorenpolitik als Aufgabe des Bundesvorstandes in der DGB-Satzung verankert: über die DGB-Bezirke
Richtlinie für die Seniorenarbeit	Richtlinie für die »Außerbetriebliche Gewerkschaftsarbeit«	Richtlinie vorhanden	–	–

*jeweils zum Jahresende;

Quelle: IG Metall, ver.di, IG BCE, DGB; eigene Darstellung.

ist ebenfalls mit einem wechselseitigen Nutzen der öffentlichen Reputation der Kooperationspartner verknüpft und kann im Sinne einer Auslagerungspolitik der Gewerkschaften verstanden werden.

Wie und in welcher Form der Seniorenarbeit die Mitgliedergruppe im Ruhestand in die jeweilige Einzelgewerkschaft eingebunden ist, ist vor dem Hintergrund der jeweiligen historischen Traditionen und Organisationskulturen zu betrachten. Während in ver.di die Senioren als satzungsverankerte Personengruppe über weitreichende Beteiligungsstrukturen verfügen, sind die Aktivitäten der in Rente befindlichen IG Metall-Mitglieder in die Strukturen der »Außerbetrieblichen Gewerkschaftsarbeit« (AGA) integriert. Das Konzept der AGA kann als Anbaupolitik der IG Metall im Sinne eines *layering* verstanden werden, da auf diese Weise die außerbetriebliche Mitgliedergruppenarbeit strukturell weiterentwickelt wurde. In der IG BCE findet – bedingt durch die Traditionen aus den Gründungsgewerkschaften IG CPK und IG BE – auf der lokalen Ebene eine regional unterschiedlich ausgeprägte Form der Seniorenarbeit statt. Die drei Gewerkschaften haben somit vielfältige Praxen hinsichtlich der innergewerkschaftlichen Einbindung ihrer Mitglieder im Ruhestand.

Die drei untersuchten Einzelgewerkschaften bieten ihren Mitgliedern auch im Ruhestand selektive Leistungsanreize an. Allerdings wurden diese vor dem Hintergrund der abnehmenden Ressourcen reduziert bzw. laufen aus. Insofern erscheinen die materiellen Anreize für den Verbleib dieser Mitgliedergruppe wenig attraktiv.

Die Formalisierung der Seniorenarbeit im Konzept der »Außerbetrieblichen Gewerkschaftsarbeit« ist eng mit dem OE-Prozess der IG Metall verbunden. In den neunziger Jahren war die Industriegewerkschaft mit massiven Herausforderungen durch die Erosionsprozesse in Ost-Deutschland und der Standortfrage West konfrontiert. Als organisatorische Konsequenz aus der Strukturkrise verfolgte man den Weg der Vereinheitlichung und Konzentrierung. Die Vielfalt unterschiedlicher Personengruppen sollte angesichts der befürchteten Steuerungsproblematik reduziert werden. Demzufolge sind neben der Gruppe der Senioren auch Erwerbslose, Studierende, Schüler und Mitglieder ohne betriebliche Betreuung in die AGA integriert.

Die Vereinte Dienstleistungsgewerkschaft ver.di weist mit rund 16 Prozent den geringsten prozentualen Seniorenanteil auf. Die formalisierte Einbindung der Gewerkschaftssenioren als satzungsverankerte Personengruppe ist ein Ergebnis des Fusionsprozesses. Die Weiterführung der Strukturen aus den Gründungsgewerkschaften, insbesondere der ehemaligen DPG, ist als ein Kompromiss im Zuge der Vereinigung zu betrachten. Die Seniorenarbeit in ver.di ist je nach Fachbereich unterschiedlich stark ausgeprägt und steht in der Kontinuität der jeweiligen Quellgewerkschaft.

Die Mitgliedergruppe Rentner bildet in der IG BCE mittlerweile rund ein Viertel der Gesamtmitgliedschaft. Die starke Bindungsfähigkeit gründet sich auf die Bedeutung der betrieblichen Sozialpolitik und Tradition in der Großchemie und im Bergbau. Aus der Tradition der ehemaligen IG BE behalten Mitglieder auch nach Beendigung ihrer Erwerbstätigkeit ihre vollen Rechte. In den wohnortnahen Ortsgruppen engagieren sich vorwiegend Rentner, ohne indes ihre Aktivitäten als Seniorenarbeit zu deklarieren. Diese formelle Gleichbehandlung mit den beschäftigten Mitgliedern ist der wesentliche Grund dafür, dass innerhalb der IG BCE keine gravierenden Konflikte um die Frage der Integration der Senioren ausgetragen werden. In den Bereichen der ehemaligen IG CPK bestehen betriebsnahe Seniorenarbeitskreise der chemischen Großunternehmen. Auch in der IG BCE prägen die unterschiedlichen Traditionen der ehemaligen Einzelgewerkschaften die örtliche Seniorenarbeit.

Hinsichtlich der gewerkschaftlichen Seniorenarbeit lässt sich konstatieren, dass sich Gewerkschaftssenioren vor Ort engagieren; ihre vielseitigen Aktivitäten sind jedoch nicht in ein strategisches Handeln der Organisationen eingebunden. Auch die für die Seniorenarbeit zuständigen Gewerkschaftssekretäre in den Vorständen haben bisweilen nur rudimentäre Angaben über dieses außerbetriebliche Engagement. Generell lässt sich für die westdeutschen Bundesländer festhalten: Dort, wo traditionsreiche Industrieberufe und damit eine langjähriges Zugehörigkeitsgefühl zu Großbetrieben sowie ein gewerkschaftliches Traditionsempfinden vorherrschen, erhalten auch die Aktivitäten der Senioren regen Zuspruch (vgl. auch Künemund u.a. 1993: 547). In ver.di sind es vor allem die ehemaligen Beschäftigten des öffentlichen Dienstes, die sich kontinuierlich und intensiv beteiligen.

3. Ausblick

Es gibt nicht nur Befürchtungen, dass ein zu starkes Engagement der Senioren nachhaltig auf das Erscheinungsbild der Gewerkschaft wirkt. Es gibt vor allem vielfältige konkrete Erfahrungen, wie sie als Kräfte der Beharrung wirken können, die notwendige Veränderungsprozesse eher behindern. Trotz Zielkonflikten und zuweilen schwierigen Debattenlagen gehen die Gewerkschaften mit der Seniorenfrage jedoch umsichtig um. Ihre funktionale, strategische Ausrichtung am Primat der Erwerbsarbeit erfordert eine bedachtsame Interessenausbalancierung zwischen Erwerbstätigen und Mitgliedern im Ruhestand. Ein Weg, der in dieser Frage – außer in der IG BCE – gegangen wurde, ist die Formalisierung der Seniorenarbeit. In allen untersuchten Gewerkschaften sind Mitglieder im Ruhestand seit Jahrzehnten vor Ort aktiv, ihr Engagement hatte lange Zeit einen informellen Charakter. Mit der Anerkennung durch formale Richtlinien eröffnen die Organisationen Beteiligungsräume für Gewerkschaftssenioren. Zukünftig stellt sich für die Gewerkschaften die Frage, wie sie dieses Engagementpotenzial organisationsspezifisch für sich nutzen können. Eine denkbare Perspektive ist der Aufbau flächendeckend angelegter Anreizstrukturen, um dieser Mitgliedergruppe adäquate Partizipationsoptionen anzubieten und ihnen zugleich Möglichkeiten einzuräumen, konkrete Unterstützungsleistungen zu schaffen. Flankiert werden müsste dies allerdings auch mit einer Kultur der Anerkennung. Unerlässlich erscheint jedoch eine konstruktive und offen geführte Auseinandersetzung über Vorteile und Herausforderungen, die mit der Seniorenfrage einhergehen. Nur so kann der in dieser Frage mitschwingende Konflikt austariert werden, um zukünftige Perspektiven für ein generationenübergreifendes Politikverständnis in einer alternden Gesellschaft weiterzuentwickeln.

VII. Pfadabhängiger Wandel der Akteurskonstellation

Der deutsche Sozialstaat für Ältere ist durch eine plurale Akteurskonstellation geprägt. Zu den wichtigsten klassischen Akteuren zählen die Parteien, Sozial- und Wohlfahrtsverbände, Gewerkschaften und die Kirchen. Seit Ende der achtziger Jahre sind beteiligungsorientierte Gremien der Senioren auf nahezu allen Ebenen des politischen Systems hinzugekommen. Häufig sind die Sozialverbände und Gewerkschaften aus der Sicht der Betroffenen die ersten Ansprechpartner, wenn es darum geht, sozialpolitische Verschlechterungen zu verhindern oder Verbesserungen zu erreichen. Den maßgeblichen Einfluss auf die konkreten sozialstaatlichen Inhalte üben allerdings die Parteien unter Abwägung generationendifferenzierter Interessenlagen aus; dabei reagieren sie allerdings häufig auf die Aktivitäten der Gewerkschaften und Sozialverbände oder kommunizieren zumindest mit ihnen.

Die vorliegende Studie konzentriert sich auf die Analyse der deutschen Sozialverbände und Gewerkschaften in ihrer Rolle als seniorenpolitische Interessenvertreter. Im Fokus steht die Frage, ob und wie sich die verbandsgetragene Akteurskonstellation des Sozialstaates für Ältere im Zuge des demografischen Wandels und des seit Anfang der neunziger Jahre stattfindenden Um- und Abbaus des Sozialstaates verändert. Konkrete Anlässe, die seit den neunziger Jahren immer wieder zu Protesten seitens der Älteren führten, boten sich durch eine stetige Reduktion des Rentenniveaus, die neu eingeführte Besteuerung der allgemeinen Renten und Betriebsrenten oder auch erhöhte Zuzahlungen für Medikamente und Therapien, um nur einige Beispiele zu nennen. Diese Maßnahmen, die zuweilen auch von Ressentiments gegen die Älteren begleitet wurden, haben phasenweise zu erheblichen Verärgerungen auf Seiten der Senioren geführt. Diese schlugen sich auch in öffentlichen Aktivitäten nieder.

Vor diesem Hintergrund stellte sich für uns die Frage, ob Prämissen für eine offensivere Lobbypolitik für Ältere oder gar zur Etablierung eigenständiger »Nur-Rentnerorganisationen« entstanden sind. Unsere Ausgangsvermutung war, dass sich perspektivisch auch in Deutschland – ähnlich wie in den USA oder wie in Gestalt der italienischen Rentnergewerkschaften – separate oder zumindest semi-souveräne Rentnerverbände herausbilden könnten, die sich offensiv gegen jedwede Reformpolitik zulasten der gegenwärtigen Rentenempfänger positionieren würden. Eine solche Entwicklung hätte nicht nur inhaltliche Auswirkungen auf sozialstaatliche Reformen. Auch die konkrete Akteurskonstellation im Sozialstaat für Ältere würde dadurch in Bewegung geraten. So hätte eine derartige Entwicklung zur Folge, dass die Gewerkschaften kaum noch in der Lage wären, die in den letzten Jahren noch gelungene Gratwanderung zwischen den Interessen der Beitragszahler und der Leistungsempfänger zu bewerkstelligen. Tendenziell würde dies – so unsere Annahme – nicht nur den Interessenausgleich in generationenübergreifenden Organisationen deutlich erschweren oder gar unmöglich machen, sondern darüber hinaus auch das Ende des etablierten Generationenvertrages bedeuten. Als dynamischste Kraft in Richtung einer generationenseparierenden Politik hatten wir die Sozialverbände identifiziert, deren Mitglieder traditionell mehrheitlich zur Gruppe der Rentner zählen.

Die Rolle der Älteren wird aus zwei Perspektiven betrachtet: Einerseits als Gegenstand und Ziel einer sozialstaatlichen Politik für Ältere. Dazu gehört auch die viel beschworene Angst vor einer »Rentnerdemokratie«, die eine soziale Asymmetrie zwischen den Generationen erzeuge. Als Triebkraft dieser Schieflage und ihrer Konsequenzen wird die Rolle der Älteren als Wähler im Parteienwettbewerb identifiziert. Andererseits geht es aber auch um die Älteren als aktive Träger von ehrenamtlicher sozialer und politischer Arbeit in Verbänden und Parteien. Die seniorenpolitische Akteursordnung in Deutschland bietet zwar zunehmend Beteiligungsmöglichkeiten in Seniorenbeiräten und -büros, gleichwohl wird auch immer wieder von einem Repräsentationsdefizit im politischen Raum gesprochen. Wesentliche Fragen, die sich aus diesen Grundüberlegungen ergeben, beziehen sich auf den Wandel der seniorenpolitischen Akteurskonstellation in Deutschland und dessen treibende Kräfte:

a.) Wie verändern sich die Mitgliederstrukturen, Organisation und policys von Sozialverbänden und Gewerkschaften unter dem Eindruck von demografischem und sozialstaatlichem Wandel?

b.) Über welche Thematisicrungs-, Gestaltungs- und Partizipationspotenziale zugunsten der Älteren verfügen jene Verbände, die sich in den zurückliegenden Jahren maßgeblich für den Erhalt des etablierten deutschen Sozialstaates eingesetzt haben? Welche Chancen bieten sich den Verbänden durch eine verstärkte Integration der »jungen Alten«?

c.) Kommt es in den Gewerkschaften und Sozialverbänden zu einer Funktionsüberlastung, die es erschwert, ihre eigentlichen Kernaufgaben zu erfüllen, wenn der Einfluss der Älteren stärker wird?

1. Generationenvertrag und Umbau des Sozialstaates für Ältere

In der Bonner Republik existierte eine quasi unhinterfragte Institutionenordnung von generationenübergreifenden Organisationen eines Sozialstaates für Ältere. Als dessen Kerninstitution kann die umlagefinanzierte, gesetzliche Rentenversicherung betrachtet werden. Die Solidarität zwischen den Generationen hat eine vergleichbare architektonische Funktion für den deutschen Sozialstaat wie die Erwerbs- und Beitragsbezogenheit der Sozialversicherungen. Mit der 1957 erfolgten Entscheidung für das System einer bruttolohnbezogenen, dynamischen Rente wurde in Deutschland ein starker Sozialstaat für Ältere etabliert, der die soziale Teilhabe materiell fundierte, indem er die Rentenentwicklung mit der allgemeinen Lohnentwicklung verkoppelte. Als funktionale volkswirtschaftliche Basis dieses politischen Regelungsverbundes sind ein kontinuierliches Wirtschaftswachstum sowie eine hinreichend große Zahl von Erwerbstätigen mit Normaleinkommen erforderlich. Doch genau diese Grundparameter sind in den letzten Jahren poröser geworden. Durch schwache Wachstumsraten, Massenarbeitslosigkeit, zunehmend prekäre und diskontinuierliche Erwerbsbiographien, von denen in besonderem Maße Frauen betroffen sind, sowie durch geringe Geburtenzahlen und längeren Rentenbezug infolge der steigenden Lebenserwartung ist das System der umlagefinanzierten und Lebensstandard sichernden deutschen Alterssicherung unter Druck geraten.

Seit Ende der achtziger Jahre reagieren die Bundesregierungen durch vielfältige Anpassungspolitiken, vor allem durch materielle Einschnitte und modifizierte Regulation, auf die veränderten wirtschaftlichen und gesellschaftlichen Rahmenbedingungen. Dabei wurden die schärfsten Einschnitte, wie etwa die Heraufsetzung des Renteneintrittsalters seit Ende der achtziger Jahre, weniger den gegenwärtigen Rentnerkohorten aufgebürdet, sondern auf die zukünftigen Generationen verschoben. Gleichwohl erfolgten im Zeitraum zwischen 1992 und 2007 auch Kürzungen, die bereits der heutigen Rentnergeneration Einbußen zumutet. Darauf reagierten diese mit lautstarken Protesten, Kundgebungen, Petitionen und kampagnenähnlichen Aktivitäten, ohne dass diese Proteste den Kurs der einnahmenorientierten Ausgabenpolitik sowie die Abwendung von der Lebensstandardsicherung in der gesetzlichen Rentenversicherung stoppen konnten. Mit der im Herbst 2008 einsetzenden Finanz- und Wirtschaftskrise ist ein neuer Schuldenzyklus in Gang gesetzt worden, der zu einer zusätzlichen finanziellen und ideenpolitischen Belastungsprobe für den Generationenvertrag werden kann.

2. Gewerkschaften als seniorenpolitische Interessenverbände

Traditionell sind die Gewerkschaften aufgrund ihrer Mobilisierungs- und Konfliktfähigkeit die ressourcenstärksten Anwälte des etablierten Sozialstaates für Ältere. Dazu trägt vor allem auch die Kopplung zwischen der Lohn- und Rentenentwicklung bei. Mit dem seit 1990 stattfindenden Abbau dieses Sozialstaates, den die Gewerkschaften nicht verhindern konnten, sowie mit der parallel stattfindenden Schwächung als durchsetzungsfähige Mitgliederorganisationen (Mitgliederverluste, Dezentralisierung der Tarifpolitik etc.) ist offen, inwieweit sie die Funktion als advokatorische Interessenvertreter für Ältere auch zukünftig wahrnehmen können. Zudem wird die Seniorenfrage kontrovers diskutiert: So fragen sich manche, ob es in den generationenübergreifenden Gewerkschaften durch eine zu profilierte Rolle der Senioren zu einer Funktionsüberlastung kommen kann. Demgegenüber sehen andere vielmehr die Chance, dass sich durch eine zielorientierte und konditionierte Einbindung Älterer – im Sinne ehrenamtlichen Engagements – Chancen ergeben, die sich zum Nutzen der Gesamtorganisation auswirken könnten.

In den achtziger und neunziger Jahren war ein starker absoluter und relativer Zuwachs an Mitgliedern im Seniorenalter zu verzeichnen, der allerdings nicht auf Neuzugänge zurückzuführen ist. Die Ursachen liegen vielmehr in der massiv betriebenen Frühverrentung in diesen Jahren. Zwischen 1993 und 2001 stieg der Rentner- und Pensionärsanteil in den DGB-Gewerkschaften von 13,7 Prozent auf 21,7 Prozent. Mit etwa 1,6 Millionen erreichte diese Gruppe im Jahr 2001 ihren numerischen Höhepunkt und stellt die größte »Randklientel« in den Gewerkschaften dar. Seit dem Jahr 2001 stagniert der prozentuale Mitgliedschaftsanteil der Älteren im DGB bei rund 21 Prozent. In absoluten Zahlen ist der Rückgang dieser Gruppe jedoch ebenfalls nicht unbeträchtlich: Die Zahl der Rentner und Pensionäre ist in den letzten acht Jahren in den DGB-Gewerkschaften um mehr als 300.000 gesunken. Da als Folge der aktuellen Finanz- und Wirtschaftskrise auch ein neuer Vorruhestandsschub zu erwarten ist, könnte es jedoch bald erneut zu einem Anstieg der Seniorenquote in den Gewerkschaften kommen. Dieser könnte sich zudem noch weiter verstärken, wenn die geburtenstarken Jahrgänge etwa ab 2020 in den Ruhestand gehen.

Beim Blick auf die Leistungen, die den Senioren seitens der Gewerkschaften angeboten werden, verwundert es nicht, dass die Seniorenquote seit einigen Jahren stagniert. Denn die Mitgliedschaftsanreize in Gestalt von Unterstützungsleistungen, die für den Verbleib sprechen, sind in den letzten Jahren stetig abgebaut worden. Und obwohl der Anteil der Älteren in den DGB-Gewerkschaften nicht steigt, gibt es seit einigen Jahren einerseits zunehmende Erwartungen und andererseits gestiegene Befürchtungen hinsichtlich der Beteiligungsangebote für diese Gruppe. Die positiven Erwartungen beziehen sich auf zielgerichtete ehrenamtliche Aktivitäten von Senioren in den Organisationen. Zugleich ist aber zu bedenken, dass diejenigen, die sich engagieren, im Gegenzug mehr Rechte, Ressourcen und nicht zuletzt Anerkennung erwarten. Der dynamische Faktor, der die Forderung nach einer stärkeren formalen Beteiligung der Senioren aufwirft und vorantreibt, sind gegenwärtig insbesondere die »jungen Alten«. Bei dieser Gruppe handelt es sich vor allem um ehemalige hauptamtliche Funktionäre oder Betriebsräte bzw. Vertrauensleute, die sich für eine Institutionalisierung der Seniorenarbeit in den Gewerkschaften stark machen.

Auf dem DGB-Bundeskongress 1986 befassten sich die Gewerkschaften erstmals »offiziell« mit den organisationspolitischen Konsequenzen der Seniorenfrage. Seither lässt sich eine zögerliche Formalisierung, Institutionalisierung und Differenzierung der Seniorenarbeit in den DGB-Gewerkschaften beobachten. Insbesondere ver.di hat im Vergleich der Gewerkschaften die Seniorenarbeit stark formalisiert. Dort nutzten die Seniorenaktivisten der ehemaligen Postgewerkschaft, in der die Seniorenarbeit traditionell stark verankert war, die Gelegenheitsstruktur der Fusionsverhandlungen, um ihre Forderungen, über ihren eigenen tradierten Organisationsbereich hinausgehend, auf die gesamte Multibranchengewerkschaft ver.di satzungsrechtlich zu übertragen. In Gewerkschaften mit einer relativ homogenen Mitgliederstruktur, die zudem wohnortnahe und an das ehemalige Unternehmen gebundene Aktivitäten anbieten können, ist eine besonders große Wertschätzung der ehrenamtlichen Arbeit von Senioren anzutreffen. Dies ist vor allem bei den Unternehmensgewerkschaften der ehemaligen staatlichen Unternehmen – Deutsche Bahn, Post, Telekom – der Fall, aber auch in der IG BCE und hier vor allem bei den ehemaligen Bergarbeitern. Aber nicht nur auf der Ebene der Einzelgewerkschaften, sondern auch innerhalb des DGB lassen sich in den letzten Jahren verstärkt seniorenpolitische Aktivitäten beobachten. Allerdings konnte bislang keine klare Aufgabenteilung zwischen den Akteuren und Ebenen realisiert werden; vielmehr richten sich die jeweiligen Ausprägungen der Seniorenarbeit in starkem Maße an den lokalen Gegebenheiten aus. In vielen Fällen stehen die Aktivitäten auch einfach nebeneinander.

Gewerkschaften sind Erwerbstätigenorganisationen, die zugleich auch Mitgliedschafts-, Dienstleistungs- und Partizipationsmöglichkeiten für Mitglieder im Ruhestand bieten. Auch wenn sie sich in ihrer Kernfunktion an den Interessen der Erwerbstätigen orientieren, drückt sich in der aufrecht erhaltenen Mitgliedschaft der Älteren eine loyale, quasi reziproke Verbundenheit mit den Arbeitnehmerorganisationen aus. Diese verschafft den Gewerkschaften nicht nur quantitativ – also in der Mitgliederstatistik im Sinne des Größenfaktors – Vorteile, sondern auch hinsichtlich ihrer gesellschaftlichen Verankerung als generationenübergreifende Organisationen, insbesondere mit Blick auf ihre Mobilisierungskraft. Bislang haben sie politisch und finanziell unabhängige Organisationseinheiten der Senioren innerhalb der eigenen Strukturen abgelehnt. Zugleich nutzen sie das ehrenamtliche Potenzial der Älteren. Allerdings setzen sie keine flächendeckenden, klar definierten Anreizstrukturen und Anerkennungskulturen ein. Die Anreize reichen bis auf wenige Ausnahmen kaum über standardisierte Mitgliedschaftsehrungen hinaus. Zwar divergieren die Beteiligungsangebote, Rechte und Ressourcen für Ältere in den einzelnen Gewerkschaften, insgesamt haben die Senioren aber keine starke Position innerhalb der DGB-Gewerkschaften.

Alles in allem scheinen sie hinsichtlich der zukünftigen Rolle der Senioren hin- und hergerissen: Einerseits ist ihr gesellschaftliches Gewicht auch an ihre Mitgliederstärke gekoppelt, wozu die Senioren beitragen. Zudem sind die Mitgliedsbeiträge der Senioren hilfreich, um die gewerkschaftliche Handlungsbasis zu stabilisieren. Ebenso können ehrenamtlich aktive Senioren durch die Übernahme von Tätigkeiten die Verwaltungsstellen entlasten. Andererseits befürchten die Gewerkschaften, dass sie angesichts der gesellschaftlichen Jugendorientierung und ihres eigenen, verhältnismäßig hohen

Seniorenanteils tendenziell als Organisationen von und für Ältere wahrgenommen werden könnten, wodurch ihr Image als agile Arbeitsmarktakteure
beeinträchtigt würde. Um die eigene primäre Zielgruppenstrategie zu stabilisieren, liegt der Fokus der Gewerkschaften folglich nicht auf einer offensiven Mitgliederbindearbeit der Älteren, sondern eindeutig auf der Rekrutierung jüngerer Erwerbstätiger.

Mit etwa 1,3 Millionen Mitgliedern im Ruhestand hatten die DGB-Gewerkschaften im Jahr 2008 eine Seniorenquote von 21 Prozent. Damit sind
dort so viele Senioren organisiert, wie sonst nur noch in den Kirchen und
Sozialverbänden. Die mit dieser hohen Seniorenquote einhergehende Befürchtung, dass deren Ansprüche und Erwartungen möglicherweise zu einer
Funktionsüberlastung führen könnten, hat sich bislang nicht bestätigt. Stattdessen konnten die Interessen der Älteren weiterhin advokatorisch im Zuge
der eigentlichen Kernfunktion mitvertreten werden. So können die Gewerkschaften unter den Akteuren, die den Umbau des Sozialstaates (für Ältere)
kritisieren, noch immer die stärksten Vetopotenziale mobilisieren. Dazu beigetragen hat auch, dass sie ihre Politik für Ältere im Laufe der letzten Jahre
weiterentwickelt haben. Sie kooperieren seit einigen Jahren mit den Sozialverbänden im Rahmen von punktuellen Bündnissen in sozialpolitischen
Sachfragen. Auf diese Weise können sie die Interessen der Senioren vertreten, ohne damit ihre eigenen Ressourcen für die Interessenvertretung der
aktiv Beschäftigten zu belasten.[598] Im Ergebnis kommt es also innerhalb der
Gewerkschaften nicht zu einer Verschiebung der Ressourcen zugunsten der
Älteren und zulasten der Jüngeren; zugleich können sie mittels dieser Bünd-
nispolitik durchaus authentisch demonstrieren, dass sie sich engagiert für die
Interessen der Älteren und den Sozialstaat für Ältere einsetzen.

---

598 Die Bemühungen um Bündnisse können jedoch ebenso als Schwäche von Gewerkschaften interpretiert werden, als »eine in größter Not eingeführte Erweiterung des gewerkschaftlichen Handlungsrepertoires« (Frege/Heery/Turner 2003: 551). Vor dem Hintergrund der veränderten Umweltbedingungen und einem zunehmenden interessenpolitischen
   Pluralismus bietet das Eingehen von neuen Allianzen eine Option, die »eigenen Organisa-
   tions- und Mitgliederinteressen« zu vertreten (Trampusch 2006: 351).

3. Sozialverbände als seniorenpolitische Interessenverbände

Im Jahr 2008 waren in den drei größten Sozialverbänden VdK, SoVD und Volkssolidarität etwa 1,45 Millionen Senioren organisiert. Damit sind sie die mitgliederstärksten Organisationen für Senioren nach den Kirchen und noch vor den Gewerkschaften. Als mitgliederstärkster Verband erweist sich der VdK, gefolgt vom SoVD und der Volkssolidarität. Bemerkenswert ist die Nachwirkung der organisationshistorischen Startprogrammierung bis in die Gegenwart. Keinem der drei Sozialverbände ist es seit seiner Gründung in den Nachkriegsjahren gelungen, bundesweit gleichermaßen stark in allen Regionen vertreten zu sein. Vielmehr lässt sich die Landkarte der deutschen Sozialverbände bis heute auf die Einflussbereiche der vier Besatzungsmächte zurückführen. 1946 lizensierten die amerikanischen und französischen Alliierten die Vorläuferorganisationen des 1950 gegründeten VdK, der seither in Bayern, Hessen, Rheinland-Pfalz und Baden-Württemberg stark verankert ist. Die Hochburg des von den Briten akzeptierten SoVD liegt seit dessen Wiedergründung im Jahr 1946 in Niedersachsen; stark ist der Verband zudem in Schleswig-Holstein und Nordrhein-Westfalen. In der sowjetischen Besatzungszone wurde 1945 die Volkssolidarität gegründet. Diese »geopolitischen« Entscheidungen haben in Deutschland eine dreigeteilte Sozialverbandslandschaft entstehen lassen, die als langer Schatten der von den Besatzungsmächten kontrollierten Kriegsfolgenbewältigungspolitik interpretiert werden kann. Wie nachhaltig wirksam die historisch geronnenen Organisationsformen, Eigeninteressen und Konkurrenzen der Sozialverbände sind, lässt sich etwa daran erkennen, dass alle bisherigen Versuche einer Fusion des VdK und des SoVD gescheitert sind.

Auch in der Binnenperspektive wirkten die genannten Ausgangskonstellationen im Sinne einer nachhaltigen Startprogrammierung. Organisatorische Veränderungen konnten insbesondere im VdK und SoVD nur schleichend durchgesetzt werden. Anders als Beobachter zuweilen urteilen, entwickelten sich die Sozialverbände nicht zu reinen Interessenorganisationen für Ältere, auch wenn ihre häufig erhobene seniorenpolitische Stimme in den letzten Jahren dies vermuten lassen würde. Vielmehr haben sie sich seit den siebziger Jahren in einem zunächst schleichenden Prozess für eine Vielzahl weiterer sozialstaatlicher Klientelgruppen geöffnet: Von den Sozialrentnern, Menschen mit Behinderung, chronisch Kranken, Arbeitslosen, Pflegebedürftigen, Sozialhilfeempfängern bis zu den Familien. Diese Entwicklung war ein langwieriger Prozess, dessen Verlauf durchaus ergebnisof-

fen war. Denn gegen die Mitglieder- und Funktionärsdominanz der Kriegs-
opferkohorten in den westdeutschen Sozialverbänden war es über Jahrzehnte
nahezu unmöglich, die Organisationen für die Breite sozialstaatlicher Problemlagen und Gruppen zu öffnen. Die Öffnung wurde schließlich durch
Skandale, einflussreiche Eliten, wie den ehemaligen VdK-Präsidenten Hirrlinger, und vor allem durch die Neujustierung der Renten- und Sozialpolitik
seit 1990 beschleunigt, die eine Gelegenheitsstruktur für die neue Ver-
bandsausrichtung jenseits der Kriegsopferklientel schuf. Durch die Aufnahme neuer Zielgruppen heterogenisierte sich jedoch auch die Mitgliederstruktur der Verbände. Angesichts des natürlichen Rückgangs der Kriegsopfer war
die Neuausrichtung gleichwohl unausweichlich, sofern man den eigenen
Verband nicht aufgeben wollte – ein Zurück zur alten Mitgliederhomogeni-
tät war jedenfalls nicht möglich. Insofern kann der Weg des VdK und des
SoVD von der verbandlichen Homogenität – also der Dominanz der Kriegsopfer – hin zur verbandlichen Heterogenität als ein zögerlicher, hindernisrei-
cher Abschied von der Kriegsfolgenbewältigungspolitik gedeutet werden.

Die Öffnung hin zur Breite aller sozialstaatlichen Klientelgruppen vollzog sich nicht nur langsam, sondern auch verbandsspezifisch unterschiedlich. Während der VdK und der SoVD die veränderte Zielgruppenstrategie
seit den neunziger Jahren im Sinne einer positiven Mitgliederentwicklung
erfolgreich umsetzen konnten, ist der Volkssolidarität eine Steigerung bzw.
Stabilisierung der Mitgliederentwicklung bislang nicht gelungen. Ursächlich dafür könnte das über eine längere Zeit negative Image sein, das dem
Verband als ehemaliger DDR-Massenorganisation anhaftet. Während sich
diese negative Attribuierung im Laufe der Zeit verflüchtigt, wirkt ihr Hyb-
ridcharakter zwischen Wohlfahrts- und Sozialverband anhaltend negativ
auf die Mitgliederentwicklung, zumal der Schwerpunkt des Engagements
der Landes- und Kreisverbände auf der Funktion als Wohlfahrtsverband
liegt. Infolge einer mangelnden positiven Mitgliederdynamik unter den
jüngeren Gruppen der Sozialstaatsklientel konzentriert die Volkssolidarität
ihre sozialverbandliche Mitgliederarbeit auf die Altersgruppe »65 Jahre und
älter«. Trotz dieser hohen Konzentration auf die Älteren im Mitgliederverband pflegt und verfolgt auch die Volkssolidarität eine breit angelegte
sozialpolitische Programmatik. Mit der Öffnung hin zu anderen Sozial-
staatsklientelgruppen ist ein abnehmender Seniorenanteil verbunden: Während der Seniorenanteil in der Volkssolidarität noch rund 88 Prozent beträgt, verzeichnen VdK und SoVD lediglich eine Seniorenquote in Höhe
von rund 60 Prozent.

Die Gesamtentwicklung der Sozialverbände ist dadurch gekennzeichnet, dass sie sich nach Jahren krisenhafter Mitglieder- und Einflusspolitik in den achtziger und neunziger Jahren in vielfältiger Weise neu orientieren konnten: Einerseits führte dies zu einer professionelleren und kampagnenfähigeren Interessenpolitik (für Ältere). Zugleich dehnten die westdeutschen Verbände ihre Mitgliedschaft auf immer mehr Klientelgruppen aus. Als besonders erfolgreiches Beispiel für eine wachsende Mitglieder- und Dienstleistungsorganisation ist der bayerische VdK-Landesverband zu nennen. Ähnlich wie die ARRP in den Vereinigten Staaten hat er sein Verbandsprofil und seine Dienstleistungsangebote umfassend auf die Klientel der Älteren zugeschnitten und erweitert. Wenngleich anders eingebettet, so weist der VdK-Bayern Züge einer »deutschen ARRP« auf.

Maßgeblich für die Mitgliedergewinnung und -bindung sind das lokale, politisch und historisch tradierte Image des jeweiligen Verbandes, seine Gemeinschaftsangebote sowie die selektiven Anreize, vor allem im sozialrechtlichen Beratungsbereich. Gerade die sozialrechtliche Beratung hat sich in den letzten Jahren als maßgebliches Instrument für eine offensive Mitgliederwerbung entwickelt. Die lokalen Aktivitäten in den Ortsverbänden sind dagegen rückläufig. In diesem Zusammenhang befürchten innerorganisatorische Kritiker auch, dass eine Mitgliedschaft, die zu sehr auf materiellen, selektiven Anreizen basiert, die traditions- und gemeinschaftsbezogenen Strukturen gefährden könnte.

Eines der größten organisatorischen Defizite der Sozialverbände besteht ähnlich wie in anderen Großorganisationen darin, dass es ihnen immer weniger gelingt, das ehrenamtliche Potenzial ihrer Mitglieder in ihren und für ihre Organisationen zu nutzen. Es scheint, dass gerade die »jungen Alten«, deren Bereitschaft zum bürgerschaftlichen Engagement in den letzten Jahren tendenziell gestiegen ist, Aktivitäten in anderen Vereinen und sozialen Zusammenhängen vorziehen. Geht man davon aus, dass die aktive Integration dieser Gruppe der Schlüssel für das weitere Ressourcenwachstum der Sozialverbände ist, dann sind in diesem Bereich vermutlich die bisherigen Anreiz- und Rekrutierungsstrukturen zu überdenken.

Unsere Ausgangshypothese hat sich nicht bestätigt, wonach Sozialverbände eine Organisationsentwicklung präferieren, deren Ziel eine dezidiert generationenseparierende Verbändeperspektive ist. Im Gegenteil: In den letzten Jahren haben sie ihre Angebote für unterschiedliche Mitgliedergruppen erweitert. Zudem haben sie sich vermehrt auch zu familien-, kinder- und bildungspolitischen Fragen im Sinne einer inklusiven Bildungspolitik positioniert. Sozialverbände haben sich folglich nicht zu reinen Seniorenorganisationen gewandelt. Sie beanspruchen sogar ausdrücklich, keine Organisationen dieses Typus' zu sein, sondern sehen sich in ihrem Selbstverständnis als umfassende Sozialstaatsorganisationen. Gleichwohl sind sie eine wichtige, lautstark vernehmbare Verteidigungsbastion im Kampf gegen den Abbau des Sozialstaats für Ältere. Auch wenn die Sozialverbände nicht über das Mittel des Streiks verfügen und nicht stark genug waren, um die Sozialreformen der letzten Jahre zu verhindern, so haben sie doch als Streiter einer Sozialpolitik für Ältere eine einflussreiche Position, die sich vor allem auf ihre glaubwürdige Repräsentation in der medialen Öffentlichkeit gründet. So ist der phasenweise zögerliche Umbau des Sozialstaats und vor allem die politische Entscheidung, die Konsequenzen des sozialstaatlichen Abbaus in hohem Maße in die Zukunft zu verschieben, auch auf ihre Artikulationsmacht mit zurückführen.

4. Sozialverbände und Gewerkschaften im Vergleich

Sozialverbände und Gewerkschaften sind diejenigen Verbände, die in den letzten Jahren am stärksten gegen den Ab- und Umbau des Sozialstaates votiert haben. Sie stehen also einerseits in einem Kooperationsverhältnis. Andererseits lassen sich durchaus Konkurrenzaspekte identifizieren, beginnend mit dem Wettbewerb um Mitglieder bis hin zu politischen Differenzen hinsichtlich der konkreten sozialstaatlichen Präferenzen.

Aufgrund ihrer historischen Wurzeln waren die Sozialverbände zunächst auf die Interessenvertretung der Kriegsopfer festgelegt. Mit der Ausweitung ihrer Mitgliedschaftsklientel auf andere sozialstaatliche Gruppen hat sich zwar die vormals eher homogene zu einer heterogenen Mitgliederstruktur gewandelt. Gemeinsam ist den Mitgliedern jedoch weiterhin der Status als Sozialleistungsempfänger. Damit folgen die Sozialverbände als Sozialanspruchvereinigungen nach wie vor der Logik der direkten Interessenvertretung. Die Einflussinstrumente ihrer Politik haben sich im Zuge der Heterogenisierung der Mitgliedschaft – abgesehen von der elektronisch basierten Kommunikation – nicht grundlegend verändert. Weiterhin fußt ihre Einflusspolitik auf dem öffentlichen Diskurs, der stillen Lobbypolitik sowie gelegentlichen Demonstrationen und punktuellen Kampagnen.

Die Gewerkschaften vertreten die Interessen der Älteren mit, wenn sie ihre Kernfunktion als Erwerbstätigenorganisationen ausüben. Diese advokatorische Interessenvertretung der Gewerkschaften kann als Randfunktion definiert werden. Zudem kommen sie auf diese Weise ihrem Anspruch nach, als generationenübergreifende Organisationen gesamtgesellschaftlich zu agieren. Indem die Rentenhöhe im Modell der bruttolohnbezogenen dynamischen Rente an die durchschnittliche Lohnentwicklung gebunden ist, resultiert daraus sogar eine ausdrückliche Verkopplung zwischen der Lohn- und Rentenpolitik, die die Integration von Erwerbstätigen und Rentnern in einer Organisation gewährleistet. Die gewerkschaftliche Einflussmacht basiert seit jeher auf dem Mittel des Streiks. Dadurch können die Gewerkschaften einerseits einen unmittelbar wirkenden wirtschaftlichen Druck erzeugen, andererseits im politischen Prozess eine vergleichsweise starke Verhandlungsposition einnehmen.

Worin bestehen nun die Unterschiede zwischen Sozialverbänden und Gewerkschaften? Eine wesentliche Differenz besteht bislang darin, dass Sozialverbände ausdrücklich Senioren als Mitglieder werben, indem sie auf deren spezifische Lebenslagen eingehen und entsprechende Angebote offensiv unterbreiten. Im Unterschied dazu legen die Gewerkschaften ihr Hauptaugenmerk weniger darauf, Senioren als neue Mitglieder zu gewinnen; vielmehr suchen sie diese Mitgliedergruppe auch in ihrer nacherwerblichen Lebensphase als Mitglieder zu halten. Die Akquisition von neuen Mitgliedern durch die Sozialverbände erfolgt in hohem Maße über das Angebot des Rechtsschutzes, der insofern ein zentrales Werbe- und Bindeinstrument darstellt. Diesem Instrument kommt als eine Satzungsleistung unter vielen innerhalb der Gewerkschaften mit Blick auf die Senioren eine untergeordnete Bedeutung zu.

Tabelle 59: Strukturvergleich: Gewerkschaften und Sozialverbände als seniorenpolitische Akteure

Merkmale	Sozialverbände	Gewerkschaften
Entstehungskontext	Kriegsfolgenbewältigung nach dem I. und II. Weltkrieg	Kapital-Arbeit-Konflikt in der Industrialisierung (seit 1880)
Ursprüngliche Kernklientel	Kriegsopfer	Männliche Facharbeiter
Mitgliedschafts- motivation der Rentner und Pensionäre	Nutzen und Gemeinschaft	Loyalität und politisches Interesse

Merkmale	Sozialverbände	Gewerkschaften
Rolle der Rentner und Pensionäre	Neue Kernklientel	Quantitativ starke Randgruppe (21%) mit schwachen Mitgliedschaftsrechten
Rekrutierungsstrategie	Aktive Rekrutierungsstrategie: Gewinnen neuer Mitglieder unter den Älteren	Passive Rekrutierungsstrategie: Aufrechterhaltung der Mitgliedschaft nach Ende der Erwerbsarbeit
Selektive Nutzenanreize für Rentner und Pensionäre	Ausgeprägt	Gering
Rechtsschutz	Rechtsschutz als Instrument der offensiven Mitgliederwerbung	Defensiver Einsatz des Rechtsschutzes
Mitgliederentwicklung	Regional differenziertes Wachstum: starke Landesverbände steigend; schwache Landesverbände fallen/stagnierend	Zurückgehende Bereitschaft, als Rentner und Pensionär Gewerkschaftsmitglied zu bleiben
Interessenvertretung für Ältere	Kernfunktion	Randfunktion
Modus der Interessenvertretung	direkt	advokatorisch
Verhältnis zu Parteien/ Politische Bündnispolitik	Keine explizite Rücksichtnahme auf Parteien/Bündnisse mit Verbänden und Gewerkschaften	Keine explizite Rücksichtnahme auf Parteien/Bündnisse mit Verbänden und Gewerkschaften
Einfluss auf den Sozialstaat für Ältere	Direktlobbying, Repräsentanz in Gremien des Sozialstaates für Ältere	Eingebettet in die Gesamtstrategie der Gewerkschaften

Quelle: Eigene Darstellung.

Der Mitgliederanteil der Senioren in den Gewerkschaften stagniert seit 2001. Auch bei den Sozialverbänden kann nicht von einem allgemeinen, sondern lediglich von einem selektiven Wachstum der Mitgliederzahlen von Rentnern und Pensionären gesprochen werden. Lediglich in Regionen, in denen die Sozialverbände traditionell stark vertreten sind, wie in Bayern, Niedersachsen und Schleswig-Holstein, haben sie mittels einer offensiven Mitgliederpolitik Zuwächse erzielen können.[599] Insgesamt bleibt jedoch auch dort die Mitgliederentwicklung bei den Älteren hinter dem Wachstum dieser Altersgruppe im Bevölkerungsaufbau zurück. Zudem gelingt es Gewerkschaften und Sozialverbänden nicht, in einem qualitativ stärkeren Sinne, die »jungen Alten« zur ehrenamtlichen Aktivmitgliedschaft zu gewinnen.

5. Ausblick

Unsere zentrale Forschungsfrage lautete: Wie hat sich die seniorenpolitische Akteurskonstellation in Deutschland entwickelt und was sind die treibenden Kräfte für diese Entwicklung? Vordergründig betrachtet besteht nach wie vor eine vergleichsweise hohe Kontinuität der etablierten Akteurskonstellation. Zudem ist bislang nicht erkennbar, dass politische Aktivitäten erfolgreich sind, die generationenseparierende Akteure stärker werden lassen. Im Gegenteil: Verbände mit einem hohen Mitgliederanteil von Älteren bekräftigen ihr generationenübergreifendes Politikverständnis. Trotz weiter voranschreitender und sich verstärkender sozialstaatlicher Finanzierungsprobleme erscheint es unwahrscheinlich, dass sich zukünftig generationenspezifische Organisationen von alt und jung unversöhnlich gegenüberstehen. Vielmehr scheint das generationenübergreifende Integrationsmodell weiterhin Gültigkeit zu besitzen: Eine separat agierende Seniorenlobby ist gegenwärtig auch deshalb nicht erforderlich, weil die Parteien weiterhin und vermutlich zunehmend die Interessen der Senioren berücksichtigen, um angesichts der wachsenden elektoralen Bedeutung der Älteren ihre Chancen auf den altersspezifischen Wahlermärkten nicht zu gefährden.

Obwohl also die praktizierte Generationensolidarität vielfältig und durchaus zunehmend kritisiert wird, scheinen Mentalität und Prägekraft des

---

599 Die höchsten Mitgliederzuwächse erzielen sie in der Gruppe der 50–60-Jährigen älteren Arbeitnehmer.

Generationenvertrages noch so stark gesellschaftlich und politisch verankert zu sein, dass der Interessenausgleich zwischen den Generationen in Deutschland nach wie vor innerhalb generationenübergreifender Arrangements stattfindet. Ursächlich dafür sind institutionelle Pfadabhängigkeiten sowie das vorherrschende Bewusstsein, dass eine interessenpolitische Generationenseparation angesichts reziproker Generationenzusammenhänge nicht nur gesamtgesellschaftlich desintegrativ wirken kann, sondern auch strukturelle Nachteile für jene Akteure nach sich zieht, die sich auf diese Weise zu profilieren suchen. Eine radikale Artikulation seniorenpolitischer Interessen birgt die Gefahr, gesellschaftlich zu separieren und einen gegnerischen Interessenverband der jüngeren Generation zu provozieren. Letztlich verfolgen seniorenpolitische Akteure ein integrativ-befriedendes Verhalten auch deshalb, um die Möglichkeit zu erhalten, an politischen Entscheidungen beteiligt zu werden.

Der Blick in die Zukunft zeigt, dass trotz bereits erfolgter Reformen künftig die Finanzierungsprobleme des Sozialstaates zunehmen werden, vor allem durch Strukturveränderungen des Arbeitsmarktes, medizinisch-technischen Fortschritt, steigenden Pflegebedarf und eine höhere Lebenserwartung. Durch Entscheidungen, die die jetzige Rentnergeneration privilegieren, könnten die Spannungen zwischen den Generationen zunehmen. Die Folge wäre ein vermehrt kontrovers geführter Diskurs über die künftige Definition von Generationengerechtigkeit. Die Organisation von generationenspezifischen Interessen wird also kaum von der heutigen, überwiegend gut ausgestatteten Rentnergeneration ausgehen, sondern eher von denjenigen, die die Einsparungen maßgeblich zu tragen haben, also den künftigen Rentnern.

Politik und Gesellschaft haben die »jungen Alten« als Aktivposten entdeckt. Unter dem Signum der »Neuen Ehrenamtlichkeit« und der »Stärkung der Zivilgesellschaft« findet ein Wettbewerb um diese »Ressource« zwischen den Verbänden und den gesellschaftlichen Gruppen statt. Die Potenziale der Älteren, vor allem das Erfahrungswissen, ihre Kompetenz und Zeit, können einen erheblichen Nutzen für die alltägliche Arbeit in Verbänden und gesellschaftlichen Gruppen stiften. Damit kann das Alter auch aufgewertet werden: Indem Ältere die Anerkennung ihrer Kompetenzen erfahren, kann sich tendenziell auch ein positiveres Altersbild entwickeln. Um mehr darüber zu wissen, sind systematische Erhebungen über das Engagement und die Erwartungen der Älteren erforderlich. Ohne umfassende Individualbefragungen lassen sich keine substantiellen Aussagen treffen, wie die Verbände mit den »jungen Alten« zielführender umgehen können. Die anzutreffenden Aktivitäten in den Verbänden sind mithin in künftigen Studien stärker zu reflektieren: In welchem Umfang und aus welchen Motiven heraus engagieren sich Ältere in Verbänden? Welche Konzepte der Mitgliedergewinnung und -bindung werden in den Sozialverbänden und Gewerkschaften entwickelt, um die Mitgliederentwicklung positiv zu dynamisieren?

Gewerkschaften und Sozialverbände sind in der seniorenpolitischen Arena zwei der wichtigsten politischen Akteure. Da beide Organisationen heute mit heterogener gewordenen Mitgliedschaften auskommen müssen, sind sie darauf angewiesen, bereits in den eigenen Verbänden für ihre Seniorenpolitik zu werben. In dem Maße, wie ein ständiger Austausch der verschiedenen Sozialstaatskohorten in den Verbänden stattfindet, immunisieren sich diese gegen eine einseitige Politik; zugleich erschwert diese Festlegung allerdings auch politische Richtungswechsel. Ob das bisherige Modell der integrierenden Interessenpolitik, das auch Sozialverbände und Gewerkschaften verfolgen, angesichts des prognostizierten rapiden Anstiegs von Altersarmut und neuer Verteilungskonflikte auch in Zukunft Bestand haben wird, ist offen.

Quellen- und Literaturverzeichnis

Abraham, Martin; Büschges, Günter (2004), *Einführung in die Organisationssoziologie*, 3. Auflage, Wiesbaden.

Adolph, Holger; Heinemann, Heike (2002), »Zur Lebenssituation älterer Menschen in Deutschland. Ausgewählte Daten und Kurzinformationen«, in: Deutsches Zentrum für Altersfragen (Hrsg.), *Diskussionspapier Nr. 37*, Berlin.

Agahi, Neda; Parker, Marti G. (2005), »Are today's older people more active than their predecessors? Participation in leisure-time activities in Sweden in 1992 and 2002«, in: *Ageing and Society Nr. 25*, S. 925–941.

Agenti, Paul A. (2005), *AARP: At the Crossroads of Change*, No. 1-0100, Hanover/ Maryland.

Ahn, Sang-Hoon; Olsson Hort, Sven E. (1999), »The politics of old age in Sweden«, in: Walker, Alan; Naegele, Gerhard (Hrsg.), *The politics of old age in Europe*, Buckingham, Philadelphia, S. 135–151.

Alber, Jens (1994), »Soziale Integration und politische Repräsentation von Senioren«, in: Günter Verheugen (Hrsg.), *60plus. Die wachsende Macht der Älteren*, Köln: Bund, S. 145–168.

Alber, Jens; Schölkopf, Martin (1999), *Seniorenpolitik. Die soziale Lage älterer Menschen in Deutschland und Europa*, Amsterdam.

Alemann, Ulrich von; Weßels, Bernhard (Hrsg.) (1997), *Verbände in vergleichender Perspektive. Beiträge zu einem vernachlässigten Feld*, Berlin.

Alemann, Ulrich von (1993), »Organisierte Interessen in der Bundesrepublik. Reflexionen zu ihrer politikwissenschaftlichen Rezeption und politischen Perzeption«, in: Kleinfeld, Ralf; Luthard, Wolfgang (Hrsg.), *Westliche Demokratien und Interessensvermittlung: zur aktuellen Entwicklung nationaler Parteien- und Verbändesysteme*, Marburg, S. 160–179.

Alemann, Ulrich von (1987), *Organisierte Interessen in der Bundesrepublik*, Opladen.

Alemann, Ulrich von (1985), »Der Wandel organisierter Interessen in der Bundesrepublik. Erosion oder Abgrenzung?«, in: *APuZ*, 49, S. 3–21.

Allmendinger, Jutta; Ludwig-Mayerhofer, Wolfgang (Hrsg.) (2000), *Soziologie des Sozialstaats. Gesellschaftliche Grundlagen, historische Zusammenhänge und aktuelle Entwicklungstendenzen*, Weinheim, München.

Aner, Kirsten; Karl, Fred; Rosenmayr, Leopold (2007), »Die neuen Alten – Retter des Sozialen? Anlass und Wandel gesellschaftlicher und gerontologischer Diskurse«, in: Dies. (Hrsg.), *Die neuen Alten. Retter des Sozialen?*, Wiesbaden, S. 13–39.

Aner, Kirsten; Karl, Fred (Hrsg.) (2002), *Die »neuen Alten« – revisited. Kasseler Gerontologische Schriften*, Band 28, Kassel.

Angerhausen, Susanne (2003), *Radikaler Organisationswandel. Wie die »Volkssolidarität« die deutsche Vereinigung überlebte*, Opladen.

Angerhausen, Susanne; Backhaus-Maul, Holger; Offe, Claus (Hrsg.) (1998), *Überholen ohne einzuholen. Freie Wohlfahrtspflege in Ostdeutschland*, Opladen.

Angerhausen, Susanne; Backhaus-Maul, Holger; Schiebel, Martina (1994), »Zwischen neuen Herausforderungen und nachwirkenden Traditionen. Aufgaben- und Leistungsverständnis von Wohlfahrtsverbänden in den neuen Bundesländern«, in: Zentrum für Sozialpolitik, *Arbeitspapier Nr. 07*, Bremen.

Angerhausen, Susanne; Backhaus-Maul, Holger; Schiebel, Martina (1993), »In ›guter Gemeinschaft‹? Die sozial-kulturelle Verankerung von intermediären Organisationen im Sozialbereich der neuen Bundesländer«, in: Zentrum für Sozialpolitik, *Arbeitspapier Nr. 14*, Bremen.

Anheier, Helmut K; Priller, Eckard; Zimmer, Annette (2000), »Civil society in transition: The East German third sector ten years after unification«, in: *East European Politics and Societies*, Vol. 14, Nr. 2, S. 139–156.

Anheier, Helmut K.; Salamon, Lester M. (1992), »Genese und Schwerpunkte internationaler Forschung zum Nonprofit Sektor: Von der Filter-Kommission zum John Hopkins Projekt«, in: *Forschungsjournal Neue Soziale Bewegungen*, Nr. 4, S. 40–48.

Anheier, Helmut K.; Seibel, Wolfgang (Hrsg.) (1990), *The Third Sector: Comparative Studies of Nonprofit Organizations*, Berlin.

Armingeon, Klaus (1988), *Die Entwicklung der westdeutschen Gewerkschaften 1950–1985*, Frankfurt am Main.

Backes, Gertrud M. (2005), »Alter(n) und Geschlecht: Ein Thema mit Zukunft«, in: *Aus Politik und Zeitgeschichte* Nr. 49–50, S. 31–38.

Backes, Gertrud M.; Clemens, Wolfgang; Künemund, Harald (Hrsg.) (2004), *Lebensformen und Lebensführung im Alter*, Wiesbaden.

Backhaus-Maul, Holger u.a. (Hrsg.) (2003), *Bürgerschaftliches Engagement in Ostdeutschland. Potenziale und Perspektiven*, Opladen.

Backhaus-Maul, Holger/Olk, Thomas (1991), *Intermediäre Organisationen und kommunale Sozialpolitik im deutschen Einigungsprozeß*, in: Zeitschrift für Sozialreform, Heft 11/12, S. 676–700.

Bäcker, Gerhard u.a. (2010), *Sozialpolitik und soziale Lage in Deutschland*, Band 2: *Gesundheit, Familie, Alter und Soziale Dienste,* Wiesbaden.

Bäcker, Gerhard; Heinze, Rolf G.; Naegele, Gerhard (Hrsg.) (1995), *Die Sozialen Dienste vor neuen Herausforderungen*, Band 1, Münster.

Baltes, Paul B. (1997), *Gegen Vorurteile und Klischees – Die Berliner Altersstudie in Forum Demographie und Politik*. Stable URL (23.05.2006): http://www.mpib-berlin.mpg.de/en/institut/dok/full/Baltes/gegenvor/index.htm

Bauer, Rudolph (Hrsg.) (1984), *Die liebe Not. Zur historischen Kontinuität der »Freien Wohlfahrtspflege«*, Weinheim, Basel.

Baur, Rita (1997), *Datenreport Alter. Individuelle und sozioökonomische Rahmenbedingungen heutigen und zukünftigen Alterns in Bürgerschaftliches Engagement*, Stuttgart.

Benzner, Bodo (1989), *Ministerialbürokratie und Interessengruppen: Eine empirische Analyse der personellen Verflechtung zwischen bundesstaatlicher Ministerialorganisation und gesellschaftlichen Gruppeninteressen in der Bundesrepublik Deutschland im Zeitraum 1949–1984*, Baden-Baden.

Bergmann, Joachim (1979), »Organisationsstruktur und innergewerkschaftliche Demokratie«, in: Ders. u.a. (Hrsg.), *Beiträge zur Soziologie der Gewerkschaften*, Frankfurt am Main, S. 210–239.

Berry, Jeffrey M.; Wilcox, Clyde (Hrsg.) (2007), *The Interest Group Society*, 4. Auflage, New York.

Bertelsmann Stiftung (Hrsg.) (2006), *Älter werden – aktiv bleiben. Beschäftigung in Wirtschaft und Gesellschaft*, Carl Bertelsmann-Preis 2006, Gütersloh.

Best, Heinrich (Hrsg.) (1993), *Vereine in Deutschland. Vom Geheimbund zur freien gesellschaftlichen Organisation*, Bonn.

Beyer, Jürgen (2005), »Pfadabhängigkeit ist nicht gleich Pfadabhängigkeit!«, in: *Zeitschrift für Soziologie*, Jg. 34, Nr. 1, S. 5–21.

Beyme, Klaus von (1980), *Interessengruppen in der Demokratie*, 5. Auflage, München.

Biebeler, Hendrik; Lesch, Hagen (2006), »Mitgliederstruktur der Gewerkschaften in Deutschland«, in: *IW-Trends* – Vierteljahresschrift zur empirischen Wirtschaftsforschung aus dem Institut der deutschen Wirtschaft Köln, Bd. 33, Nr. 4, S. 45–58.

Biebeler, Hendrik; Lesch, Hagen (2007), »Zwischen Mitgliedererosion und Ansehensverlust: die deutschen Gewerkschaften im Umbruch«, in: *Industrielle Beziehungen*, Bd. 14, Nr. 2, S. 133–153.

Binstock, Robert H. (2005), »The Contemporary Politics of Old Age Policies«, in: Hudson, Robert B. (Hrsg.), *The New Politics of Old Age Policy*, Baltimore, Maryland.

Blome, Agnes; Keck, Wolfgang; Alber, Jens (2008), *Generationenbeziehungen im Wohlfahrtsstaat*, Wiesbaden.

Boeßenecker, Karl Heinz (2005), *Spitzenverbände der freien Wohlfahrtspflege. Eine Einführung in Organisationsstrukturen und Handlungsfelder der deutschen Wohlfahrtsverbände*, Weinheim, München.

Bogumil, Jörg; Schmid, Josef (2001), *Politik in Organisationen. Organisationstheoretische Ansätze und praxisbezogene Anwendungsbeispiele*, Opladen.

Boll, Bernhard (1997), *Organisation und Akzeptanz. Eine empirische Analyse der IG Metall im Transformationsprozess Ostdeutschlands*, Opladen.

Bolkovac, Martin; Vlastos, Michael; Mitter, Elisabeth (2007), *Was sind Gewerkschaften? ÖGB/AK*. Stable URL (18.02.2009): http://www.voegb.at/bildungsangebote/skripten/gk/GK-01.pdf

Borsdorf, Ulrich; Eskildsen, Ute (Hrsg.) (1985), *Bergarbeiterleben heute*, München.

Braun, Günter (1990), »Volkssolidarität«, in: Broszat, Martin; Weber, Hermann (Hrsg.), *SBZ-Handbuch: staatliche Verwaltungen, Parteien, gesellschaftliche Organisationen und ihre Führungskräfte in der Sowjetischen Besatzungszone Deutschlands 1945–1949*, München, S. 793–801.

Breitling, Rupert (1955), *Die Verbände in der Bundesrepublik*, Meisenheim am Glan.

Bröscher, Petra; Naegele, Gerhard; Rohleder, Christiane (2000), »Freie Zeit im Alter als gesellschaftliche Gestaltungsaufgabe?«, in: *Aus Politik und Zeitgeschichte* Nr. 35–36, S. 30–38.

Buchholz, Edwin (1970), *Interessen, Gruppen, Interessentengruppen. Elemente einer wirtschaftssoziologischen Organisationslehre – unter besonderer Berücksichtigung der deutschen Verbandsforschung*, Tübingen.

Bundesarbeitskreis Arbeit und Leben (2002), *Bildung für ein gemeinwesenorientiertes freiwilliges Engagement im Alter. Bedarfserhebung: Qualifizierung von älteren gewerkschaftlich orientierten Personen zur ehrenamtlichen Tätigkeit*, Düsseldorf.

BMAS (Bundesministerium für Arbeit und Soziales) (2008), *Ergänzender Bericht der Bundesregierung zum Rentenversicherungsbericht 2008 gemäß § 154 Abs. 2 SGB VI (Alterssicherungsbericht 2008)*. Stable URL (12.06.2009): http://www. bmas.de/coremedia/generator/29492/2008__11__19__alterssicherungsbericht__2008.html

BMAS (Hrsg.) (2006), *1961–1971 Deutsche Demokratische Republik. Politische Stabilisierung und wirtschaftliche Mobilisierung. Geschichte der Sozialpolitik in Deutschland seit 1945*, Band 9, Baden-Baden.

BMFSFJ (Bundesministerium für Familie, Senioren, Frauen und Jugend) (Hrsg.) (2009), *Bericht zur Lage und zu den Perspektiven des bürgerschaftlichen Engagements in Deutschland. Studie des Wissenschaftszentrums Berlin (WZB)*. Stable URL (21.09.2009): http://www.bmfsfj.de

BMFSFJ (Hrsg.) (2008), *Strategien zur Stärkung des bürgerschaftlichen Engagements älterer Menschen in Deutschland und den Niederlanden. Kurz-Expertise*. Stable URL (21.01.2009): http://www.bmfsfj.de

BMFSFJ (Hrsg.) (2006a), *Alter- und Gesellschaft – 5. Altenbericht*, Berlin.

BMFSFJ (Hrsg.) (2006b), *Erfahrungswissen für Initiativen*, Berlin.

BMFSFJ (Hrsg.) (2006c), *Potenziale der Älteren in Kommunen nutzen – Ergebnisse des Bundesmodellprogramms »Erfahrungswissen für Initiativen«*, Berlin.

BMFSFJ (Hrsg.) (2006d), *Selbstorganisation älterer Menschen: Beispiele guter Praxis*, Berlin.

BMFSFJ (Hrsg.) (2006e), *Freiwilliges Engagement in Deutschland 1999–2006*, Berlin.

BMFSFJ (Hrsg.) (2005a), *Fünfter Bericht zur Lage der älteren Generation in der Bundesrepublik Deutschland. Potenziale des Alters in Wirtschaft und Gesellschaft. Der Beitrag älterer Menschen zum Zusammenhalt der Generationen. Bericht der Sachverständigenkommission*, Berlin.

BMFSFJ (Hrsg.) (2005b), *Der Alterssurvey – Aktuelles auf einen Blick. Ausgewählte Ergebnisse. Der Alterssurvey – Eine allgemeine Einführung*, Bonn.

BMFSFJ (Hrsg.) (2005c), *Der Alterssurvey – Aktuelles auf einen Blick. Ausgewählte Ergebnisse. Tätigkeiten und Engagement in der zweiten Lebenshälfte*, Bonn.

BMFSFJ (2001), *Alter und Gesellschaft – 3. Altenbericht*, Bonn.

BMG (Bundesministerium für Gesundheit) (Hrsg.) (2005), *Gewonnene Jahre. Chancen einer Gesellschaft des längeren Lebens*, Berlin.

BMJ (Bundesministerium der Justiz) (2009), *Bundesanzeiger. Bekanntmachung der öffentlichen Liste über die Registrierung von Verbänden und deren Vertretern*, Stand: Juni 2009, Jg. 61. Stable URL (31.07.2009): http://www.bundestag.de/dokumente/lobby/index.html

Bundeszentrale für politische Bildung (Hrsg.) (1996), *Interessenverbände*, Bonn.

Bundeswahlleiter (2010), *Wahl des 17. Deutschen Bundestages am 27. September 2009*, Heft 4: *Wahlbeteiligung und Stimmengabe der Männer und Frauen nach Altersgruppen*. Stable URL (12.03.2010): www.bundeswahlleiter.de

Bundeswahlleiter (2009a), *Altersstruktur der Wahlberechtigten für die Bundestagswahl am 27. September 2009*. Stable URL (12.06.2009): www.bundeswahlleiter.de

Bundeswahlleiter (2009b), *Vorläufiges Bundesergebnis zur Europawahl 2009*. Stable URL (12.06.2009): http://www.bundeswahlleiter.de/de/europawahlen/EU_BUND_09/ergebnisse/bundesergebnisse/b_tabelle_99.html

Bundeswahlleiter (2006), *Wählerverhalten bei der Bundestagswahl 2005 nach Geschlecht und Alter*. Stable URL (12.02.2009): http://www.bundeswahlleiter.de/de/bundestagswahlen/BTW_BUND_05/veroeffentlichungen/

Burau, Benjamin Erik (2006), *Demographischer Wandel in Deutschland. Die latente Macht der älteren Teile der Bevölkerung – Haben die Alten eine Lobby?*, unveröffentlichte Magisterarbeit, Universität Leipzig.

Bürklin, Wilhelm P. (1989), »Politisches System und politische Interessenartikulation alter Menschen«, in: Martin M. Baltes; Martin Kohli; Karl Sames (Hrsg.), *Erfolgreiches Altern. Bedingungen und Variationen*, Bern: Huber, 60–66.

Butterwege, Christoph (2006), *Krise und Zukunft des Sozialstaates*, Wiesbaden.

Campbell, Andrea Louise (2003), *How politics make citizens: Senior political activism and the American welfare state*, Princeton.

Campbell, Andrea Louise (2002), »Self-Interest, Social Security, and the Distinctive Participation Patterns of Senior Citizens«, in: *American Political Science Review*, No. 9, S. 565–574.

Carell, Angela (1997), *Politische Beteiligung älterer Menschen in Europa in Materialen zum Modellprogramm Seniorenbüro*, Bonn.

Carpenter, Ursula (2005), *Rentenreform in den USA*, Washington.

Czada, Roland; Schimank, Uwe (2000), »Institutionendynamiken und politische Institutionengestaltung: Die zwei Gesichter sozialer Ordnungsbildung«, in: Werle, Raymund; Schimank, Uwe (Hrsg.), *Gesellschaftliche Komplexität und kollektive Handlungsfähigkeit*, Frankfurt am Main, S. 23–43.

Czada, Roland (1993a), »Wer hat Macht in Schweden? Strategien der Verbände und Strukturen der Interessenvermittlung«, in: Kleinfeld, Ralf; Luthard, Wolfgang

(Hrsg.), *Westliche Demokratien und Interessensvermittlung: zur aktuellen Entwicklung nationaler Parteien- und Verbändesysteme*, Marburg, S. 205–222.

Czada, Roland; Schmidt, Manfred G. (Hrsg.) (1993b), *Verhandlungsdemokratie, Interessenvermittlung, Regierbarkeit*, Opladen.

Dallinger, Ursula (2005), »Generationen-Gerechtigkeit – die Wahrnehmung in der Bevölkerung«, in: *APUZ*, 8, S. 29–37.

Day, Christine (1990), *What older Americans think: interest groups and aging policy*, Princeton.

Daumann, Frank (1999), *Interessenverbände im politischen Prozess. Eine Analyse auf Grundlage der Neuen Politischen Ökonomie*, Tübingen.

Deutscher Bundestag (Hrsg.) (2002), *Bericht der Enquete-Kommission »Zukunft des Bürgerschaftlichen Engagements«. Bürgerschaftliches Engagement: Auf dem Weg in eine zukunftsfähige Bürgergesellschaft*, 14. Wahlperiode, Berlin.

Deutsches Institut für Fernstudienforschung an der Universität Tübingen (Hrsg.) (1997), *Funkkolleg: Altern. Studienbrief 7*, Tübingen.

DRV (Deutsche Rentenversicherung) (2007), *Rentenversicherung in Zeitreihen. DRV Schriften*, Band 22.

DRV (2005), *Renten auf einen Blick: Staatliche Politik im OECD-Ländervergleich. DRV-Schrift*, Band 61, S. 126–127.

DZA (Deutsches Zentrum für Altersfragen) (Hrsg.) (2001), *Lebenslagen, soziale Ressourcen und gesellschaftliche Integration im Alter. Expertisen zum Dritten Altenbericht der Bundesregierung*, Band 3, Opladen.

Diehl, James M. (1993), *The Thanks of the Fatherland. German Veterans after the Second World War*, London.

Dietz, Hella (1997/1998), *Der soziologische Neo-Institutionalismus von James G. March und Johan P. Olsen. Auf dem Weg zur eigenständigen Methodologie oder Katalysator und Korrektiv für gegenwärtige politikwissenschaftliche Theorien?*, Berlin.

DiMaggio, Paul J.; Powell, Walter W. (1991), »Introduction«, in: Ders. (Hrsg.): *The new institutionalism in organizational analysis*, Chicago, S. 1–38.

Dittrich, Walter (1990), »Gewerkschaftliche Programmatik und Praxis. Neue Strategien, interne Differenzen und Konflikte«, in: Schmid, Josef; Tiemann, Heinrich (Hrsg.), *Aufbrüche: Die Zukunftsdiskussion in Parteien, Verbänden und Kirchen*, Marburg.

DIW (2007), *Auswirkungen des demographischen Wandels auf die private Nachfrage von Gütern und Dienstleistungen in Deutschland bis 2050*, Berlin.

Döring, Dieter; Koch, Thomas (2003), »Gewerkschaften und soziale Sicherung«, in: Schroeder, Wolfgang; Weßels, Bernhard (Hrsg.), *Die Gewerkschaften in Politik und Gesellschaft der Bundesrepublik Deutschland*, Wiesbaden, S. 376–404.

Dörre, Klaus (2008), »Die strategische Wahl der Gewerkschaften – Erneuerung der Gewerkschaften«, in: *WSI-Mitteilungen*, Nr. 1, S. 3–10.

Donner, Wolf (1960), »Die sozial- und staatspolitische Tätigkeit der Kriegsopferverbände. Ein Beitrag zur Verbandsdiskussion«, in: *Sozialpolitische Schriften*, Nr. 11, S. 5–217.

Dribbusch, Heiner (2008), »Organizing in der Fläche – Die ver.di-Kampagne im Hamburger Bewachungsgewerbe«, in: *WSI-Mitteilungen*, Nr. 1, S. 19–24.

Druyen, Thomas (2005), »Die große Alterswende«, in: *Aus Politik und Zeitgeschichte* Nr. 49–50, S. 17–25.

Druyen, Thomas (2003), *Olymp des Lebens. Das neue Bild des Alters*, München.

Dünn, Silvia (2005), »Die gesetzliche Rentenversicherung in den USA«, in: *Orientierung zur Wirtschafts- und Gesellschaftspolitik*, Nr. 2, S. 54–55.

Dürr, Tobias (2007), »Vom Nutzen der Zuversicht«, in: *Perspektive 21. Brandenburgische Hefte für Wissenschaft und Politik*, Nr. 33, S. 5–18.

Dyk van, Silke; Lessenich, Stephan (2009), *Die jungen Alten: Analysen einer neuen Sozialfigur*, Frankfurt am Main.

Ebbinghaus, Bernhard (2006), »Trade union movements in post-industrial welfare states: opening up to new social interests?«, in: Armingeon, Klaus; Bonoli, Giulini (Hrsg.), *The Politics of Post-Industrial Welfare States. Adapting post-war social policies to new social risks*, London, S. 123–142.

Ebbinghaus, Bernhard (2003), »Die Mitgliederentwicklung deutscher Gewerkschaften im historischen Vergleich«, in: Schroeder, Wolfgang; Wessels, Bernhard (Hrsg.), *Die Gewerkschaften in Politik und Gesellschaft der Bundesrepublik Deutschland*, Wiesbaden, S. 174–203.

Ebert, Thomas (2005), *Generationengerechtigkeit in der gesetzlichen Rentenversicherung – Delegitimation des Sozialstaates?*, Düsseldorf.

Edinger, Lewis J. (1985), »Politics of the aged: orientations and behavior in major liberal democracies«, in: *Zeitschrift für Gerontologie*, Nr. 18, S. 58–69.

Eichener, Volker u.a. (Hrsg.) (1992), *Probleme der Einheit. Organisierte Interessen in Ostdeutschland*, Band 12, Marburg.

Enquete-Kommission »Demografischer Wandel« (2002), *Demografischer Wandel – Herausforderungen unserer älter werdenden Gesellschaft an den Einzelnen und die Politik. Deutscher Bundestag, 14. Wahlperiode*, Bundestags-Drucksache 14/8800, Berlin.

Enste, H. Dominik (2004), *Die Wohlfahrtsverbände in Deutschland. Eine ordnungspolitische Analyse und Reformagenda*, Köln.

Erlinghagen, Marcel (2009), »Soziales Engagement im Ruhestand: Erfahrung wichtiger als frei verfügbare Zeit«, in: Kocka, Jürgen; Kohli, Martin; Streeck, Wolfgang (Hrsg.), *Altern in Deutschland*, Band 8: *Altern: Familie, Zivilgesellschaft, Politik*, Stuttgart, S. 211–220.

Erlinghagen, Marcel (2007), »Soziales Engagement im Ruhestand: Erfahrungen wichtiger als frei verfügbare Zeit«, in: *Deutsches Institut für Wirtschaftsforschung (DIW)*, Wochenbericht Nr 39, S. 565–570.

Erlinghagen, Marcel; Hank, Karsten (2006), »The participation of older Europeans in volunteer work«, in: *Ageing and Society*, Nr. 26, S. 567–584.

Esping-Andersen, Gøsta (1990), *Three Worlds of Welfare Capitalism*, Princeton.

Esping-Andersen, Gøsta (1985), *Politics Against Markets. The Social Democratic Road to Power*, Princeton.

Esser, Josef (2003), »Funktion und Funktionswandel der Gewerkschaften in Deutschland«, in: Schroeder, Wolfgang; Weßels, Bernhard (Hrsg.), *Die Gewerkschaften in Politik und Gesellschaft der Bundesrepublik Deutschland. Ein Handbuch*, Wiesbaden, S. 65–85.

Esser, Josef (1989), *Gewerkschaften in der Krise*, Frankfurt am Main.

Etgeton, Stefan (2009), »Patientenbeteiligung im Gemeinsamen Bundesausschuss«, in: Schroeder, Wolfgang; Paquet, Robert (Hrsg.), *Gesundheitsreform 2007. Nach der Reform ist vor der Reform*, Wiesbaden, S. 222–228.

Fassmann, Heinz; Münz, Reiner (2000), »Politik und Demographie. Ursachen und Folgen der ergrauenden Gesellschaft«, in: *Die Zukunft der österreichischen Demokratie. Trends, Prognosen und Szenarien*, Schriftenreihe des Zentrums für Angewandte Politikforschung, Band 22, Wien, S. 13–30.

Fiedler, Antje u.a. (2002), »Ehrenamtliches Engagement im Seniorenalter – eine Befragung von 68- bis 70-jährigen Leipzigern im Jahre 2000«, in: *psychosozial*, Jg. 88, Nr. 2, S. 55–67.

Fischer-Solms, Herbert (2006), »IM Torsten. Der Stasi-Fall des Eislauf-Trainers Ingo Steuer«, in: *Deutschland Archiv. Zeitschrift für das vereinigte Deutschland*, Nr. 2, S. 197.

Forschungsgruppe Wahlen (2009), *Wahlanalyse Bundestagswahl 2009*. Stable URL (12.10.2009): http://www.forschungsgruppe.de/Aktuelles/Bundestagswahl_2009/

Frege, Carola M.; Heery, Edmund; Turner, Lowell (2003), »Bündnisse mit sozialen Bewegungen als Strategie zur gewerkschaftlichen Neubelebung«, in: *WSI-Mitteilungen*, Nr. 9, S. 549–554.

Freese, Gisela (Hrsg.) (2002), *Engagierte Lückenbüßer?! Ehrenamtliche wollen mehr*, Rehburg-Loccum.

Frerichs, Petra; Pohl, Wolfgang (2001), *Zukunft der Gewerkschaften. Mitgliederentwicklung – Organisationsstrukturen – Werte und Orientierungen*, Köln.

Friedrich-Ebert-Stiftung (Hrsg.) (2004), *Die neue Beweglichkeit des Alters. Die Älteren, Engagement, Produktivität, Macht?*, Bonn.

Friedrich-Ebert-Stiftung (Hrsg.) (2001), *Die Rolle von Pensionsfonds in Europa und den Vereinigten Staaten von Amerika*, Bonn.

Friedrich-Ebert-Stiftung (Hrsg.) (1996), *Solidarität der Generationen. Perspektiven des Älterwerdens der Gesellschaft in Deutschland und Europa. Alter und Gesundheit(skosten)*, Düsseldorf.

Friedrich-Ebert-Stiftung (Hrsg.) (1987), *Rentner in der DDR. Altsein im »Sozialismus«*, Bonn.

Gallas, Andreas (1994), *Politische Interessenvertretung von Arbeitslosen. Eine theoretische und empirische Analyse*, Köln.

Gensicke, Thomas (2006), »Bürgerschaftliches Engagement in Deutschland«, in: *Aus Politik und Zeitgeschichte*, Nr. 12, S. 9–16.

Girschner, Walter (1990), *Theorie sozialer Organisationen. Eine Einführung in Funktionen und Perspektiven von Arbeit und Organisation in der gesellschaftlich-ökologischen Krise*, München.

Glatzer, Wolfgang; Ostner, Ilona (Hrsg.) (1999), *Deutschland im Wandel. Sozialstrukturelle Analysen,* Opladen.

Göckenjan, Gerd (2007), »Zur Wandlung des Altersbildes seit den 1950er Jahren im Kontext und als Folge der Großen Rentenreform von 1957«, in: *Deutsche Rentenversicherung,* Nr. 2–3, S. 125–142.

Goerres, Achim (2009), »Das Wahlverhalten älterer Menschen. Ein Beitrag über die Unterschiede zwischen älteren und jüngeren Wählen«, in: Kocka, Jürgen; Kohli, Martin; Streeck, Wolfgang (Hrsg.), *Altern in Deutschland,* Band 8: *Altern: Familie, Zivilgesellschaft, Politik,* Stuttgart, S. 299–322.

Götz, Norbert (2001), »Schweden«, in: Reuter, Werner; Rütters, Peter (Hrsg.), *Verbände und Verbandssysteme in Westeuropa,* Opladen, S. 381–404.

Götz, Marion (1999), »Italien«, in: *Rentenversicherungen im internationalen Vergleich. DRV-Schriften,* Band 15, Frankfurt am Main.

Gronemeyer, Reimer (2004), *Kampf der Generationen,* München.

Grünendahl, Martin (2001), *Generationenbeziehung im Wandel? Untersuchungen zum Einfluss von Alter, Region und Kohorte auf familiäre Generationsbeziehungen im mittleren und höheren Erwachsenalter. Europäische Hochschulschriften,* Band 356, Frankfurt am Main.

Hackenbroch, Rolf (1998), »Verbändekommunikation«, in: Jarren, Otfried; Sarcinelli, Ulrich; Saxer, Ulrich (Hrsg.), *Politische Kommunikation in der demokratischen Gesellschaft. Ein Handbuch mit Lexikonteil,* Wiesbaden, S. 482–488.

Hall, Peter (1993), »Policy Paradigms, Social Learning and the State. The case of Economic Policymaking in Britain«, in: *Comparative Politics,* Nr. 25, S. 275–296.

Hammerschmidt, Markus (1992), *Behindertenverbände im sozialpolitischen Entscheidungsprozeß. Frankfurt am Main,* New York.

Hank, Karsten; Erlinghagen, Marcel; Lemke, Anja (2006), »Ehrenamtliches Engagement in Europa: Eine vergleichende Untersuchung am Beispiel von Senioren«, in: *Sozialer Fortschritt,* Nr. 1, S. 6–12.

Hasibether, Wolfgang (2001), »ver.di kommt – Auf dem Weg zur erneuten Gewerkschaftsbewegung«, in: *Gewerkschaftliche Monatshefte,* Nr. 3, S. 172–184.

Hassel, Anke; Trampusch, Christine (2006), »Verbände und Parteien. Die Dynamik von Parteienkonflikten und die Erosion des Korporatismus«, in: Beckert, Jens; u. a. (Hrsg.), *Transformation des Korporatismus. Festschrift für Wolfgang Streeck zum 60. Geburtstag,* Frankfurt am Main, S. 111–132.

Hassel, Anke (2007), »Gewerkschaften«, in: Winter, Thomas von; Willems Ulrich (Hrsg.): *Interessenverbände in Deutschland,* Wiesbaden, S. 173–196.

Hassel, Anke (2003), »Organisationen: Struktur und Entwicklung«, in: Schroeder, Wolfgang; Weßels, Bernhard (Hrsg.), *Die Gewerkschaften in Politik und Gesellschaft der Bundesrepublik Deutschland,* Wiesbaden, S. 102–121.

Hassel, Anke (1999), *Gewerkschaften und sozialer Wandel. Mitgliederrekrutierung und Arbeitsbeziehungen in Deutschland und Großbritannien,* Baden-Baden.

Haubenwallner, Peter (1995), »Die Kriegsopferfürsorge in den neuen Ländern«, in: *Behindertenrecht*, Jg. 34, Nr. 3, S. 68.

Haupt, Hanna; Winkler, Gunnar (1996), *Sozialreport 50+. Daten und Fakten zur sozialen Lage von Bürgern ab dem 50. Lebensjahr in den neuen Bundesländern*, Sozialwissenschaftliches Forschungszentrum Berlin-Brandenburg, Berlin.

Hegelich, Simon (2006), *Reformkorridore des deutschen Rentensystems*, Wiesbaden.

Heinze, Rolf G. (2006), »Altenberichtskommission. Ehrenamt und Partizipation«, in: BAGSO (Hrsg.), *Potenziale des Alters. Strategien zur Umsetzung der Empfehlungen der 5. Altenberichtskommission*, Bonn, S. 45–52.

Heinze, Rolf G.; Olk, Thomas (2001), *Bürgerengagement in Deutschland: Bestandsaufnahme und Perspektiven*, Opladen.

Heinze, Rolf G.; Schmid, Josef; Strünck, Christoph (1997), »Zur politischen Ökonomie der sozialen Dienstleistungsproduktion. Der Wandel der Wohlfahrtsverbände und die Konjunkturen der Theoriebildung«, in: *Kölner Zeitschrift für Soziologie und Sozialpsychologie*, Nr. 2, S. 242–271.

Heinze, Rolf G.; Alemann, Ulrich von (Hrsg.) (1979), *Verbände und Staat. Von Pluralismus zum Korporatismus. Analysen, Positionen, Dokumente*, Opladen.

Helwig, Gisela (2006), »Ins Abseits geraten. Rentnerinnen und Rentner in der DDR«, in: *Deutschland Archiv. Zeitschrift für das vereinigte Deutschland*, Nr. 2, S. 236–243.

Hentschel, Volker (1983), *Geschichte der deutschen Sozialpolitik 1880–1980*, Frankfurt am Main.

Herfurth, Matthias; Kohli, Martin; Zimmermann, Klaus F. (Hrsg.) (2003), *Arbeit in einer alternden Gesellschaft. Problembereiche und Entwicklungstendenzen der Erwerbsbeteiligung Älterer*, Opladen.

Hertle, Hans-Hermann; Kädtler, Hans-Jürgen (1997), *Sozialpartnerschaft und Industriepolitik: Strukturwandel im Organisationsbereich der Chemie-Papier-Keramik*, Opladen.

Hielscher, Volker (1999), *Gewerkschaftsarbeit im Wohngebiet: Eine Antwort auf neue Herausforderungen der Gewerkschaften? Veröffentlichungsarbeit der Querschnittsgruppe Arbeit & Ökologie*, P99–504 WZB, Berlin.

Hirschman, Albert O. (1970), *Exit, voice and loyalty: responses to decline in firms, organizations, and states*, Harvard.

Hirschman, Albert O. (1974), *Abwanderung und Widerspruch: Reaktionen auf Leistungsabfall bei Unternehmungen, Organisationen und Staaten*, Tübingen.

Hoffmann, Jürgen; u. a. (Hrsg.) (1990), *Jenseits der Beschlusslage. Gewerkschaft als Zukunftswerkstatt*, Köln.

Hudemann, Rainer (1988), *Sozialpolitik im deutschen Südwesten. Zwischen Tradition und Neuordnung 1945–1953*, Mainz.

Hudson, Robert B. (Hrsg.) (2005), *The New Politics of Old Age Policy*, Baltimore.

Hübinger, Werner; Neumann, Udo (1998), *Menschen im Schatten. Lebenslagen in den neuen Bundesländern*, Freiburg im Breisgau.

Hummel, Konrad (1991), *Neues Engagement im Alter. Schriftenreihe der Deutschen Gesellschaft für Sozialarbeit*, Regensburg.

Issen, Roland (1998), »Aspekte einer Dienstleistungsgewerkschaft – Bisherige und zukünftige Gewerkschaftsstruktur«, in: *Gewerkschaftliche Monatshefte*, Nr. 5, S. 278–281.

Italian Institute of Statistics (2008), *Italy in Figures 2008*. Stable URL (02.02.2009): http://www.istat.it

Jäger, Wolfgang; Tenfelde, Klaus (Hrsg.) (1989), *Bildgeschichte der deutschen Bergarbeiterbewegung*, München.

Jansen, Stephan A.; Priddat, Birger P.; Stehr, Nico (Hrsg.) (2005), *Demographie. Bewegungen einer Gesellschaft im Ruhestand. Multidisziplinäre Perspektiven zur Demographiefolgenforschung*, Wiesbaden.

Jörs, Inka (2006), *Postsozialistische Parteien. Polnische SLD und ostdeutsche PDS im Vergleich*, Wiesbaden.

Jones, Campbell; Munro, Rolland (2005), *Contemporary Organization Theory*, Maleden.

Kaase, Max (1993), »Zur Entwicklung von konventionellen und unkonventionellen Formen politischer Beteiligung in westlichen Demokratien«, in: Kleinfeld, Ralf; Luthard, Wolfgang (Hrsg.), *Westliche Demokratien und Interessensvermittlung: zur aktuellen Entwicklung nationaler Parteien- und Verbändesysteme*, Marburg, S. 17–31.

Kahmann, Marcus (2005), *Mit vereinten Kräften. Ursachen, Verlauf und Konsequenzen der Gewerkschaftszusammenschlüsse von IG BCE und ver.di*, Düsseldorf.

Kaiser, Jochen-Christoph (1994), »Die Wohlfahrtspflege im Sozialstaat 1890–1945. Problemfelder und Forschungsperspektiven«, in: Sachße, Christoph (Hrsg.), *Wohlfahrtsverbände im Wohlfahrtsstaat. Historische und theoretische Beiträge zur Funktion von Verbänden im modernen Wohlfahrtsstaat*, Kassel, S. 35–49.

Kädtler, Jürgen; Hertle, Hans-Hermann (1997), *Sozialpartnerschaft und Industriepolitik: Strukturwandel im Organisationsbereich der IG Chemie-Papier-Keramik*, Berlin.

Kaufmann, Franz-Xaver (2005), *Schrumpfende Gesellschaft. Vom Bevölkerungsrückgang und seinen Folgen*, Frankfurt am Main.

Kelleners, Martin (1985), *Interessen und Interessenvermittlung in der Alterssicherung der gesetzlichen Rentenversicherung der Arbeiter und Angestellten an ausgewählten Beispielen* (Diplomarbeit).

Keller, Bernd (2007), »ver.di – quo vadis?«, in: *WSI-Mitteilungen* Nr. 9, S. 467–474.

Keller, Bernd (2004), *Multibranchengewerkschaft als Erfolgsmodell? Zusammenschlüsse als organisatorisches Novum – das Beispiel ver.di*, Hamburg.

Keller, Bernd (2001a), *ver.di: Triumphmarsch oder Gefangenenchor? Neustrukturierung der Interessenvertretung im Dienstleistungssektor*, Hamburg.

Keller, Bernd (2001b), »ver.di – oder: Von zukünftigen Schwierigkeiten nach der Euphorie des Zusammenschlusses«, in: *Gewerkschaftliche Monatshefte*, Nr. 52, S. 376–387.

Kenis, Patrick; Schneider, Volker (Hrsg.) (1996), »Organisation und Netzwerk. Institutionelle Steuerung in Wirtschaft und Politik«, in: *Europäisches Zentrum Wien. Wohlfahrtspolitik und Sozialforschung*, Band 2, Frankfurt am Main.

Kerschbaumer, Judith; Schroeder, Wolfgang (Hrsg.) (2005), *Sozialstaat und demografischer Wandel. Herausforderungen für Arbeitsmarkt und Sozialversicherung*, Wiesbaden.

Kiefer, Gernot; Ruiss, Dirk (2006), »Staatliche, administrative Gesundheitsversorgung – Die Eckpunkte der Großen Koalition zur Gesundheitsreform«, in: *Sozialer Fortschritt*, Nr. 10, S. 255–261.

Klatt, Rüdiger (1997), *Auf dem Weg zur Multibranchengewerkschaft: Die Entstehung der Industriegewerkschaft Bergbau-Chemie-Energie aus kultur- und organisationssoziologischer Perspektive*, Münster.

Kleine, Rudolf (1977): *Die Geschichte des Reichsbundes in ihrer Bedeutung für die Nachkriegsentwicklung der Sozialpolitik,*, in: Bartholomäi, Reinhart u.a. (Hrsg.), Sozialpolitik nach 1945. Geschichte und Analysen. Bonn, S. 497–511.

Klie, Thomas (2000), »Bürgerschaftliches Engagement – Perspektiven zivilgesellschaftlicher Entwicklung in der modernen Gesellschaft«, in: Zeman, Peter (Hrsg.), *Selbsthilfe und Engagement im nachberuflichen Leben. Weichenstellungen, Strukturen, Bildungskonzepte*, Regensburg, S. 117–134.

Klie, Thomas; Schütz, Rudolf; Tews, Hans Peter (Hrsg.) (1996), *Altern und Politik*, Melsungen.

Klose, Hans-Ulrich (1999), »Politik in einer alternden Gesellschaft«, in: Naegele, Gerhard; Schütz, Rudolf-M. (Hrsg.), *Soziale Gerontologie und Sozialpolitik für ältere Menschen*, Opladen, S. 226–237.

Klose, Hans-Ulrich (Hrsg.) (1993), *Altern der Gesellschaft. Antworten auf den demographischen Wandel*, Köln.

Klug, Wolfgang (1997), *Wohlfahrtsverbände zwischen Markt, Staat und Selbsthilfe*, Freiburg.

Knell, Markus; Köhler-Töglehofer, Walpurga; Prammer, Doris (2006), »Jüngste Pensionsreformen in Österreich und ihre Auswirkungen auf fiskalische Nachhaltigkeit und Pensionsleistungen«, in: *Geldpolitik und Wirtschaft*, 2. Quartal, S. 72–100. Stable URL (17.02.2009): http://www.oenb.at/de/img/gewi_2006_2_04_tcm14-43180.pdf

Kocka, Jürgen; Kohli, Martin; Streeck, Wolfgang (Hrsg.) (2009), *Altern in Deutschland*, Band 8: *Altern: Familie, Zivilgesellschaft, Politik*, Stuttgart.

Kocka, Jürgen (2008), »Chancen und Herausforderungen einer alternden Gesellschaft«, in: Staudinger, Ursula; Häfner, Heinz (Hrsg.), *Was ist Alter(n)? Neue Antworten auf eine scheinbar einfache Frage*, Heidelberg, S. 217–235.

Kocka, Jürgen (2006), *Altern, Arbeit, Lernen. Einleitende Bemerkungen zum Programm und zum Format der Arbeitsgruppe*, Monte Verità.

Köpke, Karl-Heinz (2006), »Demographische Entwicklung und ältere Menschen – eine Herausforderung auch für die Gewerkschaften«, in: *Soziale Sicherheit 4*, Frankfurt am Main, S. 116–121.

Körner, Beatrix (1993), *Vom residualen zum institutionellen Wohlfahrtsstaat Italien*, Baden-Baden.

Köster, Dietmar (1999), *Gewerkschaftlich ausgerichtete Seniorenbildungsarbeit in der Praxis*, Düsseldorf.

Köster, Dietmar (1998), *Strukturwandel und Weiterbildung älterer Menschen*, Münster.

Kohli, Martin (2006a), »Aging and justice«, in: Binstock, Robert H.; George, Linda K. (Hrsg.), *Handbook of Aging and the Social Sciences*, 6. Auflage, San Diego, S. 456–478.

Kohli, Martin (2006b), »Alt – Jung«, in: Lessenich, Stephan; Nullmeier, Frank (Hrsg.), *Deutschland. Eine gespaltene Gesellschaft*, Frankfurt am Main, S. 115–135.

Kohli, Martin; Künemund, Harald (Hrsg.) (2005a), *Die zweite Lebenshälfte. Gesellschaftliche Lage und Partizipation im Spiegel des Alters-Survey*, Wiesbaden.

Kohli, Martin (2003), »Der institutionalisierte Lebenslauf: ein Blick zurück und nach vorn«, in: Allmendinger, Jutta (Hrsg.) (2003), *Entstaatlichung und soziale Sicherheit*, Opladen, S. 525–549.

Kohli, Martin (2002), »Generationengerechtigkeit ist mehr als Rentenfinanzierung«, in: *Zeitschrift für Gerontologie und Geriatrie*, Band 35, Nr. 2, S. 129–138.

Kohli, Martin; Künemund, Harald (2001), »Partizipation und Engagement älterer Menschen. Bestandsaufnahme und Zukunftsperspektiven«, in: Deutsches Zentrum für Altersfragen (Hrsg.), *Lebenslagen, soziale Ressourcen und gesellschaftliche Integration im Alter*, Opladen, S. 117–119.

Kohli, Martin; u. a. (Hrsg.) (2000), *Grunddaten zur Lebenssituation der 40–85jährigen deutschen Bevölkerung. Ergebnisse des Alters-Survey*, Berlin.

Kohli, Martin; Künemund, Harald (1998), »Die Generationenbeziehungen und die Gewerkschaften. Zur Rolle der Arbeitnehmerorganisationen im Konflikt um den Generationenvertrag«, in: *GMH*, Nr. 11, S. 728–734.

Kohli, Martin; Künemund, Harald; Wolf, Jürgen (1997), »Trade unions and the elderly population: Is retirement still link to the sphere of work?«, in: *Scandinavian Journal of Social Welfare*, Nr. 6, S. 180–188.

Kohli, Martin; Künemund, Harald (1996), *Nachberufliche Tätigkeitsfelder – Konzepte, Forschungslage, Empirie*, Stuttgart

Kohli, Martin; Fretter, Hans-Jürgen (1993a), *Engagement im Ruhestand. Rentner zwischen Erwerb, Ehrenamt und Hobby*, Opladen.

Kohli, Martin u.a. (Hrsg.) (1992), *Tätigkeitsformen im Ruhestand – Verbreitung und Bedeutung. Abschlussbericht der zweiten Projektphase an die DFG*, Berlin.

Kohli, Martin; Wolf, Jürgen (1990), *Alter und gewerkschaftliche Politik: Ansatzpunkte, Handlungsfelder und organisatorische Voraussetzungen. Arbeitsbericht Nr. 20 der Arbeitsgruppe Lebenslauf- und Alternsforschung*, Berlin.

Korte, Elke (1999), »Das neue Altern – Strukturen und Prozesse«, in: Glatzer, Wolfgang; Ostner, Ilona (Hrsg.), *Deutschland im Wandel. Sozialstrukturelle Analysen*, Opladen, S. 275–287.

Krappmann, Lothar; Lepenies, Annette (Hrsg.) (1997), *Alt und Jung. Spannung und Solidarität zwischen den Generationen. ADIA-Stiftung zur Erforschung neuer Wege für Arbeit und soziales Leben*, Band 7, Frankfurt am Main.

Kruse, Andreas; Schmitt, Eric (2005), »Zur Veränderung des Altersbildes in Deutschland«, in: *Aus Politik und Zeitgeschichte* Nr. 49–50, S. 9–17.

Künemund, Harald (2007a), »Vom ›Ehrenamt‹ zum ›bürgerschaftlichen Engagement‹ – individuelle, organisationelle und gesellschaftliche Perspektiven«, in: Menke, Barbara; Länge, Theo W. (Hrsg.), *Aus freien Stücken! Motivation und Qualifikation von älteren Erwachsenen für das bürgerschaftliche Engagement*, Recklinghausen: Forschungsinstitut Arbeit, Bildung, Partizipation (FIAB), S. 127–142.

Künemund; Harald (2007b), »Freizeit und Lebensstile älterer Frauen und Männer – Überlegungen zur Gegenwart und Zukunft gesellschaftlicher Partizipation im Ruhestand«, in: Pasero, Ursula; Backes, Gertrud M.; Schroeter, Klaus R. (Hrsg.), *Altern in Gesellschaft. Ageing – Diversity – Inclusion*, Wiesbaden, S. 231–240.

Künemund, Harald (2006), »Partizipation und Engagement älterer Menschen«, in: Deutsches Zentrum für Altersfragen (Hrsg.), *Gesellschaftliches und familiäres Engagement älterer Menschen als Potential*, Berlin, 283–358.

Künemund, Harald (2004), »Politischer Einfluss der Älteren von morgen«, in: *Sozialer Fortschritt*, Nr. 11–12, 2004, S. 286–293.

Künemund, Harald (2001), *Gesellschaftliche Partizipation und Engagement in der zweiten Lebenshälfte. Empirische Befunde zu Tätigkeitsformen im Alter und Prognosen ihrer zukünftigen Entwicklung*, Berlin.

Künemund, Harald; Neckel, Sighard; Wolf, Jürgen (1993a), »Die Rentnergewerkschaft: Ein neuer Akteur der Alterspolitik?«, in: *Soziale Welt*, Nr. 4, S. 537–554.

Künemund, Harald; Necke, Sighard; Wolf, Jürgen (1993b), »Auf dem Weg zur Rentnergewerkschaft? Die Älteren als Herausforderung für gewerkschaftliche Politik«, in: Leif, Thomas; Klein, Ansgar; Legrand, Hans-Josef (Hrsg.), *Reform des DGB. Herausforderungen, Aufbruchpläne und Modernisierungskonzepte*, Köln, S. 332–360.

Künemund, Harald; Wolf, Jürgen (1993c), »›Politische Pensionierung‹ oder ›Altenlobby‹. Rentner und Pensionäre in den deutschen Gewerkschaften«, in: Klose, Hans-Ulrich (Hrsg.), *Altern der Gesellschaft. Antworten auf den demografischen Wandel*, Köln.

Künemund, Harald; Neckel, Sighard; Roth, Silke (1992), *Seniorenarbeit in den Gewerkschaften des DGB, DBB, CGB und der DAG: Richtlinien und Aktivitäten*, Forschungsgruppe Altern und Lebenslauf (FALL), Forschungsbericht 35, Institut für Soziologie der Freien Universität Berlin.

Künemund, Harald (1991a), *Zwischen »Politischer Pensionierung« und »Alten-Lobby«: Gewerkschaftliche Seniorenarbeit am Beispiel der Verwaltungsstellen*, Mitteilungen aus dem Projekt »Alter und gewerkschaftliche Politik« Nr. 3, Institut für Soziologie der Freien Universität Berlin.

Künemund, Harald (1991b), »*Rentner und Gewerkschaften*«: *Anlage der postalischen Befragung und Pressebericht*, Mitteilungen aus dem Projekt »Alter und gewerkschaftliche Politik« Nr. 4, Institut für Soziologie der Freien Universität Berlin.

Lambertin, Knut (2008), »Die Gewerkschaften und die Gesundheitsreform 2007«, in: Schroeder, Wolfgang; Paquet, Robert (Hrsg.), *Gesundheitsreform 2007. Nach der Reform ist vor der Reform*, Wiesbaden, S. 204–210.

Laslett, Peter (1995), *Das dritte Alter. Historische Soziologie des Alterns*, Weinheim.

Lattka, Ernst-Günther (2002), »Volkssolidarität (VS)«, in: Stephan, Gerd-Rüdiger (Hrsg.), *Die Parteien und Organisationen der DDR*, Ein Handbuch. Berlin, S. 741–761.

Lehmbruch, Gerhard (2000), »Verbände im ostdeutschen Transformationsprozeß«, in: Bührer, Werner; Grande, Edgar (Hrsg.), *Unternehmerverbände und Staat in Deutschland*, Baden-Baden, S. 88–109.

Leichsenring, Kai; Bahr, Christiane; Strümpel, Charlotte (1999), »The politics of old age in Austria«, in: Walker, Alan; Naegele, Gerhard (Hrsg.), *The politics of old age in Europe*, Buckingham, Philadelphia, S. 65–82.

Leminsky, Gerhard; Otto, Bernd (1974), *Politik und Programmatik des Deutschen Gewerkschaftsbundes*, Köln.

Leonhardt, Karen (2003), »Ehrenamtliches Engagement in traditionellen Wohlfahrtsverbänden. Eine explorative Untersuchung am Beispiel von Arbeiterwohlfahrt und Volkssolidarität«, in: Backhaus-Maul, Holger u.a. (Hrsg.), *Bürgerschaftliches Engagement in Ostdeutschland. Potenziale und Perspektiven*, Opladen, S. 149–165.

Leuffen, Dirk (2006), »Verbände als Indikator variabler Mitgliedermobilisierung: Mancur Olson«, in: Sebaldt, Martin; Straßner, Alexander (Hrsg.), *Klassiker der Verbändeforschung*, Wiesbaden, S. 93–109.

Lumer, Christoph (2003), »Prinzipien der Generationengerechtigkeit«, in: Stiftung für die Rechte zukünftiger Generationen (Hrsg.), *Handbuch Generationengerechtigkeit*, 2. Auflage, München.

Mackroth, Petra; Ristau, Malte (1993), »Die Älteren als dynamischer Faktor. Handlungspotentiale und gesellschaftliche Interessen«, in: Klose, Hans-Ulrich (Hrsg.), *Altern der Gesellschaft. Antworten auf den demographischen Wandel*, Köln, S. 280–307.

Mackroth, Petra; Ristau, Malte (2000), »Potentiale des Alters: Wählermarkt und Parteinachwuchs aus sozialdemokratischer Sicht«, in: Meyer-Hentschel Management-Consulting (Hrsg.), *Handbuch Senioren-Marketing. Erfolgsstrategien aus der Praxis*, Frankfurt am Main, S. 725–745.

Mann, Siegfried (1994), *Macht und Ohnmacht der Verbände*, Baden-Baden.

Marquardt, Jörg (1993), *Vom Kriegsopferverband zur modernen sozialen Dienstleistungsorganisation – der Reichsbund im Wandel der Zeit*, in: Theorie und Praxis der sozialen Arbeit 44 (9), S. 352–356.

Markovits, Andrei S. (1986), *The politics of the West German Trade Unions. Strategies of Class and Interest Representation in Growth and Crisis*, Cambridge.

Matys, Thomas (2006), *Macht, Kontrolle und Entscheidungen in Organisationen. Eine Einführung in organisationale Mikro-, Meso- und Makropolitik*, Wiesbaden.

Mayntz, Renate; Scharpf, Fritz W. (Hrsg.) (1995), *Gesellschaftliche Selbstregelung und politische Steuerung*, Max-Planck-Institut für Gesellschaftsforschung, Band 23, Frankfurt am Main.

Mayntz, Renate (Hrsg.) (1992), *Verbände zwischen Mitgliederinteressen und Gemeinwohl*, Gütersloh.

Media Tenor (Hrsg.), *Medien Analyse Wirkung*, Media Tenor NGO Award 2005, ohne Ort.

Meulemann, Heiner (2002), *Wertewandel in Deutschland von 1949–2000*, Fernuniversität Hagen.

Meyer, Jörg Alexander (1996), *Der Weg zur Pflegeversicherung. Positionen – Akteure – Politikprozesse*, Frankfurt am Main.

MGFFI (Ministerium für Generationen, Familie, Frauen und Integration des Landes Nordrhein-Westfalen) (2008), *Wie wollen wir künftig leben? Expertise zu Lebensstilen, Interessenlagen und Wohnbedürfnissen älterer Menschen*. Stable URL (21.09.2008): http://www.mgffi.nrw.de/publikationen

Micheel, Frank (2005), »Die demographische Entwicklung in Deutschland und ihre Implikationen für Wirtschaft und Soziales«, in: Kerschbaumer, Judith; Schroeder, Wolfgang (Hrsg.), *Sozialstaat und demographischer Wandel. Herausforderungen für Arbeitsmarkt und Sozialversicherung*, Wiesbaden, S. 43–65.

Michels, Robert (1989), *Zur Soziologie des Parteiwesens in der modernen Demokratie. Untersuchungen über die oligarchischen Tendenzen des Gruppenlebens*, 4. erweiterte Auflage mit Einführung von Frank R. Pfetsch, Stuttgart.

Miliopoulos, Lazaros (2007): »DIE GRAUEN – Graue Panther«, in: Decker, Frank; Neu, Viola (Hrsg.), *Handbuch der deutschen Parteien*, Wiesbaden, S. 301–303.

Moreau, Patrick (1998), *Die PDS: Profil einer antidemokratischen Partei*, München.

Morschett, Dirk (2003), »Formen von Kooperationen, Allianzen und Netzwerken«, in: Zentres, Joachim; Swoboda, Bernhard; Ders. (Hrsg.), *Kooperationen, Allianzen und Netzwerke. Grundlagen – Ansätze – Perspektiven*, Wiesbaden, S. 389–413.

Motel-Klingebiel, Andreas; Krause, Peter; Künemund, Harald (2004), »Alterseinkommen der Zukunft – eine szenarische Skizze«, in: Deutsches Zentrum für Altersfragen (Hrsg.), Nr. 43, Berlin.

Motel-Klingebiel, Andreas; Tesch-Römer, Clemens (2004), »Generationengerechtigkeit in der sozialen Sicherung. Anmerkungen sowie ausgewählte Literatur aus Sicht der angewandten Altersforschung«, in: Deutsches Zentrum für Altersfragen (Hrsg.), Nr. 42, Berlin.

Motel-Klingebiel, Andreas u.a. (2003), »Altersstudien und Studien mit alter(n)swissenschaftlichem Analysepotenzial. Eine vergleichende Kurzübersicht«, in: Deutsches Zentrum für Altersfragen (Hrsg.), Nr. 39, Berlin.

Motel-Klingebiel, Andreas (2000), *Alter und Generationenvertrag im Wandel des Sozi-

alstaats. Alterssicherung und private Generationenbeziehungen in der zweiten Lebenshälfte, Berlin.

Mrochen, Siegfried (1980), *Alter in der DDR. Arbeit, Freizeit, materielle Sicherung und Betreuung*, Weinheim, Basel.

Mückenberger, Ulrich (2002), *Gesellschaftliche Strukturveränderungen erfordern veränderte Konzepte der Gewerkschaften*, Vortrag auf der Jahrestagung der Kooperationsstelle Hochschule – Gewerkschaften Oldenburg »Gewerkschaften im Veränderungssog« am 25.01.2002. Stable URL (13.06.2008): http://www.kooperationsstelle.uni-oldenburg.de/download/Mueckenberger.pdf

Muhr, Gerd (1975), »Gewerkschaften und Sozialpolitik«, in: *Gewerkschaftliche Monatshefte*, Nr. 3, S. 137–141.

Müller, Hans-Peter; Wilke, Manfred (2004), *Quo vadis, IG Metall*, Köln.

Müller, Hans-Peter; Wilke, Manfred (2003a), *Gestaltend Einfluss nehmen. Bahngewerkschaft und Bahnreform 1993–2005*, Berlin.

Müller, Hans-Peter; Wilke, Manfred (2003b), »Gewerkschaftsfusionen: Der Weg zu modernen Multibranchengewerkschaften«, in: Schroeder, Wolfgang; Weßels, Bernhard (Hrsg.), *Die Gewerkschaften in Politik und Gesellschaft der Bundesrepublik Deutschland*, Opladen, S. 122–143.

Müller, Hans-Peter, Niedenhoff, Horst-Udo; Wilke, Manfred (2002), *ver.di: Porträt und Positionen*, Köln.

Müller-Jentsch, Walther (2003), *Organisationssoziologie. Eine Einführung*, Frankfurt am Main, New York.

Münchow, Andreas (2005), *Strategische Allianzen im Bereich der politischen Interessenvermittlung*, Berlin, München.

Munimus, Bettina (2009a), »Ergreifen die Alten die Macht?«, in: *Berliner Republik*, Nr. 1, S. 79–82.

Munimus, Bettina; Rüdt, Diana; Schroeder, Wolfgang (2009b), »Interessenvertretung für Ältere und mit Älteren: ›Ist der Generationenvertrag in Gefahr?‹«, Gastkommentar in: *Gesellschaftsforschung. Aktuelle Themen und Nachrichten*, Newsletter des Max-Planck-Instituts für Gesellschaftsforschung Köln, Nr. 1, Köln, S. 16–17.

Naegele, Gerhard; Reichert, Monika; Maly, Nicole (Hrsg.) (2001), *10 Jahre Gerontologische Forschung in Dortmund. Bilanz und Perspektiven*, Münster.

Naegele, Gerhard (1999), »Zur politischen Beteiligung älterer Menschen in Deutschland – unter besonderer Berücksichtigung der Seniorenvertretungen«, in: Ders. u.a. (Hrsg.), *Soziale Gerontologie und Sozialpolitik für ältere Menschen*, Opladen, S. 238–248.

Naegele, Gerhard; Tews, Hans Peter (Hrsg.) (1993), *Lebenslagen im Strukturwandel des Alters. Alternde Gesellschaft – Folgen für die Politik*, Opladen.

Neller, Katja (2006), *DDR-Nostalgie. Dimensionen der Orientierungen der Ostdeutschen gegenüber der ehemaligen DDR, ihre Ursachen und politischen Konnotationen*, Wiesbaden.

Neu, Viola (1999), *Die PDS 10 Jahre nach dem Fall der Mauer. Analysen und Positionen*, St. Augustin.

Neumann, Franz L. (1978), »Die Gewerkschaften in der Demokratie und in der Diktatur«, in: Söllner, Alfons (Hrsg.), *Wirtschaft, Staat, Demokratie. Aufsätze 1930–1954*, Frankfurt am Main, S. 145–222.

Niederland, Bernd (2000), »Volkssolidarität«, in: *Deutschland – Archiv. Zeitschrift für das vereinigte Deutschland*, Jg. 33, Nr. 5. Bielefeld, S. 718–721.

Niedermayer, Oskar (2009), *Parteimitglieder in Deutschland. Version 1/2009*, Arbeitshefte aus dem Otto-Stammer Zentrum, Freie Universität Berlin. Stable URL (17.04.2009): http://www.polwiss.fu-berlin.de/osz/dokumente/PDF/AHOSZ11.pdf

Niedermayer, Oskar (2007), *Parteimitglieder in Deutschland: Version 2007*, Arbeitshefte aus dem Otto-Stammer Zentrum, Freie Universität Berlin.

Nullmeier, Frank; Wrobel, Sonja (2005), »Gerechtigkeit und Demographie«, in: Kerschbaumer, Judith; Schroeder, Wolfgang (Hrsg.), *Sozialstaat und demographischer Wandel. Herausforderungen für Arbeitsmarkt und Sozialversicherung*, Wiesbaden, S. 21–41.

Nullmeier, Frank; Rüb, Friedbert W. (1993), *Die Transformation der Sozialpolitik. Vom Sozialstaat zum Sicherungsstaat*, Frankfurt am Main, New York.

OASDI Trustees Report (2006), Stable URL (14.11.2008): http://www.ssa.gov/OACT/TR/TR06/

Obinger, Herbert, Emmerich, Tálos (2006), *Sozialstaat Österreich zwischen Kontinuität und Umbau. Eine Bilanz der ÖVP/FPÖ/BZÖ-Koalition*, Wiesbaden.

Ockenfels, Wolfgang; Triesch, Günter (1995), *Interessenverbände in Deutschland. Ihr Einfluss in Politik, Wirtschaft, und Gesellschaft. Geschichte und Staat*, Band 302, München.

OECD (Organisation for Economic Co-operation and Development) (2001), *Ageing and income. Financial resources and retirement in 9 OECD countries*, Paris.

OECD (2009), *Country Statistical Profiles 2009*. Stable URL (14.04.2009): http://stats.oecd.org/wbos/Index.aspx?DatasetCode=CSP2009

OECD (2009), *Altersarmut macht uns Sorgen*. Stable URL (17.04.2009): http://www.oecd.org/document/4/0,3343.de_34968570_35008940_39931588_1_1_1_1,00.html

Offe, Claus (1972), »Politische Herrschaft und Klassenstrukturen. Zur Analyse spätkapitalistischer Gesellschaftssysteme«, in: Kress, Gisela; Senghaas, Dieter (Hrsg.), *Politikwissenschaft. Eine Einführung in ihre Probleme*, Frankfurt am Main, S. 135–165.

Olk, Thomas (2008), »Soziale Infrastruktur und soziale Dienste«, in: Bundesministerium für Arbeit und Soziales (Hrsg.), *Geschichte der Sozialpolitik in Deutschland seit 1945*, Band 10, 1971–1989 Deutsche Demokratische Republik, Baden-Baden, S. 641–677.

Olk, Thomas, »Modernisierung des Engagements im Alter – Vom Ehrenamt zum bürgerschaftlichen Engagement?«, in: *Grundsatzthemen der Freiwilligenarbeit. Theorie und Praxis des sozialen Engagements und seine Bedeutung für ältere Menschen*, eine Veröffentlichung der Bundesarbeitsgemeinschaft Seniorenbüros

(BaS), Bonn, Institut für Soziale Infrastruktur (ISIS), Frankfurt am Main (HG), Stuttgart-Marburg-Erfurt. Stable URL (06.09.2006): http://www.inbas-sozialforschung.de/download/bas-band13-grundsatzthemen.pdf

Olk, Thomas (2006), »Soziale Infrastruktur und soziale Dienste«, in: Bundesministerium für Arbeit und Sozialordnung (Hrsg.), *Geschichte der Sozialpolitik in Deutschland seit 1945*, Band 9, *1961–1971 Deutsche Demokratische Republik*, Baden-Baden, S. 659–698.

Olk, Thomas (2004), »Soziale Infrastruktur und soziale Dienste«, in: Bundesministerium für Arbeit und Sozialordnung (Hrsg.), *Geschichte der Sozialpolitik in Deutschland seit 1945*, Band 8, Baden-Baden, S. 659–698.

Olk, Thomas (2003), *Förderung des Bürgerschaftlichen Engagements. Fakten – Prioritäten – Empfehlungen*, Berlin.

Olk, Thomas (2002), »Modernisierung des Engagements im Alter – Vom Ehrenamt zum bürgerlichen Engagement?«, in: Institut für Soziale Infrastruktur (ISIS), *Grundsatzthemen der Freiwilligkeit*, Stuttgart, S. 25–47.

Olk, Thomas; Heinze, Rolf G. (2001), *Bürgerengagement in Deutschland – Bestandsaufnahme und Perspektiven*, Opladen.

Olk, Thomas (1996), »Wohlfahrtsverbände im Transformationsprozess Ostdeutschlands«, in: Kollmorgen, Raj; Reißig, Rolf; Weiß, Johannes (Hrsg.), *Sozialer Wandel und Akteure in Ostdeutschland*, Opladen, S. 179–216.

Olson, Mancur (1985), *Die Logik des kollektiven Handelns*, 2. Auflage, Tübingen.

Olson, Mancur (1965), *The logic of collective action. Public Goods and the Theory of Groups*, Cambridge.

Pabst, Stefan (2002), »Systemwechsel Pflegeversicherung: Pflegepolitische Akteure und Konflikte im Wandel«, in: Motel-Klingebiel, Andreas; Kondratowitz, Hans-Joachim von; Tesch-Römer, Clemens (Hrsg.), *Lebensqualität im Alter. Generationenbeziehungen und öffentliche Servicesysteme im Wandel*, Opladen, S. 129–158.

Pabst, Stefan (1996), *Sozialanwälte. Wohlfahrtsverbände zwischen Interessen und Ideen*, Beiträge zur Sozialpolitikforschung, Band 11, Augsburg.

Paquet, Robert; Schroeder, Wolfgang (2009), »Gesundheitsreform 2007 – Akteure, Interessen und Prozesse«, in: Dies. (Hrsg.), *Gesundheitsreform 2007. Nach der Reform ist vor der Reform*, Wiesbaden, S. 11–29.

Paquet, Robert (2007), »Der ›vorsorgende Sozialstaat‹ beginnt mit dem Abschied von der Sozialversicherung. Zur aktuellen Gesundheitsreform – Versuch einer Einordnung«, in: *Sozialer Fortschritt*, Nr. 9–10, S. 263–269.

Pelinka, Anton; Rosenberger, Sieglinde (Hrsg.) (2000), *Österreichische Politik. Grundlagen, Strukturen, Trends*, Wien.

Pfahl, Svenja; Reuyß, Stefan (2007), »*GEW Mitgliederbindung im mittleren Lebensalter*«, Ergebnisse der Studie, SowiTra, Berlin.

Pierson, Paul (2001), »Coping with Permanent Austerity: Welfare State Restructuring in Affluent Democracies«, in: Ders. (Hrsg.), *The New Politics of the Welfare State*, Oxford, S. 410–456.

Pierson, Paul (2000), »Three Worlds of Welfare State Research«, in: *Comparative Political Studies*, Vol. 33, Nr. 6–7, S. 791–821.

Pierson, Paul (1996), »The New Politics of the Welfare State«, in: *World Politics* Jg. 48, Nr. 2, S. 143–179.

Pierson, Paul (1994), *Dismantling the Welfare State*, Cambridge.

Pilz, Frank (2004), *Der Sozialstaat. Ausbau, Kontroversen, Umbau*, Bonn.

Porst, Rolf (1979), *Zur Effizienz der Interessenvertretung alter Menschen. Allgemeine Überlegungen und Konkretisierung am Beispiel des Bundes der Ruhestandsbeamten und Hinterbliebenen (BRH)*, Mainz.

Preisendörfer, Peter (2005), *Organisationssoziologie. Grundlagen, Theorien und Problemstellungen*, Wiesbaden.

Priller, Eckhard; Zimmer, Annette (2006), »Dritter Sektor: Arbeit als Engagement«, in: *Aus Politik und Zeitgeschichte*, Nr. 12, S. 17–24.

Priller, Eckhard (1997), »Der Dritte Sektor in den neuen Bundesländern: Eine sozialökonomische Analyse«, in: Anheier, Helmut K. u.a. (Hrsg.), *Der Dritte Sektor. Organisationen zwischen Staat und Markt im gesellschaftlichen Wandel*, Berlin, S. 99–125.

Prott, Ludwig (2008), »Verbandsentwicklung zwischen bürgerschaftlichem Engagement und Markt«, in: *BBE* – Newsletter 25.

Powell, Walter W.; DiMaggio, Paul J. (Hrsg.) (1991), *The New Institutionalism in Organizational Analysis*, Chicago.

Puhe, Henry; Würzberg, Gerd H. (1989), *Lust und Frust: das Informationsverhalten des deutschen Abgeordneten*, Köln.

Rakowitz, Nadja (2002), *Zwischen Sozialstaat und Wettbewerb Gewerkschaften zur Gesundheitsreform*, Arbeitspapier Nr. 22, Klinikum der Johann Wolfgang Goethe-Universität, Frankfurt am Main, Zentrum der Psychosozialen Grundlagen der Medizin, Institut für Medizinische Soziologie. Stable URL (16.01.2009): http://141.2.205.15/zgw/medsoz/ArbPap%5CRakowitzGewerkschaften.pdf

Raschke, Joachim (1988), *Soziale Bewegungen. Ein historisch-systematischer Grundriss*, 2. Auflage, Frankfurt am Main.

Raschke, Peter (1978), *Vereine und Verbände. Zur Organisation von Interessen in der Bundesrepublik Deutschland*, München.

Reuter, Werner; Rütters, Peter (Hrsg.) (2001), *Verbände und Verbandssysteme in Westeuropa*, Opladen.

Richter, Saskia (2001), *Ideen, Interessen und Institutionen. Bestimmungsfaktoren des renten-politischen Entscheidungsprozesses*, Köln.

Riese, Bernhard (1986), *Rentner und Senioren im DGB und den Einzelgewerkschaften: Eine Untersuchung an Hand von vielen Materialien und Informationen*, Bad Homburg.

Rix, Sara E. (1999), »The politics of old age in the United States«, in: Walker, Alan, Naegele, Gerhard (Hrsg.), *The politics of old age in Europe*, Buckingham, Philadelphia, S. 178–196.

Rosanelli, Maurizio; Wolf, Jürgen (1994), »Die italienischen Rentnergewerkschaften«, in: Wolf, Jürgen; Kohli, Martin; Künemund, Harald (Hrsg.), *Alter und gewerkschaftliche Politik. Auf dem Weg zur Rentnergewerkschaft?*, Köln.

Rosenmayr, Leopold (1993), *Streit der Generationen? Lebensphasen und Altersbilder im Umbruch*, Wien.

Roth, Roland (2003), »Chancen und Hindernisse bürgerschaftlichen Engagements in den neuen Bundesländern«, in: Backhaus-Maul, Holger u.a. (Hrsg.), *Bürgerschaftliches Engagement in Ostdeutschland. Potenziale und Perspektiven*, Opladen, S. 19–40.

Rothgang, Heinz (2005), »Demographischer Wandel und Pflege(ver)sicherung«, in: Schroeder, Wolfgang; Kerschbaumer, Judith (Hrsg.), *Sozialstaat und demographischer Wandel. Herausforderungen für Arbeitsmarkt und Sozialversicherung*, Wiesbaden, S. 119–146.

Rudloff, Wilfried (2006), »Rehabilitation und Hilfen für Behinderte«, in: Schulz, Günther; Bundesministerium für Arbeit und Soziales (Hrsg.), *Geschichte der Sozialpolitik in Deutschland seit 1945*, Band 3, *1949–1957*, Bonn, S. 515–558.

Rüfner, Wolfgang; Goschler, Constantin (2005), »Ausgleich von Kriegs- und Diktaturfolgen, soziales Entschädigungsrecht«, in: Schulz, Günther (Hrsg.), *Geschichte der Sozialpolitik in Deutschland seit 1945*, Band 3, *1949–1957*, Bonn, S. 687–777.

Rühland, Helmut (1957), *Entwicklung, heutige Gestaltung und Problematik der Kriegsopferversorgung in der Bundesrepublik Deutschland*, Dissertation, Universität Köln.

Ruß, Sabine (2005), *Interessenvertretung als Problemkonstruktion: schwache Interessen im politischen Kräftefeld moderner Demokratie am Beispiel Wohnungsloser in Frankreich und den USA*, Baden-Baden.

Sachße, Christoph (Hrsg.) (1994), *Wohlfahrtsverbände im Wohlfahrtsstaat. Historische und theoretische Beiträge zur Funktion von Verbänden im modernen Wohlfahrtsstaat*, Fachbereich Sozialwesen, Universität Kassel.

Sack, Detlev; Schroeder, Wolfgang (2008), »Bedingungen und Chancen der Transformation des deutschen Kammerwesens«, in: Schmidt-Trenz, Hans-Jörg; Stober, Rolf (Hrsg.), *Jahrbuch Recht und Ökonomik des Dritten Sektors 2007/2008 (RÖDS). Brauchen wir eine Wirtschaftskammer?*, Baden-Baden, S. 151–170.

Sarcinelli, Ulrich; Stopper, Jochen (2006), »Demographischer Wandel und Kommunalpolitik«, in: *Aus Politik und Zeitgeschichte*, Nr. 21–22, S. 3–10.

Schabedoth, Hans-Joachim (2002), »Wertvoll, weil unbezahlbar«, in: *Mitbestimmung*, Nr. 9, S. 20–22.

Schabedoth, Hans-Joachim; Tiemann, Heinrich (1991), »Zukunftsdiskussion der IG Metall und Wandel der Organisationspolitik – Eine Bilanz«, in: *Forschungsjournal NSB*, Nr. 3, S. 77–88.

Schabedoth, Hans-Joachim (1989), »Stand und Entwicklungschancen gewerkschaftlicher Seniorenarbeit«, in: *Die Mitbestimmung*, Nr. 3, S. 192–194.

Scharf, Thomas (Hrsg.) (1998), *Ageing and Ageing Policy in Germany*, Oxford, New York.

Scharpf, Fritz W. (2000a), »Institutions in Comparative Policy Research«, in: Max-Planck-Institut für Gesellschaftsforschung, Nr. 3, Köln.

Scharpf, Fritz W. (2000b), *Interaktionsformen. Akteurszentrierter Institutionalismus in der Politikforschung*, Opladen.

Schief, Sebastian (2004), *Beschäftigungsquoten, Arbeitszeiten und Arbeitsvolumina in der Europäischen Union, der Schweiz und Norwegen: eine Analyse von Beschäftigungsquoten, Arbeitszeiten und Arbeitsvolumina verschiedener Altersgruppen mit dem Schwerpunkt auf ältere Personen; Expertise*, Berlin.

Schimany, Peter (2003), *Die Alterung der Gesellschaft: Ursachen und Folgen des demographischen Umbruchs*, Frankfurt am Main.

Schludi, Martin (2005), *The Reform of Bismarckian Pension Systems*, Amsterdam.

Schmähl, Winfried (Hrsg.) (1992), *Sozialpolitik im Prozeß der deutschen Vereinigung*, Zentrum für Sozialpolitik, Band 1, Frankfurt am Main.

Schmid, Josef (2009), »Wohlfahrtsverbände«, in: Anderson, Uwe; Woyke, Wichard (Hrsg.), *Handwörterbuch des politischen Systems der Bundesrepublik Deutschland*, 6. Auflage, Wiesbaden, S. 787–789.

Schmid, Josef (2002), *Wohlfahrtsstaaten im Vergleich*, 2. Auflage, Opladen.

Schmid, Josef (Hrsg.) (1998a), *Verbände: Interessenvermittlung und Interessenorganisationen*, Lehr- und Arbeitsbuch, München.

Schmid, Josef (1997), »Zwischen politischer Macht und Nächstenliebe – Zur Topographie von Wohlfahrtsverbänden im westeuropäischen Vergleich«, in: Alemann, Ulrich von; Weßels, Bernhard (Hrsg.), *Verbände in vergleichender Perspektive. Beiträge zu einem vernachlässigten Feld*, Berlin, S. 83–106.

Schmid, Josef (1996), *Wohlfahrtsverbände in modernen Wohlfahrtsstaaten. Soziale Dienste in historisch-vergleichender Perspektive*, Opladen.

Schmid, Josef; Tiemann, Heinrich (1991), »Organisation ist auch Politik. Modernisierungsbedarfe und Perspektiven der gewerkschaftlichen Organisation«, in: *Gewerkschaftliche Monatshefte*, Nr. 6, S. 381–390.

Schmidt, Alfred (1989), »Gewerkschaften und ältere Menschen«, in: *Die Mitbestimmung*, Nr. 3, S. 188–189.

Schnabel, Claus; Wagner, Joachim (2008), *The Ageing of the Unions in West Germany, 1980–2006*, Discussions paper series, IZA DP No. 3661. Stable URL (19.02.2009): http://www.iza.org/index_html?lang=en&mainframe=http%3A//www.iza.org/en/webcontent/personnel/photos/index_html%3Fkey%3D234&topSelect=personnel&subSelect=fellows

Schölkopf, Martin (2000), »Politisch repräsentiert oder ausgegrenzt? Pflegebedürftige ältere Menschen und die organisierten Interessen«, in: Willems, Ulrich; Winter, Thomas von (Hrsg.), *Politische Repräsentation schwacher Interessen*, Opladen, S. 113–148.

Schönhoven, Klaus (2003), »Geschichte der deutschen Gewerkschaften: Phasen und Probleme«, in: Schroeder, Wolfgang; Weßels, Bernhard (Hrsg.), *Die Gewerkschaften in Politik und Gesellschaft der Bundesrepublik Deutschland*, Ein Handbuch, Wiesbaden, S. 40–64.

Schönhoven, Klaus (1987), *Die deutschen Gewerkschaften*, Frankfurt am Main.

Schroeder, Wolfgang; Paquet, Robert (Hrsg.) (2009), *Gesundheitsreform 2007. Nach der Reform ist vor der Reform*, Wiesbaden.

Schroeder, Wolfgang; Keudel, Dorothea (Hrsg.) (2008), *Strategische Akteure in drei Welten. Die deutschen Gewerkschaften im Spiegel der neueren Forschung*, Düsseldorf.

Schroeder, Wolfgang; Munimus, Bettina; Rüdt, Diana (2008), »Integrierende oder separierende Interessenpolitik? Zum Selbstverständnis der Akteure der deutschen Seniorenpolitik – Sozialverbände, Gewerkschaften und Parteien im Vergleich«, in: *Zeitschrift für Sozialreform*, Jg. 54, Nr. 3, S. 225–250.

Schroeder, Wolfgang; Weßels, Bernhard (Hrsg.) (2003), *Die Gewerkschaften in Politik und Gesellschaft der Bundesrepublik Deutschland*, Ein Handbuch, Wiesbaden.

Schroeder, Wolfgang (2000), *Das Modell Deutschland auf dem Prüfstand. Zur Entwicklung der industriellen Beziehungen in Ostdeutschland*, Wiesbaden.

Schroeter, Klaus R.; Zängel, Peter (Hrsg.) (2006), *Altern und bürgerschaftliches Engagement. Aspekte der Vergemeinschaftung und Vergesellschaftung in der Lebensphase Alter. Alter(n) und Gesellschaft*, Band 12, Wiesbaden.

Schüller, Heidi (1997), *Wir Zukunftsdiebe. Wie wir die Zukunft unserer Kinder verspielen*, Berlin.

Schulz, Günther (2005), »Sozialpolitische Denk- und Handlungsfelder«, in: Ders. (Hrsg.), *Geschichte der Sozialpolitik in Deutschland seit 1945*, Band 3, *1949–1957*, Bonn, S. 73–171.

Schulze, Isabelle; Jochem, Sven (2007), »Germany: Beyond Policy Gridlock«, in: Immergut, Karen (Hrsg.), *The handbook of west European pension politics*, Oxford, S. 660–710.

Schulze, Isabelle, Schludi, Martin (2007), »Austria: From Electoral Cartels to Competitive Coalition-Building«, in: Anderson, Karen M.; Immergut, Ellen M.; Schulze, Isabelle (Hrsg.), *The Handbook of West European Pension Politics*, Oxford, S. 555–604.

Schumacher, Jürgen (2002), *Handbuch für die Freiwilligenarbeit von und mit älteren Menschen: Ergebnisse des Projekts »Seniorengerechte Rahmenbedingungen für das soziale Ehrenamt«*, Veröffentlichung der Bundesarbeitsgemeinschaft Seniorenbüros (BaS), Bonn.

Sebaldt, Martin (2007), »Verbände im Transformationsprozess Ostdeutschlands«, in: Winter, Thomas von; Willems, Ulrich (Hrsg.), *Interessenverbände in Deutschland*, Wiesbaden, S. 489–510.

Sebaldt, Martin (2004a), »Die ›Stille Revolution‹ organisierter Interessenvertretung: Entwicklungs- und Transformationsmuster westlicher Verbandssysteme in komparativer Perspektive«, in: *Zeitschrift für Politik*, Jg. 51, Nr. 1, S. 1–29.

Sebaldt, Martin; Straßner, Alexander (2004b), *Verbände in der Bundesrepublik Deutschland. Eine Einführung*, Wiesbaden.

Sebaldt, Martin (1997), *Organisierter Pluralismus. Kräftefeld, Selbstverständnis und politische Arbeit deutscher Interessengruppen*, Opladen.

Sebaldt, Martin (1996), *Interessengruppen und ihre bundespolitische Präsenz in*

Deutschland: Verbandsarbeit vor Ort, in: Zeitschrift für Parlamentsfragen, Heft 4, S. 658–696.

SPD (2007), *Impuls SPD 60 plus. Jung und Alt – gemeinsam klüger. Lebenslanges Lernen verbindet die Generationen*, Aktionstag der Arbeitsgemeinschaft SPD 60 plus am 4. April 2007, Berlin.

Spekman, Robert E.; Forbes III, Theodore M.; Lynn, Isabella A. (1998), »Alliance Management: A View from the Past and a Look to the Future«, in: *Journal of management studies*, Nr. 6, S. 747–772.

Spieker, Manfred (2009), »Kirchen«, in: Anderson, Uwe; Woyke, Wichard (Hrsg.), *Handwörterbuch des politischen Systems der Bundesrepublik Deutschland*, 6. Auflage, Wiesbaden, S. 301–309.

Spörke, Michael (2008), *Behindertenpolitik im aktivierenden Staat*, Dissertation, Universität Kassel.

Springer, Philipp (1999), *Da konnt' ich mich dann so 'n bisschen entfalten. Die Volkssolidarität in der SBZ/DDR 1945–1969*, Europäische Hochschulschriften, Reihe III *Geschichte und ihre Hilfswissenschaften*, Frankfurt am Main.

Statistisches Bundesamt (2009), *Bevölkerung nach Altersgruppen, Familienstand und Religionszugehörigkeit*. Stable URL (12.06.2009): http://www.destatis.de/jetspeed/portal/cms/Sites/destatis/Internet/DE/Content/Statistiken/Bevoelkerung/Bevoelkerungsstand/Tabellen/Content75/AltersgruppenFamilienstand.psml

Statistisches Bundesamt (2006), *Bevölkerung Deutschlands bis 2050. 11. Koordinierte Bevölkerungsvorausberechnung*, Wiesbaden.

Statistic Austria (2009), *Homepage Statistik Austria*. Stable URL (26.03.2009): http://www.statistik.at/web_de/statistiken/index.html

Statistik Austria (2008a), *Bevölkerungsstand*, Wien.

Statistik Austria (2008b), *Bevölkerungsprognose 2008. Vorausberechnete Bevölkerungsstruktur für Österreich 2007–2075 laut Hauptszenario*, Wien.

Stehr, Ilona (1999), *Seniorenbeiräte im ländlichen Raum. Strategien zur kommunalpolitischen Aktivierung älterer Menschen*, Vlotho.

Steinäcker, Burkhard (2006), »Volkssolidarität – ein Verband mit Geschichte und Zukunft«, in: *Sozialwirtschaft*, Nr. 2, Baden-Baden, S. 13–15.

Stephan, Gerd-Rüdiger u.a. (Hrsg.) (2002), *Die Parteien und Organisationen der DDR. Ein Handbuch*, Berlin.

Stöbner, André Paul (1996), *Die Pflegeversicherung. Ein Lehrstück über Aushandlungsprozesse eines »Sozialen Problems« in der Sozialpolitik*, Konstanz.

Streeck, Wolfgang (2007), »Politik in einer alternden Gesellschaft: Vom Generationenvertrag zum Generationenkonflikt?«, in: Gruss, Peter (Hrsg.), *Die Zukunft des Alterns. Die Antwort der Wissenschaft*, München, S. 279–304.

Streeck, Wolfgang; Thelen, Kathleen (2005), »Introduction: Institutional Change in Advanced Political Economies«, in: Ders. (Hrsg.), *Beyond Continuity: Institutional Change in Advanced Political Economies*, Oxford, New York, S. 1–39.

Streeck, Wolfgang; Schmitter, Philippe C. (1996), »Gemeinschaft, Markt und Staat – und Verbände?«, in: Kenis, Patrick; Schneider Volker (Hrsg.), *Organisation und Netzwerk. Institutionelle Steuerung in Wirtschaft und Politik*, Frankfurt am Main, S. 123–164.

Streeck, Wolfgang (1987), »Vielfalt und Interdependenz. Überlegungen zur Rolle von intermediären Organisationen in sich ändernden Umwelten«, in: *Kölner Zeitschrift für Soziologie und Sozialpsychologie*, Jg. 39, Nr. 4, S. 471–495.

Streeck, Wolfgang; Schmitter, Philippe C. (1981), *The Organization of Business Interests. A Research Design to Study the Associative Acting of Business in the Advanced Industrial Societies of Western Europe*, Discussion Paper IIM/LMP 81–13, Berlin.

Streeck, Wolfgang (1979), »Gewerkschaften als Mitgliederverbände. Probleme Gewerkschaftlicher Mitgliederrekrutierung«, in: Bergmann, Joachim (Hrsg.), *Beiträge zur Soziologie der Gewerkschaften*, Frankfurt am Main, S. 72–110.

Strünck, Christoph (2000), *Pflegeversicherung – Barmherzigkeit mit beschränkter Haftung. Institutioneller Wandel, Machtbeziehungen und organisatorische Anpassungsprozesse*, Opladen.

Tangemann, Marion (1995), *Intermediäre Organisationen im deutsch-deutschen Einigungsprozess. Deutsches Rotes Kreuz, Diakonisches Werk, Volkssolidarität*, Konstanz.

Tenfelde, Klaus (Hrsg.) (1997), *Ein neues Band der Solidarität. Chemie – Bergbau – Leder. Industriearbeiter und Gewerkschaften in Deutschland seit dem Zweiten Weltkrieg*, Hannover.

Tews, Hans-Peter (1987), »Die Alten und die Politik«, in: DZA, Deutsches Zentrum für Altersfragen (Hrsg.): *Die Ergraute Gesellschaft*, Berlin, S. 141–188.

Thelen, Kathleen (1999), »Historical Institutionalism in Comparative Politics«, in: *Political Science*, Nr. 2, S. 369–404.

Thibaut, Bernhard (2005), »Gewerkschaften«, in: Nohlen, Dieter; Schulze, Rainer-Olaf (Hrsg.), *Lexikon der Politikwissenschaft*, Band 1, *A-M*, München, S. 311.

Trampusch, Christine (2006), »Postkorporatismus in der Sozialpolitik – Folgen für Gewerkschaften«, in: *WSI-Mitteilungen*, Nr. 6, S. 347–352.

Trampusch, Christine (2004), »Von Verbänden zu Parteien. Elitenwechsel in der Sozialpolitik«, in: Deutsche Vereinigung für Parlamentsfragen (Hrsg.), *Zeitschrift für Parlamentsfragen*, Nr. 4, S. 646–666.

Traxler, Franz (1999), »Gewerkschaften und Arbeitgeberverbände. Probleme der Verbandsbildung und Interessenvereinheitlichung«, in: Walther Müller-Jentsch (Hrsg.), *Konfliktpartnerschaft. Akteure und Institutionen der industriellen Beziehungen*, Mering, S. 57–77.

Triesch, Günter; Ockenfels, Wolfgang (1995), *Interessenverbände in Deutschland. Ihr Einfluß in Politik, Wirtschaft und Gesellschaft*, München, Landsberg am Lech.

Trometer, Leonhard (1977), »Die Kriegsopferversorgung nach 1945«, in: Bartholomäi, Reinhart (Hrsg.) (1977), *Sozialpolitik nach 1945. Geschichte und Analysen*, Bonn, Bad Godesberg, S. 191–210.

Türk, Klaus; Lemke, Thomas; Bruch, Michael (2006), *Organisationen in der modernen Gesellschaft*, Wiesbaden.

U.S. Census Bureau (2008), *Population Projection 2000–2050*. Stable URL (14.11.2008): http://www.census.gov/population/www/projections/tablesand-charts.html

U.S. Census Bureau (2008), *Population Prejection 2000–2050. Projected Life Expectancy at birth by Sex, Race and Hispanic Origin of the United States: 2010–2050*. Stable URL (14.11.2008): http://www.census.gov/population/www/projections/summarytables.html

U.S. Social Security Administration (Hrsg.) (2007), *Annual Statistical Supplement, 2007*, SSA-Publication No. 13-11700.

Voelzkow, Helmut (2007), »Die Institutionalisierung der Politikbeteiligung von Verbänden in Deutschland«, in: Winter, Thomas; Willems, Ulrich (Hrsg.), *Interessenverbände in Deutschland*, Wiesbaden, S. 139–169.

Walker, Alan; Naegele, Gerhard (Hrsg.) (1999), *The politics of old age in Europe*, Buckingham, Philadelphia.

Wallraven, Klaus-Peter; Gennerich, Carsten (2002), *Seniorenpolitik aus der Akteursperspektive. Eine empirische Untersuchung von Abgeordneten und Verwaltungsangehörigen*, Opladen.

Walter, Franz (2008), *Baustelle Deutschland. Politik ohne Lagerbindung*, Frankfurt am Main.

Walter, Franz (2007), »Eliten oder Unterschicht? Die Wähler der Linken«, in: Spier, Tim u.a. (Hrsg.), *Die Linkspartei. Zeitgemäße Idee oder Bündnis ohne Zukunft?*, Wiesbaden, S. 325–337.

Weber, Jürgen (1976), *Die Interessengruppen im politischen System der Bundesrepublik Deutschland*, München.

Weber, Max (1972), *Wirtschaft und Gesellschaft*, Tübingen.

Weinert, Rainer; Gilles, Franz-Otto (1999), *Der Zusammenbruch des Freien Deutschen Gewerkschaftsbundes (FDGB). Zunehmender Entscheidungsdruck, institutionalisierte Handlungsschwächung und Zerfall der hierarchischen Ordnungsstruktur*, Wiesbaden.

Weishäupl, Karl (1977), *Die Bedeutung des VdK für die Nachkriegsgeschichte der deutschen Sozialpolitik*, in: Bartolomäi, Reinhart u.a. (Hrsg.), Sozialpolitik nach 1945. Geschichte und Analysen. Bonn, S. 489–496.

Werum, Stefan Paul (2002), »Freier Deutscher Gewerkschaftsbund (FDGB)«, in: Stephan, Gerd-Rüdiger u.a. (Hrsg.), *Die Parteien und Organisationen der DDR. Ein Handbuch*, Berlin, S. 449–483.

Weßels, Bernhard (2008), »Politische Integration und politisches Engagement«, in: Statistisches Bundesamt/gesis zuma/WZB (Hrsg.), *Datenreport 2008. Ein Sozialreport für die Bundesrepublik Deutschland*, Bonn, S. 391–396. Stable URL (11.01.2009): http://www.destatis.de/jetspeed/portal/cms/Sites/destatis/Internet/DE/Content/Publikationen/Querschnittsveröffentlichungen/Datenreport/Downloads/Datenreport2008,property=file.pdf

Weßels, Bernhard (2007), »Organisierte Interessen und Rot-Grün. Temporäre Beziehungsschwäche oder zunehmende Entkopplung zwischen Verbänden und Parteien«, in: Egle, Christoph (Hrsg.) (2007), *Ende des rot-grünen Projektes. Eine Bilanz der Regierung Schröder 2002–2005*, Wiesbaden, S. 151–167.

Wex, Thomas (2004), *Der Non-Profit-Sektor der Organisationsgesellschaft*, Wiesbaden.

Whalen, Robert Weldon (1984), *Bitter wounds: German victims of the Great War, 1914–1939*, Ithaca.

Wiesendahl, Elmar (2006), *Mitgliederpartei am Ende? Eine Kritik an der Niedergangsdiskussion*, Wiesbaden.

Wilkoszewski, Harald (2003), *Die verdrängte Generation. Politische Parteien und die alternde Gesellschaft in Deutschland*, Marburg.

Willems, Ulrich; Winter, Thomas von (2007),»Interessenverbände als intermediäre Organisationen«, in: Dies. (Hrsg.) (2007), *Interessenverbände in Deutschland*, Wiesbaden, S. 13–50.

Willems, Ulrich; Winter, Thomas von (Hrsg.) (2000), *Politische Repräsentation schwacher Interessen*, Opladen.

Willems, Ulrich (1996),»Restriktionen und Chancen kollektiven Handelns«, in: Kunz, Volker; Druwe, Ulrich (Hrsg.), *Handlungs- und Entscheidungstheorie in der Politikwissenschaft. Eine Einführung in Konzepte und Forschungsstand*, Opladen, S. 127–153.

Winkler, Gunnar (2007a), *Gewerkschaften-, Sozial- und Wohlfahrtsverbände. Bewertungen und Erwartungen in den neuen Bundesländern*, Reihe: Umbruch. Beiträge zur sozialen Transformation in den alten und neuen Bundesländern, Studie des Sozialwissenschaftlichen Forschungszentrums Berlin-Brandenburg e. V., Band 20, Berlin.

Winkler, Gunnar (2006b), *Die Region der neuen Alten. Fakten und Positionen zur sozialen Situation älterer Bürger in den neuen Bundesländern 1990 bis 2005*, Berlin.

Winter, Thomas von (2007),»Sozialverbände«, in: Ders.; Willems, Ulrich (Hrsg.) (2007), *Interessenverbände in Deutschland*, Wiesbaden, S. 341–366.

Winter, Thomas von (2000),»Interessenvermittlung und Institutionen. Die Rolle der Verbände in der Sozialpolitik«, in: *Zeitschrift für Sozialreform*, Nr. 6, S. 523–547.

Winter, Thomas von (1997a), *Sozialpolitische Interessen: Konstituierung, politische Repräsentation und Beteiligung an Entscheidungsprozessen*, Baden-Baden.

Winter, Thomas von (1997b),»›Schwache Interessen‹: Zum kollektiven Handeln randständiger Gruppen«, in: *Leviathan*, Nr. 3, S. 539–566.

Winter, Thomas von (1992),»Die Sozialpolitik als Interessensphäre«, in: *Politische Vierteljahresschrift*, Jg. 33, Nr. 3, S. 399–426.

Winter, Thomas von; Willems, Ulrich (2000),»Die politische Repräsentation schwacher Interessen: Anmerkungen zum Stand und zu den Perspektiven der Forschung«, in: Dies. (Hrsg.), *Politische Repräsentation schwacher Interessen*, Opladen, S. 9–36.

Wipplinger, Ronald; Winter-Ebmer, Rudlof (2007), *Pensionszugang in Österreich im internationalen Vergleich*, Johannes Kepler University of Linz, Department Economics. Stable URL (17.02.2009): http://www.economics.uni-linz.ac.at/papers/evk.2007/wp0707.pdf

Wittmann, Walter (1976), »Verbände in der politischen Willensbildung«, in: Blümle, Ernst-Bernd; Ders. (Hrsg.), *Verbände*, Stuttgart, New York, S. 2–5.

Woderich, Rudolf (1999), *Ostdeutsche Identitäten zwischen symbolischer Konstruktion und lebensweltlichem Eigensinn*, Schriftfassung des Referats auf der Konferenz »The German Road from Socialism to Capitalism«, Harvard University, Centre for European Studies, June 18–20.

Wolf, Jürgen u.a. (Hrsg.) (2003), *Neue Ehrenamtlichkeit in traditionellen Mitgliederverbänden. Praxisfelder und Handlungspotentiale innovativer Form des ehrenamtlichen Engagements*, Forschungsbericht an die Hans-Böckler-Stiftung. Stable URL (12.05.2007): http://www.jurgenwolf.de/docs/Titelblatt%20und%20Inhalt.pdf

Wolf, Jürgen; Kohli, Martin (1998), »Die politische Macht der Älteren und der Generationenkonflikt«, in: Clemens, Wolfgang; Backes, Gertrud M. (Hrsg.), *Altern und Gesellschaft. Gesellschaftliche Modernisierung durch Alterstrukturwandel*, Opladen, S. 147–169.

Wolf, Jürgen; Kohli, Martin; Künemund, Harald (Hrsg.) (1994), *Alter und gewerkschaftliche Politik. Auf dem Weg zur Rentnergewerkschaft?*, Köln.

Wolpert, Dennis (1996), *Die Volkssolidarität*, Magisterarbeit, Universität Konstanz.

Zentres, Joachim; Swoboda, Bernhard; Mroschett, Dirk (2003), »Kooperationen, Allianzen und Netzwerke – Grundlagen, ›Metaanalyse‹ und Kurzabriss«, in: Ders. (Hrsg.), *Kooperationen, Allianzen und Netzwerke. Grundlagen – Ansätze – Perspektiven*, Wiesbaden, S. 4–32.

Zimmer, Annette; Nährlich, Stefan (Hrsg.) (2000), *Engagierte Bürger. Traditionen und Perspektiven*, Opladen.

Zimmer, Annette (1996), *Vereine – Basiselement der Demokratie. Eine Analyse aus der Dritte-Sektor-Perspektive*, Opladen.

Zimmer, Annette (1994), »Vereine als Integrationsinstrumente moderner Gesellschaften«, in: Sachße, Christoph (Hrsg.), *Wohlfahrtsverbände im Wohlfahrtsstaat. Historische und theoretische Beiträge zur Funktion von Verbänden im modernen Wohlfahrtsstaat*, Kassel.

Presseartikel

»Aktiv im Alter«, in: *Der Gewerkschafter*, Nr. 7–8, S. 19–34.

»Alte Kameraden. Der Reichsbund der Kriegsopfer droht zu zerbrechen«, in: *DIE ZEIT*, Nr. 37, 1989, S. 25–26.

Brauer, Markus (1999), »Vor dem großen Sprung zittern die Knie«, in: *Stuttgarter Nachrichten*, 20.11.1999.

Deissner, David (2008), »Die Grauen lösen sich auf und planen neu«. Stable URL (05.12.2008): http://www.welt.de/politik/article1741390/Die_Grauen_loesen_sich_auf_und_planen_neu.html

»Die Ehre ein ›Volkshelfer‹ zu sein. Gute Chancen der Ostdeutschen Volkssolidarität«, in: *Neue Züricher Zeitung (NZZ)*, 19.07.2002.

»Die häusliche Pflege muss gestärkt werden«. Interview mit Adolf Bauer, Präsident des Sozialverbandes Deutschland, in: *Neue Osnabrücker Zeitung*, 09.05.2007.

»›Ein Kinder der DDR‹. Der Wohlfahrtsverband Volkssolidarität, einst Massenorganisation im SED-Staat, hat alle West-Konkurrenz in den neuen Ländern abgehängt – mit einer Mischung aus Ostalgie und Cleverness«, in: *Spiegel*, Nr. 27, 2000, S. 57f.

»Ein Mann für Millionen«. Artikel über Walter Hirrlinger, VdK, in: *Berliner Zeitung*. Stable URL (17.04.2009): http://www.berlinonline.de/berliner-zeitung/archiv/.bin/dump.fcgi/2003/1007/seite3/0001/index.html

»Einsturz ganzer Straßenzüge«, *Der Spiegel*, Nr. 37, 1989, S. 45–50.

election.de (2009), *Bundestagswahl 2005 – Zweitstimmen und Sitze in den Bundesländern*. Stable URL (31.03.2009). http://www.btw2006.de

Esslinger, Detlef (2008), »Der letzte Versuch«, in: *Süddeutsche Zeitung*, 25.03.2008.

Faigel, Birgit (2006), »Mitverantwortung älterer Menschen für das Gemeinwesen. Bürgerengagement der Seniorenräte«, in: *Schwerpunkt bürgerschaftliches Engagement*, Jg.45. Stable URL (24.11.2008): http://www.landkreistagbw.de/aktuell/zeit/2006/mat/LKN3_06_205_207.pdf

Fischmann, Thomas (2005), »Bereit zum großen Schlag«, in: *DIE ZEIT*, Nr. 3. Stable URL (18.02.2009): http://www.zeit.de/2005/03/US-Renten

»Gewerkschaften als Lobby für Rentner und Pensionäre«, in: *Handelsblatt*, 13./14.11.1992.

»Hermann Meyer in der Schusslinie des ›Spiegels‹«, in: *Allgemeine Zeitung der Lüneburger Heide*, 7.06.1988.

»Horst Seehofer. Da bin ich wieder«, in: *Manager Magazin*, 21.04.2005. Stable URL (17.11.2008): http://www.manager-magazin.de/koepfe/artikel/0,2828,352604-2,00.html

»Im Bett des Führers«, *Der Spiegel*, Nr. 23, 1988, S. 45–47.

»In Ruinen gegründet, der neuen Zeit zugewandt. Die Volkssolidarität der Nachkriegszeit hat die DDR überdauert«, in: *Frankfurter Allgemeine Zeitung (FAZ)*, 16.11.1995.

»Koalition lässt Rentenkassen abblitzen«, in: *Handelsblatt*, 27.06.2007.

»Konsequent peinlich«, in: *Focus*, Nr. 34, 2007.

»Mascher neue VdK-Präsidentin«, in: *Reutlinger Generalanzeiger*, 01.10.2008.

»Miese Verträge«, in: *Spiegel*, Nr.34, 2007. S. 47.

»Misstrauen ist gut. Wie sich der Bund der Steuerzahler vor den Karren eines Versicherungskonzerns spannen lässt«, in: *DIE ZEIT*, Nr. 25, 1997, S. 22. Stable URL (07.04.2008): http://www.zeit.de/1997/25/Misstrauen_ist_gut

»Mit aller Macht gegen die Nullrunde«, in: *Der Spiegel*, 7.10.2003. Stable URL (31.03.09). http://www.spiegel.de/politik/deutschland/0,1518,268587,00.html

Niederland, Bernd (2007c), »Demografischer Wandel und notwendiges soziales Wirken«, in: *Neues Deutschland* (Hrsg.), Beilage »Vereine und Verbände« am 16.03., Berlin, S. 2.

»›Nicht nur immer nach dem Staat rufen‹ – Warum Walter Franke als Reichsbund Chef zurücktrat«, in: *Bremer Nachrichten*, 3. Dezember 1996.

»Offensichtlich getürkt«, *Der Spiegel*, Nr.2, 1989, S. 46–49.

»Rentner verlangen mehr Mitsprache beim DGB«, in: *Süddeutsche Zeitung*, 16.11.1994.

»Rentnerlobby macht gegen hohen Pflegebeitrag mobil«, in: *Financial Times Deutschland*, 13.06.2007.

Schneefuß, Elke (2009), »Senioren machen jetzt mobil«, in: *Hamburger Abend*, 09.01.2009.

»Sozialverband fordert Recht auf Pflege – Auszeit«, in: *Berliner Zeitung*, 13.06.2007.

»Sozialverband in schweren Turbulenzen«, in: *Nordwest Zeitung (NWZ)*, 18.06.2008. Stable URL (12.08.2008): http://www.nwzonline.de

Stolberg, S. G. (2003), »An 800-pound gorilla changes partners over medicare«, *New York Times*, 28.06.2003.

•»Streit um Rentenanpassung«, in: *Berliner Zeitung*, 11.11.2008. Stable URL (15.01.2009): http://www.berlinonline.de/berliner-zeitung/politik/113898/index.php

»Reform-Debatte: Überraschender Mitglieder-Boom bei den Sozialverbänden«, in: *Die Welt*, 7.4.2004. Stable URL (31.03.09). http://www.welt.de/print-welt/article305402/Reform_Debatte_Ueberraschender_Mitglieder_Boom_bei_den_Sozialverbaenden.html

»›Unseriöse Stimmungsmache‹. Sozialreport der Volkssolidarität zum Osten sorgt für Kritik/Sechs Monate bis zur Veröffentlichung«, in: *Leipziger Volkszeitung*, 18.01.2007.

»VdK droht mit Rentner-Aufstand«, in: *Münchner Merkur*, 25.08.2007.

»VdK droht bei Sozialabbau mit Straßenprotest«, in: *Berliner Zeitung (BZ)*, 04.07.2005.

»Wir werden nicht alles schlucken«, in: *Tagesspiegel*, 23.11.2005.

»Wut-Aufstand der Senioren gegen den »Rentenklau««, in: *Abendzeitung München*, 30.03.2004.

Eigene Schriften der Verbände und Gewerkschaften (Quellen)

AARP (2007), *AARP Leadership*. Stable URL (14.11.2008): http://www.aarp.org/about_aarp/aarp_leadership/

AARP (2005), *AARP Consolidated Financial Statements*. Stable URL (14.11.2008): http://assets.aarp.org/www.aarp.org_/articles/aboutaarp/2005financial.pdf

Ackermann, Ewald; Moser-Brossy, Dominique (2008), *Dossier Nr. 59. Zur Mitgliederentwicklung der Gewerkschaften im Jahr 2007*. Stable URL (06.04.2009): http://www.sgb.ch/d-download/59_d_EA_Mitgliederentwicklung_2007_Internet.pdf

Aebi, Käthe (2005), *Streiflichter aus 60 Jahren Volkssolidarität in Sachsen-Anhalt*, Magdeburg.

BAGSO (Bundesarbeitsgemeinschaft der Senioren-Organisationen) (2007), *Die BAGSO Nachrichten*, Nr. 3, Berlin.

BAGSO (2006a), *Zukunftsgestaltung in einer alternden Gesellschaft. Eine Herausforderung für alle Generationen*, Bonn.

BAGSO (2006b), *Porträts 2006. Mitglieder der Bundesarbeitsgemeinschaft der Senioren-Organisationen (BAGSO) e.V.*, Bonn.

BAGSO (2006c), *Alter als Chance. Dokumentation 8. Deutscher Seniorentag mit SenNova*, 16. bis 18. Mai 2006 in Köln.

BAGSO (2005a), *Die BAGSO bezieht Position*, Bonn.

BAGSO (2005b), *Fakten und Felder der freien Seniorenarbeit. Ältere Menschen in Deutschland*, Bonn.

BAGSO (2001), *Seniorenverbände im Modernisierungsprozess*, Dokumentation der BAGSO-Fachtagung 9. – 11. Mai 2001, Bonn.

BAGSO (1997), *Dokumentation Deutscher Seniorentag '97. Altern verbindet*, Bonn.

BAGSO (1992), *Dokumentation Deutscher Seniorentag '92. Ältere Menschen – Neue Perspektiven*, Bonn.

BRH (Seniorenverband BRH – Bund der Ruhestandsbeamten, Rentner und Hinterbliebenen) (2007), *Aktiv im Ruhestand*, 55. & 56. Jahrgang, Mainz.

BRH (2006a), *Geschäftsbericht der Bundesleitung für die Zeit vom 1. Juni 2001 bis 31. Mai 2005*, Mainz.

BRH (2006b), *Geschäftsbericht Landesverband Rheinland-Pfalz 2001 bis 2005*, Mainz.

BRH (2006c), *Informationsblatt im Land Brandenburg*, Mainz.

BRH (2006d), *Sicher und Geborgen im BRH*, Mainz.

BRH (2005), *Satzungsrechtliche Bestimmungen des Seniorenverbandes BRH*, Mainz.

BRH (2004a), *Bürgerversicherung kein Allheilmittel*, Mainz.

BRH (2004b), *BRH. Landesverband Mecklenburg-Vorpommern*, Ausgabe Nr. 13, Mainz.

BRH (2002), *Geschäftsbericht Landesverband Rheinland-Pfalz 1997 bis 2001*, Mainz.

BRH (2001), *Bericht der Bundesleitung für die Zeit vom 1. Juni 1997 bis 31. Mai 2001*, Mainz.

BVEA (Bundesverband Evangelischer Arbeitnehmerorganisationen e. V.) (2008), Homepage der BVEA. Stable URL (26.01.09): http://www.bvea.de

CGIL (Confederazione Generale Italiana del Lavoro) (2009), Homepage CGIL. Stable URL (02.02.2009): http://www.cgil.it

CISL (Confederazione Italiana Sindacati Lavatori) (2009), Homepage CISL. Stable URL (02.02.2009): http://www.Cisl.it

Confoederatio Helvetica. (2009), Homepage der Confoederatio Helvetica. Die Bundesbehörden der schweizerischen Eidgenossenschaft. Stable URL (26.03.2009): http://www.admin.ch/ch/d/gg/pc/index.html

DAG (Deutsche Angestellten-Gewerkschaft) (1999), *Satzung der Deutschen Angestellten Gewerkschaft, beschlossen auf dem außerordentlichen Bundeskongress 1999*, Hamburg

Die Bundesversammlung – Das Schweizer Bundesparlament (2009), Homepage des Schweizer Bundesparlamentes. Stable URL (20.03.2009): http://www.parlament.ch/D/Suche/Seiten/biografie.aspx?biografie_id=172

DGB (Deutscher Gewerkschaftsbund) (2009), *Vorschlag für eine Richtlinie zur organisationspolitischen Stärkung der Seniorenpolitik. Bereich Sozialpolitik, DGB-Bundesvorstand*, Berlin, unveröffentlichtes Dokument.

DGB (2008a), *Seniorenpolitische Eckpunkte. DGB und Gewerkschaften: Interessenvertretung für alle Generationen*, Berlin.

DGB (2008b), *Solidarische Alterssicherung stärken, Sicherungslücken schließen, Altersarmut verhindern! Herausforderungen und Handlungsbedarf in der Alterssicherung*, Beschluss des DGB- Bundesvorstandes vom 06. Mai 2008, Berlin.

DGB (2008c), *Bericht zur gewerkschafts- und gesellschaftspolitischen Lage des geschäftsführenden Bundesvorstandes des DGB*, Sitzung des DGB- Bundesausschusses am 05. März 2008, Berlin.

DGB (2008d), *Pflegereform 2008. Infos für Versicherte und Angehörige*, DGB- Bundesvorstand, Berlin.

DGB (2008e), *Eckpunkte der Vorsitzenden der Mitgliedsgewerkschaften und des DGB zur DGB-Strukturreform*, unveröffentlichtes Dokument, Berlin.

DGB (2007a), *Erwerbstätigenversicherung: Rente mit Zukunft. Gemeinsames Konzept des Sozialverbandes Deutschland (SoVD), des Deutschen Gewerkschaftsbundes (DGB) und der Volkssolidarität Bundesverband e.V. für die Fortentwicklung der gesetzlichen Rentenversicherung zu einer Erwerbstätigenversicherung*, Berlin.

DGB (2007b), *Konzept zur Koordinierung der Seniorenpolitik zwischen DGB und Gewerkschaften*, unveröffentlichtes Arbeitspapier, Berlin.

DGB (2006a), *Satzung*, Ausgabe Juni 2006, geändert vom 18. Ordentlichen Bundeskongress 2006, Berlin.

DGB (2006b), *Protokoll*, 18. Ordentlicher Bundeskongress Berlin 22.–26. Mai 2006, Berlin.

DGB (2006c), *Antragsberatung zum 18. Ordentlichen DGB-Bundeskongress*, 2. Tag, 23. Mai 2006, Berlin.

DGB (2006e), *Seniorenpolitik im Aufbruch – Eine Herausforderung für die gewerkschaftliche Arbeit*, 1. Seniorenpolitische Fachtagung des DGB, Berlin.

DGB (2003), *Eckpunkte für die Weiterentwicklung der Rentenreform des Jahres 2001 und zur Stabilisierung des Beitragssatzes in der Gesetzlichen Rentenversicherung*, Berlin.

DGB (2002a), *17. Ordentlicher DGB-Bundeskongress*, Dokumentation der 1. Seniorenpolitischen Fachtagung, Berlin.

DGB (2002b), *Protokoll des 17. Ordentlichen DGB- Bundeskongress in Berlin*, 27.–31. Mai 2002, Berlin.

DGB (2002c), *Satzung des DGB Ausgabe 2002*, Berlin.

DGB (2000a), *Seniorenpolitik im Aufbruch – Eine Herausforderung für die gewerkschaftliche Arbeit. »Eine gerechte Gesellschaft für alle Lebensalter«*, 1. Seniorenpolitische Fachtagung am 14. Oktober 1999 in Düsseldorf, DGB- Bundesvorstand, Berlin.

DGB (2000b), *Soziale Sicherheit, Zeitschrift für Arbeit und Soziales* Nr. 7, Berlin.

DGB (1999), *Internationales Jahr der Senioren 1999: Eine Gesellschaft für alle Lebensalter*, DGB- Bundesvorstand, Düsseldorf.

DGB (1998), *Protokoll des 16. Ordentlichen DGB- Bundeskongresses am 8.–12.06.2008*, Düsseldorf.

DGB (1996a), *Die Zukunft gestalten – Grundsatzprogramm des Deutschen Gewerkschaftsbundes*, beschlossen auf dem 5. außerordentlichen Bundeskongress am 13.-16. November 1996, Dresden.

DGB (1996b), *Die Graue Revolution oder: ist Alter(n) Privatsache?*, DGB- Schwerpunktthema 1996/97, Düsseldorf.

DGB (1979), *Programm des DGB. Zur Verbesserung der Lebenssituation älterer Menschen*, Düsseldorf.

DPG (Deutsche Postgewerkschaft) (2001a), *Entwurf der DPG in ver.di: DPG-Senior/ innen sind ver.di Senior/-innen*, unveröffentlichte Materialien von ver.di zur Verfügung gestellt.

DPG (2001b), *Ergebnis der Beratung der Arbeitsgruppe Senioren ver.di vom 6.04.2001 in Frankfurt am Main*, unveröffentlichte Materialien von ver.di zur Verfügung gestellt.

DPG (1999), *Satzung der Deutschen Postgewerkschaft e.V. gültig ab 20. November 1999*, beschlossen auf dem 6. außerordentlichen Kongress in Bremen vom 18.-20. November 1999, Frankfurt am Main.

Deutsches Rotes Kreuz (2008), Homepage des DRK. Stable URL (17.11.2008): http://www.drk.de/

Diakonisches Werk der Evangelischen Kirche in Deutschland (2007), *Einrichtungsstatistik*, Stand Januar 2006, Stuttgart. Stable URL (21.01.2009): http://www.diakonie.de/Texte-2007–10-Einrichtungsstatistik-06.pdf

Diakonisches Werk der Evangelischen Kirche Deutschland (2008), Homepage des Diakonischen Werkes. Stable URL (17.11.2008): http://www.diakonie.de/

Die Linke (2008), Homepage der Partei Die Linke. Stable URL (17.11.2008): http://www.die-linke.de/partei/zusammenschluesse/seniorenarbeitsgemeinschaft.der_partei_die_linke/

Dobischat, Rolf; Ahlene, Eva (2002), *Evaluierung und Prozessbegleitung der Qualifizierung von haupt- und ehrenamtlichen Beschäftigten des Sozialverbands Deutschland (Landesverband Niedersachsen) in Hannover. Eine Betriebsfallstudie zur Konzeption der Weiterbildung auf Basis zielgruppenspezifischer Intensivinterviews*, Duisburg.

Dokumentationszentrale der Bundesversammlung (2007), *Mandatsverteilung bei den Nationalratswahlen 1919–2003*. Stable URL (24.03.2009): http://www.parlament.ch/d/dokumentation/statistiken/Documents/ed-rueckblick-47-leg-mandate-nr.pdf

Evangelische Arbeitnehmerbewegung (EAB) (o. J.), *EAB – solidarisch bei den Menschen*, Evangelische Arbeitnehmerbewegung Landesverband Nordrhein-Westfalen e.V., Essen.

Engel, Albrecht (2001), »Modernes Management in der Sozialarbeit: VdK Bayern«, in: BAGSO, *Seniorenverbände im Modernisierungsprozess*, Bonn, S. 88–92.

FNP (Federazione Nazionale Pensionati) (2009), Homepage FNP. Stable URL (02.02.2009): http://www.fnp.cisl.it

Freiwilligenweb (2009), Homepage Freiwilligenweb. Stable URL (24.03.2009): http://www.freiwilligenweb.at/index.php?id=CH0521&organisation=182

G-plus (2009), Homepage der Grünen Senioren Österreich. Stable URL (18.02.2009): http://www.seniorinnen.gruene.at

Gewerkschaft für Erziehung und Wissenschaft Hauptvorstand (2007), *Seniorenarbeit*, Frankfurt am Main.

Gewerkschaft Handel, Banken und Versicherungen HBV (1999), *Satzung der Gewerkschaft Handel, Banken und Versicherungen, gültig ab 19. November 1999*, Düsseldorf.

Gewerkschaft Leder (1985), *Satzung der Gewerkschaft Leder*, beschlossen auf dem 13. Gewerkschaftstag in Augsburg, vom 21. bis 24. Mai 1985, Stuttgart.

Gewerkschaft Leder (1989), *1949–1989 Vierzig Jahre Gewerkschaft Leder*, Stuttgart.

GEW (2007), *Informationen zum Mitgliederbestand der Gewerkschaft Erziehung und Wissenschaft per 31.12.2007*, Arbeitsbereich Finanzen, Hauptvorstand, Frankfurt am Main.

GfK (2008), *SoVD. Sozialverband Deutschland. Umfrage zur Markenbekanntheit*, ohne Ort.

Gray Panthers (2009), Homepage Gray Panthers. Stable URL (05.01.2009): http://www.graypanthers.org

Grüne Alte (2008), Homepage Grüne Alte. Stable URL (20.11.2008): http://www.gruene-alte.de/

Hartwig, Rudi (2005), *Lebensbilder. Eine Fotoreportage über die sechzigjährige Volkssolidarität im Land Sachsen-Anhalt*, Magdeburg.

(HHStAW) Hessisches Hauptstaatsarchiv Wiesbaden (o. J.), *Entschädigungsakte Hans Nitsche* (HHStAW Abt. 518 Nr. 2989).

(HHStAW) Hessisches Hauptstaatsarchiv Wiesbaden (o. J.), *Meldebogen Hans Nitsche* (HHStAW Abt. 520 KS-Stt N I 76).

Hirrlinger, Walter (1994a), *Rede VdK Präsident Walter Hirrlinger. Eröffnung der Plenarsitzungen*, Mittwoch 18.05.1994, 12. Bundesverbandstag VdK Deutschland in Bonn.

Hirrlinger, Walter (1994b), *Was erwartet der VdK vom neuen Bundestag?*, Referat Jahrestagung des VdK – Kreisverbands Passau am 18.10.1994.

Hirrlinger, Walter (1990), *Die soziale Zukunft ausbauen!*, Bundesverbandstagsprotokoll, Bonn.

IG Bergbau und Energie (1997), *Jahrbuch der Industriegewerkschaft Bergbau und Energie 1996/97*, Bochum

IG Bergbau und Energie (1991), *Satzung der Industriegewerkschaft Bergbau und Energie*, gültig ab 10. Mai 1991, Bochum

IG BCE (Industriegewerkschaft Bergbau, Chemie, Energie) (2007a), *Info Point: Die Leistungen der IG BCE für Mitglieder. Der Mensch im Mittelpunkt. Kompetenzen rund um das Arbeitsleben*, 1., Hannover.

IG BCE (2005a), *Satzung der Industriegewerkschaft Bergbau, Chemie, Energie*, Stand: 2005, Hannover.

IG BCE (2005b), *Statistiken zum Geschäftsbericht 2001–2004 zum 3. Ordentlichen Gewerkschaftskongress in Hannover vom 9.–14. Oktober 2005*, Hannover.

IG BCE (2005c), *Antrag zum 3. Ordentlichen Gewerkschaftskongress der Industriegewerkschaft Bergbau, Chemie, Energie 2005*, Hannover.

IG BCE (2002), *Satzung der Industriegewerkschaft Bergbau, Chemie, Energie*, Stand: 20.02.2002, Hannover.

IG BCE (2000a), *Geschäftsbericht 1997–2000*, Hannover.

IG BCE (2000b), *Statistiken zum Geschäftsbericht 1997–2000*, Hannover.

IG BCE (1998), *Protokoll des 1. Ordentlichen Gewerkschaftskongresses der IG BCE*, 6.–10. Oktober 1997, Hannover.

IG BCE (1996), *Satzung der Industriegewerkschaft Bergbau, Chemie, Energie*, Stand: Juni 1996, Hannover.

IG BCE (1994), *Satzungsentwurf der Industriegewerkschaft Bergbau, Chemie, Energie*, Hannover.

IG Chemie-Papier-Keramik (1996a), *Protokoll des 15. Ordentlichen Gewerkschaftstages der IG Chemie-Papier-Keramik*, 4.-8. September 1995, Hannover.

IG Chemie-Papier-Keramik (1996b), *Senioren Info 2*, Hannover.

IG Chemie-Papier-Keramik (1995), *Senioren Info*, Hannover.

IG Chemie-Papier-Keramik (1994), *Geschäftsbericht 1991–1994*, Hannover.

IG Chemie-Papier-Keramik (1989), *Protokoll des 13. Ordentlichen Gewerkschaftstages der IG Chemie-Papier-Keramik*, 4.-10. September 1989, Karlsruhe.

IG Chemie-Papier-Keramik (1988), *Satzung der Industriegewerkschaft Chemie-Papier-Keramik*, Stand 13. Ordentlicher Gewerkschaftstag 1988, Karlsruhe.

IG Chemie-Papier-Keramik (1987), *Geschäftsbericht 1984–1987*, Hannover.

IG Medien (1999), *Satzung Industriegewerkschaft Medien Druck und Papier, Publizistik und Kunst, gültig ab 20. November 1999*, Stuttgart.

IG Metall (2008), *Arbeitsprogramm 2008 des Senioren-Arbeitskreises. Aufgaben für das Jahr 2008 und Rückschau auf Ergebnisse der Senioren-Arbeit des Jahres 2007 in der IG Metall-Verwaltungsstelle Berlin.*

IG Metall (2007a), *Geschäftsbericht 2003 bis 2006 des Vorstands der Industriegewerkschaft Metall.*

IG Metall (2007b), *Außerbetriebliche Gewerkschaftsarbeit – Arbeitsmaterialien für die Arbeit vor Ort.* Stable URL (20.05.2007): http://www2.igmetall.de/homepages/aga/arbeitsmaterialienfrdiearbeitvorort.html

IG Metall (2007c), *Dokumentation der ersten zentralen AGA-Tagung*, 24./25. April 2007 in Sprockhövel, Frankfurt am Main.

IG Metall (2007d), *Programm. 1. Zentrale Tagung für Außerbetriebliche Gewerkschaftsarbeit. »Mitarbeiten – Mitgestalten – Mitbestimmen«* vom 24. bis 25. April 2007 im Bildungszentrum Sprockhövel, Frankfurt am Main.

IG Metall Vorstand (2007e), *Engagement macht stark. Außerbetriebliche Gewerkschaftsarbeit*, Report Nr. 3, Frankfurt am Main.

IG Metall (2007f), *metall. Aktionen gegen Rente mit 67. Druck auf Berlin*, Jg. 59, Frankfurt am Main, S. 35.

IG Metall (2005), *Außerbetriebliche Gewerkschaftsarbeit (AGA) – Report*, Frankfurt am Main.

IG Metall (2004), *Satzung*, Frankfurt am Main.

IG Metall (2002), *Verwaltungshandbuch der IG Metall. Richtlinie Arbeit mit Mitgliedergruppen*, Frankfurt am Main.

IG Metall (1999), *Beschluss des 19. Ordentlichen Gewerkschaftstages 1999*, Frankfurt am Main.

IG Metall (1998), *Das Projekt OrganisationsEntwicklung*, Bericht des Projekts an die Delegierten, 5. außerordentlicher Gewerkschaftstag der IG Metall, 29. November bis 2. Dezember 1998 in Mannheim, Frankfurt am Main.

IG Metall (1996), *Projekt OrganisationsEntwicklung. Arbeitsformen, Personengruppen, Projekte, Konferenzen*, Teilprojekt 4.3 *Welche neuen Arbeitsformen können innerhalb und außerhalb der Personengruppenarbeit weiterentwickelt und etabliert werden?*, Frankfurt am Main.

IG Metall (1995), *Geschäftsbericht 1992 bis 1994 des Vorstands der Industriegewerkschaft*

Metall, Frankfurt am Main.

IG Metall (1992), *Geschäftsbericht 1989 bis 1991 des Vorstands der Industriegewerkschaft Metall*, Frankfurt am Main.

IG Metall (1990), *Protokoll Band 2, Nr. 16, Ordentlicher Gewerkschaftstag der IG Metall 22. bis 28. Oktober 1989 in Berlin*, Frankfurt am Main.

IG Metall (1989), *Richtlinie für die Aktivierung der Seniorenarbeit der IG Metall*, Stand: April 1989, Frankfurt am Main.

IG Metall (1988a), *Wofür wir streiten. Solidarität und Freiheit*, Internationaler Zukunftskongress 1988, Köln.

IG Metall (1988b), *Ältere Menschen im Sozialstaat. Für eine solidarische Sozialpolitik*, Materialband Nr. 5 der Diskussionsforen »Die andere Zukunft: Solidarität und Freiheit«, Köln.

IG Metall Berlin-Brandenburg-Sachsen (2007), *Wir bleiben aktiv! Außerbetriebliche Gewerkschaftsarbeit*, Berlin.

IG Metall Krefeld (2007), *Außerbetriebliche Gewerkschaftsarbeit. Bereich Senioren. Aktivitäten 2007*, Krefeld.

IG Metall Leipzig (2007), *Informationsmappe. Für Mitglieder der IG Metall, welche aus dem aktiven Arbeitsleben ausscheiden*, Leipzig.

IG Metall Wuppertal (2007), *Unser Programm für 2007. Senioren-Ausschuss in der IG Metall Wuppertal*, Wuppertal.

KAB (Katholische Arbeitnehmer Bewegung) (2008), *Homepage der KAB*. Stable URL (24.11.2008): http://www.kab.de/

Kirschneck, Renate (2002), »Vorwort. Höre nie auf anzufangen, fange nie an aufzuhören«, in: *BAGSO Nachrichten*, Nr. 1.

Köpke, Karl-Heinz (2007), *Demografische Entwicklung und ältere Menschen – eine Herausforderung auch für Gewerkschaften, ein Impulsreferat auf der Klausurtagung des DGB – Bundesvorstandes am 14./15.03.2007.*

Köpke, Karl-Heinz (2005), *Chronik – Der DGB zu SeniorInnenarbeit und SeniorInnenpolitik*. Stable URL (12.06.2008): http://www.labournet.de/diskussion/gewerkschaft/debatte/senioren.html

KPÖ (Kommunistische Partei Österreichs) (2009), *Homepage Kommunistische Partei Österreichs*. Stable URL (24.03.2009): http://www.kpoe.at

Laschet, Ulrich (1994), *Bericht des Bundesgeschäftsführers des Sozialverbandes VdK*, Bonn.

Laschet, Ulrich; Plank, Ludwig (2000), *50 Jahre Sozialverband VdK Deutschland. Im Dienste der Menschen. Hilfe zur Selbsthilfe*, Bonn.

Lattka, Ernst-Günther (2005), »*Hurra, wir leben!« 60 Jahre Volkssolidarität*, Berlin.

Legrand, Hans-Josef (2007), »Eine Herausforderung für die IG-Metall«, in: IG Metall (Hrsg.) (2007c), *Dokumentation der ersten zentralen AGA-Tagung*, 24./25. April 2007 in Sprockhövel, Frankfurt am Main, S. 20–21.

Liberale Senioren (2008), *Homepage der Liberalen Senioren*. Stable URL (14.11.2008): http://www.liberale-senioren.de/

Müllner, Johannes (2008), *Die Integration der Seniorenarbeit haben die Betroffenen selbst durchgesetzt*, unveröffentlichtes Diskussionspapier an die Autoren, 16.09.2008, Hamburg.

Netzeitung, »Sozialverband hält Arbeitslosengeld II für ›gigantisches Täuschungsmanöver‹.« Stable URL (23.07.2004):http://www.netzeitung.de/arbeitundberuf/297081.html

Niederland, Bernd (2008a), *Erfahrungen und Anforderungen aus der Arbeit mit dem Kommunikationskonzept der Volkssolidarität*, Fachtagung »Kommunikation und Öffentlichkeitsarbeit für die Volkssolidarität« am 16./17. 01.2008 in Potsdam.

Niederland, Bernd (2007a), *Redebeitrag des Bundesgeschäftsführers der Volkssolidarität, Dr. Bernd Niederland, bei der Fachtagung der Fraktion DIE LINKE im Deutschen Bundestag zum Thema »Für eine humane und solidarische Pflege« am 29. Oktober 2007 in Berlin.*

Niederland, Bernd (2007b), *Ausführungen auf der gemeinsamen Beratung am 16./17.01.2007. Die Bilanz der Volkssolidarität als Sozial- und Wohlfahrtsverband.*

Niederland, Bernd (2005a), *Anspruch auf gesellschaftliche Teilhabe und Pflege*, Beitrag gehalten auf dem PARITÄTISCHEN Pflegekongress 2005 am 2./3. Juni 2005 in Berlin.

Niederland, Bernd (2005b), *Referat: Ehrenamtskonferenz am 23. Juni 2005.*

Niedersachsen – Echo, September 2008. Stable URL (13.02.2009): http://www.sovd-nds.de/fileadmin/sovd-zeitungen/sovdnds_2008_09_gesamt.pdf

Obenland, Gudrun; Hermsdorf, Volker; Dahne, Marlis (1994), »Aktiv im Alter: Senioren in der IG Metall«, in: *Der Gewerkschafter*, Nr. 7–8, S. 19–34.

ÖGB (Österreichischer Gewerkschaftsbund) (2009), Homepage des ÖGB. Stable URL (18.02.2009): http://www.oegb.at/

ÖTV (Gewerkschaft Öffentliche Dienste Transport und Verkehr) (2000), *Satzung Gewerkschaft Öffentliche Dienste Transport und Verkehr*, gültig ab 10. November 2000.

ÖTV (1991), »Auf Kompetenz nicht verzichten«, in: *ÖTV Report, Soziales und Gesundheit*, Nr. 1, S. 32–33.

PVÖ (Pensionistenverband Österreichs) (2009), Homepage PVÖ. Stable URL (18.02.2009): http://ww.pvoe.at/

Reichsbund (Reichsbund der Kriegs- und Wehrdienstopfer, Behinderten, Sozialrentner und Hinterbliebenen) (1999), *Bericht der Abteilung Sozialpolitik*, Zeitraum November 1995 bis Juni 1999, Bonn.

Reichsbund (1997), *Reichsbund-Zeitung*, Nr. 3.

Reichsbund (1995a), *Reichsbund-Zeitung*, Nr. 2.

Reichsbund (1995b), *Bericht der Abteilung Sozialpolitik. Zeitraum 1991 bis 1995, 13. Bundestagung*, 8.–10. November 1995 in Travemünde, Bonn.

Reichsbund (1993), *Ein sozialer Verband stellt sich vor*, Bonn.

Reichsbund (1992), *75 Jahre Reichsbund der Kriegs- und Wehrdienstopfer, Behinderten, Sozialrentner und Hinterbliebenen e.V. Vom Kriegsopferverband zur modernen sozialen Dienstleistungsorganisation*, Bonn/Düsseldorf.

Reichsbund (1991), *Bericht des Präsidenten Prof. Dr. Walter Franke*, Bonn.

Reichsbund (1990), *Reichsbund-Zeitung*, Nr. 5.

Reichsbund (1988), *Satzung für den Reichsbund der Kriegs- und Wehrdienstopfer, Behinderten, Sozialrentner und Hinterbliebenen e. V.*, Bonn.

Reichsbund (1987a), *Reichsbund-Chronik 1917–1987. Daten und Fakten*, Bonn.

Reichsbund (1987b), *Bericht der Abteilung Sozialpolitik. Berichtszeitraum 1983–1987*, Bonn.

Reichsbund (1983a), *Reichsbund Chronik. Daten und Fakten. 1917 bis 1933 und 1945 bis 1982. 65 Jahre Reichsbund*, Bonn.

Reichsbund (1983b), *Bericht der Abteilung Sozialpolitik. Berichtszeitraum 1979–1983. 10. Reichsbund-Bundestagung 1.–4. Oktober 1983*, Bonn.

Reichsbund (1983c), *Reichsbund-Zeitung*, Nr. 7.

Reichsbund (1983d), *Reichsbund Chronik. Daten und Fakten. 1917 bis 1933 und 1945 bis 1982. 65 Jahre Reichsbund*, Bonn.

Reichsbund (1982), *Reichsbund-Zeitung*, Nr. 10.

Reichsbund (1979a), *Geschäftsbericht Sozialpolitik. Berichtszeitraum 3. Oktober 1974 bis 30. Juni 1979, 9. Bundestagung*, Bonn.

Reichsbund (1979b), *Reichsbund-Zeitung*, Nr. 11.

Reichsbund (1969), *Sozialpolitisches Programm*, Bad Godesberg/Berlin.

Reichsbund (1967), *50 Jahre Reichsbund 1917–1967*, Bad Godesberg/Berlin.

Reichsbund (1960), *Reichsbund-Zeitung*, Nr. 6.

Reichsbund (1959), *Reichsbund-Zeitung*, Nr. 10.

Reichsbund (1956), *Reichsbund-Zeitung*, Nr. 1.

Reichsbund (1932), *Organ des Reichsbundes der Kriegsbeschädigten, Kriegsteilnehmer und Kriegshinterbliebenen*, Nr. 9/10, 20. Mai 1932, 15. Jahrgang, Berlin.

Reichsbundwohnungsbau (2008), Stable URL (12.02.2008): http://www.reichsbundwohnungsbau.de/1rwbstiftung/stiftung.html, 12.02.08

Roßberg, Christine (2001), *Formen der Anerkennung für geleistetes Engagement*, Referat anlässlich der Tagung »Beteiligung von freiwillig Engagierten in Organisationen« am 24./25. August in Bad Boll. Stable URL (14.04.2008): http://www.b-b-e.de/fileadmin/inhalte/ijf_2001/reden/wiss_beitraege/rede_rossberg.pdf

Roskothen, Johannes (2008), *Walter Hirrlinger. Den Menschen dienen. Ein Leben für soziale Gerechtigkeit*, Bonn.

Schieferdecker, Helmut (2006), *Entwurf der »Seniorenpolitischen Standpunkte«*. Stable URL (05.12.2008): http://archiv2007.sozialisten.de/strukturen/agigs/ag_senioren/dokumente/view_html?zid=31961&bs=1&n=4

Seniorenbund (2009), Homepage Seniorenbund. Stable URL (18.02.2009): http://www.seniorenbund.at/

Seniorenrat (2009), Homepage Seniorenrat. Stable URL (18.02.2009): http://www.seniorenrat.at/

Seniorenring (2009), Homepage Seniorenring. Stable URL (18.02.2009): http://www.oesr.at/

Senioren-Union (2008), Homepage der Senioren-Union. Stable URL (17.11.2008): http://www.seniorenunion.de/index.php

Simon, Wilhelm (1998), *Über die Entwicklung des Sozialverbandes Reichsbund in den Neuen Bundesländern*, ohne Ort.

Sozialverband Deutschland (SoVD)/Volkssolidarität (Hrsg.) (2008), *Sozialabbau stoppen. Sozialstaat stärken*, Berlin.

SoVD; Volkssolidarität Bundesverband e.V.; Deutscher Gewerkschaftsbund (DGB) (Hrsg.) (2007), *Erwerbstätigenversicherung: Rente mit Zukunft. Für die Fortentwicklung der gesetzlichen Rentenversicherung zu einer Erwerbstätigenversicherung*, Berlin.

SoVD (Sozialverband Deutschland) (2008a), *Sozialpolitisches Programm*, Berlin.

SoVD (2008b), Stable URL (16.12.2008): http://www.sovd.de/hierfuer_stark.0.html

SoVD (2008c), *SoVD Zeitung*, Nr. 3, Berlin.

SoVD (2007a), *Bericht der Abteilung Sozialpolitik im Bundesverband – Zeitraum Juli 2003 – Juli 2007*, Berlin.

SoVD (2007b), *Bericht des Präsidenten für die Zeit vom Oktober 2003 – 31. Mai 2007*, Berlin.

SoVD (2007c), *10 Forderungen zur Verhinderung von Altersarmut*, Mai 2007, Berlin.

SoVD (2007d), *Die neuen SoVD Broschüren. – Interessieren, informieren, involvieren, integrieren*, Berlin.

SoVD (2007e), *So wird's günstig. Viele Vorteile durch Mitgliedschaft im Sozialverband*, Berlin.

SoVD (2007f), *Stellungnahme zu dem Gesetzentwurf des Bundesministeriums für Arbeit und Soziales vom 08. August 2007*, Berlin.

SoVD (2007g), *Gut tun – tun gut. Menschen helfen Menschen im Alltag. 70 kleine Ideen und Tipps für Glücksbringer*, München, Zürich.

SoVD (2007h), *SoVD Zeitung*, Nr. 9, Berlin.

SoVD (2007i), *Für eine würdevolle Pflege. Positionen des SoVD zur Reform der Pflege*, Berlin.

SoVD (2007j), *Gesundheitsreform 2007. Erste Informationen und Tipps für Versicherte und Patienten*, Berlin.

SoVD (2007k), *Imagebroschure – Partner in sozialen Fragen – Für soziale Gerechtigkeit*, Berlin.

SoVD (2007l), *SoVD Zeitung, Ausgabe Berlin-Brandenburg*, Nr. 3, Berlin.

SoVD (2007m), *SoVD Zeitung, Ausgabe Bayern/Hessen*, Nr. 2, München.

SoVD (2007n), *Forderungen des SoVD zur Woche des Ehrenamts*, Berlin, 14. September 2007.

SoVD (2006a), *Berufliche Teilhabe für Menschen mit Behinderung sichern – Handlungsauftrag an eine solidarische Gesellschaft – Positionspapier zur aktuellen Situation der beruflichen Teilhabe*, Berlin.

SoVD (2006b), *Satzung. Kreis-/Bezirksverbände und Ortsverbände*, Berlin.

SoVD (2005a), *12 Forderungen für eine würdevolle Pflege*, Berlin.

SoVD (2005b), *Altersicherung braucht Verlässlichkeit. Rentenkürzungen nein! Gerechte Reformen ja!*, Berlin.

SoVD (2005c), *Bringt die Menschen in Lohn!*, Gastkommentar von SoVD-Präsident Adolf Bauer zu Hartz IV, Berlin.

SoVD (2005d), *Die Bürgerversicherung. Eckpunkte für eine bessere Gesundheitsversorgung*, Berlin.

SoVD (2005e), *Für eine Erwerbstätigenversicherung. Aktionsprogramm zur Rettung der gesetzlichen Rentenversicherung*, 2. Auflage, Berlin.

SoVD (2005f), *Patientenverfügung. Nehmen Sie Ihr Selbstbestimmungsrecht wahr!*, Berlin.

SoVD (2005g), *Vom Reichsbund zum Sozialverband Deutschland. Teil I: 1917–1933*, Berlin.

SoVD (2005h), *Vom Reichsbund zum Sozialverband Deutschland. Teil II: 1945 – 1948*, Berlin.

SoVD (2005i), *SoVD-Zeitung*, Nr. 11, Berlin.

SoVD (2004), *Satzung*, Berlin.

SoVD (2003a), *Bericht der Abteilung Sozialpolitik im Bundesverband – Zeitraum 1999 – 2003*, Berlin.

SoVD (2003b), *Bericht des Präsidenten für die Zeit vom Oktober 1999 – 31. August 2003*, Berlin.

SoVD (2003c), *Bericht des Bundesgeschäftsführers für die Zeit vom Oktober 1999 – 31. Juli 2003*, Berlin.

SoVD (2003d), *SoVD-Zeitung*, Nr. 11.

SoVD (2003e), *Frauenpolitisches Programm*, Berlin.

SoVD (2003f), *Sozialpolitisches Programm*, Berlin.

SoVD (2003g), *Unsere Rente hat Zukunft! Vorschläge für eine sozial verträgliche Reform der Alterssicherung*, Berlin.

SoVD (2001), *SGB IX. Sozialgesetzbuch – Neuntes Buch. Rehabilitation und Teilhabe behinderter Menschen*, vollständiger Gesetzestext mit einführenden Erläuterungen, Berlin.

SoVD (1999a), *Bericht des Bundesgeschäftsführers für die Zeit vom 11. November 1995 – 30. Juni 1999*, Berlin.

SoVD (1999b), *Bericht des Präsidenten für die Zeit vom 11. November 1995 – 30. Juni 1999*, Berlin.

SoVD Mecklenburg-Vorpommern (2007), *Mitgliedsbestand*, Rostock.

SoVD Niedersachsen (2007), *Geschäftsbericht SoVD Niedersachsen 2003–2006*, 17. Landesverbandstagung, Hannover.

SoVD Niedersachsen (2003), *Geschäfts- und Organisationsbericht*, 16. Landesverbandstagung des Landesverbandes Niedersachsen, Hannover.

SoVD Nordrhein-Westfalen (2007), *Geschäfts- und Organisationsbericht zum 17. Landesverbandstag Nordrhein-Westfalen vom 28. bis 30. Juni 2007 in Düsseldorf*.

SoVD Nordrhein-Westfalen (2003), *Geschäfts- und Organisationsbericht zum 16. Landesverbandstag Nordrhein-Westfalen vom 08. bis 10. Mai 2003 in Düsseldorf*.

SoVD Schleswig-Holstein (2007a), *Geschäftsbericht. Berichtszeitraum Juni 2003 bis Mai 2007*, Kiel.

SoVD Schleswig-Holstein (2007b), *Organisationsbericht. Berichtszeitraum Juni 2003 bis Mai 2007*, Kiel.

SoVD Schleswig-Holstein (2003), *Organisationsbericht. Berichtszeitraum Juni 1999 bis Mai 2003.*

SoVD Thüringen (2004), *Kurze Berichterstattung zur Bundesvorstandssitzung am 27.11.04.*

SoVD Thüringen (2003), *Statistik Rechtsstreitigkeiten 2003*, 05.12.2003, Erfurt.

SoVD Thüringen (2001), *Tätigkeitsbericht des Landesvorstandes für das Jahr 2001*, 23.11.2001, Erfurt.

SpätSommer (2004/2005), Verbandsjournal für die Volkssolidarität, Ausgabe Dezember/Januar 2004/2005.

SPI (Sindicati Nationale Pensionati Italiana) (2009), Homepage SPI. Stable URL (02.02.2009): http://www.spi.cgil.it

Steinkühler, Franz (1988), »Einleitung«, in: IG Metall (Hrsg.), *Wofür wir streiten. Solidarität und Freiheit*, Internationaler Zukunftskongress 1988, Köln.

Swoboda, Karl-Heinz (ohne Jahr), *Über ein halbes Jahrhundert Volkssolidarität. Mosaik einer humanistischen Bewegung*, Pößneck.

UIL (Unione Italiana del Lavoro) (2009), Homepage UIL. Stable URL (02.02.2009): http://www.uil.it

VdK Baden-Württemberg (Sozialverband VdK Baden-Württemberg) (2008), *Geschäftsbericht 2008*, 15. Landesverbandstag, »*Sozialverband VdK – Garant für Gerechtigkeit und Solidarität*«, Stuttgart.

VdK Baden-Württemberg (2007a), *Übersicht zur VdK-Behindertenarbeit in Baden-Württemberg*, Stuttgart.

VdK Baden-Württemberg (2007b), *VdK-Landeschef Hans-Otto Walter: »Die Schwachen brauchen einen starken Sozialverband VdK!«*, Stuttgart.

VdK Baden-Württemberg (2006a), *Krankenversicherung 2006. Zahlen, Daten, Fakten*, Stuttgart.

VdK Baden-Württemberg (2006b), *Neue Patientenberatungsstelle in Stuttgart*, Stuttgart.

VdK Baden-Württemberg (2006c), *Rente 2006. Zahlen, Daten, Fakten*, Stuttgart.

VdK Baden-Württemberg (2005a), *Prävention ist lebenslängliche Aufgabe*, Stuttgart.

VdK Baden-Württemberg (2005b), *Sozialverband VdK Baden-Württemberg wird 50!*, Stuttgart.

VdK Baden-Württemberg (2004a), *Geschäftsbericht 2000–2004*, 14. Landesverbandstag, *Der Sozialstaat in der Bewährung*, Stuttgart.

VdK Baden-Württemberg (2004b), *Stuttgarter Programm*, Stuttgart.

VdK Baden-Württemberg (2002), *Kompetenz. Stärke. Service*, Stuttgart.

VdK Bayern (Sozialverband VdK Bayern) (2009), Stable URL (10.02.2009): http://www.vdk.de/by42

VdK Bayern (2008), Stable URL (18.12.2008): http://www.vdk.de/by20076

VdK Bayern (2007a), *Anhaltspunkte für die ärztliche Gutachtertätigkeit. In sozialen Entschädigungsrecht und nach dem Schwerbehindertengesetz*, Bonn.

VdK Bayern (2007b), *Bildung und Freizeit 2007*, München.

VdK Bayern (2006a), *Geschäftsbericht 2003–2006*, 18. Landesverbandstag, München.

VdK Bayern (2006b), *60 Jahre VdK Bayern*, München.

VdK Bayern (2006c), *Konzeption für die Arbeit der Vertreter der jüngeren Mitglieder (VjM) im VdK Bayern*, München.

VdK Bayern (2006d), *VdK Intern*, 4. Quartal 2006, München.

VdK Bayern (2006e), *Elternbrief für Familien mit behinderten Kindern*, Nr. 32, München.

VdK Bayern (2006f), *Soziale Versicherung ohne Ende? Das politische System setzt die Bürger auch weiter unter Druck*, München.

VdK Bayern (2005a), *Der letzte Wille. Vererben und Verschenken*, Ratgeber des VdK Bayern, 2. Auflage, München.

VdK Bayern (2005b), *Reformangriff auf das Sozialmodell Deutschland: Wie sollen soziale Interessen in Zukunft durchgesetzt werden?*, München.

VdK Bayern (2003), *Mit weniger Kassen zu besseren Leistungen? Anforderungen an eine zukunftsfähige Krankenkassenorganisation*, München.

VdK Bayern (ohne Jahr), *Zukunft braucht Menschlichkeit*, München.

VdK Berlin-Brandenburg (Sozialverband VdK Berlin-Brandenburg) (ohne Jahr), *Wer wir sind, was wir tun, was wir wollen!*, ohne Ort.

VdK Berlin-Brandenburg (2005), *Geschäftsbericht für den 13. ordentlichen Landesverbandstag am 26. Oktober 2005 für den Zeitraum 12. Oktober 2000–26. Oktober 2005*.

VdK (Sozialverband VdK Deutschland) (2008a), Stable URL (18.12.2008): www.vdk.de/de19864

VdK (2008b), Stable URL (19.12.2008): http://vdk.de/de11457

VdK (2008c), Stable URL (19.12.2008): http://aktion-gegen-armut.de

VdK (2008d), *Daten zur VdK-Bundesjugendvertreterkonferenz*, unveröffentlichtes Diskussionspapier an die Autoren, 15.08.09, Bonn.

VdK (2008e), *VdK-Zeitung*, Nr. 2, S. 13.

VdK (2007a), *Ein Verband stellt sich vor*, Bonn.

VdK (2007b), *Übersicht der sozialpolitischen Erfolge*.

VdK (2007c), *Solidarität macht stark*, Bonn/Berlin.

VdK (2007d), *Stellungnahme des Sozialverbands VdK Deutschland zum a) Gesetzentwurf der Fraktion der CDU/CSU und SPD Entwurf eines Gesetzes zur Anpassung der Regelaltersgrenze an die demografische Entwicklung und zur Stärkung der Finanzierungsgrundlagen der gesetzlichen Rentenversicherung (RV-Altersgrenzen anpassungsgesetz)…*, Bonn, 22.02.2007.

VdK (2007e), *Für soziale Gerechtigkeit – Wir setzen uns für Sie ein*, Bonn.

VdK (2007f), *Jahresbericht 2006*, Bonn.

VdK (2006a), *Geschäftsbericht 2002–2006*, Bonn.

VdK (2006b), *80 Jahre Walter Hirrlinger*, ohne Ort.

VdK (2006c), *Tagungsprotokoll über den 15. Ordentlichen Bundesverbandstag des Sozialverbandes VdK Deutschland in der Zeit vom 16.–18. 05.2006 im Hotel Maritim pro Arte Hotel Berlin. Den Sozialstaat erhalten.*

VdK (2006d), *Senioren und Steuern. Tipps und Informationen*, Weilheim/Teck.

VdK (2006e), *VdK Jahresbericht 2005*, Bonn.

VdK (2005a), *VdK Jahresbericht 2004*, Bonn.

VdK (2005b), *Kur & Erholung*, Bonn.

VdK (2002a), *Geschäftsbericht 1998 bis 2002*, Bonn.

VdK (2002b), *Protokoll des Bundesverbandstages 13.–15.05.2002*, Bonn.

VdK (2000), *50 Jahre Sozialverband VdK Deutschland. Im Dienste der Menschen, Hilfe zur Selbsthilfe*, Bonn.

VdK (1998), *Geschäftsbericht 1994–1998, Aufgabe und Leistung*, Bonn.

VdK (1994), *Geschäftsbericht 1990–1994, Aufgabe und Leistung*, Bonn.

VdK (1990a), *Geschäftsbericht 1986–1990, Aufgabe und Leistung*, Bonn.

VdK (1990b), *Protokoll des Verbandstages 1990*, Bonn.

VdK (1986), *Geschäftsbericht 1982–1986, Aufgabe und Leistung*, Koblenz.

VdK (1982a), *Geschäftsbericht 1978–1982, Aufgabe und Leistung*, Koblenz.

VdK (1982b), *Leitlinien zur Sozial- und Gesellschaftspolitik im Spannungsfeld der Wirtschafts- und Finanzpolitik. Dortmunder Programm*, Bonn.

VdK (1978a), *Geschäftsbericht für die Zeit vom 7. bis zum 8. Ordentlichen Verbandstag 1974 bis 1978*, Köln.

VdK (1978b), *Protokoll über die Verhandlungen des 8. Ordentlichen Verbandstages des VdK Deutschland vom 8.–10. Juni 1978 in Bremen.*

VdK (1974), *Geschäftsbericht für die Zeit vom 6. bis zum 7. Ordentlichen Verbandstag 1970 bis 1974*, Koblenz.

VdK (1970), *Geschäftsbericht für die Zeit vom 5. bis zum 6. Ordentlichen Verbandstag 1966 bis 1970*, Neuwied.

VdK (1966a), *Die große Gemeinschaft, 1946–1966*, Bonn.

VdK (1966b), *Geschäftsbericht für die Zeit vom 4. bis zum 5. Ordentlichen Verbandstag 1962–1966*, Neuwied.

VdK (1951), *Geschäftsbericht des Ordentlichen Verbandstags des VdK Deutschland vom 12.–14. Oktober 1951 in Trier*, Trier.

VdK Hessen (Sozialverband VdK Hessen) (1989), *Chronik VdK Hessen. Ein Stück Nachkriegsgeschichte*, Frankfurt am Main.

VdK Hessen-Thüringen (Sozialverband VdK Hessen-Thüringen) (2007a), *Generationen verbinden – den Sozialstaat sichern*, Geschäftsbericht 2003–2006, Frankfurt am Main.

VdK Hessen-Thüringen (2007b), *Jahrbuch 2007*, Frankfurt am Main.

VdK Hessen-Thüringen (2007c), *Report. 1. Quartal 2007*, Frankfurt am Main.

VdK Hessen-Thüringen (2006a), *Gut versorgt? Gut versichert?*, Frankfurt am Main.

VdK Hessen-Thüringen (2006b), *Unsere Leistung – Ihr Vorteil. Der Sozialverband für alle!*, Frankfurt am Main.

VdK Hessen-Thüringen (2006c), *Seit Generationen für Generationen. 60 Jahre VdK Hessen. Ein Verband im Wandel der Zeit 1946–2006*, Frankfurt am Main.

VdK Hessen-Thüringen (2005), *Repräsentative Umfrage des Sozialverbands Hessen-Thüringen. Zusammenfassung der Ergebnisse Februar 2006*, Frankfurt am Main.

VdK Hessen-Thüringen (2004), *Von Mensch zu Mensch – Hilfe im Alltag und bei der Hausarbeit*, Frankfurt am Main.

VdK Mecklenburg-Vorpommern (Sozialverband VdK Mecklenburg-Vorpommern) (2007a), *Bericht des Landesverbandsvorstandes auf der 1. Landesverbandskonferenz am 22.05.2007*, Schwerin.

VdK Mecklenburg-Vorpommern (2007b), *Statistik: Alter* (22.10.2007), Schwerin.

VdK Mecklenburg-Vorpommern (2007c), *Statistik: Dauer der Mitgliedschaft*, Schwerin.

VdK Mecklenburg-Vorpommern (2007d), *Statistik: Geschlecht*, Schwerin.

VdK Mecklenburg-Vorpommern (2004–2007), *Haushaltsplan – Einnahmen*, Schwerin.

VdK Mecklenburg-Vorpommern (2006), *Geschäftsbericht zum 5. Ordentlichen Landesverbandstag*, Schwerin.

VdK NRW (Sozialverband VdK Nordrhein-Westfalen) (1998), *50 Jahre VdK-Landesverband NRW 1948–1998*, Düsseldorf.

VdK Rheinland-Pfalz (Sozialverband VdK Rheinland-Pfalz) (2007), *Geschäftsbericht 2003–2007*, 17. Ordentlicher Landesverbandstag vom 10. bis zum 12. Mai 2007 in Mainz, Mainz.

VdK Rheinland-Pfalz (2006), *1946 bis 2006. 60 Jahre Sozialverband VdK Rheinland-Pfalz*, Mainz.

VdK Rheinland-Pfalz (2003), *Satzung*, Koblenz.

VdK Saarland (Sozialverband VdK Saarland) (2005), *Geschäftsbericht 2000–2004*, Saarbrücken.

VdK Schleswig-Holstein (Sozialverband VdK Schleswig-Holstein) (2007c), *Frauenpolitischer Bericht. Berichtzeitraum Juni 2003 bis Mai 2007*, Kiel.

Verband Deutscher Rentenversicherungsträger (2007), *Erfahrungen und Perspektiven*, DRV-Schriften, Band 55/2006, Frankfurt am Main.

Verband Deutscher Rentenversicherungsträger (2006), *Rentenversicherung in Zeitreihen*, Band 22, Frankfurt am Main.

Verband Deutscher Rentenversicherungsträger (2005), *Renten auf einen Blick: Staatliche Politik in OECD-Ländervergleich*, DRV-Schriften, Band 61, Frankfurt am Main.

Verband Deutscher Rentenversicherungsträger (2004a), *Europa in Zeitreihen*, DRV-Schriften, Band 58, Frankfurt am Main.

Verband Deutscher Rentenversicherungsträger (2004b), *Auswirkungen veränderter Rahmenbedingungen auf die Finanzen der gesetzlichen Rentenversicherung*, Bericht im Rahmen des Forschungsnetzwerks Alterssicherung/Verband Deutscher Rentenversicherungsträger, DRV-Schriften, Band 49, Frankfurt am Main.

Verband Deutscher Rentenversicherungsträger (2003), *Rentenversicherung im internationalen Vergleich 2003*, DRV-Schriften, Band 45, Frankfurt am Main.

ver.di (Vereinte Dienstleistungsgesellschaft) (2008a), »Chance 2011 – Zur Veränderung der nächsten Jahre in ver.di: Mitgliederorientierung muss Ziel und Maßstab für das gesamte Organisationshandeln werden«, Diskussionspapier des Bundesvorstands zur Veränderungsarbeit in ver.di: *Mitgliederorientierung bestimmt das gesamte Organisationshandeln* – Mai 2008. Stable URL (22.06.2008): http://bochum-herne.verdi.de/themen/verdi-programmdebatte/data/diskussionspapier_chance_2011neu_2_.pdf

ver.di (2008b), *Satzung ver.di – Vereinte Dienstleistungsgewerkschaft*, Berlin.

ver.di (2008c), *Geschäftsordnung für den Bundesseniorenausschuss* (gemäß Richtlinie zur Senior/innenpolitik Ziffer 2 Abs. 5), Stand: 13.11.2008, Berlin.

ver.di (2007a), *Geschäftsbericht 2003– 2007*, Berlin.

ver.di (2007b), *Satzung ver.di – Vereinte Dienstleistungsgewerkschaft*, zuletzt geändert auf dem 2. Ordentlichen Bundeskongress, 30. September – 6. Oktober 2007, Leipzig.

ver.di (2007c), *Protokoll der Bundesseniorenkonferenz am 09. und 10. Mai 2007 in Berlin*, ver.di Bundesverwaltung, Berlin.

ver.di (2007d), *2. Bundesseniorenkonferenz am 09. und 10. Mai 2007 in Berlin*, Geschäftsbericht 2003– 2006, Berlin.

ver.di (2007e), *Tagungsprotokoll des 2. Ordentlichen ver.di- Bundeskongresses vom 20. September – bis 06. Oktober 2007 in Leipzig*, Berlin.

ver.di; IG Metall (2007f), *Sozialpolitische Informationen. Daten, Fakten, Hintergründe. 1. Halbjahr 2007*, Berlin/Frankfurt am Main.

ver.di (2007g), *dabei.SEIN. 55 PLUS: Magazin für unsere Generation. Rentenreform. Der falsche Ansatz der Bundesregierung und die Folgen*, Nr. 1, Berlin.

ver.di (2007h), *Anträge und Beschlüsse zum 2. Ordentlichen ver.di Bundeskongress vom 20. September – 06. Oktober 2007 in Leipzig*. Stable URL (03.02.2008): http://bundeskongress2007.verdi.de/antraege_beschluesse

ver.di (2006a), *Das Seniorenpolitische ver.di Programm. Älter werden in einer solidarischen und friedlichen Welt*, Berlin.

ver.di (2006b), *Zukunft der Rente*, Dokumentation des ver.di-Rentenkongresses am 25.4.2006 und ver.di-Positionen zur Alterssicherung, Berlin.

ver.di (2005a), *Richtlinie Seniorenpolitik*, Berlin.

ver.di (2005b), *Senioreninformation Nr. 1*, Berlin.

ver.di (2003a), *Geschäftsbericht 2001–2003*, Berlin.

ver.di (2003b), *Mündlicher Geschäftsbericht an die 1. ver.di-Bundes-Seniorenkonferenz*, Heinz Pérée, Berlin.

ver.di (2003c), *Geschäftsbericht 2001– 2003 an die 1. ver.di- Bundes- Seniorenkonferenz*, 31. März – 02. April 2003, Kassel.

ver.di (2003d), *Mythos Demografie*, Berlin.

ver.di (2003e), *Todesfall – und was dann? Wichtige Hinweise für den Sterbefall*, Berlin.

ver.di (1998–2001), *Materialien zum GO-ver.di-Prozess der für die Seniorenarbeit zuständigen Gewerkschaftssekretäre der Gründungsgewerkschaften*, unveröffentlichte Arbeitspapiere, Berlin.

ver.di (2001), *Verschmelzungsbericht ver.di. Ergänzungsband*, Teil B, *Budgetierungsrichtlinie*, Berlin.

Volkssolidarität (2009), *Die Sozialbilanz der Volkssolidarität im Jahre 2008 – ausgewählte statistische Angaben*, Berlin.

Volkssolidarität (2008a), *Stellungnahme der Volkssolidarität Bundesverband e.V. zum Entwurf eines Gesetzes zur strukturellen Weiterentwicklung der Pflegeversicherung (Pflege – Weiterentwicklungsgesetz – PfWG)*, Bundestagsdrucksache 16/7439.

Volkssolidarität (Hrsg.) (2008b), *Ehrenamt in Volkssolidarität*, erarbeitet vom Sozialwissenschaftlichen Forschungszentrum Berlin-Brandenburg e.V. Juni 2008, Berlin.

Volkssolidarität (2008c), *Geschäftsbericht des Bundesvorstandes*, 2006–2007, Berlin.

Volkssolidarität (2008d), *Sozialbilanz 2008*, Berlin.

Volkssolidarität (2008e), Stable URL (19.12.2008): http://www.volkssolidaritaet-berlin.de/wir/wir_eamt_start.html

Volkssolidarität (2008f), *Miteinander. Füreinander 1/2008*, Berlin.

Volkssolidarität (2007a), *Info-Blatt Nr. 2. Die Sozialbilanz der Volkssolidarität im Jahre 2006*, Berlin.

Volkssolidarität (2007b), *Info-Blatt Nr. 1*, Jahresarbeitsplan des Bundesvorstandes und der Bundesgeschäftsstelle für das Jahr 2007, Berlin.

Volkssolidarität (2007c), *Sozialberatung in der Volkssolidarität*, Berlin.

Volkssolidarität (2007d), *Stellungnahme zum Gesetzentwurf der Fraktionen der CDU/CSU und der SPD zur Anpassung der Regelaltersgrenze an die demografische Entwicklung und zur Stärkung der Finanzierungsgrundlage der gesetzlichen Rentenversicherung (RV – Altersgrenzenanpassungsgesetz)* – Drucksache 16/3794.

Volkssolidarität (2007e), *Solidarität leben. Gesundheitsreform 2007. Tipps und Informationen für Mitglieder und Mitarbeiter der Volkssolidarität*, Berlin.

Volkssolidarität (2007f), *Volkssolidarität gegen Rechtsextremismus und Ausländerfeindlichkeit. Positionen und Anregungen zum Weiterdenken*, Berlin.

Volkssolidarität (2007g), *Leitfaden zur Medien- und Öffentlichkeitsarbeit der Volkssolidarität*, Berlin.

Volkssolidarität (2007h), *Informationsdienst der Bundesgeschäftsstelle*, 10. Jg., Nr. 1, Berlin.

Volkssolidarität (2007i), *Sozialpolitisches Fachgespräch der Volkssolidarität am 20. März 2007*, Beitrag von Prof. Gunnar Winkler, Berlin.

Volkssolidarität (2007j), *Volkssolidarität Ihr Journal*, Jg. 3, Nr. 1, Berlin.

Volkssolidarität (2007k), *Volkssolidarität Ihr Journal*, Jg. 3, Nr. 2, Berlin.

Volkssolidarität (2007l), *Volkssolidarität Ihr Journal*, Jg. 3, Nr. 3, Berlin.

Volkssolidarität (2007m), Stable URL (27.01.2009): http://www.volkssolidaritaet.

de/cms/Presse+_+Medien-p-4363/Themen_Archiv-p-8111/Weitere+Beitr%
C3%A4ge+2007-p-9052/Sozialgipfel-p-8400.html

Volkssolidarität (2006a), *Geschäftsbericht des Bundesvorstandes 2004/05*, Berlin

Volkssolidarität (2006b), *Ergänzende statistische Materialien zur gemeinsamen Beratung des Bundesvorstandes mit den Vorsitzenden und Geschäftsführern der Landes-, Kreis-, Stadt- und Regionalverbände*, Berlin.

Volkssolidarität (2006c), *Miteinander solidarisch. Füreinander aktiv. Informationen und Wissenswertes*, Berlin.

Volkssolidarität (2006d), *Informationsmaterial. Potenziale der Sozial- und Wohlfahrtsarbeit. Motivation – Rahmenbedingungen – Erwartungen. Neue Bundesländer 2006*, Berlin.

Volkssolidarität (2006e), *Stellungnahme der Volkssolidarität Bundesverband e.V. zum Entwurf eines Gesetzes zur Stärkung des Wettbewerbs in der Gesetzlichen Krankenversicherung (GKV-Wettbewerbsstärkungsgesetz – GKV-WSG)*, Bundestags-Drucksache 16/3100.

Volkssolidarität (2006f), *Magdeburger Forderungen des 2. Gesundheitstages der Volkssolidarität für eine sozial gerechte Gesundheitsreform 2006 vom 6.5.2006.*

Volkssolidarität (2006g), *Protokoll der Bundesdelegiertenversammlung der Volkssolidarität*, 4. November 2006 Potsdam.

Volkssolidarität (2006h), *Aufgaben der Verbandsgliederungen der Volkssolidarität. Verantwortung für die Zukunft des Verbandes*, Berlin.

Volkssolidarität (2006i), *Informationsdienst der Bundesgeschäftsstelle*, Jg. 9, Nr. 5, Berlin.

Volkssolidarität (2006j), *Leitbild der Volkssolidarität*, Berlin.

Volkssolidarität (2006k), *Solidarität Leben. Die Volkssolidarität unterstützen*, Berlin.

Volkssolidarität (2006l), *Sozialpolitische Positionen der Volkssolidarität*, Berlin.

Volkssolidarität (2006m), *VS-Shop*, Berlin.

Volkssolidarität (2006n), *Volkssolidarität Ihr Journal*, Jg. 2, Nr. 2, Berlin.

Volkssolidarität (2005a), *Standpunkte der Volkssolidarität zur Rentenpolitik*, Berlin.

Volkssolidarität (2005b), *Rentenpolitische Leitlinien der Volkssolidarität*, Berlin.

Volkssolidarität (2005c), *Info-Blatt 2. Die Sozialbilanz der Volkssolidarität im Jahre 2004*, Berlin.

Volkssolidarität (2005d), *Volkssolidarität Ihr Journal*, Jg. 1, Nr. 5.

Volkssolidarität (2004a), *Geschäftsbericht des Bundesvorstands 2002–2003*, Berlin.

Volkssolidarität (2004b), *Stellungnahme der Volkssolidarität Bundesverband e.V. zum Entwurf eines Gesetzes zur Sicherung der nachhaltigen Finanzierungsgrundlagen der gesetzlichen Rentenversicherung (RV – Nachhaltigkeitsgesetz) der Fraktionen SPD und Bündnis 90/Die Grünen*, Bundestagsdrucksache 15/2149.

Volkssolidarität (2004c), *Verantwortung und Solidarität der Generationen. Seniorenpolitische Standpunkte der Volkssolidarität*, Berlin.

Volkssolidarität (2004d), *Protokoll der Bundesdelegiertenversammlung Volkssolidarität Bundesverband am 04.04.2004*, Berlin.

Volkssolidarität (2004e), *Info-Blatt 2. Die Volkssolidarität im Jahre 2003*, Berlin.

Volkssolidarität (2003), Info-Blatt 2. Die Volkssolidarität im Jahre 2002, Berlin.

Volkssolidarität (2002a), *Programmatische Zukunftsorientierung der Volkssolidarität*, beschlossen auf der Bundesdelegiertenversammlung am 23.03.2002 in Potsdam, Berlin.

Volkssolidarität (2002b), *Protokoll der Bundesdelegiertenversammlung der Volkssolidarität*, 23.03. 2002, Potsdam.

Volkssolidarität (2002c), *Zukunftsorientierung der Volkssolidarität*, Berlin.

Volkssolidarität (Hrsg.) (2001a), *Ehrenamt in der Volkssolidarität*, Studie des Sozialwissenschaftlichen Forschungszentrum Berlin-Brandenburg e.V., August 2001, Berlin.

Volkssolidarität (2001b), *Bericht über die Geschäftsjahre 1999–2001*, Berlin.

Volkssolidarität (1999a), *Bericht über die Geschäftsjahre 1997 und 1998 und Aussagen zum Jahr 1999*, Berlin.

Volkssolidarität (1999b), *Protokoll der Bundesdelegiertenversammlung der Volkssolidarität*, 12.06.1999, Berlin.

Volkssolidarität (1999c), *Bericht über die Geschäftsjahre 1997/98 und Aussagen zum Jahr 1999*, Berlin.

Volkssolidarität (1997a), *Bericht über das Geschäftsjahr 1996 und Aussagen zum Jahr 1997*, Berlin.

Volkssolidarität (1997b), *Protokoll der Bundesdelegiertenversammlung der Volkssolidarität Bundesverband e.V. vom 18.10.1997*, Berlin.

Volkssolidarität (1996a), *Bericht über die Geschäftsjahre 1994 und 1995*, Berlin.

Volkssolidarität (1996b), *Bericht über die Geschäftsjahre 1994 und 1995*, Berlin.

Volkssolidarität (1994a), *Geschäftsbericht über die Leistungen der Volkssolidarität von 1990–1994 sowie über die Arbeit des Bundesvorstandes und seiner Geschäftsstelle*, Berlin.

Volkssolidarität (1994b), *Protokoll der Bundesdelegiertenversammlung der Volkssolidarität e.V. 28.05.1994*, Berlin.

Volkssolidarität (1993), *Außerordentliche Delegiertenkonferenz 1993*.

Volkssolidarität (1990), *Außerordentliche Zentrale Delegiertenkonferenz der Volkssolidarität 26./27.05.1990*, Michelsdorf (Kreis Brandenburg), Objekt der LPG Dahmsdorf.

Volkssolidarität Brandenburg (2007), *Geschäftsbericht 2006*, Potsdam.

Volkssolidarität Brandenburg (2006), *Geschäftsbericht 2005*, Potsdam.

Volkssolidarität Brandenburg (2005), *Geschäftsbericht 2004*, Potsdam.

Volkssolidarität Brandenburg (2004), *Geschäftsbericht 2003*, Potsdam.

Volkssolidarität Brandenburg (2003), *Geschäftsbericht 2002*, Potsdam.

Volkssolidarität Brandenburg (2002), *Geschäftsbericht 2001*, Potsdam.

Volkssolidarität Brandenburg (2001), *Geschäftsbericht 2000*, Potsdam.

Volkssolidarität Berlin (2007), *Geschäftsbericht 2006*, Berlin.

Volkssolidarität Berlin (2005), *Geschäftsbericht 2004*, Berlin.

Volkssolidarität Berlin (2004), *Geschäftsbericht 2003*, Berlin.

Volkssolidarität Berlin (2003), *Geschäftsbericht 2002*, Berlin.
Volkssolidarität Berlin (2002), *Geschäftsbericht 2001*, Berlin.
Volkssolidarität Berlin (2001), *Geschäftsbericht 2000*, Berlin.
Volkssolidarität Berlin (2000), *Geschäftsbericht 1999*, Berlin.
Volkssolidarität Berlin (1999), *Geschäftsbericht 1998*, Berlin.
Volkssolidarität Berlin (1998), *Geschäftsbericht 1997*, Berlin.
Volkssolidarität Berlin (1997), *Geschäftsbericht 1996*, Berlin.
Volkssolidarität Berlin (1996), *Geschäftsbericht 1995*, Berlin.
Volkssolidarität Berlin (1995), *Geschäftsbericht 1994*, Berlin.
Volkssolidarität Berlin (1994), *Geschäftsbericht 1993*, Berlin.
Volkssolidarität Berlin (1993), *Geschäftsbericht 1992*, Berlin.
Volkssolidarität Sachsen *Geschäftsbericht 2000*, Dresden.
Volkssolidarität Sachsen-Anhalt (2007), *Kurzübersicht der Leistungen der Volkssolidarität Landesverband Sachsen-Anhalt e. V. Magdeburg*.
Volkssolidarität Sachsen-Anhalt (2006a), *Ehrenamt in der Volkssolidarität*, Magdeburg.
Volkssolidarität Sachsen-Anhalt (2006b), *Sozialberatungs-Atlas*, Magdeburg.
Volkssolidarität Sachsen-Anhalt (2006c), *Zukunftsorientierung*, Magdeburg.
Volkssolidarität Sachsen-Anhalt (2005), *Geschäftsberichte 2000–2005*, Magdeburg.
Volkssolidarität Sachsen-Anhalt (2000), *Geschäftsbericht 1998/99 und Aussagen zum Jahr 2000*, Magdeburg.
Winkler, Gunnar (2007b), *Stellungnahmen der Volkssolidarität Bundesverband e. V. zum Thema »Rente ab 67 – rentenpolitische Notwendigkeit oder sozialpolitische Sackgasse?«*, Anhörung der Linksfraktion im Deutschen Bundestag, Berlin 30.01.2007.
Winkler, Gunnar (2007c), *Vortrag. Gemeinsame Beratung des Bundesvorstandes mit den Vorsitzenden und Geschäftsführern der Landes-, Kreis-, Stadt- und Regionalverbände*, 16. November 2007, Potsdam.
Winkler, Gunnar (2006a), *Referat des Präsidenten, Prof. Dr. Gunnar Winkler, auf der Bundesdelegiertenversammlung am 04. November 2006 in Potsdam*.
Zentralwohlfahrtsstelle der Juden in Deutschland e. V. (ZWST) (2008), Homepage ZWST. Stable URL (08.12.2008): http://www.zwst.org/geschaeftsstelle/index.html
50 plus (50 plus – Das Generationenbündnis) (2009), Programm der Partei. Stable URL (12.06.2009): http://www.50plus-bund.de/programm/index.php

Übersicht über die BAGSO-Mitgliederorganisationen

Verband	Gründungs-jahr	BAGSO-Eintrittsjahr	Mitgliederzahl 2008	Anteil der Rentner
http://bagso.de/portrait.html?id=8 ARBEIT und LEBEN- Arbeitskreis für die Bundesrepublik Deutschland e.V.	1956	1998	15 Landesarbeits-gemeinschaften	k.A.
Arbeiterwohlfahrt e.V. (AWO)	1946	2002	630.000	277.000
Arbeitsgemeinschaft Evangelische Krankenhaus- Hilfe e.V. (EKH)	1969	1992	2 Hauptamtliche 11.000 Ehrenamtliche	k.A.
Arbeitsgemeinschaft SPD 60 plus-Referat Seniorenpolitik/Demographischer Wandel	1994	1996	250.000	k.A.
Bayerisches SeniorenNetz Forum e.V. (BSNF)	1975	2006	18 Senioren Netz-Initiativen	k.A.
BDZ- Deutsche Zoll- und Finanzgewerkschaft- Ständiger Ausschuss »BDZ- Senioren«	1993	1996	23.000	13.800
BegegnungsCentrum Haus im Park der Körber- Stiftung	1977	1993	ca. 400 tägliche Besucher	k.A.
Betreuungswerk Post Postbank Telekom (BeW)	1892	1989	300.000 Senioren, 5.300 Seniorenbeiräte	300.000
Bund Deutscher Amateurtheater e.V. (BDAT)	1892	1996	2.100 Amateurtheater-gruppen	k.A.
Bund Deutscher Forstleute (BDF) Seniorenvertretung des BDF	1988	2007	8.000	2.400
Bundesarbeitsgemeinschaft der Landesseniorenvertretungen e.V. (BAG LSV) Vorsitzende	2004	2003	16 Landesseniorenvertretungen, in diesen sind ca. 1500 kommunale Seniorenvertretungen und z.T. seniorenpolitisch relevante Verbände organisiert	k.A.

Bundesarbeitsgemeinschaft Seniorenbüros e.V. (BaS)	1995	1996	250 Büros, 97 ordentliche und assoziierte Mitglieder und 12 Fördermitgliedern	k.A.
Bundesforum Katholische Seniorenarbeit (BfKS)	1957	1989	Referate und Fachstellen in 27 (Erz-)Diözesen sowie 11 Diözesanaltenforen bzw. -werke	k.A.
BundesInteressenVertretung der Nutzerinnen und Nutzer von Wohn- und Betreuungsangeboten im Alter und bei Behinderung e.V. (BIVA)	1974	1989	5.000	k.A.
bundespolizeigewerkschaft verbund innere sicherheit (bgv)	1951	2006	10.000	1.000
Bundesverband der Katholiken in Wirtschaft und Verwaltung e.V. (KKV)	1877	2006	8.500	4.250
Bundesverband Gedächtnistraining e.V. (BVGT)	1987	1993	3.700	k.A.
Bundesverband Information & Beratung für NS-Verfolgte e.V.	1992	1997	183	183
Bundesverband Seniorentanz e.V. (BVST)	1977	1989	6.800	k.A.
Dachverband Altenkultur e.V.	1990	1996	70	k.A.
Dachverband der Gerontologischen und Geriatrischen Wissenschaftlichen Gesellschaften Deutschlands e.V. (DVGG)	2002	2006	3.500	k.A.
dbb beamtenbund und tarifunion Bundesgeschäftsstelle	1990	2007	1.280.000	80.000
Deutsche Alzheimer Gesellschaft e.V. Selbsthilfe Demenz	1989	1999	10.000	k.A.
Deutsche Evangelische Arbeitsgemeinschaft für Erwachsenenbildung e.V. (DEAE)	k.A.	2006	29 Landesorganisationen, Zusammenschlüsse, Verbände und andere Institutionen, tätig in der evangelischen Erwachsenenbildung	k.A.
Deutsche Gesellschaft für AlterszahnMedizin e.V. (DGAZ)	1990	1996	150	k.A.
Deutsche Gesellschaft für Hauswirtschaft (dgh) e.V.	1951	2006	400	k.A.

Deutsche Gesellschaft für Präventiv-medizin e.V.	1985	1989	15[1]	k.A.
Deutsche Gesellschaft für Versicherte und Patienten e.V. (DGVP)	1989	2001	Über 30 Selbsthilfeorganisationen	k.A.
Deutsche Gesellschaft für wissenschaft-liche Weiterbildung und Fernstudium e.V. (DGWF)	1985	2008	Ca. 50 Hochschulen, Universitäten und Pädagogische und Technische Hochschulen	k.A.
Deutsche Landsenioren e.V. (DLS)	1994	1997	6 Landesseniorenverbände, 80 Landesseniorenvereinigungen	k.A.
Deutsche Psychotherapeuten Vereini-gung e.V. (DPtV)	2006	2008	7.200	421
Deutsche Seniorenpresse Arbeitsgemein-schaft e.V. (dsp)	1994	2001	25	0
Deutsche Steuer-Gewerkschaft (DSTG) Landesverband Nordrhein-Westfalen	1960	2006	19.000	4.000
Deutscher Blinden- und Sehbehinder-tenverband e.V. (DBSV)	1949	2004	35.000[2]	k.A.
Deutscher Bridge-Verband e.V. (DBV)	1949	2003	29.000	20.300
Deutscher Bundeswehr Verband e.V. (DBwV)	1956	1989	75.000[3]	k.A.
Deutscher Evangelischer Frauenbund e.V. (DEF)	1899	2004	5.500	k.A.
Deutscher Evangelischer Verband für Altenarbeit und Pflege e.V. (DEVAP)	1935	2006	Über 2.000 stationäre Einrichtungen der Altenhilfe mit ca. 145.000 Plätzen, über 1.600 ambulante ge-sundheits- und sozialpfle-gerische Dienste, über 95 Altenpflegeschulen mit ca. 5.600 Ausbildungsplätzen, sowie mehrere Altentages-stätte, Initiativen und Selbsthilfegruppen	k.A.
Deutscher Familienverband e.V. (DFV)	1922	1989	Familien sind als Mitglie-der organisiert über die 16 Landesverbände	k.A.
Deutscher Frauenrat e.V. (DF)	1952	1989	1 Mio. Seniorinnen	
Deutscher Guttempler-Orden (I.O.G.T.) e.V.	1889	2003	7.500[4]	2.500

Deutscher Olympischer Sportbund (DOSB)	1950	1989	9.526.000	3.578.365
Deutscher Schwerhörigenbund e.V. (DSB)	1991	2005	3.200	k.A.
Deutscher Senioren Ring e.V. (DSR)	1986	1989	1.000	1.000
Deutscher Turner-Bund (DTB)	1950	1989	1 Mio. über 50 Jahre	
Deutscher Verein der Blinden und Sehbehinderten in Studium und Beruf e.V. (DVBS)	1988	1996	1.400	k.A.
Deutsches Sozialwerk e.V. (DSW)	1952	1989	3.851	3.806
EFI Deutschland e.V.	2006	2007	280 seniorTrainerin, bestehend aus 11 seniorKompetenzteams, 82 Mitgliedern und 2 Fördermitgliedern	k.A.
EURAG Bund der älteren Generation Europas Sektion Deutschland	1962	1994	30 Mitgliedsorganisationen, 13 Einzelmitglieder	k.A.
Evangelische Arbeitsgemeinschaft für Altenarbeit in der EKD (EAfA)	1992	1993	19 Gliedkirchen der Evangelischen Kirche in Deutschland (EKD), der Vereinigung Ev. Freikirchen (VEF) und bundesweit in der offenen Altenarbeit tätige Werke und Verbände	k.A.
Evangelisches Seniorenwerk (ESW) Bundesverband für Frauen und Männer im Ruhestand e.V.	1993	1993	800	800
Familienbund der Katholiken Bundesverband e.V.	1953	2000	25 Diözesan-, 10 Landes-, 15 kath. Mitgliedsverbände (Mitgliederstärkster Familienverband in Deutschland mit ca. 100.000 Mitgliedern)	k.A.
Forschungsinstitut Geragogik e.V. (FoGera)	2002	2004	10	k.A.
Forum Gemeinschaftliches Wohnen e.V. (FGW) Bundesvereinigung	1989	1999	insgesamt 112 Mitgliedergruppen, mit einer jeweiligen Mitgliederzahl von 2–100	k.A.

Gesellschaft für Gehirntraining e.V. (GfG)	1989	1993	k.A.	3.000 Senioren
Gewerkschaft Erziehung und Wissenschaft (GEW)	1980	2000	251.900	31.767
Greenpeace e.V. Team50plus	1994	2002	230	
GRÜNE ALTE (GA)	2004	2007	85	85
Hartmannbund – Verband der Ärzte Deutschlands e.V.	1984	1989	5.000[5]	k.A.
HelpAge Deutschland e.V. (HAD) Aktion alte Menschen weltweit	2005	2008	25	25
Industriegewerkschaft Bauen-Agrar-Umwelt IG BAU	1999	1999	336.322	92.923
Internationaler Bauorden – Deutscher Zweig e.V. (IBO) Verein »Senioren im Bauorden«	1953	2005	2.000[6]	
JAHRESRINGE Gesamtverband e.V.	1990	1994	1.500	1.000
Katholische Arbeitnehmer-Bewegung Deutschlands e.V. (KAB)	1849	2001	200.000	120.000
Katholische Bundesarbeitsgemeinschaft für Erwachsenenbildung (KBE)	1957	2003	57 Verbände und Einzelorganisationen	k.A.
Katholische Frauengemeinschaft Deutschlands (kfd) Bundesverband e.V.	1928	2001	620.000	470.000
Kneipp-Bund e.V.	1897	2003	160.000	k.A.
Kolpingwerk Deutschland	1850	2000	265.000	130.000
komba gewerkschaft Gewerkschaft für den Kommunal- und Landesdienst	1893	1997	70.000	12.150
Kommunikationsgewerkschaft DPV (DPVKOM)	1890	2001	60.000[7]	15.000
KWA Kuratorium Wohnen im Alter gemeinnützige AG (KWA)	1966	1994	9.000 Bewohner und Vorvertragspartner	k.A.
Landesarbeitsgemeinschaft »Aktiv im Ruhestand« Sachsen-Anhalt e.V. (LAG S-A)	1994	2000	1.200[8]	

Lange Aktiv Bleiben (LAB) Lebensabend-Bewegung	1958	1989	6.400	
Liberale Senioren LiS Bundesverband	2001	2001	896	
LIGA für Aeltere e.V.	2003	2008	40.000	10.000
Memory Liga e.V. Liga für Prägeriatrie	1978	1995	k.A.	k.A.
Migräne Liga e.V. Deutschland	1993	2007	9.800	2.352
MISEREOR Initiative »einfach anders altern«	1958	2000	k.A.	k.A.
Nationales Netzwerk älterer Frauen e.V. (NäF)	k.A.	1995	150[9]	
NaturFreunde Deutschlands e.V. Verband für Umweltschutz, sanften Tourismus, Sport und Kultur	1895	2000	82.000	k.A.
NAV-Virchow-Bund Verband der niedergelassenen Ärzte Deutschlands e.V.	1949	1997	19.500	1.200
Netzwerk Osteoporose e.V.	2001	2004	Kein Mitgliederverein, sondern Ratgeber, Patientenschulungen und Informationen zur Osteoporose	k.A.
Senior Experten Service (SES) Stiftung der Deutschen Wirtschaft für Internationale Zusammenarbeit GmbH	1983	1992	7.400	7.400
Senioren-Lernen-Online (SLO)	2002	2004	ca. 10 ehrenamtliche Mitarbeiterinnen und Mitarbeiter, Kursteilnehmerzahl über 1100 seit 2002	k.A.
Senioren-Union der CDU Deutschlands	1988	1996	55.426	
Senioren-Union der CSU	1999	2000	8.000	
Seniorenarbeitsgemeinschaft der Partei DIE LINKE	1991	1998	48.643[10]	
Seniorenverband BRH Bund der Ruhestandsbeamten, Rentner und Hinterbliebenen im DBB	1953	1989	50.000	k.A.
Seniorenvereinigung des Christlichen Jugenddorfwerkes Deutschlands e.V. (CJD)	1947	1992	300	k.A

Sozialverband Deutschland e.V. (SoVD)	1917	2000	512.088	319.356
Sozialverband VdK Deutschland e.V.	1950	1992	1.463.664	855.346
Sozialwerk Berlin e.V.	1972	1991	800	800
TRANSNET Gewerkschaft GdED	1949	1999	227.690	96.859
Unionhilfswerk Landesverband Berlin e.V. (UHW)	1946	2005	1.700	1.360
Verband der Beamten der Bundeswehr e.V. (VBB)	1960	2004	22.000[11]	5.000
Verbraucherzentrale Nordrhein-Westfalen	1958	2006	41 Verbände und Ortsarbeitsgemeinschaften, jährlich über 1 Mio. Verbraucheranfragen (ohne Internet), davon entfallen etwa die Hälfte auf ältere Menschen	k.A
Verein der in der DDR geschiedenen Frauen e.V.	k.A.	2008	2.940	k.A
Virtuelles und reales Lern- und Kompetenz-Netzwerk älterer Erwachsener e.V. ViLE-Netzwerk	2002	2004	135	k.A
Volkssolidarität Bundesverband e.V. (VS)	1945	1991	288.337	250.000
wohnen im eigentum die wohneigentümer e.V.	2003	2008	2.500	k.A
Zwischen Arbeit und Ruhestand ZWAR e.V.	1979	1993	10.000	k.A

 1   Stand 2002
 2   Stand 2007
 3   Stand 2007
 4   Stand 2004
 5   Stand 2004
 6   Stand 2003
 7   Stand 2003
 8   Stand 2007
 9   Stand 2002
10   Stand 2003
11   Stand 2005

Quelle: BAGSO Homepage, Angaben der Verbände, eigene Recherchen.

Tabellenverzeichnis

Abbildungsverzeichnis

Abkürzungsverzeichnis

AARP	American Association of Retired Persons
ABM	Arbeitsbeschaffungsmaßnahmen
AbI	Aktionsbündnis barrierefreie Informationstechnik
ABS	Gesellschaft zur Arbeitsförderung, Beschäftigung Strukturentwicklung
AFG	Aktive Freizeitgruppe
AFL-CIO	American Federation of Labor and Congress of Industrial Organizations
AG	Arbeitsgemeinschaft
AGA	Außerbetriebliche Gewerkschaftsarbeit
AG 60 plus	Arbeitsgemeinschaft SPD 60 plus
AGG	Allgemeines Gleichbehandlungsgesetz
AGH	Arbeitsgelegenheiten
AGKOD	Arbeitsgemeinschaft der katholischen Organisationen Deutschlands
AHB	Anschlussheilbehandlung
AK	Arbeitskreis
AKA	kirchliche Altersversorgung
AOK	Allgemeine Ortskrankenkasse
ARA	Alliance of Retired Americans
ASVG	Allgemeines Sozialversicherungsgesetz
AVK	Arbeitsgemeinschaft der westdeutschen Landesverbände der Körperbeschädigten, Sozialrentner und Hinterbliebenen
aW	aktueller Rentenwert
AWO	Arbeiterwohlfahrt
BAG	Bundesarbeitsgericht
BAGFW	Bundesarbeitsgemeinschaft der freien Wohlfahrtspflege
BAGSO	Bundesarbeitsgemeinschaft der Senioren-Organisationen e.V.
BAR	Bundesarbeitsgemeinschaft für Rehabilitation
BaS	Bundesarbeitsgemeinschaft Seniorenbüros
BASF	Badische Anilin- und Soda-Fabrik – The Chemical Company
BAV	Betriebliche Altersvorsorge

BBE	Bundesnetzwerk Bürgerschaftliches Engagement
BfA	Bundesversicherungsanstalt für Angestellte
BGB	Bürgerliches Gesetzbuch
BGL	Betriebsgewerkschaftsleitungen
BHW	Beamtenheimstättenwerk
BIBB	Bundesinstitut für Berufsbildung
BIP	Bruttoinlandsprodukt
BIK	Barrierefrei Informieren und Kommunizieren
BKD	Bund der Kriegsblinden Deutschlands
BMAS	Bundesministerium für Arbeit und Soziales
BMFSFJ	Bundesministerium für Familie, Senioren, Frauen und Jugend
BMG	Bundesministerium für Gesundheit
BMVBS	Bundesministerium für Verkehr, Bau und Stadtentwicklung
BMWi	Bundesministerium für Wirtschaft und Technologie
BRH	Bund der Ruhestandbeamten, Rentner und Hinterbliebenen
BSA	Bundesseniorenausschuss
BSG	Bundessozialgericht
BSP	Bruttosozialprodukt
BT	Bundestag
BT-Drs.	Bundestags-Drucksache
BV	Beamtenversorgung
BVEA	Bundesverband evangelischer Arbeitnehmerorganisationen e. V.
BVG	Bundesversorgungsgesetz
CDU	Christlich Demokratische Union Deutschlands
CEO	Chief Executive Officer
CGIL	Confederazione Generale Italiana del Lavoro
CHF	Schweizer Franken
CISL	Confederazione Italiana Sindacati Lavatori
COO	Chief Operating Officer
CSU	Christlich-Soziale Union Bayern
DAG	Deutsche Angestelltengewerkschaft
DAK	Deutsche Angestellten-Krankenkasse
DBB	Deutscher Beamtenbund
DBR	Deutscher Behindertenrat
DCV	Deutscher Caritasverband
DDR	Deutsche Demokratische Republik
DVfR	Deutscher Verein für Rehabilitation
DIW	Deutsches Institut für Wirtschaftsforschung
DGB	Deutscher Gewerkschaftsbund

DIAKONIE   Diakonisches Werk der Evangelischen Kirche Deutschlands
DIW   Deutsches Institut für Wirtschaftsforschung
DKV   Deutsche Krankenversicherung AG
DMP   Disease-Management-Programme
DMV   Deutscher Metallarbeiter-Verband
DPG   Deutsche Postgewerkschaft
DPWV   Deutscher Paritätischer Wohlfahrtsverband
DRG   Diagnosis Related Groups
DRK   Deutsches Rotes Kreuz
DRV   Deutsche Rentenversicherung
DSF   Deutsches Sportfernsehen
DW   Diakonisches Werk der Evangelischen Kirche Deutschlands
DZA   Deutsches Zentrum für Altersfragen
EBM   Einheitlicher Bewertungsmaßstab
EDV   Elektronische Datenverarbeitung
EKD   Evangelische Kirche Deutschland
EU   Europäische Union
EuGH   Europäischer Gerichtshof
EURAG   Sektion im Bund der älteren Generation Europas
FB   Fachbereich
FDGB   Freier Deutscher Gewerkschaftsbund
FDP   Freie Demokratische Partei
FERPA   Europäischer Verband der Rentnerinnen und Rentner und älteren Menschen
FES   Friedrich-Ebert-Stiftung
FIMTIC   Internationaler Verband körperbehinderter Menschen e.V.
FIOM   Federazione Impiegati Operai Metallurgici
FIP   Federazione Unitaria Pensionati
FNP   Federazione Nazionale Pensionati
FPLD   Fondo Pensioni Lavoratori Dipendenti
G-BA   Gemeinsamer Bundesausschuss
GdED   Gewerkschaft der Eisenbahner Deutschlands
GdP   Gewerkschaft der Polizei
GEW   Gewerkschaft Erziehung und Wissenschaft
GfK   Growth from Knowledge Marktforschungsunternehmen
GG   Grundgesetz
GHK   Gewerkschaft Holz und Kunststoff
GKV   Gesetzliche Krankenversicherung
GKV-WSG   GKV-Wettbewerbsstärkungsgesetz

GL	Gewerkschaft Leder
GmbH	Gesellschaft mit beschränkter Haftung
GPV	Gesetzliche Pflegeversicherung
GRV	Gesetzliche Rentenversicherung
GSG	Gesundheitsstruktur-Gesetz
GTB	Gewerkschaft Textil-Bekleidung
GUV	Gesetzliche Unfallversicherung
HBL	Hilfe in besonderen Lebenslagen
HBV	Gewerkschaft Handel, Banken und Versicherungen
HI	Hospital Insurance
HLU	Hilfe zum Lebensunterhalt
HMO	Health Maintenance Organisation
IAB	Institut für Arbeitsmarkt- und Berufsforschung der Bundesagentur für Arbeit
IAM	International Association of Machinists and Aerospace Workers
IbGM	Institut für barrierefreie Gestaltung und Mobilität
ICD	International Statistical Classification of Diseases and Related Health Problems
IG BAU	Industriegewerkschaft Bauen, Agrar und Umwelt
IG BCE	Industriegewerkschaft Bergbau, Chemie, Energie
IG BE	Industriegewerkschaft Bergbau und Energie
IG Chemie	Industriegewerkschaft Chemie
IG CGK	Industriegewerkschaft Chemie, Glas und Keramik
IG CPK	Industriegewerkschaft Chemie, Papier, Keramik
IG	Industriegewerkschaft
IG Medien	Industriegewerkschaft Medien
IG Metall	Industriegewerkschaft Metall
ILO	International Labour Organization
INAS	Instituto Nationale Confederale di Assistenzia
INCA	Instituto Nazionale Assistenza Sociale
INPDAP	Instituto Nazionale di Previdenza per i Dependenti Dell' Amministrazione Pubblica
INPS	Instituto Nazionale (fascista) per la Previdenza Sociale
ITAL	Instituto Tutela Assistenza Lavoratori
KAB	Katholische Arbeitnehmerbewegung
KMU	Kleine und mittlere Unternehmen
KPD	Kommunistische Partei Deutschlands
KPÖ	Kommunistische Partei Österreichs
LDPD	Liberal-Demokratische Partei Deutschlands

Mobi-RSA	morbiditätsorientierter Risikostrukturausgleich
MoQua	Motivation und Qualifikation von älteren Erwachsenen für das ürgerschaftliche Engagement
MGFFI	Ministerium für Generationen, Familie, Frauen und Integration NRW
NCSC	National Council of Senior Citizens
NGG	Gewerkschaft Nahrung-Genuss-Gaststätten
NRTA	National Retired Teachers Association
NRW	Nordrhein-Westfalen
NSDAP	Nationalsozialistische Partei Deutschlands
NSKOV	Nationalsozialistische Kriegsopferversorgung
OASDI	Old-Age, Survivor and Disability Insurance
OE	OrganisationsEntwicklung
OECD	Organisation for Economic Co-operation and Development
OEG	Opferentschädigungsgesetz
ÖGB	Österreichischer Gewerkschaftsbund
ÖTV	Gewerkschaft Öffentliche Dienste, Transport und Verkehr
PBGC	Pension Benefit Guaranty Corporation
PDS	Partei des Demokratischen Sozialismus
PVÖ	Pensionistenverband Österreichs
RRP	Rentnerinnen und Rentner Partei
RV	Rentenversicherung
SAG	Seniorenarbeitsgemeinschaft der Partei Die Linke.PDS
SAK	Seniorenarbeitskreis
SED	Sozialistische Einheitspartei Deutschlands
SFZ	Sozialwissenschaftliches Forschungszentrum Berlin-Brandenburg e.V.
SGB IX	Sozialgesetzbuch 9
SHG	Selbsthilfegruppe
SOPOA	Sozialpolitischer Ausschuss VdK
SoVD	Sozialverband Deutschland e.V.
SPA	Sozialpolitischer Ausschuss SoVD
SPD	Sozialdemokratische Partei Deutschlands
SPI	Sindicati Nationale Pensionati Italiana
SV	Sozialverbände
SVG	Soldatenversorgungsgesetz
Transnet	Bahngewerkschaft
UIL	Unione Italiana del Lavoro
UILP	Unione Italiana dei Lavoratori Pensionati
UPD	Unabhängige Patientenberatung Deutschland GmBH

VdK	Sozialverband VdK Deutschland e.V.
ver.di	Vereinte Dienstleistungsgewerkschaft
Veteranen-AGO	Veteranenabteilungsgewerkschaftsorganisation
VS	Volkssolidarität Bundesverband e.V.
VuP	Verband unabhängiger Patientenberatung
WASG	Wahlalternative Arbeit soziale Gerechtigkeit
WidO	Wissenschaftliches Institut der AOK
ZWST	Zentralwohlfahrtstelle der Juden in Deutschland

Politikwissenschaft